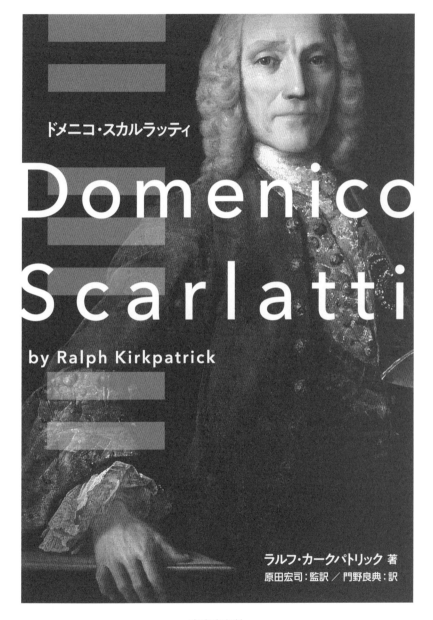

ドメニコ・スカルラッティ

Domenico Scarlatti

by Ralph Kirkpatrick

ラルフ・カークパトリック 著
原田宏司:監訳／門野良典:訳

音楽之友社

DOMENICO SCARLATTI by Ralph Kirkpatrick
Copyright © renewed 1981 by Princeton University Press
Japanese translation published by arrangement with Princeton
University Press through The English Agency (Japan) Ltd.
All rights reserved.

No part of this book may be reproduced or transmitted in any form or any means, electronic or
mechanical, including photocopying, recording or by any information storage and retrieval system,
without permission in writing from the Publisher

図1. ナポリ

アントニオ・ヨリ作。ナポリ、サン・マルコ博物館蔵

図2. アレッサンドロ・スカルラッティ
作者不詳。ボローニャ，高等音楽学校，写真はフリック芸術文献図書館蔵

図3. イタリア式ハープシコード
ニューヨーク，メトロポリタン美術館蔵

図 4. アントニオ・ヴィヴァルディ

ピエール・レオーネ・ゲッツィ作。ローマ,ヴァチカン図書館蔵,オットボーニ・ラテン文庫 3114, fol. 26

図 5. フランチェスコ・ガスパリーニ

ピエール・レオーネ・ゲッツィ作。ローマ,ヴァチカン図書館蔵,オットボーニ・ラテン文庫 3113, fol. 8

図7. オットボーニ枢機卿

F. トレヴィザーノ作, I. フライ彫版。ローマ Sp. アダミ・ダ・ボルセーナ, 『教皇庁礼拝堂付き聖歌隊のためのよき規律に基づく遵守規則』, ローマ, 1711, ニューヨーク公立図書館蔵

図6. アルカンジェロ・コレッリ

H. ハワード作, ヴァン・デ・ダフト彫版。ヴァイオリン・ソナタ...作品5, 第7番の扉のページ...ロンドン, I. ウォルシュ, ニューヨーク, R. K. 蔵

v

図8. フィリッポ・ユヴァッラ
ピエール・レオーネ・ゲッツィ作。ローマ，ヴァチカン図書館蔵，オットボーニ・ラテン文庫 3115, fol. 117

図9-14. フィリッポ・ユヴァッラによるマリア・カジミラ王妃の劇場のための素描。おそらくドメニコ・スカルラッティによるオペラのためのもの。トリノ，国立図書館蔵，Ris. 59-4

図9.「廃屋と木立のある田園」，《オルランド *L'Orlando*》，第III幕，第6場用[?]

図10.「山岳地方と海岸」，《テティーデ *Tetide in Sciro*》，第I幕，第1場用[?]

図 11. 「公園、または開放された庭園」、《テティーデ》、第 II 幕、第 7 場用、あるいは「ディアナ神殿そばの木立」、《ターウリデのイフィジェニーア *Ifigenia in Tauri*》、第 I 幕用 [?]

図 12. 「アウリスの港と碇を下ろした戦艦、および岸辺のガレー船を望む木立」、《アーウリデのイフィジェニーア *Ifigenia in Aulide*》、第 I 幕用 [?]

図13.「海岸での全軍野営」,《アーウリデのイフィジェニーア *Ifigenia in Aulide*》,第 III 幕用 [?]

図14.「牧神, およびキューピッドの寺院の眺望」,《ひそかな恋 *Amor d'un Ombra*》,第 I 幕用 [?]

図 15. ナヴォナ広場,例年 8 月に洪水に見舞われるさま
ジュゼッペ・ヴァージ作。「ローマの絶景」... 第 2 巻,1752。ニューヨーク,R. K. 蔵

図 16. サン・ピエトロ広場
ジュゼッペ・ヴァージ作。「ローマの絶景」... 第 2 巻,1752。ニューヨーク,R. K. 蔵

ドメニコ・スカルラッティの自筆

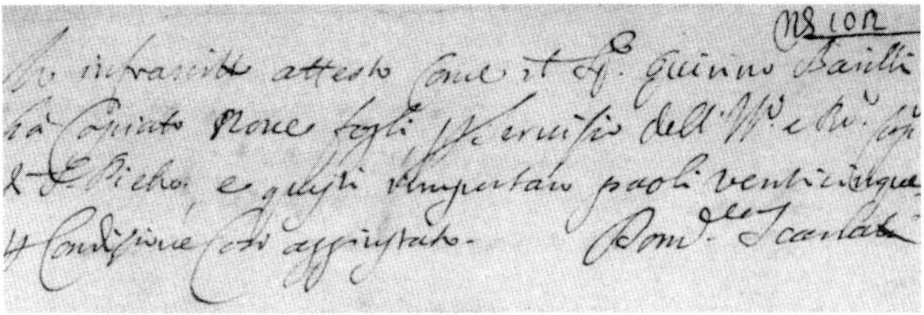

図17. 1716年4月5日　　ローマ, ヴァチカン図書館蔵

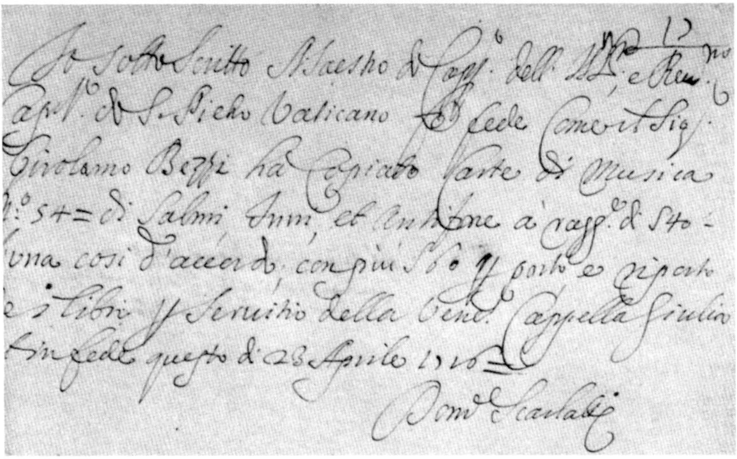

図18. 1716年4月23日　　ローマ, ヴァチカン図書館蔵

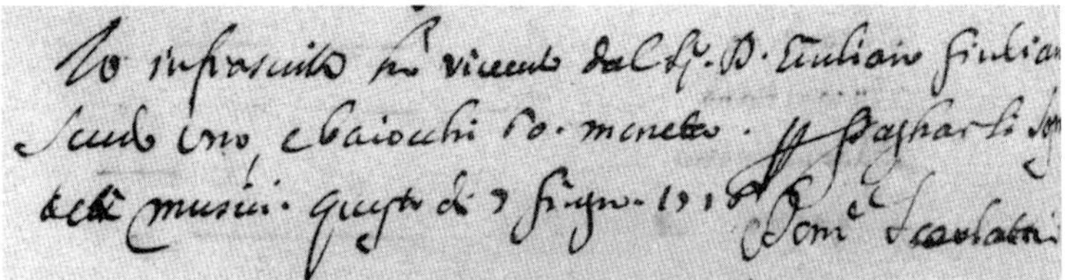

図19. 1718年6月7日　　ローマ, ヴァチカン図書館蔵

図20. 1749年10月19日（遺言書の署名）　　マドリード, 歴史公文書館蔵

図21. 《ミゼレーレ》, ト短調, 第1頁, テノール声部の自筆譜
ローマ, ヴァチカン図書館蔵

図22. 《トロメーオ》序曲, 第2楽章および最終楽章の冒頭
ローマ, 故 S. A. ルチアーニ氏蔵

図 23. 《ミサ》, ト短調より〈聖霊によりて御からだを受け Et incarnatus〉
マドリード, レアル宮, 礼拝堂 102 蔵

図 24. ジョアン 5 世
作者不詳。リスボン,サンティアゴ伯爵蔵。写真はマリオ・モヴァイス氏

図 25. マリア・バルバラ・デ・ブラガンサ, 婚約時の肖像画
ドメニコ・デュプラ作。マドリード, プラド美術館蔵

図 26. 少年のフェルナンド 6 世
ジーン・ランク作。マドリード,プラド美術館蔵

図 27. フェリペ 5 世と王族一家（中央にフェリペ 5 世とイザベル・ファルネーゼ；左にフェルナンド 6 世とマリア・バルバラ；右端にカルロス 3 世）
L. M. ヴァン・ルー作。マドリード，プラド美術館蔵

図 28. アランフェスのトリトンの泉
ヴェラスケス作。マドリード, プラド美術館蔵

図29. エスコリアル宮
ミシェル=アンジュ・ウス作。マドリード,プラド美術館蔵

図30. 女性に扮したファリネッリ

ピエル・レオーネ・ゲッツィ作。ローマ,1724,ニューヨーク,ヤーノシュ・ショルツ蔵

図 31. ファリネッリ
ヤコポ・アミコーニ作，ワーグナーによる彫版。ニューヨーク，R. K. 蔵

図32. スカルラッティの《ハープシコード練習曲集》の口絵
ヤコポ・アミコーニ作。ワシントン,議会図書館蔵

図33. スカルラッティの《ハープシコード練習曲集》から扉ページの装飾模様
ワシントン,議会図書館蔵

図 34. スカルラッティの《ハープシコード練習曲集》から
ヴェネツィア,マルチアーナ図書館蔵

図36. ドメニコ・スカルラッティ

ヤコポ・アミコーニ作。ジョセフ・フリパートによる彫版。図38の詳細部分

図35. ドメニコ・スカルラッティ

アルフレッド・ルモアーヌによるリトグラフ。アメディー・メロー、『クラヴサン奏者伝』…パリ、1867。イェール音楽学校蔵

図 37. ファリネッリ,背景にアランフェスの艦隊とともに

ヤコポ・アミコーニ作。シュトットガルト,国立美術館蔵,写真はフリック芸術文献図書館

図38. フェルナンド6世、マリア・バルバラ、およびスペイン宮廷、1752年、ヤコボ・アミコーニ作、ジョセフ・フリパートによる彫版（音楽家の演壇：ヨセフ・エランド、ヴァイオリニスト；ファリネッリとスカルラッティがその右側、譜面を手にしている）ニューヨーク、R. K. 蔵、現在マドリードの国立銅版印刷所に所蔵の原版から1949年に印刷されたもの

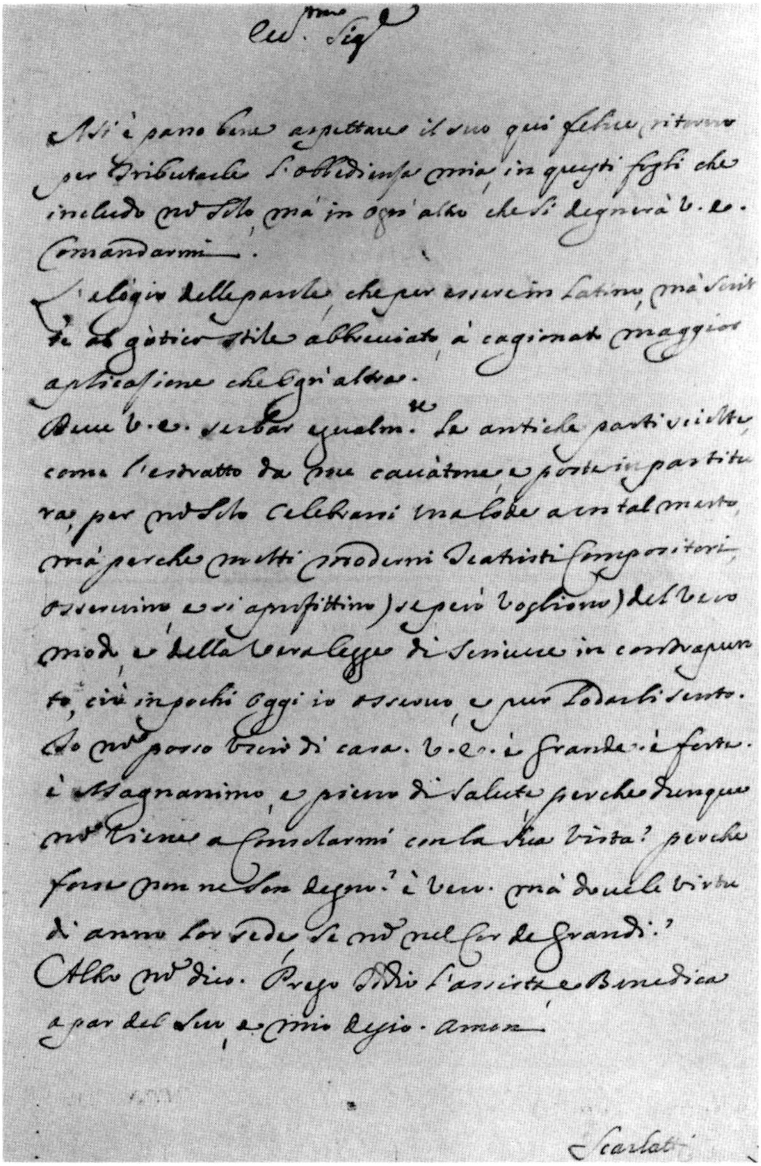

Ecc.mo Sig.re

Assi è parso bene aspettare il suo qui felice ritorno per tributarle l'obbedienza mia, in questi fogli che includo non solo, mà in ogni altro che si degnerà V.E. comandarmi.

L'elogio delle parole, che per essere in Latino, mà scritti ad gotico stile abbreviato, à cagionato maggior applicazione che ogni altra.

Deve V.E. serbar egualm.te le antiche parti scritte, come l'estratto da me cavàtone, e poste in partitura, per non solo celebrarsi tra la lode a un tal merito, mà perche molti moderni teatristi compositori, osservino e si approfittino (se però vogliono) del vero modo, e della vera legge di scrivere in contrapunto, ciò in pochi oggi io osservo, e pur lodarli sento.
Io non posso uscir di casa. V.E. è Grande, è forte, è Magnanimo, e pieno di salute perche dunque non viene a consolarmi con la sua vista? perche forse non ne son degno? è vero. mà dove le virtù di animo lor sede, se non nel cuor de Grandi?
Altro non dico. Prego Iddio l'assista e Benedica a par del suo, e mio desio. amen

Scarlatti

図 39. スカルラッティからウエスカル公爵（後の第 12 代アルバ公爵）への自筆の手紙

マドリード，アルバ博物館

図40. マドリード、レガニトス通り35番地にあるスカルラッティの家[?]（1967年までに取り壊された）

図 41. ヴェネツィア大使のホルン奏者

ピエル・レオーネ・ゲッツィ作。ローマ，ヴァチカン図書館蔵，オットボーニ・ラテン文庫 3117, fol. 64

図 42. ギター奏者,タペストリー図案

ゴヤ作。マドリード,プラド美術館蔵,写真はアンダーソン氏

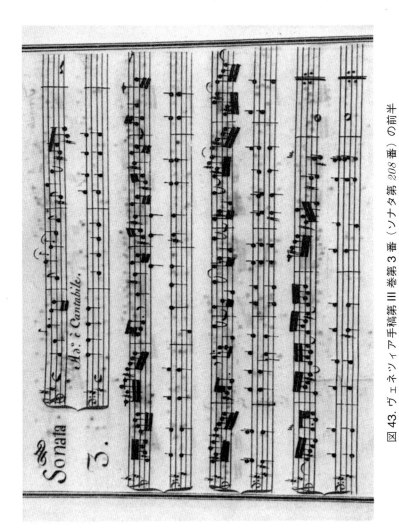

図43. ヴェネツィア手稿第 III 巻第 3 番（ソナタ第 208 番）の前半
ヴェネツィア，マルチアーナ図書館

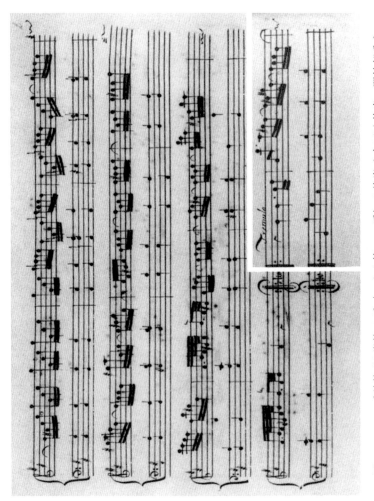

図44. パルマ手稿第IV巻第1番（ソナタ第208番）の後半｛右下は後半の開始部分｝
パルマ、パラティーナ図書館。音楽棟蔵

序

　　音楽に関わるあまたの著作の中でも，ドメニコ・スカルラッティほど無視され続けてきた作曲家はあまりいないだろう。彼についての本を書いてみるよう頼まれた1940年よりもはるか以前から，私はスカルラッティ作品の演奏家として必要な基本的情報にこと欠き，利用できる楽譜も少ないことを痛感していた。私はすでにスカルラッティの補遺的な作品について見つけ次第メモを取るということを始めており，1939年にはヴェネツィアで彼の作品の原典がおよそどのようなものであるかを知る機会にも恵まれた。しかしながら，1941年に彼の生涯と作品についての研究を引き受けることにした時，その後の12年にわたって多くの時間を占めることになったこの仕事がどれほどまでに大変なものなのか，実は全く見当がついていなかった。その動機として，長い空白を埋めようといった挑戦的な気持ちは一部にあったものの，大部分はスカルラッティについての知識と理解を確かなものにしたいという，私自身の切羽詰まった必要に迫られてのことであった。

　　1941年にこの仕事を始めた時，私にはヨーロッパの資料に接することができるなど全く思いも及ばなかった。当時考えていたのは既存の伝記的な資料を再検討し編集した本という以上のものではなく，経験を積んだハープシコード奏者による音楽の研究と解釈という潜在的価値によって全体を補うという程度のものであった。しかし，それまで書かれたものすべてについての研究および評価も含め，予備的なリストの作成と方向付けを行った後に，私はドメニコ・スカルラッティの生涯とその事績についての情報が全く不足していることを全面的に認めざるを得なかった。シットウェルの小さな本[1]に刺激された事もあり，音楽そのものは別としてひとりの人間としての彼の姿，あるいはその生涯のありようを伝えることができる唯一の方法は，彼の時代背景や彼に関わったとされる人達を通して呼び起こされる，その謎めいてほとんど不可視な姿，彼の肖像を描くことだ，と私には思われた。その際，私はこれらの背景や人物達をできる限り18世紀の目を通して眺めたいと考えた。そこで，1943年の夏のほとんどをイタリア，ポルトガル，スペインの歴

---

[1] Sacheverell Sitwellの著書，『ドメニコ・スカルラッティの背景』(1935)を指す（付録『参考文献』参照）。

史についての一般的な知識を得ることに費やし，また私から見てスカルラッティに繋がりがあると思われる人物達について入手可能な限りすべての伝記的情報を調べ上げた。同時代人の日記や備忘録，手に入る限りすべてのイタリア，ポルトガル，スペインへの18世紀旅行者による雑誌などのおかげで，私はこの本の中でほんの一部しか取り上げることができなかった大量のメモや抜粋を得ることになった。

続く数年間，当時の時間の相当部分を占めていた演奏活動による頻繁かつ長い中断を別として，私はこれらの素材を整理統合することに忙殺されたが，当時私が文献学や歴史学の知識をほとんど持ち合わせていなかった故の苦労は断るまでもない。しかしながら1946年の夏に，私は当時ヨーロッパの資料に接することなく米国内で集めることができた膨大な資料に基づいて（スカルラッティ自身についてはほとんど何もないにもかかわらず！），この本の伝記部分についての草稿をなんとかまとめあげることができた。

1947年のヨーロッパへの再訪問によって，この本の伝記部分は，その基本的な意図もさることながら，これまで未出版であった資料が大量に使えるようになったことで大きく書き換えられた。私はロンドン，パリ，ローマ，ナポリ，ボローニャ，パルマ，およびヴェネツィアにある図書館や公文書館で仕事をすることができ，さらにイタリアでひと夏を過ごしたことも役に立った。とくに，私の決断の中でもっとも重要だったものはスペインへの訪問である。この訪問によりいまだ不十分であったものの大量の新しい資料がもたらされただけでなく，スカルラッティの音楽に対する私の態度も根底から変わってしまうことになった。私がどんな些細な考えにせよスカルラッティの解釈者として自立できると感じられるようになったのはこの時以来である。

その間，1943年以降私はこの本の音楽部分についての基盤とするべく，全ハープシコード・ソナタの年代的な研究を始めていた。私がこれを完成させたのは1947年夏の間である。1948年のローマでの夏は伝記的な部分の再構成と，イタリアやスペインで新たに得られた資料を整理することに費やされた。続いて秋のスペインへの短期間の再訪とポルトガルへの訪問によりさらに新たな資料が付け加えられた。この年の残りの時間，私は演奏活動の合間にホテルやプルマン式寝台車の中でタイプライターを広げ，家では練習やリハーサルを割いてスペイン語やポルトガル語の文書を書き写し，当時私が愚かにもほぼ最終稿に近いと信じていたスカルラッティの伝記を書いていた。

1949年の夏は，音楽部分の執筆と構成に伴う困難と格闘しながらローマで過ごしていた。この時も，もちろんこれが最後ではなかったが，私は年代順に一連のソナタをすべて見直し，それらの基本的な性格や背後にある様式上，

和声上の構造についての基本原理をいかにして紙の上で伝えるかについて記述を補足し，考えを明確にしようとした。こうして私はその音楽部分の草稿を何とか書き上げたが，これがもしまだ残っていたとすれば，音楽についての知識や演奏家としての音楽理解があろうとも，とんでもなく無意味なことを書いてしまうことに対して何ら防ぎようがないことを証明したであろう。伝記部分と音楽部分の間には厄介な問題があることがはっきりするにつれ，私はそれらを統一しようとする試みと分けてしまおうという決断の間で常に揺れ動いていた。その後，私は特にある作品について，現実を踏まえず想像の次元でものを言うことがいかに危険であるかを認識するようになった。私がある作品について書いたことは，演奏者としてかくあるべしと感じる内容を歪め，あるいは制限してしまうことをしばしば思い知らされた（私は自分が書いたプログラムノートの不完全で誤解を招く記述と戦うために，目前の楽器に黙々と携わる自分を何度も目にするはめに陥った）。

　1950年の夏，再びローマで過ごしていた私は，音楽部分についての問題を解決するべく，1949年に書き上げていたものの大部分を破棄してしまった。そして私が最初に意図したように，伝記部分と音楽部分を分けることに決めた。私は，仮に高い文学的能力が自分にあったとしても，音楽的な人物像を言葉で完璧に表すことはできないし，もし自分の人生のさらに長い時間を推敲と改訂に費やしたとしても，スカルラッティの音楽についてはある限られた面についてしか論ずることができないことを悟った。そしてさらに音楽家としての自分のみがそれらに統一をもたらすことができるであろうことも悟るに至った。

　構成の上ではそのように見せかけているにもかかわらず，この本がスカルラッティと彼の音楽の真の姿を表したものではない，と私が考えるのは上記のような理由である。それは人物像に一連の手掛かりを与える以上のものではなく，人物像は音楽そのものによってのみ完成されるのである。ちょうどその伝記的な部分でスカルラッティの人生を彼の周辺の人物や場所から描き出そうとしているように，音楽部分についても非公式なデータ，解釈に関する注釈，和声，様式，および演奏の特殊な面について検討することにより，歴史の偶然によって失われたスカルラッティ個人に由来する事物と同様に，印刷された本のページの中からその本質上必ず抜け落ちるであろうような何かを示そうと努めた。

　この本の資料について，私は以下の図書館およびその職員に多くを負っている。ニューヘヴンのイェール大学図書館，イェール音楽学校図書館；ワシントンの議会図書館；ケンブリッジのハーヴァード・カレッジ図書館；ニュー

ヨークの公共図書館，フリック芸術文献図書館，スペイン協会；ロンドンの大英博物館，王立音楽院図書館；ケンブリッジのフィッツウィリアム博物館；パリの国立図書館，ヴェネツィアのマルチアーナ国立図書館；パルマの王宮図書館，ボローニャの初等音楽学校図書館；ローマのヴァチカン教皇図書館，聖ペトロ公文書館，聖チェチーリア図書館，アンジェリカ図書館；ナポリのサン・ピエトロ・ア・マイエッラ；マドリードの国立図書館，国立歴史資料館，宮廷図書館，宮廷文庫，王室礼拝堂公文書館，議定書歴史図書館，市立図書館，新聞雑誌資料館，アルバ博物館；リスボンの国立図書館，トーレ・ド・トンボ国立文書館。

　この研究にとって貴重な情報と助言を与えてくれた私の先人達，亡くなる直前まで変わることのない関心と助力をもって私の仕事を見守ってくれたローマのS.A.ルチアーニ，彼女の未出版資料すべてを私の利用に供してくれたミュンヘンのルイーゼ・バウアー（それによって彼女が最初に発見した多くのことが初めて印刷された形で公開された）に感謝を捧げたい。私の予備的な仕事について，英国ではヴィア・ピルキントン，フランク・ウォーカー，エドワード・J・デントに，フランスではアデマールとウジェルの両氏に，イタリアではヴィルジリオ・モルターリ，フェルッチョ・ヴィニャネッリ，A・E・サッフィ伯爵，アルナルド・ファーロッティ神父，エンニオ・ポリーニ，ドーロ・レヴィ，フランチェスコ・マリピエーロ，ウルデリコ・ロランディ博士，イタリア・フィルムサービス，ダグラス・アランブルック，および米国文化随行員事務局に，そしてスペインではサン・ルカール公爵，ウォルター・スターキー，マーガレット・コール嬢，レスリー・フロスト嬢，サルティリョ侯爵，マチルデ・ロペス・セラーノ，フェデリコ・ナヴァッロ・フランコ，ホセ・スビラ，エンリケ・バレーラ，そしてスカルラッティ家の方々，特にフリオ・スカルラッティ，ローザとルイス・ラッロに，ポルトガルではいくつかのドメニコによるポルトガル語声楽曲とジョアン5世の肖像を送ってくれたサンチャゴ・カストナーとマリオ・デ・サンパヨ・リベーロに，ウィーンではベークマン・カノンに，そして米国では数えきれないほどの友人達に助けられた。

　本書の図版については，ドメニコのオペラのために描かれた一連のユヴァッラの素描すべてを私のためにトリノから調達し，その中からゲッツィの素描の出版を許可してくれたヤノシュ・ショルツに大変お世話になった。またマドリードからアミコーニの手になるスカルラッティの肖像とおぼしき版画のコピーを持ち帰ってくれたジョン・サッチャー，私のためにスカルラッティの家の写真を撮ってくれたジョン・ヘイヴマイヤー，そしてイタリアのハー

プシコードの写真を用意してくれたエマーヌエル・ヴィンタニッツにもお世話になった。映像関係のことに関してはアグネス・モンガン，ポール・ザックス，エドガー・ウィンド，サンチェス・カントン，ハイアット・メイヤー，アルバート・M・フレンド，そしてエドワード・クロフト＝マリーから貴重な助言を頂いた。

　本書の特に歴史的な部分について，最初にそれを私に書くよう勧めてくれたカールトン・スプレイグ・スミスから貴重な手助けを頂いた。同じくマンフレート・ブコフツァー，レーオ・シュレイド，オリヴァー・ストランク，アーサー・メンデル，およびエヴァ・J・オメーラにも図版に関する貴重なご意見を頂いた。私の本が徐々に形をなす途上で，これらすべての人々にはいろいろな部分について批判も含め大いに助けられた。

　特に伝記的な部分についての厳しい批判については，オメーラ嬢，ジョン・ブライソン，デイ・ソープ，ソーントン・ワイルダー，そして他の多くの友人達に大変お世話になった。中でもビーチャー・ホーガンには8つの章に関しての細部にわたる批判と訂正に長時間を費してもらい，また，ネイサン・ヘイルの透徹した注釈からは，後に強い影響を受けることとなった。

　音楽に関する各章については，数多くの批判や議論を楽しむことができたのは幸運であった。特にスカルラッティの和声に関する章や，その中の諸要素については，マンフレート・ブコフツァー，ロジャー・セッションズ，ダリウス・ミヨー，エリック・イトー・カーン，クインシー・ポーター，およびパウル・ヒンデミットにお世話になった。演奏に関する章は，他の誰からよりも多くを学んだ私の唯一の音楽家の知己，ディラン・アレクサニアンの影響とアイデアを強く反映したものになっている。

　この10年というもの，私は度々親切なもてなしを受けたが，それはこの本への多くの直接の貢献と同様に私を勇気づけ，支えてくれるものであった。しかも，私はしばしばその両方を受け取ったのである。その中でも特に記憶に残るのは米国アカデミーのローレンスおよびイザベル・ロバーツと過ごした楽しくも厳しいローマでの3回の夏であった。同じく深い感謝の念を持って思い出すのは，最終稿を書き上げる間，寝込んでしまいなす術のない私をロイスおよびクインシー・ポーターに客として手厚くもてなされて過ごした2週間である。

　ほとんど丸1年というもの，記録のチェックや原稿の準備のために私と一緒に働き，時として夫人の力を借りて最終タイプ原稿の大部分と譜例を用意してくれたアルバート・シーイーには特段の感謝の意を表したい。さらに，プリンストン大学出版部にはこの本を満足のいく形で取り扱って頂いたことに

心から深く感謝する。

　ここに言及した方々，そしてそれに加えてなお多くの方々に恩恵を被ったことを永く謝するものである。

1953 年 6 月　コネティカット州，ギルフォードにて

　この再版に当たって，小さいながらも明らかな誤植が大方訂正された。ミュンスターとウィーンの原資料に直接あたることによって，付録と目録の部分について重要な変更と追加がなされた。

　ここでさらにお世話になった方々を書き記しておきたい。索引を作って頂いたアルフレッド・クーン，ミュンスターで温かい歓迎と必要な写真を用意してくれたヴィルヘルム・ヴェールマン博士，そして行方不明になっていたアミコーニによるファリネッリの肖像画（図 37）の所在を突き止めてくれたチャールズ・バックレイの各氏である。

1955 年 5 月　コネティカット州，ギルフォードにて

　追加と訂正の項（原書第 465 ページ以降）で，1955 年以来蓄積されてきた資料についての解説がなされている。1976 年以降イェール音楽学校図書館にある私のスカルラッティ文庫にはさらなる新資料が追加されることになるであろう。図書館司書，および私の秘書であるシャーリー・マックからは欠くことのできない助力を頂いた。

1982 年 11 月　コネティカット州，ギルフォードにて

目　　次

図版（図1〜44）　　i〜xxxii
序　　　　　　　1
目次　　　　　　7
凡例　　　　　　12
訳者注　　　　　13

I　幼年時代 ——————————————————————— 16

ナポリ…16　　出生…17　　スカルラッティ一家…18　音楽学校…22　　アレッサンドロによる教育…23　　ドメニコの最初の雇用…25　　政情不安…26　　最初の旅，ローマ…27　　フィレンツェとメディチ家のフェルディナンド大公，クリストフォリの楽器…28　　ドメニコ最初のオペラ…29　　ナポリからの出立…33

II　若き鷲 ————————————————————————— 35

アレッサンドロの手紙…35　　ヴェネツィア…36　　音楽と仮装…37　　音楽院…38　　ガスパリーニ…40　　ヴェネツィア・オペラ…42　　ドメニコのハープシコード演奏に関する最初の記録…44　　ロージングレイヴ…46　　ヘンデルとの友情…47

III　父からの遺産 ——————————————————— 50

クリスティーナ女王とその取り巻き…50　　枢機卿オットボーニ…52　　パスクイーニ…56　　コレッリ…58　　アルカディア…58　　ポーランドのマリア・カジミラ…61　　カペーチ，ユヴァッラとドメニコのオペラ…63

IV　教会と劇場 ———————————————————— 72

ヴァチカン…72　　ポルトガル大使館…75　　ローマの劇

場とドメニコ最後のオペラ…76　　解放…80　　不確かなロンドンへの航海，出立…81

V　リスボンの総大司教区 ─────────── 83

リスボン…83　　ジョアン5世…83　　王室礼拝堂…84　　マリア・バルバラ…87　　ドン・アントニオ，セイシャス…89　　アレッサンドロの死…91　　ドメニコの結婚…92　　王室の婚姻…95

VI　スペインの風景 ─────────── 98

セビリア…98　　フェリペ5世とイザベル・ファルネーゼ…101　　フェルナンドとマリア・バルバラ…103　　アランフェス，ラ・グランハ，エスコリアル…104　　マドリード…108　　ユヴァッラと王宮…109　　ファリネッリの到着…110　　マドリードにおけるオペラ…114　　スカルラッティの爵位…116　　《ハープシコード練習曲集》…118　　スカルラッティの肖像画…121　　カタリーナ・スカルラッティの死…122　　フェリペ5世の死…123

VII　音楽狂の治世 ─────────── 125

フェルナンドとマリア・バルバラの即位…125　　スカルラッティとファリネッリ…127　　宮廷オペラ…128　　アランフェスでの船遊び…130　　ハープシコード・ソナタ…132　　スカルラッティの再婚と家族…134　　アミコーニによる肖像画…136　　スカルラッティの現存している唯一の手紙…138　　王室礼拝堂…140　　ソレール…141　　スカルラッティのスペイン外での名声…142　　終わりの前兆…145　　スカルラッティの遺言状と死…146　　マリア・バルバラおよびフェルナンド6世の死…149　　新しい体制とファリネッリの出立…151　　子孫…152

VIII　王家のソナタ ─────────── 156

王妃用の手稿，その他の手稿…156　　失われた自筆譜…158　　ソナタという名称…160　　対の配置…160　　ソナタの作

曲年代…163　　　　初期の作品，スカルラッティの鍵盤様式の背景…164　　　最初期の作品…169　　　フーガ…171　　　初期のソナタ…173　　　練習曲集…174　　　フランボアイヤン時代と易しい作品…179　　　中期…182　　　後期のソナタ…187

IX　スカルラッティのハープシコード ─────────── 193

ファリネッリ，および王妃の楽器…193　　　スカルラッティのハープシコードに関する結論…196　　　初期のピアノフォルテ…201　　　スカルラッティのオルガン音楽…202　　　スカルラッティのハープシコード演奏…204　　　スカルラッティの鍵盤テクニック…205　　　オルガン，ギター，およびオーケストラと境を接するハープシコードの音響…212　　　ハープシコード音の陰影づけ…214　　　他の楽器の模倣…216　　　スペインのギターの影響…223

X　スカルラッティの和声 ────────────────── 224

スカルラッティの和声様式の一貫性…224　　　主要三和音と三和音の分析…225　　　転回と根音バス…228　　　和声的語彙の他の要素，七の和音の特殊性…230　　　和声のカデンツ的進行 対 全音階的進行…237　　　垂直的な和声の強度…238　　　スカルラッティの和声処理における本質的な特殊性：声部の欠落と付加，声部の転置，和声の省略，実際のおよび暗黙の保続音…241　　　和声の重畳…245　　　圧縮と拡張…249　　　ロンゴの「訂正」とスカルラッティの意図…253　　　平均律と調の体系…257　　　転調に関するソレールの規則…259　　　一時的および構造的な転調…263

XI　スカルラッティ・ソナタの解剖 ─────────── 267

変化に富んだ有機体としてのスカルラッティ・ソナタ…267　　　定義…267　　　構成要素の識別と機能，核心部…268　　　開始部…275　　　継続…276　　　推移…276　　　前核心部…277　　　後核心部…277　　　終止…277　　　終結推移…278　　　終結…278　　　回遊部…278　　　再提示…279　　　主要な形式…280

閉じたソナタ…281　　開いたソナタ…281　　例外的な形式…283　　調構造…285　　主題的素材の扱い，主な3つの伝統…289

XII　スカルラッティ・ソナタの演奏 ———————— 293
演奏家の心構え…293　　スカルラッティの楽譜…295　　レジスターの扱いとデュナーミク…296　　テンポとリズム…305　　フレージング，アーティキュレーション，インフレクション…316　　表現の幅…332

付　　録 ———————————————————————— 335
スカルラッティの家系図

付録I　スカルラッティ家 ———————————————— 337
A. スカルラッティ一族について…337　　B. スカルラッティの家系図…340

付録II　ドメニコ・スカルラッティとその子孫に関する年代順の文書 ———————————————————————— 341

付録III　楽器に関する文書 ————————————————— 355
A. オットボーニ枢機卿の楽器…355　　B. マリア・バルバラ王妃の楽器に関する資産目録…356　　C. ファリネッリの遺言状の音楽および楽器に関する条項…356　　D. スカルラッティのオルガン作品におけるレジスターの指示…356

付録IV　スカルラッティの装飾法 ——————————————— 358
A. 情報源…358　　B. アッポッジアトゥーラ…360　　C. 短いアッポッジアトゥーラ…362　　D. 長いアッポッジアトゥーラ…365　　E. トリル…372　　F. 結合トリル…376　　G. 終止音付きトリル…378　　H. 上接アッポッジアトゥーラと

トリル…380　　I. 下接アッポッジアトゥーラとトリル…381
J. トリルの長さ…385　　K. トレムロ…385　　L. 記号で示
されないその他の装飾音…389　　M. スカルラッティの楽譜
への付加…393　　N. リズム表記における特殊性…394

付録 V　鍵盤作品 ──────────────────── 396
A. 主要な手稿資料…396　　B. その他の二次的な重要性を持
つ手稿に関する覚書…398　　C. 18世紀に印刷出版された ス
カルラッティ・ソナタ…399　　D. 1800年以降の主要な版…
410

付録 VI　声楽作品 ──────────────────── 412
A. オペラ…412　　B. オラトリオ,セレナード,およびその
他折々の音楽…419　　C. ドメニコ・スカルラッティ作とされ
る室内カンタータおよびアリアの目録の一部…421　　D. 教
会音楽…424

付録 VII　その他,疑わしい,あるいは偽の作品 ─────── 427
A. ドメニコ・スカルラッティに帰せられるその他の作品…427
B. 贋作の鍵盤作品…428　　C. 贋作の声楽作品…430

参考文献　　431

作品目録への覚書　　447
スカルラッティ・ソナタの目録およびほぼ年代順に従った主要資
　料の一覧表　　449
ロンゴ版の順序によるソナタの一覧表　　480

索　引　　483

監訳者あとがき　　500
訳者あとがき　　502

凡　　例

　本書中のソナタの番号は，巻末のソナタ目録の番号に従っている。この目録では各ソナタのロンゴ番号，およびそれらの第一義的な資料が明示されている。私の番号付けと他の番号体系とを区別する必要がある場合には，番号の前に K の文字を付けている。目録に続く表はロンゴ番号を K 番号へと変換するためのものである。第 XI 章のローマ数字によるソナタ番号，および残りの章におけるイタリック体アラビア数字のソナタ番号は，本書中の例に加えて音楽の実例を提供するために私が用意した校訂版（《60 のソナタ》，ニューヨーク，シャーマー社）を指し，それらはさらに私の演奏による録音（コロンビア，オデッセイ・レコードにより再録）によって補足されている。

　譜例については，それに付けられた説明文中に引用された第 1 次資料から採られている。しかしながら，付録 IV の譜例はヴェネツィアおよびパルマ手稿に基づいている。可能な限り，譜例および引用部分に，ロンゴ版の対応する小節番号を入れておいた。

　年代順あるいは表題により，参照された原資料が付録あるいは目録でどこにあるかが明らかな場合には，本文中での原典表記は行っていない。略名で言及された書籍については，その完全な書誌情報が参考文献に与えられている。

　記録文書については，つづり方および句読点は書かれてある通りに転記した。18 世紀における大文字の使用は，正確に従うにはあまりにも不確かな場合が多い。英語の文書については原典のつづり方を尊重しているが，ブレンヴィル，クラーク，およびマナリングからの引用については，固有名詞を大文字あるいはイタリックで表記する 18 世紀の作法を省略した。

訳者注

　本書は，Ralph Kirkpatrick（1911–84）による著作，"Domenico Scarlatti"（Princeton University Press, 1953, 1981）の本文の全訳である。なお，底本としては 1983 年出版のペーパーバック版を用いた。

1. 補　遺
　　序文で著者も述べているように，原書巻末には 1955 年の第 2 刷以降の研究の進展などにより必要になった変更や修正を纏めた 1982 年 11 月付けの補遺が掲載されている。これらの変更・修正は相当数にのぼり，それによって元の記述と大きく異なっている部分も少なくないにもかかわらず，巻末を参照しなければそれと気づかず見落とされる可能性が高い。そこで，本訳では読者の便宜のためにこれらを（譜例中の訂正も含め）すべて本文の中にあらかじめ組み入れたものを訳出した（これに従い，原書巻末第 465 ページ 以降の「正誤表および補遺」の部分は割愛した）。
2. 原文省略
　　付録 II，および付録 III B，C で原書に引用された記録文書の原文については，原出版社の了解のもと省略した。
3. 家系図
　　底本の原書では文書で掲載されているが，読者の便宜を考えて初版にある図表を掲載した。両者の間には内容的相違は見られない。
4. 索　引
　　索引については原書を参照しながら新たに作り直したものであり，項目などは必ずしも一対一に対応しているものではない。
5. 脚　注
　　原書にある脚注は，番号も含めすべてそのままにしてある。イタリック体の原文は中ゴシック体で記し，必要に応じて原表記を示した。人名，地名については原文を尊重しつつも，可能な限り各国原語による表音をカタカナで表示することとした（ただし，文献資料の著者名その他については，本文に登場する場合，あるいは歴史的によく知られた人名以外は原語表記のままとした）。

6. 訳　注

　必要に応じて訳者による注釈を波括弧｛ ｝で挿入した。なお，18世紀音楽とその背景的な事物に馴染みのない読者のために，さらに必要と思われる項目については片括弧付き数字で訳注を施し，本文の脚注とともに掲載した。

7. ソナタ番号

　凡例に注記されているように，原書にあるソナタの番号中，イタリック表記のものは原著者による《スカルラッティ：60のソナタ（上）（下）》（邦訳，全音楽譜出版社）に取り上げられたものを示す。

8. 譜　例

　譜例番号は，原書通り，章ごとの通し番号である。18世紀中頃の手稿は，筆記スタイルがまだ確立していないこともあって写譜師によってさまざまであるため，典拠を定めた本文中の引用楽譜については，原則として原書に基づいている。

9. 訳　語

　翻訳に際しては，なるべく平易な言葉を用いるよう心がけたが，著者が特にこだわりを持って使用するsuperposition, contraction, extentionについては，それぞれ「重畳」「圧縮」「拡張」と訳出した。「重畳」とは異なる和音の機能を瞬時に重ね合わせる意で，また「圧縮」はカデンツ進行を凝縮して，それらの機能を一時的に重ね合わせる意で用いている。「拡張」は「圧縮」の対語であり，一般に音楽分析で用いる「拡大」「縮小」とは区別している。

10. その他

　原文には現代では配慮の必要な表現があるが，原文のオリジナリティを尊重する立場から，そのまま訳したところもある。

ドメニコ・スカルラッティ

ドメニコ・スカルラッティ
ドミンゴ・アントニオ・デ・ヴェラスコ作
アルピアルサ，ポルトガル，ホセ・レルバスにより遺贈

I　幼年時代

ナポリ

　1685年，ナポリは今と同じように人で溢れ，喧噪に満ち，そして汚いところであった。当時からすでに少し古びた感じで，街の小高い丘から眺めると崩れかけた中世の要塞が港越しに見えた{図1}。海岸から丘の上まで，壮麗さと汚さ，雄大さとみすぼらしさがない混ぜになって溢れ返っていた。側溝の悪臭がまさに梁飾りへと立ち上る豪邸は日あたりのよい広場と幅広くその境を接し，あるいは1944年当時の連合軍兵士に対してもそうであったように，狭い路地を覆い隠して堅気の金持ちの立ち入りを拒んでいた。ナポリの丘の斜面に密集する薄暗い路地を寝ぐらとしている住人達は今と同様，当時もまた路上で生活していた。通りというものは通り抜けや散歩のためだけにあるのではなく，社会生活や自然の営みの中心であった。裸の赤ん坊は掃き溜めの中で遊び，彼らの兄弟姉妹は犬やラバを追いかけ，そしてより年長者達は恋を囁きあっていた。もっと狭い通路では時折響き渡る蹄（ひづめ）の音が裸足で歩く人間の足音をかき消した。十分広い通りでは荷車のがたつく音，鞭の響き，また馬に向かって弱腰に懇願する，あるいはもっとありそうなこととして，あのヴェスビアス山のように罵るナポリの御者の声が聞こえたかもしれないが，それらは街角に積み重ねられたメロンやピーマンのように豊かで多彩であり，近所の市場の魚のように匂いを放っていた。この喧噪はシエスタ{昼寝}の時間に少しだけ収まったあと，夜にはギターの音や罵り合ったり愛の悲嘆にくれるナポリ人の甲高い声に入れ替わる。だが，比較的静かな早朝の数時間ですら，ナポリで静寂ということは滅多にない。港の左岸へと煙を上げるあの火口のように，すべてのものは潜在的に運動し，爆発的であった。ナポリの通りの持つかの上品さ，清潔さ，荘重さといったものは副王や教会のもったいぶった儀式の折にでもなければ滅多に気づかれることはなかった。大部分においてそのような美徳は宮殿の中庭や固く閉じられた上層階の鎧戸の背後に隠されていた。

　ドメニコ・スカルラッティの家族はおそらく上層階，あるいはトレド通り[1]か

---

[1] 1699年2月，アレッサンドロ・スカルラッティはトレド通り，現在のローマ街道にあったパンノーネ公爵の家に寄寓している（Prota-Giurleo, pp.8-10.）。

らずっと奥まった中庭を囲む居所に引越したことを喜んでいたであろうが，混沌とした唸るような音はほとんど一日中壁を通してその寝床まで届いていたに違いない。仮に彼の幼少時，家の外から届く騒音や活気に欠けていたとしても，それは子供部屋から聞こえて来る彼の兄弟姉妹の叫び声や歓声によって十分埋め合わされていたであろう。ドメニコはその人生のはじめに孤独というものをほとんど知らなかったのである。

出　生

ドメニコ・スカルラッティは1685年10月26日に生まれた[2]。彼は1679年から1695年にかけてアレッサンドロ・スカルラッティとアントニア・アンザローネの間に生まれた10人の子供達のうちの6番目であった（彼らはローマで1678年4月12日に結婚している）。アレッサンドロ・スカルラッティは，25歳にしてつとにその音楽的な豊穣さを誇示しており，オペラ作曲家としての名声の頂点へと急速に上りつつあった｛図2｝。1660年5月2日パレルモに生まれ，ローマで若くしてスウェーデン女王クリスティーナに見いだされてこの世界に入り，1680年以来彼女の**宮廷楽長**として仕えていたアレッサンドロは[3]，ドメニコの誕生のわずか数ヶ月前にスペインのナポリ副王の**宮廷楽長**という新しい職に着くためにナポリに着いたばかりであった。ドメニコの洗礼記録は，彼の家族についてナポリの最上流階級からの後援があったことを証言しており，王族の庇護の下にあるという彼の人生をあらかじめ預言するものになっている。その記録には，幼児ドメニコは大昔からの地中海の習慣である産着にくるまれ，「洗礼盤の前で［ナポリ副王妃］コロブラノ王女 D. エレアノラ・デル・カルピオ夫人とマッダローニ卿ドメニコ・マルシオ・カラファ氏の高貴な腕に抱かれていた」，とある。

ローマで生まれたドメニコの兄姉達の名付け親も，彼の場合と遜色のないものであった。それらの中には，かの建築家[2)]の子息であるフィリポ・ベルニーニ，パンフィリ枢機卿，フラミーニア・パンフィリ・エ・パッラヴィチーニ，そしてクリスティーナ女王その人も含まれていた[4]。しかしながら，その貴族

---

[2] 以後脚注に示さない限り，ドメニコ・スカルラッティと彼の家族についての伝記的記録のすべての情報源は付録 I および II に一覧表示，引用，あるいは要約された文書である。

[3] Dent, pp.25, 34; Tiby, p.276; Fienga, in *Revue Musicale*, X.

[4] Fienga, "La véritable patrie et la famille d'Alessandro Scarlatti", pp.230-235.

[2)] Gian Lorenzo Bernini（1598–1680）。バロック期を代表するイタリアの彫刻家，建築家，画家。

社会とのつながりによってナポリの群れをなす民衆からは十分な距離をおいていたものの，スカルラッティ家の人々，というよりもスカルラッティ一族は，いまだシチリアの名もない出自から完全には浮かび上がっていなかった。アレッサンドロは，ドメニコも人生の後半で得ることになる**騎士**の称号をいまだ得るには至っていなかった[5]。百年，あるいはそれ以上にわたってドメニコとその子孫が享受した貴族のような権利はまだ彼らに対して開かれていなかったのである。スカルラッティ家の人間は全員，その栄光の頂点にあったアレッサンドロとドメニコですら，彼らの上位の階級からの庇護に依存していたのである。最高位の社会階級，また貴族階級からなる集団への出入りが容易であったにもかかわらず，彼らはお雇いの音楽家であった。

スカルラッティ一家

ドメニコのシチリア方の祖父，ピエトロ・スカルラッティはトラーパニに生まれた。1658年5月5日，彼はパレルモでエレオノーラ・ダマトと結婚した。おそらく彼自身は音楽家であったのだろう，というのも生存した6人の子供のうち，5人は音楽家か音楽に関係した人物であった。1672年にパレルモのスカルラッティ一家が離散した後，彼やその妻がどうなったかについては何も知られていない。スカルラッティ家が最初にナポリに落ち着いた時期についても同様である。ともに音楽家でドメニコの叔父であるフランチェスコとトマゾは幼少時よりそこに住んでいたが，彼の叔母であるメルキオッラとアンナ・マリアはローマから数年前に移り住んだばかりだった[6]。アンナ・マリアは歌手であった。

アレッサンドロ・スカルラッティ自身がナポリで出世した時期は，少なからぬ醜聞に見舞われている。1684年2月17日に彼がナポリ副王の**宮廷楽長**に任命された当時，著名なフランチェスコ・プロヴェンザーレ[3)]をはじめナポリの地元音楽家の間ではよからぬ噂が流れていた。その頃，彼の弟であるフランチェスコも第1ヴァイオリン奏者の地位を得ている[7]。同時代の日記作者は以下のように伝えている。「11月初旬，かの副王は法務秘書官，……ポッツオーリ統領でもあった執事長，そしてひとりのお気に入りの小姓を解任し，

---

5 アレッサンドロ・スカルラッティの**騎士**という称号は1716年およびそれ以降に現れる（Dent, pp.132-133.）。第7章，脚注85を参照。
6 Prota-Giurleo, pp.9, 18, 21-22; Dent, p.35.
7 Dent, p.34
3) Francesco Provenzale（1624–1704）。イタリア・バロック期の作曲家，音楽教育者。

彼らの面目を失わせた。というのも彼らは数人の女優達と親密で不道徳な関係を持っていたからであり，その中のひとりは**スカルラーティ** *Scarlati* という名であったが，その兄は他のヴィルトゥオーゾ達との競争の末に，かの副王から宮殿の宮廷楽長に任命されていた。彼らは｛古代ローマ式の｝三頭体制を敷いて好き勝手に事務官や責任者を処分し，もっとも高値の金銭を提示あるいは持参した者にその地位を与え，金儲けのためとふしだらな女優達を喜ばすためにその他の不道徳な所業に及んだ。これらを知らなかった副王が前述のさまざまなことがらを告げられ，彼らをすべて解任し退けたのである。かの**スカルラーティ**とその仲間に対し，副王はこの街を退去するか修道院に閉じ込もるように命じた。この命令に従って，彼女らはヴィカリア近くにあった聖アントニエッロ修道院に隠棲した」[8]。「それにしても，慎み深い女優やオペラ歌手といったものは，大英帝国よりもイタリアの方でこそ珍しい存在である」と後年バーニー博士[4)]が書いている[9]。

　これは家族の内輪の秘密のすべてではない，というのも 1679 年のアレッサンドロのローマデビューは，彼の妹のひとりに関する醜聞の嵐で彩られていたからである[10]。しかし，地中海諸国では秘密は念入りに封印されもしなければまじめに記憶されることもなく，ドメニコの叔母達は，彼が成長するまでには 2 人とも恵まれた結婚によって世間体を保つに至ったように見える。1688 年にメルキオッラは副王付の礼拝堂でコントラバス奏者をしていたニコロ・パガーノと結婚した[11]。アンナ・マリアは 1699 年，裕福なナポリの船主で時としてオペラ興行師でもあったニコラ・バルバピッコラと結婚するに際し，自分の年齢をごまかし，あるいは過去については曖昧な態度を取る方が無難だと悟った[12]。

　幼いドメニコ・スカルラッティは，今やナポリに確固とした地位を成し，なおも成長しつつある一族の中心にいた。父親が初めて職業音楽家として知ら

8　Prota-Giurleo, pp.7-8，ドメニコ・コンフォルトの日記より，ナポリ，Bibl. Naz. ウォーカー（pp.190-191）は問題の妹が従来考えられていたアンナ・マリアではなくメルキオッラの方だったと考えている。

9　Burney,『修道士メタスタージオの生涯と著作についての思い出』，Vol. I, p.101.

10　Ademollo, pp.157-158; Dent, pp.23-24. これらはいずれもスカルラッティの問題の妹が誰であったかについては詳らかにしていない。

11　Prota-Giurleo, p.18.

12　前掲書，pp.8-10, 16.

4)　Charles Burney（1726–1814）。英国の音楽家。音楽史家。ヨーロッパ大陸各地を旅行し，数々の見聞記を著した（付録『参考文献』参照）。

れるようになる 1680 年[13]，あるいは当時まだほんの子供であった彼の叔父フランチェスコとトマゾがナポリに到着した時点から，彼の家族のナポリにおけるルーツがどのくらいまでさかのぼることができるのかは定かではない。パレルモで一家が離散した 1672 年頃，すでにナポリに住んでいたスカルラッティの親戚がいたかもしれない。ドメニコの母アントニア・アンザローネはローマ生まれの娘であったが[14]，スカルラッティ家と同じく数多くの音楽家を輩出したナポリのある家族と同じ名前をもっていた（17 世紀前半，少なくとも 10 人のアンザローネという名前の音楽家がナポリで活躍していた[15]）。ドメニコのナポリおよびその音楽的先達へのつながりは今日知られているよりもはるかに広範だったとも想像できる。

　前に子供のドメニコはほとんど孤独を知らなかったと述べた。これは音楽の初心者として孤立していなかった，という意味でも同じである。彼は音楽家の親戚に囲まれていた。彼の叔父フランチェスコは，残念ながらその後半生は不遇であったものの，ヴァイオリニストであり相当な腕前の作曲家でもあった[16]。叔父トマゾはナポリの**オペラ・ブッファ**の舞台で喜劇テノール歌手として人気があった[17]。彼の叔母アンナ・マリアは歌手であったし，メルキオッラと結婚して彼の叔父となったニコロ・パガーノも音楽家であった。ドメニコ自身の世代，兄ピエトロは彼と同じく作曲家になる運命にあったし[18]，姉のフラミーニアは歌を歌っていたことで知られている。しかし家族全体はアレッサンドロ・スカルラッティ本人の圧倒的な音楽活動に隠れがちであった。ドメニコが 11 歳になるまでに，父親は無数のセレナード，カンタータ，および教会音楽に加え，すでに 60 あまりの舞台用作品を作曲していた[19]。

　アレッサンドロ・スカルラッティのように売れっ子の作曲家の家は，リハーサルを行う歌手達や器楽奏者達，打ち合わせにくる台本作家や舞台美術家，また訪ねて来る詩人，画家といった人々できっと溢れかえっていたことであろう。アレッサンドロは若い頃から，ローマで教養ある著名人達の社会に慣

13　アレッサンドロの *Gli Equivoci* は 1680 年にナポリで上演された（Dent, p.34; Croce, *I Teatri di Napoli*, Anno XV, p.179.）。
14　Fienga, "La véritable patrie et la famille d'Alessandro Scarlatti", p.229.
15　Giacomo, *Il Conservatorio dei Poveri*, p.167, および *Il Conservatorio di S. M. della Pietà dei Turchini*, pp.299, 311.
16　Dent, p.34.
17　Croce, "I Teatri di Napoli", Anno XV, p.285; Prota-Giurleo, p.23.
18　Florimo, Vol. IV, p.22. パリの国立図書館はピエトロ作とされる 3 つのカンタータを所蔵している（Vm^7.7254）。
19　Lorenz, Vol. I, p.16.

れ親しんでいた。スカルラッティ家の訪問者のひとりは，かの偉大なる画家，フランチェスコ・ソリメーナ[5]であった。彼の仰々しいフレスコ画は，残念ながら爆撃でひび割れてはいるが，いまだにナポリの教会の大部分を覆っている。ソリメーナは「大の音楽好きで，騎士アレッサンドロ・スカルラッティ家に夕暮れ時になるとよく出かけたものであった。彼の作曲したオペラは表情豊かで旋律は心を揺さぶり感動を呼び起こすことから，アレッサンドロは世界でほとんど並ぶもののない卓越した絶賛すべき音楽家である。ソリメーナはスカルラッティ邸でかの偉大な巨匠の娘フラミーニアの高貴な歌声を聴くのを楽しみにしていた。彼らの友情はとても誠実なものであったので，彼はフラミーニアとその父親であるスカルラッティの肖像を描くことを申し出た。その中のひとつは，彼女が鏡を覗き込む構図であったが，あまりに美しく描かれていたため皆の賞賛の的となった。私は多数の専門家がそれを飽きもせずに眺めながら嘆賞している席に居合わせたことがある」[20]。フラミーニアの肖像画は残念ながら失われてしまった。フラミーニア・スカルラッティは一度も公の場で歌ったことはないが，家ではおそらくアレッサンドロ・スカルラッティの室内カンタータの多く，あるいはドメニコのもっとも初期の作品を歌ったかも知れない。

　幼いミモ（家族内でのドメニコの愛称）は，音楽が聞こえていない時間など思い出せなかったであろうし，最初に彼自身が何かを弾いたり歌ったりし始めた場面をも覚えていなかったであろう。アレッサンドロ・スカルラッティがドメニコを職業音楽家として売り出すべく，セバスティアン・バッハがフリーデマンやエマヌエルに対してその初期に施したような注意深い配慮を払った形跡は何も残っていない。アレッサンドロが残した教育的な仕事の大部分は彼の晩年のものであり，彼の教育者としての名声もそうである。スカルラッティ一家の暮らしぶりは，バッハ家のそれとは大分趣を異にしていたであろう。J. S. バッハは教会での教育および演奏といった比較的落ち着いた日常的な職務に就いていた。彼はほとんど旅行もせず，相対的に静かで安定した暮らしをしていた。しかし，アレッサンドロのように劇場に関わる者にとって，規則性，静寂，安定といったものは当然無縁であった。アレッサンドロは常にナポリとローマの間を旅行し，台本作家と面談し，大事なパトロンを接待し，オペラ歌手とリハーサルをしたり彼らをなだめたりしていた。次の月に何が起こるかなど予想が付かなかったのである。

20　Prota-Giurleo, p.32, De Dominici, *Vite de' pittori, scultori, ed architetti napoletani*, Vol. IV, p.471 より引用。
　5)　Francesco Solimena（1657–1747）。イタリア・バロック期にナポリで活躍した画家。

音楽学校

おそらくドメニコは音楽の初歩を父親以外の家族の誰かから，あるいは単に周りから聞こえてくるものを真似ることから学んだのであろう。読み書きを習う前ですら，疑いもなく彼は合唱隊の一員として歌っていたに違いない。しかしながら，その初期に何らかの筋から歌唱，通奏低音，鍵盤楽器，および対位法の指導を受けたであろうことは間違いない。後に彼が，楽曲の編曲や写譜，楽器の調律，リハーサルでの伴奏のような，多忙な作曲家や指揮者が手助けを必要とする無数の仕事への参加，つまり彼の父親のありとあらゆる音楽的な職務を実践し始めることになったことは確実である。彼は息をするように自然に，周りの音楽的な活動から多くを吸収したのである。

ドメニコがどこの音楽学校にしろそこで正式な教育を受けたという記録は全く残っていない。ナポリの音楽院はドメニコの後の世代にその最高の名声を得るに至ったが，それらの紛れもない音楽家養成所に関する同時代の記録は，幼少時のドメニコの周りで行われていた，より小規模ながら熱心な音楽活動を伝えている。これらの施設は生徒で溢れ，いまだ慈善院というその出自から離れるには至っていなかった。具体的にはポーヴェリ・ディ・ジェズ・クリスト，サンタ・マリア・ディ・ロレート，サントノーフリオ，そしてサンタ・マリア・デッラ・ピエタ・デイ・トゥルキーニの4つである。バーニー博士は何年も後，それらが本格化した頃に訪ねている。

「10月31日［1770年］。今朝，私は若いオリヴァーとともに彼のサントノーフリオ音楽院に行き，少年達がそこで練習し，眠り，食事をとるすべての部屋を訪ねた。まず2階にいたのはトランペッターで，勢いよく吹く準備ができるまで楽器に向かって大声を出していた。その次の階で出会ったのはフレンチホルンで，同じように唸っていた。共通の練習室ではいわゆる**ダッチ・コンサート**というものが行われていて，7, 8台のハープシコード，それよりも多いヴァイオリン，何人かの歌声，これらが皆違う演奏を違う調でやっていた。他の少年達は同じ部屋で書き物をしていた。それでも休日だったので普段ここで勉強や練習をする者の多くが不在であった。このように彼らをごちゃ混ぜにすることは慈善院にとっては便利であろうし，同時に何が起きていようと自分のパートのみを確実にこなすことを教え，自分が出している音が聞こえるように大きな音で演奏するよう仕向けられることで力が付く，ということもあったであろう。しかし，このような混乱や不協和音が続く最中では，いかなる意味でも洗練された演奏や仕上がりを彼らに求めることは全く不可能である。というわけで，彼らの公開演奏会ではぞんざいな荒っぽさ

が目に付くし，これら若い音楽家はどこかでそれらを身に付けるまで，全体的に趣き，几帳面さ，および表現力に欠けている」

「同じ部屋にあるベッドはハープシコードや他の楽器の椅子として使われている。30人ないし40人の少年が練習している中で，同じ曲を練習しているのはたった2人しか見つからなかった。ヴァイオリンを練習している者の中には相当な腕達者もいるようであった。もうひとつの部屋ではチェロを練習していた。さらにフルート，オーボエ，その他の管楽器を3つ目の部屋で練習していたが，ただしトランペットとホルンを除いてである。彼らは階段か屋上で遠慮がちに練習せざるをえなかった」

「この音楽院には16人の若い**カストラート**がいて，彼らは風邪を引かないよう，他の少年達よりも暖かい宿舎の上階に自分達だけで陣取っていた。というのも風邪をひくとその繊細な声がたちまち演奏に適さなくなるだけでなく，その声を完全にかつ未来永劫失ってしまう危険があったからである」

「これらの学校で年間の休暇といえば秋であり，しかもそれはたった数日である。少年達は冬場には夜明けより2時間前に起床し，その時点から夜8時まで，夕食の1時間半を除いてぶっ通しで練習する。何年も続くこのような忍耐に才能とよい教育が伴えば，必ずや数々の偉大な音楽家を生み出すに違いない」[21]

アレッサンドロによる教育

アレッサンドロの教育者としての名声の大部分は，18世紀の初期に産声をあげたナポリ楽派の作曲家達の伝説的な偉業の上に築かれたものである。やや正確さは疑われるが，バーニーは以下のように述べている。「1720年頃，ナポリの音楽院を取り仕切っていたアレッサンドロ・スカルラッティとガエターノ・グレコ[6]門下の弟子達は有名になり始めていた。その中にはレーオ[7]，ポルポラ[8]，ドメニコ・スカルラッティ，ヴィンチ[9]，サッロ[10]，ハッセ[11]，フェ

21　Burney,『フランスとイタリアにおける音楽の現状』，pp.324-327.
   6) Gaetano Greco（1657頃–1728頃）。イタリア・バロック期にナポリで活躍した作曲家，音楽教育者。門下から多くの著名な音楽家が輩出した。
   7) Leonardo Oronzo Salvatore de Leo（1694–1744）。イタリア・バロック後期の作曲家。ナポリを中心に活躍した。
   8) Nicola Porpora（1686–1768）。イタリア・バロック後期の作曲家，声楽家。
   9) Leonardo Vinci（1690–1730）。イタリア・バロック期の作曲家。
  10) Domenico Sarro（1679–1744）。イタリア・バロック期の作曲家。
  11) Johann Adorf Hasse（1699–1783）。ドイツ・バロック後期の作曲家。

オ[12]），アボス[13]，ペルゴレージ[14]），その他実に数多くの著名な音楽家達が含まれていた……」。バーニーは，ジェミニアーニ[15])についても彼がアレッサンドロ・スカルラッティから対位法を学んだことに言及している[22]。これら著名な弟子達のうちいったい何人が実際にアレッサンドロ・スカルラッティの下で学んだかは疑義のあるところである。1689年2月13日から7月16日の短期間，アレッサンドロはS. M. ディ・ロレート音楽院で教師として雇われていたが[23]，彼がそこで活動したとは考えにくい。というのも彼は当時少なくとも1年の半分以上をローマで過ごしていたからである[24]。一見したところ，アレッサンドロがナポリのどの音楽学校であれ，公のつながりを持ったとすれば，これがすべてだったようである。

　アレッサンドロは実際に音楽を教える時，生徒に対して大変厳しく接したに違いない。ナポリにおける彼の後継者達にとってそうであった以上に，彼自身にとって音楽は依然として学問であり，もっとも厳格な訓練によって習得されるべき技芸であった。彼が常用する華やかな音楽語法における装飾は「数学の娘」としての音楽への言及に他ならなかった[25]。ドメニコが晩年に至るまでその言行で表していた古い教会音楽の対位法に対する尊崇の念を最初に与えられたのは，疑いもなくかの父親からであろう。アレッサンドロは確かに峻厳であったにせよ，一方で生徒達に対しては極めて献身的なところもあった。ハッセはバーニーに対し，「{アレッサンドロ・}スカルラッティが私に最初に会った時，幸運にも彼は私に好感を持ってくれて，以後私に対して父親のように親切に扱ってくれた」と述懐している[26]。

　ドメニコ・スカルラッティの初期の頃の音楽生活は，音楽学校の生徒達の

22　Burney，『音楽通史』，Vol. II, pp.914, 991. 1770年11月4日にバーニーは「以前そのハープシコード演奏を耳にしたサントノーフリオ音楽院の指導者ドン・カルロ・コトゥマッチに会いにいったが，彼はいにしえの音楽について実にたくさんの逸話を話してくれた。彼は1719年当時，騎士スカルラッティの弟子であった。そしてかの偉大な指導者から受けたレッスンを，彼の直筆メモの形で見せてくれた。コトゥマッチはまた，スカルラッティ一家についての特別な事情についても話してくれた」（『フランスとイタリアにおける音楽の現状』，p.334)。
23　Giacomo, Il Conservatorio dei Poveri ... e quello di Loreto, pp.202-204.
24　前掲書，pp.237-238。
25　フェルディナンド・デ・メディチへの手紙，1706年5月1日（Dent, p.204.）。
26　Burney，『ドイツにおける音楽の現状』，Vol. I, pp.343-344.
12) Francesco Feo (1691–1761)。イタリア・バロック後期の作曲家。
13) Girolamo Abos (1715–1760)。イタリア・バロック後期の作曲家。
14) Giovanni Battista Pergolesi (1710–1736)。イタリア・バロック後期の作曲家。
15) Francesco Geminiani (1687–1762)。イタリア・バロック後期のヴァイオリニスト，作曲家。『ヴァイオリン奏法』(1751) をロンドンで出版。

それに比べればまだ静かであったにせよ，彼らに勝るとも劣らず勤勉であったとしても不思議ではない。ドメニコが十代前半になって作曲を始めるようになるはるか以前から，父アレッサンドロは自分の息子の音楽教育について真面目に注意を払っていたようである。アレッサンドロと息子達との関係についての残された数少ない記録によると，心配性で計り知れないほどの心遣いが明らかである。

　私はすでにナポリという街の外から見た様子や，外国人や新参者から見てすぐ目に付くナポリ人の特徴を暗に示してきた。しかし，17歳までのドメニコ・スカルラッティの背景をすべてこの方法で推測するのはおそらく間違いであろう。彼の両親がローマ文化にどっぷり浸かっていたことを見過ごすべきではないし，少なくともナポリの住民にとって，17世紀におけるスペイン支配がナポリの伝統のより深い部分をその前面へと押し出すことになった事実を思い出すべきである。今と同じく当時も，ナポリの民衆の溢れんばかりの熱狂の背後には，峻厳さと極度の生真面目さ，知的にしろ感情的にしろスペインで見いだされるあの度を越した一途さにも比すべき気質が横たわっていたのである。

　聖トマス・アクィナス[16]からサンナザーロ[17]，ヴィーコ[18]，デ・サンクティス[19]，そしてクローチェ[20]に至るまで，イタリアでもっとも偉大な哲学者，詩人，思想家の何人かが，ナポリ湾の浜辺にその源を発していることは注目に価する。ドメニコ・スカルラッティをひとりの若者として想像し，また彼の若い頃の音楽を考える時，彼はごく自然に，その活発さや高い精神性にも増して，かの地中海沿岸地方の陽光輝くがごとき笑いと同時に，黒い目をしたラテン的な峻厳さと礼儀正しさを身に付けていたと思われる。

ドメニコの最初の雇用

　16歳になる直前，ドメニコ・スカルラッティは初めて職業音楽家として雇われている。1701年9月13日，彼は王室礼拝堂の作曲家兼オルガニストに任命された[27]。これまで何度となく行われた改修，爆撃，軍隊による占拠にもかかわらず，ナポリの王宮はスカルラッティ一家の時代からその性格を大

27　Prota-Giurleo, p.33. Arch. Stat. Nap. Mandatorum, Vol. 317, p.4 より。
16)　Thomas Aquinas（1225頃–1274）。中世イタリアの哲学者・神学者。
17)　Jacopo Sannazaro（1458–1530）。イタリア，ナポリ出身の詩人，人文学者。
18)　Giambattista Vico（1668–1744）。イタリア，ナポリ出身の哲学者。
19)　Francesco De Sanctis（1817–1883）。イタリア，ナポリ出身の文学者。
20)　Benedetto Croce（1866–1952）。イタリアの哲学者，歴史学者。

きく変えてはいない。灰色の石に縁取られた赤い土壁のかたまりが当時と同じように，今も水面に映えわたっている。しかし礼拝堂はといえば，私が訪ねた時には半分焼け落ちた後に仮設の屋根で覆われており，瑠璃, 瑪瑙, 大理石のような貴重な石材で精巧に造られたバロック風の祭壇のみが，爆撃によって少し歪んだブロンズ像とともに，おそらくは小さな移動式オルガンの席からドメニコと彼の父親が音楽を指揮した当時の面影を伝えていた。若いドメニコが作曲家としての能力を発揮したような作品はひとつとして残っていない。

政情不安

しかしながら，ドメニコが公的な職務についた前後から，ナポリでの彼とその父親の将来は不確かなものになってきていた。1700年11月1日のスペインでのカルロス2世の死は，スペインの王位とナポリを含むその領土支配権を巡って長年争っていた，フランスのブルボン家とオーストリアのハプスブルク家との間でのスペイン王位継承戦争へと発展した。ちょうどドメニコが王室礼拝堂に職を得た同じ月には，貴族のある一団が，オペラ歌手と夜の逢瀬を楽しもうとしていたナポリ副王の暗殺を企てた**マッキア侯の陰謀事件**[28]が起きた。扇動者は容赦なく処罰されたが，動乱や策略は続いた。すでにその数年来，アレッサンドロ・スカルラッティはナポリの宮廷に不満を抱いていた。競合する音楽家達との難しい関係もあり，1688年には2ヶ月の間その王室礼拝堂の職をプロヴェンザーレに譲らなければならなかった[29]。宮廷からの給金の支払いが不規則であったために，アレッサンドロは時として経済的な困難に陥り，1699年2月には給金支払いの履行を嘆願する公式文書を提出せざるを得なくなっている[30]。今や彼は，できればナポリを去りたい，と考えていた。

アレッサンドロはドメニコと彼自身の将来をトスカーナ大公の長男であったフェルディナンド・デ・メディチに期待しており，この数年来音信を保っていた[31]。彼はフィレンツェ郊外プラトリーノの別荘にオペラ上演のための劇場を造っていて，その書き割りはビビエーナ一族のひとりがデザインを担

28　Croce, *"I Teatri di Napoli"*, Anno XV, p.259 以降。
29　Giacomo, *Il Conservatorio dei Poveri ... e quello di Loreto*, pp.237-238.
30　Dent, p.69.
31　Dent は現在フィレンツェのメディチ文庫に保存されている通信文から多数の文章を引用している。

当していた[32]。そこではすでに相当数のアレッサンドロの作品が上演されていた。間もなく予定されていた彼のオペラ《**フラヴィオ・クニベルト** *Flavio Cuniberto*》を監督するため[33]，また同時に大公との関係を強化するために，1702年1月2日，アレッサンドロは彼自身とドメニコのナポリ外での10ヶ月の有給休暇を願いでたものの，認められなかった[34]。彼が結局出立を許されたのは，ドメニコが後に何年にもわたってその宮廷で過ごすことになるブルボン家のスペイン新王フェリペ5世が，ナポリへの公式訪問を行った後のことであった。国王のナポリ滞在中，祝祭参列者のための2つのセレナードと1曲のオペラを提供したところで，6月14日にアレッサンドロとドメニコは遅ればせながらのフィレンツェ訪問のために4ヶ月だけ休暇を許可された[35]。これはおそらくドメニコにとって最初の長旅であっただろう。彼は今や16歳半になっていた。

最初の旅，ローマ

フィレンツェへの途上，ドメニコとアレッサンドロは間違いなくローマに立ち寄っている。そしてそれはドメニコにとって，後にその友情や庇護を引き継ぐことになる父親の関係者の知遇を得るのに十分な時間をもたらしただろう。しかし，年長者に囲まれて，ドメニコはおそらく礼儀正しく，遠慮がちで，内気に振る舞ったに違いない。彼の本当の性格は，多分家族や友人達の間でさえほとんど知られることはなかっただろう。

ドメニコの初めてのローマとの出会いには，おそらく劇的なものはほとんどなかったと思われる。その頃完成したバロックの大建築家による壮大な仕事は印象に残ったかもしれないし，依然普請中であった王宮や教会の豪華さにも心を打たれはしただろう。しかし，ローマはナポリに比べれば静かで，ある意味でより首都らしくないと感じたに違いない。通りは教会の聖職者やその取り巻きで溢れていたが，教会の貴公子達の隠そうともしないきらびやかな世俗性はさておき，そこに自立した俗世の生活などは見当たらなかった。だが，ローマでは世界のあらゆるところから来訪する異邦人を目にすること

---

32 Conti, p.106; Streatfeild, p.27, その別荘は1822年に破壊された（Lustig, *Per la cronistoria dell'antico teatro musicale. Il Teatro della Villa Medicea di Pratolino.*）。
33 Lustig, 前掲書: Dent, p.72.
34 Dent, p.71, ナポリの R. Archivio di Stato, Mandati dei Vicerè, Vol. 317, fol. 8 ov. より。
35 前掲書, Vol. 318, fol. 60.

ができた——ドイツ人，英国人，フランス人，黒人，そして中国人さえもである。そしてドメニコはその強烈な力，つまりサン・ピエトロ広場に入ったすべての信者が目にする，かの征服された異教徒のオベリスクに高らかに刻まれた碑文，「見よ，十字架の主を，立ち去れ，禍いをなすものよ……」に象徴される，あのカトリック世界を引き寄せる磁極にいるかのような力を感じたに違いない。

とはいえ，ローマの大部分は使い古され，打ち捨てられてもの言わぬ偉大な過去の遺物であった。かの大広場の中を牛がさまよい，パラティーノの丘は葡萄畑に覆われていた。初期キリスト教時代のつぎはぎの教会の多くはまだ豪華なバロックの意匠に飾られてはおらず，古風で厳めしい聖人達が祝祭日に宝石と錦織で着飾ったような，後年のあのきらびやかな外観はまだまとっていなかった。北方からの訪問者達が古代文明の遺物を目のあたりにした驚きや尊崇の念を，ドメニコはほとんど共有しなかったであろう。なにしろ彼の存在はすでに古代神話の平原をその根に持ち，ホメロスの伝説の海に洗われていたからである。古典に対する興味という点ではオペラの台本ぐらいしか彼の気を引かなかったかもしれない。

フィレンツェとメディチ家のフェルディナンド大公，クリストフォリの楽器

彼らがトスカーナの宮廷を訪問している間，どの程度の時間をフィレンツェあるいはプラトリーノで過ごしたかは不明である。8月のはじめ，スカルラッティ親子はフィレンツェでコジモ3世とフェルディナンド大公の誕生日のためのモテトを上演する手伝いをしている[36]。フェルディナンド大公は通常リボルノで夏を過ごした[37]。ドメニコによる1曲のカンタータはそこで書かれたようにも見える。いずれにせよ筆写された手稿には「リボルノにて作曲」と記入されている[38]。現在ミュンスターにある他の2つのカンタータは確かに1702年7月の日付となっている。それらは彼の後のスタイルについてはほとんど何も伝えていない。

フェルディナンド大公は建築，素描，絵画に熟達したアマチュアというだけ

---

[36] 少なくともアレッサンドロはそうであった（Claudio Sartori, 『アレッサンドロ・スカルラッティ』, *Primo e Second Libro di Toccate*, p.136.）。
[37] Streatfeild, p.28.
[38] Parma, Biblioteca Palatina, Sezione Musicale. ドメニコ・スカルラッティによるすべての手稿および印刷された作品についての文献情報は付録VおよびVIにある。

でなく、ハープシコードを上手に弾いたことでも有名である[39]。彼の冬の居城であるフィレンツェのピッティ宮あるいは春と初秋のプラトリーノ、いずれの場所にせよ、彼が常にハープシコードに触れられるようにしていたことは、彼の楽器の管理者が残した記録からも窺える。少なくとも 1690 年以降、この管理者とは誰あろうバルトロメオ・クリストフォリ[21]、かの有名なピアノの発明者であった[40]。ドメニコが彼と接触をもったであろうことは想像に難くない。1709 年までにクリストフォリは最初の「弱音および強音付きチェンバロ」を製作していた[41]。それから何年も後、彼がクリストフォリの予備的な実験を多少なりとも目撃したかどうかはともかく、それらの結果についてはドメニコのよく知るところとなっていた。彼の後年のパトロンであるスペインのマリア・バルバラ王妃は 5 台のフィレンツェ製ピアノフォルテを所持しており、その中の 1 台はクリストフォリの弟子であるフェリーニによって 1731 年に製作されたものであった[42]。

　クリストフォリのハープシコードは、彼のピアノに比べれば何ら革命的なところはない。それらは数世紀にわたってイタリアで作られていたように糸杉の木を使い、2 ないし 3 つのレジスターを持ち、ほとんどの場合 1 段鍵盤で、鍵盤は黄楊の木製、時折象牙の装飾付、というものであった。これらのハープシコードは、絵画と金箔が施されたうえに精巧に型どられた**石膏下地**に装飾が施された外側ケースに収められていた。その豊かな金属的な響きは、フランス・フランドルのリュッケルス製が持つ繊細さもなければ、後年の英国のカークマンやシューディ製のまろやかさもなく、むしろその素材であるヒマラヤ杉や糸杉の持つ鋭さの名残りを保っているように見えた。

ドメニコ最初のオペラ

　フェルディナンド大公による安定した雇用というアレッサンドロ・スカルラッティの希望は叶えられない運命にあった。1706 年までプラトリーノの劇場のために毎年 1 作のオペラを作曲し、その間大公とは彼の作品の上演の細部にわたる打ち合わせに仰々しいお世辞を織り混ぜた文通を実にこまめに交わしていたにもかかわらず、彼は結局いかなる正式な職をも得ることができ

39　Conti, pp.102, 104.
40　Casaglia, pp.4-5.
41　Harding,『ピアノ・フォルテ』, *Giornale dei Letterati d'Italia*, Vol. V, p.144 の Scipione Maffei を引用している。
42　第 IX 章を参照。
21)　Bartolomeo Cristofori（1655–1731）。イタリア、パドヴァ出身の楽器製作者。

なかった[43]。ナポリの覇権を巡るスペインとオーストリアの争いがどう決着するのか分からない以上，アレッサンドロがそこに帰りたくなかったことは明らかである。というのも彼は当初の予定である4ヶ月を超えて滞在し，結局1703年12月31日付でローマのサンタ・マリア・マッジョーレ教会の宮廷楽長アントニオ・フォッジャの助手，という明らかに見劣りのするポストを受け入れているからである[44]。1704年10月25日，ナポリでの彼のポストは空席であると宣告された[45]。

しかし，ドメニコは増大するナポリの情勢不安を物ともせず，どうやら彼の休暇が明けるまでに，すなわち1702年11月までにナポリに戻ったようである。その翌年に彼の最初の2つのオペラがナポリで上演されている。それらは《オッタヴィーア *Ottavia Restituita al Trono*》および《ジュスティーノ *Il Giustino*》で，1703年12月19日，スペイン王フェリペ5世の20歳の誕生日を祝うために王宮で上演された[46]。両方とも台本はジュリオ・コンヴォ大修道院長によって用意された。《ジュスティーノ》の台本は，1683年にヴェネツィアで，次いで1684年にナポリでレグレンツィ[22)]の音楽で上演されたベレガーニの戯曲の改作であった[47]。ドメニコはレグレンツィのアリアのうち8曲を残し，残りの部分の音楽を新たに書き加えている。

《オッタヴィーア》の上演についてはほとんど何も分かっていないが，とりわけ《ジュスティーノ》に関してはスカルラッティ一族の仕事，という側面が強い。2人，あるいはおそらく3人のドメニコの叔父がそれに手を貸している[48]。トマゾ・スカルラッティはアマンティオの役を歌い，ニコラ・バルバピッコラ（アンナ・マリア・スカルラッティの夫）は興行主であった（しかし，ほんの5日前のアンナ・マリアの死がその上演に暗い影を落としていた）。もしあの大家族中の14歳の弟でなかったとすれば，これも多分ドメニコの叔父と思われるジュゼッペ・スカルラッティという人物が，書き割りの

43　Dent, 第 III, IV 章。
44　Dent, p.72, Sta. Maria Maggiore の文庫より。
45　Dent, p.73, ナポリ, R. Archivio di Stato, Mandati dei Vicerè, Vol. 319, fol. 20 より。
46　特に断らない限り，オペラやその上演についての情報は手稿，印刷された楽譜，またはオリジナルの印刷された台本から引用されたものである。それらの文献情報は付録 VI にある。
47　ベレガーニの戯曲は後にアルビノーニ（ボローニャ，1711），ヴィヴァルディ（ローマ，1724），および改訂版がヘンデル（ロンドン，1736）によってオペラ化されている。Wolff, *Die Venezianische Oper*, p.84.
48　Sartori, *Gli Scarlatti a Napoli*, pp.374-379.
22)　Giovanni Legrenzi (1626–1690)。イタリア・バロック期の作曲家，オルガニスト。

作者および技師であった。若い鷲は，確かにまだ家族という巣の中にいたのである。

　両オペラの現存するアリアは全体的に見てどちらかといえばありふれたもので，平坦で四角張ったリズムや楽句の構造が拙い印象を与える。ドメニコのむしろ乾いた感じのする音楽は，どう見ても古代ローマ神殿でオッタヴィーアの彫像が破壊されてポッペアの像に置き換えられるさまを皇帝ネロとポッペアが目撃している，という《オッタヴィーア》の物々しい開幕シーンとは結び付かない。さらに彼の音楽は，「フランス風の」荘厳な付点リズム，バス付きの全弦楽器群によるユニゾン，3度で忙しく動くソプラノとアルトの二重唱，そして弦楽器のトレモロに伴われたソプラノが歌うお定まりの悲劇的で怒髪天を衝くアリア，というような常套手段を使っている。しかし，いくつかのスカルラッティ流の声楽的な音程や内声部保続音[23)]の萌芽は彼の後期のオペラの様式と通じるものがある。

　これらのオペラの台本も，音楽に劣らずありふれたものである。18世紀の習慣に従ってオペラ常連客に配られ，ろうそくの光の下で上演中に読まれたと思われる台本のうち，現存するいくつかのコピーの黄ばんだページをめくると，これらの文学的創作についてベネデット・マルチェッロ[24)]が残したコメントを思い出して思わず笑みを浮かべざるを得ない。それらは目前のオペラシーンと同様，得てして貧弱なものであった。実際，それらはしばしば現代の映画シナリオのまさしく原形と見なし得るものであった。《オッタヴィーア》への前口上には，これもまたお定まりのように，台本作家の慌ただしく時間に追われたことへの謝罪がある。その**当世流行劇場**の中でマルチェッロは「読者に対し，そのオペラは若い時代の作であると主張することは**当世の詩人**にとって大変有効だろう。そしてさらにそれらをたった数日のうちに書いた（実は何年もかけたかもしれないが）と付け加えることができれば，これは完璧に**当世風のやり方**である……」と皮肉っている[49]。《オッタヴィーア》の場合もそうだが，こういった口上は大体において，必ずしも説得力はないものの，台本作家がたとえ詩的な感傷に耽っていたとしてもキリスト教的道徳には従っていることを強調するような言説を伴っている。

　マルチェッロは，《オッタヴィーア》でもその前口上で行っているような献辞（この場合は「D. カタリーナ・デ・モスコーザ，オッソリオ，ウルタド・デ・メンドーサ，サンドヴァル，およびロカス，サン・ステファノ・デ・ゴ

49　Marcello, p.7.
23)　スカルラッティの保続音の使用については，第243-246ページ参照。
24)　Benedetto Marcello (1686–1739)。イタリア・バロック後期の作曲家・音楽評論家。

ルマス伯爵夫人，等々」）について，特に皮肉を込めて取り上げている。彼が言うには，「詩人は台本を誰か大人物に献呈するに際し，彼［または彼女，マルチェッロの文中の冠詞からは不明］が教養ある人物であるかどうかよりは金持ちであるかどうかを問題にし，献辞の3分の1を都合のよい仲介者へと回している。したがってそれはその献辞を受ける人物の料理人や執事ですらよかった。詩人は第一に口絵のページで彼の名前を飾るべきタイトルの質と量を問題にし，そのタイトルに等々，等々，等々，等々と継ぎ足す。彼は家族とその先祖の栄光を賛美し，書簡の献辞には寛容なる，寛大なる，等々の語句を用いるだろう。人格において賞賛すべきものが見当たらない場合には（よくあることだが），その謙虚さを邪魔しないように寡黙であると言う。しかし名声の女神は百のトランペットの音とともに彼の名前を隅から隅へと永遠に知らしめるであろう，などというに違いない。彼は最後に，もっとも深遠なる畏敬の念をあらわす決まり文句に従い，偉大なる閣下の犬達の足の上で飛び跳ねるノミに口づけをする，などといって献辞を閉じるだろう」[50]。しかし，どんな時代にあっても誠実さだけで後援庇護が得られたためしはない！

1704年，ドメニコはポッラローリ[25]の《イレーネ *Irene*》[26]を改作し，55曲のアリアのうち33曲，そして1曲の二重唱を作曲している。この上演にはトマゾ・スカルラッティも加わってハリの役を演じ，ニコラ・バルバピッコラが興行主であった。全体としてドメニコのアリアは，一部興味を引かれるところもあるものの，むしろ無理強いされたような，ひらめきに乏しい感じである。なかにはテノールのための大変華麗なアリア〈望みを叶えんと願いて Voler cedere il suo bene〉や，チェロのオブリガート付きソプラノのアリア〈誰かにあこがれる心 Chi tanto l'alma brama〉，第1ヴァイオリンとバス声部の題辞に「フランス風に」と記されたもうひとつのアリア〈わが愛を分け与えん Vo' dividere il mio affetto〉がある。さらにもうひとつのアリア〈汝はわが悲しみ Per lei caro m'è ogni duol〉にはバス声部に「チェロ，およびリュートのソロ」の指定があり，他に〈終わりなからんことを Dimmi se avra mai fin〉は，悲しげなアダージョから激しいプレストへというテンポの変化が注目される。アリア〈汝愛の恵みに生きそして死す Si viva si muora〉はJ. S. バッハの〈私は多くの悩みを受け Ich hatte viel Bekümmerniss〉の

50　前掲書。
25) Carlo Francesco Pollaroli（または Pollarolo, 1653頃–1723）。イタリア・バロック音楽のオペラ作曲家。生涯で80曲以上のオペラを残した。
26) ポッラローリの《イレーネ》は，ジローラモ・フリジメリカ・ロベルティの台本（全5幕）に基づいて1694-1695年の謝肉祭シーズンのために作曲された悲劇。

曲調と奇妙な類似点を持ち，もうひとつの〈何故嘲笑を Perchè sprezzar〉はバッハのト長調オルガン・フーガのひとつにある主題と似かよったリズムを使用している[51]。1704年といえば，バッハの現存する作品中もっとも初期のものがこの年に書かれているが，同い年生まれのバッハ，ヘンデル，およびスカルラッティは，少なくともその声楽作品においては相互に大変似通ったスタイルを持っていた。彼らが別々の道を歩むのは後になってからである。

　《イレーネ》の中でドメニコが曲を付けた一節は，そのありきたりの感傷にもかかわらず，その趣旨が若いドメニコにとってすでに意味を持っていたかどうかすら怪しまれる。

"Ogni amante hà un bel momento
Se nol coglie è per sua colpa"

「すべての恋人には美しい時が訪れ
過ちを気にすることもない」

若いドメニコにその意味が分かっていたのだろうか？　我々は知る由もない。ドメニコ・スカルラッティの個人的な心情については，音楽に表現されたものを除いて，彼の生涯を通じて全く知られていない。彼のおぼろげな人格を伝えるかもしれない一片の手紙もなければ逸話も残されておらず，彼の幼年時代および青年時代の初期は実に不思議な匿名性の中に過ぎていく。その結婚までの42年間というもの，ドメニコが冒険したこと，興味を持ったこと，関わったことについて，我々は全く何も知らないのである。

ナポリからの出立

　一方，アレッサンドロ・スカルラッティはローマからナポリの状況を悲観的に眺めていた。スペインのナポリ副王の後援は，それがオーストリア統治に置き換わるかもしれないという差し迫った可能性から見て全く不確かなものとなっていった。もし仮にアレッサンドロが，副王の礼拝堂楽長というポストを投げ出すに際して，それをドメニコがその若さにもかかわらず得られるかもしれないと期待していたとすれば，1704年10月25日にガエターノ・ヴェネツィアーノが後任に指名されたことでそのような望みを完全に諦めざるを得なかった[52]。以後，アレッサンドロは彼の息子達を他の地で職に就か

51　J. S. バッハ，作品集，XV, p.172.
52　Dent, p.116, ナポリ，R. Archivio di Stato. Mandati dei Vicerè, Vol. 319, fol. 20.

I　幼年時代　33

せるべく最善を尽くした。1705年2月に，彼はアルバーニ枢機卿を通して，最年長の息子ピエトロをウルビーノの大聖堂で礼拝堂楽長の職に就かせることに成功した[53]。春には，親としての権威を総動員してドメニコをナポリから呼び寄せ，当時のもっとも傑出したカストラート歌手のひとりであり，アレッサンドロ作品の主要な役柄のよき理解者であったニコロ・グリマルディ[27)]の同行者としてヴェネツィアに送り出した。ドメニコはまだ20歳の誕生日を迎えていなかったが，これ以降訪問者として以外に再びナポリに戻ることはなかった[54]。彼の音楽の未来はどこか他の場所にあったのである。

53　Ligi, pp.133-134.
54　ドメニコ・スカルラッティが1705年にナポリで暇乞いをした際，クリストフォロ・カレサーナが一時的に彼のポストを引き継いでいる（Giacomo, *Il Conservatorio di Sant' Onofrio*, p.145.）。
27) Nicolo Grimaldi（Nicola Francesco Leonardo Grimaldi, 1673–1732）。イタリア・ナポリ出身の著名なカストラート歌手，舞台名ニコリーニ［本書中ではニコリーノ］でも知られる。

II　若き鷲

アレッサンドロの手紙

　アレッサンドロはドメニコをフィレンツェ経由でヴェネツィアに派遣し，フェルディナンド・デ・メディチ大公宛の手紙を託した。

　「殿下,」と彼は書いている。
　「我が息子ドメニコは，彼と小生への殿下の深遠なるご配慮に想いを致し，このうえない忠誠心をもって，彼とともに謹んで殿下の足下にひれ伏し申し上げます。私はドメニコを強制的にナポリから引き離しました。ナポリではまだ彼の才能を生かす余地はあったものの，かの地はそれにふさわしい場所とはいえなかったからです。私はローマからも彼を引き離すつもりでおります。というのもここローマにも音楽を擁護する場所はなく，音楽はまるで物乞いのような状態に置かれているからです。わが息子はその翼が十分に成長した鷲であります。彼は巣の中で無為に過ごすべきではなく，私も彼の飛翔を妨げてはならないのです。
　かのヴィルトゥオーソであるナポリのニコリーノが，ヴェネツィアへの道すがらご当地を通るこの機会に，私はその能力だけを拠り所に，息子を彼とともに送り出すことに致しました。息子は，私とともにあって殿下へお仕えする名誉に浴することができた3年前よりもはるかに進歩致しました。彼は何か世に知られる機会に出会うため，旅人のように参ります。そのような機会は，今日のローマでは無駄に待つしかありません。私は，息子が幸運を求めてさらなる旅に赴く前に殿下の足下に参上し，我らがもっとも偉大で麗しき主人，もっとも寛大なるパトロンにして後援者である殿下のご尊命を受けかつ実行する所存でございます。私どもが殿下のもっとも慎み深い従者として世に知られていることは，息子および私にとって光栄であり，栄誉であり，また美徳でもあります。この思いは私の魂を慰め，我が息子の巡礼の旅が必ずやよい結果をもたらすであろうことを私に期待させます。すべての良きことの源となるよう，彼を神の

お導きとご加護に委ねた上で，私は殿下の崇高にしてまたもっとも力強い庇護をこの上なく慎み深く乞い願い，私こと哀れな従者は今までのすべての人生にわたってそうであったように，ここにもっとも深い尊敬と服従の念を持って殿下に頭を垂れるものであります。
殿　　　下
ローマ，1705年5月30日
もっとも哀れにして，献身的かつ従順なる下僕
アレッサンドロ・スカルラッティ」[1]

　アレッサンドロはフェルディナンド大公宛の手紙の中で，ローマではドメニコへの十分な庇護がほとんど得られそうにないとの彼の見方を示している。彼自身もそこで満足する気はなかった。長らく教皇からの非難の対象であった公営劇場は，ちょうどその頃ほぼ完全に沈黙させられていた[2]。プラトリーノのために作曲していたオペラを除いて，アレッサンドロはローマではほとんど教会音楽や室内楽に活動範囲を制限されており，彼は明らかに教会からの援護を王室の庇護より見劣りのするものと考えていた。アレッサンドロは，大公がドメニコだけでなく自分も職に就けてくれることを大いに期待していたのである。

ヴェネツィア

　しかし，実際にはその通りにならなかったのであるが，万一この期待が実現しなかった場合でも，ヴェネツィアこそが若い鷲にとってその羽を広げる格好の場所であるとアレッサンドロは考えていた。そのおびただしい数のオペラ劇場，限りない音楽活動，そしてその豪奢さとともに，そこはイタリアの都市の中でもっとも広い展望を与える街であった。

　ドメニコとニコリーノがヴェネツィアに着いた時，そこで彼らが目にしたものは今日と同じくヨーロッパのメリーゴーラウンドといった態のものであった。ヴェネツィアは今も彼らの頃からほとんど変わっていない。その陽光，教会や王宮の色合い，運河上での生活は，現代の蒸気船やモーターボートの侵入にもかかわらず，すべてがほとんど同じである。しかし，今日ではほとんど虚構にも見える劇場のセットのような光景は，この街の特色と多様さす

---

1 フィレンツェ，Archivio Mediceo, Filza 5891, No. 502. Accademia Musicale Chigiana のファクシミリ復刻版．*Gli Scarlatti*, pp.51-52.
2 Ademollo, pp.195, 207; Dent, p.75.

べてをまとった多くの人々によって生気付けられていた。ヴェネツィアの壮観さと賑やかさに彩られた大団円が今まさに幕を開けようとしていた。カナレット[28]とグァルディ[29]とロンギ[30]の世界，そしてカザノヴァ[31]とゴルドーニ[32]の世界がちょうど始まるところであった。サン・マルコ広場は訪問者やヴェネツィアのすべての階級の人々にとって巨大な応接室の役を，かの大運河と大干潟は庭，あるいは公園の役を，そしてヴェネツィアの路地は裏階段の役を果たしていた。私はかつて一度だけ，すべての18世紀ヴェネツィア絵画に見られるような場面の再現を垣間見たことがある。それはゴルドーニの喜劇が公共広場のひとつで上演された時のことだった。描かれた背景の書き割りが取り囲む街の風景と区別し難いところは，ヴェネツィアなまりの俳優達の台詞が観客のおしゃべりとあまり区別が付かないのと同じであった。しばらくして後，イブニング・ドレスに身を包んだ女性達が，広場から延びる狭い路地をそぞろ歩き，絹や金襴で織られたガウンの色彩が彼女達をにわかに活気づかせていた。足りないものといえば仮面（その直系の子孫とも言えるサングラスがヴェネツィアで十分にその代わりを果たすということはまずない）とタキシードよりも派手な男性用の衣装のみであった。

音楽と仮装

ドメニコ・スカルラッティの時代，訪問者によって常に伝えられていたことは，「この街では仮装がどこよりも流行している。人々は仮面を付けて音楽を聴きに，遊びに，そして舞踏会へと出向く。それは貴人達にも一般の人達にも共通の楽しみであった。これがさまざまな冒険を引き起こし，時として，そのような変装に身を包んでいなければ実際にはあり得ない人と知り合いになることもある」[3]のであった。ドメニコの冒険については，歴史は固く口を閉ざしたままである。

ヴェネツィア人は，貴族や金持ちのための上品な**私的音楽会**からゴンドラ

---

3 Pöllnitz, Vol. I, p.411.
28) Giovanni Antonio Canaletto（1697–1768）。イタリア18世紀の画家。
29) Francesco Lazzaro Guardi（1712–1793）。イタリア18世紀の画家。
30) Pietro Longhi（1701–1785）。イタリア18世紀の画家。
31) Giacomo Girolamo Casanova（1725–1798）。イタリア，ヴェネツィア出身の冒険家，著述家。
32) Carlo Osvaldo Goldoni（1707–1793）。イタリア，ヴェネツィア出身の劇作家，台本作家。

漕ぎのはやり歌，また漁師達によるタッソー[33]やアリオスト[34]の掛け合い歌まで，音楽にどっぷり浸かっていた[4]。1705年には，多くの劇場に加えて，少なくとも4つのオペラハウスが作品を上演していた[5]。ヴェネツィアでは劇場や教会，修道院や王宮での無数の演奏会の他に，運河の上や広場，小路で1日中音楽が聞こえていた。

数年前にヴェネツィアを訪ねたある旅行者は，次のように述べている。「この街の洒落男達が，そのような気晴らしに大喜びする淑女や修道女達を舟に乗せ，セレナードでもてなすための極上の音楽会……夜の解放感，甘美な歌声は，男女を問わず水上での夕べの一時を**そそられるままに**過ごすような気分にさせる。誰もが皆自分が誰であるかを隠そうとするので，これだけの大人数にもかかわらず場は静まり返っていて，静かに音楽を，そして誰にとっても快適な涼しいそよ風を大いに楽しんでいる」[6]

ペルニッツ男爵[35]は書いている。「一般に，**イタリア人**，なかんずく**ヴェネツィア人**以上に宗教の外側を知る国民は少ない。彼らは人生の半分を罪を犯すことに，もう半分を神にその許しを請うことに費やす」[7]

音楽院

ヴェネツィアにおける宗教の外側は幾重にも音楽で裏打ちされており，音楽院や**慈善院**[36]を持つ修道院付教会では特にそうであった（実に特徴的なことに，ヴェネツィアではオペラハウスまでが所在地の教管区に従って聖人の名前を冠していた）[8]。ペルニッツ男爵は，ヴェネツィアの教会の中でも「真の信心のためというよりは耳を喜ばせるためにしばしば訪れた**ピエタ教会**」を筆頭に挙げ，それを「愛という名の御父しか知らない修道女のためのもの」

---

4 ゲーテ，『イタリア紀行』，Vol. I, pp.82-83（1786年10月7日）。Barretti，『イタリアの礼儀と習慣に関する解説』，Vol. II, pp.153-154, は漁師の歌についてのGiardiniの記述を引いている；Burney,『音楽通史』，Vol. II, pp.452-453, Tartiniによるもの。
5 Weil, pp.8-11.
6 Limojon de St. Didier, 第一部, pp.71-72.
7 Pöllnitz, Vol. I, p.411.
8 ゲーテ，『イタリア紀行』，Vol. I, p.73（10月3日，1786）。
33) Torquato Tasso（1544–1595）。イタリアの詩人。
34) Ludovico Ariosto（1474–1533）。イタリア・ルネサンス期の詩人。
35) Karl Ludwig von Pöllnitz（1692–1775）。ドイツの冒険家，著述家。
36) 原語ospedaleはイタリア語で「病院」の意味だが，中世から18世紀頃までは，イタリア諸都市で運営されていた教会を母体とする福祉施設を意味し，病院，養老院，救貧院，孤児院などの機能を果たしていた。

と語っているが，バーニー博士はもう少し覚めた目で「高額納税者であるにもかかわらず毎年寄付をする多数の貴人，市民，および商人達によって支えられている，婚外子のための児童養護施設のようなもの」と評する[9]。ペルニッツ男爵曰く，「日曜日や祝日におけるこの教会への人通りは異様である。それは**ヴェネツィア**中の艶やかな女性達の会合の場であり，その腕と胸を好奇で一杯にしたような人々が集まっている」[10]。これはカザノヴァの回想録の中の一節によってより雄弁に強調されている[11]。**ピエタ教会**の少女達への**二重の意味**にも取れる熱狂の中で，ドゥ・ブロス議長[37]は声高に語っている。「彼女らはまるで天使のように歌い，ヴァイオリン，フルート，オルガン，オーボエ，チェロ，バスーンを奏でる。要するに彼女達はどんなに大きな楽器にもしりごみしない。……私は誓って断言するが，白い礼服に身を包み，ザクロの花の耳飾を付けたひとりの若くてきれいな修道女がオーケストラを指揮し，想像できる限りの正確さと上品さをもって拍を打つ姿ほど快い眺めはない」[12] ウィリアム・ベックフォード[38]は何年も後に，**ピエタ教会**の音楽についていささかの皮肉を込めて書いている。「オーケストラの眺めは依然として私の微笑を誘う。もちろんご存知と思うが，それはすべて女性だけからなっていて，繊細な白い手が巨大なコントラバスの上を往復したり，バラ色のほほが膨らんで一所懸命にフレンチホルンに息を吹き込もうとする様がよく見られた。ヴァイオリンも恋人も捨てたかに見える何人かの成長した男まさりの女性達は，元気よくティンパニを叩いていた。そして恋に破れたとおぼしきひとりの哀れにも足を引きずった女性は，今や堂々たるバスーン奏者であった」[13]

ドメニコ・スカルラッティは**ピエタ教会**に何度も足を運んだに違いない。アントニオ・ヴィヴァルディ｛図４｝は彼のキャリアの大部分をそこで形成しつつあり[14]，セバスティアン・バッハがヴィヴァルディのコンチェルトを編曲するまでにあと数年というところで，ドメニコはそれらを実際に耳にしていた。ヴィヴァルディの音楽はバッハの場合ほどにはスカルラッティの様式に明白な刻印を残さなかったが，彼のコンチェルトの影響はいくつかの初期

---

9 Pöllnitz, Vol. I, p.414-415 ; Burney,『フランスとイタリアにおける音楽の現状』, p.139.
10 Pöllnitz, Vol. I, p.414-415.
11 カザノヴァ,『回想録 *Mémoires*』, (ed. Garmier), Vols. II-III.
12 De Brosses, Vol. I, p.238.
13 Beckford,『旅行日誌』, Vol. I, pp.108-109.
14 Pincherle,『アントニオ・ヴィヴァルディ』, Vol. I, pp.17-27.
37) Charles de Brosses（1709–1777）。フランス啓蒙主義期の作家，ユマニスト。
38) William Thomas Beckford（1760–1844）。英国の作家。

のソナタの中に見いだすことができる(ソナタ第37番を参照)。

ガスパリーニ

しかしながら,ドメニコが**ピエタ教会**に度々姿を現した第一の理由は,おそらくそこで,父親の友人であり同僚にして当時その名声の頂点にあったフランチェスコ・ガスパリーニが聖歌隊指揮者をしていたからであろう[15]{図5}。1705年には,少なくとも彼の5つのオペラがヴェネツィアのサン・カッシアーノ劇場で上演された[16]。 それらの中のひとつはゼーノ[39)]とパリアーティによる《アンブレート *Ambleto* {ハムレット}》で,それは10年後にドメニコ自身が音楽を付けることになるものであった。ルッカに近いカマヨールで1668年に生まれたガスパリーニはローマでコレッリとパスクイーニに師事し,アレッサンドロ・スカルラッティとは早くからの友人であった[17]。バーニー博士は書いている。

「スカルラッティがナポリに住んでいた頃,彼は当時作曲家兼ハープシコードの名人としてローマで著名であったフランチェスコ・ガスパリーニのことを大変高く買っていたので,ローマの彼の下で息子のドメニコを若いうちから勉強させた。ガスパリーニの誠実さと能力に対するこのような信頼の証しによって,2人の偉大な音楽家の間には類いまれな友情が生まれた。ガスパリーニは,そのような大家と気づかせるに十分なほど入念かつ巧妙にカンタータを作曲し,それをスカルラッティにプレゼントとして送っている……」

「このような音楽による書簡に対して,スカルラッティは歌曲を1曲加えたのみならず,……同じ歌詞を用いてさらに繊細で手の込んだカンタータをもう1曲添えて返信した。……この返信はガスパリーニからの応答を促したが,その中のレチタティーヴォの転調は極めて博学で難解なものであった」

「スカルラッティはどうやらこのカンタータによる文通について,自らが終止符を打ちたいと思ったらしく,同じ歌詞による2つ目のカンタータを作曲して送ったが,その転調は実に異様で,今まで紙に書き留められたものの中でももっとも不可解で謎めいた譜面であった」[18]

(バーニーは明らかに多くの事実をその日付の順にこだわらず並べている。

---

15 Celani, *Il primo amore di Pietro Metastasio*, p.243.
16 Wiel, pp.8-10.
17 Celani, *Il primo amore di Pietro Metastasio*, p.243.
18 Burney, 『音楽通史』, Vol. II, p.635.
39) Apostolo Zeno (1668–1750)。イタリアの詩人,台本作家。

カンタータのやり取りはもっと後の1712年のことである[19]。1701年以前にアレッサンドロが事実上ドメニコをローマに送っていなければ、ガスパリーニとの主だった接触はおそらく2人がともにヴェネツィアに滞在した時に実現したものと推測される）

　しかし、ドメニコは20歳にして、いまだに長い間専門的な教育を後回しにしたままであった。多分、彼は自分の作品について批評され、ガスパリーニの下で劇場や教会音楽について徒弟修行のようなことを行っていたのではないだろうか。そしてそれは彼がすでに父親から受けていた訓練をさらに広げ発展させるものであっただろう。

　ガスパリーニの晩年の弟子のひとりは、かのフルート奏者にしてフリードリヒ大王[40]の師であったヨハン・ヨアヒム・クヴァンツ[41]であった。クヴァンツは自伝の中で、1724年にローマで6ヶ月間一緒に過ごしたこの「親しみやすく尊敬すべき人物」の教えについて、親愛の情を持って回想している[20]。彼はまた、ガスパリーニが何の見返りを求めることなく、クヴァンツのいかなる作品にも子細に目を通し、批評を加えてみせてくれたことも回想している。「イタリア人としては極めて特異な例である！」と彼は叫んでいる。ヴェネツィアでのガスパリーニの弟子としてはベネデット・マルチェッロや、後にハッセの妻となる偉大な歌手ファウスティナ・ボルドーニがいる[21]。ローマでは1719年、ガスパリーニの娘と結婚間近であったメタスタージオによる1曲の見事なソネットがガスパリーニに捧げられている[22]。疑いもなく、ドメニコ・スカルラッティもまた後年ローマで、彼の古くからの友人達や巨匠その人との交遊を楽しんだことであろう。

　ドメニコがヴェネツィアに滞在している間、ガスパリーニは通奏低音の奏法に関する小さな手引書『チェンバロのための実用和声 *L'Armonico Pratico al Cimbalo*』を用意しつつあった。それは1708年に初版が出され、その後いくつもの版を重ねてほぼ半世紀の間、教育的な明快さの模範とされた。ドメニコはこの仕事についてガスパリーニと議論したかもしれないし、あるいはその出版準備を手伝うことさえあったかもしれない。当時のイタリア音楽に

19　Dent, pp.140ff.
20　Marpurg, *Historisch-kritische Beiträge*, Vol. I, pp.223-225.
21　Celani, *Il Primo amore di Pietro Metastasio*, p.243.
22　前掲書, p.246.
40）Friedrich II（1712–1786）。第3代プロイセン王（在位：1740–1786）。
41）Johann Joachim Quantz（1697–1773）。ドイツ・バロック後期のフルート奏者、作曲家。彼の著作『フルート奏法試論』（1752）は、18世紀の三大理論書のひとつとして有名。

共通するものであったとはいえ、その中のいくつかの点はドメニコのことを思い起こさせる。そこには不協和音やハープシコードの音の重複、「今風の作曲家によってよく使われる」減七の和音の解決の際に用いられるある種の自由度についての言及がある。しかしなかんずく、後年の著作で広く模倣されたアッチアッカトゥーラの章は、ドメニコの後期の鍵盤音楽が持つもっとも驚くべき特徴を我々に紹介するものとなっている。

　ガスパリーニはこの本の序章において、自身が求めるよいオルガニストとしての条件を要約している。「実際全くその通りなのだが、経験に長けた真のオルガニストになるためには、フレスコバルディ[42]や他の素晴らしい人々の作品、特にトッカータ、フーガ、リチェルカーレなどをよく研究し、教養ある名教師の教えを受けることが必要である。そして最後に伴奏に関しては、コンサートで歌手に合わせて**正確**にそして慎重に演奏する他に、歌手を混乱させずに活気づけ、満足させ、そして支えることができるようになるために、対位法におけるあらゆるよい規則に習熟するだけでなく、よい趣味、自然さ、そして**率直さ**を身に付けなければならないし、作品の質を瞬時に見極めなくてはならない」

　我々は、ドメニコがこれらすべてについて恭しく「アーメン」とつぶやく様を想像できる。我々にとって特に興味深いのはフレスコバルディへの言及である。様式の違いにもかかわらず、いろいろな意味においてフレスコバルディはスカルラッティの真の精神的祖先なのである。2人とも古い対位法に畏敬の念を持っており、ともに半音階や新しい和声に関わる実験に倦むことを知らず、また基本的にまじめで端正な形式への確かな感覚に裏打ちされた風変わりな表現への情熱を持ち合わせていた。

ヴェネツィア・オペラ

　1705年、ドメニコの旅の同伴者であった名士ニコリーノ・グリマルディがガスパリーニのオペラ《アンティオーコ *Antioco*》に出演することになった[23]。ドメニコはニコリーノとガスパリーニの友人としてそのリハーサルに何度も足を運んだことであろうし、特に今回はニコリーノの名を高めたその演技を堪能する機会があったかもしれない。3年後に行われた彼の最初の英国での公演について、リチャード・スティール卿[43]は『**タトラー**』誌の中で彼につい

23　Wiel, pp.8-9.
42)　Girolamo Frescobaldi（1583–1643）。イタリア・バロック初期の作曲家。
43)　Sir Richard Steele（1672–1729）。アイルランドの作家、政治家。

て「その所作や身振りの持つ気品や礼儀正しさが人物像に誇りを与え，……オペラで演じる役柄をその所作で際立たせるとともに，その声で台詞を引き立てる役者である。手足すべてが指先に至るまでその役柄になりきっていて，耳の不自由な人ですらその所作だけで舞台を理解できるほどである。話のさまざまな状況如何で，古い塑像の持つほとんどどのような美しい姿勢をも真似ることができる。彼はもっともありふれた役柄を自身の偉大さにふさわしく演じ，手紙をしたためたり，伝令を送り出すような時でさえ，まるで貴公子のように振る舞う」と記している[24]。

　ニコリーノの威厳についてのリチャード・スティール卿の報告と好対照をなすのが，彼がその前で演じたヴェネツィアの観客についてのリモジョン・ドゥ・サン・ディディエの記述である。その明らかな誇張が他の同時代の記述の中でも繰り返されている。実際，今日においてもイタリア・オペラの観客を見慣れている者は，18世紀の公衆の無節制ぶりを信じる気になるだろう。

　「オペラの音楽を作曲する人々は，主役達の場面の終わりには必ず観客が魅了され興奮し，彼らから喝采を得られるような歌で締めくくろうと努力する。それはいつも意図した通りにうまくいってしまうので，聞こえるのは一斉に響く千のブラボーのみである。それにしても驚くべきは，平土間席のゴンドラ漕ぎが女性歌手達に向けた愉快な祝福や馬鹿げた祝辞であり，『祝福あれ，そしてお前を造った父親であるこの私にも』と大声で叫んでいる。しかし，そのような拍手喝采はいつも節度を保つ範囲内にあるわけではなく，不心得者は何でも言いたいことを言い，周りの者を怒らせるというよりは笑いに巻きこもうとしている」

　「何人かの紳士達はそれらの少女達の歌声にあまりにも感動して我を忘れてしまい，ボックス席から身を乗り出して，『愛しい人！もう飛び降りてしまいたい』と叫び声を上げ，かの神々しい歌声に感動した喜びを露にする……全員が入口で4リーブルを，平土間席ではもう2リーブルを払うが（英国で3シリング6ペンスに相当する），これらは誰もが買うオペラのガイドブックとロウソクを除いた額である。これなしにはお国の人といえども話の経緯や曲の主題をほとんど理解できないだろう……」

　「しかしながら，」と我らが筆者は言う。「喜劇に比べれば，オペラではすべてのことがまだ品位を保って進む……」

　「貴族の子弟は，喜劇役者のおどけた様子を笑うためというよりは，むしろ自分自身が馬鹿げた役を演じるために喜劇へと足を運ぶ。彼らは皆遊女を

24　Burneyによる引用，『音楽通史』，Vol. II, pp.661-662.

伴ってボックス席に陣取るが，そこでは少なくともすべての公共の場所で義務となっているはずの礼節の規則とは正反対の混乱や時にはびっくりするようなアクシデントが起きるので，誰も実際に目にするまでこのような記録は到底信じられないだろう。彼らのごく一般的な気晴らしのひとつは，平土間席に向かってつばを吐くことだけでなく，同じように嗅ぎタバコやロウソクの端を役者に向かって投げつけたりすることであり，あるいは誰か上品に着飾っている人や帽子に羽をつけている人に気づくと，必ずや全力を尽くしてちょっかいを出そうとするのである……」

「貴族の子弟の例でもわかるように，平土間の客が行使する自由はついには混乱の極地をもたらす。**ゴンドラ漕ぎ**はとりわけ道化のある種の動作に対して，他では到底許されないような無作法な喝采を浴びせる。芝居小屋全体が役者に対する恐ろしいほどの絶叫に満たされることもまれではなく，役者の方はといえば人を喜ばせるほどには自分が楽しいわけでもなく，彼らはやむなく引退させられて他の役者に取って代わる。というのも叫び声は『**道化は出て行け**』と言って止まないからである……」[25]「しかし，」とバーニー博士は続ける。「イタリア人の趣味と見識を公平に見れば，彼らが本当に賞賛する時は，実際それは何かしら素晴らしいものだ，ということは認めなければならない。そして，そうだとなると彼らは決して『気のない褒め方をする』などということをせず，自分達に特有のやり方で大喝采を送るのである。彼らは痛みにも似た感覚で喜びのために苦悶するのだ」[26]

ドメニコのハープシコード演奏に関する最初の記録

ドメニコは10年ほど後にローマで二度ほどあった例外を除いて，あえてオペラの観客に挑むということはなかった。彼のその他の作品はすべて私的なものであった。普段の生活においては静かで隠者のような暮らしをしていたらしく，もしかすると人目を避けてすらいたのか，その消息について同時代の記録はほとんど残っていない。おそらく公衆の前でハープシコードを弾くこともなかったであろう。後年書かれたヴィルトゥオーソのためのもっとも素晴らしい作品ですら，私的に集う聴衆のためのものであった。ドメニコがヴェネツィア滞在中にどのような鍵盤作品を書いていたかは知られていない。しかし，彼の演奏はすでに驚異的なものであった。ちょっとした消息を除くと，その生涯で，彼の演奏についての唯一の記事はこの時期のものであ

---

25 Limojon de St. Didier, 第3部, pp.63-67.
26 Burney, 『フランスとイタリアにおける音楽の現状』, p.144.

る。おそらく後年の回想で脚色されているものの、バーニーはそれを、かの風変わりなアイルランド人にして、後に 18 世紀中・後期の英国で盛り上ったスカルラッティ熱の主要な牽引役となったトーマス・ロージングレイヴから伝え聞いている。

　「その若いアイルランド人は」、とバーニーは言う。「その技芸の探求において並外れた能力を持つ若者と見なされ、国外で研鑽を積むようにと聖パトリック司教座聖堂参事会から名誉ある奨学金を与えられることになった[27]……彼自身が語ることには、ローマへの途上ヴェネツィアに到着した時、彼は異邦のヴィルトゥオーソとしてある貴人の館での私的音楽会［原文ママ］に招待された。そこで彼は衆目の中ハープシコードの前に座らされ、**名人芸のお手本**として一座の人々をトッカータで楽しませるようにと要請された。そして彼が言うには、『普段よりも勇気が出て指もよく動いたので、私の大切な友人、またひいき筋から喝采を受け、その場の人々に何がしかの印象を与えることができたように思えた』。やがてフランチェスコ・ガスパリーニとともに来ていた彼の弟子によりカンタータが 1 曲歌われた後、黒い衣装に黒いかつらを被った姿でその部屋の片隅に立ち、ロージングレイヴが演奏する間静かにじっと耳を傾けていたひとりの威厳ある若者が、ハープシコードの前に座るように促されて演奏を始めるや、ロージー曰く、一千もの悪魔がその楽器を操っているかのように思われた。そのような楽句の演奏やそれがもたらす効果は全く初めて耳にするものだった。その演奏はあまりに彼自身の演奏を凌ぎ、到達可能と考えられる限りのあらゆる完璧さに達していたので、もしどこであれ自分の弾いた楽器と一緒に見えるようなところに立たされていれば、彼は自分の指を切り落としてしまっていたことだろう。この驚異的な演奏者の名前を問うたところ、騎士アレッサンドロ・スカルラッティの息子ドメニコ・スカルラッティであると告げられた。ロージングレイヴはひと月の間楽器に触れないことを宣言した。しかし、この出会いの後で彼は若いスカルラッティと大変親しくなり、彼に付いてローマやナポリへ赴くなど、イタリア滞在中ほとんど付きっきりであったが、それはユトレヒト条約の後まで続

27　Burney,『音楽通史』, Vol. II, pp.703-704. ここでバーニーは「それで、彼は 1710 年にイタリアに向かった」と言っている。ドメニコが後にヴェネツィアを再訪した場合を除いて、この日付は多分間違っている。というのも彼はその頃すでにローマで職を得ていたからである。ドメニコの短期逗留、あるいはヴェネツィアでのそれについての正確な日付は分からないが、アレッサンドロがドメニコをローマから送り出すに際して彼に与えた手紙の日付である 1705 年 5 月 30 日と、彼がすでにローマでポーランド王妃の**宮廷楽長**であった 1709 年の四旬節の間であっただろう。

いた」[28]

　ロージングレイヴはこの出会いを決して忘れなかった。そして 1720 年にはロンドンのヘイマーケット劇場でスカルラッティのオペラ《**ナルチーゾ** *Narciso*》の上演を主導したし，また英国版のハープシコード・ソナタ集を出版したのは他ならぬ彼であった。

ロージングレイヴ

　ロンドンのハノーヴァー広場にある聖ジョージ教会のオルガニストになった後，ロージングレイヴの晩年は不幸であった。「この就任から数年の後，彼は移り気な性格の女性に好意を抱き，」とバーニーは言う。「これまででもっとも確実に心が結ばれていると感じたまさにその時，彼女から拒絶されてしまった。この破局による彼の落胆はあまりにも甚だしく，一時的に奇行に走るなど正気を失ってしまった。彼がよく語っていたことには，女の残酷さはあまりにひどいものだったので彼の心は完全に壊されてしまい，その時心の琴線がぷつんと**裂ける**音が聞こえたほどだった。そしてそのことがあって以来，彼の精神の病は**クリペーション**と呼ばれるようになったが，それはイタリア語の動詞で裂けるという意味の**クレパーレ**に由来する。この不幸の後，哀れなロージングレイヴはいかなる種類の雑音に対しても異常に感情を高ぶらせていた。教会でオルガンを演奏している間，近くで誰かが咳をしたり，くしゃみをしたり，勢いよく鼻をかんだりすると，彼は即座に演奏を中断して教会の外に走り出て，見るからに苦痛と恐怖に苛まれた様子で，**古傷**が彼を痛めつけ**クリペーション**を煽りたてるといって泣き叫んでいた」

　「1737 年頃，その度重なる奇行ゆえに，彼は聖ジョージ教会の職を故キーブル氏に取って代わられ，……ロージングレイヴが存命中，キーブルは彼と給料を折半していた。私は一度彼を説得してバイフィールドのオルガンに触れさせようとしたが，彼の神経は相当に弱っていて，精神を病んだ後も記憶に残っていた数少ない習い覚えの楽節以外，演奏できなかった……彼がその人生でもっとも熱心だった時期に練習に使った楽器には，その勤勉さと忍耐の類いまれな痕跡が残っていた。というのもいくつかの鍵盤はその象牙の表面が擦り切れて，木の地肌が露になるほど彼によって弾き込まれていたから

---

[28] 1714 年のこと。少なくとも 1718 年までにはロージングレイヴは英国に戻って彼の友人の名声を広めていた（Walker, p.195）。「有名なドメニコ・スカルラッティ」の声楽曲が，ロージングレイヴのカンタータとともにロンドンで 3 月 26 日に上演された（ディリー・クーラント紙，1718 年 3 月 25 日）。

である」[29]

ヘンデルとの友情

　ところで，ドメニコ・スカルラッティがこれらの年月において結んだもっとも大切な友情は，当時イタリアの音楽シーンを席巻していた「親愛なるザクセン人」ヘンデルとのそれである。ヘンデルがまさに同い歳であったことが思い出されるだろう。ヘンデルはハンブルクで 1703-1704 年にフェルディナンド・デ・メディチの弟であるジャン・ガストーネに会っており，彼に説得されて 1706 年にイタリアに来ていた[30]。ヘンデルの最初の伝記作者であるマナリングは，ヘンデルの最初のヴェネツィア訪問について，「彼はある仮装パーティーの席で仮面を着けてハープシコードを演奏しているところを見られてしまった。スカルラッティが偶然そこに居合わせて，あれは紛れもなくかの有名なザクセン人に違いない，さもなければ悪魔だろう，と当たりを付けたのである」[31]。マナリングの「有名なザクセン人，さもなければ悪魔」の話は，よく知られた音楽家達にまつわる絶えることのない伝説のひとつであり，その脈絡は明らかに不正確である。もしこういった邂逅の可能性がヴェネツィアであったとすれば，それは 1707-1708 年，おそらく謝肉祭のシーズンであっただろう[32]。マナリングはスカルラッティとヘンデルのもうひとつの出会いについての話を記している。これはおそらく 2 人がともにローマにいた 1709 年の初頭の頃のことと思われる。

　「彼が最初にイタリアに来た時，もっとも尊敬されていた巨匠はアレッサンドロ・スカルラッティ，ガスパリーニ，そしてロッティ[44]であった。ヘンデルはそのうちの最初の人物とオットボーニ枢機卿のところで知り合った。ここで彼は，現在スペインに住み，著名な練習曲集の作者でもあるドメニコ・スカルラッティをも知ることとなった。ドメニコは卓越したハープシコード

29　Burney,『音楽通史』, Vol. II, pp.705-706.
30　Streatfeild, pp.24, 26.
31　Mainwaring, pp.51-52.
32　イタリアにおけるヘンデルの動向については，Steatfeild, pp.28-49 から以下のように要約できる。フィレンツェ，1706 年秋；ローマ，1707 年 4 月 4 日以前；1707 年 9 月 24 日以降，ヴェネツィアへ向けて出発，到着は 11 月末以前；ローマ，1708 年 3 月 3 日以前；ナポリ，1708 年 7 月初め；ローマ，1709 年春；ヴェネツィア，1709 年 12 月までに；ハノーヴァー，1710 年春。この間どの程度スカルラッティがヘンデルとともに過ごしたかについて正確なことは分からない。
44)　Antonio Lotti（1667-1740）。イタリア・バロック後期の作曲家。

II　若き鷲　　47

奏者であったので,枢機卿は彼とヘンデルを競わせるべく同席させることにした。ハープシコードの腕比べについてはいろいろな報告がある。何人かはスカルラッティの方に分があると言ったようである。しかし,オルガンとなるとどちらが勝っていたかについて疑いを持つような雰囲気は全くなかった。スカルラッティ自身が競争相手に分があると断じ,彼の演奏を聴くまでこの楽器にこれほどの力があるとは思わなかった,と率直に認めている。その独特な奏法に衝撃を受けて,彼はイタリア中ヘンデルの後を付いて回った。そして,彼とともに居る時がもっとも幸福な時であった」

「ヘンデルはかの人についていつも大変満足気な様子で話をしていた。というのも彼はその芸術家としての偉大な才能の他に,この上なく善き性格の持ち主であり,実に礼儀正しい人だったからである。一方で,後になってからであるが,マドリード出身の2人のプラ氏(ともに著名なオーボエ奏者)によると,スカルラッティもヘンデルの人柄について,その偉大な演奏と同様に褒めたたえ,彼に敬意を表して胸で十字を切っていた様を伝えている」

「2人の人間が,それぞれの楽器で彼らのような完全の域に到達したことはいまだかつてないが,両者はその表現法において全面的に異なっていたことは特筆に値する。スカルラッティの特徴的な素晴らしさは表現におけるある種の上品さや繊細さにあった。ヘンデルは類いまれな輝きと指さばきを持っていたが,同様な資質を持った他の演奏家とは,彼が身に付けたその驚くべき豊かさ,力,そしてエネルギーにおいて異なっていた」[33]

ドメニコの最初期のオペラに関連してすでに触れた通り,ヘンデルとスカルラッティは当時まだその様式がよく似通っていた。後に,ドメニコがハープシコードの曲において彼独自の様式を発展させた時には,もはやほとんど共通するものは残っていなかった。明らかに比較的初期の,数えるほどの作品のみがヘンデルの面影を残しており,その他についてはいかなるものにせよ何らかの影響というよりは,共通の特徴として説明されるものである(ソナタ第35番,第63番,第85番を参照)。しかし我々にはスカルラッティの最初期の作品がいつ書かれたかを特定する手だてはなく,したがってイタリア滞在中に彼が実際どのようにハープシコードの作曲を行っていたか,あるいはヘンデルとどのようにして互いに影響し合っていたかについても確かなことは分からない。

1708年の春,ヘンデルはローマでカルロ・シジスモンド・カペーチのテキストによる《キリスト復活 *Resurrezione*》を作曲していた。1年後,ドメニ

---

33 Mainwaring, pp.59-62.

コもまたローマで同じ台本作家のテキストによるオラトリオ《フランク王クローヴィスの改宗 *La Conversione di Clodoveo Re di Francia*》を準備していた。しかし，1709年秋までに，ヘンデルはヴェネツィア，さらにその北に向けて旅立ち，彼の友好的な競争相手とはもう二度と会うことはなかった。ドメニコ・スカルラッティもまた彼の**成長期**を終えようとしていたのである。

III 父からの遺産

クリスティーナ女王とその取り巻き

　ドメニコ・スカルラッティのローマでの歳月は，彼にとっては見ず知らずの，しかし1689年の死に際してローマのあらゆる芸術と文学に不朽の遺産を残した領土なき君主の影響の下に過ぎていった。その人とはスウェーデン女王クリスティーナであり，彼女こそはドメニコの父親の最初のパトロンで，彼のもっとも初期における成功の後援者にして，ドメニコのローマでの成長のあらゆる重要な局面に霊感をもたらした人物であった。ドメニコが頻繁に関わった社交界の中には彼女の友人やその崇拝者がまだ多数存在していた。そしてドメニコの最初のローマでのパトロンであった女性｛マリア・カジミラ｝は，ローマ逗留の間中ずっとその優れた先達を真似ようとしたがうまくいかなかったのである。

　スウェーデンのクリスティーナはその王位を28歳で放棄し，彼女の父グスタフ・アドルフがその盟主であったプロテスタント界を大いに仰天させたことに，自身がカトリックに改宗したことを正式に表明した[1]。1659年以来，女王が居を構えたトラステヴェレにあるリアーリオ宮の活気あるサロンには[2]，詩人，学者，外交官，高位聖職者，文人墨客，また後に彼女を記念して設立されるアルカディア・アカデミーの指導者達が集まってきた。ベルナルド・パスクイーニは何年もの間，彼女のために音楽を提供していたし[3]，アルカンジェロ・コレッリ｛図6｝は彼の最初のトリオ・ソナタ集第1巻を彼女に献呈していた。アレッサンドロ・スカルラッティは，20歳にならないうちにこの多彩な集まりの中に女王の宮廷楽長として迎えられたのである[4]。

　ローマの「青鞜派」的女性達の模範であり，爾来近寄りがたい人物の典型であった偉大な**北欧のパラス**[45)]について，ひとりの旅行者は以下のように描写している。「女王陛下は60歳を超えたところで，背は大変低く，極端に太って丸々としている。彼女の物腰，声，表情は大変男性的である。その鼻は巨

1　Bain, 第VI, および第VII章。
2　Pincherle, *Corelli*, p.15.
3　Cametti, *Cristina di Svezia*.
4　Dent, p.25.
45) ギリシャ神話のパラスは知の女神，知恵・芸術・戦の女神，アテーナ神。

大で，その目は大きくて青く，眉は黄色い。その二重顎にはいくらか長い顎髭をはやし，下唇は少し飛び出している。髪は明るい栗色でおよそ手幅ほどの長さ，少しフケっぽくまた逆立っていて髪飾りなどもつけていない。しかし雰囲気はにこやかで，愛想もよい。常の格好はと言えば，膝まで届き，ずっと下までボタンで留められた黒いサテンの男性用**チョッキ**，丈の大変短い黒のコートとその下に見える男性用の靴，クラヴァットの代わりの黒いリボンの巨大な結び目，そしてその腹部を支え，丸々と見せている**チョッキ**の上のガードルを思い浮かべればよい」[5]

クリスティーナ女王は熱烈な劇場の擁護者であった。彼女の秘書，ダリベール伯爵は，1671年にテヴェレ川の河岸に再建されたものの，その後1691年に教皇の命令で破壊される運命にあったローマ第一の公共劇場，トル・ディ・ノナの責任者であった[6]。ローマの劇場は，上品な高位聖職者達の周期的な攻撃の的になり，その運命たるや常に不確かなものであった。しかし女王は聖職者達の息苦しい雰囲気を嫌悪し，彼らと精力的に戦った。劇場関係者にまつわる醜聞について無視を決め込んだことも一度や二度ではなく，それどころか彼らの側に立って介入することすらあった。1679年のコレジオ・クレメンティーノ[46]におけるアレッサンドロ・スカルラッティの最初のオペラ公演では，「彼の妹が聖職者と秘密裏に結婚していたことについての，教皇代理裁判所のあからさまな嫌悪」に対する保護の手をこの若い作曲家に差し伸べた。「女王は，教皇代理の枢機卿が自身に随行している場合ですら，アレッサンドロがオーケストラで演奏できるように彼女の馬車を迎えに差し向けた」[7]

この世紀，および次世紀のローマにおけるオペラでは，音楽は歌手の成功，台本作家の虚栄，舞台芸術家の栄光にとって全く付随的なものであった。リチャード・ラッセスは，その**オペラ**，あるいは**音楽劇**の目眩がするような印象を記録として残している。「何にもまして驚くべきは見事な技芸や，素晴らしい場面転換が見られることである。ここステージの上では川が溢れ，ボートがその上を漕ぎ行くのが見える。水が河岸，そしてステージからも溢れる。人間が空を舞い，蛇がステージ上を這い回る。家が突然崩れ落ち，寺院や森林が現れる。知られている街，その街全体が突然姿を現し，人々が通りを歩く。太陽が現れるや闇を追い払う。挨拶とばかりにあめ玉が観客の頭に降り注ぎ，リボンがご婦人方の顔の上で閃光のようにきらめく。こうしたことが

5　Misson, Vol. II, Part I, p.35. この肖像は1688年頃のもの。
6　Ademollo, 第XV章。
7　Dent, pp.23-24; Ademollo, pp.157-158.
46)　1601年に創設されたローマのエリート教育機関。

演出のように一千回ほども起こる」[8]

　ローマの公共劇場は，自身劇作家でもあった教皇クレメンス9世[47])の下で短期間奨励されたものの，イノケンティウス11世[48])は挑発的といってもよい姿勢でこれを妨げることに全力を尽くした。入場料を課すことが禁じられ，女性がステージに上がることも許されず，またオペラ歌手が教会で歌うことも禁じられた。しかしこれらの措置は中程度の成功を見るに留まった。ある小さな劇場の桟敷席からは格子が取り除かれたが，醜聞の源は同時にはなくならず，むしろ観客側からはまる見えになっていた。イノケンティウス11世は彼の地元のミラノ方言で「否としか言わない教皇」，**パパ・ミンガ**と呼ばれていたが，彼は疑わしい女性の服装について，警察官を洗濯場へ送り込んで短い袖や首周りの開いた衣装をすべて差し押さえでもしなければ到底実現できないようなレベルにまでその綱紀粛正を拡大しようとした。それ以後，クリスティーナ女王はヴァチカン訪問に際し，同行する廷臣達にも衣装についての教皇規定を茶化した**イノセンティアン**という服装を着用するよう促した。[9]

　しかしながら，ドメニコ・スカルラッティがそこで長逗留をする頃までに，ローマの社会は厳しさから解放され，公共劇場やオペラ上演に対する制限はかなり緩和されていた。これは一部には劇場びいきの王室や教会のパトロン達の影響によるものであった。

枢機卿オットボーニ

　クリスティーナ女王が1689年に亡くなった後，さらに半世紀にわたって彼女のことを記憶に留めるサークルがローマに残された。ローマ社会の中心としての，また諸芸術のパトロンおよび裁定者としての彼女の役割はオットボーニ枢機卿｛図7｝に引き継がれた。その知性と純文学についての遺産は，リアーリオ宮のサロンによく出入りしていたグループによって，彼女の死の翌年に組織されたアルカディア・アカデミーで管理されることになった。彼女の継承者はポーランド王妃マリア・カジミラであったが，彼女はその熱心さとは裏腹に，かの比類なきクリスティーナの伝統を維持する役には向いていなかった。アレッサンドロ・スカルラッティはクリスティーナ女王と同じ

8　Lasses, 第2部, pp.152-153.
9　この文節の情報は Ademollo, 第VIII章および第XVII章から引用した。
47)　Clement IX, 在位 1667–1669。
48)　Innocentius XI, 在位 1676–1689。

く，彼女のすべての後継者とも親密な関係を保った。ドメニコはローマで父親に取って代わる際にも，これらの関係を引き継いだ。

ヴェネツィアの名門の出であるピエトロ・オットボーニは，彼のいとこがアレクサンダー8世（1689-1691）として教皇位を継承すること4週間目にして，1689年11月7日に枢機卿に任命された。18世紀の聖職者の優雅さに関して，オットボーニ以上の驚くべき事例を見いだすことは難しい。その御大尽ぶりのためにいつも借金を背負っていたが，アレクサンダー8世の短い任期の間に数々の聖職禄や教会領からの収入が流れ込んだおかげで，彼は大変裕福になった。1693年より後，ダマソの聖ロレンツォ教会と同じ屋根の下にあるカンチェレリア宮に引っ越して以来，彼は常に贅沢な食卓を囲み，思うままに人をもてなし，また多くの私的な音楽会を催した。画家トレヴィザーニ[49]とコンカ[50]には，枢機卿が彼らのすべての作品からいつでも最初に選ぶことができるよう，定期的に給金が支払われていた。アルカンジェロ・コレリは彼の宮殿の中の居室をあてがわれていた[10]。話によると，1691年の教皇選挙に際して，若き枢機卿は長々しい議事に退屈し，オーケストラを雇って彼の居室の外から演奏させて，隣室の枢機卿達から大いに顰蹙を買ったようである。当時のローマの噂話によれば，彼は聖職者としての独身への誓いに対して全くこだわりがなかった。彼の愛人達は聖人として描かれ，このような見せかけの下に彼女達の肖像画は彼の寝室を飾ることになった[11]。モンテスキュー[51]は，オットボーニに60人から70人の庶子がいたとしている[12]。ブレインヴィルは彼のことを以下のように記している。「自由で，愛想がよく，誰に対しても好意的で，部外者に対しても温かく，彼らを自宅で大変親切にもてなす。……その人物に関してあえて言うなら，彼の心と同様に親しみやすい。その意味でオットボーニ枢機卿が彼なりの特別な価値観や趣味を持っていたとしても特段驚くには当たらない」[13]

1740年の死に際して，オットボーニ枢機卿はドゥ・ブロスから「礼儀を知らず，信用もなく，放蕩で，破滅的，かつ芸術の素人にして大音楽家」として

10　Burney,『音楽通史』, Vol. II, p.438.
11　この文節の情報は，上記の脚注10を除いて，すべてRanft, Vol. II, pp.268-271から引用。
12　Montesquieu, Vol. I, p.701.
13　Blainville, Vol. II, p.394.
49) Francesco Trevisani（1656-1746）。イタリア・バロック後期の画家。
50) Sebastiano Conca（1680-1764）。イタリア・バロック後期の画家。
51) Charles-Louis de Montesquieu（1689-1755）。フランス・啓蒙主義期の哲学者，政治思想家。

描かれている[14]。サン・シモン[52)]は彼を「穴の空いたザル」と呼んでいる[15]。彼の聡明さが年を経るにつれその若さや収入とともに色褪せていったことは事実だろうが,フランス人は彼について常に厳しい物言いをする。しかしながら,スカルラッティ一家は彼が最上の時代に知り合った。あらゆる資料は彼が特別に洗練された趣味の持ち主であったことを物語っており,その庇護の下にあった芸術家のリストはそれをよく証明している。著名な音楽家で彼に関わらなかった者はほとんどいない。オットボーニはローマでのオペラ関連事業のすべてに深く関わっていた。同時に彼は教皇礼拝堂の保護責任者であり(1700年以降)[16],サンタ・マリア・マッジョーレ大聖堂での音楽に関心を寄せていた。1703年にアレッサンドロ・スカルラッティをその教会の職に斡旋したのは彼であり,アレッサンドロは1707年に**宮廷楽長**として仕えている[17]。枢機卿の劇場に対する関心は,パトロンとしてのそれどころか,カンチェッレリア宮内の一隅に彼自身の私的な劇場をしつらえることに留まらなかった[18]。一度ならず,彼は作曲家達にオペラの台本を与えており(たとえば1690年,アレッサンドロ・スカルラッティに対しては『**スタティーラ La Statira**』)[19],また残念ながら大失敗に終わったのだが,ある機会(1691年)には『**コロンブス Colombo**』と題して自らテキストと音楽を書いている[20]。「これ以上馬鹿げたひどいテーマは思い付かないといった呈のもの」,とフランスの観客は酷評している。「それは冒険家クリストファー・コロンブスについての話だが,彼が航海中に自分の妻と情熱的な恋に陥る,というものである」[21]

　オットボーニ枢機卿邸で毎週催される室内音楽会,**詩的音楽アカデミー**はヨーロッパ全土で有名であった。ここでコレッリはソナタの演奏を指導し,音楽を指揮した[22]。あるいはここでアレッサンドロ・スカルラッティの数多くのカンタータが初めて歌われた。「これら多くのカンタータのチェロ・パートはあまりに素晴らしかったので,誰もが超自然的な存在に思われても不思

14　De Brosses, Vol. I, p.489. p.124 も参照。
15　Saint-Simon, Vol. XIX, p.21.
16　Adami da Bolsena.
17　Dent, pp.72, 74.
18　『フィリッポ・ユヴァッラ』,第1巻,p.50.
19　Dent, p.74.
20　Ademollo, 第 XX 章。Dent(p.74)はその日付を 1692 年,Loewenberg は 1690 年としている。
21　Ademollo, pp.179-180, Coulanges, *Mémoires*(Paris, 1820)からの引用。
22　Streatfeild, p.34; Pincherle, *Corelli*, p.15.
52) Louis de Rouvroy, duc de Saint-Simon(1675-1755)。フランスの軍人,外交官。

議ではなかった。ジェミニアーニがかってよく語ったことには，今世紀初頭の著名なチェロ奏者である**フランチェスキッリ**［フランチェスケッロ］[53])が，カンタータのひとつをスカルラッティのハープシコードに合わせて実に素晴らしく奏したので，善きカトリック教徒であり奇跡の力をいまだに信じる地方の同席者達は，チェロを弾いたのがフランチェスケッリ［原文ママ］ではなく，彼の姿を借りて舞い降りたひとりの天使によるものだ，と納得したほどであった」[23]。それがカルロ・マラッタ[54])によって描かれた銀色の天使であったことは疑いない。

　ブレインヴィルは，1707年5月14日に催された枢機卿邸での演奏会のひとつについて，以下のように記述している。「枢機卿猊下は素晴らしいことに……ローマの一流の音楽家や演奏家を支援し続けておられる。なかんずく有名なアルカンジェロ・コレッリや，ヨーロッパ随一の声の持主若きパオルッチを擁し，そのおかげで彼は毎週水曜日に自らの宮殿で素晴らしい演奏会を催されている。そしてまさにこの日も我々はこの会合に出席していた。我々はそこで氷を入れた美味な果実酒によるもてなしを受けた。これは枢機卿やローマ大公が相互に訪問する時の慣習である。しかし，演奏会とその来訪者をひどく困惑させたことには，ふざけた**修道僧**の集団が現れ，毎度よろしく太った腹をそれらの果実酒で満たし，土産とばかりにクリスタルの酒瓶をナプキンの後ろに隠して持ち去っていくのである」[24]

　かの有名なドメニコ・スカルラッティとヘンデルの腕比べが行われたとされるのは，まさにこのような**音楽アカデミー**のひとつにおいてであった[25]。ヘンデルがスカルラッティに勝利した楽器は，いくつかのストップを備えた聖歌隊用の見事な1段鍵盤オルガンだったと思われ，1740年のオットボーニの死後に作成された彼の財産目録の中にその記述がある[26]。スカルラッティがヘンデルに勝利したハープシコードは，1ダースばかりあった枢機卿の所有になる楽器の中の1台であった。これらはイタリアの伝統的な構造を持っており，通常のピッチで鳴る二つのレジスター，それに加えて1オクターヴ高い第三のレジスターを備え，楽器本体は入念に装飾を施された外側ケースに

23　Burney,『音楽通史』, Vol. II, p.629.
24　Blainville, Vol. II, p.394.
25　Mainwaring, pp.59-62.
26　Cametti, *I Cembali del Cardinale Ottoboni*. 付録 III A。
53)　Franceschiello（または Francischello, Francesco Alborea, 1691–1739）。イタリアのチェロ奏者。
54)　Carlo Maratta（または Maratti, 1625–1713）。イタリア・盛期バロックの画家。

収められていた。中でもガスパール・デュエ・プッサン[55]がケースに絵を描いた1台は,現在メトロポリタン美術館にある1台の楽器とおそらくよく似ていたであろう｛図3｝。オットボーニ目録にあるもうひとつの品目は「全音域と3つのレジスターを備え,取り外し可能な外側ケースについた折りたたみ式のふたにジョヴァンニ・パオロ・パニーニ［原文ママ］による透視画が描かれたハープシコードで,そのケースの外側は明暗法(キアロスクーロ)で描かれた絵に金箔が施され,脚部は花綱とキューピッドが彫られている……」と記されていた。これが何年も後にマドリードのスカルラッティ家に掛かっていた2つのローマの風景画の作者パンニーニ[56]であった可能性については判断に迷うところである[27]。

パスクイーニ

ヘンデルと2人のスカルラッティ以外に,もうひとりの偉大な音楽家がこれら枢機卿の楽器をしばしば演奏したかもしれない。ベルナルド・パスクイーニこそは今やローマの音楽界においてもっとも敬愛される家長であった。ガスパリーニは彼について曰く,「誰であろうとかの有名なベルナルド・パスクイーニ氏の指導の下で働き,あるいは学ぶという幸運に恵まれたならば,あるいは少なくとも彼が演奏するところを見聞きしたならば,それはもっとも真実でもっとも美しく,もっとも高貴なスタイルの演奏や伴奏を知り得たということであり,素晴らしく完璧なハーモニーを彼のハープシコード演奏に聞いたということである」[28]。ドメニコ・スカルラッティはこのような幸運に恵まれたひとりであり,彼の父もまたローマにおけるもっとも初期からクリスティーナ女王の宮廷でその恩恵を受けていた。当時,最高の音楽家の何人かは自らをパスクイーニの弟子と呼ぶことに誇りを持っていて,特にガスパリーニ自身がそうであった。他にもジョヴァンニ・マリア・カジーニ,またアルプスの向こうからはゲオルグ・ムッファト[57],J. P. クリーガー[58]がいる。パスクイーニは1637年にトスカーナ地方で生まれ,ローマでロレン

27　ドメニコ・スカルラッティの財産目録のうち,1757年に彼の娘マリアに遺贈された部分。付録 II。
28　ガスパリーニ,p.60 (1745年版)。
55) Gaspard Dughet Poussin (1613–1675)。フランスの画家。
56) Giovanni Paolo Pannini (または Panini, 1691–1765)。イタリアの画家,建築家。
57) Georg Muffat (1653–1704)。ドイツ・バロック期の作曲家。
58) Johann Philipp Krieger (1649–1725)。ドイツ・バロック期の作曲家。

ツォ・ヴィットーリ,後にマルカントニオ・チェスティ[59]の下で学び,クリスティーナ女王に**宮廷楽長**として仕え,さらに1664年からはアラ・コエリの教会,およびサンタ・マリア・マッジョーレ大聖堂でもローマ市のオルガニストを務めていた。彼は1710年11月21日に亡くなっている[29]。パスクイーニは並はずれた魅力の持ち主であり,伝記や墓碑銘の埃を通して今なお燦然と輝いている。彼の非常に新しい鍵盤楽曲は,概して17世紀の厳格な形式に合わせて作られているものの,イタリアにおいて新たにギャラント・スタイルを生み出した最初の証しとなっている。しかしながら,ドメニコのごく初期の鍵盤楽曲しかパスクイーニとの関係を示すものはない。ドメニコは後に全く異なる演奏技術を発展させ,形式についてもパスクイーニによって考えられたものとは非常に異なった展開を深めていった。パスクイーニにあっては,あの魅惑的な《**カッコウのスケルツォとトッカータ** *Toccata con lo Scherzo del Cuccù*》に見られるように,甘美さや,えも言われぬ滑らかさこそがすべてである。ユーモアはあるが,スカルラッティに典型的なぴりっとした風刺もなければ束の間のきらめきもない。

　パスクイーニはガスパリーニとともにフレスコバルディと古い音楽への畏敬の念を持っていた。ドメニコが生涯にわたって示した16世紀教会音楽に対する尊敬の念も,彼の若い頃の印象と同時に父スカルラッティ,フランチェスコ・ガスパリーニ,およびベルナルド・パスクイーニの指導の上に築かれた。彼らの誰ひとりとして,実践上はともかく,理論的には古きイタリアの対位法が持つ厳格さを捨ててはいなかった。ベルナルド・パスクイーニは彼のパレストリーナ[60]への帰依を示す直接的な証拠を,1690年に彼が総譜にしたモテトの一巻の中に残している。「誰であろうと音楽家,あるいはオルガニストを自任し,パレストリーナの聖なる作品という乳を飲もうとせず,その神酒を味わおうとしない者は疑いもなく,また常に哀れな恥知らずである。愚かで無知なベルナルド・パスクイーニ所感」[30]

29　これ以降のパスクイーニの伝記的な情報は Bonaventura, pp.27, 31-33, 42-47, 64 から引用。Crescimbeni, *Notizie istoriche degli Arcadi morti*, Vol. II, p.330 はパスクイーニの伝記を含んでいる。
30　Bonaventura, p.32.
59) Marc' Antonio Cesti（1623–1669）。イタリア・バロック期の作曲家。
60) Giovanni Pierluigi da Palestrina（1525?–1594）。イタリア・ルネサンス期の作曲家。

コレッリ

　パスクイーニと父親の後に，ドメニコがオットボーニの宮殿で耳にしたもっとも偉大な音楽家はアルカンジェロ・コレッリであった。ヨーロッパはもとより海を越えて全世界で賞賛された彼の作品は，ほとんどの同時代人の諸作品よりも長く生き続けた。コレッリはソナタと協奏曲によって，まさに 18 世紀室内楽の基礎を築いた。次世代のヴァイオリニストと異なり，彼は常に名人芸的な演奏を音楽表現の純粋さより下位に置いた。ガスパリーニはもうひとつの熱烈な賛辞の中で彼を「我らが時代の真のオルフェウス」と呼び，「かような巧妙さ，腕前，そして気品をもってバス声部を動かし転調させる……音の結合と不協和音をあれほどよく制御して解決し，さまざまなテーマを実にうまく織り交ぜているので，彼は魅惑的で完璧なハーモニーを発見したと言っても過言ではない」[31]と述べている。

　もし後年ドメニコ・スカルラッティが全くの無手勝流を自認することがあったとしても，それは彼がガスパリーニ，パスクイーニ，コレッリ，そして自分の父親といった，それぞれが最高の様式的な洗練ともっとも完璧に訓練されたあらゆる音楽的技巧を駆使して作曲を行った音楽家の教えをマスターしたからである。彼らのお手本は，ザルツブルグのヴァイオリニストの父親による訓練がヴォルフガング・モーツァルトに与えたと同じように，ドメニコの豊かな想像力を制御し，溢れくる感情に方向付ける力を与えたのである。

アルカディア

　ドメニコ・スカルラッティは，父親がその中で成熟し，生涯その関係を失うことのなかったアルカディア・アカデミーで，ローマの文学的遺産に出会った。アルカディアの森ではクリスティーナ女王の記憶が頻繁に，かつ厳かに呼び起こされた。不相応で奇抜な名前を使い（オットボーニは**クラテオ**，またマリア・カジミラ王妃は**アミリスカ・テレア**の名で知られていた），アルカディアの妖精達や羊飼い達は，それを狩りと呼んではあちこちのローマの宮殿で会い，あるいは公園を牧場と称してそこで会合を開いた。彼らは羊の代わりにギリシャやローマの詩人達，ペトラルカとラウラ，そしてサンナザーロの繊細な香りを放つ記憶に心を配った。会の徽章はシリンクス｛葦，牧神の笛｝であった。1726 年には，後のドメニコ・スカルラッティのパトロンで

---

[31] ガスパリーニ，p.44（1745 年版）。

あるジョアン5世の気前のよい寄付によって,ジャニコロの丘の斜面に彼ら専用の森の楽園を開いた[32]。このアルカディアの森や,小さな円形劇場,そして複雑に曲りくねった影に覆われた小道を備えた,18世紀においてもっとも魅惑的な庭園のひとつはいまだに存在していて,泉から滴る水が静かに立てる音は,トラステヴェレ近郊の溢れんばかりの人通りからしばしば運ばれてくる喧騒によってもほとんどかき消されることはなく,実にうっとりするオアシスである。

　ドメニコとアレッサンドロ・スカルラッティが交わっていた教養あるローマ社交界の大勢はアルカディアへと導かれた[33]。アルカディアの羊飼いの中には詩人カペーチ,フルゴーニ[61],マルテッリ,ロッリ,ゼーノ,そして他に数多くの当時のオペラ台本作家がいた。ジャンバッティスタ・ヴィーコもアルカディア同人のひとりであり,後にメタスタージオも加わった。アカデミーの書記はジョヴァンニ・マリオ・クレシンベーニ[62]であり,彼のアルカディアでの催し物についての仰々しい文章はサンナザーロやフィリップ・シドニー卿[63]の気取った冷静ぶりと競い合っている。羊飼いの中にはフィレンツェのスカルラッティ家から2人,アレッサンドロ・スカルラッティ修道院長とジュリオ・アレッサンドロ・スカルラッティ修道士も含まれていた[34]。ドメニコの子孫の努力にもかかわらず[35],上流階級であるトスカーナのスカルラッティ家と,音楽一家ではあるがシチリアの比較的無名なスカルラッティ家との間に親類関係は成立しなかったようである。

　アレッサンドロ・スカルラッティ,アルカンジェロ・コレッリ,およびベルナルド・パスクイーニはアルカディアの「音楽アカデミー」に頻繁に参加し,主要な羊飼い達とも懇意であったが,元々の会の規則では詩人と貴族階級の人々のみが会員と認められていた。1706年に規約の特別な改正が行われ,4月26日にこれら3人の音楽家はテアパンドロ,アルコメロ,プロティコという名でアルカディアに迎え入れられた[36]。

32　Morei, p.67. この寄付を記念する文章が刻まれた大理石のタブレットが,いまだに公園の一番奥の門に面して置かれている。
33　アルカディアとそのメンバーについての文章は Crescimbeni, *L'Arcadia*, および *Notizie istoriche degli Arcadi morti*; Carini; および Vernon Lee を参照。
34　Crescimbeni, *L'Arcadia*, pp.350, 363, および *Notizie istoriche degli Arcadi morti*, pp.252-254.
35　第VII章を参照。
36　Dent, p.89; Bonaventura, pp.30-31.
61) Carlo Innocenzio Maria Frugoni (1692–1768)。イタリアの詩人。
62) Giovanni Mario Crescimbeni (1663–1728)。イタリアの詩人,批評家。
63) Sir Philip Sidney (1554–1586)。英国の詩人。

ある時スカルラッティ，パスクイーニ，およびコレッリが，妖精と羊飼い達のためにメタウロ［リヴェラ修道院長］の小屋［すなわち，宮殿］で一夜の楽しい催しを提供しようと申し出た。美辞麗句に満ちた賞賛をこめてクレシンベーニが報告するには[37]，まずアルコメロ［コレッリ］が最初にオーケストラを率い，著名なクラテオの小屋［オットボーニ枢機卿の王宮］で彼の作曲したシンフォニアのひとつを演奏した。すると今度はテアパンドロ［スカルラッティ］が「ナップサック」からティルシ［ジャンバッティスタ・ザッピ］のいくつかの歌詞を取り出した。ティルシは，それらは単に音楽を付けるだけのために書かれたもので，このような立派な同席者にふさわしいものではないと言って抗議した。以前2人して快適なパルテノペアの田舎［ナポリ］で過ごしていた頃テアパンドロがそこで目にしていたように，通常は音楽を付ける作曲家の前で机に向かって即興的に作るものである，とも言った。テアパンドロは，ティルシは他の人々が努力をしても全くできないような作品を即興で作る才能を持っているという点で大いに賞賛に値する，とこれに応えた。

　プロティコ［パスクイーニ］とテアパンドロが交互にハープシコードで伴奏をしながら同じ詩によるカンタータが歌われ，いくつかの器楽曲がさらに演奏された後に，ハープシコードに座っていたテアパンドロはティルシが物思いに耽っていることに気づいた。「おおティルシよ，君がそのように深く考え込む訳は察しが付くが，もしそうだとしたら私に何をくれるかな？」対するにティルシは，「では私が考えているものを君に差し上げよう，しかしその条件として，それを用いて即座にこの場の気品ある皆さんへの贈り物を作るように」と返事をした。その結果，ティルシが内々に創作していた新しい詩を朗誦し，テアパンドロがそれに即座に音楽を付けて歌い聴かせたのであった。その夕べは，ティルシがひとつの詩の最後の行を書き終わるか終わらない間にテアパンドロがもうひとつの詩の音楽を完成する，という風な素早い即興のうちに過ぎて行った。テアパンドロとティルシに圧倒された同席者達の喝采の後，催しは次の日の「理想郷」への早い出発に備えてお開きとなった。

　ドメニコ・スカルラッティの音楽はアルカディアで演奏されたが，彼がそこで羊飼いとなることはなかった。ヘンデルも，しばしばその客人ではあったものの，やはり同様であった。それでもなお，ドメニコがローマに短期逗留の間活躍していた人達の大部分はアルカディアの同人であった。一見，こ

---

[37] この挿話全体は Crescimbeni, *L'Arcadia*, Libro Settimo, Prosa IV および Prosa V から再構成した。

の同人達の名前や振る舞いは部外者からは馬鹿げたもののように見えたが，牧歌的な詩の束を解き広げ，心地よく響く羊飼いの名前を舌の上で転がすと，人は知らず知らずのうちにアルカディア牧場の無邪気な喜びを共有するようになるのである。

ポーランドのマリア・カジミラ

　彼の父親が若かった頃の世界や，クリスティーナ女王からドメニコ・スカルラッティが受け継いだもっとも直接的な遺産は，彼女を模倣することに必ずしも成功したとはいえないポーランド王妃マリア・カジミラの庇護であった。実際，ドメニコと王妃との関係は，父親から彼へと直接的に引き継がれたように見える。

　マリア・カジミラは，歴史家が一様に賞賛の念を持って語るような人物ではなかった。彼女は高齢になってもなお問題を起こすような気質を持ち合わせていたようである。若い頃にはとびきりの美貌の持ち主であったようだが，そのせいか嫉妬深く，自己中心的で，つまらぬ陰謀に手を染めるような人物であった。1641年，フランスでマリー・ラ・グランジュ・ダルカンとして生まれ，マリア・ルイザ・ゴンザーガ王妃の女官として初めてポーランドに赴いた。彼女の2番目の夫はヤン・ソビエスキで，彼とは引っ切りなしに激しい口論をしていた。ヤンは1674年にポーランド王となった。彼の長男は王位を継承する際に警戒して，母親をポーランド国外に追放した。彼女は1699年4月ローマに到着し，クリスティーナ女王と同様に輝かしい宮廷を築くことに執心した。マリア・カジミラは，トルコに対するキリスト教世界の著名な守護者の寡婦として，クリスティーナ女王と同様に自分自身も明らかに教会にとっての財産であり，また温かく歓迎される資格があると考えていた。というのもクリスティーナがそうだったのは，彼女がプロテスタント主義の守護者の娘であったにもかかわらず（またはそれゆえに），教会においてもっとも異彩を放ち大いに珍重された改宗者のひとりであったからである。マリア・カジミラは尊厳さというものをほとんど持ち合わせず，魅力に乏しく，彼女の先達のような知性にも全く無縁であったにもかかわらず，好感を持って迎えられ，1699年10月5日にアルカディア・アカデミーに迎え入れられた[38]。

　しかしながら，ローマの人達は2人の女王の相違にすぐに気が付き，マリア・カジミラがローマに着くと間もなく，ひとつのラウンド｛輪唱歌｝が流

---

[38] この文節の情報は Waliszewski から引用。

行っていた[39]。

「ガリアの雄鶏に種付けられた無邪気な雌鶏さんは
ポーランド人の国で暮らしていたが，そこから王妃となって，
やってきたローマにとっては，クリスティーナというよりクリスチャン」

彼女の浪費的でこれ見よがしの慈善に満ちた人生は，教会儀礼に関する聖職者とのつまらない口論や2人の息子についての醜聞に彩られている[40]。それらは SPQR が元老院とローマ市民 Senatus populusque Romanus の略語ではなく，堕落したローマ市民 Sanno puttare, queste Romane という当時の風評に対して国外から加勢をした，などと言われても仕方のないものであった[41]。

ドメニコ・スカルラッティは父親に直接取って代わる形でマリア・カジミラに仕えるようになったようである。アレッサンドロは1708年夏までには彼女の宮廷楽長として仕えており，ウィーン攻囲戦におけるヤン・ソビエスキのトルコに対する勝利[64]を記念して9月12日に王妃の王宮で上演するためのセレナード《信仰の勝利 La Vittoria della Fede》を創作中であった[42]。しかし間もなくアレッサンドロは，当時オーストリア側の支配下でナポリ副王であったグリマーニ枢機卿に仕えるため，ナポリに帰ることを決心している（グリマーニ枢機卿はヘンデルの《アグリッピーナ Agrippina》の台本を書いている）。アレッサンドロは彼の長男ピエトロをウルビーノから呼び出し，ナポリの王室礼拝堂の定員外のオルガニストの職に就けさせるとともに[43]，自身は第1副オルガニストという一時的なポストを12月1日に得ている。その後1709年1月9日に彼の元の職である宮廷楽長に復帰し[44]，マリア・カジミラ王妃に仕えていた時の職をドメニコに引き継がせた。以降，ドメニコは彼女のローマ滞在の残りの期間，彼女のもとに留まったのである。

39　Waliszewski, p.273［彼の原文］
　　"Naqui da un Gallo semplice gallina
　　Vissi tra li Polastri, e poi regina,
　　Venni a Roma, Christiana e non Chrstina."
40　Waliszewski, 第 XI 章。
41　Montesquieu, Vol. I, p.671.
42　Cametti, *Carlo Sigismondo Capeci*.
43　Ligi, p.136; Prota-Giurleo, p.26.
44　Dent, pp.113, 116.
64）1683年（7月14日-9月12日），トルコによる第2回ウィーン攻囲。

ドメニコ・スカルラッティがマリア・カジミラに仕え始めた頃[45]，彼女は60歳代後半にあった。機知や親しみやすさよりは浪費や威信によって人を引き付けることで，彼女はクリスティーナの昔の仲間の生存者達，アルカディアの妖精や羊飼い，あるいはオットボーニのサロンの常連客をその周りに集めていた。1702年，彼女はグレゴリアナ通りとシスティナ通りが交差してできる三角形，トリニタ・デイ・モンティ広場にある宮殿を借り受けた[46]。それは16世紀の画家フェデリーゴ・ツッカリ[65]によって建てられたもので，彼がデザインした奇妙でグロテスクな装飾は今でも宮殿を飾っている。上層階からは家々の屋根瓦を眼下に聖カルロ・アル・コルソ寺院から西方のサン・ピエトロ大聖堂の円蓋まで，ローマの素晴らしい眺めを一望のもとに見渡すことができた。マリア・カジミラの当時から今日まで，その宮殿はさまざまな著名人達の居所となったが，彼らの中には古物研究家のヴィンケルマン[66]，画家のレイノルズ[67]やダヴィッド[68]がいた[47]。それはまたダヌンツィオ[69]の小説『喜び Il Piacere』にも登場し，いくつかの豪華な香り高い挿話の舞台を提供した。

カペーチ，ユヴァッラとドメニコのオペラ

　マリア・カジミラがツッカリ宮に越して来た同じ年に，彼女は教皇に対して自邸で「品位ある喜劇」を上演する許可を申請した[48]。彼女の劇場での上演に対する野心は，1704年，彼女の秘書として詩人，劇作家，そしてある時は法律家，外交官でもあったカルロ・シジスモンド・カペーチと契約したことによって実現に向かい始めた[49]。1652年にローマに生まれ，ローマおよび

45　Lentによれば1709年，《クローヴィス王 Clodoveo》上演の頃にあたる。
46　Körte, pp.48-52.
47　前掲書，pp.53-56.
48　Waliszewski, p.274.
49　この節の残りの事実部分については Cametti, *Carlo Sigismondo Capeci* からの引用。1709年1月17日の上演はドメニコによって指揮監督されていたようである。というのもアレッサンドロはこの時すでにナポリに戻っていた。
65) Federico Zuccari（または Federigo Zuccaro, 1542/1543 頃–1609）。イタリア・マニエリスム期の画家，建築家。
66) Johann Joachim Winckelmann（1717–1768）。ドイツの美術史家，考古学者。
67) Joshua Reynolds（1723–1792）。英国の画家。
68) Jacques-Louis David（1748–1825）。フランスの画家。いわゆる新古典主義と呼ばれる画風を代表する画家のひとり。
69) Gabriele D'Annunzio（1863–1938）。イタリアの詩人，作家。

マドリードで教育を受けた彼は，1692年以来メティスト・オルビアーノの名でアルカディアのメンバーであった。カペーチはそれ以降，王妃の宮殿で上演されたすべての作品について台本を書いた。その最初のものは2人または3人の歌手のための小セレナードとバレエのプロローグであった。1708年夏にマリア・カジミラはツッカリ宮内に小さな専用の劇場を建てたが，これは疑いもなくオットボーニ枢機卿を真似たものであった。新調された彼女の劇場で最初の興行となったオペラは，1709年1月17日に上演されたアレッサンドロ・スカルラッティの《森の息子 *Il Figlio delle Selve*》であった。これはカペーチの初期の成功作であったある劇に基づいており，この機会にバレエを導入し伴奏用に改作されたものであった。このオペラ制作はドメニコが任用される前に計画されたか，おそらくは新たに作曲する時間がなかったのであろう。その後，王妃がローマにいる間，ドメニコは自ら毎年1作のオペラをカペーチの台本に基づいて作曲した。

　これらの台本は，主題になっている事柄についてじっくり読もうとする向きには満足できないものの，言葉は生き生きとして上品で表情豊かであり，あたかも即座に音楽を喚起するように見える。アディソン[70)]がその数年前にイタリア・オペラのテキストについて論評した時，彼はもしかするとカペーチの台本について語っていたのかもしれない。「よく知られた舌の滑らかさは別として，**イタリア**の詩人は詩と散文の言語的違いという点において，他の国々の作家に対して大変有利な立場にある。確かにどの国でも詩人に特有の言い回しというものはあるが，**イタリア人**の間では文章のみならず，通常の会話には決して出てこないような特別な単語が実に沢山ある。それらは異なった言い回しで，詩に使うために磨きがかけられた結果，韻文として構成される際にいくつもの文字が欠落し，別の語形で現れる。このようなわけで，**イタリア・オペラ**は言葉の貧困といった事態に陥る恐れは滅多にない。その内容は全く貧弱で凡庸であるものの，表現は美しく響きのよいものとなる。もしこのような言葉における自然な有利さがなければ，今日におけるイタリア詩はどうしようもなく低級で野蛮なものに見える。もちろんこの国の作家の間でよく使われる数多くのわざとらしい寓喩表現は言うに及ばない」[50]

　マリア・カジミラのために作曲されたドメニコ・スカルラッティの最初の作品はオラトリオ《フランク王クローヴィスの改宗 *La Conversione di Clodoveo Re di Francia*》で，おそらく1709年の四旬節の頃に上演された。アディソンが論評の際に考えていたと思われるような平凡なしかも滑稽ですらある内

50　Addison, p.66.
70)　Joseph Addison（1672–1719）。英国の詩人，作家。

容が，カペーチの洗練された言葉によって高尚なものになった例がこの短いアリアのテキストである。

"Rasserenatevi 「思い煩うことなかれ
　Care Pupille;　　　　　　　　いとしい瞳よ
　Ch'io vado a spargere　　　たとえ余が，海のように
　Di sangue i fiumi　　　　　　血を流す戦いに出かけようとも

　　Perche compensino　　　君の瞳から流れ落ちる
　　De vostri lumi　　　　　　麗しい涙が
　　Le vaghe stille.　　　　　　償なってくれるから
　　　　Rasserenatevi...."　　　思い煩うことなかれ……」

　この当時，カペーチやドメニコ・スカルラッティに比べてもはるかに興味深い才能の持ち主は，建築家で王妃の劇場における舞台デザイナーでもあったフィリッポ・ユヴァッラであった[51]｛図8｝。彼の手になる舞台美術はマリア・カジミラのオペラ興行に真の栄光をもたらすことになった。というのも残された彼のノート一杯に書き込まれたおびただしいスケッチは，彼の想像力が比類のない壮大さと豊かさに満ちていたことを示しているからである。彼は1678年にメッシーナに生まれ，カルロ・フォンターナ[71]とともにローマで数年来働いていた。その空想の力は尋常ではなく，素描の速さや表現力も驚くべきものであったが，自身の手になる恒久的な建築物はいまだに彼に任せられてはいなかった。しかし，当時の建築家同様，彼も花火，パレード，凱旋門，そして――何にもまして――劇場の書き割りの制作に絶えず従事していた。1708年，彼はオットボーニ枢機卿に仕えるようになり，枢機卿からは家具，門口，**アルカナ**[72]，銀食器類，シャンデリア，さらには祝祭や宗教行事での装飾をデザインする仕事を任された。ユヴァッラはオットボーニのために室内オペラ上演のための小さな劇場をもデザインした。この劇場と同様，王妃の劇場についてもその痕跡はすべて消え失せてしまったが，オットボーニの劇場のためにユヴァッラが描いた素描は一部残っていて，それがどの位の大きさだったかを示している。舞台は大変小さなひとつの部屋に過ぎなかったが，ユヴァッラのデザインはその空間感覚といい，透視画の雄弁さといい，それらがオットボーニの小さな劇場の持つ実際のサイズに収まるの

51　この節の情報は『フィリッポ・ユヴァッラ』，第1巻から引用。
71)　Carlo Fontana（1634/1638–1714）。イタリア・バロック期の建築家。
72)　タロット（遊戯）に用いられるカード。

を想像するのが困難なほどの出来映えであった。広大なバロック式の天井が幻想的な大胆さで迫り，庭園の透視画は無限の彼方へ伸びる景色を広げ，難破船の場面や大嵐の襲来では見る者を恐怖に陥れる。実際歌手や役者にとって，これほど恐るべき競争相手に張りあって自分の役回りを演じ切るのはさぞかし大変だっただろうと想像できる。

　マリア・カジミラの劇場は，おそらくオットボーニのものよりもさらに小さかったと思われる。というのも，ツッカリ宮には広大なカンチェッレリア宮に比べて利用できる土地がなかったからである。今日，「ポーランド王妃」と印のついたユヴァッラの素描が11枚残っている[52]。これらは疑いもなくスカルラッティとカペーチのオペラのためにデザインされたものである。そのいくつかは，オットボーニのためにすでに温められていたアイデアに少し手を加えて王妃の興行のために書き換えられたことを示している。実のところ，その中の1枚ではユヴァッラが最上段にオットボーニの名前を書き，最下段に「ポーランド王妃」と記入している。このスケッチは使用された3つの舞台用枠張り物の番号を割り振られていることから，実際に舞台で使われたようである（《テティーデ *Tetide in Sciro*》第2幕第7場の「公園，または開放された庭」，あるいは《ターウリデのイフィジェニーア *Ifigenia in Tauri*》第1幕の「ディアナ神殿そばの木立」の場面を描写しているのかもしれない（図11を参照）。

　残された素描のうち，王妃のために描かれたものはオットボーニの大部分のものよりスケールが小さく，より叙情的である。それらは建築的な空想よりは一般的に自然の風景を好んで取り上げている。これらの素描について，もとの台本における場面設定との対比からそれらを疑問の余地なく同定するのは難しいが，例外としてテントが描かれたものが3つある。ひとつはおそらく《アーウリデのイフィジェニーア *Ifigenia in Aulide*》第3幕の「海岸での全軍野営」（図13）であろう。もうひとつは間違いなく同じオペラの第1幕「アガメムノンの大天幕のある田園風景」を表している[53]。

　3幕ものの田園詩劇で，ドメニコが王妃のために自ら制作した最初のオペラ《シルヴィア *La Silvia*》は，1710年1月27日に上演された。カペーチの台

---

[52] トリノ，国立図書館，Ris. 59-4.（本書の図9-14）もう2葉が『フィリッポ・ユヴァッラ』，第1巻，図版221，222に再録されている。

[53] これの類似作品が『フィリッポ・ユヴァッラ』，第1巻，図221に，さらにオットボーニの名前が書き込まれたもうひとつの類似作品（図220）とともに再録されている。Mercedes Viale Ferrero,『フィリッポ・ユヴァッラ』。*Scenografo e architetto* では，およそ2ダースほどのユヴァッラの素描が，ポーランド王妃のために作曲されたドメニコのオペラに関連したものと断定できるか，そうと推測される根拠を見いだしている。

本にある，急いで創作したことへの謝罪と慎重に選ばれたお世辞の形容語句を含んだ献辞は，ベネデット・マルチェッロによるオペラ台本作家への皮肉な助言をまたもや思い起こさせる。

翌年，ドメニコは王妃の劇場のために2つのオペラを作曲した。ひとつは1711年の謝肉祭の折に上演された《オルランド *L'Orlando overo la Gelosa Pazzia*》であった。その序文でカペーチはアリオストとボイアルド[73]に負うところがあったことに触れ，彼が行った物語の変更については，「悲劇において，叙事詩の場合よりも厳格に要求される時間と行動の統一性」を確立するために必要であったと正当化している。

ドメニコの《トロメーオとアレッサンドロ，または侮蔑された王冠 *Tolomeo ed Alessandro overo la Corona Disprezzata*》は1711年1月19日に王妃の劇場で初めて上演された。カペーチはそのテキストを，ポーランド王位を長兄に譲るべきだと素直に考えていたマリア・カジミラの息子，アレッサンドロ・ソビエスキ王子への婉曲的な賛辞となるように按配した。無名の解説者は，そのオペラの中でアレッサンドロがトロメーオに王位を譲るに際し，アレッサンドロ・ソビエスキが示したよりもずっと礼節を保っていたように見える，と論評したかもしれない。その劇自体はカペーチが以下に概説するように，込み入った役作りや変装により筋が複雑に交錯している。

「トロメーオは母親であるクレオパトラから追放されて，キプロスでオスミーノという名の一羊飼いとして密かに暮らしていた。彼の妻，セレウセはクレオパトラによって引き離され，シリアの暴君トリフォネのところへ送られる途上で船が難破し，誰もが海の底に沈んだと信じていた。しかし実際には生き延びて，キプロスに夫がいると知るや，デリアという名の羊飼いに身をやつして夫を捜しに行った。アレッサンドロもトロメーオを始末するようにと母親から強力な軍隊とともにキプロスに同じように送られるが，実際には兄を救出し，王位に戻そうと密かに意図している。当時キプロスを統治していたのはアラスペで，姉エリサとともにこの島の海岸近くの快適なヴィラに住んでいた。彼は実際にはセレウセである羊飼いデリアに恋をしており，エリサは実はトロメーオであるオスミーノに恋している。ここで最後に，チレの王子イサウロの娘で，以前アラスペに愛された後捨てられたドリスデも登場する。彼女はクロリという名で女庭師に変装している。これら6人の間で，歴史的な事実に矛盾しない範囲でいろいろなことが起こる」

《トロメーオ》の第1幕の完全なスコアは最近ローマのとある古書店で発

---

73) Matteo Maria Boiardo（1434頃–1494）。イタリア・ルネサンス期の詩人。

見された。それには "Dominicus Capece" と "Ad usu C S" という謎めいた書き込みがあり、それがおそらくカペーチ自身の使用のために用意された筆写譜であることを示している。スコアでは演奏に4人のソプラノ、2人のコントラルト、フルート、オーボエ、弦楽器群、および通奏低音の指定がある。序曲の第3楽章には、ドメニコが間もなくほとんどすべてのハープシコード曲で用いることになる2部形式による書法の最初期の例を見ることができる。最初の2曲のアリアは、ユヴァッラの書き割りに相応しく見事な大悲劇調のスタイルで書かれている。

アレッサンドロ・ソビエスキ王子は、アルカディアの妖精や羊飼い達のために、特別に建てた屋根付きの野外劇場でもう一度《トロメーオ》を上演するよう手配した。クレシンベーニはほとばしるような賛辞を添えて彼の**アルカディア**におけるこの上演の様子を伝えている。「劇場は実に美しく、これ以上に均整の取れたもの、あるいはこのような機会に相応しいものは望むべくもない。歌声もよく、演技も楽しく、中でもその衣装と書き割りのデザインは素晴らしい。音楽も最高である。オーケストラも卓越している。そして何にもまして尊敬に値するのはその詩作である。かような仕儀で、誰もがこの催しはそれを計画した王室の天才達に相応しい出来映えであったと認めざるを得なかった……」[54]。ドメニコ・スカルラッティは間違いなくハープシコードに座って上演の指揮をしていたはずだが、クレシンベーニのこのオペラについての長い報告の中、彼については一言の言及もない。上演後にアルカディア同人によって用意された王妃宛ての大量の賞賛する詩文の中でも、彼については触れられていない。その中ではレンダ、マルテッリ、ブオナコルシによる17のソネットと1曲のマドリガルが賞賛され、さらに他のアルカディア同人は皆王妃やアレッサンドロ王子、台本作家のカペーチ、パオラ・アラーリとマリア・ジュスティの2人の歌手、およびこのオペラの他の出演者を賞賛している。ドメニコが作曲家としてだけではなく、尊敬されたアルカディアの羊飼いの息子としても無視されていたかもしれない、という点では二重に興味深い。

《テティーデ》は1712年1月10日に上演された。物語に加えられたある変更を説明するに際し、カペーチはウリッセスがより礼儀正しい役柄となるように、彼が行商人ではなく大使としてアガメムノンのところからアキレスを

---

[54] クレシンベーニ, *L'Arcadia*, Libro Settimo, Prosa XIV. 王妃は毎年アルカディア同人を上演に招待した (Morei, p.238)。オットボーニ枢機卿やルスポリ王子もそうであった (ローマ、アンジェリカ図書館、アルカディア資料、Crescimbeni 手稿, *Il Secondo Volume del Racconto de fatti degli Arcadi...*)。

探しに来たということにした。《テティーデ》のためのドメニコの音楽は事実上完全に現存しており，最近ヴェネツィアのミノリテ修道院図書館で発見された。2曲のアンサンブル曲，中でも甘美な三重唱〈愛すると寡黙に Amando tacendo〉は注目に値する。

　この同じ年，カペーチとスカルラッティは《**聖母マリアの御名にささげる敬虔なる称賛** *Applauso Devoto al Nome di Maria Santissima*》という曲でソビエスキによるウィーン解放記念日を祝った。この曲では3人の寓意的な主人公，時間，睡眠，永遠が現れて，マリア・カジミラの夫の思い出に対してと同じくらい，彼女自身に対する誇張したお世辞がちりばめられている。

　1713年，カペーチとスカルラッティはエウリピデスの悲劇に基づいて2曲のオペラを作っている。1月11日にスカマッカの翻訳に基づいて《アーウリデのイフィジェニーア》が上演され，2月には，追加の挿話部分を除いて，ピエール・ヤコポ・マルテッリの版による《ターウリデのイフィジェニーア》が上演された[55]。

　王妃がスカルラッティに委嘱した最後のオペラは，1714年1月に上演された《ひそかな恋 *Amor d'un'ombra e Gelosia d'un'aura*》であった。カペーチは台本をオウィディウスの『**変身物語** *Metamorphoses*』にある2つの寓話，『エコーとナルキッソス』および『ケパロスとプロクリス』から取材した。彼が序文の中で曰く，「私が物語の結末を少し変えたことをお許し願わなければならない。すなわちナルキッソスは自分自身とではなくエコーと恋に落ち，ケパロスはプロクリスを殺してしまうのではなくちょっと傷付けるだけである。なぜならこうすることで現代の趣味と習慣に合わせ，オペラを悲劇的にではなく幸福な結末で締めくくろうと考えたからである。その他の部分では，私はあの卓越した筆によって生み出された内容から逸脱しないよう心がけた……」。台本作家や劇作家の間で古典的となったやり方で，オウィディウスの寓話の基本的な意味を完全に破壊してしまったことに大いに満足して，カペーチはさらに教会の検閲の目に備えて抗議の文章を付け加える。「運命，神性，宿命，あるいは崇敬，などといった言葉は詩人としての自尊心の表現と見なされるべきで，真のローマカトリック教徒としての心情を告白したものではない」。著者の信仰心が詩的な言葉の自由に妥協することはない，という意味を込めて，同じような文章が《トロメーオ》や《テティーデ》にも付け加えられている。

　ドメニコ・スカルラッティがマリア・カジミラ王妃のために作曲したすべ

---

[55] カペーチはこれらの著者についてそれぞれの台本の序文で触れている。

ての作品のうち,《トロメーオ》の完全な1幕,《テティーデ》はほぼ完全に現存しており,《ひそかな恋》の改訂版である《ナルチーゾ Narciso》,そして恐らくはいくつかの現存するオペラの序曲を含む〈シンフォニア〉の題名を持つ作品も何曲か現存している。1720年にロンドンで《ひそかな恋》を興行し,《ナルチーゾ》のタイトルで出版したのはドメニコの友人であるロージングレイヴであった。いくつかの魅力的なパッセージ,とりわけモーツァルトの《ドン・ジョヴァンニ》を思い起こさせるような,ヴァイオリンのピッツィカートがマンドリンを模倣するセレナードは別にして,《ナルチーゾ》から判断する限り,失われたドメニコの劇音楽を大して惜しむ気にはなれない。

バーニーはこの点について,ある種の公平さをもって以下のように述べている。「目新しくまた喜ばしいパッセージや効果はたくさんあるものの,この作曲家のハープシコード作品における独創的で陽気な気まぐれさをよく知る者にとっては,彼の歌曲が地味で,ほとんど退屈ですらあることに驚くだろう。彼の才能はまだ開花していなかった。そして当時もっとも偉大な声楽の作曲家であった父親ほどには声楽曲を書くことに慣れていなかった。むしろ息子は後に最高の独創的で素晴らしいハープシコード奏者となり,またその作曲家となったのである。事実,誰にしろ成就し難い2つの物事を等しく極めることはおよそ不可能に思える!」[56]

豪華なオペラ興行にもかかわらず,というよりまさしくそのために,マリア・カジミラは資金不足に陥りつつあった。もはや彼女が付与した疑わしい貴族の称号に満足する債権者はいなかった[57]。ドメニコ自身も,彼女の支払いがその浪費ほどには定期的になされないことに気がついていただろう。王妃は,劇場の尊厳という雰囲気の中で末期(まつご)を迎えるすべての希望を捨て去らなければならなくなっていた。彼女を歓迎する国はもはやヨーロッパのどこにもなかったが,どこか収入を確保できる場所で自身を立て直す必要があった。彼女がフランスに戻ることを許可するに際して,ルイ14世はヴェルサイユに近づかないという条件でロワール川の王城に住むという選択肢を示した[58]。教皇と枢機卿達,宮廷とオペラに別れの挨拶をし,1714年6月,彼女

---

56 Burney,『音楽通史』, Vol. II, p.706.
57 彼女は1709年7月1日,自分の家主ジャコモ・ツッカリを厳かに "uno dei nobili Famigliari attuale della Nostra Corte" と命名した (Körte, pp.50, 86.)。この特許状の中で,彼女自身は次のように名乗っている。"Maria Casimira, per grazia di Dio, Regina di Polonia, Granduchessa di Lithuania, Russia, Prussia, Moscovia, Semogizia, Kiovia, Volhinia, Podolia, Podlachia, Livonia, Severia, Smolensckia, Cirnicovia, etc."
58 Saint-Simon, Vol. XXIV, p.320.

はチヴィタヴェッキアの港から，金メッキの彫刻や赤いダマスク織や錦糸で飾られた教皇のガレー船に乗って出発した[59]。

ヴィラールは 1715 年に彼女をブロワで見ている。「彼女は相当な高齢にあったが，沢山の付けぼくろや濃い口紅を付け，王妃達の中でも誰が他の女性よりも長くその**色気**を保てるかが彼女の関心の的であったようだ」[60]。サン=シモンは彼女の最後の日々について，おもねらない肖像を描いている[61]。1715 年 1 月 30 日，彼女はブロワで亡くなった。アレッサンドロ・ソビエスキは彼女がローマを発って間もなく死去していた。彼女の孫，クレメンティーナは後に王位を狙う英国人の夫とローマに戻り，領土なき王妃の伝統を担い続けることになる[62]。

---

59 Labat, Vol. VII, pp.29-31.
60 Saint-Simon による引用，Vol. XXIV, p.324n.
61 Saint-Simon, Vol. XXIV, p.320.
62 Waliszewski, pp.282-283.

IV 教会と劇場

ヴァチカン

　マリア・カジミラ王妃に雇われていた最後の年，ドメニコはヴァチカンとの関係を確立した。それらがすべて彼の父親が以前に持っていたポストであることから，父親の威光によるものとも考えたくなる。なにしろアレッサンドロは頻繁にローマに行っていたし，彼の作品は常にそこで演奏されていた。さらに彼はローマの友人やパトロン達との関係を決して失うことはなかった。ドメニコはローマ滞在中，父親の陰に隠れて相対的に目立たない存在となっていたようである。オットボーニ枢機卿邸でのヘンデルとの腕比べがあったおよそ1709年ごろから，10年後にローマを発つまでの間，ひとつとして彼に関する逸話もなければ，彼についての直接的な評言も明らかにされてはいない。無味乾燥なヴァチカンでの雇用記録，オペラの台本，あるいは折りに触れての報告書などがわずかに彼の活動を伝える程度である。それらは彼の私的な生活について何も明らかにするものではない。

　ジュリア礼拝堂の老宮廷楽長であったパオロ・ロレンツァーニは，1713年10月に亡くなった[1]。11月，礼拝堂の年長のメンバーでテノール歌手であったトマゾ・バイが**宮廷楽長**に任命され，ドメニコ・スカルラッティはその助手となった[2]。翌年の12月22日にバイは亡くなり，スカルラッティがその後任に採用された[3]。ドメニコがすでにヴァチカンのためにクリスマス・イヴ用のカンタータを準備していたことからも，バイは明らかに死を前にしてその任に耐えられない状態であったことがわかる[4]。アルカディア同人のひとり，フランチェスコ・マリア・ガスパッリによる台本では，寓意的ではあるが全くローマ的とは言えない慈悲，信仰，および貞節を宗とする登場人物や大天使ガブリエル，さらに天使達の合唱という役柄が用意された。前年にはア

1　Baini, Vol. II, p.280. Colignani の日記より。
2　Arch. Cap. S. Petri in Vat. Diari―33―1700-1714, p.298, 原本は Diari―30―1658-1726. 付録 II。
3　前掲書，p.307. 付録 II。
4　*Cantata da Recitarsi nel Palazzo Apostolico la Notte del SS^{mo}. Natale Nell'Anno MDCCXIV...*

レッサンドロ・スカルラッティがこれらの儀式のための音楽を書いていた[5]。コレッリが彼の美しいクリスマス協奏曲を書いたのもそのような折のことであったろう。

　ドゥ・ブロス議長は，ヴァチカンでのそれらクリスマス・イヴの儀式のひとつについて面白おかしく伝えている。音楽会とオラトリオの上演が終わった後，教皇が枢機卿達に盛大な夕食を供した。「スタッフォード卿と私は，アクアヴィーバ枢機卿，そしてテンチン枢機卿と雑談をしていた。テンチン枢機卿は近くにいた善き修道士，筋金入りのカルメル派[74]にして典型的なシュルピス会士[75]であるガダーニ枢機卿代理を尻目に，実に恭しくキャビアをむさぼり食べ，テンプル騎士のように痛飲していたが，ふとガダーニ枢機卿代理の方を振り向くとその青ざめた顔をじっと見つめながら優しく囁くような声で『貴兄は具合がよくないご様子だ，何も召し上がらないようだが』と言った。夕食後，枢機卿達は教会の職務に戻るべく，システィーナ礼拝堂へと向かった……可哀想なガダーニは，あのように絶食したために朝課で失神の発作に見舞われ，担ぎ出されて行った。私はその後ろで人々がこう囁くのを聞いた。『ああ，あの聖人をご覧なさい，彼は難行苦行のせいでこうなったのだ』」[6]

　ドメニコがトマゾ・バイの助手を務めていたいずれの時点でも，ジュリア礼拝堂の賃金台帳に彼の名前は出てこない。だが1715年2月28日に初めて賃金台帳に彼の名前を掲載するよう指示が出され[7]，3月1日にはそれに先立つ2ヶ月分の給与30スクーディが支払われている[8]。これ以降，彼は在職中毎月15スクーディを受け取った。これは彼の前任者および後任者と同じ額の給与であった。スカルラッティが雇われた当時のジュリア礼拝堂の音楽関係者の総数は，彼以外に16名の歌手がそれぞれのパートに4人ずつ，1名の**オルガン奏者兼指揮者**からなっていた。ソプラノ歌手には月に5スクーディ，他の歌手には7スクーディ，オルガン奏者には6スクーディ，**指揮者**には2スクーディ，そして礼拝堂付司祭には4スクーディが支払われていた。ドメニ

5　Dent, pp.99-102, 211.
6　De Brosses, Vol. II, pp.152-154.
7　ヴァチカン図書館，Archivio di S. Pietro, Cappella Giulia 203, *Del Registro dal 1713 a tt⁰. l'Anno⁰. 1750*, Filza 14.
8　ヴァチカン図書館，Archivio di S. Pietro, Cappella Giulia 174, *Registro de Mandati della Cappella Giulia—E—1713 a tutto 1744*. 以下の本節の情報はこの情報源から引用．付録II．
74)　カルメル会はローマ・カトリック教会に属する4つの托鉢修道会のひとつ（他はドミニコ会，フランチェスコ会，聖アウグスティーノ会）．
75)　シュルピス（スルピス）会は教区司祭養成のためのカトリック内教育団体．

コがローマを発つまでにはソプラノ歌手の人数は 6 人まで増員されていた。
　特にスカルラッティの在任中、サン・ピエトロ大聖堂での大きな儀式、毎年 6 月 30 日に行われる聖ペトロと聖パウロの晩課、11 月 18 日の**サン・ピエトロ大聖堂の献堂式**、そしてその他特別な式典、列福式、列聖式では、他の聖歌隊が集められた[9]。1715 年 4 月 11 日の祝祭と聖レオの遺体の移動に伴う典礼の折には、サン・ピエトロ大聖堂の参事全員が総出で大勢の歌手とともに松明をかざし、賛歌《その証聖者は *Iste Confessor*》を歌いながら通りを行進した[10]。ドメニコによるこの賛歌は今もジュリア礼拝堂の資料庫に現存しているが、その平易で地味な節回しの曲はこの時のために用意されたということもあり得る。
　ドメニコ・スカルラッティの在職当時、教皇の聖歌隊でのしきたりとそれが果たした役割については、1711 年に出版された小冊子の中で、彼の父親の古くからの友人でアルカディア同人でもあったアンドレア・アダミ・ダ・ボルセーナ[76]によって概説されている。その本は『**教皇庁礼拝堂付き聖歌隊のためのよき規律に基づく遵守規則** *Osservazioni per ben regolare il Coro dei Cantori della Cappella Pontificia...*』と題されており、礼拝堂の守護者であるオットボーニ枢機卿の肖像、それに他でもないフィリッポ・ユヴァッラによるエッチングで飾られている。
　あのハープシコード・ソナタのドメニコがジュリア礼拝堂の音楽を指揮したり、ベルニーニの手になるサン・ピエトロ大聖堂のそびえ立つ祭壇の後のオルガンから役務を遂行する姿は想像しにくいかもしれない。しかしドメニコがヴァチカンに雇用されている間、彼はその環境に十分見合った仕事をしていた。もちろんミケランジェロの「**最後の審判**」ほど圧倒的ではないが、ベルニーニの恍惚状態の聖人達よりは教会向きにできていた。ジュリア礼拝堂の資料庫には、厳格なア・カペッラ様式で書かれたドメニコによる初期の作品《ミゼレーレ *Misereres*》が今でも 2 曲残されている。ト短調の《ミゼレーレ》の各声部のパート譜はドメニコの手書きであり、彼の自筆譜としては知られている唯一のものである｛図 21｝。もっと印象的なのは 10 声部からなる**ア・カペッラ**の《**悲しみの聖母** *Stabat Mater*》で、ドメニコがやはりヴァチカンにいた時に作曲されたものと考えられる。それは正真正銘の傑作であり、おそらくドメニコの手になる最初の偉大な作品というべきであろう。そ

9　ヴァチカン図書館, Archivio di S. Pietro, Cappella Giulia 203, *p pagam^{ti}. fatti dall' Esattor P$\widetilde{m}$a P^e. dal. 1713. a tt^o. 9$\bar{b}$re, 1729.*, 付録 II。
10　Colignani, Arch. Cap.St. Petri in Vat., Diari - 34, p.10.
76)　Andrea Adami da Bolsena（1663–1742）。イタリア・バロック期の音楽家。

のスケールの大きさ，想像力の豊かさ，堂々とした対位法の処理，などすべての点において雄弁なテキストにふさわしいものになっている。

《その証聖者は》と2曲の《ミゼレーレ》以外に，ドメニコの作品がヴァチカン図書館に見当たらない理由は，多分それらがそこから消失したからではなく（というのも許可なく楽譜を借り出した者は教会から破門される恐れがあった），礼拝堂の儀式のために書かれた音楽がしばしば作曲家の私的な所有物に留まっていた，という事実によるものであろう。おそらくドメニコは，イタリア時代の教会音楽のほとんどをポルトガルに持参し，1755年のリスボン大地震で消滅させたか，さらにスペインへと運び，そこで逸失したと思われる[11]。

ポルトガル大使館

マリア・カジミラがローマを去ろうとしていたちょうどその頃，ドメニコはポルトガル大使フォンテス侯爵の宮廷楽長としての職を得ていた。1714年6月6日にポルトガル王の皇太子が誕生したことを祝うために，ドメニコは《ポルトガルの王子御誕生祝賀 *Applauso Genetliaco del Signor Infante di Portogallo*》を作曲した。これは以後長きにわたりドメニコが作曲することになるポルトガル王室に敬意を表すための一連の作品の最初の曲となった。ドメニコは15年後，スペインとポルトガルの国境上に特別にあつらえられた館で挙行されたこの皇太子の結婚式のために，自分が音楽を書くことになろうとは知る由もなかった。

この空想にかこつけた大げさなお追従の音楽は，ポルトガル宮廷およびその大使達の生き方と軌を一にしている。フォンテス侯爵の邸宅では，マリア・カジミラ王妃に劣らず虚飾に満ち，しかしブラジルからもたらされる黄金のおかげで金払いはかなりよく，ローマのどこの大使館をも凌ぐような仰々しさであった。リスボンの大司教区への昇格に関わる1716年の教皇への謁見の際には，この機会に臨んで特別にあつらえられた3台の金箔に覆われた巨大な馬車によって，この上なく豪華に祝福された。奇跡的にかの大地震を生き延びたこれらの馬車は，今でもリスボンにある馬車博物館で目にすることができる。従僕の寓意をあらわす仰々しい彫像が車軸の上にそびえ立ち，オペラの登場人物のような，あるいはナヴォーナ広場[77)]の噴水の彫像のような

---

11 スカルラッティがヴァチカンに残した音楽は全く忘れられた訳ではなかった。《その証聖者は》は何年も後に作られた筆写譜であり，ホ短調の《ミゼレーレ》は，スカルラッティが去った後も長い間演奏のために手を加えられていた形跡がある。

77) Piazza Navona, ローマ市内の広場。

雄弁さで身振りを交えて話しかけている。これらの豪華な飾りのせいで，馬車が運んでいた重要人物達は見劣りのする存在へと矮小化されてしまったかもしれない。

ローマの劇場とドメニコ最後のオペラ

　モンテスキューは「何であれ壮観なものにイタリア人の目は魅了される」と観察している[12]。この見せ物的壮観さへの愛着は地中海諸国一般，特にローマに当てはまるもので，その役割は教会と劇場によって等しく担われていた。ローマにおいて，教会が周期的に劇場に対して攻撃を行うのは，ライバルの見せ物を妨害しようという意図から来ているのではと疑いたくなる。ローマでは劇場と街路の境界は明確ではなかった。劇場での雄弁な朗唱はどこの街角でも聞かれ，役者の身振りは公園の噴水彫像やその周りに集まる群衆によってそれと見紛うばかりに模倣された。悲劇的場面，密室の宮廷，喜劇のバルコニーなどの印象的な遠景はどこにでもあり，生まれながらの役者達で満たされていた。俗世界と教会との境目も，舞台と公衆の間に比べて特段に明確というわけでもなかった。聖人達は噴水の寓意像と同じようなポーズをとり，音楽，蝋燭，香料，衣装や色彩が建築のバロック性を高め，信心深い人々の振る舞いはローマ教会の内であろうとなかろうと同じであった。

　教会法の制限が緩められたことで，ローマの劇場は1710年代に再び活気を取り戻していった。ナポリ，またはヴェネツィアの劇場のように，しばらく後にはローマの劇場についても次のようなことが言えただろう。「それ以来，聖職者は神学の研究に赴き，……靴屋や仕立屋までが劇場通になった」[13]。これら大衆にとってまず第一に重要なのはテキストで，次に背景，そして，もちろん歌手が圧倒的に素晴らしくなければならないことは別として，最後に音楽がくる。18世紀イタリア・オペラにおけるテキストは古く，すでに何度となく使われたものが多かったが，一般に音楽は新しいものであることが期待され，それは演奏者の特別な要求や能力に応じて作り直されていった。イタリアでは古くて成功した台本は大事にされたが（後日におけるメタスタージオの作品を見よ），音楽が再演されることはほとんどなかった。

　「イタリア人が，独身であろうとなかろうと，地位あるいは階級に関わりなく，一般的に持ち合わせているもうひとつの特徴がある。それは劇場的な壮観さへの執心であり，ありとあらゆる一般向けの見せ物や娯楽についても当

12　モンテスキュー, Vol. I, p.681.
13　前掲書, p.680.

てはまる。彼らはこの情熱をどうやら古代ローマ人から受け継いでおり、その遺産は全く失われずに彼らに引き継がれている。世の中の流行はというと、午前中はだらしない着流しで過ごすので、ほとんど外出できないし、訪問者の頻繁な訪問にも向いていない。読書、仕事はこの時間帯のほんのわずかを占めるに過ぎず、あくびをしながらの無為な時間が流れる。人々は夕食時までしっかり目が覚めているということはほとんどない。しかし数時間後、化粧室での用足しという重要事によって彼らはゆっくり動き始める。そしてしばらくの後、オペラによって彼らは完全に生き返るのである。しかしながら、劇場の楽しみの中心は劇の内容や音楽にあるわけではない。すべての淑女のボックス席では茶会やカードゲーム、騎士、召使い、子犬、聖職者、醜聞、そして密会といった場面が展開する。作品の進行や場面展開はもちろん、男女を問わず役者の演技に対してさえもおざなりの注目を向けるのみである。もし誰か流行に乗って世界的な賞賛を浴びるような見所のある、あるいは幸運な役者がいれば、時々場が静まる合間にその歌を聞くことができたかもしれない。しかしそのような静かな合間、あるいは君主の臨席なくしては、イタリアの聴衆はいつも騒がしく、騒動と混乱に満ちている。そのような状況にもかかわらず、いかなる立場にあろうとも、すべてのイタリア人にとって劇場での時間というのは一日のうちで最高に幸福な時間なのである。それを楽しむためならば、もっとも貧しい人ですら日々のパンを犠牲にする。節約のための1スー{フランスの通貨}もないような人々でさえ（というのも劇場的な気晴らしよりは命の方が大事だから）、すべての見せ物から遠ざけられるほど惨めなことはないと思っている。そのような人々は教会のもったいぶった儀式や聖人の儀礼や見せ物を欠かさず見物し、安手の提灯行列のようなけちくさい行事にもいちいち集まってくる……」[14]

わがままで気まぐれなローマのオペラファンの前にドメニコが初めて登場したのは、昔ながらの定番の劇作によってであった。それ以前、彼は私的な上演のためだけにオペラを書いていた。その公開デビューに際し、彼は1705年にヴェネツィアでガスパリーニによって使われた台本[15]、アポストロ・ゼーノとピエトロ・パリアーティの《アンブレート *Ambleto*》を与えられた。ガスパリーニは当時ローマに住んでおり、ドメニコの作品が1715年の謝肉祭シーズンにカプラニカ劇場で上演された際には立ち会っていたと思われる。2年前、ユヴァッラはこの劇場のために新たな額縁型舞台を製作していた[16]。今

14　Beckford, Vol. I, pp.251-253. 1781年の記事。
15　Weil, p.9.
16　『フィリッポ・ユヴァッラ』、第1巻、pp.54, 143.

IV　教会と劇場　　77

でも立っている建物に，オペラハウスとしての機能の面影はどこにも残っていない。現在では**カプラニカ映画館**として使われており，18世紀のオペラと同じように荒唐無稽で浪費的な映画が上映されている[17]。

スカルラッティの《アンブレート》の台本は，シェークスピアの『ハムレット』とはほとんど共通点がなかった。台本作家の序文には，物語の古い時代の起源についての言及はあるものの，英国の詩人を知っていたかどうかについては明言していない。劇それ自体は，心理的な曖昧さを厳格に避けている。ハムレットの父親，デンマーク王は，母親と強引に結婚しようとしていた簒奪者によって暗殺される。ハムレットは，自らに対して計画されつつある死からどうやって逃れるかも分からず狂気を装うが，継父はその真偽を主に3つの方法で試すことにする。その最初の失敗に終わったテストは，捕われて宮殿に連れてこられ，デンマーク将軍の愛人に仕立てられたハムレットの昔の許嫁に対面させることである。2番目は母親である王妃との対峙であり，真の敵である暴君の間諜とされる人物がその身を潜める中でそれは行われる。そうとは知らずにその間諜を捜し出して殺害した後，ハムレットはついに母親と自由に話をするが，その会話にはシェークスピアが同様の場面に込めた言外の意味などは全くない。ハムレットの狂気に対する最後のテストに至ってはもっと月並みである。それは賑やかな宴会の席でワインに酔ったハムレットが自らの正体を晒すよう暴君が画策する，というものである。しかしながら，酔いつぶれたのは暴君の方で，それはハムレットが彼のために特別に用意した飲み物のせいであった。ハムレットの命令により彼は処刑のために引き立てられて行き，オペラはめでたく幕となる。

《アンブレート》の歌手は，ドメニコ・テンペスティ（アンブレート），ドメニコ・ジェノヴェージ（ヴェレモンダ），ジョヴァンニ・パイタ（ゲドーネ），イノチェンツォ・バルディーニ（ゲリルダ），アントニオ・ナティリー（イルデガルデ），コルトンチーナとして知られているジョヴァンニ・アントニオ・アルキ（ヴァルデンターロ），そしてフランチェスコ・ヴィターリ（シッフリード）で，言うまでもなく全員が男性，あるいはカストラートであった。

スカルラッティが《アンブレート》に付けた音楽ではたったひとつ，弦楽伴奏付きのアダージョのアリアが残っている。中間部の半音階の進行は表現豊かなものだが，このアリアからはオペラの残りの失われた部分を惜しむ気持ちはほとんど起こらない。ドメニコ・スカルラッティは二度とオペラ全曲

---

17 この文章が書かれた当時，カプラニカでは『サリヴァン一家』という劇を上演していた。

を公開上演のために作曲することはなかった。彼の最初にして最後の公共劇場での試みは，成功とは程遠いものだったように見える。

多分ドメニコとしては，《ディリンディーナ La Dirindina》の方がまだ成功する可能性があると思ったに違いない。それは幕間劇として《アンブレート》と同時に上演されるはずであったが，直前になって取り下げられ，《田園風幕間劇 Intermedj Pastorali》に差し替えられた。《ディリンディーナ》はジローラモ・ジーリによるオペラ歌手の性格と習慣についての風刺劇で，ベネデット・マルチェッロの**当世流行劇場**と実に面白い対照をなしている。その3人の登場人物は老年の声楽教師ドン・カリッシモ，彼の弟子の歌手ディリンディーナ，およびカストラートのリッシオーネである。第1場はハープシコードのそばで，咳払いや発声練習，あるいは声楽家の宿痾である鼻カタルについての不平を漏らす場面から幕が上がる。ドン・カリッシモのディリンディーナに対する執心は救いがたいもので，カストラートのリッシオーネに対してすら気違いじみた嫉妬心を燃やす。リッシオーネはちょうど歌のレッスンを受けているディリンディーナのところにやってきて彼女をミラノのオペラに誘い，レッスンを完全に中断させる。原作者である詩人は**名演奏家**の誕生，後援者，記憶違い，調子はずれの歌，演技力不足，あるいは歌手一般への尊敬の念の疑わしさ，といったことについてお馴染みの風刺を随所に織り交ぜる。カストラートのリッシオーネは「プラトニック・ラブ」について語ることを許され，彼の見解や告白の様子は公平に徹底的な議論にかけられる。聖職者の多いローマでこの作品が舞台から降され，土壇場になって「田園風幕間劇」に置き換えられた理由は，おそらく第2場での展開にあったと思われる。リッシオーネがぐずぐずしているディリンディーナにミラノへ行く準備をさせている間，ドン・カリッシモが稽古の成り行きを誤解してしまう場面で，彼の嫉妬に目が眩んだ様は哀れみと同情を誘うレベルにまで達する。かわいそうなドン・カリッシモは，ディリンディーナが極めて悲劇的な調子で囁くようにディドーネの台詞を稽古しているところを，彼女がリッシオーネの子供を宿してしまい，劇中の刃で自ら命を絶とうとしているかのように聞き間違えてしまう。その幕間劇は，気のいいドン・カリッシモが2人を合法的な結婚（!）で結ばせようと試みる間，ディリンディーナとリッシオーネが笑いをこらえて死にそうになっているところで終わる。

《ディリンディーナ》が実際に上演を禁止されたのか，それとも用心深く取り下げられただけなのかは分からない。しかしそれは同年にルッカで上演され，印刷された台本には一般向けに「この風刺劇のための素晴らしい音楽はドメニコ・スカルラッティ氏によるもので，それが皆さんのお気に召すこ

とを彼は喜んでいるでしょう」[18]と書かれている。最近発見されたドメニコの音楽に加え、後のマルティーニ神父[78]による作品も現存している。《ディリンディーナ》は後にマルティーニ神父によって音楽が付けられたのである[19]。

18世紀を通して、オペラの舞台におけるカストラート達は、運悪く風刺の的になったり、不本意ながらもカザノヴァの回想にあるような厄介な状況に引きずり込まれた。モンテスキュー曰く、「ローマでは女性は舞台に上らず、カストラートが女性の格好をする。それが道徳に対して大変に悪い影響を与えている。というのも私が知る限り、これ以上にプラトニック・ラブを喚起するものはないからである……私がローマにいた頃、カプラニカ劇場に女装をしたマリオッティとキオストゥラという2人の小柄なカストラートがいたが、彼らは私がそれまで見た中でももっとも美しい被造物であり、この方面においてまずは堕落したことのない人々へもゴモラの趣味をかきたてたことであろう。実際ある若い英国人は、その中のひとりを女性だと思い込んで恋焦がれてしまい、その情熱をひと月以上も抱き続けたのであった」[20]

ニコラ・ポルポラとの協力の下、ドメニコ・スカルラッティは、我々が知る限り彼の最後の劇場音楽となったアントニオ・サルヴィの台本による《エジプトの女王ベレニケ Berenice, Regina d'Egitto》を作曲した。その興行は1718年にカプラニカで行われた。舞台の書き割りは建築家のアントニオ・カナヴァーリ、「舞台装置と装飾」のデザインは騎士ロレンツォ・マリアーニ伯、そして美術はジョヴァンニ・バッティスタ・ベルナボであった。歌手にはドメニコ・ジツィーとアンニバーレ・ピオ・ファブリが含まれていたが、彼らは後にドメニコが暮らしたスペイン宮廷に現れることになる[21]。

解　放

1717年1月28日、興味深い法的文書がナポリで起草され、その中でアレッサンドロ・スカルラッティはドメニコに対して父親の親権およびナポリ市民権からの完全な解放を認めた[22]。ドメニコの兄ライモンドがローマの代理人

18　Luciani, *Postilla Scarlattiana*, p.201
19　Gaspari, *Catalogo della Biblioteca del Liceo Musicale di Bologna*, Vol. III, p.315.
20　モンテスキュー, Vol. I, p.679.
21　Carmena y Millán および Cotarelo を参照。
22　Arch. Not. Nap. Prot. N.r Gio. Tufarelli. Ann. 1717, fols. 45-46. Prota-Giurleo, pp.34-36, はその全文を引用している。
78) Giovanni Battista Martini（1706–1784）。イタリア・バロック後期の音楽理論家、作曲家。

とされた。この文書の意図が何であったにせよ，それはある種の象徴性を表している。法律的な認証にもかかわらず，32歳になってもなおドメニコは，父親から完全な独立を果たすまでにさらに何年も要するという状態であった。

1717年10月18日，アレッサンドロはナポリからローマに戻る休暇を得た[23]。1718年の謝肉祭の頃，ちょうどドメニコが最後の劇場公演を行っていた時，アレッサンドロは他でもないカペーチの台本を基にした《テレマコス *Telemaco*》をカプラニカで上演した[24]。1721年に上演された彼の最後のオペラ《グリセルダ *Griselda*》を含め[25]，カプラニカのために作曲したもう4曲を加えると，アレッサンドロ・スカルラッティの舞台作品は全部で114曲という驚くべき数になった[26]。ドメニコは劇場の世界で父親の真似をしようなどという野心をとうに捨て去っていたのかもしれない。

不確かなロンドンへの航海，出立

1719年8月，ドメニコはヴァチカンの職を辞している。フランチェスコ・コリニャーニの手書きの日記中，1719年9月3日の書き出しの部分には，「スカルラッティ氏が英国に向けて旅立ったため，サン・ジョヴァンニ・イン・ラテラノ大聖堂のオッタヴィオ・ピトーニ氏が楽長に就任した」とある[27]。この時以来，ドメニコがポルトガルに到着するまで（実際の日付は明らかでない），彼の動向をたどることは不可能である[79]。バイーニはコリニャーニの記述に基づいて自身の覚書を1828年に出版した[28]。彼自身あるいはその後継者達がそれにさまざまな憶測を加えているが，コリニャーニの記述はスカルラッティが大英帝国を訪問したという仮説についての唯一の確かな証拠と

---

23 Dent, p.156, ナポリ, R. Archivio di Stato, Mandati dei Vicerè, Vol. 336, fol. 44 より。
24 Lorenz, Vol. I, p.36.
25 Dent, p.164.
26 Lorenz, Vol. I, p.16.
27 付録II。Roberto Pagano はドメニコ・スカルラッティが Unione di Santa Cecilia in Palermo の会員であったことを記した1720年4月16日付の文書を発見した（Pagano, Roberto. *Le Origini ...* , p.551）。
28 Baini, Vol. II, p.280, 脚注623。
79) 近年ゲルハルト・ドデラーによりポルトガルで発見された記録から，スカルラッティが1719年11月29日にリスボンに到着するとともに，間もなく当地でカンタータ，セレナード，およびハープシコード音楽の作曲家および演奏家として活動し始めたことが明らかになった。Sala, M. & Sutcliffe, W. D. ed. *Domenico Scarlatti Adventures*. 2008, pp.17-68 参照。

なっている。しかし，彼が実際にその国へ行ったという英国での証拠はいまだ見つかっていない。

ロンドンで 1720 年 9 月 1 日に演奏会を行ったかのスカルラッティ（「有名なアッレッサンドロ［原文ママ］・スカルラッティの弟」）とは，確実にドメニコではなかった。多分それはフランチェスコであったと考えられる[29]。さらに 1720 年 9 月 6 日，ポルトガル王妃マリアンナの誕生日のためのドメニコのセレナードが，ほぼ確実にドメニコの指揮によってリスボンで上演されようとしていた。

信憑性は乏しいが，かといってリスボンの日付から完全に議論の余地がないわけでもない仮説は，1720 年 5 月 30 日に彼の《**ナルチーゾ** *Narciso*》をヘイマーケット劇場で上演するためにドメニコがロンドンにいた，というものである。この上演は，ドメニコの献身的な友人でかつその唱導者でもあったロージングレイヴの指揮で行われ，また彼はこのオペラのために 2 つのアリアと 2 つの二重唱を作曲していた。《**ナルチーゾ**》は他でもなく，1714 年にドメニコがポーランド王妃のために作曲した最後のオペラ《**ひそかな恋** *Amor d'un'ombra e gelosia d'un'aura*》の再上演である。ロンドンでの再演のためにカペーチの元の台本を改訂した版はパオロ・ロッリによって提供された。ドメニコがこの公演に指揮者として，あるいは新たに曲を付けるなど，いかなる形でも関わったという記録はない。

ロージングレイヴの《**ナルチーゾ**》興行は，ドメニコ・スカルラッティの確実に舞台で上演された作品の中で知られ得る限り最後のもので，彼の版による序曲とアリアは，存命中にドメニコの声楽曲として印刷された唯一の作品である。ドメニコのアリアが後のロンドン公演に際して追加されたという報告は，実際にそれらを作曲したジュゼッペ・スカルラッティとの混同によるものと思われる[30]。

1721 年までに，ドメニコ・スカルラッティは彼の 72 年の生涯のちょうど半分を生きていた。それまでの彼の音楽の中に，より有能な同時代人を凌駕するような作品はほとんど見当たらない。彼の後世に残る貢献は，イタリアや彼の愛すべき，しかし抗し難い父親から離れて過ごすことになったその後半生にかけて成就されることになる。

29　Dent, pp.34-35. いかなる証拠からも正当化されないのは，W. H. Grattan Flood の論文に付けられた空想的な題目「ドメニコ・スカルラッティのダブリン訪問，1740–1741」である。付録 I A を参照。このスカルラッティに関係しているのはおそらくフランチェスコであろう。

30　付録 VII．

V　リスボンの総大司教区

リスボン

　初めてヘラクレスの柱[80]の向こう側へと冒険する中で、ドメニコは幼年時代に自身の周辺に残っていたシチリアの先祖やサラセンの痕跡へのつながりを再発見する自分を眺めていた。ポルトガルでは歌はもっと大げさで耳障りで、どことなく奇妙な憂鬱さを漂わせていた。それは、とうの昔に流行遅れとなった祖先の単旋聖歌によく似ており、彼がサン・ピエトロ大聖堂の宮廷楽長として、日常的に当世風の上品なバロックの意匠を着せ直して用いていたものだった。イベリア音楽のより激しいリズムもまた荒々しさという意味で共通性が感じられるが、彼はその全面的な衝撃を後にスペインで受けることになる。

　リスボンの持つ表情の多くは彼に十分なじみ深いものだった。明るい陽光、家々の石や漆喰の輝くような色の質感、騒々しい通り、それに、華麗な衣装に身を包んだ貴族とみすぼらしい群衆、あるいは前者と白昼宮殿の階段で居眠りする日焼けした不潔な物乞いとを隔てる途方もない距離。いくつかの急峻な上り下りや円形競技場のようなリスボンの地形はすでにナポリで知っているものだったが、大西洋の大きく開けた光景、そして湾ではなく幅広い河口へと面している大きく平坦な市街といったものにはそれほどなじみがあるわけでもなかった。船は地中海の港からだけではなく、アメリカや極東からも来航し、しばしば民族衣裳のエキゾチックなインド人や、半裸のアフリカ人、そして何よりもブラジルから限りなく大量の黄金をもたらしたのである[1]。

ジョアン5世

　植民地からの財宝は、ヨーロッパでももっとも贅沢な宮廷のひとつ、すなわち「ポルトガルの王、およびアフリカのこちら側と海の向こう側のアルガルヴェの王にして、エチオピア、ペルシア、およびインド諸島の航海、征服、

1　Almeida, Vol. IV, p.279.
80)　大西洋と地中海の境界となるジブラルタル海峡のスペイン側とアフリカ側の岬に付けられた古代の地名。地中海世界と外界との境界という象徴的な意味合いもある。

商業をつかさどるギニア太守」[2]であるジョアン 5 世 { 図 24 } の宮廷を維持することに役立っていた。派手好みだが洗練された趣味を持ち，祖先達と同じく教養を備えたジョアン 5 世は，東洋のサルタンの豊潤な感受性とローマ司教のこれ見よがしの信心深さを合わせたような人物であった[3]。同時代人のフリードリヒ大王はいささかの意地悪さを込めて，彼の名声の主要な部分は「教会の儀式に対する奇妙な情熱に由来する。彼は教皇から自身の司教区を独立させる許可をもらい，さらにもうひとつ，ミサを執り行う権限を与えられて，実質的に司祭に任命されたようなものであった。司祭の役は彼の楽しみであり，修道院は彼の城塞，修道士は彼の軍隊，そして修道女は彼の愛人，といったところだった」[4]と語った。1755 年の大地震[81]によりジョアンの宮廷の痕跡はほとんど残っていないが，その支配の他に例を見ない豪奢ぶりは，リスボンのサン・ロッケ教会の聖ヨハネ礼拝堂の備品である王室用馬車，そして何よりもマフラ[82]の地で大西洋を見下ろしている巨大な修道院，教会，また宮殿に垣間見ることができるだろう（バレッティが 1760 年にマフラを訪れた時，彼は国王陛下の呼び鈴係が自作のシロホンらしきもので，ヘンデルや「極めて難しいスカルラッティの練習曲」を演奏している光景を目にしている）[5]。

王室礼拝堂

　ジョアン 5 世は教皇を説得してリスボンを司教管区に格上げしてもらい，その見返りに 1716 年の対トルコ十字軍に莫大な援助を行った[6]。それ以来，教会の催事は従来になく荘厳になり，特段の関心が音楽にも寄せられた。国王はヴァチカンで使われているのと同じ聖歌本を求めて散財し，単旋聖歌のための特別な学校を設立した[7]。いわゆる**ア・カペッラ**と呼ばれる作曲様式が磨き上げられたのは教皇の礼拝堂だけでなく，ここでもそうであった[8]。数多

2　この肩書きは，ドメニコの騎士叙勲に関する証書のひとつから取られている（1738 年 5 月 15 日，スカルラッティ家文書）。
3　Almedia, Vol. IV, pp.278-289.
4　*Œuvres de Frédéric le Grand*, Vol. II, p.13.
5　Baretti,『ロンドンからジェノヴァまでの旅』, Vol. I, pp.254-255, 1760 年 9 月 13 日。
6　Almeida, Vol. IV, p.268; Lambertini, p.2421.
7　Lambertini, p.2421.
8　前掲書。
81)　リスボン大地震。1755 年，カトリックの祝日（万聖節）である 11 月 1 日，午前 9 時 40 分頃発生。震源はリスボン付近の海底で，リスボンは未曾有の大災害に見舞われた。
82)　ポルトガルの首都リスボンの北西 28km に位置する都市。

くのヴァチカンの歌手達がポルトガルに引き付けられたが[9]，中でもサン・ピエトロ大聖堂の宮廷楽長であったドメニコ・スカルラッティを獲得したことを，国王はその第一の成果と見なしていた。

　スカルラッティはその配下に30人ないし40人の歌手，およびほぼ同数の器楽奏者を指導する立場にあり，彼らのほとんどはイタリア人であった[10]。ドメニコはローマと同じくここでも教会の儀式のために，**ア・カペッラ**かオルガン伴奏付で，独唱と合唱が交互に現れたり，しばしばアレッサンドロ・スカルラッティが数多く作曲したような二重合唱による音楽を，疑似対位法の様式で作曲し続けた。このような音楽はポルトガルにはほとんど残っておらず，わずかに8声部の《テ・デウム *Te Deum*》と4声部の《テ・グロリオサス *Te Gloriosus*》が地震後にリスボン西総司教管区のために筆写されて残ったほか，数曲がポルトガルのいくつかの市の図書館に現存している。

　「1721年の最後の日，」と **リスボン新聞** *Gazeta de Lisboa* は報じて曰く，「サン・ロッケの教会で，主なる神のご加護によりこの国と国民が1年間に受けたすべての恩恵に感謝するために，著名なドミンゴス・スカルラッティによって優雅に作曲され，さまざまな編成の聖歌隊に配布されていた賛歌《**テ・デウム・ラウダムス** *Te Deum Laudamus*》が歌われた。その儀式は神聖なる総大司教座聖堂の高名なる副司教，D. ヨゼフ・ディオニシオ・カルネイロ・デ・ソーザを筆頭に，すべての聖職者や司式者の協力のもと執り行われた。教会全体が豪華に飾り付けられ，無数のあかりで満たされていた。音楽家達は三角形の後陣(トリビューン)に配置されていたが，その後陣は特別に造られたもので，豪華な忌中紋標で飾られ，それらがすべて総大司教様の指示と費用で賄われており，彼の気前のよさがこの典礼においてもよく示されている。すべての物事が，それ以前の年の時と同じ荘厳さと厳粛さをもって整えられていた。宮廷のすべての貴人達が列席し，中央広場には無数の人々が集まっていた」[11]

　それが現存しているものと同一かどうかは別として，この《テ・デウム》は疑いもなく同じように素晴らしい職人技を示していただろうが，スカルラッティ後年のあの幻想や奇想に通じるものはほとんど見られない。バロック後

9　Celani, *I Cantori della Cappella Ponificia nei secoli XVI-XVIII*, p.69. 1717年には3人の歌手が，1719年6月13日にはもうひとりが教皇の礼拝堂を去ってポルトガル国王に仕えている。

10　Walther, *Musicalisches Lexicon*, p.489には1728年におけるポルトガル王室礼拝堂付の音楽家の一覧表がある。付録II参照。

11　リスボン新聞，1722年1月1日。

期の精巧だが浅薄なフレスコ画のように，この種の音楽は荘厳に演奏され，宗教儀礼を見事に演出したものの，音楽自体が認められ，注目されるようなことはほとんどなかった。今日でもそうであるが，音楽というものは，スペインやポルトガルに特徴的なあの唸るようなオルガンの音や，トランペットのように水平に突き出したパイプの列と同様，少年達や神父の甲高い合唱，扇をあおぐかすかな音，祭鈴の響き，香料やニンニクの匂い，などからなる感覚全体の一部をなすに過ぎなかった。

　しかし，王室礼拝堂の音楽家達は，もっぱら教会音楽だけに従事しているわけではなかった。諸外国と同じく，彼らは祭事や宮廷の催し，特に王室の人々の誕生日や霊名の祝日のために音楽を供給したのである。

　イタリアからの音楽家の招聘により，王宮での音楽の催しやセレナードはより頻繁になった。1719年9月24日，国王の居館でセレナードが催され，「王家の方々のご臨席のもと，国王陛下が……ローマより招いた新人の素晴らしい音楽家達によって演奏された」[12]。スカルラッティがその中にいた可能性は極めて高い[13]。1ヶ月後，10月22日の国王の誕生日，イタリア語のテキストによる《ウリッセスの勝利とポルトガルの栄光》というセレナードが演奏された[14]。作曲者の名前は明らかにされていない。リスボン新聞は翌年の他の音楽的な催しについても報じているが，スカルラッティの名前はどこにも見当らない。

　同じく王妃マリアンナの誕生日を祝うために，1720年9月6日に王宮で演奏された「イタリア語テキストによる《季節の争い》という素晴らしいセレナード」の作曲者についても言及はない[15]。しかしながら，これは他でもないドメニコ・スカルラッティによる《セレナータ Serenata》で，現在ヴェネツィアのマルチアーナ図書館に保存されているものである[16]。否定する証拠がないのであれば，ドメニコは英国に行くことなく1719年9月にはリスボンに到着した，と私は考えたい。仮に彼が英国に行ったとしても，どんなに遅くとも1720年8月，言い換えれば，王妃マリアンナの誕生日の《セレナータ》のリハーサルに間に合うタイミングには，確実にポルトガルにいたであろう。

　《季節の争い Contesa delle Stagioni》（その台本と音楽の最初の部分の

12　前掲文献，1719年9月28日。
13　彼が実際に英国に行ったということがなければである。第IV章および付録IIを参照。
14　リスボン新聞，1719年10月26日。
15　前掲文献，1720年9月12日。
16　付録 VI B 5。

みが現存）は，ローマでポーランド王妃のために書かれた作品中，残されたもののどれと比べてみてもはるかに円熟した作品である。あらゆる点で無味乾燥なところが一掃されており，常に器楽と声楽を効果的に用いようとする感性や，幅のある劇的なコントラストへの練達ぶりが窺える。中でも見事なのは，弦楽と交錯するトランペットのファンファーレ，交唱，あるひとつのアリアを伴奏するフルートのソロ，そして声楽および器楽による各季節の性格付けである。レチタティーヴォの大部分は地味で通奏低音のみの伴奏だが，この曲のもっとも中心となる部分，つまり王妃について触れるくだりでは，弦楽伴奏の輝きによって声楽がひときわ明るく引き立てられている。これは，バッハのマタイ受難曲の中でのキリストの言葉の扱いと関連して，我々が慣れ親しんでいる手法のいわば世俗版である。

　その年の終わりに，洗礼者ヨハネと日を同じくする国王の霊名の祝日が，「《田園風カンタータ Cantata Pastorale》と題するイタリア風セレナード」によって王宮で祝われた。「それは作曲家スカルラッティによる地味ではあるがその場に相応しい作品で，王妃の居所で演奏された」[17]。その後，リスボン新聞は，国王や王妃の誕生日あるいは霊名の祝日にちなんだセレナードについて大方報じているが，その作曲者や曲名についてはほとんど言及がない。1722年，およびそれ以降の王妃の誕生日は，独特の「青鞜派」的女性達の好みによって**ポルトガル史王室アカデミー** *Academia Real da Historia Portuguesa*の会合で祝われた。「その夕べ，修道院長スカルラッティの作曲による素晴らしいセレナードが王宮で上演された」[18]。「修道院長スカルラッティ Abbade Scarlatti」は，1722年12月27日の国王の霊名祝日のためのセレナードの作曲者でもあったと報じられており，「国王陛下とそのご家族の御前にふさわしく演奏された」とある[19]。

　1722年以降，ポルトガルでのスカルラッティの活躍についての報告はほとんどない。1755年の地震により，地中海世界の公文書保管者の習慣も手伝って，ジョアン5世の宮廷に関する記録は，その音楽家に関するものも含めて大部分が消失してしまった。

マリア・バルバラ

　宮廷楽長としての職務に加え，ドメニコは国王の弟ドン・アントニオ，およ

17　リスボン新聞, 1721年1月2日。
18　前掲文献, 1722年9月10日。
19　前掲文献, 1722年12月31日。

び国王の娘で後にスペイン王妃となるマリア・バルバラ｛図25｝の音楽教育も担当していた[20]。王女マリア・バルバラは音楽の名門の出であり，後世の報告は彼女自身の才能が並外れたものであったという点で一致している。彼女の曾祖父は有名な音楽の論客，ポルトガルのジョアン4世[83]であり，素晴らしい音楽図書館を持っていたが，残念ながら1755年の地震により残されているのはその蔵書目録だけである[21]。彼女の母方の祖父であるオーストリアのレオポルト1世[84]は，何曲かの真に傑出した音楽を作曲している[22]。あらゆる情報源——公式のポートレートを除いて——は，彼女が美人ではなかったことで一致している。しかしながらその性格は穏やかだったようで，彼女をよく知る人達すべてから好感を持たれていた[23]。

　彼女がもしハープシコードについてその能力を十分に発揮していたならば，まさにその時代の比類なき演奏家となっていたに違いない。彼女の音楽的な教育は単にハープシコード演奏のみに限られてはいなかった。というのも彼女は有能な作曲家としてもその名が知られていたからである[24]。マルティーニ神父は1757年に出版された『**音楽史** *Storia della Musica*』第1巻をマリア・バルバラに献呈するにあたり，おそらくそのような場合に通常なされるよりもはるかに誠意を込めて，彼女は「騎士D. ドメニコ・スカルラッティから音楽のもっとも詳細な知識と深淵な技巧を学んだ」と賞賛している。その後半生において音楽は彼女の生活の中心であり，儀式や見せ物に明け暮れる中で生気を取り戻してくれるものであった。スカルラッティは明らかに彼女との個人的な関係を保ち続けたようで，それは他の公務上の儀礼的な関係としばしば一線を画するものであった。この生涯にわたる交流への彼女の感謝の念は，何年も経た後，遺言状の中で「私の音楽の師であり，この上ない熱心さと忠誠をもって仕えてくれたドミンゴ・エスカルラーティ氏」に指輪

20　Vieira, Vol. II, p.286; Lambertini, p.2421; スカルラッティ，《練習曲集 *Essercizi*》の献辞．
21　Lambertini, p.2418-2419.
22　*Musikalische Werke der Kaiser Ferdinand III, Leopold I, und Joseph I* ...［Guido Adler 編］，ウィーン［1892］．
23　マリア・バルバラについては，Ballesteros, Coxe, Danvila, Flórez, および Keene を参照．
24　Lambertini, p.2421 では作品の所在，あるいは文献をを明示することなく，彼女がマドリードの Salesas のために**サルヴェ**を作曲したとしている．
83）João IV（1604-1656）。ブラガンサ朝の初代ポルトガル王（在位：1640-1656）．
84）Leopold I（1640-1705）。ハプスブルク家の神聖ローマ皇帝（在位：1658-1705），オーストリア大公，ボヘミア王，ハンガリー王（在位：1655-1705）．

と金貨2000ダブロンを遺贈する，と記した彼女の心意気に現れている[25]。

ドン・アントニオ，セイシャス

　スカルラッティの他の王室関係の弟子は国王の弟，ドン・アントニオであった[26]。彼はスカルラッティより10歳ほど若く，熱心な音楽愛好家であった。1732年，ロドヴィコ・ジュスティーニ・ダ・ピストイア[85]は，ピアノフォルテのために初めて出版されたソナタ集を彼に献呈している[27]。ドン・アントニオが《悲しみの聖母 Stabat Mater》の数節に付けた音楽が，リスボンの総大司教区礼拝堂の文書庫に保存されていたとの報もある[28]。

　ドン・アントニオの庇護下にあり，ポルトガルでのドメニコの同僚でもっとも著名な音楽家は，総大司教区礼拝堂のオルガニスト，カルロス・セイシャスであった。彼は1704年6月11日，コインブラの生まれである。14歳になる直前，彼はそこの大聖堂のオルガニストとしての地位を父親から引き継いだ。彼は16歳になるかならないかの1720年，ちょうどスカルラッティと同じ頃にリスボンに出ると，その傑出した才能のゆえにほとんど即座にバシリカ式聖堂のオルガニストに任命された[29]。後の18世紀の作家は次のように記している。「もっともやんごとなきD. アントニオ閣下は，ポルトガル人がすることは何事も外国人には及ばない，という誤った考えによって，当時リスボンに滞在していた偉大なエスカルラーテ［スカルラッティ］氏に対し，セイシャスに少しレッスンをしてくれるようにと，彼をスカルラッティの下へ送った。セイシャスがその手で鍵盤に触れるや否や，スカルラッティはその巨人が何者であるかを［いわば］指先だけで認め，『あなたの方が私にレッスンを授けてもよいでしょう』と彼に言った。ドン・アントニオに会った時，スカルラッティは『閣下は私に彼を試すよう言われました。しかしながら，彼は私が今までに聞いたなかで最高の音楽家であることを申し上げなければな

25　ブラガンサにおけるマリア・バルバラの遺言状，マドリード，王宮図書館，VII E 4 305.
26　ドメニコによる《練習曲集》の献辞を参照。
27　Giustini di Pistoja, L.,《12のピアノ・フォルテソナタ Twelve Piano-Forte Sonatas》... Rosamond E. M. Harding 編によるファクシミリ版，ケンブリッジ，1933年. 献辞には D. Giovanni de Seixas の署名。その中でドン・アントニオの演奏家としての腕前についての記述がある。
28　Mazza, p.18.
29　セイシャスに関する伝記的な情報は Kastner,『カルロス・デ・セイシャス Carlos de Seixas』から引用。
85)　Lodovico Giustini (1685–1743)。イタリア・バロック後期の作曲家，鍵盤奏者。

りません』と語った」[30]

　セイシャスの鍵盤用ソナタは，スカルラッティのそれと実に興味深い類似を示している[31]。それらの中でも最上の作品のほとんどは，スカルラッティがポルトガルを去った後に作曲されているが，セイシャスは1742年，スカルラッティの才能が全面的に開花するはるか以前に亡くなっている。その意味で，セイシャスの作品における形式的な発展のある面は，スカルラッティのそれに先んじているように見える。彼らがお互いに影響し合った，と考えたくなるところである。しかし，スカルラッティに比べれば，セイシャスはやはり地方の作曲家に留まっている。彼の作品は叙情性や素晴らしい着想に溢れ，スカルラッティにも見られるイベリア的な性格を多分に持ってはいるが，スカルラッティほどの統一的な一貫性にまでは至っていない。ほとんどのスカルラッティのソナタに見られる様式的な完全さと調性の枠組みのバランスに，セイシャスの作品が到達することは滅多にない。

　1724年，スカルラッティはイタリアに戻ってきた。フルート奏者クヴァンツは，当時，ドメニコの古い友人でありまた指導者でもあったガスパリーニの下，ローマで学んでおり，そこで彼に会ったことを回想している[32]。かつての師と弟子の間でとても心温まる再会があったことは間違いないだろう。同時にまた彼は，後にスペイン宮廷で大いに友情を楽しむことになるあの歌手とも出会っていたに違いない。それはファリネッリの名でよく知られていたカルロ・ブロスキで，ちょうどその頃ローマのポルトガル大使館でガスパリーニのオペラのひとつに出演していた[33]。当時まだ彼は，後にドメニコが獲得した，あるいは多分そうしたいと望んだよりははるかに大きな名声と力をもたらすことになるそのキャリアを歩き始めたばかりであった。さらにスカルラッティはここで，あるいはナポリで，18世紀オペラ演劇界のアイドルであり，後にスペイン宮廷におけるファリネッリの豪華なオペラの数々の台本を書くことになる詩人，メタスタージオとの邂逅を果たしたかもしれない[34]。

30　Mazza, p.32. 私の翻訳では不明確な元の代名詞を適当な名前で置き換えている。
31　M. S. Kastner, *Cravistas Portuguezes*, I および II を参照（Mainz: Schott, [1935, 1950]）。
32　クヴァンツ，マールプルクの自伝，*Historisch-kritische Beiträge*, Vol. I. pp.223-226 では，彼が最初1724年6月11日から1725年1月13日までローマにいた，と伝えている。彼曰く，「ナポリの年老いたアレッサンドロ・スカルラッティの息子にして，当代の洗練された鍵盤楽器奏者であるミモ・スカルラッティは，かつてポルトガルで奉職し，後には現在その職にあるスペインに赴いたが，当時はローマに滞在していた」
33　Mendel & Reissmann, Ergänzungsband, p.522.
34　ナポリにおけるメタスタージオの活躍については，Croce, *I Teatri di Napoli*, Anno XV, p.341; および Burney, 『メタスタージオの……思い出』, Vol. I, pp.193-194 を参

アレッサンドロの死

　ここで何よりもまして重要なことは，ドメニコが彼の年老いた父親を訪ねたことである。この訪問後，アレッサンドロ・スカルラッティはあまり時を置くことなく他界した。この多産な作曲家はその最後のオペラを1721年に，また最後のセレナードを1723年に書き，ほぼ引退に近い形でナポリに落ち着いていた[35]。その長命により彼はナポリ派の音楽の長老として尊敬の念を持って遇されていたが，同時にまた長生きしたおかげでいくらか時代遅れにもなっていた。彼はまだハープシコードを演奏しており，1725年の冬にそれを耳にする機会があったクヴァンツは，彼の「技術的に息子には及ばないものの，よく訓練された演奏スタイル」について言及している[36]。同じ頃，ヨハン・アドルフ・ハッセはナポリのアレッサンドロの下で学んでいた。ハッセは彼の時代の栄光を担おうとしており，そのオペラ作曲家としての名声は，台本作家としてのメタスタージオにほぼ匹敵するものであった。何年も後にウィーンで，ハッセはバーニー博士との対話の中でスカルラッティの演奏について回想し，ドメニコの「豊かな発想と，それに劣らず驚くべき腕前」について語っている[37]。

　アレッサンドロ・スカルラッティは1725年10月24日に死去した。モンテサントの教会の中にある聖チェチーリアの祭壇の足下には大理石の板があり，そこにはおそらくオットボーニ枢機卿によると思われる次のような墓碑銘が刻まれている。

　「騎士アレッサンドロ・スカルラッティ，節度，善行，慈悲に優れ，音楽の再興者のうちでももっとも偉大なる者，いにしえの堅苦しい規則を新しくまた素晴らしい上品さをもって和らげ，古代の栄光を奪い，後世の模倣への望みを絶ちし者，ここに眠る。貴人，王達にとって誰よりも親愛なるこの者は，イタリアのこの上なく深い悲しみとともに，その齢六十六にて1725年

照。ドメニコは，メタスタージオが1719年5月にナポリに行く前にローマで彼に会ったかもしれない。メタスタージオは1719年2月6日以降，ガスパリーニの娘としばらくの間婚約関係にあった（Celani, *Il primo amore di Pietro Metastasio*, p.246.）。「スカルラッティ」の音楽によるメタスタージオの *Didone Abbandonata* についての，ほとんど作り話と思われる1724年のローマでの上演に関して，私が知る限りもっとも初期の記述は，Clement & Larousse, *Dictionnaire Lyrique*, p.214 に見られる。Riemann は *Opern-Handbuch* の中でそれをアレッサンドロによるとしているが，Brunelli は *Tutte le opere di Pietro Metastasio*, Vol. I, p.1384 でドメニコに帰している。

35　Dent, pp.191-192.
36　Marpurg, *Historisch-kritische Beiträge*, Vol. I, pp.228-229.
37　Burney,『ドイツ音楽の現状』, Vol. I, p.347.

10月24日に死せり。死はいかなる懐柔をも知らず」[38]

　ドメニコにとって，アレッサンドロの死は，1705年にナポリを発って以来20年の長きにわたった青年時代の終わりを意味した。彼は今や40歳となり，当然そう期待されるように，外見的には完璧に成長していた。さらに，彼の最初期の音楽においてさえも不確かなものは何ひとつなかった。それは均衡もとれ完成されていたが，そのほとんどの場合，同時代の音楽様式，特に父親のそれを真似た無名作者による再現にすぎず，全く個性に欠けるものであった。ごくまれに内的な激しさ，豊穣さ，および推進力，といった天才と呼ぶにふさわしい資質が垣間見え，それがあらゆる作品に自ずと発露する。私は確信しているのだが，ほぼすべての芸術家は，最初の15年ないし20年の青年期の後に，第二の青年期を経験する。2つの青年期の谷間での才能の開花，完成，または早熟によって，芸術家としての活動期間や真の能力がわかるということはほとんどない。この時期の人生経験を消化し，血肉化できるかどうかこそが，芸術家として十分に活動し成長し続ける能力を決めるのであり，後に彼が生み出したすべての作品の中にも大なり小なりその活力が反映されている。これは第二の青年期が終わる頃になって初めて全面的に明らかになるのである。アレッサンドロの死去に引き続く数年間，ドメニコ・スカルラッティはその最初の満足すべき，しかし特に有望でもない青年期を終えた。彼はさらに10年を経て，言い換えれば50歳という極端に遅い年齢になって，ようやくその初期の成熟に到達することになる。

ドメニコの結婚

　ドメニコの前半生が謎めいていて，彼が明らかに個人的にも音楽的にも父親の支配的な影響下にあったことを考えると，これらを現代の心理学的な観点から解釈してみたいという誘惑にかられる。しかしここでは，父親の死後3年を経てドメニコの人生が完全に変化した，という外見的な兆候を指摘するだけで満足すべきであろう。1728年5月15日，ローマ郊外に建つ聖パンクラツィオ教会の聖母被昇天の祭壇の前で，彼はいずれもローマ出身であるフランチェスコ・マリア・ジェンティーリとマルガリータ・ロセッティの娘，

---

[38] Dent, p.192. アレッサンドロ・スカルラッティの墓石に描かれている盾形の紋章はマドリードの国立歴史公文書館で発見された。Carlos III, No.1799, fol.66r. この紋章は墓石の上部に祭壇のステップが被さっているため，現在では目にすることができない。本書第336ページを参照。

マリア・カタリーナ・ジェンティーリと結婚した[39]。ドメニコ・スカルラッティはかれこれ 43 歳になろうとしていたが，新婦は 16 歳であった（彼女は1712 年 11 月 13 日生まれであった）。

　この結婚の状況について，我々はほとんど何も知らない。縁談は，おそらくは地中海諸国の習慣に従って，家族の主導によって整えられた正式なもので，恋愛の結果では全くなかったであろう。それが前もって準備されたかどうかにかかわらず，新婦は王女の場合にも似て，自分から動くことはほとんどなかったようである。王室での婚姻のように，すべては手紙のやり取りだけで決められたのであろう。というのも，ドメニコが最後にローマを訪れた1725 年には，新婦はまだ 13 歳に過ぎなかったからである。記録によれば，彼女は大変美人であったことで一致している。栗色の髪の持主で，今となっては未詳の画家の前で，深紅色のデコルテのドレスを着てポーズをとっている。私はこの絵について，それが 1912 年 3 月にドメニコの肖像とともに売却される前に見ていた彼女の子孫から説明を受けたことがある[40]（いずれの肖像画も，スカルラッティ家が売却したマドリードの画商を経た後行方不明になり，一説によればその後リスボン，さらにロンドンへと渡ったとされる。ドミンゴ・アントニオ・ヴェラスコによるドメニコの肖像画は発見されたが，マリア・カタリーナのそれについてはいまだ消息不明である）。

　ジェンティーリ家の人々はタルターゲ広場に面したコスタクーティ宮に住んでおり，婚姻はサンタ・マリア・イン・プブリコリス教会の教区で登録された。およそ 1 世紀後，ドメニコの孫は彼らの出自が上流階級であるという十分な記録を得ることができた[41]。ドメニコがそれ以前にこの家族と知り合っていたのかどうかについては全く不明である。いずれにせよ，結婚後彼はこの家族と深く関わるようになった。彼の義理の兄弟であるガスパール・ジェ

---

[39] 婚姻記録については付録 II 参照。イタリアの文献中に言及がないため，おそらく元来 Maria Caterina のイタリア名で知られていたであろう Maria Catalina の名前をスペイン名のままにしておいた。

[40] カルロス・スカルラッティ, *Historia de familia y mi ultima voluntad*, p.2（付録 II を参照）。この著者，およびルイーズ，フリオ，またカルメロ・スカルラッティ，さらにローザ・ラロ夫人との 1947 年 7 月 14 日付マドリードでの談話，また後にエンカルナシオン・スカルラッティ夫人との談話。カタリーナの肖像画はドメニコのそれよりも芸術的に重要であると考えられていた。それらは売却される前に写真に取られておらず，家族はその作者についてもわからないとしている。

[41] 第 VII 章，および付録 II，フランシスコ・スカルラッティの高貴な家柄の証明に関連する記述を参照。

ンティーリ[42]，および義母マルガリータ・ロセッティ・ジェンティーリは，2人ともスペインに行き，そこでドメニコより長く生存した。マルガリータ・ジェンティーリはドメニコの子供の何人かを世話し，カタリーナが死去してドメニコが再婚した後もこの一家と親密な関係を保っていた[43]。

1722年のリスボン新聞では，彼について「修道院長スカルラッティ」[44]と二度も言及しており，この謎めいた記述が彼の遅い結婚を説明するひとつの可能性を示唆している。彼が教会音楽に従事したことで，自身も修道生活を送るようになったのか，それともこれは何年も前にヴェネツィアでそうだったように，いつも黒い衣装を身につけていたことによる誤報なのか？ しかし，後年彼が常に黒ずくめの衣装というわけではなかったことはいろいろな証拠から明らかである。彼の変化がその身なりにまで現れた，ということは大いにあり得るだろう。

ドメニコの結婚という決断は，当時ポルトガル宮廷で起こりつつあった変化から影響を受けたのかもしれない。彼が1724年にイタリアの父親を最後に訪問しようとするまでに，王女マリア・バルバラは結婚適齢期，あるいは少なくとも王族として結婚の交渉を行うことができる年齢に近づきつつあった。1725年10月9日，《テ・デウム *Te Deums*》が流れるリスボンの教会で，彼女がスペイン皇太子フェルナンドと婚約したことが発表された[45]。皇太子は当時11歳で{図26}，マリア・バルバラはほぼ14歳であった。この縁談が外交上の利益のためであることは，スペイン王女とポルトガル皇太子ドン・ジョゼとの間の婚約が同時に発表されたことによってすっかり明白になった。

慣習的な手紙のやり取り，予備会談，そして適当に脚色された肖像画の交換は，スペイン，ポルトガル両大使による結婚の契約書への署名によって最高潮に達した[46]。1728年1月11日，リスボンの街全体が祝賀の花火と灯火に包まれる中，この日のためにスカルラッティによって特別に作曲された《調和の祝典 *Festeggio Armonico*》（その音楽は散逸）が王妃の居所で演奏された[47]。

ドメニコがマリア・バルバラに従ってスペインに赴くように言われたのは

---

42 付録II。ドメニコの5人のもっとも若い子供達の洗礼証明書（1738–1749）；1763年12月15日の文書。
43 第VII章，および付録II，1757年9月，1760–1763年の文書を参照。
44 リスボン新聞，1722年9月10日，および1722年12月31日。
45 前掲文献，1725年10月11日。
46 Flórez, Vol. II, p.1030; Danvila, pp.47-49, 74. 図25を参照。
47 リスボン新聞，1728年1月15日。

この時だったかもしれない。おそらく，マリア・バルバラ自身が要請したのであろう。彼女の音楽への情熱は，一部に生得的で自然な成り行きであったにせよ，その形成期にドメニコ・スカルラッティと緊密な関係にあったことでさらに強められたに違いない。さらには，有能な弟子に定常的に接し，彼女を上達させるために作品を提供し続けたことが，ハープシコード作曲家としてのドメニコ自身の発展を刺激したとも考えられる。彼の後期の作品はすべてマリア・バルバラ独りのために作曲されたと伝えられている。彼が自身のため，あるいは不特定の公衆のためだけに仕事をしてたどり着いたよりもはるか先まで到達することができたのは，多分に彼女の極めて洗練された趣味から来る要求とそれへの対応によるものである。王女とその音楽教師，という立場の違いはあったものの，あらゆる証拠は2人の間に互いに通じ合うものがあったこと，また若いマリア・バルバラが彼から離れることに意気消沈したであろうことを窺わせる。ドメニコは後に彼女の好意に応えているが，マリア・バルバラの方はこの時点で自分の音楽生活全体を彼に託していた可能性がある。ドメニコの新婦がマリア・バルバラとほぼ同じ年齢であったという興味深い偶然の一致は，王家の弟子に対するドメニコ自身の執着を表しているのかもしれない。

彼の結婚の表向きの理由が何であったにせよ，これまで自らが享受してきたいかなるものより確かな庇護の下，永住のためにスペインへ赴くという見通しは多少なりとも影響を与えたに違いない。1725年から1729年の数年間は，ドメニコ・スカルラッティにとって人生の転換点を画するものであった。父親の死と自身の結婚によって彼個人の人生行路の進路が変わっただけではなく，また第二の人生，すなわち我々が知りまた記憶している成熟した芸術家を生み出すことになる芸術の青春期に船出したというだけでもなく，彼は新しい国を受け入れようとしており，少なくとも音楽的な面においてイタリア人というよりはスペイン人になろうとしていたのである。おそらく，次の20年間に彼が同世紀においてもっとも印象的な独自の音楽様式を発展させることができたのは，若い妻とともに異国で始めようとしていたその新しい生活のおかげであった。

王室の婚姻

1729年1月，ポルトガルとスペインの王族達は，2組同時の結婚式のために両国の国境にあるカヤ川の上で相対した。スペイン宮廷は「深い雪をついての」9日間の旅の後，「出発以来変わらなかった天候のゆえに……また，あ

らゆる予防措置にもかかわらずほとんど通行不能に近い道路にはばまれ，完全に疲れきって」[48] 1月16日にバダホスに到着した。毛皮に身を包み，凍え上がったカトリックの国王達が，凍った道を馬車でごろごろと地吹雪の中を抜けていく様子，また彼らの従者達が全く惨めなさまで後ろの方からよろめきながらついていく様子が想像できるというものである。

　1月19日にスペイン人の集団が到着すると，ポルトガルの宮廷はカヤ川の対岸に集合し，185台の大型馬車とさらに6台，それぞれに15人ないし20人の贅沢なお仕着せ姿の使用人達を乗せ，150台の2輪馬車，および少なくとも6千人のまばゆいばかりの新しい制服を着た兵士（!）をずらりと並べた[49]。スペイン側も同数の兵士を伴っていたが，「スペインの高官達に少なからず悔しい思いをさせたことには，国王がこの機会に黄金を身に着けてはならぬという命令を撤回しなかったために，**ポルトガル側のように輝かしい眺めにならなかった**」[50]と報告されている。

　ここに至って，新郎と新婦は初めてお互いの姿を見ることになった。なかば不安にも似た好奇心という点では宮廷の群衆も新郎新婦達も同じであった。自分達の全く与り知らぬ成り行きによって，親密で分かちがたい関係を取り結ぶ運命となった4人の若者は，周囲が固唾をのんで見守る中，堅苦しい儀式の中で相まみえた。ドメニコ・スカルラッティがもしこの場にいたとしたら，自らの弟子が試練の時にある姿を見てどのような気持ちになったか想像できよう。マリア・バルバラを特別な関心をもって観察していたのは，スペイン宮廷での英国大使，ベンジャミン・キーン卿であった。彼は翌日，「私は昨日，2つの王族が初めて接見する席で大変都合のよい場所に座っていた。そして，黄金やダイヤモンドで贅を尽くしているにもかかわらず，王女の姿が皇太子に衝撃を与えたことを認めない訳にはゆかなかった。彼はあたかも何か押し付けられたように感じているように見えた。彼女の大きな口，厚い唇，高い頬骨，そしてつぶらな瞳からは何も期待できないように思われた」と書いている。「しかし，」と彼は付け加える。「彼女は溌剌としていて，立ち居振る舞いもよい」[51]。実際，ベンジャミン卿は後に彼女に対して大変好意的になる。その後のフェルナンドの熱愛も揺るぎないものであった。

　王族の交換は，スペインとポルトガルの王が「自身の領土を出ることなく，同時に一歩一歩入って来られるよう」，カヤ川を跨いで特別に設営された壮麗

48　『年代記……1729年』，p.69.
49　前掲文献，pp.73-74.
50　前掲文献，p.69.
51　Coxe, Vol. III, pp.231-233 に引用されている。

な大天幕の中で執り行われた。結婚の契約に署名がなされると，「深い別離の悲しみにくれながら，王女はテーブルの反対側へと引き渡された」[52]。2つの宮廷は3回の会合を催し，2回目の折には「双方の王室礼拝堂の音楽家達による素晴らしい合奏が披露された」[53]

最後の会合の後，スペイン宮廷は1月27日にバダホスを出発し，「セビリアへ向かうために，アンダルシア経由の道をとった……8日掛かりであった……」[54]。ジョアン5世の命により[55]，ドメニコ・スカルラッティは王女マリア・バルバラに従ってスペインに向かった。彼は残りの生涯を彼女に仕えて過ごすことになったのである[86]。

---

52 『年代記……1729年』，pp.73-74.
53 前掲文献，リスボンの総大司教は，11人の司祭，14人の歌手，および多数の器楽奏者とともにチャプレイン{礼拝堂付き司祭}として結婚式に派遣された（Danvila, p.92）。
54 『年代記……1729年』，pp.69ff.
55 スカルラッティ，《練習曲集》の献辞。
86) 近年ポルトガルで発見された記録からは，スカルラッティは1727年1月から1729年12月頃まで「病気療養」としてローマに滞在していたことが明らかになっており，恐らく本節の結婚式の場には居合わせなかったと考えられる（"Domenico Scarlatti Adventures"（UT Orpheus Bologna, 2008）中のJ. P. d' Alvarengaの論文，pp.17–68を参照）。

VI　スペインの風景

セビリア

　ドメニコ・スカルラッティのスペインへの到着とともに，彼の生涯のうちでもっとも興味深い期間，すなわちポルトガルですでに始まっていた彼の変化が，無類に遅咲きの天才としてハープシコード・ソナタを生み出すに至る時期が始まる。スペインという国は外国人に対して常に特別な影響を及ぼす。それは彼らを魅了し，不安にもさせる。そこを訪れるものに忘れがたい印象を与え，そこで生活しようとするものには劇的で，時に破滅的な変化をもたらす。

　ある者にとってそれは刺激であるが，他にとっては全くの破壊となる。間もなく我々は，ヴェルサイユ育ちのフェリペ5世がかの任国でどのように壊れてしまったかを見ることになるだろう。ある筋によると，奇妙にも彼の在世中にピレネー山脈を越えたすべてのフランス外交官がおかしくなってしまった，とある。ユヴァッラとティエポロ[87]はともにスペインで死んだが，おそらく全くの偶然ではないだろう。画家メングス[88]はそこで「消耗症」に襲われたし，年嵩のカザノヴァはその冒険的な人生においてもっとも辛くまた苦しい経験をした。スカルラッティは，おそらく若い頃にスペインが統治していた地で過ごし，あるいはサラセン[89]が大ギリシャの痕跡をほとんど消し去ってしまった後のシチリアやナポリ地方のなかば東洋的な伝統に触れていたりしたせいであろう，異教のムーア人の官能性と原理主義的な反宗教改革の頑迷さとの危うい混交を前にする準備が整っていた。節度を信条とするものにとって，スペインは極端で，動揺や恐怖を感じさせる国である。そこでルネッサンスは起こったかもしれないが根をはることはなかった。建築がそうであったように，スペインではほぼ直接的にゴシックからバロックへ，また中世から反宗教改革の時代へと移行したのである。

　スカルラッティはスペインで外国人が襲われる脅威からは逃れられたようである。彼にとってそれは刺激であった。絶望や憂鬱という深淵の上で，彼

---

87) Giovanni Battista Tiepolo（1696–1770）。イタリア・バロック後期の画家。
88) Anton Raphael Mengs（1728–1779）。ドイツの画家。
89) イスラム帝国（7–13世紀）。

は従来にない快活さと感受性を持って，また時には綱渡り芸人のような俊敏さを持って踊っていたように見える。彼生来の無敵な活力は，スペインでその全面的な表出の場を見いだしたのである。

ほぼ確実に言えることだが，ドメニコ・スカルラッティはマリア・バルバラとほとんど同じ頃に，あるいは少なくともそのすぐ直後にスペインに到着した。1729 年 2 月 3 日，「夕刻，宮廷は**セビリア**に到着し，国王陛下および妃殿下の御一行は，**古代ムーア人の王達の宮殿**である**アルカサル**の庭園へ向かわれた……」[1]。次の 4 年間，スペイン宮廷はセビリアのアルカサルをその第一の居所と定めることになった。スカルラッティをも含む多くの従者達は，おそらくその近隣のさまざまな家屋に住まうことになったようである。

彼の後年の音楽から見て，ドメニコ・スカルラッティがアルカサルのムーア人風のアーケードの下をそぞろ歩き，あるいは夜のセビリアの街路で陶酔的なカスタネットのリズムやなかば東洋的なアンダルシアの歌声に耳を傾けていたことは想像に難くない。それらを前にして，シチリアの祖先のサラセン的なもの，またナポリの子供時代の記憶が呼び覚まされたに違いない。父親，パスクィーニ，それにコレッリらのラテン文化への順応の日々は過ぎ去った。彼はもはやマリア・カジミラやアルカディアの古典主義者のために上品なオペラを書く作曲家ではなかった。あるいはサン・ピエトロ大聖堂におけるパレストリーナの追随者でもなかった。今やスペインの流行音楽に耳を傾け，「車力，ラバ追い，そして一般民衆が歌う音楽の節回しを真似する」[2]につれ，彼の本当の運命が展開し始めていた。それ以後，スカルラッティはスペインの音楽家の道を歩むことになったのである。

王女マリア・バルバラはスカルラッティをあたかも音楽に関わる嫁入り道具の一部分のようにスペインに運んできたが，実際にもその通りであった。彼女に音楽教師として仕え続けることに加え，彼は皇太子フェルナンドの音楽教師にもなった[3]。フェルナンドは特に音楽の才能に恵まれていたようでもなく，その妻のように高い趣味の持ち主でもなかったようだが，後に我々は，彼が妻や宮廷の名人達の歌に合わせてハープシコードで伴奏する様を知ることになる[4]。

実際のところスペイン宮廷は，セビリアには 1729 年に 3 ヶ月間滞在したという例外を除き，一度に数週間以上とどまることはほとんどなかった。当

---

1 『年代記……1729 年』，pp.73-74。
2 Burney,『ドイツ音楽の現状』，Vol. I, pp.247-249。
3 付録 II, 1732-1733 年の俸給の記録。
4 第 VII 章を参照。

初,宮廷はシエラス,グラナダ,カディス,および他の海岸沿いの港町への一連の長旅を続けざまに試みた。これらすべての遠出にアストゥリアス皇太子夫妻は同行した[5]。実際,彼らはほとんどの宮廷行事に臨席することが義務であった。皇太子夫妻の音楽教師としての立場から見て,スカルラッティは確実に王室の随行員として付き従っていただろうし,それは常に旅の途上にあって,仮の宿に泊まるという不便さに耐えることであった。宮廷に必要な膨大な量の食料や物資とともに,ハープシコードも皇太子妃とその音楽教師のためにラバの背に載せて狭い山道を運ばれていった[6]。ドメニコ自身の家庭生活も含め,宮廷の日常にいくらかの定常性が確立したのは,1730年10月なかばから1733年5月の間,ようやくセビリアに落ち着いてからであった。

ドメニコとカタリーナ・スカルラッティの間の最初の子供は,おそらく1729年頃にセビリアで生まれた。その子はドメニコの王室パトロンであるジョアン5世とドン・アントニオに敬意を表し,それに至極ふさわしいフアン・アントニオという名で洗礼を受けた。彼らの2番目の息子フェルナンドは1731年3月9日に洗礼を受けたが,状況からみてその子はあまり長く生きられないと思われていた。記録によると,聖水は緊急事態のために自宅で全部使われてしまったとある。実際には彼は生き延びて,現在生存するスカルラッティ家への直系の子孫を残した。彼は明らかにドメニコの新しいパトロン,アストゥリアス皇太子に敬意を表してフェルナンドと命名された(ドメニコが子供に命名するにあたって,彼の父親に敬意を表するのはもっと後になってからである)。

スカルラッティはアストゥリアス皇太子夫妻の家族に完全に従属していて,国王夫妻とは直接的な接触をほとんど持たなかったように見える。しかし,当然のことながら,国王夫妻の人格がスペイン宮廷の性格全体を決定づけていた。宮廷生活は全く異なる2つの階層で進行した。ひとつは公報と公式行事であり,もうひとつは公報がほとんど触れないが,外交官達の回想や極秘報告に現れるようなものである。それに応じて,交わされる会話も儀礼的なものと裏階段でのうわさ話のレベルに分かれていた。**マドリード新聞**が退屈を催すほどの生真面目さで報じる出来事の裏側には,実に異様で退嬰的(たいえいてき)な光

---

[5] **マドリード新聞** *Gaceta de Madrid* はそのように報じている。マドリードの国立図書館には**マドリード新聞**の完全なファイルが保存されており,それによって1729年から1757年までのスペイン宮廷の毎週の動静を知ることができる。

[6] サン・ロレンツォからの1767年11月15日の文書では,ネブラとサバティーニがラバとその御者を使って楽器を運ぶ苦労について伝えている。彼らは荷車を要求している(Luise Bauer の未出版学位論文に引用,情報源について記載なし)。

景が隠されていたのである。

フェリペ5世とイザベル・ファルネーゼ

　フェリペ5世は、スカルラッティが27年前にナポリで初めてその姿を目のあたりにして以来、悲しいほどに昔の面影がすっかり消え失せていた。美男で育ちのよかったルイ14世の孫は、今やしなびて歳不相応に老けてしまった戯画のようで、わずかに思考力が働いている間、あるいは活動的になった瞬間を除いて無気力に沈んでいた[7]。次男として、服従と従属の下「黙って言いなりになる王子」[8]として教育され、統治という仕事には哀れなほど向いていないにもかかわらず、彼は思いもよらずスペインの王位を押し付けられてしまったのである。「自らの意志でほんのわずかでも何かをしようとすることですら、彼を完全に消耗させてしまったことは強調してもしきれない……」[9]。表面的には絶対君主である一方で、現実には主導権を握る側近の奴隷であった、というこの威厳と惨めさとの痛ましい組み合わせは、彼が告解聴聞室と閨房（けいぼう）によって意のままに牛耳られる事態をもたらし、宰相アルベローニは、我が王宮の主人が必要としているのは「祈祷台と女の腿」だけだ、と言ってのけたほどであったと伝えられている[10]。この2つの必需については、聴罪司祭と王妃が絶対的な支配権を握っていた。

　ある種のゆがんだ受け身の抵抗として、国王は宮廷の時間割を完全にひっくり返した。彼は明け方3時に正餐（せいさん）を取り、5時に就寝し、ミサに出席するために起床するも10時に再び就寝、最後は夕方5時に起きてきた。自分達の習慣を国王に合わせられなかった廷臣達は死ぬほど消耗した[11]（しかし国王のそばでは、彼らは午前3時を夜、正午を日中と言うことを慎んだ）[12]。時に国王は長期間にわたってベッドに寝たままで、憂鬱による無気力状態から起こされることを拒んだ。何年もの間散髪も許さず、また、数ヶ月も続けて下着を替えさせなかったこともよく知られた事実である。実際、彼は同じ衣服を1年半もの間着用し続けたのである！　王妃は野心を持った廷臣によって彼のコントロールが失われることを恐れ、一般公衆の前以外では国王を決

7　フェリペ5世についての記事および彼の性格については Armstrong, Ballesteros, Cabanès, Coxe, Keene, Louville, および Saint-Simon 中にある。
8　Saint-Simon, Vol. XI, pp.229-230.
9　Louville, Vol. I, pp.131-132.
10　Ballesteros, Vol. VI, p.524; Duclos, Vol. II, p.64.
11　この文節で特に断らない限り情報はすべて Armstrong, pp.260, 269, 287 による。
12　Fernan-Nuñez, Vol. I, pp.92-93.

VI　スペインの風景　　101

してひとりにすることはなかった。さらには，以前に彼が憂鬱による絶望の発作から自身の退位に署名しそうになったことから，王妃は彼がペンを使わなくて済むよう取りはからった。その間，国王の憂鬱は，一方で聴罪司祭によって助長された誇大な罪の意識と，他方サン＝シモンが言うところの「過剰な食物と閨房での実践」[13]によってそれが増幅された結果，徐々に真性の狂気へと悪化していった。

別の国であれば，国王は内縁関係によって支配されていたかもしれないが，スペイン王室では一夫一婦制の原則と貞操は，実際上も理論上も堅持されており，国王へ近づく道は愛人や廷臣よりは，むしろ王妃や聴罪司祭を通してであった。というわけで，イザベル・ファルネーゼは夫を完全にコントロールすることができたのである。廷臣や聴罪司祭を巧みに操ることで，彼女は自身と国王とを不可分な状態にしただけでなく，国王の側でほんのわずかの権力すらも行使できないようにしたのである[14]。

同時代人や，後に続く歴史家達からは心底嫌われていたものの，王妃は実に有能な女性であった。憂鬱と狂気が支配的な雰囲気に対し，知的な凡庸さで対抗することができたのは彼女であり，それは後にその息子カルロス3世に引き継がれた。イザベル・ファルネーゼとフェリペ5世との婚姻は，彼女が国王同様に御しやすいとの仮定の下に整えられたが，彼女がスペインに入って最初にしたことは，国王のもっとも強力な助言者であり腹心であったウルサン夫人[90]を，雪のピレネー山脈の向こうに追い払うことであった。その瞬間から彼の治世の終わりまで，彼女は決してコントロールを失うことはなかったが，それは彼女が現実主義と外交手腕によって，自身の権力への警戒心や息子のための野心を制御し，かつ隠し通すことができたからであった。結果として，息子に王位を継がせるという点で彼女は大変な成功を収めた。彼女自身の息子に対する期待という観点から，彼女はフェリペの最初の結婚による息子達を信用せず，もしもフェルナンドがスペインの王位に上った場合，自分の立場が危うくなることを恐れた。彼女はフェルナンドとマリア・バルバラとの結婚に同意したものの，それは他に選択肢がなかったからに過ぎない。彼女と継息子およびその妃との関係は正当なものではあったが，とても心からのものとは言えなかった。

もともと従属的な立場へと運命づけられていたその父親と同様，フェルナ

13　Saint-Simon, Ballesteros による引用, Vol. VI, p.528.
14　この節と次節は Armstrong, Ballesteros, Coxe, Danvila, および Saint-Simon から引用。
90)　Marie-Anne de la Trémoille, Princesse des Ursins (1642–1722).

ンドも次男であったが，彼が王位を継ぐことが明瞭になった後ですら，周りの者は誰しも，彼が懺悔と閨房に支配されていた父親のように隠遁状態になり，無知蒙昧(もうまい)な信心深さと不活発な生活習慣の持ち主といった御しやすい性格となるよう促した方が便利だと考えたのである[15]。

フェルナンドとマリア・バルバラ

　フェルナンドが初めてマリア・バルバラに会った時に見られた落胆はほどなく克服されており，観察怠りない英国大使は彼について，「とても妃に好意的で，妃の方も彼に調子を合わせるやり方をわきまえており，何時にせよ政府が彼に委譲する権限に対して必ずや大きな影響を与えるであろう」[16]と報じている。婚約用の肖像画は実際以上に美しく描かれてはいたものの，マリア・バルバラは確かに美貌という利点を持ち合わせてはいなかった。彼女の唇は分厚すぎ，また天然痘の痕がその顔に残っていた。さらに，晩年彼女は大層な肥満体になった[17]。しかし，マリア・バルバラは自らの役割についてよく教育を受けており，その自然な上品さが大いに役に立った。結婚から数週間の間に，「アストゥリアス皇太子妃は，その物腰の礼儀正しさによって，彼女に接する栄誉に与ったすべての人々から賞賛と尊敬を勝ち得た。彼女は大変機知に富み，6ヶ国語，**すなわちラテン語，イタリア語，ドイツ語，フランス語，スペイン語，そしてポルトガル語**を話すことができた」[18]と報告されるほどであった（この王女が，言語的にはほとんどあらゆる結婚相手の可能性を想定していたことは明らかである！）。

　フェルナンドにとって幸運だったことは，マリア・バルバラが義母のように嫉妬深く強烈な野心を全く持ち合わせていなかったことである。彼女は夫の従属的な役柄をともにすることに満足していた上に，彼についてはその父親から受け継いだ憂鬱質の傾向ではなく，優しく寛容な性格の方に調子を合わせた。彼らは夫婦相愛についての王室の模範となり，また生涯にわたってそうであり続けた。しかし，彼らが主導したことはなかったにもかかわらず，その生活は容易なものではなかった。アストゥリアス皇太子夫妻は完全に国王と王妃の望みや気まぐれに左右されており，彼らは全く受け身の立場での

15　フェルナンドについての記事と彼の性格については，Argenson, Ballesteros, Cabanès, Coxe, Danvila, Richelieu, および Saint-Simon による。
16　Keene, 1732年2月23日，Armstrong による引用，p.278.
17　Ballesteros, Vol. V, pp.133ff.
18　『年代記……1729年』，pp.73-74.

役割しか与えられなかったにもかかわらず,すべての公式行事に出席することが期待されていた。しかしながら,彼らの居所での私生活においては,国王との混乱した時間をほとんど避けて過ごしたようである。彼らは普通の宮廷らしい娯楽に専念し,後年になって実際に王位に上ってからも,音楽,セレナード,狩猟,花火,見せ物のような娯楽が彼の治世の中でもっとも目立った要素になったために,あたかもアストゥリアス皇太子夫妻としての生活を続けているかのように見えた。

それでも音楽はマリア・バルバラにとって主要な慰めであり,彼女はあたかも自身が晒されていた潜在的な憂鬱や狂気の兆しをかわそうとしているかのようであった。音楽はまた彼女にとって,皇太子を楽しませ,気晴らしをさせるための主な手段ともなった(不思議なことに,彼の父は,晩年におそらく歴史上もっとも有名な音楽療法のいくつかを施されることになるのだが,この当時は全く音楽に関心を示さなかったことが知られている)[19]。しかし,不活発で基本的に想像力に欠けるフェルナンドの性格の中で,おそらくもっとも啓発された資質は,その音楽への愛着であった。後に我々が,フェルナンドとマリア・バルバラの治世を音楽狂の治世と呼ぶのは理由があってのことである。宮廷の公式発表は,繰り返し皇太子妃の居所での夕べの音楽会について報じている[20]。このような夕べにドメニコ・スカルラッティは間違いなく同席し,また活躍したことだろう。アルカサルのイスラム風の天井の下,スカルラッティが奏でるハープシコードの響きを想像しながら,彼の音楽が,彼を取り巻くセビリアの環境にも似た東洋的な特質や表面の細密な装飾に到達しただろうか,などと思いを巡らせるのは実に愉快である。

アランフェス,ラ・グランハ,エスコリアル

スペインにおける最初の4年間というもの,スカルラッティはカスティーリャについて何の見聞も持ち合せなかった。しかし,1733年5月16日,スペイン宮廷はセビリアを発って,アストゥリアス皇太子の結婚以来初めて北方へ帰路をとった。それ以後,宮廷恒例のマドリードとその周辺の王宮間の季節ごとの移動が再度復活することになった。スカルラッティの生涯で,宮廷がアンダルシアに戻ることは二度となかった。

---

19 Keene, Armstrong による引用,p.338.
20 マドリード新聞, No. 21, 1729年5月19日。「……皇太子妃の居所で幾晩かにわたって声楽と器楽による優雅な音楽の催しが行われた」。同様の報告が同年の No. 49,および 52 にある。

マドリード新聞は，国王が「完璧な健康状態」にあると毎週のように報じていたが，彼は依然として悲しむべき状態にあった。宮廷としては，国王の本当の肉体的，精神的状態を悟られないよう，大きな街は避けて移動する必要があった[21]。次の数ヶ月間，スカルラッティは，彼がその中で生涯を過ごすことになるさまざまな周辺の状況や，彼の後期の音楽の背景を形作る光景を次から次へと目にしていた。

　宮廷は6月12日，カルロス5世とフェリペ2世の古くからの別荘地，マドリードとトレドの間はタホ川の谷にあるアランフェスに到着した。干からびたスペインの田舎道を行き，足にマメができるような長旅の後で，王宮の庭にある泉や木陰は楽園と映ったことだろう。庭園を囲う堰を流れるタホ川の水は，そのせせらぎの音が常に宮廷を包み込むように按配されていた。スペインの数ある王宮の中でも，アランフェスは群を抜いて陽気で穏やかな場所であり，重苦しさという雰囲気からはほど遠く，繊細で詩的な憂鬱さといったものからも解放されていた。旅行者にとってそこに到着することは常に喜びであった｛図28｝。1679年，ドゥヌワ夫人[91]はこう記している。「……到着した時，私は魔法をかけられた宮殿にいるとしか思えませんでした。朝は清々しく，鳥のさえずりがあちらこちらから聞こえ，水音は甘美にささやき，生け垣には美味しい果物が山のように実り，ベッドは香り高い花で飾られ，そして私自身も上機嫌でした」[22]

　次の13年間，スカルラッティは毎年4月から6月まで春をそこで過ごし[23]，フェルナンドとマリア・バルバラが王位を継いでからは，彼らのお気に入りの場所となったこともあって，アランフェスにはより長く滞在した。スカルラッティがアランフェスで作曲したであろう数多くの後期ソナタには，ドゥヌワ夫人と同じような雰囲気が感じられる（2つだけ例を挙げれば，ソナタ第*132*番，第*260*番を即座に思い付く）。

　しかし，最初のアランフェス再訪では，宮廷は1ヶ月足らずで移動し，マドリードに1泊した後，7月9日には夏の宮殿であるサン・イルデフォンソに到着した。王妃イザベルのお気に入りであるこの宮殿は，数年前にグアダラーマ山脈をセゴビアへと登ったラ・グランハに建てられたばかりであった。

21　Armstrong, p.297.
22　Mme. d'Aulnoy, pp.492-493. ところで，ドゥヌワ夫人はそこに行ったことがないにもかかわらず，17世紀スペインの生き生きした様子をまとめている（Foulché-Delbosc, *Mme. d'Aulnoy et l'Espagne*, 巻頭の随筆，pp.1-151.）。
23　スカルラッティは常に宮廷に随伴したとの前提である。
91）Marie-Catherine Le Jumel de Barneville, Baronne d'Aulnoy（1650/1651–1705）。フランスの作家。

国王の地元イル・ド・フランス地域圏とは対照的なこの険しい山腹に，彼はヨーロッパでもっとも手の込んだ幾何学的庭園を造営した。渓流から取水したその噴水はヴェルサイユのそれをも凌駕した。荒々しく手におえない自然の風景の一角は，人の意志によって明瞭に支配され，18世紀宮廷の均整と伝統に合致するよう，きちんと区画されていた。しかし，あたかもこの固定された軸線やパルテール庭園の幾何学模様に逆らうかのように，寓意像がまるで彫像の神々と同じように劇場的な身振りで幻想的な螺旋を描きながら，建築物の背景の中に立っていた。このような舞台に画用紙やカンバスを超えた永遠性を与えているのは，大理石，ブロンズ，そして化粧漆喰という実体のみであった。それらは劇場の明滅する照明やロウソクではなく，降り注ぐ陽光や階段状に流れる水によって生命と活気を与えられていた。

このラ・グランハの新鮮な山の空気の中で，ドメニコ・スカルラッティはフェリペ5世の残り13年間の治世の間，毎年7月から10月までの夏を過ごした[24]。よくこなされた詩的な通念という形を除いては，いまだ自然への崇拝を奉じたことがない時代の申し子として，王家の主人のように，野蛮で荒涼とした景色の中に自分の島でも造らない限り，都会的なドメニコがそのような環境にいるのを想像するのは難しい。彼の想像力が庭園を超え，あるいはコレジアータの礼拝堂を超えて，雪もまだらな山の向こうへと彷徨ったことがあっただろうか？ おそらく彼は，その周りの野蛮で荒涼とした風景よりは，オペラ歌手や役者達の居並ぶ広大な想像上の奥行きを伴ったユヴァッラの手になる舞台背景を好んだであろう。

ドメニコのラ・グランハでの最初の夏は，彼の残りの人生に訪れた秋同様，宮廷がエスコリアルへと戻った10月17日に終わりを告げた。マドリードへと続く大きな平野を見下ろす孤独な山腹に，修道院，教会，そしてサン・ロレンツォの王宮を取り囲むようにして，巨大で陰鬱な記念碑的宮殿が，フェリペ2世とお抱えの建築家フアン・エレーラ[92]によって重厚長大に設計された。この宮殿が彼の代表作であり，まさにスペイン・ハプスブルクの粋を体現したものであった｛図29｝。修道院風の簡素な独居房の一室において，教会の高い祭壇が一望できるよう，彼のために特別に穿たれた窓のそばに置かれたベッドの上で，フェリペ2世は憂鬱な懺悔のうちにその生涯を終えたのである。

大聖堂の聖歌隊席の下，パンテオンの鈍く光るブロンズや磨かれた大理石の中には，想像しうる限りもっとも憂鬱な壮観さをまとったスペイン国王達の

24　脚注23を参照。

92) Juan de Herrera（1530–1593）。スペイン・ルネサンス期を代表する建築家。

遺骸がある。その下の遺体安置所には，最近亡くなった王達が順番を待っていた。1700年，そこでは最後のスペイン・ハプスブルク王，病気で気が狂ったカルロス2世が，祖先達の棺桶を開け，ある種のぞっとする喜びに浸りながら朽ちかかった遺体を眺めていた[25]。

ブルボン王朝のスペイン王達は，長年確立したスペインの習慣に敬意を払うというだけの理由で毎年エスコリアルを訪問していた。何もない広い中庭や，容赦なく刈り込まれた緑の黄楊の木の生えた台地から，遠く暗い青色の寒々しい平野へと続く褐色の丘を見下ろすこの葬送のための建築物は，18世紀の宮廷趣味にはほとんどそぐわなかった。11月になるとじめじめしてうすら寒い円蓋の下では風邪を引く，といって絶えず不平をこぼしていた多くの廷臣達から恐れられていたエスコリアルは，英国大使から「我らのからだ全体に対する異端審問」と呼ばれた[26]。

フェリペ5世の治世では，スペインの異端審問は多くの点でその厳格さを失い，その前任者の時代のように異端者が宮廷全員の前で生きながら火あぶりになる，といったことはなかった[27]。しかし，フェリペ5世はハプスブルクから遺贈された陰鬱，病，そして恐怖といった伝統を克服するだけの強さを持ち合わせなかった。実際のところ，彼はそれに屈したのである。その伝統はほとんど取り除くことができないスペインの特徴の一部分となり，ドメニコ・スカルラッティもそのあらゆる側面を観察せざるを得なかった。しかし彼の反応はといえば，今まで書かれた中でもっとも陽気で幸福な音楽であった！

ドメニコ・スカルラッティは，憂鬱への解毒剤としての音楽芸術に長い経験を積むことになった。彼は，頭巾をかぶり，なかば裸で自分に鞭をあてながら悔悛の行進をする苦行者達を眺め，それに伴う粗野な音楽を耳にしたに違いない（それは彼自身のソナタの中に時折，忍び込んでいる）。また，死をもって生に向かい，生をもって死に向かうスペイン人特有の永続的な切迫感によってもたらされる無数の責め苦を観察したかも知れない。あるいは，彼らの中にある異教的な官能性と地獄への盲目的な恐怖との間の対立を観察したであろう。しかし，スカルラッティはそれらをゴヤのように自らの芸術の意図的な主題にすることはできなかった。スペインに魅力と恐怖を与えているかの奇妙な狂気に対して，スカルラッティが少なくとも無意識的にでも理

---

25 Coxe, Vol. I, pp.61-62.
26 Keene, pp.189-190. 1749年11月28日。
27 しかしながら，フェリペの治世に出された54件の**異端審問**による火刑で，79人が焚刑に処せられた（Ballesteros, Vol. VI, pp.244-245.）。20世紀の**不信心者**についての統計を持ち出すことは控えることにしよう。

解を示さず，悲劇性を受け入れる能力がなければ，ソナタの詩的な感受性とあの際立った陽気さは生まれてこなかっただろうが，彼はそういった高い悲劇性をほとんど気に留めなかったのである。

1733年12月7日，スペイン宮廷はアストゥリアス皇太子の結婚以来初めて，クリスマスの長期滞在を再開するためにマドリードに戻ってきた。王家一族はマドリード郊外のブエン・レティーロの王宮に滞在し，多数の宮廷関係者も王宮の中あるいは周辺に宿をとった。その王宮は翌年のクリスマス・イヴに火災で焼失してしまった[28]。1月2日に国王と王妃はマドリードの北7マイルにあるパルドに移動し，そこに3月17日まで滞在したが，多くの廷臣達はマドリードに定住したままだった。

年間を通じてのスペイン宮廷の旅程は再度確立されることになり，フェリペ5世の残りの治世の間中，ほとんど変わることなく行われた。おそらく，スカルラッティにとっても例外ではなかったであろう。その順路は以下の通りである。1月から3月半ばまではパルドの古い王室の狩猟用山荘，復活祭はマドリードのブエン・レティーロ，4月から6月はアランフェスでの牧歌的な悦楽，6月末は再度ブエン・レティーロ，7月から10月まではラ・グランハの山上の爽快さ，10月末から12月初めはエスコリアルの寒々しい禁欲，12月末はブエン・レティーロでのクリスマス，である。実際，宮廷はマドリードで過ごすことはあまりなかったが，ほとんどの廷臣はそこに住居を構えていた。

スカルラッティは遅くとも1738年までには，聖マルティヌス教区にある聖ベルナルド大通りに住むようになっていた。この頃までにスカルラッティ家は5人の子持ちになっていた。フアン・アントニオとフェルナンドはセビリアで生まれた。マリアーナ（1732年から1735年の間に誕生）はポルトガル王妃にちなんで命名された（これら3人の名前は，ドメニコとカタリーナ・スカルラッティが1735年2月12日に署名した相互の遺言状の中で，相続人として名前が挙がっている）。末の2人の子供はアレッサンドロ（1736年または1737年生まれで，明らかにドメニコの父親にあやかって名付けられた）とマリア（1738年11月9日にマドリードで誕生）である。

マドリード

スカルラッティの時代のマドリードは，依然として16世紀および17世紀

---

[28] Ballesteros, Vol. VI, p.435.

の街であり，現在よりずっと典型的なスペイン風であった。ハプスブルク時代の狭い通りや尖った塔は，まだカルロス 3 世の古典様式の建築，19 世紀の広い大通り，さらには現代ヨーロッパや南アメリカの都市を平板な町並みへと変えながら膨張するあの没個性的な国際的建築様式に取って代わられる前であった。舗装されていない通りと原始的な公衆衛生という時代のヨーロッパにあって，マドリードはその点においても通常以上のスペイン的なお構いなさで有名であった[29]。そこを訪れた者は雄弁に解説している。詩はまァ泥ドロ *La Merdeide* などという題目で始まる。ホームシックになった 18 世紀のスペイン人が突然えも言われぬ臭気で元気になる，という類いの話が無数に流布していた。今日マドリードを覆っているのは鼻を突くオリーブ油とニンニクの匂いだが，裏通りに響く音は 18 世紀の昔のままである。蹄(ひづめ)のカチャカチャという音，車輪のガタつく音，鋭い調子の群衆のざわめき，露天商人の長く引き延ばされた呼び声，そして時折響くカスタネットの音である。マイヨール広場，ブエン・レティーロの公園，いくつかの教会，平坦な王宮の壁面から飛び出す派手なバロック風の戸口，といったものはいまだ手に触れることができるスカルラッティ時代の街の名残りである。光もまた昔のままである。ヴェラスケスやゴヤの風刺画の中の硬質で輝かしく，目もくらむ光，イタリアの光とは逆に事物よりは空間，そしてカスティーリャ平原を取り巻く空間を強調する光である。

ユヴァッラと王宮

　スカルラッティの時代，マドリードの王宮は決して王家の人々によって住まわれることはなかった。1734 年のクリスマス・イヴに火災によって古い王宮，アルカサルが焼失した後，スカルラッティの古くからの友人であるフィリッポ・ユヴァッラが招かれて，再建のためのプランを出すよう要請された。彼は 1735 年 4 月 12 日にマドリードに到着した[30]。この 2 人の同時代人の出会いは，彼らが最後にローマのポーランド王妃の宮殿でオペラを興行して以来のことで，互いの人生行路を比べる機会になったであろうことは疑いない。1719 年にジョアン 5 世はユヴァッラをリスボンに呼び，マフラの修道院の設計を手伝うよう要請している。彼は 1720 年の秋まで滞在した。ユヴァッラはすでにその名声を確立して久しく，彼のスケッチブック一杯の豊かで雄

29　前掲書，Vol. VI, pp.575-578.
30　ユヴァッラおよび彼の仕事についての，本節と次の節の情報は *Filippo Juvarra*, Volume Primo から引用。

大なアイデアを，石材や煉瓦(れんが)を用いて永遠の形へと変える機会をものにしていた。その中には，サヴォイ公ヴィットリオ・アメデオ2世の治下，トリノの街の外観を実質的に変えてしまったような一連の建築的名作も含まれていた。ユヴァッラとスカルラッティは，その不思議なほど似通った人生を通じて，同一のパトロンと出会うことが実に度々あった。たとえばオットボーニ枢機卿，ポーランドのマリア・カジミラ，フォンテス侯爵，教皇庁（ユヴァッラはサン・ピエトロの聖具保管室の設計を行った），ポルトガルのジョアン5世，そしてスペインのフェリペ5世である。

しかしながら，王宮のための設計が終わる前に，ユヴァッラは1736年1月31日に死去し，建物は彼の弟子ジョヴァンニ・バッティスタ・サッケッティによって完成されることになった。この王宮には1764年まで住むことができず，ティエポロによる輝かしい天井画の完成はさらに後のことになったが，今日それはスカルラッティ時代の趣味を代表する贅沢で豪華な記念碑として建っている。

その間，国王の健康はセビリアから戻って以来，一向によくならなかった。相変わらずあべこべな時間を過ごし，しばしば無気力な状態に陥って，政府の職務を実行することを完全に拒否した。王妃は，国王に関する諸事を制御し，面倒なことから遠ざけ，また彼が完全に無気力状態に陥り政務が行き詰まることがないよう，絶えず気を配っていた[31]。1737年2月18日，英国大使は次のように報告している。「王妃は，生来音楽が嫌いな国王の気晴らしを見つけるべく努力されている。もし国王の性格を音楽で楽しませることができる程度にまで変えることができれば，お2人とも煩わしい世事から逃れられるかもしれぬ」[32]。王妃の極めて楽観的な期待をも超えて，この計画は見事に成功した。実に奇跡的なことが1737年の夏にラ・グランハで起きたのである。

ファリネッリの到着

ファリネッリとして名を知られ，歌唱でヨーロッパ全土を虜にした著名なカストラートであるカルロ・ブロスキは，スペイン宮廷から勧誘されていた{図30, 31}。「彼の才能は，それに耳を傾ける者に対して今日のどんな演奏家をも凌ぐ影響力をもっていた。そして，」とバーニー博士は続ける。「もっ

---

31 Armstrong, pp.340-341.
32 Keene, Armstrong, p.338 による引用。

とも著名ないにしえの音楽家，オルフェウス，ライナス[93]，あるいはアンフィオン[94]，といった面々がどれほど人の心に訴える奇跡的な力を持っていたとしても，聴く者にあれだけの豪華で揺るぎない満足感をもたらしたかどうかは疑わしいであろう」[33]

「……1705年にナポリで生まれ[34]，彼は最初の音楽教育を父親であるブロスキ氏から受けた。後にはポルポラに師事し，彼とともに旅している。彼がそこを辞してローマに向かった時はまだ17歳であった。ローマでのあるオペラの上演期間中，トランペットの伴奏で歌う場面では，毎晩のように彼と著名なトランペット奏者との間で揉め事が起こっていた……お互いが自分の肺活量を誇示し，相手に対して輝かしさと力強さを張り合うために，ひとつの音を何度か精一杯に鳴らした後，両者は3度の音程でともに音を鳴らしあるいは声を振るわせ続けた。観客はこの場面を熱心に待っていたが，それはあまりに長く続いたため2人とも精魂尽き果てたかに見えた。実際のところ，トランペット奏者は力を使い果たし，勝ちを諦めた一方で，競争相手もきっと同様に疲れ果て，この勝負は引き分けだろうと考えていた。その時ファリネッリは，この間あたかもずっと彼と戯れていたかのように顔に笑みを浮かべ，突然その同じ息で生き生きと歌い始めたのだった。そして声を上げ振るわせるだけでなく，もっとも速く難しい装飾も歌い続け，それは聴衆の喝采によって止められるまで続いたのだった。彼がすべての同時代人を凌駕する立場を維持したのはこの時から始まったと言えよう……」

「彼はローマからボローニャへと移り，そこで当時その趣味と知識においてイタリア随一の歌手であったベルナッキ[95]（その街出身の有名なピストッコ[96]の門弟）の歌を耳にするという幸運に恵まれた。そして後にベルナッキの弟子達によってボローニャ楽派は有名になった」

「その後彼はヴェネツィアへ，さらにヴェネツィアからウィーンへと向かった。それらすべての街で，ファリネッリの能力は奇跡のようだと噂された。しかし彼が私に向かって語ったことには，ウィーンには異なった機会に3回

33　Burnery,『メタスタージオの……思い出』，Vol. III, pp.284-288.
34　実際にはアンドリア生まれ。Cotarelo, p.102に洗礼証書の引用がある。
93) ギリシャ神話で，アポロとテルプシコーレの間に生まれた息子を指す。オルフェウスとヘラクレスに音楽を教えたとされる。
94) ギリシャ神話で，ゼウスとアンティオペの間に生まれた双子のひとり。ヘルメスに竪琴を習い，またその楽器を与えられて偉大な歌手にして音楽家となったとされる。
95) Antonio Bernacchi（1685–1756）。イタリア・バロック期のアルト・カストラート。
96) Francesco Antonio Pistocchi（またはPistocco, 1659–1726）。イタリア・バロック期のカストラート，作曲家。

訪れ，そこで皇帝カール6世からの偉大な栄誉に浴した。かの陛下から受けた忠告は，彼にとっては自身の師から受けたいかなる教訓や，名声ある競争相手のそれにもましてずっと有益であった。ある日，かの皇帝陛下が気さくな様子で温和にかつ愛想よく語ったことには，ファリネッリは歌っている間，他の人物のように**動きまわることもなければじっとしていることもなく**，とにかくすべてが超自然的である。それに続けて『あの巨大な歩幅（と彼は続けた），そして**決して終わることのない数々の音やパッセージ**は単なるこけ威しであって，今こそ貴方は自分の思い通りにやってみる時だ。貴方は自然から与えられた才能を浪費しすぎるのであり，もし人の心を動かしたいのであれば，もっと単純で平坦な道を行かねばならない』と語った。これらの数少ない言葉は，彼の歌い方に全面的な変化をもたらした。これ以来，彼は悲劇的なものに陽気さを，単純なものに崇高さを混ぜ合わせ，それらによって聴く者すべてを喜ばせると同時に驚愕させたのであった」

「1734年，彼は英国へとやってきた。そこでは誰もが彼の歌を聴き，あるいは彼について知っており，また彼の才能がその聴衆にどういう効果をもたらしたかを知っていた。それは恍惚！歓喜！そして魔法であった！」

「彼の兄によって作曲された有名なアリア《かの船は *Son qual Nave*》では，歌い出しの音符は実に精妙に扱われ，瞬時に驚くべき大音量へと膨らむかと思えば，すかさず小さくなるといった按配で，これに対して聴衆は5分もの間喝采し続けた。続けて彼は素晴らしく華麗に速いテンポで演奏し始めたため，当時のヴァイオリンはそのペースについていくことが難しいほどであった……彼の声は力強く，甘美で，音域が広く，そのスタイルは優美で，気品があり，かつ敏捷性があった。彼は，空前絶後の力の持ち主であり，教養の有無や敵味方に関係なく聴く者すべてを虜にする力を持っていた」[35]

ウィリアム・コクセは言う。「1737年，ファリネッリはヴェルサイユに行った。そこで彼はエリザベス｛イザベル｝・ファルネーゼに連れられてマドリードへと向かった。彼女は音楽の力で夫の憂鬱を和らげられるかどうかを試したいと願っていた。彼の到着後間もなく，エリザベスは国王が臥せっている場所に隣接した居所で音楽会を用意した。彼はそこですでにかなり長い間寝たきりの状態で，いかなる説得に対しても起きて来ようとしなかった。しかしフィリップ｛フェリペ｝はファリネッリが歌った最初のアリアに大層驚かされ，王のために贈られた2つめのアリアの終わりごろには，ファリネッリに対して賛美の念を抱き，欲しいものを何でもやろうと約束するに至った。王

---

35 Burney, 『フランスとイタリアにおける音楽の現状』, pp.204ff.

妃からあらかじめ言い含められていたファリネッリは，王に向かってベッドから起き，髭を剃り，服を着用し，そして会議に出席するよう懇請した。フィリップはそれに応じ，その瞬間から彼の不調は回復へと向かっていった」[36]

バーニーは次のように続けた。「……ファリネッリは宮廷に仕えるべし，という決定が下され，以後彼は宮廷専属となって公衆の前では一度も歌うことはなかった。彼には2千英ポンド以上という年金が用意された」

「ファリネッリが私に語るには，フィリップ5世の存命中，スペイン宮廷で過ごした最初の10年間，彼はその専制君主に毎晩同じ4つのアリアを歌って聴かせた。うち2曲はハッセの作曲で《青白き太陽 *Pallido il sole*》，および《この甘き抱擁 *Per questo dolce Amplesso*》であった。他の2曲は失念したが，ひとつはメヌエットで，かつて彼はそれに合わせて楽しそうに踊っていた」[37]。ファリネッリの国王に対する影響力は，よしんば王妃に勝ることはなかったにせよ，それにほぼ匹敵するほど偉大なものであった。しかし彼は，突然与えられ，以後スペイン滞在中ずっと持ち続けたその絶大な力を，一度たりとも悪用するということはなかった。バーニー博士は言う。「私が若く，好奇心に満ち溢れていた頃，この驚異的な演奏家の生涯についてもっとも権威ある筋から聞き及んだことには，彼がマドリードでの華々しい滞在期間中，王室からの愛顧の絶頂にあって，社会のすべての階層からあらゆる嫉妬，嫌悪，悪意を呼び起こすに十分なほどの富と名声と影響力を築いたにもかかわらず，彼は実につましく謙虚で，情に厚い人柄の持ち主であった。彼は，敵の仕打ちから逃げおおせたというよりは，彼らが攻撃する口実を与えなかったというにふさわしく，その思考力は健全であり，その行動は実に思慮深く賢明であった。他のほとんどすべての偉大な歌手については，彼らが賞賛と名声に酔いしれ，あるいは奇行に走り，孤独になり，時に馬鹿げた行動をとったという話を聞く。しかしことファリネッリに関しては，その才能，

36　Coxe, Vol. IV, p.31.
37　Burney,『フランスとイタリアにおける音楽の現状』, pp.204ff. 彼の『メタスタージオの……思い出』, Vol. I, p.206n の中で，バーニーはハッセによる同じ2つのアリアについて言及し，ファリネッリによって毎晩歌われた曲のリストにもうひとつハッセのアリア，《ああ棄てないで Ah non lasciarmi, no》を加えている。Haböck は，*Die Gesangskunst der Kastraten*, p.xliv, の中でこの最後のアリアについては言及していない。バーニーの最初の言明への補遺という形で，彼はファリネッリが毎晩歌った残る2つのアリアは，ハッセが《アルタセルセ *Artaserse*》のロンドン公演で挿入したアリオスティによる《苦悩は幸運にも過ぎ去り *Fortunate passate mie pene*》，およびジャコメッリ＝ファリネッリによる《そは恋するうぐいすよ *Quell usignuolo che innamorato*》と結論づけている。

名声、幸運が彼らの誰よりも勝っていたにもかかわらず、アポロの堕落した子供達の愚行記録の中に、ただのひとつもその不名誉な逸話を残してはいない」[38]

　ファリネッリはほとんどの時間を国王と王妃に独占されてはいたが、ほどなくアストゥリアス皇太子夫妻とも密接で好意的な関係を確立した[39]。彼はイザベル・ファルネーゼとマリア・バルバラとの潜在的な確執に対しても、スペイン宮廷でのあらゆる落とし穴をうまく切り抜けることができたように、極め付きの如才なさと節度をもって対応したように見える。「故国王フェルナンドがまだアストゥリアス皇太子だった頃、彼女［イザベル・ファルネーゼ］が何か不機嫌の折に、ファリネッリへ使者を送り、金輪際皇太子夫妻の住まいに行って歌ったり演奏したりしてはならぬ、との旨を伝えた。というのも、故バルバラ王妃は単に音楽好きというだけでなく、音楽に対して素晴らしい批評眼を持っていたからである。しかし、ファリネッリは音楽家として不滅の名誉に値する返答をしている。『立ち去り、そして王妃に伝えたまえ。私はアストゥリアス皇太子ご夫妻には大変お世話になっており、そのような命令は王妃自身、あるいは国王の口から直接受けない限り、決して仰せに従うことはない』[40]と」

　これらの記述の中で、ファリネッリがドメニコ・スカルラッティに比べて不釣り合いに多くのページを割かれているのは、それぞれの評判や名声の大小に応じてのものである。ファリネッリは、彗星のようにデビューして最初に勝ち得た名声を、自身が引退するまで維持したが、スカルラッティは以前と同様、王室付音楽教師として相対的に無名な立場に甘んじ、私的な演奏のために作曲することだけで十分満足していたように見える。ファリネッリは、たとえ公衆の前で二度と歌うことがなかったにせよ、オペラの持つ虚飾や虚栄を捨て去ることはできなかった。

マドリードにおけるオペラ

　ファリネッリがマドリードに到着した1737年以降、イタリア・オペラは大変な勢いを得た。1703年からはイタリア・オペラがブエン・レティーロの大劇場および一般の劇場で定期的に上演されており、1719年にパルマからス

38　Burney,『メタスタージオの……思い出』, Vol. III, pp.284-288.
39　Coxe, Vol. IV, p.32.
40　Clarke, p.329.

コッティ侯爵が全権大使として到着以来,大きな支援を受けていた[41]。1737年,スコッティ侯爵と音楽に対する国王の関心を引こうとする王妃とのさらなる後押しによって,ロス・カノス・デル・ペラル劇場は豪華な様式で再建された。おそらくスペイン宮廷は,同年にカルロス公の手でナポリに建設中だった豪華なサン・カルロ劇場との競争意識で活気づいていたと思われる[42]。

　1738年の謝肉祭の週の日曜日,新装なった劇場は,ハッセのレチタティーヴォとさまざまな作曲家のアリアからなるメタスタージオの《デメトリオ *Demetrio*》の上演で柿落としが行われた。メタスタージオの《アルタセルセ *Artaserse*》は同じ年に興行され,1739年には諸々の作品に混じって,彼の《皇帝ティートの慈悲 *Clemenza di Tito*》と《ペルシャ王シローエ *Siroe*》がハッセの音楽によって上演された。これは明らかにファリネッリの趣味に沿っている。この後,ファリネッリが手がけたオペラの上演はブエン・レティーロで行われた。おそらくはファリネッリの強い勧めにより,1738年の夏にかけてその古い王立劇場は改築された。これ以降,日を追って豪華になる一連のオペラ興行と,雇用された当時最高の歌手陣により,スペインのオペラは,フェリペの残りの治世とフェルナンド6世の治世の間,ヨーロッパ随一のレベルを保持した。台本の多くはメタスタージオによるものであった。ファリネッリは主要な推進者であり,自身が歌うことは決してなかったものの,後には興行主となった。彼とメタスタージオとの長年の文通には,それらの興行を取り仕切るに際しての彼の気配りや有能さの一端が表れている[43]。作曲家については,同じ3人の名前が繰り返し現れる。彼らを含めたイタリア人音楽家達は,すでにファリネッリよりも長い間スペインに在住していた。彼らはマドリードの外ではほとんど知られていなかったが,スペイン宮廷で上演される新しい音楽の大部分を供給し続けた。実際のところ,イタリア人達はマドリードにおける劇場音楽をほとんど独占していたように見える。彼らはイタリアオペラのために作曲しただけでなく,公共の劇場における数多くのスペイン公演のためにも音楽を供給しており,スペイン人の音楽家にとっては大きな不利益となった。その3人とは,1731年にマドリードに着任したフランチェスコ・コッラディーニ[97],1736年に現れたジョヴァンニ・バッティ

41　Cotarelo, p.55.
42　Cotarelo, pp.79-86. マドリードでのイタリア・オペラの歴史については,Carmena y Millan, Cotarelo, Haböck, Hamilton を参照。
43　メタスタージオの手紙の訳文については,Burney,『メタスタージオの……思い出』を参照。この文節における残りの情報については Cotarelo から引用。
97) Francesco Corradini (1700–1749)。イタリア・バロック期の作曲家。

スタ・メレ[98]），およびパルマ出身のフランチェスコ・コルセッリ[99]）であった。コルセッリは1738年に定員外の宮廷楽長に任命され，1738年には首席楽長に昇進している。彼はまた王室子女の音楽教師にもなった。コルセッリは今日ではほとんど忘れられた存在になっているが，スペイン宮廷での彼の名声はスカルラッティをはるかに凌ぐものであった。しかし，コルセッリやその他の音楽家達は皆，ファリネッリがスペインに到着後直ちに獲得し，その後スペインで活躍する間ずっと維持し続けた彼の影響力の前にすっかり霞んでしまった。スペイン宮廷でのすべてのイタリアオペラの興行について，スカルラッティは全く関与していなかったように見える。

スカルラッティの爵位

スカルラッティが，ファリネッリの第一の後援者でフェルナンドとマリア・バルバラおよびその関係者に対して密かな敵意を持っていた王妃イザベル・ファルネーゼの寵愛を受けていたとは考えにくい。だが，新たに到着したファリネッリに名声と富みが積み重なり，国王と王妃に直接仕える音楽家達が厚遇を得る様子を目のあたりにして，マリア・バルバラとフェルナンドが，スカルラッティについても同様な栄誉を与えたいと望んだとしても不思議ではあるまい。

マリア・バルバラは，スペイン宮廷ではスカルラッティのために栄誉を与えるような力こそなかったが，前宮廷楽長のために彼女の父親に対して口添えをするようなことは大いにあり得たと思われる。1738年3月8日，ジョアン5世は，スカルラッティがポルトガルのサンティアゴ｛聖ヤコブ｝騎士団の爵位の資格を有すると布告した[44]。「我に示された確かな理由により，」とポルトガル国王は宣言する。「ドミンゴス・エスカラーティにサンティアゴの騎士のマントを贈ることを是とするものである」。通常の修練期間の適用は除外された。スカルラッティは祖先の記録を提出することを免除され，「ビロードと絹のあらゆる色の衣装，指輪，宝石，黄金の鎖や衣装，およびビロードの帽子」を身につける特別な許可（騎士団本来の規則に反している）を与えられた。マドリードでは入団式が準備され，式次第と執行の内容はリスボンの国王付公証人によって立案された。アランフェスではカタリーナ・スカルラッティが公証人の前で布告に従い夫の騎士団への受け入れに必要な承諾を

44　スカルラッティの爵位についての現存する文書は付録IIに掲げた。

98）Giovanni Battista Mele（1701–1752）。イタリア・バロック期の作曲家。

99）Francesco Corselli（1705–1778）。イタリア・バロック期の作曲家。

与えた。

　1738年4月21日，午後4時から5時にかけて，スカルラッティはサンティアゴの騎士としての宣誓を行うため，マドリードのサン・アントニオ・デ・エル・プラドにあるカプチン修道院の高い祭壇の前に現れた。式次第によればスカルラッティは，自身が衣装を換えようとしているようにその人生を変え，飲食から就寝に至るまでも以前とは異なる人間となることを自ら進んで行うか，と聞かれた。スカルラッティがそれを肯定する旨答えると，司祭はさらに問い質した。「汝は騎士団が兵馬を約束するものではなく，パンと水以外の食物を保証するものでもなく，騎士団の慈悲を与えるものであり，それは偉大であることを承知しているか。さらに問うが，汝はムーア人に対して城門を守る用意があるか，そして仮に我々が汝を豚の守衛のために派遣するとしても，それを行うだけの服従と謙譲を維持することができるか」。スカルラッティは「確と御誓い申し上げる」と答えた。

　さらなる質問により，スカルラッティがすでに妻の承諾を得ていること，神への冒涜や犯罪といったいかなる罪状もなく，その祖先がムーア人と無縁であることが確認された。告解と聖体拝領の後，スカルラッティは献身，服従，および貞操への誓いを行い，一人前の騎士としての白いマントを羽織った。この儀式に際して用意された騎士団の歴史についての文書，報告，記録の大部分は，いまだマドリードでスカルラッティの子孫が所有している。

　ドメニコが爵位についたことは，いろいろな意味で家運にとっての，またお抱えの身としての自身の人生にとっての頂点であった。彼の父親はその晩年，騎士スカルラッティとして知られており[45]，その足下に多くの名誉が積み重なったが，これほど強力な相手から贈られたものではなかった。スカルラッティ家は，シチリアの名もない一族からアレッサンドロの裕福で教養あるパトロン達を経て，ポルトガルとスペインの宮廷における高い栄誉に与った。ドメニコの子孫は，彼の手稿譜をすべて散逸に任せる一方で，ドメニコとアレッサンドロに初めて与えられた名誉貴族の記録を細心の注意を払って保存し続け，それにより彼らはスペインでの地位を確立した。ドメニコの子供達の代には一時的に陰ったものの，一家の運勢は19世紀に彼の孫フランシスコの下でもう一度盛り返し，彼はフェルナンド7世からカルロス3世騎士団に推挙された。そして一族は曾孫のディオニシオによって，再び富と権勢の高みへと運ばれた。彼はその時代にある程度音楽家として知られており，ドメニコの子孫の中では唯一の音楽家であった。彼らはそれらの高みから，銀器

---

[45] 1716年以来（Dent, pp.132-133.）。

や家族の肖像画を質に出すような境遇を経て，現在のスカルラッティ家のつましい状況へと衰退していった[46]。

《ハープシコード練習曲集》

1738 年の爵位授与から間もなく，感謝の念に溢れたスカルラッティは，彼の最初に出版されたハープシコード曲集，《サンティアゴの騎士にして，やんごとなきアストゥリアス皇太子および皇太子妃の師，ドン・ドメニコ・スカルラッティによるハープシコード練習曲集 *Essercizi per Gravicembalo di Don Domenico Scarlatti Cavaliero di S. Giacomo e Maestro dè Serenissimi Principe e Principessa delle Asturie & c*》をジョアン 5 世に献呈した。この本は例外的に大きな版でフォルティエによって見事に彫り込まれ，スペインの手稿に基づいて出版が進められた形跡が見られる｛図 32, 33｝。バーニーはそれがヴェネツィアで出版されたと言っているが[47]，今ではかなり確実にロンドンで出版されたことが証明されており，1739 年 2 月 3 日にはアダモ・スコラ[100]による売り出しの広告が出ている[48]。扉を飾るバロック様式の装飾模様には，「癒しと慰め」という標語とともに，念入りに装飾を施されたハープシコードが見える｛図 33｝（彫刻師の不注意から逆向きになっているが）。この豪華な寓意的な口絵は，国際的に知られたヴェネツィアの画家で，後にスペイン宮廷でスカルラッティの同僚となったヤコポ・アミコーニ[101]のデザインに従って彫り刻まれたものである｛図 32｝。

アミコーニの口絵に劣らず充実しているのがスカルラッティの献辞である：
「神聖なる国王陛下，正義なる者，ポルトガル，アルガルヴェ，ブラジル，等等々，の王，ジョアン 5 世へ，そのもっとも卑しい下僕ドメニコ・スカルラッティ」

「陛下，
　徳の厚い陛下の寛大さ，他者への寛容さ，芸術と科学への知識，それらに対する素晴らしい褒賞は，陛下の偉大なる性格の顕著な美徳

46　ここまでの記述は，残された家族の記録，および私とマドリードにいるスカルラッティの子孫との会話に基づく。
47　Burney,『フランスとイタリアにおける音楽の現状』, p.203.
48　付録 V C 1。ファクシミリ版については図 32-34 を参照。
100)　Adamo Scola（生没年不詳）。ナポリ出身の音楽家，鍵盤奏者。
101)　Jacopo Amigoni（または Giacomo Amiconi, 1682–1752）。イタリア・バロック後期の画家。

であります。陛下の謙虚さはそれらをいたずらに隠そうとされていますが、世界の人々はそれらを讃え、現在の歴史がそれらを語ります。未来はそれらを賞賛し、陛下を諸王国でもっとも強力な君主と呼ぶべきか、慈愛に満ちた臣民の父と呼ぶべきか迷うでしょう。しかしながら、それらすべての中でも、そのいくつかだけが光り輝く新星のように、森羅万象を知り尽す宇宙のまなざしを陛下へと引き付けます。それは満場一致で陛下の**正義なる者**という称号であり、他のすべての栄光ある称号を包摂するものであります。なぜなら真の意味における善行の成せる業とは、ご自身および他者の人格へ正義が働きかけることに他ならないからであります。さて、陛下の僕（しもべ）のうち何人がそれらを虚栄に帰すことができるでしょうか？ 気高い魂の慰めである音楽は、私に身に余る身分を与え、それによって陛下のこのうえなく繊細な趣味を楽しませ、今や知識と高い技量を持つに至った陛下のご家族にそれをお教えする、という喜びをもたらしました。私は感謝の念に駆られ、このような率直な誇りからくる甘言とともに、それを印刷された形で公衆の前に証言することに致しました。やんごとなき慈悲深き国王陛下よ、それが無名の僕の言葉であるからとて、このような証言をどうか蔑まないで下さい。これらは陛下の庇護の下に生まれた作品であり、陛下にふさわしく幸運な王女アストゥリアス皇太子妃殿下、および陛下のもっとも頼もしい弟君ドン・アントニオ卿のためのものです。しかし、かの比類なき王女に付き従うべし、という命により陛下が私に賜った不滅の名誉に対し、いかなる感謝の言葉を見いだすべきでしょうか。王女の輝かしい卓越さ、王家の血統、そして君主としての教育は、その父君である偉大なる君主の名誉を高めるものです。とはいえ、陛下の卑しい僕は歌唱、演奏、および作曲の習得を通してそれに寄与致しております。さらにもっとも優れた名人達も驚かされたことには、王女はそれらによって皇太子様および君主諸侯を喜ばせておられます。

スカルラッティによる《練習曲集 *Essercizi*》の序文は、これよりはるかに飾り気のないスタイルで書かれている。かの献辞同様、それはスカルラッティの語り口を伝える数少ないもののひとつである。さらにそれは、音楽から期待されるような気まぐれで華やかな言葉で、直接我々に語りかける唯一の機会となっている。

「読者諸氏，

　貴方が素人であろうと専門家であろうと，これらの作品の中に深遠な学問を期待するのではなく，むしろ貴方をハープシコードの練達へと導く才気に溢れた芸術の戯れを期待するように。この出版を思い立ったのは利益を考えてのものでもなければ，大望への見通しでもなく，ただ忠誠心によってである。これらの曲はおそらく貴方達を満足させるであろう。そうであれば私は，より{演奏が}容易で変化に富んだ様式で皆を喜ばせるように，という命に嬉々として従うだろう。であれば，貴方自身も，批判するよりはより人間的なところを見せて，それによってご自分の楽しみを増すように。貴方へ手の位置を指示するにあたり，Dは右，Mは左を表すと心得られよ。それでは，ごきげんよう」

　《練習曲集》はドメニコ・スカルラッティが53歳の時に出版されたが，これによって我々は，その先達の痕跡をほとんど残さない首尾一貫した鍵盤音楽の様式というものを初めて知ることになる。父親の存命中に書かれたドメニコの初期の作品は，そのほとんどが若い音楽の天才に期待されたような豊かさや生彩を奇妙なほどに欠いている。それらは押さえつけられているようで，大部分が新鮮さに欠け，まるで年齢不詳の模倣者による作品のようである。群小の作曲家達がその生涯にわたって書き続けたかもしれないような類いの作品なのである。

　ドメニコ・スカルラッティの真の音楽家としてのキャリアはこの《練習曲集》によって始まる。それはまるで彼の人生に何か全面的な破壊と奇跡のような再生の過程が起きたかのようである。象徴的にいうならば，彼はあたかも父親からの正式な離脱によって1717年に生まれたかのようであり，それは53歳の人物の最初の出版物というよりは，20歳の若者による最初の完全に成長した作品集（パーセルの弦楽による幻想曲を考えてみよ！）であるかのようである。もしドメニコが彼の気質を表現するために相応しい既成の音楽語法を見つけていたならば，はるかに早く発話法を完成させていたに違いない。その代わりに，彼は自らの言葉を鍛造しなければならなかったのである。《練習曲集》によって彼の真の気質が初めて明瞭になったのである。パーセル，モーツァルト，あるいはシューベルトとは異なり，ドメニコ・スカルラッティは天啓を持って生まれたのではなかった。ラモー，ハイドン，あるいはヴェルディのように，彼は自身のもっとも豊かな霊感の水脈を高齢になってから発見したのである。

「若いスカルラッティとエマヌエル・バッハの性格には，実によく似たいくつもの特徴がある」とバーニー博士は語る。「両人ともに，同時代のすべての人々から完璧さの標準と見なされた著名な大作曲家の子息であり，その例外が，あえて新しい名声への道を探索したその子息達というわけである。ドメニコ・スカルラッティは半世紀前に音の趣向と効果について冒険を試みたが，他の音楽家達はそこにようやくたどり着いたところであり，一般聴衆の耳も最近になってそれに慣れてきた。エマヌエル・バッハも同様で，自分の時代をはるかに追い越してしまっていたようだ」[49]

しかしながら，先回りしてドメニコの後年の創造物を眺めれば，《練習曲集》はまだ若年期の作品に見える。それら全体の多様性から見ると，《練習曲集》は彼の気質の一部分のみを示しているに過ぎない。時として，それらには彼の以前の音楽に見られた，あの乾いた感じの痕跡すら見受けられる。そこには**何食わぬ顔の皮肉と臆面もない笑い**，という両方の意味でのユーモアや無限のファンタジーがあるが，その晩年に現れる真の叙情的な調子はまだ聞かれないし，本来の意味での緩徐楽章もない。彼は，「これらの作品の中に深遠な学問ではなく，才気に溢れた芸術の戯れを期待するように」と言う。

しかし，この才気に溢れた芸術の戯れの中には，ドメニコの様式の基本的な諸要素がすべて出そろっている。《練習曲集》の中にあるのは紛れもなくドメニコ・スカルラッティ以外の何者でもない。そこでは彼の「独創的で陽気な気まぐれ」[50]が全開している。

「スカルラッティがしばしば M. ロジェ[102]に次のように語っていた」，とバーニー博士は報じている。「彼はレッスン｛練習曲集｝であらゆる作曲の規則を破ったことを知っていたが，これらの規則からの逸脱がはたして耳を聾(ろう)するものであったか，との問いに否と答えられると，彼は次のように続けた。才能ある者が注意を払うべき規則と言えば，音楽が対象とする唯ひとつの感覚｛耳｝を不快にしないことぐらいだと思う」[51]

スカルラッティの肖像画

ドメニコ・スカルラッティの肖像画のうちでもっとも広く複写されてきた

49　Burney,『ドイツにおける音楽の現状』, Vol. II, pp.271-272.
50　Burney,『音楽通史』, Vol. II, p.706.
51　Burney,『ドイツにおける音楽の現状』, Vol. I, p.248.
102)　M. L'Augier スペインの宮廷に仕えた医師で，当時ドメニコの同僚であった。

ものは，おそらくこの時期に由来する。最近までそれは，1867 年にパリで出版されたメロー[103]の『クラヴサン奏者伝 Les Clavecinistes』の中にあるアルフレッド・ルモアーヌによるリトグラフを通してのみ知られていた｛図 35｝。ナポリ音楽院にある肖像画ですら，このリトグラフを複写したもので，頭部と肩のみが描かれている。ドメニコの子孫によって 1912 年に売却された完全な原画は，現在ポルトガルで再び見られるようになった。それはドミンゴ・アントニオ・デ・ヴェラスコの作とされており，ドメニコは豪華な宮廷の衣装を身に着け，その右手をスペインあるいはイタリア式の一段鍵盤ハープシコードの上に置き，左手には「ドメニコ・スカルラッティ氏へ」と宛名書きされた手紙を持っている。この見事な出来映えの，しかも明らかに公式の肖像画は，スカルラッティが爵位を授与された 1738 年よりも後のもののように見える[52]｛中扉参照｝。

カタリーナ・スカルラッティの死

　このルモアーヌのリトグラフの中に，スカルラッティの全盛期が見られる。50 歳をとうに過ぎて，前章で第二の青年期と呼んだものの終着点にようやく

---

[52]　François Heugel から親切にもご指摘頂いた，1864 年 5 月 29 日の『ミンストレル Le Ménestrel』誌上の情報によると，メローの『クラヴサン奏者伝』の中にある Lemoine のリトグラフ版のドメニコ・スカルラッティの肖像は，スカルラッティ家が所有していた肖像画の写真に基づいて提供された。1947 年，スカルラッティ家の一員は私に対し，1912 年に売却されたドメニコの肖像画が Lemoine の楕円の肖像画とよく似ていると説明しており，その複写が家族の文書にある。この情報は，スカルラッティ家の誰かがその肖像画を最後に見てから実に 35 年あまり過ぎてから私にもたらされたが，彼らの説明が比較的正確だったことは，この絵が 1956 年に Reynaldo dos Santos によって再発見された折に明らかになった。その絵は 1912 年にマドリードで，Hernando 博士から 3000 ペセタで当時ポルトガルのスペイン大使だった José Relvas に買い取られ，彼の生まれ故郷であるポルトガルの Alpiarça に遺贈された。絵に付随していた記載からそれはドミンゴ・アントニオ・デ・ヴェラスコに帰されている。その絵は縦横およそ 100 × 70cm ぐらいで，London Illustrated News 紙上で 1956 年 10 月 6 日に初めて発表された。写真と情報は dos Santos 博士および Vere Pilkington に負っている。18 世紀フランスの風刺的な版画 "Concert Italien"（Accademia Musicale Chigiana, Gli Scarlatti, p.61 に復刻されている）にはスカルラッティ，タルティーニ，マルティーニ，ロカテッリ，ランツェッタ，またカッファレッリといった名前が見えるが，スカルラッティの直接の肖像画とは明らかに無関係である。もうひとつだけ知られているスカルラッティの生前の肖像画は，Amiconi によって 1752 年に描かれた絵に基づく版画の形で見られる（図 36 および 38）。

103)　Amédée Méreaux（1802–1874）。フランスの音楽学者。

彼は到達したのである。この時期は、父親の影響からの離脱による遅ればせながらの成熟と人生の大転換とによって特徴づけられている。さらに11年間に及ぶ彼の最初の結婚生活とその間にもうけた5人の子供に示される人生の大転換、新しい国への帰化、そして自らの独創的な作曲様式を実証した《練習曲集》の処女出版、によって特徴づけられている。1739年5月6日、アランフェスでカタリーナ・スカルラッティが死去したことにより、この時期は決定的な終わりを迎える。彼女はオカーニャのブエナ・エスペランサ教会に埋葬された。残された5人の子供（年長がやっと10歳になったばかりであった）は、彼女の母親マルガリータ・ジェンティーリに引き取られたが、彼女は以後スカルラッティ家に関わる重要な役割を演じることになる[53]。しかし、ドメニコはその真のキャリアの入口に辿り着いたにすぎなかった。

フェリペ5世の死

その間、スペイン宮廷におけるファリネッリの驚くべき権勢により、宮廷の音楽生活は徐々に転換することとなった。彼の国王に対する影響力は、王妃や大臣達が政府の諸手続きを進めることを容易にした。しかし、サウル王の前のダヴィデのように、ファリネッリは国王に気晴らしを与え、憂鬱による苦痛を和らげることはできたが、国王の肉体的、精神的な衰退の避けがたい帰趨を変えることはできなかった。

音楽への情熱によって実に奇怪な事態が持ち上がることになるわけだが、それは国王がかの著名なカストラートによって唐突にかきたてられたものであった。ファリネッリが到着してから1年を経ずして、英国大使は国王について次のように報じている。「彼が晩餐のために退席すると、恐ろしいうなり声をあげて周りの者全員を驚かすので、彼が食卓に着くや否や**腹心達**はすべての部屋から人々を退去させざるを得なかった……彼の夜の気晴らしは、ファリネッリが最初に彼の前で演奏したのと同じ5曲のイタリアのアリアを聴くことで、それはおよそ12ヶ月にわたって毎晩続けられた。しかし、国王が自ら、時にはアリアごとに、あるいは音楽が終わった後で、ファリネッリの真似をして気まぐれな行動やうなり声を発するので、彼のそのような醜態を人々の目から隠すためにあらゆる方策が講じられたのである。こういうことをお伝えすれば、貴方はきっと困ったような薄笑いを浮かべるであろう。今週彼はそのような発作のひとつに見舞われ、それは夜中の12時から翌朝2

---

[53] 付録II、文書、1760-1763.

時まで続いた。彼らは国王を風呂に入れることを話し合っていた。」これはあまり公にできない国王の悪評高い個人的な習慣に関することなのだが,「彼を説得してそれを受け入れさせることができないことを恐れていた」[54]

フェリペ5世は,1746年7月9日,ブエン・レティーロで死去した[55]。「人間的悲惨さと王者の豪華さという無惨な対照を体現し,かように惨めな存在として長らえた後,彼は脳卒中の発作に倒れ,医学的あるいは精神的な介助を受けることもなく,その常なる同伴者であった王妃の腕の中で臨終を迎えた」[56]。同日,フェルナンドが国王になることが布告された。

54　Keene, 1738年8月2日, Armstrongによる引用, p.344.
55　Balesteros, Vol. V, p.107.
56　Coxe, Vol. III, p.382.

VII 音楽狂の治世

フェルナンドとマリア・バルバラの即位

　1746年10月10日，フェルナンド6世と王妃マリア・バルバラはパレード，闘牛，そして花火による贅を尽くした祝祭の真っ只中，マドリードに入城した[1]。2人が長い間とらわれていた隠遁生活と，フェリペ5世，というよりはむしろイザベル・ファルネーゼの意のままに従うという習慣のために，彼らは直ちに責任を果たすにはなかなか向かない状態であった。はじめのうち内閣にはほとんど変化がなく，皇太后は宮廷にとどまることを許されていた。しかし，皇太后の策略に国王夫妻はすっかり疲れ果て，ついに1747年6月，彼女はマドリードを退去するように命じられた[2]。皇太后はラ・グランハのサン・イルデフォンソに居を構え，そこでフェリペ5世時代のあべこべな時間割に従う暮らしを続けた。というのも彼女はその暮らし方にあまりに慣れてしまったために，残りの人生においてそれを棄て去ることができなかったのである[3]。フェルナンドの治世の間，スペイン宮廷は二度とラ・グランハを訪れることはなかった。それ以来，宮廷の年間の旅程はブエン・レティーロ，パルド，アランフェス，およびエスコリアルだけを含むものとなった[4]。

　フェルナンドとマリア・バルバラは，彼らがアストゥリアス皇太子と皇太子妃であった頃から習慣となった気晴らしを続け，国の命運を大きく左右するような決断を下すこともほとんどなく，後世の作家達には，その治世が専ら音楽家とオペラ歌手に牛耳られていたと記憶されるほどに誇張された印象を与えてしまった。

　フェルナンドについてよく言われてきたことは，「父親が罹った心気症と同じ病の気があり，それほど資産はなく，活動的でもなく，ちょっとした体の不調や心配事でも死への不安と絶望に沈んだ。生来父親よりも優柔不断で，物事の責任を大臣に負わせることで自分の義務を果たしたと思い込んでいた。仕事の細部に関わることを嫌い，あるいはそれを真面目に実行できない習性や性格のために，チェスと音楽だけが彼の楽しみ，というよりは仕事になっ

1　Flórez, Vol. II, pp.1030ff.; Danvila, pp.242-245.
2　Armstrong, p.390.
3　Fernan-Nuñez, Vol. I, pp.92-93.
4　それらの年のマドリード新聞にはそのように報じられている。

た。彼は自身の無能さがよく分かっていたので，彼の射撃の腕を褒めた人物に対し,『私も何かひとつぐらいうまくできることがあっても驚くことはない』と応じた。この自覚，そしてこういったいくつもの欠点のために，彼は閣僚達の手のうちにある単なるひとつの道具と化してしまった」[5]

フェルナンドは父親と同じく，王妃に全面的に頼りきっていた。しかしマリア・バルバラは，イサベル・ファルネーゼと違って強引でもなく，また野心家でもなかった。ウィリアム・コクセは彼女が即位した折の様子を「愛想よく，明るい機知の持ち主で，並外れて上品に振舞う女性」と形容している。また,「彼女は公衆の前では朗らかで，舞踊と音楽にことのほかご執心であった。しかし，彼女は夫の生まれつきの憂鬱癖を分かち合っていた。彼女は孤独な時間を，2つの好ましくない不安に苦しめられていた。ひとつは困窮への不安で，夫より長生きしたスペイン王妃のよくある末路であり，もうひとつは自身の突然死への恐れであって，こちらは彼女の喘息の苦しみと多血質を考えるとあり得なくもなかった」[6]。散々な中傷の的となり，あちこちで不評を買いはしたが，一方で彼女は好意と信頼を勝ちとる能力を持っていた。何年も前の彼女の結婚の折には，あれほど辛辣な目で彼女を観察していた同じ英国大使が，今や次のように断言するのである。「彼女ほど自在で，理解力に富み，完璧に礼節をわきまえた方はおられない」──「私は心の底から請け合うが，彼女の立ち居振る舞い全体について，特に彼女の舞踊についてよく語られたことをそのまま当てはめることができよう。もし彼女が市井の人として生まれていたとしたら，彼女は自身の力で身を立てたに違いない，と。確かに，彼女のそのような素晴らしい資質は**天性**のものであり，**王家の出自**というより，生まれながらの王妃であった」[7]

マリア・バルバラは，何よりもスカルラッティによる偉大な一連のソナタに霊感を与え，その作曲を後押しした人として世に長く記憶されるだろう。彼女の治世の間，スカルラッティがどういう立場にいたかという点については，あの同時代人の書簡や記録に言及されることを避ける，という彼の確たる才能のおかげで例によってあまり明らかではない。王妃のために写譜されたソナタが何よりも彼の活動についての主要な証拠となっている。穏やかで親密な雰囲気の中で書き留められ，演奏されたそれらの作品は，彼女の治世に束の間の栄光を与えたほとんどすべての華々しく魅惑的な祝祭やオペラ興

---

5 Coxe, Vol. IV, pp.16-21. フェルナンドについてのいくらか誇張された報告が Richelieu, Vol. VI, pp.358-360; Gleichen, pp.1-3; および Cabanès, pp.250-255 に見られる。
6 Coxe, Vol. IV, pp.16-21.
7 Keene, p.121 (1749年5月1日); p.137 (1749年6月16日).

行よりもはるかに長生きしたのである。

スカルラッティとファリネッリ

　フェルナンドとマリア・バルバラが即位するや否やスカルラッティはいつもの無名性から脱し，外交文書の中に登場するようになる。フランス大使は，新しい宮廷について報告するために 1746 年 9 月 7 日付けのパリに宛てた手紙の中で，次のように語っている。「ここで注目に値するイタリア人は 2 人の音楽家だけであり，ひとりは**スカルラーティ**というハープシコード奏者，もうひとりは**ファリネッロ**という歌手である。私はすでにどこかで話したと思うが，最初の人物はアストゥリアス皇太子の，後者は皇太子妃のお気に入りである。即位以来，ファリネッロが彼の同僚に対して優位な立場に立っている」[8]

　スカルラッティは，いつもマリア・バルバラの第一のお気に入りという立場をファリネッリに譲っていたようだが，彼女からの好意と信頼を失うことはなかった。しかし，国王夫妻の主要な慰め役となり，彼らの第一の楽しみの仕切り役となったのはやはりファリネッリであった。彼の王妃に対する影響力は，彼女の国王に対するそれと同じく絶大なものであった。実際，嫉妬深い皇太后にそそのかされたこともあって，スペイン人達はこの国が今や音楽家とポルトガル人に牛耳られている，と囁きあった[9]。ファリネッリは多くの外国の大臣達，さらにはフランスのルイ 15 世からも賄賂を提示されるほど権勢があった[10]。しかし，彼はそのいずれをも受け取ることはなく，相手方からもほどなく清廉潔白であると認められた。「常に謙虚で控えめであり，下に立つ者に対しても愛想よく，上位者に対しては尊敬を持って振る舞った。身分不相応に彼のご機嫌を取ろうとする者には冗談で応じ，より高位の者にはふさわしい公平無私と独立不羈を貫いた」[11]

　スカルラッティがかの有名なカストラートの権勢を妬んだ，という証拠は微塵も残されていない。それどころか，スカルラッティの家計が苦しい時に手助けをし，後年彼について好感を持って語ったのはファリネッリの方である。事実，ファリネッリは嫉妬心というものを抱かせることがほとんどなかっ

8　Paris, Archives du Ministère des Affaires Étrangères, Quai d'Orsay, Correspondance d'Espagne, Vol. 491, fol. 46. Danvila はこの報告を p.246 で意訳している。私は原本から翻訳している。
9　Ballesteros, Vol. V, p.140.
10　Danvila, p.285.
11　Coxe, Vol. IV, pp.31ff.

た人物のように見える，とバーニーは実に公正に指摘している。ひとりの人間が，その才能と性格の両面において，これほど誰からも賞賛されることは滅多にないだろう。バーニーは言う。「……すべての動物が共有する粗野な能力を不本意にも失っている点だけが，彼にとっては玉に瑕といったところであった」[12]

宮廷オペラ

　フェルナンドとマリア・バルバラが即位し，スコッティ侯爵が皇太后とともにラ・グランハへ隠棲したことにより，ファリネッリは宮廷オペラの監督を完全に引き継ぐことになった。それらのオペラのために，彼はヨーロッパで最高の歌手達と契約し，新しい音楽，そしてしばしば新しい台本を委嘱し，舞台装置にも資金を惜しまなかった。お抱えの作曲家達，コルセッリとコッラディーニによる作品，1752年に去ったメレと，1755年に来たコンフォルト[104]による作品に加え，ファリネッリもまた音楽をハッセ，ガルッピ[105]，ヨンメッリ[106]その他に依頼してオペラを興行した。メタスタージオはファリネッリの求めに応じて数多くの台本を書き，そのいくつかは特にスペイン宮廷のためのものであった。メタスタージオは，ファリネッリを親愛なる双子と呼んで交わした好意的で活気に満ちた手紙の中で，スペインでのオペラ興行の詳細について多くの議論を交わした[13]。舞台装置のデザインのために，アミコーニが1747年，マドリードに呼ばれた。1752年，アミコーニが死去すると，その仕事は1754年に来西したアントニオ・ヨリとフランシスコ・バタリオーリに引き継がれた。極端に複雑なのは舞台の機械仕掛けと照明であった。群衆が登場する場面では，王宮再建工事に従事する作業員の中からエキストラが採用された。ブエン・レティーロにあるコリセオ｛劇場｝は，舞台の背面が開き，舞台奥が遠方へと伸びて，明るく照らされた庭園に出られるように造られていた[14]（現在のブエン・レティーロでは建物のいくつかの円

12　Burney,『メタスタージオの……思い出』, Vol. III, pp.284-288.
13　ファリネッリ側の書簡で残っているものは知られていない。メタスタージオのそれは何度も出版されている。
14　この文節のここまでの情報はCotareloからの引用。ブエン・レティーロの王宮と劇場についての18世紀の記述としてはTownsend, Vol. I, pp.256-257; およびCaimo, Vol. I, pp.144-151.
104) Nicola Conforto (1718–1793)。イタリア・バロック後期の作曲家。
105) Baltassare Galuppi (1706–1785)。イタリア・バロック後期の作曲家。
106) Niccolo Jommelli (1714–1774)。イタリア・バロック後期の作曲家。

形屋根，今では公園となった庭園，ルカ・ジョルダーノ[107)]によるカソン｛現プラド美術館別館｝，コリセオの控えの間の素晴らしいフレスコ画で装飾された天井，などの外観がわずかに残っている。このフレスコ画は，現在，**複製芸術博物館**が所蔵する石膏模型像の退屈なコレクションの空間を見事に覆っている）。

ファリネッリのオペラ興行は，マリア・アントニア王女の婚礼祝賀が行われた 1750 年にその頂点に達した[15]。4 月 8 日の夕べ，メタスタージオのテキスト，コルセッリの音楽，およびヨリの舞台装飾によるセレナード《愛の宿 *L'Asilo d'Amore*》が，英国大使によれば「まるで**楽園**のように飾り付けられた，レティーロの 2 つの大きなサロン」で上演された[16]。4 月 12 日の夕べには，メタスタージオの作を基にしたミリヤヴァッカの台本とメレの音楽によるオペラ《**心穏やかなアルミーダ** *Armida placata*》が，コリセオで上演された。舞台景観のうち 2 つはアミコーニによって，残りはヨリによってデザインされた。4 月 21 日の**マドリード新聞**は，2 つの上演についての詳細で魅力的な記事を載せている。

オペラ上演のために，劇場は 200 基以上の大小さまざまな水晶のシャンデリアで照らし出され，オーケストラ員は新調された深紅と銀色の制服を身に着けていた。第 1 幕は見事な景観で幕を開け，第 2 幕では鳥のさえずりが舞台の籠から聞こえてきた。8 基の噴水が設けられ，そのうち中心の 2 つはあまりに水を高く噴き上げたので，60 フィートの高さに吊ってあったシャンデリアの灯を消してしまうほどであった。オペラの最終幕の景観は太陽の神殿を表していた。赤と白の水晶の高い列柱が金と銀の透明な図象で装飾され，景観全体を支配する色調は薔薇色であった。舞台の内側には，さまざまな色の水晶でできたいくつもの天球と，銀製の 200 の星が吊るされ，全体が一斉に回転していた。その上には黄道十二宮の透明なシンボルが眺められた。中央には八角形をした太陽の館が設けられ，緑と白の水晶の列柱が周り全体の赤や薔薇色と対比を成していた。太陽の館の中には金と水晶でできた太陽の 2 輪馬車が置かれ，それを知の女神達に伴われたアポロが操縦し，馬は雲の球体の上を駆けていた。館の後ろでは太陽を表す車輪が回転していた。それは直径 5 フィートの水晶製で，やはり水晶でできた 2 本の螺旋状の光線が互いに反対方向に旋回し，全体で直径 21 フィートまで広がっていた。劇場からの反射も含め，照明の輝きは目も眩むばかりであった。隠された仕掛けで

---

15 Cotarelo, pp.144-152 にその記事がある。
16 Keene, p.221.
107) Luca Giordano（1634–1705）。イタリア・バロック後期の画家，版画家。

太陽の館と 2 輪馬車がゆっくり持ち上げられると，その全景を花火と色とりどりの照明で照らし出されたブエン・レティーロの公園が一気に姿を現した（電力，投影機，また色付きスポットライトといったものに慣れてわがままになった舞台監督には，ここで立ち止まって，この壮観な光景全体がランプやロウソク，そして手動の機械によって実現され，それゆえ常に事故の可能性やその結果生じる王侯達の不機嫌というリスクの下にあったことを考えて頂こう。火災の危険ひとつをとっても，現在の損害保険会社にとっては計算不可能であろう）。これによってファリネッリが，スペインでもっとも高位な爵位のひとつであるカラトラヴァ騎士団[108]の十字勲章を授与されたことも驚くにはあたらない！

これらの上演に際してオーケストラは 16 人のヴァイオリン，4 人のヴィオラ，4 人のチェロ，4 人のコントラバス，5 人のオーボエ，2 人のホルン，2 人のトランペット，2 人のバスーン，および 2 人の打楽器からなる奏者によって編成されていた。さらに 3 人の鍵盤楽器奏者がおり，それぞれ指揮者として活躍したが，その中にはホセ・デ・ネブラ[109]もいた。コルセッリ，コッラディーニ，メレ，あるいはコンフォルトはハープシコードの前でしばしば指揮を行った。弦楽器奏者の中には，あのヴァイオリン奏法に関する論文の著者であるホセ・エランドも含まれ[17]，主席管楽器奏者のひとりはルイス・ミソン[110]であった。その当時，ブエン・レティーロで演奏した歌手の中にはペルッツィ，ウッティーニ，ミンゴッティ，エリージ，ラーフ，カッファレッリ，マンツォーリ，およびパンザッキがいた[18]。

アランフェスでの船遊び

宮廷がアランフェスにある時は，オペラ，セレナード，またその他のすべての音楽関係の行事は他の王室向き娯楽で置き換えられるべきだとファリネッ

17　*Arte, y puntual Explicacion del modo de Tocar el Violin con perfeccion, y facilidad* [マドリード，1756-57]。後ほどこの章で取り上げるが，エランドの論文中にある肖像画から，フェルナンドとマリア・バルバラのアミコーニによる肖像画に基づいて彫られた音楽家達の中に，ヴァイオリニストとしての彼を同定可能である（図 36 および 38）。

18　Cotarelo, 第 V 章および第 VI 章。先行する器楽奏者の情報は Cotarelo, p.127 から引用。

108) 12 世紀にスペインで作られた騎士修道会。
109) José Melchor de Nebra Blasco（1702-1768）。スペインの作曲家。
110) Luis Misón（1727-1766）。スペインの作曲家，管楽器奏者。

リは考えていた[19]。しかし，王宮やその庭園の豊かさに満足できなかった君主に対し，ファリネッリはタホ川上に艦隊を模した小船団を浮かべ，快速帆船には王族を乗せて，それぞれにオーケストラを配し，小船には宮廷の残りの人々を乗せた。船遊びは，王宮楽隊のファンファーレと一斉祝砲の中，春と初夏の夕暮れに行われた。闇が深まるとさらに手の込んだ花火の見せ物が用意された。それら格調高い船出の出発地となった**乗船場**は，今や崩れて廃墟となりつつあるが，草深いタホ川の堤防にそって立つ魅力的で小さなガーデンハウスからそれほど離れていない場所に面影を残している。

ファリネッリは時々王妃のハープシコード伴奏で歌い，まれには国王の伴奏で歌うこともあった。また，時折王妃との二重唱も披露した。他の気晴らしとしては，音楽に加えて，釣り，さらには狩りの会も催され，タホ川の堤防近くへと追い立てられた獲物を，国王が船から撃つことができるようにと按配された。

ファリネッリは，ご自慢のミニチュア艦隊の帆船数隻が背景に見えるような構図で，自分の肖像画をアミコーニに描かせている｛図37｝。1758年には，彼はオペラ興行の説明資料に王室の船遊びについての詳細な記録を添付しているが，それは見事に複写され，船団を細かく描いた図は水彩で彩色されていた[20]。現在マドリードの王宮図書館に保存されている一巻の中で，ファリネッリは催しに参加した音楽家の一覧を掲げ，花火の様子や国王の狩りの獲物について記述している。彼はまた，冷たい夜風や水面から立ち上る湿気が王妃や自身の喉に好ましくない影響をもたらしたことや，王室の獲物に野生のイノシシが近づいてきて，幾人かの高名なカストラートが恐怖に震えあがったことなど，家内事情的なことまで詳しく書き記している。

---

19 アランフェスの劇場は1754年に再建された。Cotarelo, p.161.
20 マドリード，王宮図書館，I. 412, *Descripcion del estado actual del Real Theatro del Buen Retiro de las funciones hechas en él desde el año de 1747, hasta el presente: de sus y individuos, sueldos, y encargos, segun se expresa in este Primer Libro En el segundo se manifiestan las diversiones, que annualmente tienen los Reyes Nr̃s Sẽrs en el Real sitio de Aranjuez Dispuesto por D^n. Carlos Broschi Farine^{lo} Criado familiar de S^s. M^s. Año de 1758*. Sacchi, p.23, では，ファリネッリがこの冊子について3部のコピーを用意しており，1部は国王，1部は劇場監督，もう1部を自分用として，引退する際ボローニャに持参した，としている。Cotarelo, p.125, は Leandro Fernandez de Moratin に言及して，*Obras póstumas*, Vol. II, p.55, の中で，コピー1部がボローニャの聖クレメンテ図書館 Biblioteca di San Clemente にあるはずだと言っている。このコピーはもはや見当たらない。本著者が所在を突き止めたのはマドリードの王宮にあるもの。

ハープシコード・ソナタ

　しかしながら，スカルラッティについての記述は全くどこにも見当たらない。大砲の轟音と花火の静寂の谷間に，水面を漂うスカルラッティのソナタの明るい瞬きや爆発的なきらめきを聴こうとするがごとく，それも無理からぬことであったろう。

　これらの祝祭的な行事にスカルラッティが関わっていないように見えることについて，現時点で十分な説明はできない。しかし，彼はもちろん活動的であった。1752年には，最後の偉大な一連のソナタの筆写譜が作製され始めた。次の5年間，それぞれ30曲のソナタを有する（ただし34曲からなる第X巻を除く）13巻が王妃のために用意された。だがスカルラッティの自筆譜は失われてしまった。初期の何曲かを除いて，それら一連の作品はおおよそ年代順に集められたように見え，またあらゆる証拠から，それらの大部分がちょうどその頃に作曲されたことがわかる。しかし，さらに初期の作品と最後の12曲のソナタを含んだもうひとつのシリーズも同じ時期に準備されており，写譜の大部分も同じ人物の手になるものである[21]。

　これらの作品の中で，スカルラッティは初期には彼の才能のあらゆる側面を示し，末期ではその成熟ぶりを示して見せる。彼は67歳になっていた。にもかかわらず，依然として少しずつ進化していくように感じられ，まさに最後のソナタに至るまで成熟し続けている。スカルラッティの作風は，《練習曲集》や中期のソナタの「才気に溢れた芸術の戯れ」や「陽気な気まぐれ」から，自らの個性を完全に表現するための，また彼の人生経験と心情の蓄積を純化するための媒体であるハープシコード・ソナタへと変わっていった。

　音楽そのものは宮廷の雅びなものから野蛮なものまで，また幾分甘ったるく都会的なものから刺々しく暴力的なものまで変化する。陽気さは，底流にある悲劇性によっていっそう強烈になる一方，瞑想的な憂鬱さは，時として外向的で芝居がかった情熱の奔流に圧倒される。スカルラッティはスペインで暮らした自らの人生を，特に好んで表現した。彼がソナタで創造した小宇宙の中には，スペインの生活，あるいはスペインの大衆音楽や舞踊のあらゆる側面が見いだされる。いかなるスペインの音楽家，マヌエル・デ・ファリャでさえも，外国人であるスカルラッティほどにその母国の本質を完璧に表現した者はいない。彼はカスタネットのカタカタという音，ギターをかき鳴らす音，弱音布を付けた太鼓のドンという曇った音，ジプシーの哀歌の荒々しく

21　第VIII章，付録V A, 1および2，また図43-44を参照。

苦い叫び声，村の楽隊の圧倒的な陽気さ，そして何よりもスペイン舞踊の鋼線のような緊張感をうまく捉えている。

　これらのすべては，単に緩く編まれた印象派的な標題音楽の中に表現されたのではなく，16世紀教会音楽の名人達から学んだあらゆる厳密さをもって同化され，純化されて，単なるハープシコードの妙技という領域を超えた，純粋な音楽語法の中に再現されている。スカルラッティの晩年には場当たり的なものもなければ衒学的なものもほとんどない。すべては大きな脈絡の確かな感覚へと同化されている。次から次へとソナタを書いていた最後の5年間，スカルラッティは自らの全人生を表出し，それをかつてないほど強烈に生き，そして結実させたのである。

　我々にできるのは，スカルラッティの才能がもたらした極端に晩年に偏った多量の収穫について，その外的な要因を推測することのみである。イタリアの場合と同様，これまでのところスペインの保存記録は，スカルラッティの生涯や特徴について何も伝えてはくれない。スカルラッティ晩年の多作は，徐々に蓄積されてまだその一部しか出口を見いだしていなかった力の自然な噴出に過ぎない，ということはあり得る。しかしながら1752年には，スカルラッティは病気で家に籠っていた兆候がある[22]。おそらく，長期にわたって宮廷の役割から離れることで，それ以前の年月に即興で作っていたものを，より完全な形で紙の上に定着させたのではなかろうか。王妃もまた，すでにあるソナタを集め，新作を作曲するよう促したのかもしれない。

　さらにもうひとつの可能性が残っている——経済的な圧力である。バーニー曰く，「かの独創的な作曲家にして偉大な演奏家は，他の多くの天才や才能ある人々同様，あまりに世事に無関心で，また遊興にばかり耽っていたので，しばしば経済的に困難な状況に陥り，度々王室の主人の気前よさに助けられていた。ファリネッリが私に断言するところによると，主人はよく彼の借金を肩代わりしただけでなく，彼の死後貧窮の中に残された寡婦と3人の娘に対し，4千クラウンの年金が引き続き与えられるよう取り計らった」[23]。

22　彼のアルバ公爵への手紙，p.121.
23　Burney,『メタスタージオの……思い出』, Vol. II, pp.205-206, note (u). Rees' *Cyclopoedia* の中のドメニコに関する文章の中で，バーニーは以下のように書いている：「ファリネッリが教えてくれたことには，ドメニコ・スカルラッティは社会的には善き人であったが，あまりに遊興に耽った結果，度々破産に陥り，彼の王室のパトロンでありその独創的な天才と無類の才能に対して揺るぎない尊敬の念を持っていたスペイン王妃の手で，その困窮からしばしば救い出された。彼は1758年に76歳で死亡し［バーニーの日付は明らかに誤っている］，妻と2人の娘は全く何の扶養の手だてもなく取り残される，という極めて憂うべき状況になった。しかし，王妃は彼女の気前よさをその

後期のソナタが，スカルラッティの賭博による借金の見返りとして王妃から強要された，という可能性はあり得るだろうか？

外面的には，スカルラッティは**サンティアゴの騎士**の威厳にふさわしい人生を送っていたように見える。遺産目録の残された部分から見る限り，彼の死後に家族が路頭に迷いかけた，というバーニーの話はやや誇張された観がある。スカルラッティ家の所帯は，18世紀ラテンの上流階級によくある大理石天板の金ぴかの食卓，その上の銀食器，絵画，さらにスカルラッティの王室のパトロンから与えられた沢山の贈答品で溢れていた。遺産の分配に際しては，ひとりを除いて彼の最年少の息子ですらも，四輪馬車をその取り分として受け取っている[24]。

スカルラッティの再婚と家族

1740年から1742年の間に結婚した（婚姻に関する文書はまだ見つかっていない）彼の2番目の妻は，カディスの生まれで[25]，アナスタシア・ヒメネス（またはアナスタシア・マカルティ，マサルティ，あるいは文献で呼ばれるところではアナスタシア・ヒメネス・パッラード）であった。今のところ彼女についてはほとんど何も知られていない。しかし，スペイン人の妻を娶ったことは，ドメニコ・スカルラッティのスペイン化の最終段階であった，と考えたくなる。カタリーナ・スカルラッティとは当然イタリア語で話をしていただろうが，彼の子供達はスペイン人として育てられたように見える。この期に及んでドメニコがどちらの言葉をより頻繁に使ったかはよくわからない。我々が知る限り，ドメニコが直接に発言したものはすべてイタリア語で書かれているが，彼は法的な文書に署名する際には彼の名前のスペイン語形である「ドミンゴ・スカルラッティ」を用いた。いずれにせよアナスタシア・スカルラッティの到来によって所帯がバイリンガルとなったことは確かである。

アナスタシア・スカルラッティとの間には1743年1月12日に第1子が誕生し，洗礼名は王女に敬意を表してマリア・バルバラと名付けられた。第2子も女児で，1745年3月29日に誕生し，ローザ・クリスティーナ・アナス

　昔の師の家族にまで差し伸べ，スカルラッティ自身が宮廷で得ていた額とほとんど同程度の年金を支給することで解決した」
24　付録II，マリアおよびドミンゴ・スカルラッティのために1757年9月に用意された台帳。
25　付録II，マリア・バルバラ，ドミンゴ，およびアントニオ・スカルラッティの洗礼記録。しかしながら，ローザのそれでは，彼女はセビリアの生まれとなっている。

タシア・ラモナと名付けられた。第3子，ドミンゴ・ピオ・ナルシソ・クリストヴァル・ラモン・アレサンドロ・ジェナロ・スカルラッティは 1747 年 7 月 11 日に誕生した。もしスカルラッティの 9 人の子供の洗礼記録を完全に調べ上げたなら，同じように長々しい名前の羅列を見ることになったであろう。これらの例に見られるように，彼らの名前は両親が当時もっとも大切だと考えていた聖人，祖先，親戚，パトロン，または友人達を明らかにするものである。若いドミンゴの最後の 4 つの洗礼名の由来は容易にわかる。**クリストヴァル**は，スカルラッティの遺言執行人で家族の古くからの友人であるドン・クリストヴァル・ロメロ・デ・トレスのことを指す。1731 年にセビリアでフェルナンド・スカルラッティの洗礼式に立ち会ったのは彼である。**ラモン**は，ラモナと同じで，1717 年にはローマにいたドメニコの兄を指しており[26]，**アレサンドロ**は父親を，**ジェナロ**はナポリの守護聖人を指している。スカルラッティの最後の子供は，1749 年 5 月 8 日に生まれている。

ドメニコの再婚以降も，カタリーナ・スカルラッティの母マルガリータ・ロセッティ・ジェンティーリは家族との親密な関係を保ち，娘の子供達の養育に重要な役割を果たしたように見える。実際，彼女は自身の孫達と同じく，アナスタシアの子供達も気に入ったようである。何年も後に，彼女は自身の孫であるフェルナンド・スカルラッティよりは，再婚で生まれた最年長の子供であるマリア・バルバラ・スカルラッティと一緒に暮らすことを望んでいることを明言している[27]。

ドメニコの子供達は，初婚・再婚の子にかかわらず，誰ひとりとして音楽家ではなかった。これは，スカルラッティ一族がドメニコを育てた世代から画然と離れたことを示している。彼の子供達は，父親の希望によって音楽から遠ざけられたのだろうか？

家族の中で最年長の息子であるフアン・アントニオは，1746 年，アルカラ大学に最初の剃髪(トンスーラ)を終えた聖職者として入学した。彼は初年度に聖トマス・アクィナス神学部に在籍し，2 年目は論理学を学んだ。1749 年 12 月 31 日には，セビリア大司教の下アリハール教区の教会で聖職禄を割り当てられた。彼は 1752 年以前に死去し，その後は修道士になっていた弟のフェルナンド[28]によって引き継がれた。

1743 年のマリア・バルバラの誕生時から，そして多分ドメニコの再婚の頃

---

26 付録 II，1717 年 1 月 28 日の文書。
27 付録 II，1762 年 7 月 15 日の文書。
28 付録 II，1747 年 3 月 2 日，および 1752 年 3 月 3 日の文書。

から，スカルラッティ一家はレガニトス通りの公邸で暮らしていた[29]。そこは奇しくもドメニコの名前にゆかりのある聖ドミンゴ広場のすぐ脇に位置していた。現在は中古家具の競売場として使われているが，レガニトス通り35番地にある洒落たバロック風の門戸がついた建物が，おそらくスカルラッティの自宅であったと思われる（図40）。

アミコーニによる肖像画

スカルラッティの肖像と同定された絵画は，ちょうど最後の偉大なソナタ集が書かれる直前の時期にアミコーニによって描かれた。同じ作者による，波打つ白テンの毛皮や絹，そしておそらくは称賛を表す雲の合間に立つフェルナンド6世，マリア・バルバラ，宮廷の人々，そしてトランペットを振りかざす天使が描かれた絵があるが，先の肖像画はその絵に基づいて作られたジョセフ・フリパートによる大作の彫版画の中に，細かい一部分として現れる。一葉の譜面を持ち，図の右側のバルコニーにいる音楽家の一団の最前列でファリネッリの横に立っている人物は，あらゆる点から見てドメニコ・スカルラッティの姿に間違いないだろう。それはヴェラスコの肖像画や現存している父親の肖像画ともそれらしい類似を示している。この彫版画は，1752年のアミコーニの死後すぐにファリネッリによって出版され，それに付随した記念の詩句から，アミコーニの絵が未完に終わった彼の最後の作品のひとつだったことが知れる[30]（図36および38）。

---

29 マリア・バルバラとローザ・スカルラッティの洗礼記録の中で，レガニトス通りの住所は "Casas de Dn Joseph Borgoña" と記載されており，ドミンゴの洗礼記録では "casas de adminstración"，アントニオの洗礼記録では "Casas de la Diputación de San Sebastian" となっている。ドメニコ・スカルラッティが死去した際，彼はレガニトス通りの "Casas de adminstración" に居住していた。私はまだこの住所を完全には特定できていない。レガニトス通りに依然として建っている家々のうち，スカルラッティの家は多分35番地で，もしかすると47番地，あるいは37番地であったろう。しかし，Luise Bauer は著書 p.20 で，*Matricula de San Marcos anejo de San Martin del año 1751* fol. 34/36/54 によると，スカルラッティとその家族は1750年初頭から "Calle de San Marcos anejo in casas de D. Sebastian de Espinosa" に居住していたと報じている。マドリードに1948年に訪れた際，私はこの文書の所在を突き止められなかった。1967年10月までに，1948年当時にはなかった新しい建物がレガニトス通りの9から13番地，35，37，および41番地に建てられている。

30 Amiconi の絵が現存しているかどうかは不明である。しかしながら，マドリードの Calcografía Nacional には Flipart の版画の銅原版がある。この銅版と違って，Barcia, p.316 の記述にあるマドリードの Biblioteca Nacional の複製（それはスペイン市民戦争の間に散逸した）は，底部にスペインとポルトガル紋章が刻まれ，側面には "Esegue la

1675年ヴェネツィアに生まれ，ファリネッリの生涯の友であり，彼の数多くの肖像画を描いた画家アミコーニは，ファリネッリのオペラ興行で舞台背景を描くため，またブエン・レティーロとアランフェスの王宮内で絵を描くために，1747年にスペインにやって来た[31]。彼はスペインに来る以前から，おそらくはファリネッリの仲介によってすでにスカルラッティとは付き合いがあったようだ。1738年に，彼はスカルラッティの《練習曲集》の口絵をデザインしている（図32）。

　アミコーニはアランフェスで，見るからに音楽室としてデザインされた魅力的な楕円形の部屋の天井画を描いた。フェルナンド7世によって無遠慮に置かれた悪趣味な帝国調の家具によって半ば歪められた大理石の舗床には，楽器の象眼模様――ヴァイオリン，ホルン，およびオーボエ――による装飾が見られる。それぞれの楽器には色付き大理石で細かに再現されたメヌエットの手書きのパート譜が付いている。この部屋で，《練習曲集》の表紙に描かれたような精巧なハープシコードを用いて，スカルラッティや王妃が彼のソナタを演奏したかもしれない。

　スカルラッティを，スペインのブルボン朝期におけるもっとも偉大な3人の宮廷画家――アミコーニ，ティエポロ，およびゴヤ――と比較してみるのは刺激的である。アミコーニは卓越した宮廷画家であった。彼の実に偉大な才能は，その時々の伝統的な修辞の中にとけ込んでいる。ティエポロは，そのあらゆる意味で確かな都会性のゆえに，自身の個性を決して失わず，目前のものを詳細に観察する能力を犠牲にすることもない。ゴヤはその最初期の仕事においてのみ何とか宮廷画家であった。後には彼の個性の力やその感情の奔流によって押し流され，外界からの声が届かなくなる。スカルラッティはこれら3人の間のどこか中間に位置している。彼の優雅さはアミコーニに，その洒脱さと明るさはティエポロに，そして民衆的な素材に対する純粋な愛着心はゴヤのタペストリーの風刺画に似ている。スカルラッティがゴヤのように，意識して考えたかどうかは疑わしい。彼の意識の上での芸術的な作法は，疑いもなくアミコーニのそれであった。

　18世紀スペイン宮廷の芸術家の前には，意識的に，また公的に選んで見るものと，感受性と知覚を研ぎすまされた一個の人間として否応なく観察せざ

---

　　mente dell'Autore nel comprimento di quest'opera il suo buon amico il Cavallier Carlo Broschi Farinello"という記載に続いて，記念の詩句が書かれている。私は1967年に，Barciaの記述にあるものと似た18世紀の刷りによるこの版画をパリのPaul Proutéから購入した。

31　Ballesteros, Vol. VI, p.461; Cotarelo, pp.127-128; Thieme-Becker.

るを得ないものとの間に底知れぬ深淵が横たわっていた。王室側の人々にも，公的な儀式と内的な私生活の間に，また公式の発表と個人的な秘密の間に同じ深淵があった。ゴヤ後期の絵画の主題になったような事柄は，おそらくナポレオン戦争の恐怖を除いては，アミコーニ，ティエポロ，そしてスカルラッティにも同程度に見えていただろうが，彼らは，意識的に整えられた型に合致するもの，つまりブエン・レティーロやアランフェスの王宮での生活のように規則正しく統制がとれた世界に合致するものだけを表現し，王宮の門外にある腐敗や恐怖を脇におくことを選んだのである。苦悩，憂鬱あるいは狂気というものは，古典的でオペラ的な悲劇に組み込むことができるような形，つまりペトラルカ，アリオスト，メタスタージオの詩的伝統の中で，音楽によってそれらが最高度に表現される秩序がもたらされた時に初めて許容されるものであった。音楽は憂鬱と狂気の解毒剤であり，たとえ努めて人為的な意味であろうとも，そこから逃れるためのものであって，後世そうなったように憂鬱と狂気を表現したり媒介したりするものでは決してなかった。音楽狂の治世は2階建ての舞台での上演のようなもので，沸騰する地下世界での出来事に影響されたり脅されたりしながらも，それらを無視しようとした。王宮やオペラ的な舞台の輝かしく秩序に満ちた生活が，忍び寄る危険な下界の悲惨さの中へと崩壊して行くのはゴヤの後期になってからである。

スカルラッティの現存している唯一の手紙

　1752年の初頭，スカルラッティは国王の執事長，当時のウエスカル公爵で後の第12代アルバ公爵，ドン・フェルナンド・デ・シルヴァ・エ・アルヴァレス・デ・トレド[32]から，2人の祖先を讃えるために作曲された2つの賛歌をスコアにまとめるように依頼された。**英雄的賛辞**と当時呼ばれたこれらの曲は，オランダの作曲家ピエール・デュ・ホッツによって1569年に作曲され，ブリュッセルで演奏された。それぞれかのフェリペ2世の統治時代にフランドル地方の悪名高い支配者であったアルバ公爵，および彼の息子であるマルタ騎士団の大団長エルナンドを讃えたものである[33]。スカルラッティは声部に分割された元のパート譜と，パート譜から起こしたスコアを，以下のような添え状[34]とともに公爵に送り返したが｛図39｝，それは最近まで彼の知ら

---

[32] Ballesteros, Vol. VI, p.562 に彼についての記事がある。
[33] Subirá, pp.46-48, 第V-VIII葉，最初の賛歌 *Die Privatkapellen des Herzogs von Alba* はスコアで Krebs が出版した。
[34] 付録II，1752年春の文書。ファクシミリ版については図39を参照。

れている筆跡としては唯一のものであった[35]。この手紙で表現されている敬意と親近感に満ちた筆致は，スペイン宮廷における彼の気楽で相対的に高い地位を表していると言えるだろう。

　うるわしき殿下，

　殿下がお戻りになるのをお待ちするとともに，同封するこれらの譜面をご用意するだけでなく，何にせよ御下命に快く従うことによって，私の恭順を殿下に捧げることができるのは喜ばしい限りでございます。
　ラテン語の歌詞ではありますが，ゴシック様式の省略形で書かれておりますため，これらを読み解くのに何にもまして努力を要しました。
　殿下，どうかこれら元のパート譜を，私がそれらをもとに作り上げたスコアと同様に保存下さいますように。それらの素晴らしさを讃えて歌うためのみならず，対位法の書法における真の流儀と真の規則を今日の多くの劇場作曲家が（もし彼らが実際にそう望むのであれば）順守し恩恵を受けられるようにするためです。この点に関して今日は手短にしか申し上げませんが，それはいまだに称賛されていることでございます。
　私は自宅より出かけることができません。殿下は偉大にして強健，またご寛大であり，すこぶるお元気であらせられます。ならばそのお姿で私を慰めるべく，お出まし頂けないでしょうか。私にはその値打ちがございませんか？　その通りでございましょう。しかし，美徳は偉人の心の中でなければ，どこにその居場所を求めるべきでしょう？
　これ以上申し上げることはございません。殿下と私の望みに従って神のお導きとご加護がありますよう，お祈り申し上げます。アーメン。

スカルラッティ

賛歌の歌詞が書かれた単語の配列にスカルラッティが苦労した証拠は，写譜師への手引のため，元になったパート譜の譜面上に彼が描いた線の中に今

---

[35] 他にはト短調の *Miserere*，ヴァチカン図書館にある3通の支払いの承諾書，および3通の委任状への署名（1748, 1752, 1754）と遺言状。付録IIおよび図17-21を参照。

でも見ることができる。彼の初期の教会音楽と同様,ピエール・デュ・ホッツの音楽への彼の論評は,16世紀対位法に対する畏敬の念を十分に裏付けている（同時代の劇場作曲家が対位法を扱う能力に不足しているという彼の見解は,J. S. バッハのものとされる辛辣な論評と軌を一にしている）。

王室礼拝堂

ポルトガルを出発した後,スカルラッティは教会音楽をほとんど書かなかったように見える。日付を特定できる唯一の作品は,名目上彼の最後の作品であるイ長調の《**サルヴェ・レジナ** *Salve Regina*》である。これについてはこの後すぐに触れるであろう。しかしながら,1754年には彼の手になる4声の**ア・カペッラ**のミサが1曲,ある王室礼拝堂の合唱曲集のひとつに筆写されている[36]。同巻にはトマス・ルイス・デ・ヴィクトリア[111]によるミサ曲,アントニオ・リテレス[112]の作品,1738年に亡くなるまで礼拝堂の第1オルガン奏者であったジョゼフ・トーリス[37]の作品が含まれている。スカルラッティがこのミサ曲を確かに王室礼拝堂のために作曲したのか,それともローマあるいはリスボンで作曲した作品のひとつを模倣したのか,いずれにしても明らかではない。それには**通奏低音**の後の時代の和声概念が浸透してはいるものの,完全に成熟した16世紀の厳格書法による律動的で豊かな様式を示している。記譜法はヴィクトリアとパレストリーナのものを18世紀風に模倣したものである。声楽パートは別葉に筆写されており,ところどころに小節線が入っている。この種の楽曲に抱いたドメニコと父親の尊敬の念に照らして,ドメニコ・スカルラッティのミサ曲が,ヴィクトリアのミサ曲のひとつと並べて置かれたということは大いに考えられる。

しかしながら,スカルラッティと王室礼拝堂の間の公的な関係を示すような記録は一切見られない。彼はポルトガルを去る時にそのような役職を一切捨て去ったように見える。彼と王室の音楽家達との関係についても,後にジョン・ウォーガン博士の所有となり,現在大英博物館にある一巻のスカルラッティのソナタ集が,オルガン奏者のひとりセバスティアン・アルベロのために筆写されたらしいということを除いては何もわかっていない[38]。フランチェ

---

[36] 付録 VI D 11, 図23のファクシミリ版参照。
[37] Mitjana, p.2145.
[38] 付録 V A 5。
[111] Tomás Luis de Victoria（1548–1611）。スペイン・ルネサンス期の作曲家。
[112] Antonio Literes（1673–1747）。スペイン・バロック後期の作曲家。

スコ・コルセッリは1738年から聖歌隊指揮者を務めたが，彼はオペラに関する職務や王室の子弟の音楽教師としての仕事に忙しく，ホセ・デ・ネブラが聖歌隊指揮者と礼拝堂第1オルガン奏者としての職務の大部分をこなしていた[39]。1749年当時，礼拝堂の3人のオルガン奏者は，ネブラ，セバスティアン・アルベロ，およびホアキン・オシナーガであった[40]。1756年にはこれらの役職はネブラ，アントニオ・リテレス，およびミゲル・ラバサによって占められている[41]。1734年にマドリードの王宮が火災にあった時，灰燼に帰した王室礼拝堂の図書館をネブラとともに再建する責任を負ったのはリテレスであった[42]。

1756年における王室礼拝堂の聖歌隊は，ソプラノ（カストラート）4人，アルト4人，テノール4人，バス3人からなり，オーケストラはヴァイオリン12人，ヴィオラ4人，チェロ3人，コントラバス3人，オーボエとフルート4人，ホルン2人，トランペット2人，「バスーン奏者」3人，および「ファゴット奏者」2人で編成されていた[43]。

ソレール

この頃，スカルラッティはアントニオ・ソレール神父と出会っている。ソレールは彼に師事したことで有名であり，他のどの作曲家よりも確実にスカルラッティの直接的な影響を受けている。彼はヘローナ地方のオロト・デ・ポレラで1729年12月3日に生まれた。幼い頃にモンセラート修道院少年聖歌隊に入り，音楽，オルガン，および作曲を学んだ。ウルヘルの大司教から，エスコリアルの修道院に入るにふさわしい資質を持った若いオルガン奏者を誰か知らないかと尋ねられた際，ソレールは自分自身を推薦した。彼は見習い僧として1752年9月25日にそこに赴き，その翌年修道会に入った[44]。1752年から1756年にかけてのスペイン宮廷のエスコリアルでの秋の長期滞在の間，ソレールがスカルラッティと頻繁に会ったことは疑いない[45]。ドメニコ・

---

39 Mitjana, pp.2145, 2147-2148.
40 マドリード，王宮図書館，Grefier. R. Ordenes y del Patriarca, de 1749 a 1759. R. Capilla.
41 前掲文献。同様の1756年のリストがArchivo de Palacio, Madrid, Contralor R. Ordenes y del Patriarca, 1749 a 1757, Iにも見られる。
42 Mitjana, p.2148.
43 脚注41,42を参照。
44 ここまでの情報はAnglès, introduction to Soler, *Sis Quintets*, pp.vi-vii.
45 もちろんソレールがマドリードに来たのでなければの話である。

スカルラッティがそのような厳めしくも重々しい大建造物の中にいること自体が奇異であるが，そこで修道僧ソレールの手元から立ち現れるソナタや五重奏はもっと奇異である。これ以上陽気で軽薄なものは想像しがたい，というものである。18 世紀の教会の中で，ものうげな聖人達は言うに及ばず，飛び跳ねる薔薇色の天使達を目にするのには慣れているが，これがエスコリアルということになると，まるで枢機卿会議が歓声を上げて舞っているかのようである！

1762 年，ソレールはマドリードで『転調論 *Llave de la Modulacion*』を出版した。これはソレールやスカルラッティのソナタに特徴的なあの風変わりな転調の基礎をなす理論的方法が披瀝されたかなり興味深い論文である。スカルラッティと同じくソレールは，16 世紀対位法作曲家のもっとも正統的な教義へと立ち戻り，翻って調体系における転調の可能性の幅広い使用へと向かっている。

1772 年，フィッツウィリアム卿[113]がエスコリアルにソレールを訪ね，彼のソナタの中から 27 曲を受け取ったが，それらは後にロンドンで出版された[46]。ソレールは 1783 年 12 月 20 日，エスコリアルで死去した[47]。

スカルラッティのスペイン外での名声

フィッツウィリアムは，スカルラッティによるソナタ 2 巻の手稿本もまた英国へと持ち帰った[48]。スカルラッティの鍵盤作品がスペイン国外で最初に認められたのは英国においてであり，その名声が保たれ，残る 18 世紀を通じてそれが高まり続けたのは英国内においてのみであった。英国スカルラッ

---

[46] *XXVII Sonatas para Clave por el Padre Fray Antonio Soler que ha impreso Roberto Birchall...* 現在ケンブリッジのフィッツウィリアム博物館にあるフィッツウィリアム卿の筆写譜には 1796 年の日付があり，「これらハープシコードのレッスンの原典は 1772 年 2 月 14 日，エスコリアルにてソレール神父により私に与えられた。Fitz^m. ソレール神父はスカルラッティから教えを受けた」という書き込みがある。ソレールは『転調論』のどこにもスカルラッティが彼の師であったことに触れていない。しかしながら，Joseph Nebra は *Llave* の賛辞をこめた序文の中で，彼がしばらくその師であったことに言及している。

[47] Anglès, Soler の *Sis Quintets*, p.vi.

[48] 付録 V A 6; および付録 V B.

[113] Richard Fitzwilliam, 7th Viscount Fitzwilliam（第 7 代フィッツウィリアム子爵リチャード・フィッツウィリアム，1745–1816）。美術，音楽資料の浩瀚な収集で知られ，現在そのコレクションは英国ケンブリッジ大学のフィッツウィリアム博物館に所蔵されている。

ティ教団の創始者は，あの疲れを知らないロージングレイヴであった。彼はドメニコの若い頃の友人であり，増補された《練習曲集》の再版を1739年に，またその補遺を引き続いて出版した。ロージングレイヴの原典出版に続いたのは，チャールズ・エイヴィソン[114)]による弦楽オーケストラ編曲版，そしてマドリード王室礼拝堂オルガニストのセバスティアン・アルベロが一時所有していたスペイン手稿から，ジョン・ウォーガン博士により1752年に刊行された12曲のソナタ集である。ウォーガン博士は若い頃，「ドメニコ・スカルラッティの素晴らしいハープシコード演奏のみならず，練習曲集について，高齢のロージングレイヴから話を聞き，彼に対して畏敬の念を抱いていた。そして後には彼の作品の一大収集家となった。その中のいくつかはマドリードで作曲者自身から彼に授けられたものだった。彼はある時は12曲の編者，またある時は6曲の編者を務めた。それらの曲は素晴らしいものだが演奏が大変難しく，征服するだけの忍耐力を持ちあわせる者は今やほとんどいない。彼はもっと多くの曲を今も所有しており，それらを｛神託を書き入れた｝シビュラの書のように常にしまい込んでいる」[49]

スカルラッティの名声は英国からアメリカへも及んだ。1771年には，ヴァージニア州に住むひとりの若者が海の向こうの兄弟に手紙を書き，他の諸々の音楽とともに「スカルラッティのハープシコード作品」を調達してくれるよう頼んでいる[50]。

「スカルラッティ派の頭領」としてのウォーガンの後継者は，ジョーゼフ・キルウェイ[115)]で，「彼はスカルラッティの珠玉の練習曲集を常に練習し続けていた」[51]。チャールズ・ウェスリー[116)]もまた熱烈なスカルラッティ演奏家であった[52]。世紀の変わり目には，多少物議をかもしたスカルラッティのソ

49　Burney，『音楽通史』，Vol. II, p.1009. バーニー博士は，p.1008で回想して曰く，彼が若い頃「スカルラッティの作品は，それによって若い演奏家の誰もが演奏能力を誇示するだけでなく，聴く者すべてに驚きと喜びをもたらし，彼らを瞬時に夢中にさせてしまった。また昔ながらの確立された作曲の規則ほとんどすべてを果敢にも無視することによって得られる，斬新で大胆な効果を感じることができたものだった」

50　ヴァージニア歴史協会，Richmond, Virginia, Lee-Ludwell 文書，Philip Ludwell Lee から William Lee へ。1771年7月25日（Edward Canby の好意による）。

51　Burney，『音楽通史』，Vol. II, p.1009.

52　Newton, pp.152-153.

114) Charles Avison (1709–1770)。英国・バロック後期から古典期の作曲家，オルガニスト。

115) Joseph Kelway（生年不詳–1782）。英国の鍵盤奏者。

116) Charles Wesley (1757–1834)。英国の鍵盤奏者，作曲家。

ナタがピットマンとクレメンティ[117]）によって出版されたが，これはタウジッヒ[118]）とビューロー[119]）による後のさらに不幸な 19 世紀版の前触れであった。

イタリアにおいてはスカルラッティは名のみであった。彼の音楽で手稿の形で流布しているものはほとんどなく，18 世紀に出版されたものは皆無であった。彼が鍵盤音楽の様式において新機軸を打ち出し，独自のソナタ形式を創造したにもかかわらず，ドメニコ・スカルラッティはその母国においては直接的な影響をほとんどもたらさなかった。

フランスでスカルラッティが知られるようになったのは，ボアヴァンとヴニエからの数少ない出版物と，後にはラボルドとショロンによる百科事典の中での紹介記事を通してのみであった。オランダでは，《練習曲集》がアムステルダムのウィトフォーゲルによって再版された。

ドイツでは，ニュルンベルクのハフナーによって数曲のソナタが復刊され，スカルラッティに関する簡略な記事が，ハイニヒェン，ヴァルター，クヴァンツ，ミツラー，マールプルク，キルンベルガー，およびゲルバーといった音楽学者や辞書編集者によって書かれた。フィリップ・エマヌエル・バッハ，モーツァルト，ハイドン，またベートーヴェンがスカルラッティのことを知っていたとしても，その大部分は《練習曲集》およびその直後の時期に書かれた初期の作品群についてのみであっただろう。さらに，世間に広く知られるようになったスカルラッティの最初のハープシコード音楽である《練習曲集》が出版された日付（1738 年）を見れば，しばしば繰り返される「J. S. バッハがそのいくつかのハープシコード作品においてスカルラッティの影響を受けた」という記述は明らかに疑わしい。ウィーン古典音楽においてスカルラッティの影響と思える要素の多くは，他の出典に由来するものである。

スカルラッティが次から次へとソナタを書いていた頃，宮廷オペラ，セレナード，そして船遊びは，ますますその壮麗さを増しながら続いていた。メタスタージオは，ウィーンから彼がいつも双子の兄弟と呼んでいたファリネッリへ宛てた書簡の中で《無人島 *L'Isola Disabitata*》の上演について触れている。「貴殿からの手紙を読んでいると，私はいつもアランフェスに居るような気がします……劇場，船，船遊び，そして魅惑的な王宮も眺められます。私の比類なき「双子」のトリルも聴くことができました。そして王族にふさわしい貴殿の気高さも堪能しました。かくも遠方にいる私を客人としてもてなすに際しての，このように深い愛情のこもった，魅惑的でイベリア的な壮

---

117) Muzio Clementi（1752–1832）。イタリア出身の作曲家，ピアニスト。
118) Carl Tausig（1830–1871）。ポーランド出身のピアニスト。
119) Hans von Bülow（1830–1894）。ドイツの指揮者，ピアニスト。

麗さ，そして貴殿がそれに傾けた労力を思うと，何ものにも代え難い貴殿との友情が，実に揺るぎないものであるという甘美な想いに打れるとともに，以前にも増して強く貴殿を私の心へと結び付ける思いに駆られます」[53]

スペイン宮廷は，英国大使ベンジャミン・キーン卿がもう沢山だ，と宣言するほど音楽で溢れていた。「最悪なのは，あまりにもさまざまな音楽の**模倣**で溢れていることである。天界のそれ｛音楽｝が聞こえて来ない理由は，我々の耳が常に豊満状態にあるからのように思える。ここでは無意識の恩恵を受けるにはあまりにも多くの妨害があり，その**目新しさ**に浴することはほとんどない」[54]

終わりの前兆

しかし，これらのお祭り騒ぎの中にも，不気味な前兆は隠れようもないものであった。マリア・バルバラの父，ポルトガルのジョアン5世は，6年間の寝たきり状態の後，1750年に息を引き取った[55]。1755年11月にはリスボンが大地震に襲われ，ポルトガルからのこの恐ろしいニュースによってスペイン宮廷は恐慌を来した。マドリードに避難してくるリスボンのオペラ歌手達があまりに多く，ベンジャミン・キーン卿は11月23日付けの手紙で，「かの音楽家達は着の身着のままで毎日転がり込んで来る」[56]と記している。そして，時が経つにつれて，国王は彼の父親の憂鬱質を受け継いでいることが徐々に明らかになってきた[57]。王妃は国王の扱いに熟達していたものの，今や自身の年齢を感じ始めており，自らの健康を心配するようになっていた[58]。彼女は極端な肥満になり，徐々に喘息がひどくなっていった。死への思いが頭をよぎるにつれ，彼女の第一の予感は，自分が国王よりも長生きして子供のいない未亡人の憂鬱な運命をたどり，再度イザベル・ファルネーゼとその子供達の支配下に置かれてしまうかもしれない，という不安であった。

今や70歳代となったスカルラッティ自身もまた，ほとんど時間が残されていないことを感じていたに違いない。すでに1752年には，アルバ公爵への手紙でも見られたように，彼は病気で家に閉じこもっていた。彼の最後の5年

---

53 Burney,『メタスタージオの……思い出』, Vol. II, pp.64-65.
54 Keene, p.402. 1755年4月11日。
55 Ballesteros, Vol. V, p.111.
56 Keene, p.437.
57 Coxe, Vol. IV, pp.16-18.
58 この文節の残りの部分については，Coxe, Vol. IV, pp.18-21，および Garcia Rives, p.59, 71 から引用。

間におけるあの多作ぶりは，自身がひどく遅れをとっていることに気づき，時間と競争している者のそれであった。おそらくは自分の健康についての先入観からか，あるいは心の平穏への強い懸念からか，彼はベネディクト13世に対して自身と妻，および家族への全免償の嘆願書を書き，1753年10月3日に認可されている。たとえ賭博好きの結果としていかなる起伏があったにせよ，あるいは若い頃に我々が知らない逸脱があったにせよ，スカルラッティの最後の年月は，模範的な信心のうちに過ぎて行ったように見える。ちょうど亡くなったばかりだった彼の最初の息子，フアン・アントニオが聖職の道に入ったことですら，本人の意思というよりは家族の側へもたらされる尊厳を望んでのことだったかもしれない。

スカルラッティの遺言状と死

　1749年にスカルラッティは彼の遺言状を作成した。その導入部分は18世紀の遺言状の標準的な形式を踏んでいるが，その中で表明されている魂の救済についての不安は晩鐘のように鳴り響いている。

　遺言状

10月19日

　　ドン・ドミンゴ・スカルラーティ
　全能なる神の御名において，アーメン。この遺言状の公文書により，最後にして最終の意志を知らしめるべく，私ことドン・ドミンゴ・スカルラーティ，サンティアゴ騎士団の騎士にして，ともにナポリの居住者として死去したアレサンドロ・スカルラーティとその妻アントニア・アンザローニの法的な婚姻による嫡出子，ナポリの生まれにして，最初の結婚におけるカタリーナ・ジェンティーリの夫，また現在はアナスタシア・マサルティの夫は，我が主なる神の無限なる善のもと健やかに，かの神聖なる君主も嘉せ給うほどの我がすべての判断と生来の理解のもと，御父と御子と聖霊の3つの異なるペルソナが御一体の真の神となられた三位一体の聖なる秘蹟を堅く信仰し，また真の神にして人なる我が主イエズス・キリストの受肉と復活，そして聖母カトリック使徒ローマ教会が信じ，告解するものすべてを信仰し，これら信仰と信念の下に我は生き，またそ

のように生きることに努め,聖母の取るに足らない信徒として死するつもりであるが,不測の事ゆえにより我が生命が絶たれるかもしれぬという臆病な考えに駆られ,また,臨終に際して我が主なる真の神に対しその罪の赦しを請うことをためらうような,一時的ないかなる恐れをも抱かぬよう,我は自身の遺言状を以下のような形に書き記し,実行されるよう,ここに署名する。
　我が魂を創造し,その御子である主イエズス・キリストの無限に尊い血をもってその罪を贖（あがな）いたもうた主なる神に我が魂を捧げ,我が屍がそれから創造された土へと帰るに際し——今生の命を我から取り去ることが主なる神の御意思に沿うのであれば,我もその一員であるサンティアゴの騎士団の参事会のマントを我が身に着用,あるいはそれで覆い隠し,我の遺言執行人がふさわしいと思しき教会,地区,または場所(あるいは我が別途用意する備忘録に指定したる所)にて埋葬されるべし。その際,我は葬儀と埋葬の方法と処理を彼らの選択に委ねる。当日もし時宜にかなっていればその日に,そうでなければ次の日に助祭とともに鎮魂ミサを歌い,徹夜で祈り,レスポンソリウムを唱うべし。そしてさらに50回のミサを捧げ,その都度慈善のために3クラウンを用意し,それらの4分の1以内を属する教区に,他は遺言執行人がふさわしいと思う所と人物に喜捨されるべし。
　必須にして習慣的な遺産分与として,またエルサレムの聖地のために,我はそれぞれ同時に6クラウンを喜捨し,それによって我は我が財産に対する彼らのいかなる要求あるいは行為についてもあらかじめこれを排除し取り除くものである。[59]

彼は続けて,その財産の主な執行人として,彼の息子の洗礼に1731年にセビリアで立ち会ったドン・クリストヴァル・ロメロ・デ・トレスを指名している。他の執行人としては彼の妻を指名している。相続人としては自身の9人の子供達を指名し,祝福を与えるとともに,最年少の4人の子供達については母親を法的な後見人として推薦している。
　長い間,スカルラッティが1754年にナポリに戻ったという伝説が流布していた。その誤解は,おそらくジュゼッペ・スカルラッティが1755年にナポリ

---

[59] 付録II。

に居たことから生じたようである[60]。ドメニコは 1728 年のローマでの結婚以来，二度とイタリアに戻らなかったと思われる。しかし，1756 年に筆写された優美な小品であるクリスマス牧歌（ソナタ第 513 番）に見られるように，彼の想いは時折その若い頃の記憶へと運ばれて行った。そこでは，クリスマスの頃に南部イタリアで今でもよく耳にする牧人達の吹く**ザンポーニャ**[120]の響きが聞こえてくる。この作品は，圧倒的にスペイン的な特徴を示す彼の晩年のソナタの中で数少ない例外のひとつである。

それから間もなく，この数年来初めてと思われるが，スカルラッティは最後の傑作，ソプラノと弦楽器のための《**サルヴェ・レジナ**》を作曲するためにハープシコードから遠ざかった。おそらく彼は，その中で雄弁に表現された「涙の谷に」という言葉の意味を確かめるためにわざわざスペインにまで来る必要はなかったであろう。しかし，スカルラッティにはそれを学ぶ実に多くの機会があったに違いない。ハープシコードを巡る喧噪は突然途絶え，天におわす聖母への彼の祈りが聴こえてくる。「主よ，主よ，我は貴女を呼んでいます」

1757 年 7 月 23 日，スカルラッティは教会で最期の儀式を授かった後，レガニトス通りの自宅で死去した。遺体は聖ノルベルト修道院に「秘密裏」に埋葬された。この修道院は，現在の大学付近にあったが，1845 年に取り壊され，スカルラッティが埋葬された場所の痕跡は今や存在しない[61]。彼の訃報，およびその魂のために捧げるよう指示された 50 回のミサの記録はサン・マルティン教会の教区の過去帳に収められた。その教会は**月通り**と**諦観通り**の交差するところで，詩的な佇まいを見せている。

ドメニコの寡婦アナスタシアは，自身が後見人である 4 人の子供とともに残された。彼女は 1766 年には生存していたが，1799 年以前に亡くなっている。少なくとも最初の結婚による 2 人の子供，フェルナンドとマリアはドメニコの死の前後には生存していた[62]。他の 3 人，フアン・アントニオ，マリアーナ，およびアレサンドロは，1749 年から 1757 年の間に亡くなった。これら子供のうち，アレサンドロは家族の輝かしい名前，アレサンドロ・ドミ

60　Croce, *I Teatri di Napoli*, Anno XVI, p.41. 彼のオペラ，《**カイオ・マリオ** *Caio Mario*》の 1755 年 1 月のナポリでの上演に際し，ジュゼッペ・スカルラッティは「数日前にウィーンから到着した」と記述されている。ジュゼッペとドメニコの間の混乱についてのさらなる詳細については付録 I A および VII C を参照。

61　Marques del Saltillo からの伝聞情報。

62　スカルラッティ家の生存する子孫のリストは，1757 年 9 月に Maria と Domingo のために用意された文書の中に見られる。付録 II。

120) 南イタリアに伝わるバッグパイプに似た楽器。2 本の主唱管を持つ。

ンゴと名づけられた幼い息子を残した。1757年9月,「ドン・ドミンゴ・スカルラッティのよき思い出」を讃えるために,カトリック教徒の両陛下は5人のもっとも若い子供それぞれに,300ダカットの年金を給付することにした[63]。

フェルナンド・スカルラッティは長子としての義務と権利を負う立場にあった。そして彼を介して,今日までスカルラッティ家の直系の子孫が続くことになる。彼はサリナスの会計総局の官吏で,現在は取り壊されてしまったレガニトス通り13番地の家で1794年に亡くなり,2人の子供,フランシスコとアントニアを残した。

マリア・スカルラッティは父の死後間もなく他界し,母親の財産の相続分を祖母であり後見人であるマルガリータ・ロセッティ・ジェンティーリに残したが,彼女自身も1763年に83歳で,継子の子であるバルバラ・スカルラッティの家で亡くなった。

アナスタシアの最年長の娘,バルバラ・スカルラッティは,1762年以前に「大蔵省会計総局」の官吏だったエウジェニオ・カシェロと結婚した。彼女の妹,ローサについては何も分かっていない。弟のドミンゴ・スカルラッティは新スペイン事務局で1761年から1763年まで働き[64],1768年にはソリア地方歩兵隊の士官候補生となった。彼は1801年に他界した妻よりも長生きし,1815年にマドリード日刊新聞 *Diario de Madrid* に掲載された4つのソネット《もっとも聖なる処女マリアの汚れなき受胎の神秘を讃えて》の作者であったと思われる[65]。末の弟アントニオは1766年にソリア地方歩兵隊の士官候補生に応募し,その際に当時王室からもらっていた年金について言及している。彼は1799年にはまだ生存していた。ドメニコ・スカルラッティの再婚による子供達については,彼らが子孫を残したかどうか全く分かっていない。

マリア・バルバラおよびフェルナンド6世の死

スカルラッティが他界した後も,宮廷の祝祭行事はいつものように続いた。王妃と親しい友人達を除くと,彼を惜しむ人はほとんどいなかっただろう。しかし,王妃はもう1年近くにわたって苦しめられている恐ろしい痛みを何とか紛らわそうとしていたが,それすらままならないほど病状が悪化してい

---

63 付録II,1757年9月の文書。
64 付録II,1777年6月12日の文書。
65 12月8日号(マドリード,Biblioteca Municipal, L - 318 - 23, Caja 105.)。

VII 音楽狂の治世 149

た[66]。

　1758年の夏,メタスタージオは「親愛なる双子」ファリネッリから気がかりな手紙を受け取った。王妃は危険なほどに健康が悪化しており,国王の態度はおかしくなっていた。

　「この7月17日に**アランフェス**から届いた貴方の簡単な,短くもいわくありげな手紙は,こちらの宮廷で受け取ったニュースや我々の間の噂とともに,大事なご主人様の健康状態についての貴方の心の状態やあらゆる善良な人々の心配を実に率直に教えてくれます。天よ,願わくはいろいろな所から伝え聞きたる恐ろしい様子にもかかわらず,この嵐が過ぎ去りますように」[67]

　最善を願いながら,ファリネッリは次シーズンのためにオペラの交渉を続けたが,5月の公演が最後になってしまった[68]。数ヶ月の苦悶の後,王妃は1758年8月27日に逝去した[69]。「偉大な勤勉さと献身をもって仕えてくれた私の音楽の師」スカルラッティに対し,彼女は金貨2千ダブロンと指輪をひとつ残した[70]。しかしそれはあまりにも遅すぎた。彼女は,自身が持っていた最上のハープシコードとすべてのスカルラッティのソナタをファリネッリに残した[71]。しかし,ファリネッリは自分が与えられたものについて想いを巡らす暇がなかった。というのも,国王は悲嘆のために正気を失い,ビリャ=ビシオーサへ連れ出すことを余儀なくされたからである。

　「……王妃が死去して以来,彼の愚行は歯止めがなくなってしまった。彼を郊外の家へと連れ去る必要が生じたが,そこに到着するやすごい勢いで侍従に飛びかかって相手を床に引き倒してしまった。彼は力ずくで引き離された。かの君主はひとりで歩き続け,1週間以上食事を拒み,それからこれ以上は無理というほどに8日間食べ続け,体から何も出て来ないよう,彼の部屋にある骨董の椅子の尖った取っ手の上に腰を下ろし,それをタンポンとして用いていた。この悪しき断食,過食,便秘の循環は数ヶ月も続き,そして彼の王国を無政府状態にしたままで死んだ。その間,スペインの大臣達は,カルロス3世に対して政権を引き継ぎに来るよう,懸命に乞い願ったにもかかわらず,その友愛の情ゆえに彼はその状態に終止符をうつことを拒んだので

66　Florez, pp.1030ff.; Garcia Rives, pp.71ff.
67　Burney,『メタスタージオの……思い出』, Vol. II, pp.202-203.
68　Cotarelo, 第VI章.
69　Florez, pp.1030ff.
70　マドリード, 王宮図書館 VII E 4 305. マリア・バルバラ・デ・ブラガンサの遺言状, fol. 20r.
71　前掲文献。スカルラッティのソナタは彼女の音楽の一部で,それらすべてがファリネッリに遺贈された。

あった」[72]。フェルナンドは 1759 年 8 月 10 日に死去した[73]。

新しい体制とファリネッリの出立

　1760 年 7 月 13 日，新しい国王カルロス 3 世がマドリードに凱旋した[74]。ファリネッリは慇懃無礼にあしらわれ，いつもと同じ給与を与えられた[75]。音楽とイタリア・オペラの日々は終わった。ファリネッリのことが話題になると，国王は「去勢鶏は食用になるだけだ」と明言し，イタリア・オペラについて聞かれると，「今は結構，そして永久に結構」と答えた[76]。何年も前にナポリでドゥ・ブロス議長がモリエールを引用して，「この男は疑いもなく音楽が嫌いだ」と語っていた[77]が，これは全く正しいものであった。ヨーロッパでもっとも素晴らしいナポリのサン・カルロ劇場の責任者であったにもかかわらず，ドン・カルロスはわざわざ自分の桟敷席をもっとも音楽に邪魔されないような場所に配置したほどである[78]。

　新しい国王はいやになるほど几帳面で能率家であり，その前任者とは能う限り対照的であった[79]。彼は憂鬱症を受け継いでいる可能性があったが，それをスパルタ的な体制で克服し，スペインが永らく必要としていた政府をもたらした。過ぎ去ったのは古い亡霊とオペラ歌手の治世であった。異端審問の恐怖は次第に遠のいていった。1767 年にはイエズス会士がスペインから追い出され，啓蒙主義の冷たく透明な風がピレネー山脈を超えて吹き始めていた。旅行者の間に知れ渡っていた，かのマドリードの強烈な悪臭すらも消え去って行った。新しい時代の幕開けであった。

　ファリネッリは，自分がもはやスペインには必要とされていないことを悟った。かつてそうであったように思慮深く社交的であったものの，彼はあまりに権力を持ちすぎており，優柔不断であったために，危険なほどに関心の的で

72　Gleichen, pp.1-3. フランス側の多くの回想に特徴的な気配りをもって，Gleichen は "Ferdinand VI avait hérité de son père la maladie du dieu des jardins..." と報じている。
73　Florez, pp.1030ff. フェルナンドとマリア・バルバラについての最後の日々についてのより詳しい記述は，Cabanès; Garcia Rives, pp.80ff.; および，Rávago で出版された彼らの内科医，D. Andrés Piquer の報告 pp.359-421 を参照。
74　Ballesteros, Vol. V, p.154.
75　Burnery, 『フランスとイタリアにおける音楽の現状』, p.211.
76　Baretti, 『ロンドンからジェノバへの旅』, Vol. III, pp.131-133.
77　De Brosses, Vol. I, p.428. Molière の *Amphitryon* から。
78　Fernan-Nuñez, Vol. I, pp.104-105.
79　この文節は Ballesteros, Vol. VI, pp.236, 536ff., 578-579 に基づく。

あった。彼はボローニャに引退し，豪華な家を建てたが，その家はアミコーニが彼のオペラ興行のために制作した数々の絵画や王室の家族の肖像画，そしてそれらとともに彼に与えられた見事な家具で飾られていた。バーニーは1770年，そこに彼を訪ねた。「私はファリネッリがラファエル［彼のピアノフォルテの1台］の前にいるところを見つけ，何か演奏してくれるよう説得した結果，彼は比類なきセンスと表情をもって自ら伴奏しながら**歌**ってくれた」[80]。「……私が望んだ通り，彼はドメニコ・スカルラッティについてすべてを事細かく教えてくれたが，私が手帳にそれらを書き込む間，実に思いやりをもって語ってくれた」[81]

子　孫

　スカルラッティについての直接的な情報が今日まで伝わってきたのは，バーニー博士のファリネッリ訪問の時からである。19世紀の初めまでに，スカルラッティは聖人や芸術家に降りかかる偶像化という，あのいかがわしい過程の最初の段階に達していた。彼は事実の領分から伝説の領分へと引き継がれ，新たな間違いや虚構だけが付け加えられて古い物語が繰り返し書かれるのみだった[82]。

　しかし，1817年から1820年にかけて，現在マドリードの国立歴史公文書館にある小さな文書が，ひとりの「王室財務会計局長」フランシスコ・スカルラッティ・イ・ロブレスの手によって書き上げられた。彼は，カルロス3世に騎士の称号を授与されるべく，自身が貴族の出自であることの証明を提示していたのである。それにより彼は1769年7月24日，レガニトス通り8番地でフェルナンド・スカルラッティのもとに生まれた息子であることが判明した。

　彼は以下のように確言する。「スペインの法と習慣によれば，卑しい生まれのしみや汚れもなく，私の父ドン・フェルナンドと祖父ドン・ドミンゴ・ス

80　Burney,『フランスとイタリアにおける音楽の現状』, p.221.
81　前掲書, pp.215-216. この手帳は散逸した（Walker, p.201.）。
82　スカルラッティ一族について，依然として辞典の中に見いだされるような古い誤りが新しい情報で書き換えられるようになったのは，1905年のE. J. Dentによる *Alessandro Scarlatti* が出版されてからである。今日までに，すべての参考資料の中で一応正確といえるドメニコ・スカルラッティの伝記は，*Enciclopedia Italiana* 中のS. A. Lucianiによる論文のみである。Fienga, Gerstenberg, Luciani, Newton, Prota-Giurleo, Rolandi, Sartori, Tiby, およびWalkerといった学者達のおかげで，事実に基づいたある程度の情報が集められた。

カルラッティは高貴な血筋であると見なされ、また広くそのような名望を得ていたことが知られている」。彼は続ける。「私、両親、祖父母、および曾祖父母は、ほんのわずかにせよ、ユダヤ教、回教、そして改宗という汚点はなく、純然たる正統のカトリック教徒と評されていたことが知られている」これは確かにスカルラッティ一家がスペインに帰化したことについて、如何なる疑念をも払拭するものである！　さらに、フランシスコ・スカルラッティは次のように宣言する。「私、両親、祖父母、および曾祖父母は、異端審問所から非難、処罰されるような如何なる異教とも関わりがなければ、その信仰を疑われたこともない」[83]

フランシスコ・スカルラッティは、彼の能力の最善を尽くしてスカルラッティ一族の全家系図、および母方のそれをも集めた。彼はナポリに人を遣わしてドメニコの洗礼記録の写しを求め、ローマへは彼の婚姻とその妻の家族の記録を求めた。リスボンからは、ドメニコのサンティアゴ騎士団の爵位授与に関する会議録の写しが届いた。しかし、アレッサンドロ・スカルラッティについてはそう簡単にことは運ばず、彼に関する洗礼や婚姻についての文書を見つけることはできなかった（あるいはそうしようとしなかった）。彼はアレッサンドロのしがないシチリアの出自に気づかなかったか、気づかないふりをしていた。彼はフィレンツェのスカルラッティ一族との関係を証明する努力を何も行わずに、その一族から仰々しい名前をかき集めてこと足れりとした[84]。アレッサンドロへのキリスト騎士団の爵位授与についての彼の問い合わせに対し、ナポリからはそれについての如何なる文書も見つからないという返事が帰ってきた。しかしすぐ直後に、彼の依頼人から、アレッサンドロの墓石に循形の紋章とともに、騎士団の十字架が彫り込まれていたとする公正証書と図形の写しが送付されてきた。本書ではそれを収録している（第336ページ）[85]。

これまでにわかっていれば多くの学者の手間を省いてくれたであろうこれ

83　マドリード、Archivo Historico Nacional, Carlos III, No. 1799, fol. Iv.
84　実際にはそれらはこの文書に含まれていないが、家族の記録の中に残っている。付録II、フランシスコ・スカルラッティの貴族の証明についての記事。
85　マドリード、Arch. Hist. Nac., Carlos III, No. 1799, fols. 58r から 74r. Solar Quintes, pp.139-140. アレッサンドロの爵位の特許状は依然として見つかっていない（Walker, p.201）。しかしながら、バーニーは Rees' *Cyclopoedia* のアレッサンドロについての論文の中で次のように記している。「我々がローマで見つけた彼の息子のひとりは［誰かは明言せず］極貧の状態にあったが、我々が彼の父親およびその兄弟ドメニコについて大変興味を持っていることを知って、彼の父親の爵位の特許状を我々に与えてくれた」

らの手掛かりをもとに，1947年の夏，私はそれらをマドリードの辻々にある図書館，教区の記録所，公文書館でたどり始めた。その当時，ドメニコの結婚や家族の生活については，家族に関するサッキの資料[86]と寡婦および3人の子供についてのバーニー博士の言及[87]以外には全く知られていなかった。これらの資料のいくつかはすでにルイーゼ・バウアーによって15年前に明らかにされていたが，スペイン市民戦争の結果，彼女の研究は，スカルラッティの死亡通知の存在とその遺言状への言及，彼の二度の結婚，および9人の子供についての短い記事[88]を除いて未公開のまま残された。ところが，さらなる発見が全く予期しない形で起きたのである。

　ある日の午後，私はいつものようにマドリードの電話帳を眺めていて，半ば無意識のうちにスカルラッティの名前に行き当たった。次の電話で，そこにリストアップされていたスカルラッティのひとつはドメニコの直系の子孫であることが判明した。それから間もなく，私は3世代のスカルラッティ家の人々と知り合いになり，19世紀以降の家族の歴史，および1912年まで家族が所有していたドメニコとカタリーナ・スカルラッティの肖像画についての大量の情報や思い出話を聞くことができた。特に感謝したいのはフリオ・スカルラッティ・イ・ギレン氏，エンカルナシオン・スカルラッティ・カマレロ夫人，および彼女の姪，ローザ・ラロ夫人である。現存する家族の文書を写真に撮る許可が得られたが，それらは1936年以降のものですらすでに相当摩滅していた。その中には，以前にどこかで発見された多くの文書の原本や写しだけではなく，ドメニコの資産を整理する際の2つの財産目録や，ベネディクト13世への嘆願書といった補足的な文書もあった。

　しかしながら，家族が保管していた唯一の楽曲はドメニコの作ではなく，彼の曾孫によるものであった。ディオニシオ・スカルラッティ・イ・アルダマ（1812–1880）はフランシスコ・スカルラッティの息子であり，大変才能豊かで，また裕福であり，音楽，文学，そして外交面での修練を積んだ奢侈な芸術愛好家であった。同時に彼はスペインの長大な歴史書の著者であり，オペレッタの作曲家としてもよく知られていた。彼の息子は父を「スペイン・オ

---

[86] Sacchi, pp.29-30.
[87] Burney,『メタスタージオの……思い出』, pp.205-206, 記事 (u).
[88] Angrès, *Das Spanische Volkslied*, p.335; および Wolf, *Historia de la Música*, p.429 中の Angrès による記事. 1933年，ミュンヘン大学に提出された Bauer 博士の学位論文, *Die Tätigkeit Domenico Scarlattis und der Italienischen Meister in der ersten Hälfte des 18. Jahrhunderts in Spanien* はまだ未出版であるが，彼女は親切にもそれを私に貸与してくれ，おかげで私のマドリードでの探索から抜け落ちたいくつかの資料を収録させてもらうことができた。

ペラの真の創始者」と呼んでいた。彼の下で家族の繁栄はその頂点に達し，やがて過ぎ去って行った。彼がスペイン・オペラに対して，芸術的のみならず財政的な支援を行ったせいで，家族の財産がほとんど使い果たされてしまったと言われている。次の世代の活躍についての雄弁な記録は，彼の息子カルロス・スカルラッティによって，その手稿**「家族の歴史と我が遺言」**に残されている[89]。

カルロス・スカルラッティ（1838-1914）および彼の息子オレンシオ・スカルラッティ（1867-1937）の存命中，かの肖像画を含む家財のほとんどが散逸してしまった。家族の内にドメニコの音楽手稿や追加の文書を発見できる可能性はもはや存在しない。現在のスカルラッティ家の後継者は，彼らの著名な祖先達が住んでいたところからほど遠からぬ場所で控えめな生活をしており，私が訪ねた時に3歳だったフリオ・スカルラッティは，トラーパニのスカルラッティから数えて9代目のスカルラッティ家を率いている。

---

89 マドリード，Señora Rosa Camarero Rallo の所有。

VIII　王家のソナタ

王妃用の手稿，その他の手稿

　「これらは陛下の庇護の下に生まれた作品であり，陛下にふさわしく幸運な王女へ奉仕するものです……」そう言ってドメニコ・スカルラッティは1738年，《ハープシコード練習曲集 *Essercizi per Granvicembalo*》をポルトガルのジョアン5世に献呈している。彼は王室のパトロンに対する追従を表そうとしただけだが，後世の人々は，スペイン王妃としてのブラガンサのマリア・バルバラを忘れることはあっても，スカルラッティのソナタの大部分が彼女のために書かれたという大変な幸運に恵まれた人物として，彼女の名を永く記憶に留めるであろう。
　《練習曲集》が彼の庇護の下に生まれた，というドメニコのポルトガル国王に対しての言明は2通りに解釈できるだろう。ひとつには，それらの作品が事実上1729年以前にポルトガルで作曲されたことを意味するかもしれない。他方では，ドメニコがスペインにあっても依然として彼の娘であるマリア・バルバラに仕えているので，自身をまだジョアン5世の庇護の下にあると考えていたことを意味するのかもしれない。ドメニコがポルトガルを去って9年も経った1738年になって，ジョアン5世から爵位を授与されたという事実，およびその爵位授与と《練習曲集》の献呈との間に明瞭な関係があるという事実は，後者の仮説が支持されるように見える。今のところ，《練習曲集》が実際にいつ作曲されたのかを調べる手立てはない。しかしながら，先行すると思われる40曲あまりの作品を除いて，《練習曲集》は王室の楽しみと気晴らしのために作曲された長期にわたる一連のソナタ群の中でも，最初期のグループを形成している。
　1752年から1757年にかけて，王妃マリア・バルバラが使用するために13巻のスカルラッティのソナタが筆写された。それらは《練習曲集》と同様にかなり大判の紙面に注意深く書かれており，余白も広く取られ，カラーインクを用いて装飾されている。同じようにカラーインクで装飾された補遺の2巻が1742年および1749年に筆写され，これらのシリーズに追加された。1749年の巻ではさらに表題，速度記号，および手の指定が金色に輝いている。全15巻はモロッコ革で装丁され，表紙にはスペインとポルトガルの紋章が金箔

で彫り込まれている。王妃の《練習曲集》の筆写譜も同様に装丁されている。これらはすべて，その他の王妃の音楽遺産とともにファリネッリに遺贈され，彼は引退に際してそれらをボローニャへと持ち去った。彼の死後しばらく後に，彼の音楽と楽器のコレクションは，その明確な遺志に反して離散してしまった。そして 1835 年に，スカルラッティのソナタの王妃セットはヴェネツィアのマルチアーナ図書館に預けられた。15 巻の手稿本（以後それらを常にヴェネツィア手稿と呼ぶ）には 496 曲のソナタが収められている（第 XIV 巻，第 XV 巻と名付けられた 2 巻は実際にはもっとも初期のもので，他の 13 巻に先行してそれぞれ 1742 年，および 1749 年に作成されたものである）。

王妃のシリーズに大部分が重なっているもうひと組のソナタ 15 巻が，少なくとも一部は同じ写譜師によって，1752 年から 1757 年にかけて作成された。それらには王妃セットのようなカラーの装飾がなく，普通の革で装丁されている。現在それらはパルマのアリゴ・ボイト音楽院内にある王宮図書館の音楽課の所有となっているが，1908 年 4 月にボローニャから購入された（以後それらを常にパルマ手稿と呼ぶ）。この手稿のセットは 463 曲のソナタを含んでいる。何曲かは，これに対応するヴェネツィア手稿よりも早い日付を持っている。また，これらの中の数曲についてはヴェネツィア手稿に含まれないものがあり，特に目に付くのは明らかにスカルラッティの最後の作品と思われる 12 曲のソナタである。

ヴェネツィアおよびパルマ手稿はいずれもほとんど同じような重要性を持ち，大部分は同一の資料から筆写されたように見えるが，私はヴェネツィア手稿をもっとも重要な基本資料とすることにした。なぜなら，それらはスペイン王妃のために用意された公式の版であることを示しており，またおそらくはスカルラッティの関与の下，彼自身の了承を得て用意されたからである。

王妃の写譜師によるこれら 2 組の手稿は，《練習曲集》とともに，本書付録のスカルラッティ・ソナタの目録に掲載された 555 曲のうち，わずかの例外を除いてほぼすべてが主要資料となっている[1]（ファクシミリ版については図 43-44 を参照）。

補助的な重要性を持つのは，18 世紀音楽の熱心な収集家である修道院長サンティーニがかつて所有していた 2 組の手稿である。第一のコレクションは

1　さまざまな資料間での番号付けが異なるために，私の全体的な番号付けによってスカルラッティの現存するソナタの正確な数を表すことは不可能である。しかしながら，もし 2 つのメヌエット（K. 80 と K. 94）を，多楽章ソナタの一部分であると考え，2 つのソナタ K. 204a と K. 204b を，実際そうであるように 2 つの別々の作品と考えれば，全体の数は 554 曲となる。

349曲のソナタを含み，1750年代の日付けを持っており，現在ミュンスターのサンティーニ司教図書館の所有になっている。以後ミュンスター手稿と呼ぶそれらには，3つのソナタの第1次資料が含まれているが，その中の2曲は他のいかなる手稿においても見られないものである。

　サンティーニの他のコレクションは大部分彼自身の手によって筆写されたものだが，それらはヨハネス・ブラームスの所有するところとなり，現在はウィーン楽友協会の所有となっている。以後ウィーン手稿と呼ぶこのセットは308曲のソナタからなり，それらはすべてそれ以前の，そしてより重要な資料の中に見られるものである。

　3曲のソナタについての唯一の資料が大英博物館のウォーガン手稿の中に，さらに2曲がケンブリッジのフィッツウィリアム博物館に，さらに数曲の第1次資料がロージングレイヴとボアヴァンによる18世紀の出版物の中に見いだされる。その他のスカルラッティ・ソナタの手稿のコレクションは，ヨーロッパのさまざまな図書館に所蔵されているが，いずれも先の主要資料に含まれているものと重複している。これらコレクションの多くには不完全な目録しかなく，依然としてスカルラッティのいくつかの不明のソナタがあちこちで発見される可能性がある。しかしながら，スカルラッティ後期の成果全体に本質的な追加がなされるようなことはおそらくないであろう，というのもすでに存在している資料はほぼ完結した印象を与えているからである。

失われた自筆譜

　スカルラッティのソナタの自筆譜は完全に消滅してしまった。彼の自筆による鍵盤音楽で残っているものは1曲たりとも存在が確認されていない。その点については，スカルラッティの手書きの例が極めて少なく，自筆の可能性を判定するための比較の根拠さえ十分に得られない状態である（図17-21，39）。

　1765年，スカルラッティのスペインにおける高弟アントニオ・ソレール神父が，《スカルラッティのハープシコードのための13巻》に言及している[2]。多分それは，王妃の手稿の13巻本体（ヴェネツィア・セット）に対してのものだが，それらを見ることができたのはファリネッリが1760年にスペインを去る前であったに違いない。彼が今日知られていないもうひとつの筆写譜

---

2 ソレール, *Satisfaccion a los* "Reparos precisos echos por Don Antonio Roel del Rio a la 'Llave de la Modulacion'" (Madrid, 1765), ソレールの中で Anglès により引用, *Sis Quintets*, p.viii.

のセット,あるいは元の自筆稿について言及していた可能性さえも全くないわけではない。

ソレールの『転調論 *Llave de la Modulacion*』の中には謎めいた文章がある:［ソレールは調号と臨時記号の記譜法について論じていて,ダブル・シャープが無用であることを示そうとしていた。しかし続けて,彼自身もそれを使ったことを告白している］「私はこの十字［ダブル・シャープ］を,(それを見たことがある,という以上の理由もなく)ドン・ドミンゴ・スカルラーティ｛原文ママ｝の多くのソナタの中で使用してしまったことを白状しなければならない。これは詩編《主は仰せられる *Dixit Dominus*》の一節〈主に誓いて *Juravit Dominus*〉で,また詩編《エルサレムよ,主をほめたたえよ *Lauda Jerusalem*》の一節〈誰が耐えられるだろうか？ *Quis sustinebit?*〉についても同様である。その点について責任のない者が非難されないよう,私は自ら誤りを告白する。そして,それが正しくないと証明された以上,前例として用いないように,と申し上げたい。そして,もしスカルラーティの作品の中でそのような記号に出会ったならば,それは彼の記譜ではなく私によるものと考えてほしい」[3]。これはソレールがスカルラッティの多数のソナタを筆写したこと,さらにおそらくはどこかで言及していた13巻のことを意味しているのだろうか？

スカルラッティの自筆譜を見つけ出す,という私自身のスペインでの試みは全くの不首尾に終わってしまった。二重に謎であるのは,そのような膨大な音楽的創造物でありながら,いくつかのサンプルすら存在しない点である。危険を承知であえて推測を試みるならば,スカルラッティは自身の楽譜を誰にも触れさせないようにしたために,それらはまだどこかに現存しているか,さもなければ**全滅**してしまったかであろう。それらが散逸したのであれば,現在までに数曲の断片ぐらいは日の目を見ているはずである。残念なことに,彼の音楽の痕跡はその子孫の所有物の中には全く見当たらず,財産目録のうちで音楽遺産について言及したかもしれない部分(18世紀の財産目録に音楽の目録が収まっていることは滅多にないが)は欠如している。もうひとつ残されたわずかな可能性としては,ソナタが王妃のためにあまりに見事に筆写されたので,スカルラッティは単にスケッチのみを使用し,それらを後で破棄してしまったというものである。

---

[3] ソレール,『転調論』,p.115.

ソナタという名称

ソナタという名称は，スカルラッティが2部形式の作品に対して好んで使った用語のように見える。ほとんどの手稿と同様に，《練習曲集》における個々の楽曲についてもソナタという表現が用いられている。しかしながら，パルマ手稿第 I 巻ではトッカータという言葉がソナタの同義語として用いられている[4]。スカルラッティの作品の中でトッカータという用語がソナタと異なる形式を意味するのは，彼の初期のコインブラ手稿第58番《トカータ Tocata》だけである。この複数楽章からなる作品は，2部形式ではない2つのアレグロ楽章からなり，それぞれが後にヴェネツィア手稿第 XIV 巻でソナタ（K. 85 と 82）と呼ばれ，さらに後者にはフーガの題名がついている。残りの2曲はジーガ（K. 78）と，今のところ未出版のメヌエット（K. 94）である。スカルラッティによって確実に与えられたソナタ以外の表題は，フーガ，パストラル，アリア，カプリッチョ，メヌエットもしくはミヌエット，ガヴォッタ，ジーガである。

これだけ膨大な数のソナタの中で，スカルラッティが示す重複のなさには驚くべきものがある。しかしながら，時々同一の主題の定型が2つの異なったソナタに明瞭に認められる。たとえば，ソナタ第348番と第445番の開始部分，あるいはソナタ第545番と第547番の終結部，またソナタ第44番と第50番，第55番と第96番のある一部分を比較してみるとよい。

対の配置

ヴェネツィア手稿 第 XIV 巻以後の大部分のソナタは，ヴェネツィア，パルマ手稿いずれにおいても対の形で筆写されている。いくつかの場合にはそのような配置は偶発的なものに見えるが，ソナタのうちの少なくとも388曲については，対になった配置がヴェネツィア，パルマ，およびミュンスター手稿の中で一貫しているため，それが意図されたものであることは疑問の余地

---

[4] ロンゴ版でトッカータと呼ばれているソナタ第141番（Longo 第422番）は，ウォーガン手稿ではソナタとなっているが，ミュンスター手稿とウィーン手稿ではトッカータとなっている。ロンゴ[121]はこの曲の楽譜をウィーン手稿から採用した（ソナタ第211番はミュンスター手稿ではトッカータという表題になっており，ミュンスター手稿とウィーン手稿のソナタ第104番も同様である）。

[121] Alessandro Longo（1864–1945）。イタリアのピアニスト，音楽学者。ドメニコ・スカルラッティの作品目録（ロンゴ番号）を設定した。

がない。2つの楽章の組み合わせという形は，イタリアにおけるスカルラッティの同時代人達——たとえば，アルベルティ[122]，デュランテ[123]，パラディース[124]——の鍵盤ソナタでは常套手段であったことを思い起こすべきであろう。恐らくバッハのプレリュードとフーガが切り離されたり，ベートーヴェンやモーツァルトのソナタの楽章が単独に演奏されることはなかったように，スカルラッティのソナタの大部分が対として構想されたと仮定しても何ら不思議ではない。一方は短調で他方は長調ということはあっても，対の配置による楽章は常に同一の主音を持っている。対として配置された最初の紛れもない事例はヴェネツィア手稿第 XV 巻（1749）に現れる。ヴェネツィア手稿第 XV 巻第2番のハ短調のソナタ（K. 99）に続いて，「素早くページをめくれ」の指示の後に番号のないハ長調のソナタ（ソナタ第 100 番）が現れる（ヴェネツィア手稿第 XV 巻におけるこのソナタの存在を，ロンゴもゲルステンベルクも見落としていた。これら2つのソナタはパルマ，ミュンスター，ヴェネツィア手稿の中では離れているが，ウォーガン手稿では第 31 番と第 32 番として一緒に現れる）。

ヴェネツィア手稿 第 VII 巻のソナタ第 22 番と第 23 番（K. 347 と K. 348）も，それらが対として一緒に演奏されるようにというスカルラッティの意図を明瞭に示している。ヴェネツィア手稿では，ソナタ第 22 番の最後にある手の描写が次のソナタの最初の部分を指している。そして，「このソナタの最終部分を終えるに際し，手に注意して素早く続けるように」という一文から，この2曲が休止を挟むことなく一緒に演奏されるべきもので，最初のソナタの最後の小節が次のソナタの最初の小節につながっていることを明らかに示している。ソナタを対として演奏するという意図は，ヴェネツィア手稿第 XIII 巻でハ短調とハ長調の対をなす第 13 番および第 14 番（K. 526 と K.527）によってさらに確認することができる。2番目のソナタ（ハ長調）の冒頭で，先行するソナタの臨時記号が取り消されている。

パルマ手稿第 XV 巻では，ソナタ K. *516* と K. *517* は誤ってヴェネツィア手稿とは逆の順番で筆写されたが，パルマ手稿の K. *517* に先行する一文は K. *516* が最初に演奏されるべきことを指示している（最初に演奏しなさい）。

往々にして，対の配置による曲ではほぼ同じ鍵盤音域を持つことが要求され，あるいは同じ楽器の特性が必要とされる（ソナタ第 109 番と第 110 番は

---

[122] Domenico Alberti（1710 頃 –1740）。イタリア・バロック後期の声楽家，作曲家。
[123] Francesco Durante（1684–1755）。イタリア・バロック後期の作曲家。
[124] Pietro Domenico Paradisi（または Pier Domenico Paradies, 1707–1791）。イタリア・バロック後期の作曲家，ハープシコード奏者。

いずれも明らかに 2 段鍵盤用であり，ソナタ第 287 番と第 288 番はオルガン用である。それぞれを参照されたい）。時として，調性の枠組みが対になっている両方のソナタを包含するように構想されている（ソナタ第 518 番と第 519 番）。

ソナタの少なくとも 12 曲は，3 部作を作るように注意深く意図されており，3 曲が 1 組として構成されたように見える[5]。これらに 388 曲の間違いなく対の配置で構成されたソナタを加えると，第一義的には個別に演奏されることを意図していないソナタが少なくとも全部で 400 曲ある。

今日の編集者は，スカルラッティのソナタが対をなす配置になっていることをほぼ例外なく見落としている。対を構成する 2 つの楽曲は大抵の場合ばらばらに扱われている。この事実に加え，今日のすべての版において年代の順序とそれに伴う様式的な一貫性が完全に混乱していることが，スカルラッティを理解する上でかなりの障害となってきた。ソナタを組曲に編集するに際し，ロンゴは単一のソナタの限界を超えたより大きな調構成の必要を感じていたが，そのような構成はソナタを対に連結させたスカルラッティによってすでに提供されているという認識に至らなかったようである。単一のソナタの多くが，もう片方のソナタとひとたび結合されることによって真の意味がはるかに明瞭になってくる[125]）。

1 対のソナタにおける相互の関係は，対照か補完のいずれかである。相互に補完的な関係にあるソナタは，様式や楽器の特性に関してある種の全体的な統一感を共有しており，あるいは同じ和声的な色彩の中で作曲されている（たとえば，ソナタ第 106 番と第 107 番はいずれもヘ長調だが，両者ともヘ短調とその関係調の上を浮遊している）。

---

[5] ソナタ第 274–276 番，第 434–436 番，第 485–487 番，第 490–492 番。添付の目録を一瞥すれば，対になったソナタの数として少なくとも 194 曲ある，という私の見積もりの大前提となった資料間の配置が首尾一貫したものであることがお分かり頂けるだろう。4 つの主要な資料に 76 組，その中の 3 つには 41 組，そして 2 つの資料には 71 組ある。私から見て少なくともも う 4 組がヴェネツィア手稿中に，もうひと組ずつがパルマとミュンスター手稿中にある。

[125]) ここまでを読む限り，ヴェネツィア手稿やパルマ手稿の中で多くのソナタが対構成を取っていることに気付いたのはカークパトリックが最初であったかのような印象を与え，実際そのように誤解していた研究者も少なくない（たとえば，M. Boyd, *Domenico Scarlatti - Master of Music*, Schimmer, 1987, p.163)。しかしながら，このような対構成を最初に示唆したのはゲルステンベルクである（W. Gerstenberg, *Die Klavierkompositionen Domenico Scarlattis*, s. 99, Gustav Bosse, 1933. ちなみに，このことは Scott Ross によるソナタ全曲録音 CD の解説記事中でも A. de Chambure により指摘されている）。

対照的な対をなすソナタは，遅い楽章に速い楽章が続くか（ソナタ第544番と第545番），一般的にゆっくりした単純な楽章がより複雑な楽章の導入部となるか（ソナタ第208番と第209番），あるいは複雑で濃密な楽章により単純で軽い楽章が続くようなもので，後者の例としてはいわば**ナーハタンツ**[126)]のようなメヌエット（ソナタ第470番と第471番）がある。

いくつかのソナタについては，それらが作曲されてから一定時間の後に対として配置，あるいは再配置されたかも知れないという証拠がある。しかし，大局的に見れば対による配置は優位を占めており，スカルラッティのソナタに対して聡明で適切なアプローチをするには，必須のものとして受け入れられなければならない。

ソナタの作曲年代

王妃の写譜師によって手稿が作製された日付は，少なくとも大雑把にはソナタが作曲された順に対応しているように見える。さらに，この順序はある種の書法上の変化（たとえば，手の交差の実質的な放棄）だけでなく，必要とされる楽器の音域の変化にも対応している（1754年以降，いくつかのソナタは5オクターヴ全幅を必要とする）。今のところ，ソナタの大部分がスカルラッティの生涯の最晩年，そのほとんどが1752年以降の日付を持つ，という驚くべき仮説を覆すような証拠はない。わずかにおよそ40曲のみ（ヴェネツィア手稿 第XIV巻で1742年に筆写された何曲かを含む）が，1738年に出版された《練習曲集》に先立って作曲されたように見える[6]。

すでに見てきたように，スカルラッティのハープシコード作品の真に系統立った筆写は1752年に始まり，彼の死まで続いた。これがどの程度まで以前に筆写された作品を収集する過程にあったのか，あるいは一般に知られていない特別な理由によって，スカルラッティが定常的に新しいソナタを書くよう促されたのか，いずれにせよ今日では我々が知る手だてはない。数曲の

---

6 ソナタ第31–42番，第58–64番，第70–83番，第85番，第88–91番，第93番，第94番。これは様式的な証拠のみに基づいた，純粋に仮説のリストである。もっと拡張されるべきかもしれないし，縮小されるべきかもしれない。この理由で，《練習曲集》に先立つソナタについて私の番号付けの中で正確な年代順を示そうとする試みは賢明でないと判断した。私の表は様式的な証拠というよりはむしろ資料の年代順に従っている。

126) Nachtanz（後踊）とは、16世紀にドイツで流行した3拍子系のやや速い舞曲。偶数拍子のゆるやかな Vortanz（前踊）と対をなす。

初期のソナタは後半の巻に収められており（目録を参照），王妃の手稿の最初の 2 巻（ヴェネツィア手稿 第 I 巻および第 II 巻，1752）は大部分が寄せ集めである。しかしながらソナタの新シリーズの作曲は 1752 年のパルマ・セット（第 IV 巻）とともに始まったが，私見によれば，それらは 1753 年になるまで王妃セット（ヴェネツィア手稿第 III 巻）には筆写されなかったようである（パルマ手稿の最初の 3 巻は主に備忘録的な寄せ集めからなっている。いずれのセットも第 1 巻は同じ内容を持つ）。パルマ手稿 第 IV 巻以降は，両セットともに内容はほぼ平行するものとなっている。ヴェネツィア手稿第 X 巻（1755）では，明らかにパルマ手稿第 XII 巻の番号に追い付き，それによってパルマ手稿第 XIII 巻とヴェネツィア手稿第 XI 巻が同じ内容になるよう，1 巻あたり 30 曲というソナタの平均的曲数が拡張されて 34 曲となっている。1756 年以降（ヴェネツィア手稿第 XI 巻とパルマ手稿第 XIII 巻），それぞれのセットに対応する各巻の内容は同一であり，例外はパルマ手稿第 XV 巻がヴェネツィア手稿に筆写されなかった最後の 12 曲のソナタを含んでいる点である。それ以前のソナタについては，その作曲時期について若干の疑問があるかもしれないが，ハープシコードの音域が突然に，また一貫して変化する点から見て，1754 年以後については作曲時期がヴェネツィアおよびパルマ手稿に筆写された時期から大きく遡ることはない，というのが私の見方である。

　《練習曲集》以降，ソナタの様式には際立った発展が見られる。それは，比較的若々しく，きらめくような 1749 年のソナタ（ヴェネツィア手稿第 XV 巻）や 1742 年にすでに筆写された数曲（ヴェネツィア手稿第 XIV 巻）から，1752 年と 1753 年の中期（ヴェネツィア手稿第 III 巻および第 IV 巻）の詩的な豊かさを経て，想像しうる限りもっとも完全で熟達した名人芸を示す 1754 年から 1757 年にかけての後期のソナタ（ヴェネツィア手稿第 VIII 巻から第 XIII 巻，パルマ手稿第 XV 巻），という全領域に広がっている。後世の研究者は，この発展がもっと長い期間にわたって起こったということ，あるいはまた《練習曲集》やそれに引き続く作品の作曲年代が 1738 年よりずっと前に遡らなければならない，といったことを証明するかもしれない。しかし今のところは，この生涯にわたって起きたように見える発展が，実際にはスカルラッティが 50 歳を過ぎてから，そしてその大部分は彼が 67 歳を過ぎてから起こったと仮定せざるを得ない！

初期の作品，スカルラッティの鍵盤様式の背景

　1752 年以降に王妃の写譜師によって集められた一連のソナタに比べると，

現存するスカルラッティの初期の鍵盤作品の数は実に限られている。《練習曲集》に先立って作曲されたように見えるソナタのうち現存するものの大部分は，王妃のために1742年に筆写された巻（ヴェネツィア手稿第XIV巻）に収められた寄せ集めの中に見られる。それらソナタのうちの5曲とパルマ手稿第III巻第30番のフーガは，まだ確認されていない資料に基づいて1739年にロージングレイヴの手で出版された。それには他の6曲も含まれていたが，明らかに初期のものであるにもかかわらず，王妃の巻には筆写されなかった。他の筆写譜ですでに流通していた作品や，エイヴィソンが1744年の編曲に際して追加したいくつかの初期の楽章，そして1739年にロージングレイヴによって，さらに1746年以前にボアヴァンによって印刷出版された作品の他は，スカルラッティの初期の鍵盤作品の大部分は破棄されたか失われてしまったように見える。これらわずかな数の作品は，《練習曲集》から満開へと花開いていったであろうスカルラッティの様式発展について，限られた概念しか与えてくれない。

　それらを厳密な年代順に分類する試みは危険だろうし，その中で仮にドメニコのイタリア時代にまで遡ったとしても，今のところそれがどの作品なのかを知るすべもないのだが，振り返って見ると，そこにはスカルラッティの様式の先例を指し示すような諸傾向が窺える。しかし，ドメニコ自身の初期の鍵盤作品を見る前に，若いスカルラッティがその中で育ったイタリアにおける鍵盤音楽の伝統を振り返ってみることにしよう。

　イタリアのハープシコード音楽は，1700年の時点ではいまだオルガンの支配から抜け出していなかった。フランスでは，1670年のシャンボニエール[127]によるハープシコード作品の出版以来，特定のフランスのオルガン奏者の養成と並んで，独自のハープシコード演奏の流派があちらこちらに花開いていた。英国では1世紀も前に，ヨーロッパのありとあらゆる鍵盤作品に先駆けて，ヴァージナル奏者の華やかで特徴ある作品が作られていた。ドイツの鍵盤音楽は，フランスの影響を受けながら成熟しつつあり，すでに驚異的な発達を遂げていた北ドイツのオルガン奏者の演奏技術に対し，極めて洗練されたハープシコード演奏の様式を付け加えようとしていた。

　フレスコバルディ以降，イタリアでは鍵盤音楽はほとんど出版されなかった。大部分の鍵盤奏者は自身の作品を手書きのままで回覧していた。大量のイタリア鍵盤音楽が出版されたのは，イタリア人音楽家の英国への移住が盛

---

[127] Jacques Champion de Chambonniéres または Jacques Champion（1601頃-1672）。
　　フランス・バロック初期の作曲家，クラヴサン（＝ハープシコード）奏者。

んになった18世紀の第2四半期以降になってからであり,それはほとんど常に英国の出版社によるものであった。

英国とドイツの鍵盤音楽は,フランスとイタリアの影響とともに,17世紀から18世紀にかけて自ら育っていった。しかし,フランス・フランドルの声楽における対位法が器楽の様式へとヴェネツィアで開花した16世紀末以後,イタリアの鍵盤音楽はクレメンティの時代までほとんど隔離された孤独な発展を遂げた。いかなるイタリアの鍵盤音楽にも,フランスの影響の痕跡はほとんど見られず,ドメニコ・スカルラッティに関しては皆無である。若きヘンデルがイタリアでスカルラッティと出会った際にもたらしたフランスや北ドイツ様式の特徴,あるいはドイツから訪れた他の作曲家の作品は,ドメニコの音楽に何の印象も残さなかった。共通して見られる特徴があるとすれば,それは単にイタリアに共通する遺産の一部を表しているに過ぎない。

ドメニコ・スカルラッティの初期の鍵盤音楽の背景は,すべてイタリアの音楽とイタリアの土壌に見いださなければならない。後年においては,彼の明確な様式の発展に主な影響を与えたものは鍵盤音楽以外の音楽,すなわちポルトガルとスペインの大衆音楽,そしてある程度はマドリードのオペラを支配した国際様式(イタリア風ではあるが)からきている。

イタリアにおける鍵盤奏法は,当初から,大部分のオルガン音楽が(ペダル部分は初歩的なレベルを出ることはなかった)ハープシコードで演奏可能であると考えられており,それらのほとんどはどちらの楽器でもよいという指定を伴って出版された。ハープシコードかスピネットのみで演奏されるべき作品としては世俗的な舞曲があるだけであった。これら初期の舞曲は,ピッキ[128]の《チェンバロ用舞曲のタブラチュア譜 Intavolatura di Balli d'Arpicordo》(ヴェネツィア,1620年)のように,スカルラッティのハープシコード音楽に見られるような滑らかで一貫した声部書法に全く欠けている。ハープシコードとオルガン奏法の違いは,ジローラモ・ディルータ[129]の『トランシルヴァニア人 Il Transilvano』(1597年)によって初めて系統的に説明されたが,これはもっとも初期の著作であり,かつ長い間イタリアの鍵盤奏法に関する唯一の教育的な理論書であった。この著作は,偉大なヴェネツィアのオルガン

---

128) Giovanni Picchi(1571または1572–1643)。イタリア・バロック初期の作曲家,器楽奏者。
129) Girolamo Diruta(1554頃–1610以降)。イタリア・ルネサンス後期の音楽理論家,オルガニスト。

奏者，クラウディオ・メールロ[130]とアンドレアおよびジョヴァンニ・ガブリエリ[131]によって蓄積された伝統を集約するものであり，おそらくはフレスコバルディへと連なるものである。ついでに触れておくと，多声部の声楽曲をリュートや鍵盤音楽に編曲するという16世紀の一般的なやり方は別にして，フランスの初期ハープシコード音楽すべての基礎を築いたリュート様式は，イタリアの鍵盤音楽にはほとんど痕跡を残さなかった。

　17世紀鍵盤音楽においておそらくもっとも偉大な人物は，ドメニコの前任者としてサン・ピエトロ大聖堂のオルガン奏者を務めたジローラモ・フレスコバルディであった。彼に対する尊敬の念は，ドメニコの若年時代にもまだ続いており，ドメニコが彼の作品に慣れ親しんでいたことは間違いないだろう。フレスコバルディはヴェネツィア楽派のオルガン奏者の対位法的な伝統を引き継ぐ一方，和声と半音階についての新しい試みを加えている。メールロやガブリエリらのように，フレスコバルディもまた，リチェルカーレ，カプリッチョ，カンツォーネといった鍵盤音楽を，依然として厳格な声部書法に則ったオープン・スコアの形で出版し，それらを鍵盤奏者が使用すると同時に，複数の楽器奏者が演奏できるようにしていた。彼のそれ以外の音楽——トッカータ，変奏曲，「パルティータ」，さらには舞曲の数々——は，もっと自由で独特な様式で書かれているが，彼はそれらを「オルガンのタブラチュア譜」として鍵盤用の楽譜の形で出版した。それらの中にはハープシコード用とオルガン用の明確な区別の原型が見られる。舞曲，また特に変奏曲の大部分が，主としてハープシコードを意図していたことは明らかである。

　フレスコバルディとドメニコ・スカルラッティは，ともにパレストリーナの対位法を徹底して学んでおり，名人芸的な気質や，新たな試みを好む点でも共通している。フレスコバルディが行った半音階主義や大胆な和声法についての試みは，教会旋法にその基礎を置いている。しかし，同じように調性語法を発展させようとする探求的で冒険的な精神は，スカルラッティの中にも見いだされる。フレスコバルディの変奏曲は，ハープシコードの持つある種の独特な音響効果に対して特別な感受性を示しているが，その序奏部分や当時の流行であった自由な即興での装飾（イタリア人は決して完璧にその装飾音を書き記すことはなかった）から考えれば，彼のもっとも驚くべきハープシコードの効果はほとんどは書き留められることなく，演奏に際して即興で

---

130) Claudio Merulo（またはMerlotti, Merulus, あるいはClaudio da Correggio, 1533–1604）。イタリア・ルネサンス期の作曲家，オルガニスト。
131) Andrea Gabrieli（1510頃–1586），Giovanni Gabrieli（1554または1557?–1612）。ともにイタリア・ルネサンス後期の作曲家，オルガニスト。

奏でられたのである。

　フレスコバルディの鍵盤上の技巧に対し，彼の弟子ミケランジェロ・ロッシ[132]の半音階主義に基づく新たな試みや，ベルナルド・パスクイーニの上品でより調性音楽的な和声はほとんど何も新しいものをもたらさなかった。60年ほどの間，ベルナルド・パスクイーニはイタリア鍵盤音楽の指導者と目されていた。彼は鍵盤の技巧にはほとんど何も寄与しなかったが，フレスコバルディの複雑に入り組んだ様式を軽快で見通しのよいものにし，鍵盤音楽を厳格な声部進行から解放し続けた。和声の枠組みや分散和音のような，フレスコバルディがほとんど記すことのなかった音型がパスクイーニの音楽には現れ，アルベルティ・バス[133]の時代への突破口が開かれるのである。ハープシコードが，依然として声楽に源を発する対位法的・声楽的オルガン様式から解放されるにつれ，装飾された通奏低音が次第に和声的な枠組みを持つようになり，さらに多声性は内声が和音で自由に埋められたり，2つの主要な声部が輪郭を描くことによって，低声部と上声部の2つの基本的な声部へと還元されていった。**コンティヌオ**和声の完全な和音化やアルペッジョ化を除いて，ほとんどすべての18世紀ハープシコード音楽は2声の骨組みへと還元される。世紀末に行われたオーケストラ・スコアからピアノ・スコアへの編曲版においてすら，副次的な声部は省略されるか，優勢な2声部のテクスチュアへと吸収されている。

　ドメニコの鍵盤様式の形成に対して，アレッサンドロ・スカルラッティがどの程度寄与したかの評価を特に難しくしているのは，現存するアレッサンドロの鍵盤作品が，彼の晩年の作のように見えることによる。それらの中に我々が見いだすのは，調性感に支配された鍵盤音楽に対する完全に和声的な概念であり，それはある教会旋法への畏敬の念を表す場合ですら変わらない。アレッサンドロによる2声のトッカータのテクスチュアは著しく華麗で，16分音符の速い旋回を使用し，度を越した華々しさのためにすべてを犠牲にしている。その音型はパスクイーニよりもはるかに輝かしいが，その大部分は単に**コンティヌオ**和声に動きを持たせているにすぎず，ドメニコの後期の鍵盤音楽のような創意もなければ固有の特徴もない。トッカータだけから判断すれば，アレッサンドロ・スカルラッティは二流の作曲家にしか見えない。たまに現れるゆっくりした楽章やフーガの中にのみ，叙情的で創意あるオペラ

---

132) Michelangelo Rossi（Michel Angelo del Violino, 1601/1602–1656）。イタリア・バロック期の作曲家，ヴァイオリニスト，およびオルガニスト。

133) 伴奏部の分散和音で，18世紀後半以降，モーツァルトなど古典派の音楽家によって多用された音形。

やカンタータの作曲家としての片鱗が垣間見える程度である。これは多くの偉大な作曲家が自身の最上の、またもっとも真剣な楽想を声楽とオーケストラのために残しておき、ハープシコードは単に音楽愛好家を楽しませるための簡便な媒体としてしか見なさなくなった時代の始まりである。ドメニコ・スカルラッティ、クープラン、ラモー、バッハ一族、そしてウィーンのソナタ作曲家達は、ヨーロッパの残りの世紀を席巻することになる、取るに足りない鍵盤音楽に対する喜ばしい例外であった。

最初期の作品

　ドメニコの最初期の様式を代表するものとして選び出した作品は、いずれも鍵盤の音型が驚くほど地味で、父親の存命中に作曲された声楽曲の大部分と同様、全く表現における個性に欠け、極めて才能があるという以上の特徴もない。そこにはポッラローリ、グレコ、あるいはツィポーリ[134]的な水準を上回るものは何も示されない。

　ソナタ第61番において、我々はスカルラッティの作品で現存する唯一の変奏曲形式の例を見いだす。そうだと言われなければ、それがスカルラッティの作品だとは分からないであろう。それは装飾された**通奏低音**というお定まりの型から抜け出すことがほとんどない。18世紀初頭の平均的な鍵盤音楽の平凡な世界とスカルラッティとの間の結び付きを示す数少ない例のひとつである。いくつかのオクターヴの重複と平行5度、初期のアッチアッカトゥーラが1つ2つ、それにハープシコードの響きに対する決して誤ることのない感覚のみが、スカルラッティの持つ独自性をいくばくか表明している。これらの曲の中には、コレッリとパスクイーニの若い崇拝者であるスカルラッティの鍵盤奏者としての出発点に我々を連れ戻してくれるものが数多く見いだされる。

　ドメニコの最初期のハープシコード音楽のいくつかは、多くのセイシャスの作品を含むポルトガルの手稿（コインブラ手稿58）に見いだされる。この手稿中の《トカータ Tocata 第10番》は4楽章の作品で、ヴェネツィア第XIV巻に筆写されたソナタ（K. 85と82）、K. 78のジーガの部分、および未出版のメヌエットを含んでいる。これらの楽章は、いわばスカルラッティのポルトガル時代の遺物のように見受けられる。

　後のほとんどすべてのスカルラッティの作品と異なり、《トカータ》の最

---

134) Domenico Zipoli（1688–1722）。イタリア・バロック後期の作曲家、オルガニスト。

初の2楽章（K. 85と82）には複縦線がない。最初の楽章は，彼がローマのオットボーニ枢機卿のところでヘンデルと競い合った折に演奏していたような種類の音楽を代表しているとすぐに察しが付くだろう。それはヘンデルも含め，彼らを育てた名人芸的な鍵盤演奏の技術がどういうものであったかを示す格好の例となっている。実際この曲は，ヘンデル自身の作品と容易に間違えられてしまうだろう。第2楽章（K. 82）はコインブラ手稿で《フーガ》と呼ばれている。ベネデット・マルチェッロや J. S. バッハの同様の作品にもあるように，弦楽オーケストラのようなこの素晴らしいハープシコード作品は，ヴィヴァルディのコンチェルトに由来する18世紀初頭の国際様式と実に多くの共通点を持っている。これら2つの作品の中で，スカルラッティの2声部書法はカデンツにおいて，すでに《練習曲集》を予想させるような輝かしいアルペッジョ奏法へと溶解していく。

　《トカータ》のメヌエットやロージングレイヴによって出版されたメヌエットと小品（K. 32, 34, 40, および 42）では，突然の長3度から短3度への交替や，ある明確な音程における半音の変化音にスカルラッティのナポリの原型が見え隠れしている。その点に関して，ロージングレイヴ版の作品は，スカルラッティが 1708 年から 1714 年にかけてローマでポーランド王妃のために書いていた音楽とほとんど変わりがない。

　スカルラッティの初期におけるヘンデルとの親近性については，ト長調のカプリッチョ（K. 63）というさらなる証拠がある。このカプリッチョは，わずかな違いを除いて《ジョヴァンニ・アドルフォ・ハッセ氏作曲による，ハープシコードまたはチェロの通奏低音付きドイツ式フルートまたはヴァイオリンのための独奏曲集》作品2, ロンドン……ジョン・ウォルシュ……［1740 年頃］の中のソナタ第 IV 番，第3楽章とそっくりである（この情報はジョン・パーキンソンに依拠）。後のニ短調のガヴォット（K. 64）のアッチアッカトゥーラにより顕著に見られるような刺々しさを除けば，それはヘンデルによるものかとも思えよう。これら2つの楽曲は，ロージングレイヴですでに見たような単純な舞曲楽章の鍵盤様式をやや拡張したものになっている。スカルラッティの初期の作品の中でも，それらはソナタのもっとも基本的な原型を示している。対になった舞曲をさらに拡張した例はソナタ第 35 番，ト短調，アルマンド楽章に見られる。ところでこの作品は，18世紀作曲家のほとんど誰にでも帰することができる類のものだろう。

　これらすべての曲には**通奏低音**，あるいは**コンティヌオ**の伴奏による独奏楽器が模倣されている印象を強く感ずる。この感覚の影響が2楽章ソナタ K.

77と83や，ソナタ第73番の2番目のメヌエットの数字付き低音[135]）に残っているが，ひとつの上声部と数字付き低音からなる一連の5つの多楽章ソナタ（K. 81, 88, 89, 90, 91；ロンゴの版では数字は省略されている）の中に，より率直な形で現れている。明示されてはいないが，上声部はおそらくヴァイオリンのような独奏楽器を意図し，それに**コンティヌオ**を付けたものだったかもしれない。この仮説は，これらが大部分の鍵盤作品と異なって，18世紀の平均的な**コンティヌオ**伴奏付き「ソロ」と同一の数と性格を持つ楽章からなっている，という事実から裏付けられる。一方でこれらは，パスクイーニ，アレッサンドロ・スカルラッティ，マルチェッロ，ルティーニ[136]，テレマン，またJ. S. バッハによる類似の作品やパッセージのように，鍵盤のための単なる2声の作品を意図していたのかもしれず，その場合，和音は演奏者によって埋められるものであった[7]。しかしながらこれらのソナタは，鍵盤楽器のみ，あるいは**コンティヌオ**付き独奏楽器いずれを意図したものにせよ，純粋に伝統に基づくものとは考えられない。

今まで論じてきたすべての作品は，歴史的な観点においてのみ意味があるようなものである。それらの大部分はスカルラッティが後に放棄するか，後年の作品の中ではほとんど認められなくなるような傾向を代表している。2部形式のソナタという形を取る作品のみが，スカルラッティのこれから先の発展を指し示すものと考えられる。しかし，それらの作品に行く前に，スカルラッティがハープシコード作曲家として成熟した後，ほぼ完全に放棄してしまった形式である鍵盤フーガについて，そのわずかに残っている事例を調べておこう。

フーガ

ドメニコの5曲のフーガのうち3曲（K. 58と93，ロンゴによって出版されなかったK. 41）は，《練習曲集》の〈猫フーガ〉（K. 30）より以前に書かれたように見える。その声部書法が通常と異なっていたり，最後の保続音でハープシコードの低音を持続させるために必要な反復音の指示があるにもかかわらず，これら3曲はすべてオルガンのために構想されたのではないかと思わ

7　Gerstenberg, p.96n を参照。
135) 数字付き低音とは，バロック時代に用いられた通奏低音の表記法を意味し，数字は和音を構成する主要音を最下音から測った音程を表す。
136) Giovanni Placido Rutini（またはGiovanni Marco Rutini, 1723–1797）。イタリア・バロック後期の作曲家。

れる。それらの楽曲はアレスティ[137)]の出版された曲集に始まり，誤ってフレスコバルディの作とされたクレメンティの『**実用和声** *Practical Harmony*』のフーガにまで連なる，18世紀イタリアにおけるオルガン・フーガの正統的な伝統を示している。

　スカルラッティの時代のイタリア人にとって，鍵盤フーガは構成原理ではなく，ひとつの作法であった。いくつかの際立ったパッセージを除き，対位法の旋律構造は緩慢なままで，ある種の動きのある**コンティヌオ**としてのみ働いており，和声の枠組みを満たし，また和音やバスとソプラノ2声部の動きを装飾している。主題そのものに内在する動的な力や形成力といったものは全く感じられないが，そのような力こそがバッハやフレスコバルディやフローベルガーのすべてのフーガを個々に特徴あるものにしている。そこでは和声と対位法が最大限にかつ有機的に協同している。一方，こちらでは，旋律主題の素材を，構造の中に有機的に組み入れることに注意を払うことなく，従来のやり方で処理することができる。イタリア人建築家にとって，列柱は必ずしも構造的要素ではない。それはうわべを覆う飾りなのである。

　これらのフーガ，あるいはソナタに内包されている多声的な部分での声部の動きは大して重要ではなく，経過音や転位音が一瞬単純で基礎的な和声と垂直的に衝突すること，そして基本的な2声部構造の中で本質的な役割を果たさない音を重ねること，音を埋めること，あるいは除外することによって生み出される和声の響きに陰影をもたせることこそが重要なのである。

　《練習曲集》はト短調のフーガ（K. 30）で終わっているが，この曲は19世紀初頭のいつ頃からか，猫フーガとして知られてきた（ロンゴはその猫の隠喩をクレメンティの『実用和声』の中に見つけている。もうひとつは W.H. コールコット版によるフーガの表題ページで，そこには4匹の猫がいろいろな格好でピアノフォルテと戯れている）[8]。

　足取りが軽快でかつ正確な猫だけが，あるいはもしかすると子猫もまた，フーガ主題のフラットやシャープのついた隣の音を不本意にも踏んだりせずに歩くことができたかもしれない。いずれにしても，スカルラッティの風変わりな音程の取り方は，仮にその素材の扱い方が異なっているとしても，全くフレスコバルディ流である。スカルラッティのフーガは**通奏低音**の垂直的な和声によって支配されており，その上に，まるでイタリアの教会の煉瓦壁に漆喰のファサードを塗るように，フーガの様式を表面的な装飾として当て

---

[8] Newton, p.156n を参照。
[137)] Floriano Aresti（または Arresti, 1660–1719）。イタリア・バロック期のオルガニスト。

はめている。この事実は猫フーガではそれほど明瞭ではない，というのも主題が分散和音的な性格を持つために，基本的な和声進行が従来型である点を表面上隠してしまっているからである。実際，猫フーガの主題は対位法的な旋律として構想されてはおらず，いろいろな転調を行いながら基本的な和声の輪郭（すなわち，I, IV, V, VのIV, VのV, V）を描くことで構成されている。これらの基本的な和声の上に，経過音の壮麗な絡み合い，掛留，シンコペーション，風変わりな音程，そして旋律の流れを変えることで，実際の対位法の内容をはるかに超える豊かな印象を与えている。スカルラッティはしばしば2声へ戻ろうとする傾向を示す。実際，3声以上になるようなことは滅多にない。第四の声部が現れる時，それは従来的な動きをすることはほとんどなく，何の前触れもなく突然に消えるかと思うと同じように唐突に戻ってくる。テクスチュアは豊かであるが，主要なリズムの動きは2つ以上の主な声部を含むことはほとんどない。

《練習曲集》の猫フーガ以降，スカルラッティは鍵盤フーガをひとつしか書かなかったように見える（K. 417）。それは以前のフーガに何も新しいものを付け加えておらず，実際のところアレッサンドロ・スカルラッティのフーガのようにバスはアルベルティ風の分散和音に戻っている。ドメニコ・スカルラッティにとって，フーガというものは基本的に時代遅れの古風な形式であった。J. S. バッハがフーガを調性語法を拡張する主要な手段としたのに対し，スカルラッティはそこに何の可能性も見いださなかったのである。

初期のソナタ

単なる舞曲ではなく，真にソナタと呼ぶにふさわしい2部形式の初期の作品は，その大部分が紛れもなくスカルラッティのものである。それらは様式的にはどちらかというと《練習曲集》に近い。作品自体から判断すると成熟した作品のようにも見えるが，ロンゴ版の後期ソナタへとページを繰って行き，そこですべての音に生命と自由が吹き込まれているさまを眺めれば，これら初期のソナタは比較的生硬で素っ気なく見える。幻想性や活気という点では，そのような作品のひとつがまさにソナタ第31番である。ここには反復される楽句，対照的な音型，飛ぶように動くアルペッジョ，拡大しまた縮小する音程，そしてオクターヴの重複のような《練習曲集》の特徴が見られる。しかし，興味深いことに音域が制限されている。アルペッジョは折り返されて戻り（第12, 28小節），音階のパッセージはオクターヴの移高によって中

断される（第1-4，6-8小節）[9]。主題素材は変形が施されて，明らかにCからc^{3}の音までの4オクターヴしか音域がない1段鍵盤の楽器に適うように書かれている（第1-2小節と第54-55小節を比較してみよ）。

しかし，これほど明確にその音楽的な発展過程を示しているスカルラッティのソナタはほとんどない。重たい和音の中に見られるのは，和声を埋めるというコンティヌオ様式の名残りである（第1-24小節）。これらは，後のスカルラッティのソナタでは完全に消えてしまい，和音は色彩的な効果のためのみに使われている。このソナタのいくつかの音型はパスクイーニやアレッサンドロ・スカルラッティの鍵盤様式の痕跡を示している（たとえば第43-47小節の「交互連打音」とアレッサンドロのトッカータのいくつかを比べてみよ）。簡略化された和音書法（第48-52小節）はディルータの「舞曲奏者」の伝統を保持し続けているが，もれなく書き表された前・後半のディミヌエンドによる終止は後のソナタにおける類似の扱いを予告するものである。

同時期のもうひとつのソナタはK.39である。それは《**練習曲集**》第24番（K.24）の原型のように見える。スカルラッティは，後期ソナタでは通常ユニゾンが取って代わることになる終止に完全な形の和音を用いたり（第49-50小節），和音に3度音を付けている（第25-26小節）が，ここではすでに和音を薄くすることによってその楽句の終止を徐々に減衰させている。このソナタでは，しばしば1段鍵盤で演奏される「交互連打音」が用いられているが，2段鍵盤の楽器のために書かれたと思われる。

さらにいくつかのソナタが《**練習曲集**》より先に書かれたか，少なくともスカルラッティの最初期の様式を示している。ロンゴ版での混乱を招く後期ソナタとの並列ではなく，確実と思われる年代順に照らして見ると，それらの様式的な特徴は実際の音楽の中で容易に見分けられるので，これ以上ここで議論する必要もないであろう。

練習曲集

《ハープシコード**練習曲集**》（1738年）の30曲のソナタの中に，回顧的な作品はほとんどない。スカルラッティの様式のすべての要素があまりに完全に一貫した音楽語法として彼自身の血肉になっているので，彼のより以前の作品，あるいは他の同時代の作曲家との比較によって得られるご利益といえ

---

9 これはヴェネツィア手稿第XIV巻第57番の記譜によっているが，ロージングレイヴ版では音型が拡大され，第2小節の音階のパッセージは第4小節まで連続して下がってくる。また第12小節の後半部分では1オクターヴ高くなる，などの違いがある。

ば，スカルラッティの独創性に対する認識をさらに深めることぐらいである。

　《練習曲集》の隅々にわたって見られるのは，ドメニコ・スカルラッティのもっとも際立った特徴のひとつである空間に対する鋭い感覚である。小さな音程は大きなものと交替し，順次進行は跳躍進行に対置する。そして反復音や保続音のように動きのない音が，他の声部の旋律を歌い始めたりする。レジスターによる突然の跳躍や移動によって，表現豊かな音程は声部の境界を超えて想像上の舞踊の世界へと繰り拡げられる。

　スカルラッティが好む旋律上の趣向のひとつで，彼が同時代人よりもさらに好んだものが，ひとつの声部を徐々に拡大し突然2つの声部へと分裂するような音程の進行である。通常，一方が動かずにいる間，もう片方があたかも踊り手が舞台中央の一箇所でスピンしている相方に対して舞台の広さを測ろうとする時のように離れていく。このようなひとつあるいは2つの声部が常に分裂して他の声部の輪郭を描くことは，しばしばアイデンティティを混乱させる。声部はあたかも夢の中のように絶えず変転していく。それらは本来の構想を棄てて，他の新たな構想を描き，あるいは暗示するが，あたかもそれは，想像上の人物達がその中で予想外に現れまた消えるような連続的に変化する情景の中で，他の登場人物の存在をほのめかし，あるいは空間の深さと輪郭を示すためであるかのようである。ドラマの登場人物達の思考は，その人物自身と同じぐらい現実味を帯びてくるのである。

　スカルラッティの和声構造は，特にバス声部の動きにおいて，音程の間隔に対する感覚と連動している。すでに保証された調性領域の輪郭を描くカデンツの定型は，4度や5度の跳躍的な動きに満ちている。調が不確かな時，転調するパッセージや推移に際しては，まるで剣士が摺り足で自らの位置を探るように，バス声部はしばしば注意深く順次進行し，跳び上がろうとして震えている猫のように保続音にしがみつき，あるいは踊り手が限られた空間の中で動き続けるように属音の右に左にと揺れ動く。

　音の動きや旋律の音程の中には感じられないが，もうひとつのレベルで作用しているのが，もっとも広い音の動きやもっとも遠い転調をも方向付ける磁力のように強力な調性感である。それは自身と見物人を結び付ける踊り手の方向感覚である。地図や方位磁針を必要としない体内の神秘的な反応を生み出すのは，そのような和声的な緊張関係が及ぼす目に見えない引力なのである。

　旋律と和声の双方のレベルで，スカルラッティは彼の素材を繰り広げるもうひとつの術を持っている——それは楽句を反復することである。バロック建築家と同じく，スカルラッティは1本の支柱で十分なところに2本あるい

VIII　王家のソナタ　　175

は3本の支柱を入れ，幾重にも統一感を築き上げ，豊穣感を生み出すために遠近法や照明によるグラデーションを用いている。反復された楽句は時折異なる面へとエコーのように投げ返され，あるいはその屈折により異なった光の下に置かれる。しかしながら，反復された楽句群は，しばしばひとつへと収束する。この場合，演奏において際限なくエコー・デュナーミク[138]を適用し続けることはすべてを台無しにしてしまう可能性がある。多くの場合，反復された2小節の断片は，それが**2小節**楽句の単なる繰り返しとしてよりは，**4小節**楽句の後半として機能させる方がはるかに有効である。

　繰り返される楽句，またそうでない楽句においても，スカルラッティはより広い意味で，静的なものと動的なものの驚くべき対照を作り出す。《練習曲集》第6番（K. 6）のように，舞曲から派生した場合，楽句は西洋的な礼儀正しさが持つ通常の規則正しい区切りをしばしば捨て去り，4小節楽句に5小節の楽句で答え，次には5小節の楽句に3小節の楽句を続け，そして12小節で締めくくる（前半，第8小節以降）。その後，一連の4小節楽句は7小節の楽句で応答される（第54–60小節）。このように，拡張したパッセージと対照的に短い楽句をひとかたまりにすることや，変則的な楽句を非対称的に並置することで，彼は奇跡のようなリズムの効果を実現している。

　スカルラッティの旋律の輪郭は，平面が幾重にも重なった印象主義的な暗示へと溶解していく傾向がある。同様に，彼の和声音型は回転する万華鏡さながらに広がったり，縮んだり，また滲んでいく。長和音は突然短和音へと縮こまり，短和音は長和音へと拡張する。ありふれた協和音は，半音による変化音，全音への転位，または隣接音の付加によって予測不能な形で豊かになる。それらは，極めて型破りな方法で協和音へと解決する不協和音として想定されていたのかもしれない。与えられた和声や与えられた調性機能の縒り合った糸は，さらに次へと編み込まれることが許されるか，保続音を形成することが許される。ある調性の交差点ではすべての主要和声が一斉に鳴り響く。カデンツでは，トリルやアッポッジアトゥーラで属和音の要素が最後の主和音へと持ち越されることにより，属和音から主和音への明快な解決がぼやけたものになる。カデンツは長い準備や繰り返される解決によって拡張されることもあれば，属和音と下属和音を詰め込んで圧縮されることもある。時として，属和音と主和音を単に重ねることで，カデンツから終止性が取り除かれてしまうことがある。

---

138) ここでは，たとえば2段鍵盤の楽器において，繰り返される楽句の前半を下段の，後半を上段（下段より弱音）の鍵盤で演奏することにより，後半部分が前半のエコーのように聞こえる強弱の付け方をさす。

スカルラッティが新たに創り出した様式にとって，**コンティヌオ**和声の固定した枠組みはもはや役に立たないだろう。和声語法の基本的な要素は無限に柔軟であるべきで，より大きな構造は，もはや単なる和声や旋法の定型によって繋ぎ止めることはできない。主題の相互関係と対位法的構造はもはや十分ではない。大きな構造を統合し，明示し，そしてその基本となる力は，十全に発達した調性の言語でなければならない。スカルラッティの和声は，もはや和音でもなければ組み合わされた旋律の合流点でもなく，それらは調性の度合いなのである。この理由により，それらの振る舞いは全く独自な展開を示す。スカルラッティの和声が持つ軽快で空気のようなテクスチュアは，彼の和音がいわばバッハやラモーのそれと同じ重力の法則には従わず，上声部へと転置されたバスが，上声部ではなくバスのように振る舞うことは自然なことである（たとえば，下属和音の根音が主音へ動くように，属七の和音の第7音を4度下げて解決する彼の習性に明らかである）。スカルラッティの建築では，ユヴァッラの劇場用の素描と同様，石はもはや石の上に積み上げられる必要はなく，ストレスと緊張，釣り合いと錘りが構造を垂直に保つのである。

　通奏低音に関する18世紀の論文であろうと，19世紀の如何なる和声の著作であろうと，スカルラッティのソナタを適切に「説明」することは決してできないし，「独創的で陽気な気まぐれ」[10]を解説することもできないだろう。なにしろそれは気まぐれでも何でもなく，完全に首尾一貫した統一的な音楽語法の一部分だからである。

　《**練習曲集**》における彼の鍵盤楽器の取り扱いは，それ以後のソナタに比べるとやはり初歩的であり，形式構造はまだ比較的単純であるが，スカルラッティはその中でハープシコードの響きを操作するだけでなく，通常の固定的な2部形式に変化と気まぐれを付与する点において，前例のないほどの柔軟さに到達している。18世紀初期の鍵盤音楽では，ひとつの楽章で複数の性格や雰囲気を表現することはほとんどなく，特に舞曲の楽章や2部形式の舞曲から派生した楽章はそうであった。ただ自由な幻想曲，トッカータ，あるいはフランス風**序曲**のように対照的な部分からなる楽章だけが，ひとつの雰囲気から他の雰囲気へと動き徐々にその性格を変化させる。平均的な18世紀のコンチェルト，ソナタ，あるいは舞曲の楽章では，曲全体の雰囲気は最初のページか数小節において明らかになる。残りは単に補足に過ぎない。ひとつの性格は，一度確立するとほとんど発展もしなければ変化もしない。組曲，

10　Burney,『音楽通史』, Vol. II, p.706.

ソナタ，コンチェルトなどの分かれた楽章のひとつひとつの雰囲気はそれぞれ自足している。ぽつんと置かれた壁龕の寓意像のように，それらは自ずと不変な本質の中へと吸い込まれていく。スカルラッティの《練習曲集》の中で，我々は拡大し続けるニュアンスの広がりがひとつの楽章の表現に導入される過程をつぶさに眺めることになる。いくつかの曲は完全に統一されているが，他の曲には鋭く劇的な対照が付与されていたり，さらには陽気さから悲しみへと移り行き，ついには爆笑の中で四散する叙情的なカンタービレを告げる。

　《練習曲集》ではイベリア的な要素とイタリア的な要素がほとんど同じ程度で釣り合っているように見える。いくつかの曲は，太陽に焼かれた地中海地方のよくある風景のように乾いて痩せこけた感じである。他の曲では，スケルツァンドの跳躍やアルペッジョを伴いながら下行する半音階の中に，イタリア・オペラの叙情的な残響や人を欺く涙が入り混じって現れる。いくつかのソナタでは，スペイン舞踊の危うい緊張と人を酔わせるようなリズムが，ギターとカスタネットを伴奏にフラメンコの荒々しく泣き叫ぶ声でなおいっそう高められ，オーレという叫び声や複雑なリズムで足を踏み鳴らす音に度々遮られる。《練習曲集》第20番（K. 20）のようなソナタは，けたたましい管楽器，息を吹き込みすぎたフルート，音をきしませる土着のオーボエ，硬く張りつめたドラム，あるいは大砲の砲撃音にも似た低音打楽器類を備えた，スペインの小さな町のオーケストラを思い起こさせる。他の作品では時折タンバリンのじゃらじゃらという音が，ギターを強打する音で中断される。

　《練習曲集》第24番（K. 24）は，華々しく響く文字通りのお祭り騒ぎの曲である。このソナタは整然として表現豊かな後期のソナタに比べれば子供じみているにもかかわらず，限りなく奔放で，粗野で，しかも非の打ちどころもない完璧なスカルラッティである。1738年以前のハープシコード音楽という視点から見ると，このソナタは他に類を見ない音響効果の奇跡である。ハープシコードはそれ自体で素晴らしくまた卓越しているが，ここではスペイン大衆のお祭りというオーケストラ全体を模倣することになる。それはもはや独奏楽器ではなく，群衆そのものである。

　スカルラッティのハープシコードから引き出される想像上の響きには限界がない。それらの多くは音楽を奏でる楽器の領域をはるかに超えて，日々の暮らしの音，街の叫び声，教会の鐘，踊り手の足下で響くタップを踏む音，花火，また祝砲といったものの印象主義的な写し絵へと拡大する。変化に富み流動的な形式の中でそのような響きを如何に言葉で正確に言い表そうとしても，多彩ではあるが人を当惑させるようなナンセンスに陥ってしまう。私見

によれば，ほとんどすべてのスカルラッティの音楽は，ある程度実際の生活や夢の世界の幻想から受ける印象にその根を持っており，それらは究極的には音楽によってのみ語られるような形を取る。作品の性格についての感覚を高めるために，その演奏に際して私が自分自身や弟子達に提案できる意見，そして外見的には滑稽に見えるシナリオは，スカルラッティの創作に刺激を与えたもともとの実生活と同じ関係を演奏に対しても持つ。それらが所期の目的を達成した後には，実際の音楽のためにもそれらを忘れ去らねばならない。それらは紙の上に書き留められた途端，哀れで危険なほど誤解を招くカリカチュアへと化していく。

　スカルラッティのソナタには，少なくとも物語を語るという意味では何の筋書きもない。もしそのようなものがあれば，曲の中の前半と後半で一度ずつ，常に二度語られなければならないだろう。それらは視覚的にも言語的にも全く同等ではないが，身振り，踊り，表情，記憶された響きの絶えず変化し続けるレベルでの経験の記録である。それらは言葉に翻訳されることをあざ笑うが，その内にある全活力をもっていかなる抽象化にも抵抗する。

　王妃の手稿（ヴェネツィア手稿第 XIV 巻）に 1742 年に筆写されたその他の作品の中には，おそらく《練習曲集》と同時期のものが数多く含まれている。それらは少なくとも類似の傾向を示している。しかしその中でも，4 つのアンダンテ楽章（ソナタ第 52 番，第 69 番，第 87 番，第 92 番）は，我々が知るハープシコード作品の中でも，通奏低音付ソナタを除いてもっとも初期の緩やかな楽曲である（モデラートと記された猫フーガ以外，《練習曲集》中の楽曲は，速度表示のない第 11 番を除きすべてアレグロかプレストと指定されている）。それらの楽曲は，《練習曲集》のソナタ第 8 番（K. 8）の中では暗示されるのみに留まっているが，豊かで規則に縛られない 3 声ないし 4 声部書法の様式を示している。ブラームス的とも言える例がソナタ第 52 番の第 48-52 小節に見られるであろう。同じような保続音がハ短調のソナタ第 84 番，第 52-60 小節にも見られる。これらのソナタは，通奏低音の肉厚で完全な和声付けから後期の緩徐楽章の痩せて筋肉質な描写まで，スカルラッティの変化がいかに幅広いかを証明するものとなっている。

フランボアイヤン時代と易しい作品

　スカルラッティは《練習曲集》の演奏者に対し，より容易で変化に富んだ様式の作品を約束した。だが，《練習曲集》のすぐ後に続く作品は，易しいなど

というものでは全くない。これらはスカルラッティの名人芸的な逸品である。すでに《練習曲集》後半のソナタでおなじみの豊かで輝かしい響きに夢中になり，ドイツの音楽学者が言うところの**演奏の喜び**に酔いしれている。スカルラッティの中でももっとも派手な手の交差がこれらのソナタの中に見られるであろう。その中で，スカルラッティの鍵盤技巧は完全な発達を遂げている。これこそは，私がスカルラッティのフランボアイヤン時代と呼びたくなる期間である。

　スカルラッティの曲芸的な離れ業は，楽器への愛着とそれを演奏する無類の喜びからだけではなく，それを誇示したいという欲求にも由来している。彼は自分のハープシコードがリードする舞踊に夢中になるあまり，厳密には全く不必要な身振りに全身を参加させ，またスポーツ選手が瞬間的に力を矯（た）める時のような危険に身を委ねる。まさにそのような作品のひとつがソナタ第120番である。その中にはスカルラッティのソナタでもっとも激しい手の交差が出てくる。左手がひんぱんに楽器の右端まで交差するだけでなく，右手は一番低い音にまで達する。時として両手は同時に**移動中**となり，演奏家には危険な状態を，観衆には視覚的な混乱を引き起こす。この作品のもっとも難しいパッセージは手を交差させずとも完璧に弾くことができるだろうが，それによって感興は削がれるだろう。演奏者はもはや空中ブランコ乗りの栄光あるリスクを共有することはないだろうし，聴衆，というよりは見物人も驚きのあまり息を止めることもないだろう（幸い，一介のハープシコード奏者にとっては，音をひとつ間違えただけで首をへし折られるわけではない。私は本書の読者に告白しなければならないが，私の人生でもっともがっかりした経験は，この作品の音符的には全くミスタッチのないレコード録音を制作したことだった。私はそれを聴きながら，難しさの感覚が完全に消え失せていることが分かった。それはまるでスキージャンプでエレベーターに乗ったまま降下していくような気分であった）。

　この「フランボアイヤン」ソナタのいくつかは1742年の王妃の手稿に筆写され（ヴェネツィア手稿第XIV巻；最初の15曲のソナタ K. 43–57），数曲は王妃の正規のシリーズのうちの最初の2巻（ヴェネツィア手稿第 I, II 巻）と重複している。しかし，それらの大部分は王妃のために1749年に筆写された巻（ヴェネツィア手稿第XV巻），およびかつてはスペインの王室礼拝堂オルガン奏者のひとりの所有物であった（現在は大英博物館所蔵）関連する巻に見いだされる（ウォーガン手稿第 42, 43, 44 番；K. 142, 143, 144）。以後の巻で支配的になる対の配置になったソナタが最初に現れるのは，この期間の主要な巻（ヴェネツィア手稿第XV巻）においてである。

この時期に，スカルラッティは鍵盤技巧をその可能性の最大限にまで拡張したことに加え，《練習曲集》の中で作り出したあの風変わりで首尾一貫した和声様式の基礎を強固なものにし，従来必ずしも明確ではなかった形式の原理を確立する。導入部を放棄し，前半と後半を非対称に配し，後半で先に提示された主題を展開させる。また新たな素材を導入する回遊部を持つ形式，つまり私がのちに開いた形式と呼ぶソナタが初めて本格的に開花するのはこの時期にあたる。

ソナタ第96番（ヴェネツィア手稿第XV巻第6番）のような作品では，スカルラッティの出発点である対称的な2部形式の舞曲という制限から完全に解放されているさまを見ることができる。彼は自然に湧き出るファンタジーを前例のないやり方で見せるために，前・後半の対称的な終結部だけを引き立て役として残している。これ以後，前・後半それぞれの開始部分で何が起こるかは全く自由で自発的な選択の問題であり，単に形式からもたらされる制限によるものではない。ヴェネツィア手稿第XV巻第18番と第19番（K. 115と116）を一目見れば，スカルラッティの形式に対する取り扱いが多様になっていくことについて何がしかのアイデアを得ることはできるかも知れないが，既成のものと比較できるものは何もない！（これらのソナタの形式や調性のバランスの多様さについて説明をすることと，実際に演奏したり丸ごと転写したりすることにはほとんど大差はない）

《練習曲集》から後期のソナタへの変化は，比較的静的なものから徐々に動的なものへという音楽形式についての概念の変化である。古風な雰囲気の統一や使い古した一連のセットは，前の素材に対する応答，補完，あるいは必然の結果であろうと，それらから自発的に成長する雰囲気と対照をなし，それらに取って代わられる。このように，ソナタの後半部はより自由になり，ソナタの複縦線の後での自由な間奏や回遊の傾向は，形式というよりは雰囲気のバランスを保ち補完する傾向に対応している。楽想の並べ方やバランスは論理的というよりは詩的である。

スカルラッティがフランボアイヤン・ソナタによって鍵盤の名人芸をその高みへと昇華させつつあった同じ頃，彼はそれとは逆の方向にも仕事を進めていたように見える。あたかも《練習曲集》およびフランボアイヤン・ソナタの「演奏上の独特の困難を克服」できない演奏者を慰めるかのように，スカルラッティはそれとは対照的に子供用とも思える単純な一連の作品を作曲していた。これらは約束された「より易しい様式」で書かれた作品であり，王妃の手稿の最初の2巻（ヴェネツィア手稿第I, II巻）の中に見られる。もし王妃が素晴らしい演奏家として知られていなかったならば，あたかもヴェ

ネツィア手稿第 XV 巻のソナタのひねくれた難しさに王家の怒りが爆発してスカルラッティが恐れをなし，唯々諾々と彼の選りすぐりの効果を放棄して，容易に弾けるものをという命令に従った，という風に見られたかもしれない。これらの 2 巻は，易しいソナタを探している名曲集の編集者にとっては格好の猟場となるだろう。

《練習曲集》とそれらが示す比較的単純な形式の多様な扱いや，フランボアイヤン・ソナタにおける名人芸と自由な形式の拡張，そして単純なソナタによって，以後のスカルラッティのハープシコード作品を通じて保持される本流が確立した。対称的な形式と自由な形式の間の，またフランボアイヤン様式と控えめな様式との間の対比は後になるにつれて目立たなくなり，統一的でありながらなお無限に変化する様式が達成される。そこでは鍵盤の名人芸は節度と溶け合っており，形式はますます内的な主題の相互関係と調性感によって制御されるようになる。

極めて少数の例外を除き，フランボアイヤン時代は，彼の音楽の一番外側の境目を画するものであり，スカルラッティはそれによってスペイン宮廷外でも知られるようになる[11]。彼の 18 世紀を通じての，また 19 世紀のかなりの期間における名声は，これらの作品と《練習曲集》によっている。これらの音楽は外見的に豊かではあるが，後期ソナタの内的な豊かさはまだ備わっていない。

中　期

ヴェネツィア手稿第 III 巻および第 IV 巻（1752-1753）により，我々は完全に成熟したスカルラッティへと近づく。大きく広がった彼の表現の領域の中に，ある種の内向性とでもいうべき，ひとつの新たな叙情の鉱脈が感じられる。特に 1 対のソナタのうちで導入の役を担う方に，緩やかな楽章が徐々に増えてくる。それらの多くについて驚かされることには，以前の作品のフランボアイヤン的な性格がある種の円熟さを帯びてきたことである。初期のソナタによってスカルラッティの鍵盤テクニックはその高みへと上昇した。今や彼が駆使するハープシコードの響きはより円熟味を増し，さらに洗練されている。この時期のソナタによって，彼の転調の体系はその最大限の広が

---

[11] 18 世紀の印刷された版については付録 V リスト C の内容を参照。1839 年のチェルニー版による 200 曲のソナタ（しかしそのうち 5 曲はドメニコによるものではない）の出版によって初めて，より多くの数のスカルラッティの後期ソナタが一般に入手可能になった（付録 V, D 1 を参照）。

りに到達する。初期のソナタによって彼は和声的な語彙を完成しており,そこで駆使される調性は完璧である。初期のソナタの和声語法の一貫性を犠牲にすることなく,スカルラッティはその可能性を拡大し,従来の和声の響きを以前にも増して風変わりなものにすることに成功している。彼は長調と短調の間での,さらに関係長調と短調の間での変化音の構造的な使用を大きく拡大する。拡大された調性の枠組みを彼はますます頻繁に要求する。スカルラッティが聴衆をはっとさせたり驚かせたりしたい時に,今や彼は突然の転調で変化を付けたり,大胆に調を組み立てる。鍵盤演奏者の名人芸はますます作曲家の名人芸へと吸収されていく傾向にある。ヴェネツィア手稿第XV巻のソナタではそれまで感じられたある種の未熟さは完全に消え失せてしまっている。スカルラッティが新しく確立した自由の中では,ソナタの形式は表現の器というよりは表現を媒介するものとなっている。スカルラッティのソナタですでに準備され,前もって確立していたように見えるすべての要素は,それぞれの形式が新たに創造されたかのように見えるダイナミズムへとますます吸収されていく。

　ヴェネツィア手稿第III巻のまさに最初のソナタ（K. 206）は,以後ますます増えていく作風を示すもののひとつで,いくつかの初期のソナタのように無意識のうちにも皮肉っぽく多様な雰囲気の広がりを見せているが,あたかもそれらが初めて経験されるようで,過去を振り返って意図的,理性的に秩序づけられたものではないように見える。スカルラッティは聴衆に対して胸襟を開いているのである。我々はもはや彼の経験についての公式的で注意深く準備された版を耳にしているのではなく,彼とともに今まさにそれを経験しているのである。陽光に満ちたオープニングの後の第17小節でホ長調の属和音から変ホ短調の属和音への転調によって,彼が突然音楽に雲を投げかける時,我々はその成り行きをかすかに予想できるのみである。2部形式という意外性に乏しい平穏さを,我々はしばし忘れてしまうのである。あたかも熱情的に拡張され作品の終結で短調に変わることが表現上の真っ当な形式であるかのように,詩的な感情は形式上の釣り合いという束縛をも飛び越える。我々は経験に巻き込まれるのであり,秩序だってあらかじめよくこなされた原理に従って経験から守られているのではない。

　ヴェネツィア手稿第III巻および第IV巻のソナタは非常に変化に富んでいるので,私としては分析や注釈を加えるのを中断して,それらをすべて演奏したいほどである。それらは経験に基づいた温かく,自由で,直接的なコミュニケーションである。スカルラッティが,2部形式ソナタに形式構造としてよりはむしろ詩的表現のための限りなく柔軟な媒体を求めていた,という点

についていくらかでも疑問が残るというのであれば，ヴェネツィア手稿第IV巻のソナタ第24番から第29番（K. 259, 260, 261, 262, 263, 264）がそれを払拭してくれるだろう。それらの作品はスカルラッティのもっとも後期のソナタが持つ濃密さには欠けるものの，初期のソナタでは単に暗示されるだけに留まっていた叙情的な円熟味が見られる。私は紙上でソナタ第260番のすべての転調について説明することができるが，それを毎回演奏するたびに，奇跡が起こったという感情を抱かずにはいられない。スカルラッティが以前には人を驚かすためだけに用いていた転調は，ここでは心を動かし，感動させるための詩的心像の内的な核になっている。

　私はアランフェスを訪問した直後に，この時期のいくつかのソナタを知ることになった。そして，以後それらの曲は，私がかの地で王宮近くの**島の庭園**を散策しながら過ごした夕べの記憶と分かちがたく結び付いている。私はスカルラッティが通ったに違いない同じ小道のいく筋かを通り，彼の時代にはすでに老木であったと思われる木々の影に覆われ，崩れかけた大理石の噴水の脇を通り抜けて行った。穏やかな黄昏は優しい憂鬱で満たされていた。そのような憂鬱は，庭の手入れが完璧に行き届き，宮廷の設備も真新しく，廷臣や警護の人々で溢れていたスカルラッティの当時ですら，完全に追い払うことはできなかったに違いない。どこにいても聞こえてくる音といえば，王宮のテラスとこの島のような庭の境をなす，タホ川からの支流が奏でる水音だけであった。

　暗闇も深まり，宮廷の敷地を出たところで，私は数日前にマドリードの王宮で読んでいたファリネッリの手記を思い出した。彼が好んだ6月の夕べのアランフェスでの船遊びや音楽についての話，そしてタホ川にちらほら浮かぶ王族達の船隊を描いた絵のことを思い出していたのである。ちょうどこの時間，王宮の中ではロウソクの炎が水晶のプリズムの間に揺らめき，松明が庭園の小道を照らし出していたであろうことも思い出した。憂鬱な静寂は軍楽隊の奏でるトランペットの合図で中断され，鳥達は大砲の一斉射撃に驚いて古い楡の木々から飛び立っていったことだろう。夕食をとっていたテラスからは，王室の遊覧船がタホ川の角を回り，そのランタンが揺らめく水面に照り返す光景が見えたかもしれない。そして改めて立ち戻った静けさの中で，私はファリネッリの声が水面を渡るのを聞いたかもしれない。やがて花火が打ち上げられ始めて，夜空は多彩な色にきらめく星のシャワーで埋め尽くされていただろう。それらの大音響のこだまが暗闇の谷間に掻き消された後，私はまたファリネッリの声や，遠くでかき鳴らされる王妃のハープシコード

の音,あるいは王室の狩りのホルンを耳にしていたかもしれない[12]。

その夕べ以降,私は何十曲もの後期のスカルラッティのソナタの中に,アランフェスからのこだまを心の中で聞いていた。昼間のこだまもあれば夕暮れのものもあり,懐旧の情を誘う穏やかな静けさを伴うこともあれば,威厳ある壮麗さに満ちた夕べや夜の調べ,軍楽隊,花火のきらめきもある。また王室の行列の堂々たるパレードやファンファーレ,王室の狩りのためのホルンの合奏がこだまする曲もあり,それらはまるでアランフェスやパルドの遠い木立から響いて来るようである。

しかしながら,すでに見てきたように,《練習曲集》以来,スカルラッティの発想の源泉は決して王宮の敷地内に限られるものではなかった。どのような作曲家からも,スペイン大衆音楽の衝撃をこれほど鋭く感じることはなかったし,あらゆるスペインの踊り手の胸中に潜む魔性にこれほど完全に身を任せることもなかった。バーニーは,スカルラッティが「車力,ラバ追い,そして市井の人々の奏でる旋律を模倣した」と語っている[13]。息も切れるほど長いアーケードの中で,ギターのでたらめな和音と混じり合って響く歌声のアラベスクが,おそらくヴェネツィア手稿第III巻第3番(K. 208)に込められたスカルラッティの印象であり,それは今でも南スペインのジプシー達の間で聞くことができる。これは宮廷用のフラメンコ音楽であり,それを歌い奏でる者達について,数年後にゴヤがタペストリーの風刺画に描き込んだように(図42),王宮という閉ざされた空間にふさわしく上品に整えられている。

それと対をなす作品(ヴェネツィア手稿第III巻第4番,K. 209)はホタ[139])である。きびきびとした足の動きや踵を踏みならす音,そして村の楽隊の甲高い音で目が回るような騒動の中,リズムがだんだん加速されクレッシェンドが最高潮に達する第45小節と第61小節のカタカタと荒々しく動くトリルの中に,カスタネットの音が,たとえ実際には聞こえないにせよ,確かに感じられるのである。これは他のヨーロッパ宮廷でハープシコードの作曲家が書いていたガヴォットやメヌエットとは似ても似つかぬものである。スペインのブルボン朝は,ピレネー山脈によってさらに遠くへとヴェルサイユ

---

12 私に聞こえてきたのは近くのラジオから鳴り響く《愛の夢》だけであった。しかし,リストは他の誰よりもこれらすべてをよく理解したであろう。彼は繊細さ,もの悲しい輝き,それに**品格**を同じように兼ね備えていた。彼なら魅力的な威厳ある態度で給仕を呼び,ラジオを消すように命じたであろう。私は年の功による無気力な謙虚さから,それを無視しただけだったが。

13 Burney,『ドイツにおける**音楽の現状**』, Vol. I, pp.247-249.

139) スペインはアラゴン,ヴァレンシア,ナヴァッラ地方の民族舞踊,その音楽。

から引き離されていたのである。

　しかし，大衆音楽についてのスカルラッティの回想は，もちろんスペインの中だけに限られるものではなかった。私のポルトガルの友人達は，ヴェネツィア手稿第 IV 巻第 3 番（K. *238*）がエストレマデューラ地方[140]の民謡に似ていることを教えてくれた。この曲が戸外で，フルート，オーボエ，オーボエ・ダ・カッチャ，それにバスーンといった管楽器によって演奏されることを想像するのは容易である。対となっているもう一方の曲（ヴェネツィア手稿第 IV 巻第 4 番，K. *239*）も同じように，スフォルツァートでオーバーブローイングしたような木管楽器（第 30 小節など）や，低音を目立たせながら支配的なリズムを刻む太鼓を連想させる。私はセゴビアで，**巨人**と**大頭**の行進[141]の折に弱音布のついた乾いた音を出す打楽器と甲高い音との同じような組み合わせを聞いたことがある。仮面を被った人物が高い竹馬に乗って闊歩し，絵付けされた巨大な張り子の頭からは，その中にすっぽり隠れたわんぱく小僧達の足だけがひょいと飛び出していた。

　王妃の手稿の次の巻（ヴェネツィア手稿第 V – VII 巻，1753 – 1754 年）の中では，大部分の作品はより簡素に，より自制的になっており，あたかも彼が最期の数年における白鳥の歌のためにエネルギーを溜め込んでいるかのようである。鍵盤技巧はどちらかというと中庸であり，手の交差するソナタは 2 曲のみである（ヴェネツィア手稿第 VII 巻第 23 番 {K. 348} と第 27 番 {K. 352}）。ヴェネツィア手稿第 I 巻および第 II 巻と同様，これらの諸巻はスカルラッティの易しいソナタの名曲集編集者には格好の猟場となろう。スカルラッティ・ソナタの代表的で重要な作品集の編集者は，ヴェネツィア手稿第 III 巻および第 IV 巻の壮麗さに目を回し，これらの巻を見落としてしまうかもしれない。

　スカルラッティの主題構成は，しばしば和声構造の各部の区切りを無視してしまう。調の枠組の上を主題が安直にかつ情緒的に切れ目なく自由に流れるが，つねに符合するとは限らない。これらの諸巻では，多くのソナタにおいてその雰囲気とテクスチュアが統一へと向かう傾向を示し，ヴェネツィア手稿第 XV 巻やヴェネツィア手稿第 III 巻および第 IV 巻にあるような劇的な対照は少ない。これらの諸巻は数多くの形式上の試みを含み，スカルラッティの通常の作法からはかなり逸脱している。ヴェネツィア手稿第 V 巻第 19 番（K. 284）ト長調は，限定的な主題素材によって作られたある種の変形さ

---

140) リスボンの北，ポルトガル中部の大西洋に面した地域。
141) Comparsa de Gigantes y Cabezudos. スペインの祭事で見られる仮装行列の一種。守護聖人を称えて 7 月頃開催されるパンプローナのサン・フェルミン祭は有名。

れたロンドであり，パストラル以外ではスカルラッティがあまり用いないドローン・バスと，農民の踊りの雰囲気を伴っている。スカルラッティの作品の中で唯一，フランスのハープシコードのためのロンド，特にクープランのそれを思い起こさせるものである [しかしながら，私はスカルラッティがフランスのハープシコード作曲家を知らなかったか，あるいは彼らを無視しようとしたものと確信している。この曲以外では，スカルラッティのすべてのハープシコード音楽の中で2曲だけがロンドに似ている（ヴェネツィア手稿第 VII 巻 26 番, K. 351；およびヴェネツィア手稿第 IV 巻 30 番, K. 265)]。

この時期のソナタには，新しい簡潔さが自ずと感じられる。スカルラッティは，自身があれほど見事に発展させた響きの効果から徐々に遠ざかっている。そのような効果に引きずられることを拒み，それらを表現の媒介として支配し，制御することを求めている。まさにそのような作品がヴェネツィア手稿第 VI 巻第 13 番（K. *308*）であり，繊細に型取られた旋律線がまばらな伴奏で奏でられる。ファリネッリも後年同じような純粋さと慎み深さを持って歌っていたのではないかと疑うほどである。その姉妹作品（ヴェネツィア手稿第 VI 巻第 14 番, K. *309*）は，似たような効率的な方法でオーケストラのような音色の多様さを達成している。スカルラッティは決して再び初期の作品のような際限のない華々しさには戻らない。彼はその名人芸や楽器というパレットであらゆる色を保持しているが，それらを成熟した老年の芸術家の常である節度と集中をもって扱っている。この1対のソナタが持つ若々しい純粋さには，極めて若い人にも滅多に見られない何かがある。

しかし，抗い難い魅力を持ついくつかの例外的な作品（ソナタ第 284, 296, *308*, 337, 343 番といった）を除き，これら3巻のソナタはスカルラッティの栄光にそれほど寄与しているとは思えない。それらは数多くの素晴らしい作品を含むが，ほとんどどれもある程度彼が以前に語ったことや後に語るであろうことを繰り返しているものばかりである。王妃の手稿を前にしている空き巣，あるいはマルチアーナ図書館にいる現代の泥棒に対して，もし運び出す荷物に制限があったならば，私なら以下のような助言をするであろう。持って行けるものはすべて持って行きたまえ，だが何か残して行かなければならないのなら，第 I, II, V, VI, および第 VII の巻にしたまえ。

後期のソナタ

ヴェネツィア手稿第 VIII 巻（1754年）のソナタとともに，我々は最期の栄光に満ちた期間に入る。この巻では，間に挟まった諸巻で簡素な実験を行っ

た後,ヴェネツィア手稿第 III 巻および第 IV 巻の持つ色彩の豊かさと創意の世界へと戻ってきたように見え,次から次へと驚くべき作品に出会う。スカルラッティが持つ鍵盤の名人芸は,見せ物のためではなく特別な音楽効果の奉仕へと同化されてしまったために,むしろ彼の方が自身の完全な制御の下にある楽器からある程度独立しているように感じられる。ソナタのいくつかはあたかもハープシコードから離れて作曲されたように感じられ,年来の即興の中で得られたあらゆる音響効果の完全な知識を伴ってはいるが,それらは手の形態によって全面的に支配されることがないように作られている。

初期のソナタに見られた手の交差は,王妃の手稿のはじめの方の巻でも徐々に少なくなってはいたが,第 V 巻,第 VI 巻と進み,さらに第 VIII 巻から第 X 巻(1754–1755)にかけて完全に姿を消す。以後はほんのときたま現れるだけである。これはよく知られたバーニー博士による逸話を思い起こさせる。

「ロジェ氏(バーニー博士は彼と 1772 年にウィーンで会っている)は,その類まれな肥満体にもかかわらず,実に活動的で教養に溢れた精神の持ち主である。彼の家は,階級,才気いずれにおいてもウィーンの最上級の人々が集う場所であり,幅広くかつ深い知識のゆえに彼の会話は実に楽しい。彼が身に付けた能力のうちでも,音楽の技能は大変素晴らしく,実に洗練され卓越した趣味を持っていて,その賢明な耳により世界中のあらゆる場所で**お国の旋律を耳にしていた**」

「ロジェ氏はフランス,スペイン,ポルトガル,イタリア,およびコンスタンティノープルに行ったことがあり,要するに彼は現代音楽の生き証人なのである。彼はスペインでドメニコ・スカルラッティと大変懇意になり,73 歳だったスカルラッティが彼のために作曲した数多くのハープシコード練習曲を今でも所有していることから,親切にも私に筆写する許可を与えてくれた。それらの写本の中には 42 曲の作品が含まれており,その中のいくつかは緩やかな楽章からなっていた。生涯にわたってスカルラッティ作品を収集しているこの私にとっても,以前に見たことがあるのは 3,4 曲のみであった。それらは 1756 年に作曲されたものだが,スカルラッティはあまりに肥っていたために以前のように手を交差することができなくなっていた。そのためか,それらの作品は彼が若い頃,彼の弟子でパトロンでもあった故スペイン王妃がまだアストゥリアス王女だった時分に彼女のために書いたものほどには難しくない」[14]

この話の中にはいくつかの誤りがあるが,中でももっとも明らかなのはスカ

14　Burney,『ドイツにおける音楽の現状』, Vol. I, pp.247-249.

ルラッティが73歳までは生きていなかったことである。しかし，それは取るに足らないことである。あまり頻繁ではないものの，王妃シリーズ（1756-1757）の最晩年のソナタにおいても手の交差は実際に起こっている（ヴェネツィア手稿第XI巻第5番と第29番，K. 458とK. 482；および第XIII巻第15番と第16番，K. 528とK. 529）。けれども，1752年から1757年にかけては確かにほとんど見当らず，特に1749年のソナタと比較するとそれは際立っている。おそらくこの違いは，後期のソナタのほとんどが実際に筆写されたのと同じ時期に作曲されたことを部分的に示している。しかし，もうひとつの事実も考慮されなければならない。王妃が，その王位に就く以前からすでに大変な肥満体だったことはよく知られている[15]。さらに，ロジェ氏自身もその巨漢ぶりで有名であった。メタスタージオはファリネッリに宛てた1756年2月12日付の手紙で次のように書いている。「あの途方もない肥満体にもかかわらず，彼はよく私を訪ねて来ます。そして私が住んでいる3階へ，とびきり細身の踊り子のような軽やかさで登って来るのです。貴方に免じて，私はその雄大な腹回りをできる限り歓待するようにしています」[16]。さて，あまりに肥ってしまって初期のソナタを弾けなくなったのは王妃か，スカルラッティか，それともロジェ氏だろうか？　バーニーは記録を取り違えてしまったのか？　王妃の場合には，それなりの威厳を保つために，そのような手の交差をなくしてしまう理由は十分にあっただろう。一方，1752年にアミコーニによって描かれたスカルラッティの肖像画は，彼が肥満とされるようなタイプの人間では全くなかったことを示している。

　これらの後期ソナタが王妃の手稿に筆写されたのとほぼ同じ頃に作曲されたと思われるもうひとつの証拠は，第VIII巻（1754）の特定のソナタとそれ以後の作品では，それ以前の諸巻のソナタに比べて劇的に広い鍵盤の音域が要求されているという事実である。《練習曲集》および1742年の王妃の巻では，ソナタの音域はA_1からd^3までの高々4オクターヴ半，あるいは54音であった。これら2巻でスカルラッティは，しばしばその主題的な素材を彼の演奏する楽器の音域に合わせて縮小するように変化させている。ソナタの半数では主題が完全に提示されているが，残りのもう半数では移調された同じ主題が楽器の音域に合わせて切り詰められて提示されている。1749年の王妃の巻では，音域の幅がG_1からd^3の56音に広がっている。1752年の王妃の最初の巻｛ヴェネツィア手稿第I巻｝では，その音域はA_1からe^3まで拡大し，第2巻｛ヴェネツィア手稿第II巻｝では再度G_1からd^3の音域に

15　Coxe, Vol. IV, pp.16-21; Noailles, *Mémoires*, Vol. VI, p.365.
16　Burney,『メタスタージオの……思い出』, Vol. II, p.164.

戻っている。

　王妃のシリーズの第8巻（1754）では，C_1からc^3までのたった4オクターヴしか必要としないソナタ（ヴェネツィア手稿第VIII巻第27番，K. 384）が現れ，しかもそれは低音B_1を欠いた楽器のために書かれたと思われる証拠がある（第35小節）。しかしこの証拠は，対になったソナタのもう一方（ヴェネツィア手稿第VIII巻第28番，K. 385）が，G_1からf^3までの59音の音域を必要とするという事実によって相殺される。さらに，我々はこの巻でF_1からf^3までの5オクターヴの全幅，61音を必要とするソナタ（ヴェネツィア手稿第VIII巻第30番，K. 387），および高音g^3を要するソナタ（ヴェネツィア手稿第VIII巻第23番，K. 380）に初めて出会う。

　F_1からg^3までの音域に及ぶソナタK. 485という例外を除いて，1754年以降で必要とされた最大の音域幅はいずれかの5オクターヴである[17]。1754年以降，スカルラッティはそれ以前の，たとえば1749年のものよりも広い音域の楽器を使っていたようにも見える。この一貫性のある音域の変化は，後期の手稿の年代が実際の作曲年代にほぼ一致しているという仮説をある程度裏付けるものである。

　ヴェネツィア手稿第VIII巻および第IX巻の中の数曲は他のものよりも簡素で，演奏者に対して中程度の技量しか要求していない。しかし，大部分の曲は初期の作品と比べて勝るとも劣らない技量を必要とする。手の交差こそ少ないものの極端な音の跳躍は依然としてふんだんにあり，全音域に跨がる音型の演奏が要求される。この時期に特徴的な作品は，*ソナタ第366番と第367番，第380番と第381番，第386番と第387番，第394番と第395番，第402番と第403番，第406番と第407番，および第415番と第416番*である。

　これら後期のソナタでは，音符の形もよりきれいで明瞭に書かれ，ページの乱れも少なく，16分音符を用いた4/4よりも8分音符を用いた**アッラ・ブレーヴェ**のように，より長い音符を使う傾向がある。後期ソナタでは，もっとも華やかな作品においてさえも，より高度に発達した旋律感を示す音型が見られる。その輪郭はより長い線によって描かれる。後期のソナタにおいて，あらゆる楽句の言い回しが強靭さや表情豊かな身振りの影響で満たされていることに比べると，初期のソナタはいかにも四角張って動きに欠け，未熟に見

---

[17] 慣れない音域の拡大に写譜師は混乱し，ヴェネツィアとパルマ両方の手稿中で K. 387 の低音 F_1 を G と書いている。*K. 470* の高音 G についても同じような困難を抱えていた。ロンゴ版第395番（K. 533）の第71小節に現れる高音 a^3 は，資料では1オクターヴ低く書かれている。ヴェネツィア手稿第XIII巻第20番，およびパルマ手稿。

える（たとえば K. 31 と K. 350 を比較してみるとよい）。それらから湧き出る旋律的な発想や風変わりで目立った音型にもかかわらず，初期のソナタはその出自である装飾的な通奏低音の和声付けを機械的な法則で処理したものにより近い。後期の作品では旋律線の感覚が和声的な基礎と融合し，それが鍵盤におけるもっとも**紋切型**の音型にすら浸透して明るく印象的な鍵盤の彩りをまとわせ，また強制的なリズムで活気づけることで，単なる和声的な骨組みをはるかに超えた表現力をもたらす。後期ソナタの音楽的有機体は，より神経質に，より見事に，一貫性を持って統合されている。

これら最後の数巻では，新しい音楽的な工夫はほとんど見られない。スカルラッティは初期のソナタのようなもっとも単純で閉じた形式や，中期の自由で詩的な広がりを見せた開いた形式，そして《練習曲集》が築いた和声の語彙を用いる一方，すでに中期に完成された転調の枠組みや調の拡張と制御を使用している。主題の素材は見たところあまり変化がなく，リズムの力強さも以前のソナタに比べて特に増したということはない。しかし，あらゆる点でより簡潔であると同時により豊かである。

《練習曲集》の対称的な形式や，単純なメヌエットあるいはメヌエット的な楽章と隣り合って現れるのは，概してより濃縮された開いた形式である。現存するスカルラッティのもっとも短いソナタのひとつ（ソナタ第431番）とともに，あらゆるソナタの中でもっとも手が込んでいて高度に発展したもの（たとえば K. *402*）も現れる。

ヴェネツィア手稿第 X, XII, および第 XIII 巻は，熱意溢れる旅行案内書ならほとんどすべての曲に2つ星を付けたくなるような，高い品質と卓越した多様性を持つソナタのほぼ全部を含んでいる。晩年の収穫は，少なくともスカルラッティにとって，極めて実り豊かなものであった。この時期から最終期までのすべての作品にじっくり触れることなく済ませるのは極めて難しい。ソナタを年代順に読み解いてきた演奏家は，スカルラッティがすでに400曲以上のソナタを書いているにもかかわらず，今やそれ以前にも増して驚きと喜びのあまり息を飲むような思いをさせられることがわかるであろう。私の名曲集に採録した後期ソナタに加え，ここでは特にソナタ第422番と第423番，第428番と第429番，第443番と第444番，第478番と第479番，第524番と第525番を推薦しておこう。

特に雄弁なのは，変化に富んだ音型と技巧的で華麗な旋律が繰り拡げられる華やかな緩徐楽章である。スカルラッティにとって珍しいのは，ヴェネツィア手稿第 XII 巻の第25番（ソナタ第508番）に出てくる自由に装飾された**フェルマータ**である。

花火の夕べにおける最後の見せ場のように，豊かなきらめきと多様に変化し続ける光景は，それらが突然暗闇の中にかき消されるまでは我々の頭上に降り注ぎ続ける。今やスカルラッティは，増大し続けるクレッシェンドの中で彼のすべての音楽的遺産を我々に惜しげもなく降り注いでくれる。それはただ彼の死によってのみ途切れるのである。

　王妃の一連の手稿は，1757年に筆写されたヴェネツィア手稿第XIII巻で終わりを告げる。それに対応する巻であるパルマ手稿第XV巻は同じ内容のソナタを含み，さらにもう12曲を含んでいる。これら12曲のソナタは，おそらく1757年7月のスカルラッティの死後に集められて筆写されたものであろう。それらが王妃のセットに入るすべはなかったわけである。ソナタ第35番（K. 548）という例外を除き，これらのソナタはすべてスカルラッティ晩年の様式を示しており，おそらく彼が最後に書いたものと思われる。

　私には，スカルラッティの書類の中に重要なハープシコード作品がまだ残っているとは思えない。例外があるとすれば，彼が筆写するに値しないと考えていたであろう初期の作品である。おそらくすでに多数の初期作品が失われたか破棄されてしまっているだろう。一連の後期のソナタは，あらゆる点で完成された印象を受ける。

　時折初めの頃の様式に戻ることはあるものの，これらのソナタは高齢の老人の作品に特有な孤高の様式へ，絶対的な確実さへ，無限に豊かな枯淡の境地へ，そしてすべてを受け入れる超然性へと向かう傾向を示している。

　夭逝した者について，その後あり得たであろう発展を想像したくなるのは人情だが，モーツァルト，パーセル，あるいはシューベルトが70歳まで生きていたらどのような作品を書いたであろうか。しかし，それにも増して神秘的で魅惑的で恐ろしくすらあるのは，すべての能力を維持したまま90歳ではなく150歳になったティツィアーノが一体どんな絵を描いたであろうか，またハイドンは1830年にどんな作品を書いたであろうか，あるいはゲーテが今日まで生きていたら何を書き残しただろうか，と想像することである。これらの天才の運命が閉じられた環の中を巡るのではなく，その終極まで無限の展望が開かれていたとしたら，彼らは一体どのような仕事を成し遂げたであろうか。スカルラッティはおそらく交響曲のような大作を書くことは決してなかっただろうし，2部形式のソナタを捨て去ることもなかっただろう。ただし，彼がその可能性のすべてを極め尽くしたという如何なる徴候も見当たらない。

IX スカルラッティのハープシコード

ファリネッリ，および王妃の楽器

　スカルラッティが所有していた鍵盤楽器については，現在その痕跡さえも残されていない。彼の死後，財産分与に際して用意された7部からなる資産目録のセットが今後完全な形で見つかるようなことがあれば，それらについての記録も発見されるかもしれない。残念ながら，スカルラッティ家の文書中に私が見つけた2部については，楽器に関する記載はない[1]。けれども，スペイン宮廷で使用されていた楽器の特徴については，1770年にボローニャのファリネッリを訪問したバーニーの記述の中に，ある種のヒントを見いだすことができる。

　「ファリネッリ氏は歌うことを止めてから久しいが，いまだにハープシコードやヴィオラ・ダ・モーレの演奏を楽しんでいる。彼はいろいろな国で作られた実に数多くのハープシコードを所有しており，それらが置かれていたお気に入りの場所にちなんで，イタリアの偉大な画家達の名前を付けていた。彼の一番のお気に入りはフィレンツェで1730年に造られたピアノフォルテで，その上には金文字でウルビーノのラファエロと書き込まれていた。そのほか，コレッジョ，ティツィアーノ，グイード，等々である。彼は相当長い時間，実に優れた見識と繊細さを持ってラファエロを弾いてくれたが，その楽器のためにいくつもの洗練された作品を作曲していた。次なるお気に入りは，ポルトガルおよびスペインでスカルラッティの弟子であった故王妃が，ファリネッリに与えたハープシコードである。スカルラッティが最初の2巻の練習曲集を書いたのはこの王女のためであり，ヴェネツィアで印刷された初版は，当時アストゥリアス皇太子妃だった彼女に献呈された。スペインで製造されたこのハープシコードは，他のどの楽器よりも豊かな音色をもっていた。3番目のお気に入りは同じようにスペイン製で，彼自身の監督の下で製造されたものである。その鍵盤はヴェネツィアのタクシス伯爵所有の楽器と同じく鍵盤が移動可能で，演奏者は楽曲を高低いずれへも移調することができる。これらのスペイン製ハープシコードのナチュラル鍵は黒檀，半音鍵は真珠層で覆われている。それらはイタリアのモデルと同じく，木製の部分は胴体を除

---

[1] 付録II，1757年の文書。

きすべて糸杉製で,外箱に収められている」[2]

　これらの楽器についてのさらなる情報は,ファリネッリの伝記作者であるジョヴェナーレ・サッキに詳しい[3]。彼はファリネッリお気に入りの2台の楽器について詳しく語っている。最初のものは「ハンマー式」チェンバロで,明らかにバーニー博士によって記された「ラファエロ」と同じピアノフォルテである。サッキはこの楽器が,「ピアノフォルテの最初の発明者ボルトーロ（原文ママ）・パドヴァーノ（すなわちバルトロメオ・クリストフォリ）の弟子のひとり」,フィレンツェのフェリーニによって造られた,と語る。

　サッキによると,ファリネッリの2番目のお気に入りは,「羽軸式」チェンバロで,言い換えればハープシコードであるが,「いろいろな仕掛けによって異なる音色を出すことができる」とある[4]。これはおそらくバーニーが記述したのと同じもので,移調可能な楽器を意味するのかもしれないし,あるいは通常ではない数のストップを持っていたことを意味するのかもしれない。サッキは,明らかに自身がよく分かっていないものについて語っており,それが曖昧さに現れている。「これは一部をファリネッリに,他の一部をディエゴ・フェルナンデスに負う新しい発明であり,フェルナンデスはそのような仕事によって貧しく無名な生活から解放されたのであった。たまたま王妃がファリネッリと話している折に,もっといろいろな音色が出せるハープシコードを望んでいると語り,彼にそのような楽器を見たことがないか,と尋ねた。彼は見たことがないと答えた。しかし,そのまま何も言わずに王妃のもとを立ち去った後,彼はその才能を見込んでいたフェルナンデスに相談し,後に2人でそのようなハープシコードを設計して実行に移した。自分の居所でそれを見つけた王妃を驚かせようと彼が仕組んだのであった。これこそはファリネッリのいつもの習慣で,彼は何かやりたいことを思い付くと,あらかじめ何も約束することなく計画を立てて実行するのである。彼は熟考の上,音楽と構造の両方に深く精通していたヴィチェンツァのパオロ・モレラーティ氏に注意深く寸法を伝え,2つのチェンバロを製作した。それらの楽器の1つはファリネッリ自身の費用負担で初めて委託製作されたもので,彼はそれを現パルマ公爵であるスペイン王子への贈り物とした」[5]

　私は常々,スカルラッティが使っていた楽器に対して非常に大きな関心を抱いていた。というのも,とりわけ彼の音楽作品に現れる多くのパッセージ

2　Burney,『フランスとイタリアにおける音楽の現状』, pp. 202-204.
3　Sacchi, p. 47.
4　前掲書。ファリネッリは遺書の中でこの楽器について記述している（付録 III C.）。
5　Sacchi, p. 47.

が，フレミッシュ，フレンチ，ジャーマン，イングリッシュの各ハープシコードや，それらを今日複製した楽器のいずれの特徴にも合致しないように見えるからである（このことは，これらの楽器によって多くの場合同等の響きが得られない，ということを意味するわけではない。しかし，同じ効果を引き出す方法は楽器によって大いに異なることがしばしばなので，オリジナルの楽器の特徴を知ることはやはり望ましい。ひとつの楽器でほとんど自動的に得られる効果は，他の楽器では演奏者の特別な努力を要することになる）。スカルラッティのソナタにとって，いろいろな種類のレジスターは必要ないように見える。彼の作風がすでに十二分に多彩だからである。それらが必要とするのは，むしろ簡素でなおかつさまざまに音が変化するような印象を与えられる楽器である（現代のハープシコードやオルガン製造と同様に，ひとつのストップに対して単調さではなく，古い楽器の持つ豊かな単純さを付与することがいかに困難であったことだろう）。私はスカルラッティのソナタが，豊かで力強い高音部とよく響く低音部を備え，かつこの上ない繊細さを表現できるハープシコードを必要とすることを常に感じていた。いくつかのイタリアのハープシコードには，多少粗雑なところもあるものの，似たような特性を持ったものが見いだされることがあるが，よい例は極めてまれである。もっともまれなのは 18 世紀スペインのハープシコードで，私はスペインでそのような楽器を見つけたいという期待が完全に裏切られたことを告白しなければならない。

しかしながら，私は思いがけない幸運により，1756 年に書き上げられ，現在はマドリードの王宮図書館にある王妃マリア・バルバラの遺言状の中に，実に有用な情報を発見した。1758 年の彼女の死後に付け加えられた資産目録には，彼女が所有していた鍵盤楽器の記述が含まれていたのである[6]。これらはおそらく王妃の居所でスカルラッティが自由に触れることができた楽器類であり，またそれで王妃は彼のソナタを弾いたのであろう。思うにこれらは，スカルラッティが晩年作曲する際に想定した代表的な楽器類の寄せ集めである。

王妃はブエン・レティーロ，アランフェス，およびエスコリアルの各王宮に分散して 12 台の鍵盤楽器を所有していた。彼女はそのうち最上の 3 台をファリネッリに遺贈した。それらの楽器のうち 7 台は仕様も性質もさまざまに異なるハープシコードで，5 台はフィレンツェで製造されたピアノフォルテであった。これは紛れもなくクリストフォリ，あるいはその弟子フェリーニを指している。そのうちの 2 台は，なんとピアノからハープシコードへと

---

6 付録 III B に引用。

作り替えられていたのである！　もっとも精巧にできた王妃の楽器は5つのレジスターを備え，4組の弦が張られていた。さらに56個の鍵盤は黒檀と真珠層で覆われ，クルミ材の箱に収まっていた。この楽器は明らかに16フィートのレジスターを備えており，これは18世紀においては極めてまれである。黒檀と真珠層の鍵盤は，おそらくスペイン製であることを示している。

　王妃は，3組の弦が張られ，黒檀と骨製の鍵盤をそれぞれ56個あるいは58個持つ2台のハープシコードを所有していた。さらに音域が定かではないフレミッシュ・ハープシコードを1台（おそらくリュッケルス製）所有しており，こちらもまた3組の弦で黒檀と骨製の鍵盤を備えていた。彼女は他に，内側がヒマラヤ杉と糸杉製のハープシコードをもう1台所有しており，これは2組の弦で黒檀と真珠層で覆われた61個の鍵盤を備えていた。これは明らかにスペイン製で，バーニー博士が記述したファリネッリの所有になる楽器に一致している。さらに彼女は，弦の数が明らかでない同じようなハープシコードを2台持っていた。おそらく，これら3台のスペイン製ハープシコードはすべて似たようなものであったろう。資産目録には，移調可能な楽器についての言及はない。

　アランフェスとエスコリアルの王宮には，それぞれ1台のピアノフォルテ（アランフェスのものは49鍵，エスコリアルのものは54鍵）および1台のスペイン製で61鍵のハープシコードが用意されていた。他の8台は，56鍵のピアノや上述のハープシコードのうち2つのレジスターと61鍵を備えたスペイン製の楽器共々，おそらくブエン・レティーロに置かれていた。

　ピアノはすべて内部が糸杉製で，ピアノとして維持された3台は黄楊と黒檀の鍵盤を持っていた。しかし羽軸を取り付けられてハープシコードに転換された2台は，黒檀と骨製の50個および56個の鍵盤を備えていた。

スカルラッティのハープシコードに関する結論

　この資産目録は，長い間ハープシコードだけのために書かれたと考えられていたスカルラッティのソナタに新しい光を投げかけるものである。しかし，他にも驚くべきことが待ち構えている。ここでいきなり結論に飛ぶ前に，様式的にことさらピアニスティックに見えるソナタを特に取り上げて，それが音色によるものかそれとも拡張された音域によるものか，ここで王妃の楽器の音域幅とソナタそのものが要求する音域とを比較してみよう。王妃のピアノのうちもっとも広い音域を持つ楽器は56鍵，つまり4オクターヴ半を備えている。しかしながら，**カンタービレ**な作品の多くや，もっとも後期の高

度に発展したソナタの多くは5オクターヴ全域を必要とするため，王妃のピアノのいずれにおいても演奏することは不可能である。さらに，王妃のハープシコードの中でもっとも精巧で5つのレジスターを備えたものでさえ，やはり56音，つまり4オクターヴ半しかなかったため，ソナタのうちでもっとも堂々とした広音域を持つ作品の演奏には使えなかったであろう。同じことは3組の弦が張られた3台のハープシコードのうちの1台にも当てはまる。もう1台は58音を備えていたが，依然としてより広い音域を持つソナタには不十分である。残りの1台，フレミッシュ・ハープシコードがより広い音域を持っていたということがない限り，**王妃が所有していた楽器の中で5オクターヴ全音域にわたるスカルラッティのソナタを演奏することができたのは，61音と2つのレジスターを備えた3台のスペイン製ハープシコード**だけであった！それらのうち，資産目録に特に言及された61音と2つのレジスターを備えたハープシコードは，おそらくブエン・レティーロに置かれ，他の2台はそれぞれアランフェスとエスコリアルにあった。

5オクターヴの楽器の音域は，おそらく F_1 から f^3，あるいは G_1 から g^3 であろう。18世紀にはハープシコードの鍵盤の音域は全く標準化されていなかったものの，1800年以前において F_1 から f^3 の5オクターヴを超える音域を備えたハープシコードが製作されることはほとんどなかった。たとえば，モーツァルトのすべての鍵盤作品においても，この音域を超えるものはひとつもない。しかしながら，スカルラッティ後期のソナタのいくつかでは高音の g^3 が要求される。K. 485のソナタでは F_1，g^3 双方の音が登場する。高音 g^3 を備えているのはスペイン製ハープシコードに特有のことであったように見える。ソレールも彼のソナタでこの音を使っている。

王妃の資産目録は，さまざまな弦のピッチの組み合わせについては何も語らないが，4組の弦を張ったハープシコードであれば2組の8フィート，さらにひと組が4フィート，そしてもうひと組が16フィートであったと仮定してもよいだろう。3組の弦を張ったハープシコードについては，2組が8フィート，ひと組が4フィートであったと考えられる。2組の弦を張ったハープシコードについては，ひと組が8フィート，ひと組が4フィートであった可能性もあるが，2組ともに8フィートであった可能性の方がはるかに高い。

一般にそう思われているように，もしスカルラッティ後期ソナタの大半が，1段鍵盤と2つの8フィートのストップを備えたヒマラヤ杉と糸杉製のよく響くハープシコードのために作曲されたとすると，**カンタービレな作品が演奏できるよう，ひとつのストップは極めて繊細に音色が調整され，もう片方のストップはトゥッティでの輝かしさとパワーが出せるよう力強い音色になっ**

ていたに違いない。

　王妃の資産目録では，いずれの楽器についても鍵盤の段数に関しては全く触れていない。3組，あるいは4組の弦を備えたハープシコードが2段鍵盤であったことは確かだろうが，2組の弦のみを備えたものが1段より多くの鍵盤を持っていたとは考えにくい。これは，私が数多くの5オクターヴにわたる後期のソナタを演奏しながら観察した次のような点とよく対応している。すなわち，彼の書法においては，音色やレジスターの変化が2つ目の鍵盤を必要としないような方法で取り入れられているのである。

　クープランの手が交差する作品やJ. S. バッハ（特に《ゴルトベルク変奏曲》）のような少数の例外を除き，2つ目の鍵盤が不可欠なハープシコード作品はほとんどない。記譜された音楽の中で，声部または手が合わさることにより形成されるユニゾンや声部の交差があることは，必ずしも2段鍵盤のハープシコードを意図していることを示しているわけではない。さらに，演奏上2段鍵盤があれば好都合な数多くの作品においても，ひとつの鍵盤で十分演奏可能なように記譜されている（ソナタ第29番）。大体において2段鍵盤を使用することは比較的軽いテクスチュアにおいてのみ可能で，楽器全体を必要とするようなパッセージでは不可能であることを思い起こすべきだろう。あらゆるハープシコードにおいて，そのような楽器の機能全体を必要とする演奏は下段の鍵盤によってのみ可能であった。ほとんどのハープシコードでは，上段の鍵盤はひと組の8フィート・ストップのみで操作するが，時折同じ弦を用いた2組の対照的な8フィート（構造上の理由により，同時に使用された場合，ほとんど満足な効果が得られない），あるいは大抵の場合，8フィートと4フィート・ストップで操作をしていた。スカルラッティの手の交差は2段鍵盤を使うことで容易になるという見解が，ハープシコードについてほとんど経験のない書き手によって広まってしまった。実際のところ，そのようなパッセージのほとんどは，それによって演奏自体が難しくなることがあっても，下段の鍵盤で演奏される必要がある。というのもそれらは大体において大きな音響効果を必要とし，楽器の**強音**を要求するパッセージだからである。

　しかしながら，《練習曲集》の表題ページにあるハープシコードが反転して彫られていることはさておき，2段鍵盤を持っているように見えることを注記しておこう。対になった第109番と第110番のソナタが2段鍵盤を意図していたことは疑問の余地がない。第109番のソナタでは，ヴェネツィア手稿は金文字で手の交替を指示しており（ロンゴ版では割愛），対照的な色彩を持つ声部の交差を生み出している（譜例1とその同様のパッセージ）。さらに，

ソナタ第110番では第29-44小節,およびそれと類似の部分が2段鍵盤を意図していることは明らかで,もちろん1段でも可能なように書かれてはいるが,演奏はより困難である。

譜例1. ヴェネツィア手稿第XV巻第12番(ロンゴ第138番) K. 109

明白に2段鍵盤のために書かれた作品は,スカルラッティに関しては極めてまれである。しかし,私見ではソナタ第21番,第48番,および第106番は2段鍵盤のハープシコードを意図したものであったと考えられる。ソナタ第21番のテクスチュアは軽く,曲は全体を通して,おそらく2つの8フィート・ストップを備えた2段鍵盤で,左手を上鍵盤に置いて演奏されるようになっている。ソナタ第535番のような作品の演奏は,2段鍵盤のハープシコードがあれば大変便利であり,ソナタ第554番では第63-66小節,第70-73小節は1段鍵盤では非常に演奏しにくくなる(譜例2)。

譜例2. パルマ手稿第XV巻第41番(ロンゴ第S. 21番) K. 554

しかし,これらの作品はすべて,もし必要であれば,あるいは2段鍵盤で満足すべき音響効果が得られない場合には,1段鍵盤でも演奏可能であることは疑う余地もない。オルガン同様,ハープシコードには標準というものが全くないので,レジスターの最終的な選択は演奏者に任されていることは覚えておかなければならない。ソナタ第1番(譜例3)やその他多くのソナタの記譜が一見2段鍵盤を必要とするように見えても,使っているハープシコードが調整によって満足すべき音の響きが出せるような場合にだけ真剣に検討されるべきである。そうでない場合,スカルラッティはおそらく誰よりも速くそれをひとつの鍵盤で演奏したであろう。

譜例3. 《練習曲集》第1番（ロンゴ第366番）K. 1

　王妃の楽器についての資産目録は，ハープシコードのレジスターがどのように操作されたのかについて何も触れていない。外箱と内箱を備えたイタリアのモデルに基づくスペイン製ハープシコードにおいては，バーニーが示したように，レジスターは手動のストップで替えるというのが常識であったろう（私はイタリア製のハープシコードが，初めからペダルを備えていたような証拠に出会ったことがない。いずれにせよ，英国製ハープシコードのスウェルや機械仕掛けのストップを除き，レジスターをペダルで変えることは18世紀ではまれであった）。しかし一般に初期のピアノでは，ダンパーの多くは膝でレバーを上げるようにできており，18世紀フランスのハープシコードは時折レジスターを操作するための膝レバー付きで供給されていた。しかしながらそういうことは非常にまれなので，私としては王妃のハープシコードのレジスターが手動のストップ以外の方法で操作されていたようなことはない，と考えたい。18世紀ハープシコードの手動ストップは，大抵の場合，箱正面の端の内側，調律ピンのそばにあるか，外側からすぐに操作が行えるように鍵盤の上にあった。しかしながら，イタリア製ハープシコードでは，レジスターは箱の側面から操作するものもあり，演奏者が着席している間は手が届かなかった。いずれにせよ，曲の中で片手，または両手が自由になるような場合を除き，途中で演奏者が手動ストップを替えることは不可能であった。おおよそすべての18世紀ハープシコード作品がそうであるように，スカルラッティの多くのソナタにおいても，音型の変化やオクターヴの移動は，作品の中で実際にストップを操作することなく行われるように書かれていた（たとえばソナタ第387番では，冒頭の反復楽句はトリルの付加によって変化している）。スカルラッティのソナタにあれほど共通して現れる楽句の反復は，実際に（ストップを操作して）音色を変えるというよりは，タッチやフレージングの変化に依存していたように見える。
　手動ストップ付きのよく調整されたハープシコードでは，音の強さ，および音色の特徴について，各々のストップを完全に引くか途中までにするかで，ある程度まで選択が可能である。これによりプレクトラムは弦に近づくか，

あるいは遠ざかるかで、それに応じて弦を強くあるいは弱くはじくことになる。弱くはじかれたハープシコードの1組の弦は、常によりレガートに響く。強い攻撃的な音色とより弱いカンタービレな音質との間の選択の可能性は、あまりにしばしば現代のハープシコード製作者から忘れられている。彼らは演奏者にさまざまなレジスターによる強さの変化を許さないようなペダル機構を作るのである。

初期のピアノフォルテ

スカルラッティが、どんな理由にせよ、ピアノフォルテのためにハープシコードを放棄しようとした証拠はほとんどない。彼のもっとも後期のソナタの多くは、王妃のピアノフォルテが持っている音域では演奏不可能であった。さらに最初期のピアノフォルテは、ハープシコードの持つオーケストラのような色彩感を全くといってよいほど欠いており、ハープシコードに比べるとむしろ地味に見えた。それは力強さもなければ華麗さもなく、主な利点といえばその柔軟性にあった。初期のピアノフォルテは格別に慎ましく、親しみの持てる楽器であった。ピアノフォルテ（この楽器はスペイン宮廷で親しく使われていたようなフィレンツェのピアノフォルテであったと思われる）のためにと明示して出版されたもっとも初期の鍵盤音楽は、ジュスティーニ・ダ・ピストイアが1732年、ドメニコの昔日のパトロンにして弟子であったポルトガルのドン・アントニオに献呈したソナタ集である[7]。それらは実に慎ましやかな性格の作品である。ピアノが首尾よくハープシコードと競合するようになるのはようやく1760年から1770年頃にかけてであった。

正反対の確実な証明があれば別だが、私はピアノフォルテがスペイン宮廷では主に声楽の伴奏に使われていて（ファリネッリのピアノフォルテに対する嗜好を見よ）、ハープシコードはまだその独奏楽器としての輝きを保持していたと考えたい。スカルラッティの場合、このことは確かに当てはまるように見える。しかし、王妃手稿の最初の2巻、すなわちヴェネツィア手稿第Ⅰおよび第Ⅱ巻の中で、一定数のソナタ、特にヴェネツィア手稿第Ⅰ巻の最初の8曲は、スカルラッティの通常のハープシコード書法とはその特徴が全く異なることがわかる。バス声部は我々が慣れ親しんでいるようなスカルラッティ特有の生気や色彩に欠ける。ハープシコードという観点からみると、それらは緩慢で、和声付けされた音もなくむき出しのコンティヌオに留まって

---

[7] 第Ⅴ章、脚注27を参照。

いる（譜例4）。私は，これらのソナタが初期のピアノのために書かれた実験的な作品ではなかったのか，という思いに至った。さらに，これらの作品の音域は王妃のピアノフォルテの音域に収まっている。繊細で移ろいやすいニュアンスを持つ初期のピアノフォルテで演奏する方が，ハープシコードよりもよく響いたことだろう。しかしながら，様式という観点から見る限り，18世紀中期のハープシコード音楽と初期のピアノのための音楽との間に明確な境界線を引くことはほとんど不可能である。ハイドンやモーツァルトの作品においてさえ，ハープシコードからピアノへの移行はほとんどそれと感じられないほどである。

譜例4. ヴェネツィア手稿第I巻第2番（ロンゴ第93番）K. 149

スカルラッティのオルガン音楽

スカルラッティがオルガンをどのように取り扱ったかについては，残されたほんの一握りの作品がそれについての知見をわずかに与えてくれる。ソナタ第287番と第288番は，実際のところソナタでは全くなく，複縦線のない1対のオルガン・ヴォランタリー[142]であり，それらはスカルラッティに通常見

---

[142] 元来は英国国教会の礼拝時に演奏されるオルガン曲の一種で，即興的な性格を持つとされる。

られる調の組み合わせや主題の再現方法を全く共有していない(ロンゴ版におけるソナタ第288番の複縦線は編集者によって挿入されたものである)。パルマ手稿(第VII巻第17番)の最初の曲には次のような上書きがある。「フルートとトロンボーンの2段鍵盤を持つ室内オルガンのために」いずれのソナタでも鍵盤の交替はほぼ完全に指示されている[8]。ヴェネツィアおよびパルマ両手稿では,それらは手の描画で示されており,上をさすものは上段,下を指すものは下段鍵盤というように指定されている。

オルガンのためとは上書きされてはいないが,ソナタ第328番のヴェネツィアおよびパルマ両手稿では,"Org^o."から"Fl^o."への鍵盤の交替を示す明らかな表示が見られる。ソナタ第255番については,ヴェネツィアとパルマの両手稿で見られる「オイタバード」(第37小節)および「トルトリッラ」(第67小節)という用語から,対をなすもう片方の作品(ソナタ第254番)と同様に,おそらくはオルガンのための作品であったと思われる。さらに,他にもいくつかの比較的地味な様式の作品についても,オルガンを意図した可能性がある。初期のフーガ(K. 41, 58, 93)は,確かにハープシコードとオルガンの間で交換可能なように書かれたことを強く示している。

私はマドリードにある王室礼拝堂に備えられた見事な小型オルガンを演奏したことがある[9]。それはカルロス3世の治世以降に据え付けられたものだが,スカルラッティによってパルマ手稿第VII巻第17番(ソナタ第287番)で指定されたオルガンより当然かなり大きいということを除いて,彼の時代のものとほとんど違いはない。しかしながら,それは多彩で興味をそそるさまざまなレジスターを持ち,例の唸るようなスペイン製のリード管を箱から水平に突き出している。黒檀と真珠層の鍵盤は,バーニー博士によって記述されたスペイン製のハープシコードを彷彿とさせる。スカルラッティの他の作品についても,室内オルガンで演奏できる可能性を見落としてはならない。結局のところ,スカルラッティの弟子であるソレール神父のいくつかのオルガン作品が証明するように,曲の軽快さというものはオルガンにとって何の障害にもならない。

今のところ,スカルラッティがクラヴィコードを使ったという証拠はない。時折,**ハープシコード**を表すスペイン語の**クラヴィコルディオ**が誤訳されて,たまにそのような説が流れたものである。

---

8 付録 III D。
9 箱に刻まれた文によると,"Construido por D. Jorge Bosch Bernat-Veri. Natural de Parma de Mallorca. Organero de Su Mag^d. Año 1778."

スカルラッティのハープシコード演奏

　スカルラッティの演奏についての残された記録は実に少ない。何十年も後に記録されたものがあるとはいえ，それらはすべて彼の前半生に関するもので，大部分はもっぱら演奏の見事さと想像の豊かさに言及するのみである[10]。彼の現存する大部分のハープシコード作品の様式が真に発展した時期に由来するような報告は，ただのひとつも伝わっていない。

　スカルラッティはおそらくその人生において，今日的な意味でのコンサートで演奏した経験は全くなかったであろう。同時代の歌手とは対照的に，彼は一般の人達から見て完全に無名のままであった。我々が知る限り，彼は友人やパトロンのためだけに演奏した。劇場用の音楽を書くのを止め，また教会での自らの役割を放棄した時に，彼は**市民階級**との最後の接触の可能性を失ってしまった。彼が王室のパトロンやその取り巻きのために演奏した王宮の外側では，スカルラッティの名人芸は風聞によってのみ，あるいは印刷されるか手写稿のままで流布した少数の作品を通してのみ知られていた。

　スカルラッティが素晴らしい即興演奏家であったことを示す証拠にはこと欠かない。私は書き留められたソナタ1曲に対して，即興演奏され忘れ去られた作品が1ダースはあったと確信している。スカルラッティのソナタは紙の上ではなく鍵盤の上で発展した有機体である。スカルラッティの時代には，鍵盤楽器の演奏家は演奏の腕前よりは作曲家，あるいは即興演奏家として評価されるのが常であった。しかし，その目前に置かれたいかなる音楽とも瞬時に折り合いをつけられるだけの万能のテクニックを持ち合わせた鍵盤演奏家はまれであった。もっとも偉大な演奏家ですら，自前の音楽のみか自国の，あるいは同じ流派の音楽のみを演奏するのを通例としていた。さらに限りなく洗練された水準にあったとはいえ，彼らは現代のジャズピアニストのように自ら独自の様式を発展させ，それに固執したのである。一方で，彼らは皆通奏低音の奏法には大変長けており，即座にあらゆる調におけるすべての可能な和音や音型の連結を巧みに操作することができた。このことは，その様式の許容範囲には限界があるものの，彼らが自身の音楽的思考を表現する媒体としての楽器を完全かつ自在に支配していたことを意味している。

　クープランは，彼独自の様式の中でハープシコードに対する独得な統率力を示しているが，彼はたった1曲のスカルラッティのソナタとすら折り合いをつけられたかどうかは疑わしい。あえて推測すれば，ヘンデルなら多分ス

10　Burney：ロージングレイヴとハッセより。クヴァンツ：マールブルクの著作の中で。
　　マナリング：風聞から。第Ⅱおよび第Ⅴ章を参照。

カルラッティのソナタを猛烈な勢いで弾いたかもしれないが,間違いなくミスタッチの山を築いたであろう。J. S. バッハはそれらすべてを完全に弾きこなした数少ない演奏家のひとりだったかもしれない。彼は,身体的能力ばかりではなく様式の多様性や表現の幅においても,万能な鍵盤上のテクニックを持つもっとも初期の模範的人物のひとりであった。鍵盤楽器の演奏がそれ自体職業となり,即興や作曲から独立して初めて,フンメル[143]やチェルニーのピアノ教則本で例証されたような真に普遍的なテクニックが,平均的な能力の演奏者にとって標準的に身に付けるべきものとなったのである。

　鍵盤における素晴らしい偉業にもかかわらず,スカルラッティはそのような普遍的なテクニックに対する自負は全く持っていなかった。彼は自身の様式についてのみ関心を払っていた。仮に彼がクープランの作品やバッハのパルティータやフーガを知っていたとしても,それらを気楽に弾けたかどうかは疑わしい。スカルラッティの名人芸は,単なる鍵盤奏者のそれ,つまりフンメルやチェルニーのあらゆる練習曲を習得した演奏専門のピアニストにとっての,目もくらむような高度な技法のように誤解され易いが,実際には彼の創造的な音楽語法の副次的な細目に過ぎないのである。

スカルラッティの鍵盤テクニック

　スカルラッティの運指法に関する指示はほとんど何も残っていない。手稿には指使いの指示はなく,音をどのように左右の手に配分するか,あるいはソナタ第126番や第189番に見られるように,たまに2声のパッセージを片手で奏するという指示だけであり,急速な反復音についての指替え(ヴェネツィアおよびパルマ両手稿のソナタ第96番,第211番,その他で「指を替えて」と記されている),または長いトリル(ソナタ第357番),あるいはスケール・パッセージを1本の指でグリッサンドする「1本の指で」という指示が見られるだけである(譜例5)。

　J. S. バッハやラモーと同じく,スカルラッティは若い頃に両手の5本の指をそれぞれ独立させて,同等に動かせるような体系を編み出したに違いない。アレッサンドロ・スカルラッティのトッカータの例も含めて,古い運指法の体系は,5本の指の違いに素朴に準じたものである。それらは強い指と弱い指,長い指と短い指の違いを利用する。スケール・パッセージでは長い指が

---

[143] Johan Nepomuk Hummel (1778–1837)。プレスブルク(現ブラティスラヴァ)出身の作曲家,ピアニスト。

譜例 5. ヴェネツィア手稿第 VIII 巻第 22 番（ロンゴ第 73 番）K. 379

短い指の上をまたいで行く（たとえば，ハ長調の上行音階を右手で弾く場合は，1 2 3 4 3 4 3 4，下行は 5 4 3 2 1 3 2 1 で，左手は上行は 5 4 3 2 1 3 2 1，下行は 1 2 3 4 3 4 3 4，または 1 2 3 4 5 3 4 5 となる。アレッサンドロ・スカルラッティの指使いの資料については譜例 6 を参照）。

　C. P. E. バッハと同じく，おそらくスカルラッティも特定のパッセージに対しては古い運指法を維持し，スケール・パッセージについては親指を下に潜らせる現代の法則を用いたのではないかと思われる。古い運指法では，ほとんどのアルペッジョは拡張された音階と同様，2 つの手に配分された。この痕跡は《練習曲集》の中に見られる。後期のソナタでは，反進行（ソナタ第 367 番）や分散和音も含め，スカルラッティの音階に関する語法は確実に完成している。

　スカルラッティの当時としては異例とも言える指の独立性は，いくつかの速い反復音（ソナタ第 141 番，第 366 番，第 421 番，第 455 番），またクープランにはほとんど不可能，よくても奇跡としか思えないような片手による 3 度のトリル（ソナタ第 470 番）[11]，あるいは和音の中でのトリル（ソナタ第 116 番，および譜例 7），または内声部の保続音上でのいくつかのトリル（ソナタ第 119 番）で要求されている。しかしながら，内声部の保続音上でのトリルは，たとえばパスクイーニの《カッコウのスケルツォ付きトッカータ Toccata con lo scherzo del cuccú》のように，すでに初期イタリアの鍵盤音楽に見られるものであることにも触れておくべきだろう[12]。譜例 8 に見られる内声部保続音のトリルには「トリルを続けて，手が届かない場合はトリルを弾く指を替えよ」という指示がある（ゲルステンベルクは彼の版でこの指示を取り入れていない。ところでこのソナタ，およびその対であるソナタ第 356 番は，パルマ手稿では 4 段譜に記譜されている。ソナタ第 356 番に

11　フランソワ・クープラン，*L'Art de Toucher le Clavecin*, 全集，Paris [1933], Vol. I, pp.36-37.
12　ベルナルド・パスクイーニ，《作品選集》……J. S. Shedlock 編. (London: Novello), pp.25-32.

譜例6. アレッサンドロ・スカルラッティ：ヒッグス手稿（イェール音楽学校）の《第1トッカータ *Toccata Prima*》。J. S. シェドロックによる出版（アレッサンドロ・スカルラッティ：《ハープシコード およびオルガン音楽……》ロンドン，1908）

＊原典で用いられた記号の誤りを訂正した指使い

譜例 7. ヴェネツィア手稿第 VIII 巻第 28 番（ロンゴ第 120 番）K. 541

は「チェンバロのために」という指示が見られるが，その書法からはそれが何ら演奏に関するものであるようには思えない）。（譜例 8）

譜例 8. パルマ手稿第 IX 巻第 30 番（ゲルステンベルク第 5 番）K. 357

　初期の鍵盤演奏テクニックの動作は，ほとんどすべて手に関してのみで，とりわけ指の動きに限られていた。腕の移動は，一般的に指によって準備された位置の変化に従うためだけに行われた。この鍵盤テクニックは依然としてオルガンによって支配されていた。スカルラッティによって拡張され，頻繁になった音の跳躍，両手による連打音，グリッサンド，オクターヴのパッセージ，手の交差などの出現により，しばしば腕の動き，または少なくとも手の動きが指の動きを導くことになった。これは鍵盤演奏にとって全く新しい原理であり，それ以前の音楽においては，比較的まれに起こるレジスターの移動，楽句間の自然な休止，指替えなしで演奏される 3 度や 6 度のノン・レガートの音階，あるいはコンティヌオ奏者が実践する左手によるオクターヴでの重複の場合にのみ起り得るものであった。腕は単に手と体をつなぐだけ，といった静かな手の動きの中での鍵盤の均衡状態を確立した古い原理は，ソナタ第 120 番での遠方への跳躍や両手の交差のように，腕全体，さらには上体の背部にまで向かう動きがしばしばその均衡の中心となるような原理に取って代わられたのである。スカルラッティのいくつかの作品では，指によって

導かれてはいるが，ラモーのような手首の回転を使う原理の始まりが見られる[13]（譜例9）。

譜例9. 《練習曲集》第23番（ロンゴ第411番）K. 23

ソナタ第514番に見られるように，スカルラッティの急速な，あるいは反復される音の跳躍の多くは腕の反動の感覚によってのみ演奏できるもので，指を持ち上げたままの古くて地味なテクニックは完全に放棄された。ソナタ第299番は，スカルラッティに見られる両手の急速な跳躍のもっとも極端な例であろう（譜例10）。それはショパンのイ短調の練習曲を思い起こさせる。ソナタ第44番や第487番にあるような，速いテンポで跳躍するオクターヴのパッセージは，現代のピアニストにはよく知られた反動のテクニックを必要とするが，それは18世紀の名だたる演奏家の多くにとって全く欠けているものであった。

譜例10. ヴェネツィア手稿第VI巻第4番（ロンゴ第210番）K. 299

これらの音の跳躍は，多くの場合容易に両手に振り分けられるだろうが，スカルラッティが目指す表現の方向は，それらを片手で演奏することを要求する（譜例11）。運動感覚的には，身振りというものが重要である。演奏者は片手を動かすために，舞踊家と同じような空間の感覚や努力，そしてタイミングを要求される。身振りには，音の跳躍が両手に振り分けられた時には，全く同じようには再現しにくい（不可能ではないが）リズム上の特性が伴ってくる。さらに，多くの作品の両手に振り分けられない跳躍は，自ずとテン

---

[13] *Les Cyclopes* および *Gavotte & Doubles*.

ポが速くなりすぎないような縛りとして働く。

譜例 11. ヴェネツィア手稿第 XII 巻第 1 番（ロンゴ第 419 番）K. 484

　しばしば起こることとして，全く不必要に右手が左手の低声部に潜り込み，左手は右手の上をまたいでその領分に侵入する。スカルラッティは手の交差がもたらす視覚的な効果に子供じみた喜びを見いだしただけでなく，音の跳躍や大きな動きに舞踊家のような身体の自由を望んでいたように見える。音を間違える危険性は，自ずと視覚上だけでなく聴覚上でも演奏者から聴衆へと興奮を伝えるものになる（スカルラッティの手の交差の中で，もっとも顕著な例はソナタ第 120 番を参照）。

譜例 12. ヴェネツィア手稿第 XIII 巻第 11 番（ロンゴ第 283 番）K. 524

　スカルラッティの緩やかなカンタービレ楽章の多くでは，現代の演奏家がそうしたいと思うようなレガートでは決して演奏できない重音やオクターヴのパッセージが現れる（ソナタ第 52 番および譜例 12）。これと関連して，18 世紀の弦楽器奏法でデタシェのボーイングが普及したことや，C. P. E. バッハが『正しいクラヴィーア奏法試論 *Versuch*』の中で指使いを示した例で，今日の平均的な演奏者なら自動的にレガートで演奏してしまうような緩徐楽章の多くのパッセージをノン・レガートで弾くようにと特別に指示されていたことを思い出すのは意味があるだろう。ひとつの楽句の中での音の脈絡は，それらがどんなに離されていても，連続して響く音の単なる羅列や重なりよりもずっと強力に音同士を結び付けるということを，18 世紀の演奏家は感覚的に今日の多くの演奏家よりもはるかによく知っていた。音が保持されてい

るだけで楽句の連続性は十分に保証される,と信じるオルガン奏者や弦楽器奏者ほど大きな間違いをしている者はいない。

　左手に対し,特にアルペッジョ,音階,跳躍という観点から,スカルラッティは当時としては恐るべき要求を突きつけている。しかし彼の鍵盤書法は,両手に絶対的な同等性を打ち出すというよりは,両手の機能に高度に発達した感覚を養ったというべきだろう。この両手間の差異に対する感覚は,確かに長年にわたるコンティヌオ奏法によって強められたものに過ぎなかった。その奏法では,時折片手または両手が旋律的あるいは多声的に興味深い独自の声部を高度に装飾したり,洗練された和声付けを行う場合を除いて,ほとんどの場合左手はバス声部に,右手は和声を埋めることに限定されていた。バス声部は一般に弦楽器によって重複されるために,左手はとりわけ開放的なパッセージにおいて,同伴者がいない右手に比べてより束縛が少ない。さらに,左手はもうひとつの楽器による重複のおかげで,バス声部の和声をアルペッジョ奏法やノン・レガートで句読を付けたものにすることができた。バス声部をオクターヴで強化したいという強い要求のために,多くの演奏家が右手には全く欠けているオクターヴのテクニックを左手のために発展させたのである(コンティヌオ奏法の場合には,左手によるバス声部のオクターヴの重複が可能であるために,ハープシコードの16フィート・ストップはしばしば不要になった)。しかし,オクターヴのパッセージに関する限り,スカルラッティが両手に対して同等な要求をしたことはソナタ第54番に見られる通りである。

　時折,9度や10度に跳躍したり(ソナタ第119番),数多くのオクターヴのパッセージが見られるにもかかわらず,スカルラッティのソナタは非常に大きな手の持ち主のために作曲されたという印象を与えない。大きな手なら容易につかめるようなパッセージの大部分は,小さな手でもアルペッジョにすることで,あるいは手の位置を滑らかに連続して移動することで容易に演奏できる。それらの作品を演奏したと考えられている王妃マリア・バルバラの数々の肖像画を見ると,どれも中くらいの大きさで見るからに敏感そうな,しかしずんぐりした手をしており,幅広い音程をつかめるようにはとても見えない(明らかに媚びているいくつかの肖像画のみが,彼女の手をその姿同様に痩せて細く見せるよう扱っている)。スカルラッティ自身の手については,ヴェラスコの肖像画に明らかなように,その音楽のいずれにも十二分な大きさだった。それらが柔軟で,高度に歯切れよく,また広い音程にまたがることができたことは明らかである。

　スカルラッティの鍵盤上のテクニックは,彼が平均律を使うことやその音楽

があらゆる調にわたることと同様，当時の一般的な傾向を反映しているが，それは多かれ少なかれ独自に発展したものであろう．時系列的な理由のために，ラモー（たとえば《キュクロプス Les Cyclopes》，1724 年）や，J. S. バッハ（変ロ長調のパルティータのジグ，1726 年）の革新にスカルラッティの影響の跡をたどることはできないし，この 2 人のいずれかがスカルラッティに影響を与えたようなことも全くありそうにない．

オルガン，ギター，およびオーケストラと境を接するハープシコードの音響

　いかなる鍵盤楽器も，それ自体では完全に固有で自立的な存在ではない．すべての楽器は声に由来しているが，鍵盤楽器は鍵盤音楽の始まり以来，他の楽器の資産を利用してきた．鍵盤楽器に純粋に固有なものを，他の音楽媒体から発想したものと区別することは困難で，ほとんど不可能とも言える．ハープシコードはギターあるいはリュート，オルガン，オーケストラをほとんど等分に写し取っている．ハープシコードに関するあらゆる作品はそれら 3 つの起源と共通する特徴を持ち，それによって常に自らを豊かなものにし続けてきた．17 世紀フランスのハープシコード音楽はリュートによって，イタリアのそれはオルガンによって，18 世紀後期のドイツ鍵盤音楽は——フランスおよびイタリアの様式の模倣を超えて育った後には——オーケストラによって大きく影響された．しかし，これは大局的に語った場合にそうなのであって，大部分の鍵盤音楽の作曲家はこれら 3 つからのすべての影響を受けている．スカルラッティの音楽が，彼の若年時代にはオルガンが主要な鍵盤音楽の背景を成していたにもかかわらず，ほとんどオルガンの影響を残していない．その音楽はハープシコードに固有のものであると同時に，かなりの部分がオーケストラやスペインのギターから引き出された着想に支配されている．

　すでに指摘したように，スカルラッティが若い頃のイタリアの鍵盤音楽は，ちょうどオルガンから解放されて，純粋な特色ある様式へ到達しようとしているところであった．スカルラッティは他のいかなる作曲家よりもこの解放を完全なものにした．そのもっとも著しい側面は，相対的に厳格な声部書法を，楽器固有の音型へと解体する点にある．声部は自由に追加あるいは削除され，テクスチュアは通常のオルガン音楽の場合よりはるかに大きな柔軟性を持って薄くなったり厚くなったりする．より厳格なオルガンの様式やその背景にある声楽の様式からスカルラッティが受け継いだものをすぐにそれと

判断できないのは，彼の華やかで自由なハープシコード書法の陰に隠れているためである。しかしそれは，装飾された構造の下に潜む本質的な旋律線，すなわちすべてのよき音楽がそうであるように，基本的に声楽的な旋律線を操作する確かな感覚を形成している。彼の極めて奔放な和声の自由さ，つまり声部の省略，重畳，転置は，厳格で濃縮された声部の操作，必要な箇所での全音階的な連結と共通音，実際の書法では逆の方が適切と思われる不協和音の正統的な予備と解決，といった実に堅牢な基礎から発しているのである。スカルラッティの平行5度や平行8度，風変わりな重音，声部や和声進行の省略，これらすべては，作曲の初心者が陥る粗雑でいい加減な特徴に見えるかもしれない。しかし，これらはすべて堅固な音楽的枠組と，自らの意志で逸脱することはあっても長年にわたって確立された工夫を確実に操作できる能力から来ているのである。その意味で，彼はもっとも厳格なオルガンの伝統との接触を保っているのである。

　オルガンは本質的に多声的な楽器として常時取り扱われてきたが，ハープシコード音楽は，あらゆる流派，あらゆる時代において第一義的には和音や分散した和声で埋められた2声部の骨格からなると考えられていた。J. S. バッハの音楽のように，一貫して多声的で完全に対位法的な音楽は，オルガンとハープシコード両方で演奏できるように意図された作品を除き，ハープシコード芸術の中では常にまれであった。ハープシコード様式のすべての基礎は，2声部の基本的なテクスチュアに音や和音を付加して厚みを変えたり，2声部を拡張して分散した和声を包み込み，印象主義的な多声の輪郭を描くことにある。

　スカルラッティの作品には部分的であれ，3声または4声を連続して維持するような鍵盤作品はほとんどない。同様に，瞬間的に和声を充当したり，スフォルツァートにする以外に和音を使うことは滅多にない。むしろスカルラッティは，和音をアルペッジョの音型に分散してしまうことが多い。ソナタ第24番や第246番のように，終止のカデンツで音を厚くするために和音を使うことはまれである。

　印象主義的な多声音楽は，リュートやギター音楽のもっとも古い伝統のひとつである（16世紀リュート音楽における声楽曲や器楽曲からの編曲を見よ）。垂直的な和声に支配された音の網の中で，声部の動きや主題の導入とその模倣は提示されるが，完全には実行されない。水平的な声部を厳格で一貫した方法で操作するようなこともない。和音を必要に応じて分散したり，協和音あるいは不協和音にかかわらず，垂直的な一点で声部のすべてを同時に響かせることが不可能であるために，音楽的な輪郭の鋭さはぼやけてくる。実際

にはほとんど一緒に響き合うことのない声部が同時に響いているかのような印象を与えるために，掻き上げ・掻き下ろし奏法，および不規則に分散させたアルペッジョ奏法に関するさまざまなテクニックを発展させなければならなかった。セゴビアがギターで奏でる多声音楽を聞いたことがある者なら誰でも，私の意味するところをわかってもらえるだろう。

スカルラッティのハープシコード音楽は，和音や声部が同時に響くオルガンの本来の多声音楽と，分散和音やシンコペートされた声部を持つギターの印象主義的な多声音楽のちょうど中間に位置する。しかしそれは同時にオーケストラの多声音楽，すなわち異なる楽器や楽器群による音色の対照，あるいは独奏楽器または小楽器群と大楽器群との対比によってもまた支配されている。イタリアのコンチェルト・グロッソの根底にある**ソロ対トゥッティ**という基本概念は，スカルラッティのハープシコード音楽に常に現れている。純粋に楽器のレベルにおいて，独奏楽器がオーケストラ全体と対比されるのと同じように，オルガンあるいはハープシコードのソロ・ストップが楽器全体と対比されるという意味に解釈されるだろう。しかし，スカルラッティのハープシコード音楽の書法において，この概念はもっとより深いところに根ざしている（実際これは，ピアノのための初期の作品を含むほとんどの18世紀鍵盤音楽においてそうである）。演奏者がどのストップをいくつ使うかということとは関係なく，音楽はある時にはソロの楽器を，ある時にはひとつの楽器群を，またある時には**合奏全体**を，そしてありとあらゆるその中間的な陰影を模倣あるいは暗示するように書かれているのである。

ハープシコード音の陰影づけ

スカルラッティは，音型の処理の仕方，和音構成の厚みの変化，高低のレジスターの対比，そして動きの変化によって，他のどんな作曲家にも増してハープシコードの不自由さを奇跡のように自由なものへと変えてみせた（遅い動きや同時進行の声部に比べ，速い分散和音はハープシコードでは常により豊かに，より大きく，かつまた力強く響く）。スカルラッティは，必ずしもハープシコードのレジスター機能に依存することなく，パガニーニがヴァイオリンに，ショパンがピアノに施したのと同じ確かな感覚を持って，楽器の色彩を音楽へと作り込んだのである。

スカルラッティはハープシコードの音をオーケストラ的な対比や音色で想像するだけではない。彼は楽句を先細りさせるために和音を薄くする方法で音楽的な抑揚を絶えず強調あるいは確立し（ソナタ第 *208* 番，第 *308* 番，第

513番)、またその中で音のテクスチュアを厚くして突然のスフォルツァートでアクセントを付ける（ソナタ第119番、第426番、第427番）。(微妙なグラデーションやテクスチュアの相当な変化については、たとえばソナタ第223番や第224番も参照)。

　ハープシコードの音色を創り上げる際に、同時に響く音の数を増減したり、動きを加速したり減速したりすることで生ずる音のグラデーション――言い換えれば、音楽に作り込まれた効果――は、ストップを付加したり変更したりすることによりもたらされる効果よりもはるかに重要である。それゆえに、18世紀のハープシコード作曲家はレジスター機能に無頓着で、限られたストップしか持たない楽器をしばしば喜んで使ったのである。

　個々の楽句の抑揚や陰影を音楽に作り込むことに加え、スカルラッティは器楽的な音型を駆使することでその作品の形を明示する。作品のもっとも厚みのあるテクスチュアは、調構造の中でもっとも活気がある張りつめた中心部分か、あるいはとりわけ際立って素早く確立されなければならないような部分にしばしば用いられる。終結部で繰り返されるカデンツのように、和声的にすでに確立してそれ以上強調する必要のない部分は、しばしば2声部で進行する音型のディミヌエンドの中で徐々に減衰し、それが和音で終止することはほとんどない。

　ソナタ第44番は、スカルラッティがテクスチュアを厚くしたり薄くしたり、ハープシコードの平坦な2声部書法に陰影法で山や谷を作るためにレジスターを替えたり、それらの輪郭を鋭い光や陰で浮き上がらせる、といったやり方を示す格好の例になっている。それは、冒頭の楽句（第1‐8小節、第9‐16小節）、それに続く部分（第17‐20小節）、唐突に急拡大するバス声部、および転調する楽句（第21‐30小節）とそれに伴う決定的な転調による不協和音の厚みの増大や、ドッペル・ドミナントが確立された後の厚みの減衰を見れば明らかである。同様に、音が厚くなる箇所は第43‐46小節の楽句の中でも起こり、作品を通してこれ以降でも同様である。最重量級の色彩と音響のかたまりは、ガンガン鳴り響くオクターヴ、3度および6度となってこの作品の主要なカデンツの輪郭を描くパッセージの上に襲いかかる（第136‐148小節）。そこから音は次第に減衰して終止へと至る（第148‐152小節）。スカルラッティは、曲全体の、あるいはその半ばにある終止部に新たな和声的素材を付け足すような感覚でコーダを書くことは決してないが、曲をディミヌエンドで引き延ばすことを可能にするような最終の音型をしばしば追加する。

　曲に陰影を付ける同様の原理もソナタ第54番で明らかである。ひとつの楽

句を滑らかなディミヌエンドで減衰させる目的だけのために（転置されたバス音が下属音と見なされるという事実と組み合わせて），スカルラッティは第16-17小節などで属七の和音の第7音をイ音からト音へと解決せずに，それを跡形もなく消えてなくなるに任せるか，むしろ4度下げてユニゾンに解決する（第X章を参照）。この作品ではオクターヴの重複は偶然ではない。これらはすべて楽句の転換点や，より大きな和声構造を強調するために必要なところで用いられている。

たとえばソナタ第19番では，独立した声部が突然オクターヴの重複へと融合し，器楽的な響きで自らを正当化するようなパッセージが数多く現れる。これらは弦楽オーケストラにおいて，ある種のパッセージで第1ヴァイオリンと第2ヴァイオリン，あるいはヴィオラとバスが融合してユニゾンを奏するようなものである。

スカルラッティは色彩の対照を作り出すために，ハープシコードのレジスターを明らかに上下させることがしばしばある（ソナタ第387番，第524番，第525番）。第356番と第357番の対のソナタではそれらの変化があまりにも頻繁なので，パルマ手稿では2つのソナタの初めの曲は「チェンバロのために」という注記が施され，両ソナタとも音部記号が替わるのを避けるために2段譜の代わりに4段譜で書かれている。

スカルラッティは，鍵盤上ではおそらくショパンのみが匹敵しうるような楽器の音響効果についての創造性を持っている。しかし，ショパンは楽器の扱いにおいてより一貫性があり，より慣用的である一方で，スカルラッティは他の媒体からより直接的に借用していることは明らかである。

他の楽器の模倣

楽器に固有な表現を自在に行うことに長けた多くの作曲家（たとえば，リストやパガニーニ）は，他の媒体からの借用もまた実に頻繁に行う。その点ではスカルラッティも例外ではない。時には彼が何から借用しているのか正確には分からないこともある。原型は単に暗示されるか，混ぜ合わされてしまっている。たとえば，ある所でギターを想起させるものは，別の所では鐘の音を思い出させる（譜例13）。楽器の効果を減衰させるどころか，スカルラッティの借用は彼の音楽をハープシコードそのものに劣らずそれを超える観点からも評価しなければならないほどハープシコードの特性を高め，また表現の幅を広げている。

スカルラッティによる他の楽器からの模倣は，確かに比較的純粋な形で同

譜例 13. ヴェネツィア手稿第 XII 巻第 4 番（ロンゴ第 205 番）K. 487

譜例 14. ヴェネツィア手稿第 XIV 巻第 41 番（ロンゴ第 406 番）K. 37

定することができる。ヴィヴァルディのコンチェルトを奏でる弦楽オーケストラの響きは，ソナタ第 37 番や第 265 番のような作品の中に明瞭に聴き分けられる（譜例 14）。その点，他の作品に見られる数多くのオクターヴのパッセージは単なるハープシコードに特有の重音ではなく，弦楽オーケストラの**ユニゾン**を意図的に模倣しているように見える。時としてスカルラッティは，17 世紀初頭から多くの鍵盤音楽作曲家の間でよく知られていたやり方でヴァイオリンの音型を模倣したりもする（たとえば彼の初期のソナタ第 61 番を参照）。

　スカルラッティがあまり頻繁には使わないアルベルティ・バスは，しばしば典型的な鍵盤楽器固有の音型と見なされてきた。しかし多くの場合，実際にはそれは弦楽器の音の模倣であり，ある時は独奏を伴奏する音型，またある時は弦楽オーケストラ，あるいはフル・オーケストラの**トゥッティ**の模倣なのである。これはその歴史において一貫した事実である。モーツァルトの協奏曲の鍵盤パートにあるアルベルティ・バスと，それに対応したオーケストラによって演奏されるパッセージを比較するか，ピアノとヴァイオリンのためのソナタで 2 つの楽器に割り当てられた同時進行のアルベルティ・バス

を比較するだけで十分だろう。スカルラッティにおいてアルベルティ・バスが現れる場合，それは伴奏のヴァイオリンやチェロの音型のように旋律的であり，オーケストラの音型のように和声的であり，あるいは他の多くのアルベルティ・バスのように両者の特性の間で宙を漂っている（ソナタ第57番，第461番，第517番，および第533番）。

スカルラッティにおけるもっとも明らかな管楽器の効果は，トランペット（ソナタ第96番，第491番，および譜例15）とホルン（譜例16）である。単独あるいは混合した形で，本物らしく模倣することもあれば単に暗示に留まることもある。何十もの作品がトランペットのファンファーレとともに始まるが，それは王室の行進，あるいはアランフェスの木々の間を漂うホルンの合図を思い起こさせる。遠くから3回，あるいは6－8回と響く狩猟のホルンの合奏はスカルラッティのハープシコードの中にもこだまし，それらはあたかもつい先ほど王宮の窓越しに聞こえてきたかのようである（ソナタ第477番，第494番，第519番）。

譜例15．ヴェネツィア手稿第VIII巻第1番（ロンゴ第412番）K. 358

譜例16．ヴェネツィア手稿第VIII巻第29番（ロンゴ第167番）K. 542

すでに触れたソナタのいくつかでも見られたように，金管楽器はしばしば木管楽器に伴われる。木管楽器は必ずしもそれと明確には分からないが，すでに指摘したように，ソナタ第238番はフルート，オーボエ，オーボエ・ダ・カッチャ，およびバスーンのための野外演奏用の作品によく似ている。

太鼓はしばしばトランペット（ソナタ第491番）あるいは木管楽器（譜例17）とともに現れるか，行進時の低音を暗示する（ソナタ490番）ように見える。ソナタ第108番では，左手が爆弾のようにハープシコードの4オクターヴ下へと落下するように，時折それらは大砲の1発のようにオーボエやホル

ンの音を通して炸裂する（譜例 18）。それはベートーヴェンの交響曲第 9 番のスケルツォにおけるティンパニに似た響きを作り出す。

譜例 17. 《練習曲集》第 20 番（ロンゴ第 375 番）K. 20

譜例 18. ヴェネツィア手稿第 XV 巻第 11 番（ロンゴ第 249 番）K. 108

　ソナタ第 525 番にあるような爆発的な和音は，アランフェスでの花火の催しにおける王宮楽隊の演奏を度々遮る礼砲を想起させる（譜例 19）。この章を書いている間，近くにある**イタリア国軍**の兵舎から信号ラッパの呼声が毎日のように聞こえてきた。それを耳にする度に私は必ずソナタ第 488 番の冒頭を思い出していた（譜例 20）。

　ソナタ第 406 番では，2 本のトランペットと 1 台のティンパニによって（譜例 21），またその対の曲では調子はずれのビューグル｛サクソルンの一種｝によって（譜例 22），途切れがちに金切り声を上げるマーチングバンドの木管楽器が聞こえてくるようである。スペインか南イタリアの村の楽隊の怪しげな音調を遠くから聞いたことがある者なら誰しも，即座にその音をスカルラッティのソナタの中に数多く認めるであろう。同じような音はソナタ第 421 番でも見られる。

　スカルラッティが自ら《**パストラル**》と名付けた作品では，南イタリアのバグパイプである**ザンポーニャ**の持続低音と陽気で快活なクリスマスの調べ，あるいは**ピッフェラーリ**の笛の音が常に聞こえてくる（ソナタ第 513 番を参照）。（しかし必ずしもソナタ第 9 番ではそうではない。その世界的に知られているパストラルという名称は，どうやら 19 世紀にその起源がありそうである）

譜例 19. ヴェネツィア手稿第 XIII 巻第 12 番（ロンゴ第 188 番）K. 525

譜例 20. ヴェネツィア手稿第 XII 巻第 5 番（ロンゴ S. 第 37 番）K. 488

譜例 21. ヴェネツィア手稿第 IX 巻第 19 番（ロンゴ第 5 番）K. 406

譜例 22. ヴェネツィア手稿第 IX 巻第 20 番（ロンゴ S. 第 4 番）K. 407

鐘については，スカルラッティのハープシコード音楽では常に明確に判別できるとは限らないが（譜例 13 を参照），ソナタ第 437 番の上声および下声部の保続音（譜例 23）は確かにそれ以外の何物でもない。

譜例 23．ヴェネツィア手稿第 X 巻第 20 番（ロンゴ第 278 番）K. 437

ソナタ第 211 番と譜例 24 における掻き鳴らすような反復音は，マンドリンを暗示している。ソナタ第 141 番では特にイタリア風の形で現れ，今日ナポリの海岸で耳にするような流儀のギターで伴奏されている。

譜例 24．ヴェネツィア手稿第 VI 巻第 3 番（ロンゴ S. 第 6 番）K. 298

スカルラッティの速い反復音の多くは，マンドリンとカスタネットの双方の特徴を具体的に表現している。しかし，多くのスペイン風舞曲において，想像上のカスタネットの存在はほとんど避けられない。その乾いたカタカタという音は，しばしば基本的なリズム構造へと組み込まれる。時としてそれはソナタ第 119 番の第 18-30 小節やソナタ第 435 番に見られるように，直接模倣されて現れる（譜例 25）。カスタネットを模倣した彼の反復音型のいくつかは，スカルラッティが明らかに禍いを転じて福となした——多分彼が弾かなければならなかった使い古しのハープシコードのガタつく鍵盤をうまく利用した——のではないかと疑いたくなる。ソナタ第 435 番のカスタネットに対し，その対になった曲はトランペットの連打音で応えている（譜例 26）。

IX　スカルラッティのハープシコード　　221

譜例 25. ヴェネツィア手稿第 X 巻第 18 番（ロンゴ第 361 番）K. 435

　スカルラッティによる村のオーケストラからの借用は紛れもないもので，王宮楽隊からのそれと同じくらい数多い。そうでなければ決して王宮に入り込むことのない多くの楽器，多くの舞踊のリズムがスカルラッティのソナタの中に現れることはなかったであろう。時にはソナタ第 96 番のように，トランペット，ホルン，弦楽器，木管楽器，および太鼓がソナタの終結部で混じり合い，鐘，ギター，およびカスタネットも加わって巨大な渦となる。

譜例 26. ヴェネツィア手稿第 X 巻第 19 番（ロンゴ第 109 番）K. 436

スペインのギターの影響

　我々が知る限りスカルラッティはギターを弾かなかったが，これほど深くその魅力に取り憑かれた作家は他にはいない。スペイン風舞曲の作品では，開放弦をつま弾く音の多くが内声の保続音を形成し（第 X 章の譜例 38 を参照），アルペッジョの音型はある種の酔わせるような単調さを誘い出す。スカルラッティのもっとも荒々しい不協和音のいくつかは，ギターの胴体を叩く手の音を模倣しているように見え，また激しい和音は時として楽器から弦を引きはがすような恐ろしさで奏される（第 X 章の譜例 47 を参照）。まさにギターを模倣していると思われる和声構造の多くは，ギターの開放弦や旋法的なスペイン民俗音楽への嗜好によって決定づけられているように見える。

　手を交差させる作品のいくつかでは，左手はまるで杏茸(アンズタケ)に触れるかのようにつま弾かれる伴奏の上を超え，低音の開放弦にヴィブラートをかけるために戻ってくる。スカルラッティのバス声部のオクターヴは，ソナタ第 26 番のようにしばしば単にギターの低音弦の倍音を表しているに過ぎない。

　スペイン・ギターを模倣する習慣は，ハープシコードがギターやリュートと共有している明らかな特徴を超えて，スカルラッティの声部書法や和音の使い方に根本的な影響を与えたように見える。オルガンではすべての声部を論理的で正統的な操作で一貫して和声付けされた進行が，ギターやリュートでは断片的にそれらに似せて分解されなければならない（16 世紀における多声音楽のリュートへの編曲を見よ）。演奏し易い和音や開放弦の響きの方が，より抽象的な法則に優先するのである。和音は同時に響く声の融合であることを止める。ギターの伴奏で歌ったことがある者なら誰でも知っているように，和音は調性におけるしみやよごれのようになってしまう。開放弦は保続音の維持を可能にし，またそれを積極的に利用することでひとつの和声をもうひとつのそれへとぼかす。バッハの作品でスカルラッティのこのような書法に匹敵する唯一のものは，独奏ヴァイオリンのための多声音楽にのみ見いだされるだろうが，そこではたとえ想像上のことであっても，バッハはスカルラッティよりもはるかに水平方向の声部進行を厳格に統御している。バッハにとって和音とは，彼の卓越した調性感覚にもかかわらず，弦楽器の独奏曲や《半音階的幻想曲》のような印象主義的な作品においてすら，声部の水平的な織物の必然的な所産であった。スカルラッティにとって和音とは，調性の重みや尺度を自由に配分したものであり，そのために声部をつなぐ基本的な要素さえあればそれで十分なのであった。

X　スカルラッティの和声

スカルラッティの和声様式の一貫性

　ドメニコ・スカルラッティは，ハープシコードの作曲家として全く道を誤ったわけではなかったにせよ，気まぐれ者と長い間思われてきた。それは編集者や注釈者達が，ほぼ例外なく彼の和声様式の基本的な一貫性を十分に理解していなかったことを示している。この章の目的は，スカルラッティの思わず目を見張るような，あるいは思いがけない才能のほとばしりも，スカルラッティの鍵盤音楽における和声概念の観点から説明できないパッセージはない，ということを示すことにある。スカルラッティの鍵盤様式の本質的な性質は，彼のハープシコードにおける書法の表面的な奇抜さよりも，和声の扱い方を通した方がはるかにわかりやすく説明できる。著しく非論理的な作曲家を高度に理論的に扱うという不利な立場にもかかわらず，ドメニコ・スカルラッティの和声を検証することにより，彼が必ずしも18世紀のもっとも偉大な作曲家ではないにしても，もっとも独創的な作曲家のひとりであったことを示すことができる。スカルラッティの声楽曲は18世紀の正統的な諸原理に従っているが，彼のハープシコード・ソナタは全く前例のないものであり，その足跡を明確にたどれるような資料はほとんど残されていない。彼は和声と調の新しい概念を創造したが，そのいずれもいまだ十分には説明されないままである。

　私は，スカルラッティの和声を18世紀の音楽理論家の視点から説明するという試みを故意に控えてきた。これは彼の経歴の初期および晩年にそれぞれもっとも近い関係にあったガスパリーニやソレールという音楽理論家についてさえも同じである。まず第一に，彼らの理論によっては説明できないことがあまりにも多い。第二に，そこでの用語があまりに古びてしまっているため，現代の読者にはほとんど理解不能である。私は時折18世紀の見解，特に転回和音についてのラモーの理論を全面的には受け入れなかった理論家の考え方を尊重する。しかし，素人には衒学的に見え，理論家には素朴に見える危険を冒し，私はよく知られているさまざまな資料，中でもドメニコ・スカルラッティの作曲法についての解説にあれほど見事に失敗した19世紀の和声教本からの分析と用語を用いて，寄せ集めの体系を作り上げた。少なくと

もその適用にあたっては，元の体系以上にできが悪いということはない。私はその不完全さに著しく後悔しているというわけでもない。もしドメニコ・スカルラッティの音楽が全面的に言葉によって説明できるのであれば，それは説明するに値しないだろう。私が意図するところは唯一，それらの脈絡の中でドメニコ・スカルラッティの和声のもっとも顕著な特徴を示すことであり，いずれは見直されるような体系の中にそれらを閉じ込めてしまうことではない。

主要三和音と三和音の分析

スカルラッティの和声の素材は，その表面を見る限り，見かけよりもはるかに単純である。彼が多くの不協和音や転調を用いているにもかかわらず，スカルラッティがあのように確かな想像力で操作する主な要素は，主要三和音のI, V, IV, およびその転回形，そして長調と短調の近親関係に由来している（譜例1）。掛留音と保続音，転位音と経過音，一時的な転調，和音の圧縮と重畳を考慮に入れることで，スカルラッティのソナタの多くは主要三和音によって分析可能である。たとえばソナタ第115番は，その悪魔的な変貌と骨を砕くようなアッチアッカトゥーラにもかかわらず，全面的に主和音，属和音，および下属和音の和声の上に構築されている。この荒々しい作品の背後に流れる静かで一分の隙もない論理を説明するにも，これらの3つの和音で十分である。

譜例 1.

スカルラッティにとって，音階における他の音度上の和音を使うことは極めてまれである。長音階における短三和音のVI, III, およびIIは，しばしば関係短調のI, V, およびIVとして，また短音階のIII, VII, およびVI

の長三和音も関係長調として説明できる（譜例2）。スカルラッティの使い方を見ると，長・短音階におけるVII（譜例3），短音階におけるII（譜例4）にはいずれにも独立した機能を与えていないように見える。これらの三和音は主に属和音に関係している。

譜例 2.

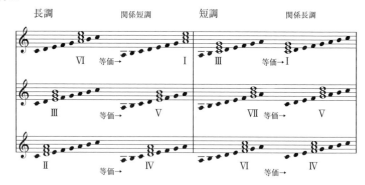

譜例 3.

譜例 4.

ここで強調しておくべきことは，スカルラッティがどのような和音も楽曲の途中で，長調あるいは短調のいずれの和音にも置き換えることができると考えていたことである。この長調と短調の光と陰の間を自在に行き来することこそが，スカルラッティのあれほど多くの作品の外観に変化に富んだ，まだら模様の色彩を与えているのである（譜例5）。これは彼が主和音を変化させることだけでなく，長調において短調の下属和音を使用することにも明らかである。スカルラッティが長調と短調の間を浮遊することへの好みは，大衆音楽を模倣している作品での短調のIVと長調のVの間の反復進行に顕著に現れている（譜例6，ソナタ第105番より）。その旋法的な特徴にもかかわ

譜例 5. パルマ手稿第 III 巻第 29 番（ロンゴ第 465 番）K. 96

譜例 6.

らず，楽曲構造における一時的な色彩や機能という面において，スカルラッティのそれらの使い方は完全に調性的である（すべてのスカルラッティにおける外観上の旋法的進行は，常に調的な使い方になる。たとえばソナタ第 1 番の前半の変格終止，あるいはソナタ第 516 番でニ短調の主和音と半音下げられた導音に基づくハ音上の長和音間の揺らぎ，または以下に示すソナタ第 223 番のパッセージを参照）。（譜例 7）

スカルラッティは，曲の終わりで長調の持つ栄光の炎となって噴出するために，作品をしばしば短調で始め（ソナタ第 552 番，第 519 番），あるいはその中心部を短調の中に放り込む（ソナタ第 44 番，第 133 番）。時として彼は逆のことも行い，短調で終わることで長調の作品を曇らせる（ソナタ第

107番)。

譜例 7. ヴェネツィア第 III 巻第 18 番（ロンゴ第 214 番）K. 223

転回と根音バス

　私は，1722 年にラモーが彼の『和声論 Traité de l'Harmonie』の中で初めて論じた転回和音と根音バスの理論について，スカルラッティがどのような形にせよそれを知っていたかどうかを明確にすることができていない。多くの 18 世紀の作曲家，特に J. S. バッハと C. P. E. バッハはこのような理論を受け入れることを拒んでおり，彼らの音楽は 18 世紀の多くの慣習的な通奏低音に関する論文を通じて発展した和音の分類法で分析した方がよく理解できることが多い。これらの論文では転回の原理は無視されており，和音は三の和音，六の和音，四六の和音，七の和音，五六の和音，などに分類されている。経験を積んだひとりのコンティヌオ奏者として，私はこの分類が実用的であると証言できる。コンティヌオ奏者は，和音をその脈絡においてのみ考える。転回の原理は，バス声部がアルペッジョ奏法の場合を除いて，彼にとってはほとんど役に立たない。他の 18 世紀作曲家と同様，スカルラッティは子供の頃からコンティヌオ奏者であり，それがどんな様式であろうと，すべての音楽を一瞬のうちに垂直的な和音の骨組みと通奏低音の和声の単純で基本的な進行へと還元してしまうことに慣れている。しかしながら，ラモーは全く別としても，転回和音の原理は世に流布しており，理論的に受け入れることを拒否した作曲家も，少なくともその一部については暗黙のうちに認めていた。スカルラッティの弟子であるアントニオ・ソレールは，私がこの後すぐに詳細に取り上げる彼の理論的な論文『転調論 Llave de la Modulacion』の

中で，転回の原理について明確に言及はしていないものの，その実例や注釈を見るとそれを前提としているように見える。彼は基本的な長調と短調の協和音を以下のように分類しており，三五の和音を完全協和音，六の和音を不完全協和音，そして四六の和音を複合和音としている（譜例 8）。スカルラッティが鍵盤音楽において発展させた様式においては，転回という概念はその声楽曲におけるよりはるかに大きな場所を占めている。

譜例 8. ソレール，pp.47-48

ここでスカルラッティの六の和音を考察してみよう。それらの機能はコンティヌオ和声の場合と同様，流動的である。六の和音はしばしば同じ根音を持つ三和音と関係しており，それらは単に転位音として機能するか[1]（譜例 9），あるいは三和音と融合して，単に 6 とだけ記されている多くの和音をコンティヌオ奏者の特権でそうするように五六の和音を形成する役割を果たしている（譜例 10）。他の場合には，それらは明らかにいわゆる和音の基本位置と呼ばれるものと関連している（譜例 11）。

スカルラッティは四六の和音を，それ自体で完全なひと組とは考えなかったようである。独立して存在すると見なされている唯一のものは，V と結合した I_4^6 である。他の四六の和音はバス声部のアルペッジョ奏法，掛留，経過音，転位音，あるいはそれらに瞬間的に I_4^6 の機能を与える一時的な転調によるものである。

スカルラッティがナポリ六度を使っていたかどうかははっきりしないが，変化音に関する彼の豊富なテクニックにおいては単なる枝葉末節に過ぎない。それはしばしば直接的な短調の下属音か，あるいは順次進行する声部によっ

---

1 転位音という用語は，主要音を隣接する音に置き換えることを意味している。たとえば，ハ–ニ–ハ，またはハ–ロ–ハという進行においては，ニ音および口音が転位音に相当する。

て生み出される旋律的な変化音に従属する（ソナタ第 29 番および第 96 番）。

スカルラッティは根音バスよりも基本的な調的機能により大きな関心を示している。彼の和声は深い謎につつまれている。それはもはやバス声部の水平的な線に杓子定規に依存するのではなく，調性の中心付近を浮遊する。スカルラッティにとって和音は声部のかたまりを表すものではなく，少なくとも彼の基本的な 2 声部書法においては，明らかに声部の水平的な処理から要求される以上のものではない。それらは調性における点を表している。彼の和声はモザイクのように並置されるべき固体ではなく，画家の絵の具のように混ぜ合わせブレンドすることができる液体なのである。スカルラッティの和音は，その柔軟な性格のゆえにあらゆる種類の拡張，圧縮，そして調的機能の瞬間的な重畳を可能にする。これが彼の声部の扱いが自由奔放で，見たところ非正統的である所以である。

スカルラッティの和声の残る要素は，ガスパリーニによって明らかにされた 18 世紀通奏低音の語彙，掛留あるいは全音階的な声部進行によって生じる垂直的な音の組み合わせ，または 3 つの基本的なカデンツの和音の連結やそこから派生したもの，といった観点からアプローチできるだろう。しかし，スカルラッティのオペラや教会音楽すべてにおいて実証されているように，ガスパリーニの通奏低音の規則も，声部書法の確固とした原理も，彼のハープシコード音楽を完全に説明するためには不十分である。主要三和音からのさまざまな要素をひとつの色ににじませるというスカルラッティの特異で実に独創的な腕前や，日常的に行われる声部の転置や省略が考慮されなければならない。しかし，スカルラッティの極めて精緻な和声がいかに劇的に三和音とその組み合わせに還元できるかを示したからといって，彼が意図的にそれを実行した，あるいは少なくともそのような制約を考えたことがあったと仮定する理由はどこにもない。スカルラッティにおいては，18 世紀通奏低音のあらゆる語彙や水平方向での声部の全音階的な進行による和声に大きな多様性が見られるにもかかわらず，カデンツの定型が支配的であるが，これはスカルラッティの調性感が圧倒的であることからの必然的な結果に過ぎない。

和声的語彙の他の要素，七の和音の特殊性

スカルラッティの七の和音の扱いは，正統的な和声の概念にほとんど対応していない。通奏低音という意味では，七の和音のすべての語彙と，それらの転回形と我々が呼ぶものがスカルラッティの中に見いだされる。しかし 19 世紀の理論的な意味で，彼が音階のすべての音度における副次的な七の和音

とその転回形を完全なひと組として考えていたようには全く見えない。それらが和音として意味することは，主として声部の水平的な動きによって形成される音程を垂直方向へコンティヌオ風に圧縮しただけのものか，主要三和音からの要素を組み合わせただけのものである。スカルラッティがもっともよく使う七の和音，属七と減七の和音ですら，バッハやモーツァルト，19世紀和声の論文，あるいはスカルラッティ自身でさえ彼の声楽曲で用いたような機能を果たすことは滅多にない。

　一般的に，スカルラッティは七の和音やその転回形に重点を置くことを避けている。彼はそれらの中に，いわばドイツ風に沈み込むことはない。あるいはイタリアの同時代人の多くの音楽に見られる甘ったるい和声進行のように，属七の和音を甘味料として使うこともない。スカルラッティは，あたかもしばしば変移する調の流れの不安定さが失われることを避けるかのように，またその絞り込まれたひきしまった旋律線や音型の簡潔さ，力強さを妨げないように，七の和音の表面に留まっているように見える（譜例12）。ほとんどすべてのスカルラッティの和声は，もっとも複雑な半音階的不協和音でさえもそれ自体におぼれることなく軽やかに動く。

譜例12．ヴェネツィア手稿第IX巻第22番（ロンゴ第150番）K. 409

X　スカルラッティの和声　　231

大抵の場合，スカルラッティの七の和音は，バス音に対する上声部の動きと上声部自体の動きによって形成される単純な音程からなる複合体である。ソレールは，転調の例で個々の和音を議論するにあたって七の和音については一切言及せず，バス音と関連する声部間の複合的な音程について語るのみである。

　極めて著しく非正統的なのは，スカルラッティの属七の和音である。しばしば和音全体が，声部書法という観点からは説明し難いむき出しのままのユニゾンへと解決する（譜例13）。再三，再四と7度音は宙づりのままで，明らかな解決を伴わない（譜例14）。スカルラッティが終結のカデンツを補強するために属七の和音を使うことは滅多にない。ソナタ第246番のようなカデンツで，属七による全4声部での提示と解決はまれである。カデンツの属和音に7度音がある場合，スカルラッティはしばしば3度音を省略することで和音を薄くする（譜例15）。［ロンゴがソナタ第*308*番（ロンゴ第359番）

譜例13. ヴェネツィア手稿第III巻第1番（ロンゴ第257番）K. 206

譜例14. 《練習曲集》第18番（ロンゴ第416番）K. *18*

譜例15. ヴェネツィア手稿第IV巻第21番（ロンゴ第228番）K. 256

の終わりで示唆した属七の和音は，スカルラッティの通常の楽曲の習慣や作品の表現法から全く逸脱するものである］

スカルラッティは，たとえば先行するカデンツで属七の和音をすでに使用した後での終結のカデンツ（ソナタ第206番）のように，しばしば予想されるような箇所では属七の和音の使用を故意に避けている。ソナタ第520番では，終結部で明らかに属七の和音が使われているが，スカルラッティをよく知る者は誰でも，それをカデンツでは使わないことを確実に予想できる（譜例16）。

譜例16. ヴェネツィア手稿第XIII巻第7番（ロンゴ第86番）K. 520

属七や他の七の和音についてのスカルラッティの非正統的な扱い方を理解するために，彼が和音の要素をひとつの声部あるいはオクターヴからもうひとつの声部へと自由に移行させることに加え，ひとつの和声からもうひとつの和声に要素を重ね合わせるという2つの習慣を認識しなければならない。見かけ上解決されないスカルラッティの属七の和音は，内声部に下属和音の根音を伴ったIVとVの圧縮形にすぎず，4度下行して完璧に自然な解決を行っている（譜例17）。一般にそのような下属和音と属和音の要素の結合においては，響いている根音が主要な和声機能を果たしている。和声を重畳させる場合，和音の構成音のひとつは他のものより必ず優位になる。我々は，そのような重畳が掛留，保続音，および極めて基本的な和声的進行の圧縮によってどのように説明されるかをすぐに知ることになろう。さらに，2声部の骨組みで真に旋律的な機能を担っている声部は通常の正統的なやり方で自ら予備し解決へと向かうが，一方で付加的な内声部，特に保続されるペダル音や重畳に由来するものは必ずしも同じ法則に従わないこともまた知ること

譜例17.

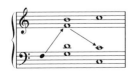

になる。それゆえに、スカルラッティの解決されない7度音は常に内声部に現れる、という点は注目に値する。最上声部に現れるか、むしろ上行する解決されない7度音は、常にもうひとつの声部で解決されるように聞こえるか、遅れて解決される（譜例18）。

譜例18. ヴェネツィア手稿第 XIII 巻第4番（ロンゴ266番）K. 517

属七および減七の和音を斜行させて全音階的に解決すること、そして単純な三和音への解決がまれであることは、ひとつには声部の水平的な動きによって説明できるし、また三和音との結合を表すこれらの和音、すなわち調機能の合流点や通過点を表すこれらの和音が、ひとつの和声の上にもうひとつの和声を重ねることを強いる掛留や保留をしばしば生み出している事実によっても説明できる（譜例40, 42, 47, 53 を参照）。時としてその保留は理解はされていても聞こえては来ず、あるいは予備は割愛される。つまり、一見恣意的に見える不協和音も、実は正統的な和声の短縮された進行に他ならない。とはいえ我々はこの問題に先回りし過ぎたようである。

通奏低音の論文にも見られるように、スカルラッティにおける五六の和音は、バス声部がアルペッジョ奏法の場合を除いて、その理論上の基である七の和音との脈絡的な関係はほとんど示されない。それは一般的に5度音を付加することで六の和音を強化することを表している。これは、特に V_5^6 の場合について当てはまる（譜例19）。II_5^6 は II_6 の下属和音の機能をさらに強化するものである（譜例20）。V_5^6 の和音の解決されない5度音は、下属和音からの重畳を示しているが、重複して置かれている上声部では正しく解決されている。ソナタ第206番を参照（譜例21）。

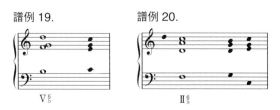

譜例19.　　譜例20.

V_5^6　　　　II_5^6

譜例 21. ヴェネツィア手稿第 III 巻第 1 番（ロンゴ第 257 番）K. 206

譜例 22.

　通奏低音という観点から見た場合，三四の和音も，五六の和音と同様，ここでは 4 度音を付加することによってしばしば六の和音を強調する（譜例 22）。アルペッジョ奏法によるバス声部では，いわゆる根音位置との強い関係を示している。それらは一般的に声部の全音階的な動きを形成するが，時には六の和音か四六の和音から派生しているかのように，3 度音と 4 度音の転位音の動きを形成する。スカルラッティにおける三四の和音は，一般的に全音階的に予備されまた解決されるが，V_3^4 は V_7 と同様，しばしば属和音と下属和音の結合として機能する（譜例 23）。（解決されない II_3^4 の和音というのは，実際には IV と V の重畳である。ソナタ第 206 番を参照）。（譜例 24）

譜例 23. ヴェネツィア手稿第 X 巻第 3 番（ロンゴ S. 第 2 番）K. 420

譜例 24. ヴェネツィア手稿第 III 巻第 1 番（ロンゴ第 257 番）K. 206

二四の和音も同じように常に予備されて全音階的に解決され，V_2^4 は属和音と下属和音を混合したものである。しかしながら，J. S. バッハがある種のレチタティーヴォでバス音を4度下げて行う解決をスカルラッティは決して行わないという点は注目すべきである（譜例 25）。バッハが時々用いるこの定型とそれに続く和声的な圧縮は，いわゆる属七和音の転回形が持つ下属和音的機能の容認を正に意味する（譜例 26, 27）。

譜例 25. J. S. バッハ：《マタイ受難曲》，全集第 IV 巻，p.223

譜例 26. J. S. バッハ：《ヨハネ受難曲》，全集第 XII[1] 巻，p.29

譜例 27. J. S. バッハ：《マタイ受難曲》，全集第 IV 巻，p.223

二四の和音が準備されたパッセージにおいて，スカルラッティはそれに重みが付くことを避けるかのように，しばしば2度音を省略する。これは V_2^4

では特に顕著で,そうすることによりこの和音は VII^6_4 となる(譜例28)。

譜例28. ヴェネツィア手稿第XII巻第7番(ロンゴ第206番)K. *490*

和声のカデンツ的進行 対 全音階的進行

　スカルラッティのすべての和声はカデンツ的な動きによるものか,あるいは声部の全音階的な動きによるもののいずれかである。カデンツは曲の終わりのこともあれば単に一時的な場合もあり,曲の大きな部分の輪郭を描くこともあれば,一連の小さな反復進行のパッセージで繰り返されることもある。多くのスカルラッティのソナタは,カデンツで支配される部分と各声部の全音階的に進行する部分との間で顕著な対照を示している。すべてのスカルラッティのソナタでは,前・後半それぞれで最終的に調を確立する部分はいずれもカデンツに支配されているが,カデンツにおける副次的な和声の修飾や全音階的な音型によって,また作品の中で本来カデンツではない部分に挿入された副次的なカデンツによって,しばしばカデンツの部分とそうでない部分の区別が隠されてしまっている。ソナタ第190番ではその区別は明確である。とりわけ第456番ではイ,ニ,ホおよびイ音のみに基づいたカデンツの後半の最後の部分(第59-77小節)と,ホ音から嬰ヘ,嬰ト,嬰ヘ,ホ,嬰ニ,本位ニ,本位ハ,ロ,そしてイ音へとバス声部が順次進行で動くその前半部分(第36-58小節)との間では鮮明である。さらに,このソナタの前半で三和音の和声から外れるのは,第13小節から第15小節だけに過ぎない。いつものように,それは声部の順次進行と内声部保続音の保持によって説明できる。つまり,そこでは主要三和音の2つあるいは3つすべてからの要素の瞬間的な重畳が起こっているのである。

　全音階的に動くバス声部で見られるフリギア終止(短調の下属和音や長調の属和音がしばしば短調の下属和音の関係長調で修飾され,実際に,あるいは暗黙のうちに長調の主和音へと導く)(譜例29)は,常にスカルラッティのスペイン風ソナタに現れるが,それは今日のあらゆるスペインの大衆音楽の中に聞くことができる。スカルラッティが特にそれを好んで使うのは,後

譜例 29.

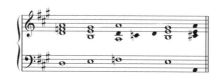

半での転調が行われる回遊部や，前半で終止のための属調が完全に確立する前に現れる浮遊するパッセージにおいてである。一般的にそれは保続音が持ち越されることによって，あるいはアッチアッカトゥーラを形成している和声構成音のいくつもの要素が同時に鳴り響くことによってぼかされる（譜例30）。

譜例 30.　パルマ手稿第 III 巻第 24 番（ロンゴ第 204 番）K. *105*

　このぼかしは，特にスカルラッティがカデンツをあまり強調したくない時，その楽句を続けたいと思う時，終止を暗示させるいかなるものも消去したい時（譜例 45 を参照），あるいは調の効果を曖昧にしておきたい時に起こる。そのようなパッセージはしばしば調的な部分での明快なカデンツと鋭い対照を示す。

垂直的な和声の強度

　スカルラッティにおいて，垂直的な和声のつながりの強さは他の多くの 18 世紀の作曲家に比べてずっと緩やかである。その理由は，ひとつには個々の声部の水平的な結束が，たとえばバッハに比べてずっと緩く編まれているか

らである。スカルラッティの掛留は一般に緊張を欠いている。バッハは掛留を和声という織物に編み込んで使用しているが，スカルラッティはそれを表面的な色彩あるいは一瞬の悲しげな抑揚として用いる。スカルラッティは掛留，不協和音，あるいは導音によって作り出される緊張を，正統的に解決することなく故意に壊してしまうことが多い。それらは放電されたかのように単に空中に放り出され，バッハのように，その熱がひとつの楽句から他の楽句へと伝えられることはない。それはあたかもスカルラッティが，ドイツ和声の不協和音が意味するような感情的な緊張を継続する如何なる形をも忌避するかのように，そして彼が常にそれを避ける機会を逃さないようにしているかのように見える。そこには協和音から中程度の不協和音，そして極度な不協和音へという，バッハのコラールやレチタティーヴォ（譜例31）のいずれにも特徴的な和声形態を生み出しているような，さらに言えば，モーツァルトのあらゆる楽章に対しても当てはまるような，あの有機的な強度の揺らぎは見られない。

　スカルラッティの緊張の度合は，ほぼ中心を占める調から離れた調によって発揮される引力や単純な和声パターンに対抗して経過音や非和声音によって作り出される音の衝突，そして一瞬の垂直的な強度の増大に帰する。スカルラッティは，もっとも単純で明白に結び付く力がある場合を除く，すなわち属和音，関係長調と関係短調，あるいは旋律が順次進行する場合を除き，水平的な織物を破壊するような感情的な引力を避ける。そのようなものに対しては，彼が実際に使っているよりもはるかに豊かな和声的語彙があるかのような幻想を与える方法で，修飾や脚色を施してしまうのである。

譜例31．J. S. バッハ：コラール〈もう十分です *Es ist genug*〉（カンタータ第60番）全集第XII^{2}巻，p.190

おおまかで開放的で，またある程度平板な和声は長い間イタリア音楽の特徴であり，特にその傾向があった劇場音楽の様式においては，表現性を高めることにほとんど寄与しない和声の上に熱情的な表出手段として舞い上がり，

時として和声はその上を自由に流れる旋律とはほとんど無関係にさえ見えるほどである。イタリア人は低声部よりは上声部の観点からずっとよく考える。しかしながら，ベルリーニや初期のヴェルディのありふれた低声部が，その上で奏でられる奇跡によって悲劇的な上品さと融合するような場面が何としばしば起こることだろうか。

スカルラッティの途方もない自由奔放さも，その基本的な和声の単純さによって（譜例32を参照。ロンゴによって次から次へと「訂正」された4つの連続する七の和音は，単純なカデンツの定型を表面的に修飾しているに過ぎない），またそれらが明らかに調の中心と結び付くことによって理解可能になるが，それは調の中心が固定されているか瞬間的に移動しているかによるものではない。

譜例32. ヴェネツィア手稿第III巻第17番（ロンゴ第309番）K. 222

［原典｛上｝およびロンゴの楽譜｛下｝から。ロンゴは脚注で原典を示している。］

一方，多くのスカルラッティの緩徐楽章において，個々の和声のより強力な響きに慣れた耳にその連結が弱く聞こえる理由は，調の中心の周りに単純な和声を方向づけていることにその説明を見いだすことができる。速いパッセージで単純明快に響くよく編まれた和声の進行は，調構造の長大な織物という観点から聴くのでなければ，遅いテンポでは時としてその勢いを失うように見える。

スカルラッティの和声処理における本質的な特殊性：
声部の欠落と付加，声部の転置，和声の省略，実際のおよび暗黙の保続音

　スカルラッティのハープシコード音楽における和声様式の一貫性を理解するためには，彼の声楽曲を含め，18世紀および19世紀の通常の理論的観点から容易に説明できる音楽とは異なった，スカルラッティ流の典型的な手法をいくつか考慮する必要がある。

　スカルラッティのハープシコードに対する印象主義的な扱いは，ギターと共通する垂直的な和声を水平的に連結させることで，その自由な扱いによく現れている。これはスカルラッティが準備することなく声部を省略したり，付加するという彼の習性に特に顕著に現れるが，その目的はハープシコードの響きやインフレクション{抑揚}を得るためか，和声的色彩，あるいは必要とされる箇所を故意に曖昧にするためである。和音の要素，あるいは音程を埋めることは頻繁に省略され，たとえばカデンツにおける最後の主和音の3度音，あるいは5度音さえも，軽やかさや流動性を与えるために省略される。それらは分かりきったものとして，あるいは当然そうあるものとして略されている。したがって，（実際にロンゴによって埋められた多くの和音が示しているように）それらは実際にはない方がはるかに望ましく，そのままにしておくべきものである。和声の水平的な結び付きが2つ以上の外声部で維持されることは滅多になく，それに対して他の声部は単なる補足か和音の補充に過ぎない。ソレールは，彼の『転調論』の第X章で，転調について（p.84）「……［声部のすべての主要な動きは外声部に集中されるべきである，なぜなら］……耳にはこれら2声部がむしろ内声部よりもよく聞こえ，さらにすべての転調においてこの内声部を受け持つアルトとテノールは作り出されるべき協和音に従って伴奏するだけだからである」と述べている。

　大部分のスカルラッティの「連続の禁則」は，それらが楽器上の重複や補強という観点から説明されない場合には，平行8度の大部分や明らかに脈絡のない非旋律的な声部進行で行われるように，声部の転置あるいは交換という鍵盤上での彼の頑固な習性からきていると説明できる。案内役としての2つの外声部という観点では，基本的な和声進行は完全に正しいが，実際に書かれた声部の処理と，それらが描く交換可能な内声部の通常の和声処理の間での対応がみられないため，耳ではなく目だけが混乱を来す。属七の和音で，スカルラッティが借用してきた下属和音の根音を上声部に転置する時（要注意），彼は決してそれを最上声部には置かず，内声部のテクスチュアに溶け込ませてしまうのである。

実際には共通音あるいは掛留に対するすべての正統的な条件を満たす和声の単純な連鎖に基づいた進行は、スカルラッティによって譜例33のように、しばしば連続5度や見かけ上全く非旋律的な声部の動きに置き換えられてハープシコード上で実践される。しかし、声部の交換と転置という観点からみれば、そのようなパッセージは極めて単純で正統的な進行の輪郭をはっきり示しているように見え、また共通音が豊かになるように見える（譜例34）。

　特に初期のソナタに頻繁に見られるが、連続する六の和音の下行型は上声部間での連続5度の分散音型で実践されることが多い（譜例35）。これはもちろん通常の3声の進行であって、ハープシコードで全体として適切に響くように声部を置き換えたに過ぎない（譜例36）。

譜例33．ヴェネツィア手稿第IX巻第7番（ロンゴ第275番）K. *394*

譜例34．

譜例35．《練習曲集》第18番（ロンゴ第416番）K. 18

　スカルラッティによる声部やオクターヴの転置についての格好の例は、ソナタ第464番の第28‐33小節および類似のパッセージに見られるような（譜例37）曲の細部にある。これはそれ自体ではすぐに説明できることではなく、

譜例 36.

　スカルラッティが実践した他の例に前もって注意を喚起していなければ，ロンゴのように，編集者は容易に「訂正」しようとするだろう。実際に起こっていることは何かというと，ロンゴによって（ホ音を選択して）第29小節から消去された嬰ヘ音は，前の小節で予備されていた掛留なのである。しかし，声部の和声という意味では，それは1オクターヴ上のもうひとつの声部で予備されていたものである。第28－31小節において上声部の真の進行は，ト，嬰ヘ，ホ，ニ音である。さらに，ロンゴの「訂正」は，第29小節の垂直的な強度をなくし，第30小節とほぼ同じ重みを与えることで，この楽句の和声的な形を平板化してしまっている。

譜例 37． ヴェネツィア手稿第 IX 巻第 11 番（ロンゴ第 151 番） K. 464

　スカルラッティはしばしば，和音の個々の音程を聴く側によって想像されるもの，あるいは当然聞こえるものとして放置するだけでなく，和音全部についても一般的な進行の中で想像されるもの，当然聞こえるものとして放置あるいは省略してしまう。これに伴って彼がよく実践するのは，進行の重要な段階を縮めてすぐにそうとは分からなくしてしまうことである（後掲譜例47を参照）。
　予想外の和声進行を結び合わせたり，和声の重複や重畳を準備するためにスカルラッティが用いたお気に入りの手法のひとつは，保続音である。フーガの場合を除き，スカルラッティの保続音はバス声部にほんの一瞬のみ現れる。その意味で，スカルラッティの調性の焦点とも言うべき真のバス声部は，音楽構造の基底部と同じくらい頻繁に中声部あるいは最上声部にも見いだされる（空中に高く掲げられた属音の保続音に向かってバス声部が上昇してく

るソナタ第14番の第12−17小節，などを参照。あるいは，上声部において3度で上行しながら響く一連の耳障りな保続音についてはソナタ第12番，第14−18小節，などを参照）。しかし，一般的にはスカルラッティの保続音は中声部に埋め込まれ，音型の反復によって維持されるか，一瞬消滅するか，あるいは和声の細部で装飾的な変化を一時的に生み出す。しばしば内声部において時折現れる保続音は，あたかもホルンかギターの開放弦で奏でられたかのように，粗いブロンズの表面を磨いたような光沢に輝く（ソナタ第8番を参照）。

　ソナタ第26番に見られるように，スカルラッティの保続音の多くはギターの開放弦からインスピレーションを得たようにみえ，それらは明らかにギターという楽器の観点から考えられたもののように見える。この148小節からなるソナタのおよそ半分近くの小節は，紛れもなく保続音を含んでいる。前半は2つの主要な保続音によって支配されており，ひとつは属音上の属音（第30−42小節）で，もうひとつは属音の保続音であり，時折途切れることはあるものの，前半の残りすべてを支配している（第43−68小節）。（譜例38）これはスカルラッティのソナタの本質的な構造を支配している通常の巨大なカデンツの，より明確な例である。

譜例38.《練習曲集》26番（ロンゴ368番）K. 26

イ長調のソナタ第321番で，ロンゴが「訂正」した内声部保続音について，スカルラッティはソナタの前・後半ともにロ音がこのパッセージを通して響くように作り上げている。これは，スカルラッティの調性的思考が基本的に単純であることを示す格好の例になっている。この楽曲で，彼は早々に属調を確立するが，属音上の属音を必要としたために，いつものようにそれを離れた部分に割り当てることをせず，他のことが進行する間も彼はロ音を単に鳴らし続け，和音をぎっしり詰め込んでいる。彼は再現部で，主和音が早く再現されたことによって弱められた属和音を強化するために，この同じ属音上の属音を使うのである（譜例39）。

譜例 39．ヴェネツィア手稿第 VI 巻第 26 番（ロンゴ第 258 番）K. 321

＊原典を脚注に引用。ロンゴは第 31 - 32 小節の相違について何も言及していない。第 72 - 75 小節においてロンゴは変更を施したと主張しているが，楽譜上ではヴェネツィア手稿と同じである。彼が脚注に原典として引用しているものは明らかに誤謬によるものである。

和声の重畳

　それにしても，彼の時代にあっては極めて独創的であり，今日においてさえ驚きをもって認められる「現代性」の源となっているスカルラッティのもっとも驚くべき手法は，ひとつの和声をもうひとつの和声に重ね合わせることである。この手法は，多くの作曲家にとっては限られた意味でしか実践され

X　スカルラッティの和声

てこなかった。それは，いわゆるコレッリのカデンツと呼ばれるもので，属和音と主和音の要素が衝突するところで先取音や経過音，そして多かれ少なかれ通常の掛留あるいは保続音の形で見られるし，あるいはバッハのブランデンブルク協奏曲のいくつかにあるように，根音バスとは必ずしも一致しないような，楽器の多様な音色の中で施される表面的装飾の積み重なりにも見られる。また，バッハのある種のレチタティーヴォの曖昧な進行（譜例26，27を参照），あるいはいくつかの鍵盤のための前奏曲や《半音階的幻想曲》，そして明確に定義された和声に挟まれた曖昧な中間地点にも見られる。しかし，それがスカルラッティのような自由さで流動的に使われたことは彼以前には全くなかったであろう。ある程度ストラヴィンスキー風とも言える特徴的な方法を先取りし，スカルラッティはひとつの主要和音を彩るために一時的にもうひとつの和音から借用する代わりに，時として基本的な和声を大胆に組み合わせる。

　スカルラッティの和声の重畳はいろいろな形で準備される。もっとも標準的な手段は通常の掛留によるもので，ひとつの和音の要素を他の和音とタイで結び合わせる。

　時として，重畳された和声は全く通常の保続音によって予備され，明瞭にそれとわかるようになる。ある場合には保続音は中断されるか，単に暗示されるかにとどまる。より複雑な場合には，しばしば2つあるいはそれ以上の保続音が同時に鳴り響いている（譜例42を参照）。

　多くの場合，通常の和声進行，特にカデンツは，明白に予備されることなくそれぞれの要素すべてが同時に響くまで圧縮され，個々の内声部は移行されてその機能を交換する（譜例43, 47を参照）。

　予備の段階があれば独特の和声結合による連鎖がすぐに説明できるが，その場合驚きも全くなくなってしまうので，そのようなものはしばしば故意に省略されてしまう（譜例47を参照）。

　譜例40に示されているようなパッセージでは，九の和音と思われる和声のスフォルツァートが保続音の上に置かれている。しかし，同様なパッセージでのスカルラッティの重畳のもっとわかりやすい例に精通していれば，それらが下属和音と属和音の重畳であり，スカルラッティは続く四六の和音に重みを持たせたくないが由に，明らかに意図的に第30小節およびそれと同様のパッセージ（第107, 113, 115小節）で明確な9度音の解決を省略していることがわかる。同様に，スカルラッティは第39－40小節の五六の和音の減5度を解決しないまま終わらせている。なぜならそれはその外見に反して掛留によって予備された真の不協和音ではなく，純粋に和声的な意味において先

行する和声が重なり合った束であり，和声進行の中で旋律に対する本来の和声付けが行われるような法則に支配されない重ね合わせだからである。スカルラッティが決してそのような解決されないままの不協和音を真の上声部に置くことはない，という点は重要である。下敷きになっている 2 声部のテクスチュアは最初に目に入るとは限らず，スカルラッティの突飛な音型，あるいは声部の転置，オクターヴの移行の下に隠れているが，それは常に声部和声の正統な規則に従っている。ロンゴは第 40 小節で 2 つ目の 8 分音符のイ音をニ音に変更して二四の和音に重みを付けているが，こういった脈絡に照らしてそれは全く非スカルラッティ的である。

譜例 40. ヴェネツィア手稿第 VIII 巻第 2 番（ロンゴ第 448 番）K. 359

重畳のひとつの極端な例は譜例 41 に見られるであろう。これはヘ短調からニ長調への転調の途中で，スカルラッティが嬰ハ音上の減七の和音に到達した時に起こるが，紛れもなくニ短調の属和音と下属和音の要素の結合である。当時の習慣や後の校訂者が抱くであろう感情を完全に無視し，スカルラッティはト音の保続音を維持しながら左手をニ音へと解決し，最上声部を動かしてバス音とオクターヴを形成して，ニ短調の和音の要素にト短調の要素を塗り込むことで，総毛立つような効果を出している。第 95 小節のニ音への転換点で，第 83 小節から鳴り続けていたヘ音の保続音が消えていく。それはト音へと移るように見えるが，もうひとつの脈絡では，消えてしまう響きのよ

譜例41. ヴェネツィア手稿第XV巻第27番（ロンゴ第232番）K. 124

うに完全に省略されてもよかったであろう。ところで，ロンゴによる第102小節のニ長調の和音の挿入ほどスカルラッティの和声的フレージングや器楽的表現にとって異質なものはないであろう。スカルラッティは彼が欲するものをその楽譜に正確に書き記しているのである。

　上述してきた事柄のひとつあるいはいくつかの意味で，スカルラッティのいわゆるアッチアッカトゥーラというものはすべて説明可能である。それは不協和音の恣意的な塊という意味でのトーン・クラスターでもなければ，必ずしも全音をでたらめに補充したものでもなく，あるいは隣接音を同時に響かせたものでもない。それはスカルラッティ和声語法の論理的な表現であり，彼の調構造が有機的に明示されたものなのである。

　ソナタ第119番のアッチアッカトゥーラは，極端な不協和音の例として，あるいはガスパリーニやジェミニアーニ流に挿入された装飾音か，音程や隣接音の補充音の例として繰り返し引用されてきた（譜例42）。その不協和音は極端きわまりない。第163小節では（少なくとも「訂正」されていない版においては）ニ短調音階の3度音以外のすべての音が同時に鳴っている。しかし，それらの不協和音は旋律的な取り扱いや声部和声での解決を要求する不協和音ではなく，保続音として入り込み，重なってぶつかり合う主和音，属和音，および下属和音の和声の束に過ぎない。以下の保続音に注意せよ：ニ音（第18－34小節），イ音（第36－44小節，第39小節は除く），イ音（第51－65小節，第96－106小節），ホ音（第106－115小節），ニ音（第150－162小節，第163－175小節，第176－186小節）。この最後のニ音の保続音としばらくの間重なり合っているのはイ音の保続音（第161－170小節，第172－175小節），およびホ音の保続音（第162－168小節）である。言い換えると，イ長調のカデンツのあらゆる要素（属和音を実際に確立するための嬰ト音を除く）が，固有の和音だけではなく，同時に響いている保続音とも結合し，揺れ動く不協和音の塊の中に一緒にぼやかされてゆく。それらはイ音とニ音上の長三和音に下属和音であるト音上の短三和音を付加することで作り出されるニ

長調のカデンツの諸要素によって，さらに揺れの中へとたたき込まれる。限られた調の構図の中でさらに純粋な属和音の和声を取り入れることはほとんど不可能である。この重ね合わされた和声のもつれは，曲の終わりで明快で散文的な一連のカデンツへと薄められていく。

譜例 42. ヴェネツィア手稿 XV 巻 22 番（ロンゴ 415 番）K. *119*

圧縮と拡張

　基本的な和声進行を拡張したり圧縮したりするスカルラッティのテクニックは，彼のカデンツの諸定型に極めて明らかである。スカルラッティのカデンツ進行は大小いずれの規模にもなり得る。ひとつのソナタの前・後半それぞれにおける終結部は，さまざまな方法で表面的に処理され，色付けされたひとつの大きなカデンツの反復に他ならない。スカルラッティのカデンツは，ひとつのソナタの半分，あるいは半分近くを占める比率から始まって，どのような程度にも圧縮され得る。大きなカデンツは小さなカデンツの反復，ま

X　スカルラッティの和声　　249

たは終結を遅らせるための和声の連鎖か偽終止によって引き延ばされたものである。より小さなカデンツはその基本である IV, V, I の和音に還元されるか，ひとつの和声が他の和声の上で響くところまで圧縮される。ソナタ第 175 番の冒頭の和音（譜例 43）はそのような圧縮されたカデンツに他ならず，ここでは予備なしに現れている（同じくソナタ第 490 番の第 35 – 37 小節，なども参照）。

譜例 43. ヴェネツィア手稿第 I 巻第 28 番（ロンゴ第 429 番）K. *175*

［ロンゴは左手を上記右側のように変更している。脚注で原典を第 2 – 6 小節にかけて引用しているが，第 1 小節は欠落している］

　このカデンツの定型の圧縮は，作品の中で和声的な動きに変化を付けるスカルラッティの主要な方法のひとつである。作品の終わりでカデンツは幅広く拡大されることもある。それらの要素は，中間部や転調が行われるパッセージでは圧縮されてぼやけているか，あるいは全音的な動きによって生じる和声の補助役になっている。スカルラッティがカデンツを加速する時には，それらの要素があまりに相互に重なり合ってくるためにあたかも高速で回転するプロペラの翼がにじんでいくように，いわゆるアッチアッカトゥーラへと溶け合っていく。ソナタ第 119 番ではカデンツの三和音すべての要素がぶつかり合って，曲の中間部でひとつのもつれ合った不協和音となり，前・後半の終結部になってようやく明快，平明で分離した形で現れる（この曲では省略されたカデンツのリズムは 8 分音符へと拡大され，楽曲の終わりでカデンツが拡大するとともに 16 分音符へと加速される）。ヘ短調のソナタ第 466 番を見ると，前半 34 小節のうち最初の 5 小節を除き，ト音からハ音への一連のカデンツで占められている。後半では同様にハ音からヘ音へのカデンツが第 50 小節から第 76 小節までを占めている。ソナタの残りの部分は転調するより小さなカデンツで完全に占められていて，スカルラッティは途切れのない持続的な作品を形成するために，これらを驚異的な腕前で処理している。

　スカルラッティの重畳，あるいは圧縮にもっとも共通して見られるのは，ソナタ第 105 番にあるように浮遊する下属和音と属和音から抽き出された 5 度

音を同時に保持することで融合させることである（譜例30を参照）。圧縮の過程はソナタ第96番の同様のパッセージでも明瞭に見られ，そこでは初めに下属音と属音の連続5度（後に続く圧縮で説明される）が別々に響き，それからひとつのパッセージへと融合するが，スカルラッティが最上声部に置いたナポリ6度は保続音の本位ロ音に対して変ロ音をもたらすという理由で，そのパッセージの最後はロンゴによって「訂正」されている（第68小節）。（譜例44）

譜例44. パルマ手稿第III巻第29番（ロンゴ第465番）K. *96*

［第68小節のスラーはヴェネツィア手稿第XV巻第6番に依拠］

スカルラッティによるカデンツの要素の圧縮あるいは重畳は，IV，Vあるいは IV，V，I の和音いずれにせよ終止という形を避けたいと思う時にしばしば起こり，継続を中断しないため，あるいは楽曲の不適当な箇所での明確な調的方向付けを確立しないためのものである。たとえば，ソナタ第216番の第93-94小節で，スカルラッティはそのカデンツが強くなりすぎないようにしたいと考える（譜例45）。終止のための属調としてロ長調はある種の緊張感を伴って確立されなければならず，主調のように安定してはならない（したがって，終結時の調へと導かれる直前で明確な属調を確立するために存

譜例45. ヴェネツィア手稿第III巻第11番（ロンゴ第273番）K. *216*

X　スカルラッティの和声　251

在するこれらのカデンツの強度を緩める，などというのはこの上もない演奏上の誤りである）。第90-93小節では，ロ長調の下属和音であるホ音上の長三和音を明確に提示するというよりむしろ，第2拍でこの和声の要素とロ長調の属和音である嬰ヘ音上の長三和音を同時に響かせることによってそのカデンツをぼやけさせている。

　ソナタ第216番の第22-27小節では，2つのフリギア終止，すなわちロ長調のⅣとⅤ，ホ長調のⅣとⅤの圧縮が見られるが，それは省略，転回，および重畳によって隠されており，その間を浮遊することでソナタ前半の中間部において主調と属調の間が全く曖昧になる（譜例46）。

譜例46. パルマ手稿Ⅳ巻26番（ロンゴ273番）K. *216*

　すでに見てきたように，スカルラッティのアッチアッカトゥーラの多くはカデンツが圧縮されて形成される。ソナタ第215番の回遊部の始まり{後半冒頭}で三度反復される楽句のびっくりするような不協和音も，この方法で形成されている。それらはあまりに衝撃的なのでロンゴは「訂正」を施している（譜例47）。楽句の反復ごとに全音上昇するのは移調によるものではなく，そっくりそのまま瞬間的に調性を置き換えているのであり，そのような例はスカルラッティの他の該当するパッセージや，ベートーヴェンの類似のパッセージで初めて見られるものである。いくつかの進行は圧縮され，割愛される場合を除き，カデンツによる関係調の連鎖は実に滑らかである。この楽句の最初の提示は嬰ヘ長調（ホ長調のドッペル・ドミナント）のカデンツ

譜例47. ヴェネツィア手稿第Ⅲ巻第10番（ロンゴ第323番）K. *215*

＊この和音はロンゴ版では変更され，2つの嬰ヘ音が削除されている。類似のパッセージでも同様。脚注で原典が引用されている。

を形成するが，嬰ヘ長調への解決は省かれている。楽句の第二の提示は嬰ヘ長調の関係短調（嬰ニあるいは変ホ短調）で始まり，嬰ト長調あるいは変イ長調の属調に変化する。そして第三の提示では同じような過程でヘ音あるいは嬰ホ音へ到達する。これが変ニ音または嬰ハ音へと導かれ，続くパッセージでは嬰ヘ長調を経て主調の属調であるロ長調へと戻る。

ここでロンゴによって「訂正」された不協和音の原形を調べるために，楽句の最初の嬰ヘ長調による提示（第42-45小節）を分析してみよう。まず最初に，属和音と主和音が常に長調から短調へと移行していないか，または曖昧にされたままかもしれないと仮定して取りかからなければならない。第42小節にはパッセージ全体の圧縮についての手掛かりが残されている。

{ アルファベットはコードネーム表記 }
第1拍：$C^\sharp$（嬰ヘ長調のV）
第2拍：$C^\sharp$, Bm（V, IVの短三和音）{V, °IV}
第3拍：$C^\sharp$, $F^\sharp$m, $G^\sharp$（V, 上属調のIVの短三和音, VのV）
　　　{V, $\overset{IV}{V}$, $\overset{V}{V}$}

言い換えると，最初は嬰ハ音のみで，次に嬰ハ長調の圧縮されたフリギア終止が続き，それから嬰ハ短調の圧縮されたカデンツ全体が現れたかと思うと，直ちに嬰ヘ長調の属調である嬰ハ長調へと変化するのである（第45小節）。

ロンゴの「訂正」とスカルラッティの意図

ロンゴ版のスカルラッティにちりばめられた「訂正」，あるいはハンス・フォン・ビューローによって完全に書き直されたいくつかのソナタほど，スカルラッティの和声が独創的であり，正統的な見解とは無縁であることを明らかに示しているものはない。いずれの場合でも，スカルラッティの楽譜は見事に洗練された方法で変更されているが，それらは彼の様式に関して広まった誤解に基づいており，彼が18世紀作曲家の誰とも共有することのない首尾一貫した和声処理の体系を作り出した点を見落としている。

ロンゴがスカルラッティの和声的語彙に共感していたかどうかはひとまず置くとしても，彼のような感覚と経験を持った音楽家がそれほど多くの校訂の必要性を感じたというのは驚きである。というのも，これらスカルラッティの特殊性が意図的で，かつ彼の様式の不可欠な一部分をなすことは極めて明らかであり，それを歪曲することなく変更を加えることなど不可能だからである。これらほとんどすべての「訂正」の直後に続くパッセージはその変更

を拒むものであり，その「訂正」の矛盾と同時に通常の和声という視点からスカルラッティの楽譜を書き直すことが全く不可能であることを暴露している。たとえば，ソナタ第258番の第1-8小節を第9-16小節と比較してわかるように，明らかに意図的に用いられたソプラノとバスの間の平行8度に対してロンゴが失敗に終わった「訂正」は，スカルラッティが最初に意図したバス声部の全音階的な進行を繰り返すことで明確に示されている。

写譜師の書き間違いに対しての疑問や手稿資料における矛盾を除き，ロンゴの校訂はそのほとんどすべてが不必要なもので，彼が考えるように理にかなったものでも全くない。それらの非論理性は，作品の中で完全に有機的に組み込まれているが故に，彼が「未訂正」のまま残さざるを得なかった膨大な数に及ぶ類似のパッセージによって証明される。不協和音に対してより寛容であるということを別にして，20世紀の音楽家には内声の保続音，声部の移行，また和声の重畳や圧縮という手段へのより良い理解力が備わっているが，それらによってロンゴやその同時代人には非論理的で恣意的に見えるパッセージのひとつひとつがすべて説明されるのである。

しかしながら，スカルラッティがしばしば声部を欠落させることについては，あまり理にかなっているように思えないことを認めなければならない。多分経験を積んだコンティヌオ奏者やハープシコード奏者のみがそれを理解し得る立場にあるだろう。通奏低音の歴史を通して，音量が相対的に自由にならないハープシコードで音のグラデーションを達成するために，和音を厚くしたり，または薄くしたりして数字付きバスに和声付けしていくのはコンティヌオ奏者の特権であった。紙上ではうまくいっているように見える通奏低音の和声付けと，実際の演奏でよく響き，独奏パートを出しゃばることなく支え，背景を自由に形作り，真に感受性豊かなアンサンブルを達成するものとの間には非常に大きな相違がある。基本的な連続性が維持され，バス声部に説得力があって巧みに処理された線が付け加えられ，本質的なリズム構造が保たれる限り，演奏における処理の技法，声部の省略，あるいは内声部に二重の連続進行を時折導入することにおいてさえ，ほぼ無制限の自由が行使できる。

ソナタ第206番に見られるように，スカルラッティは熟練の技で楽句を形づくり，旋律の表現に陰影を与える（譜例48）。第67-68小節で彼は旋律に息をさせ，伴奏の不協和音を一瞬だけ空虚5度へと緩めることによって，その嘆きをピアニッシモへと次第に陰らせる。このパッセージでは，ロンゴの提案した「訂正」はスカルラッティの和声を通常の作法に変えることに失敗しているばかりでなく，彼のフレージングは他の箇所でも旋律声部の表現を

完全に誤解していることを暴露してしまっている。

譜例 48. ヴェネツィア手稿第 III 巻第 1 番（ロンゴ第 257 番）K. *206*

[原典，およびロンゴの楽譜より。原典はロンゴによって脚注に提示]

譜例 49 では一連の不必要な和音の補充によって，スカルラッティが意図した楽句の終わりでの先細りや色彩の陰影付けを重たく，均一なものへと変えてしまっている。

　もしも，ロンゴの訂正が気まぐれな曲を，標準的な耳に対して多少とも馴染みやすくすることにすら失敗したとすれば，それはソナタ第 *208* 番においてである。経験豊かなスカルラッティの通(つう)でさえ，その主声部が伴奏を明らかに無視していること，不注意にも主声部が伴奏の和声とは全く異なった和声を描いていること，さらに伴奏自身がオクターヴへと分解され，主声部と平行して動き，不協和音が解決の望みなく明らかに中空にぶら下がったままでいるという傾向を示すことに一瞬戸惑うであろう（図 43-44）。

　この曲の伴奏部分をもう一度見てみると，バス声部は単純で標準的な動きをしていることがわかるであろう。ひとつあるいは複数の内声部の音は，楽句にデクラメーション的なニュアンスを付けるだけのために加減されている。どんな場合にせよ不協和音が真の掛留である場合には，それらは正しく解決されている。それ以外の不協和音はスカルラッティ的な観点からは解決を必要としない。なぜなら，それらはこの作品のすべての和音の基礎をなす主和音，下属和音，あるいは属和音の和声の重畳を意味するものだからである。この作品は，水平的な声部がバス声部の上を先導する，という標準的な動きをスカルラッティの和声が示さないことの見事な例である。それらは調的音階における単なる音度の羅列なのである。この作品の上声部ではアルペッジョ，アッポッジアトゥーラ，転位音や逸音がいくつもの声部の和声の周りを巻きもののように取り巻いているが，決して首尾一貫してはいない。それは諸声部を記すことなく，たった 1 本の線を描くことによっていくつもの空間の次

X　スカルラッティの和声

譜例 49. ヴェネツィア手稿第 XII 巻第 25 番（ロンゴ第 19 番）K. *508*

元を示すことができるようなやり方でそれを示しているにすぎない。この声部線の奇妙な音程は，想像上の掛留音，保続音，あるいは移行されたオクターヴの周りで一体化していく。バス声部の線は，ひとつの和声からもうひとつの和声へと装飾することなく単純な連結を形成する。上声部では和声機能が声部から声部へと移動していく。この緩やかで自由な様式にあっては，上声部と下声部の間に平行5度や平行8度がいくつあろうと大差はない。それらは解剖学の無視を必然的に暗示する，画家の自由な筆使いによるスケッチほどにも構造を損なうことはない。

　まずこの作品を見ると，それが完璧に標準的な18世紀の和声に基づいていることに驚かされる。その処理法だけが標準的ではないのである。それは和声的な意味で書き記されたテンポ・ルバートと似ている。あるいは，機織り職人や染め物職人が，とある色彩の束を彼らの図案から漠然とそして一見無作為に紡ぎ出す時の意識と同様である。ひとつの色の斑点は縞模様へと引き延ばされるかもしれない。それは必要以上に長く晒されている糸で，織物に無頓着で不揃いな雰囲気を与えている。

　スカルラッティは規則や形式へのこだわりはないものの，その基本は一貫している。しかし，彼は常に耳のために書いているのであって，目のためではない。紙の上ではテクスチュアが不適当に厚くなったり，あるいは不可欠な解決が欠落したように見えるものも，ハープシコードの響きの上では常に理由があることがわかるのである。

平均律と調の体系

　《練習曲集》以降，平均律の原則は，スカルラッティの全鍵盤作品において当然の前提となっていることは明らかである。少なくとも1753年までに，スカルラッティは2つの嬰ヘ長調ソナタ（第318番と第319番）を作曲することで，すべての調性による作品を書き上げている。それ以前に，嬰ト短調，変ホ短調，嬰ハ長調を除いた調性によるソナタをすべて書き上げていたが，もちろん一時的な転調でこれらの調に転ずることはしばしばあった。彼は明らかに異名同音による転調が持つ無限の可能性に気づいていた（ソナタ第215番，第394番）。J. S. バッハとは異なり，スカルラッティはどうやらすべての調によるソナタの例を用意することで24種類すべての調を使う可能性を示す必要を感じてはいなかった。しかし大局的には，スカルラッティはもっとも数多くのソナタを最少の調号で作曲した作曲家であった。ト長調とニ長調がリストの先頭を占め，次にハ長調とヘ長調，そして変ロ長調とイ長調が

続く。スカルラッティが特定の調と特別な関係をもっていたことは容易に見て取ることができる。これは一部には，旋法間に性格的な差を持たせるという伝統をわずかに残した記譜法の習慣による結果である。

ヴェネツィアおよびパルマ手稿では現代の調号だけではなく，一定の調でひとつだけ調子記号を減らすという古い記譜法も見られる（たとえば特にハ短調，ニ短調，ト短調，およびヘ短調，イ長調，ホ長調，および変ロ長調）。ヴェネツィア手稿第XIV巻および第XV巻では，いくつかのソナタでフラットがシャープを相殺するために使われ，その他の巻ではナチュラル記号が使われている。同じ調のソナタの間で，多くの同じような主題や似たような雰囲気をたどることは可能である。器楽奏者は誰しも無意識のうちに自身の楽器の性質を通して，少なくともそれぞれの調に確かな特徴を与えている。もちろん鍵盤楽器奏者は，ピッチの問題は別としても，弦楽器（ヴァイオリンまたはチェロ）の開放弦や金管楽器の倍音列のようなイントネーションに作用する確かな区別を誰も持ち合わせない。しかし，理論的にはどの調も絶対的に等価であるにもかかわらず，演奏者は一般的にその触覚に支配される。ソナタ第487番は，ショパンの《練習曲集》第1番と同じくらい，ハ長調以外のいかなる調をも想像し難い。

平均律とそれ以外の調律の間の相違が一般に考えられているほど大きなものではないことは強調されるべきだろう。18世紀初頭における平均律の原理の革新は，鍵盤楽器の調律に大きな変化をもたらすことはほとんどなかった。ハープシコードの調律を経験したことがある者なら誰しも知っていることだが，普通の聴衆には気づかれないような，あるいは音楽の脈絡に従って耳によって自動的に修正されるような（あらゆる種類の音律でもそうであるが），調整し得る音律の可能性は大きく広がっている。自分で楽器の調律を行う演奏者には，いくつもの音律のグラデーションが可能である。調律する際には，これから演奏する調について，残りの調の響きをある程度まで抑えるか，特定の調に合わせたまま十分に転調ができるよう調整するか，あるいは実際に数学的に均等になるような調律をすることも可能である。後者の場合では，敏感な耳（特に弦楽器奏者の耳）はあらゆる導音と敏感な音程を修正せざるを得ないが，すべての調性は実際に同じように響くのである。調律師としての経験を積んだ演奏家にとって，程度の差こそあれ鍵盤楽器に平均律があることは，その原理が認識されるはるか以前からある程度わかっていたが，それによって異名同音への転調という無限の可能性と24の調性すべてを同じ基準に基づいて用いるという理論的な可能性が開かれたのである。その音響的な重要性は疑う余地がないにもかかわらず，平均律は実践上の指針というよ

りは作曲の理論としてはるかに重要なのである。

スカルラッティが転調の体系を5度圏という観点から考えていた，という証拠はない。彼のカデンツでの転調が，ドッペル・ドミナントを直接的に超えていくことは滅多にない。これはもちろん，至極当然なことで，どんな作曲家も5度による転調を限界を超えて使いたがらない。スカルラッティは主調を長調から短調，あるいはその逆へと変化させるか，あるいは関係短調や長調を経て確実により遠くの調へ到達させるであろう。彼の最初期のソナタにおいてすら，短調と長調の間を行ったり来たりすることで調性に色彩感を与えることを好んでいる。その後間もなく，スカルラッティは転調の視野を拡大することでその色彩を拡張している。たとえばト長調は自然な転調の可能性として，属調，下属調あるいは関係短調（すなわちニ長調，ハ長調，およびホ短調），そしてト短調にもなり得る。これによって下属調の短調（ハ短調）とその平行調（変ホ長調）のすべての領域が開かれることになる。さらなる長調と短調との間の変化によってその領域はもっと拡大する（ハ短調のソナタ第116番を見れば，そこでスカルラッティが明確に平行長調の同主短調である変ホ短調を用いていることがわかる）。

短調と長調の間の互換性は，ひとつの作品における転調の可能性を支配しているだけではなく，ソナタ全体のバランスを保つ構造的な要素にもなっている。短調による1曲のソナタは，一般的に前半の終結に際して属調あるいは平行長調への転調が認められる。この選択肢，あるいはその中でのすべての変化が，ソナタの残りの部分での調の近親関係の全体的なバランスを決めている。通常，長調は前半の終結に際してその属調へと転調する。これははるかに厳しく制限された枠組みなので，スカルラッティはしばしばそれを短調に変えたり，時にはその長調あるいは属調の平行短調を用いて拡張し，近親関係の幅を広げている。

転調に関するソレールの規則

スカルラッティの転調の原理は，彼の考える調の枠組みの概念ではないにしても，ある程度は彼の弟子であるアントニオ・ソレール神父の理論に反映されている。彼は1762年に『転調論』を出版したが，コルセッリ，ネブラ，コンフォルトらのスペイン宮廷の音楽家から序文で賛辞を得ている。ソレールの著書は，保守主義，論争，それに革新が結合した興味深いものである。彼はラテン，スペイン，およびイタリアの伝統以外に連なる理論的な論文に関して全く無知であることを示しており，その引用のほとんどは16世紀末の理

論である。独創的貢献の主要な部分をなし,なおかつスカルラッティの様式あるいはソレール自身の鍵盤音楽の様式を反映していると思われるのは,第1部第X章,「和声と転調について」のみである。その他の大部分は,これらの実践を教会の保守主義的批判から守り,スペインでは日常的に起こる自由思想に対する弾圧が彼自身へ及ぶのを避けるための煙幕のように見える。というわけで,彼は伝統的な作家を引用することで自身の革新性を覆い隠し,彼の著作の第2巻は正統的な音楽を記述するために用いられる。最後に謎のカノンが彼の追跡者の目をそらすためにさらに用意されている。

　スカルラッティの転調の手法を説明するものとして,ソレールの論文は十分とは言えない。なぜなら,それは主にひとつの調からもうひとつの調へと移る手段のみにしか関心を払っていないからである。近親関係の理論,あるいは調構造の原理についても一切論じていない。ソレール自身も**素早い転調**,言い換えれば,もっとも滑らかでかつ急速にひとつの調から他の調へと移動する手段のみを議論し,彼が言うところの**ゆっくりした**転調,言い換えれば作曲に際して調の枠組みの構成に関わる転調の体系は議論しない,と明言している。調性が5度を通じて確立するということは別にして,ソレールは属調という観点から一切話をしないし,関係長調や関係短調といったことについても語らない。後に続く例は極端なスカルラッティ主義を示しているにもかかわらず,その導入部における転調の定義(我々にとっては全く役に立たない)は,チェローネ(1613)[144]とツァルリーノ(1558-1589)[145]への言及によって神聖化されている。チェローネやツァルリーノを権威として挙げながら,24の長調・短調を通して転調の原理をあらわす論文を書く,などということはスペインだけで可能であろう!

　ソレールは,音楽についての他の多くの作家と同様,不明瞭さの典型である。彼の文章は文脈から抜き出してしまうと全く何の意味も成さず,言い換えが必要である。ソレールは,自身が上品な転調と呼ぶものの2つの要点について語っている。ひとつは**準備**(*Conocimiento*)で,それは5度や属音によって目的の調性を確立することを意味し,もうひとつは**中断**(*Suspension*)で,彼がゆっくりした転調と呼ぶもの,言い換えると構造的な転調についてのみ当てはまり,それはひとつの調から他の調への共通音を持たない跳躍を隔てる休止を意味する。確かに両方の原理とも,スカルラッティの中に繰り返し具現されている。

---

144) Pietro Cerone(1566-1625)。イタリアの後期ルネサンスにおける音楽理論家,演奏家にして聖職者。
145) Gioseffo Zarlino(1517-1590)。イタリア・ルネサンス期の音楽理論家,作曲家。

以下に私は，素早い転調，すなわち一時的な，あるいは必ずしも構造的ではない転調についてのソレールの4つの規則を列挙し，説明を加える。ソレールはその規則を以下のような例で前もって示している（譜例50）。

1.（共通音または掛留によって接続）：ひとつの調から他の調へと移動する場合，両方の調の主和音と協和音を形成する音を使用すべきである（たとえば，変ホ長調の第3音はハ長調の第5音にあたる）。このような共通音がない場合には，2つの調（あるいはそれらを表す和音）を結び合わせるための掛留を用いるべきである。

2.（ひとつの調を確立するための属音の使用）：転調を確立するためには，目的の調の5度に至るべきである。

3.（異名同音の転調）：シャープからフラットへ，あるいはその逆も同様に異名同音により記譜を転換することによって，多くの遠く離れた調への転調が容易になる。

4.（同じ動きのない声部の結合）：4つの声部がすべて同時に動かず，代わるがわる動くような場合に望ましい。すべての進行において，主要な動きは2つの外声部で起こり，内声部は単なる伴奏となる。

譜例50．ソレール，第X章

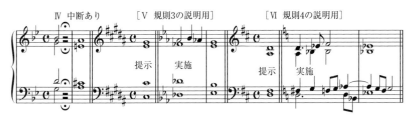

［ソレールはこれらの例をソプラノ，アルト，テノール，バスの4段譜に書いている］

ソレールはこれらの規則を，残りの22の長調・短調から変ホ長調への転調の例で示し，その例に対して分析的な注釈も加えている。これらの例はすべて自由な鍵盤様式によって書かれており，内声部の扱いはスカルラッティより概ね厳格で必然的であるが，ソレールもスカルラッティ同様，声部間で時

折起きるオクターヴの重複を恐れる風はない。ヘ短調から変ホ長調への転調を説明する第四の例では、典型的なスカルラッティ的平行5度や平行8度が起きている（譜例51）。ソレールは彼の論証を鍵盤のための8つの転調的な前奏曲で締め括っているが、それらはスカルラッティのソナタの記譜法と多くの共通点を持っており、たとえば同じ装飾音記号を用いたり、アドリブを随意に *Arbitri*, グリッサンドを1本の指で *deto solo* と指示している。

譜例 51. ソレール，p.109, 譜例 4

 ソレールが一時的な転調と構造的な転調を区別している点は重要である。一時的転調の技巧は17世紀の実験的な半音階主義ではよく知られていたが、平均律の仮定に基づいた組織的な調の枠組みとは無関係であった。ソレールの規則や例は、スカルラッティのひとつの調から別の調へと到達するあらゆる即時的な手順を示すが、スカルラッティの転調の体系そのものや調構造の概念の説明にはほとんど寄与していない。

 しかしながら、ソレールの原理の下では、スカルラッティの転調は2種類に分けられよう。ひとつは、全音階的に動く声部の滑らかな連鎖、共通音、掛留、および異名同音転換によって進行するもので、もうひとつは、一般に休止の後で、突然ひとつの調から他の調へと跳躍するものである。前者は、楽曲全体の調性のバランスには大きく依存せず、多少とも限られた範囲内で行われるので、ソレールの分類では一時的あるいは素早い転調に属する。しかし、それらの小節は重要度が増すとともに、一時的な推移や装飾と同様に構造的な転調ともなる。跳躍による転調は、それが滑らかに準備されることで隠されているにもかかわらず、全体的な調の脈絡でのみ説明されることがしばしばである。いずれの種類の転調も、ひとつの調から別の調へと移動するだけのために考え出されたのではなく、交差する調の流れを提示し、確立した調の流れに意図的な問いかけや曖昧さで瞬時に棹(さお)をさし、そこからあらゆる喜びを招来するために考え出されたのである。スカルラッティの和声は、その転調の技巧がなければ実に退屈なものであろう。

一時的および構造的な転調

ここではスカルラッティの転調のいくつかの特徴的な例を紹介するが，それらは一時的で修辞的な重要性のみについてであって，全体としての脈絡に照らした構造的な機能についての言及ではないことを断っておく。

その曖昧さという点で特に魅力的なのは，滑らかな全音階的な連鎖で転調するパッセージで，たとえ和声が周知の経路上を移動し，あるいは実際のところ開始地点にほどなく戻ってくる場合にさえ，それは新たに変化するごとに驚きを持って耳に響くものである。そのようなパッセージは，流麗で才気に溢れた議論，あるいは**機知の戯れ**のようなもので，楽しくもごくまれに正餐の食卓全体や応接室を魅惑的な緊張で包み込むような二重の意味に溢れている（譜例 52 および 53）。確かにスカルラッティはソナタ第 260 番での転調，あるいはソナタ第 518 番や第 420 番での順次進行のパッセージほど詩的示唆に富み，神秘的なものを書いたことがない。自分の方向感覚を一瞬見失うことが何と喜ばしいことであろうか！

譜例 52. パルマ手稿第 XV 巻 第 38 番（ロンゴ第 396 番）K. *551*

＊おそらくは写譜師の誤り

譜例 53. ヴェネツィア手稿第 X 巻第 5 番（ロンゴ第 451 番）K. *422*

　スカルラッティのもっとも人を惑わすようないくつかの転調では，各声部の大規模な移行が滑らかな声部の連鎖と結び合わされている。人はそれを終わりまで知らずにいて驚かされることになる（ソナタ第 *264* 番と第 *460* 番を参照）。

　跳躍による転調は往々にして全く驚くべきもので，転調に先行してかなり頻繁に現れる曖昧な沈黙の瞬間は，その前後の切り離された音と同じくらい重要なものである。それらはあたかも突飛な提案や逆説，または突然の質問のようであり，後になってようやく説明される。これらの突然の変化には，しばしば言語上の修辞と同じくらい構造上の重要性がある。感嘆詞，間投詞，あるいは唐突で劇的なアイデアといったものすべてが一斉に思考の流れを遮り，話し手と聞き手がともにその説明を余儀なくされる（譜例 54，またソナタ第 *518* 番および第 *132* 番を参照）。

　より人目を引く例は，ト長調のソナタ第 124 番の第 82 小節にある目の眩むような跳躍である。ニ長調で終わる楽句には休符が続く（第 82 小節）。それから何の前触れもなく新しい楽句がヘ短調で始まるが，それによって全く予期せぬ効果が起こる。実際，それはト短調で前もって暗に準備されていて，曲の残りの部分との関係は以後に続く小節で極めて明らかになっている（ヘ短調

は単にハ短調の下属調に過ぎず，ハ短調はそれ自体ト短調の下属調である）。
　スカルラッティの人を突然当惑させるような調性のもっとも明白な使用法のひとつは，調性の脈絡あるいは和声の連鎖によって後から説明される横方向への移動である。ト長調のソナタ第 494 番が示しているように，第 73 小節での（ハ長調の属音としての）ト音から変イ音への唐突な跳躍は，調性による変ロ長調—ハ短調—ニ短調—ニ長調の長大な全音進行と関連しており，実際には，ト短調—ト長調の大規模なカデンツを準備しているのである（譜例 54）。

譜例 54．ヴェネツィア手稿第 XII 巻第 11 番（ロンゴ第 287 番）K. 494

　スカルラッティの突然の跳躍の多くは，ソナタ第 46 番に見られるようにカデンツに輪郭を与えるものである。譜例 55 において，ロ音（ホ短調の属音として）からハ音への跳躍は一瞬の間，調性上偽終止のように響く。休止でハ長調からハ短調へ暗黙裏に移動することを考慮すれば，先に譜例 54 で述べたト音から変イ音への跳躍も偽終止として同様に説明可能である。

譜例 55．ヴェネツィア手稿第 IV 巻第 2 番（ロンゴ第 308 番）K. 237

　ソナタ第 261 番，第 215 番，および第 518 番にあるような，三度繰り返される楽句の横方向への移動には特に驚かされる。多くの場合，このような横

X　スカルラッティの和声　　265

方向の移動は経過句（ソナタ第261番），共通音の存在（譜例47を参照），和声的な反復進行（ソナタ第518番），あるいは和声の省略として直ちに説明できる（譜例54を参照，そこでは変イ長調の3度音と共通音を持つハ長調の和音への解決は省略されているが，それにもかかわらずその進行は両外声の反進行によって連結されている）。三度繰り返された楽句の特に見事な上方向への移行は，ソナタ第268番の第15-27小節に見られる。その楽句は常に同じ音で始まるが，終わる毎に1音ずつ高くなっていく。

　スカルラッティは，彼の鍵盤上の名人芸に転調の名人芸を組み合わせる。素晴らしい演奏の効果によって我々の目を眩ませることに加え，彼は予期しないような和声の転換や，調のバランスを極めて大胆に覆したり是正することによって我々を驚かす。

　しかし，スカルラッティが創り上げ，ソナタの中でのみ使用した彼の一貫した様式と同化している半音階主義，異名同音による転調，そして際立った遠隔転調の奇抜な手法を十分理解できるのは，調性構造の脈絡においてのみ可能なのである。

XI スカルラッティ・ソナタの解剖

変化に富んだ有機体としてのスカルラッティ・ソナタ

　スカルラッティ・ソナタの生命力について，もし証明が必要であれば，ソナタの系統的な分析や分類が困難であることこそがその最上の証明であろう。スカルラッティのソナタを形成する諸々の力は常に影響し合い，相互に拮抗しているので，スカルラッティ自身が破らない規則や破壊しないカテゴリーを確立することはほとんど不可能なほどである。

　スカルラッティは，自分が創り出した形式の基本的原理についてどの程度自覚していたのか，あるいはあらゆる職人の例に違わず，彼自身が自ら用意した諸々の問題についてどの程度意識していたのかを示す証拠はない。彼が18世紀初期の和声理論をよく知っていたことは間違いなく，またソレールの著作は，スカルラッティが自身の革新的な転調について十分に説明する用意があったことを示している。その独創性にもかかわらず，彼は和声上よく計画を練られた領域を進んでいたのである。にもかかわらず，これまで音楽形式の理論的な説明はほとんどなく，大部分は比較的不明瞭なものであった。スカルラッティが彼の形式構造の手順を言葉で表現することができたかどうか，あるいは自ら進んでそうしようとしたかどうかは大いに疑問である。彼の音楽的思考が首尾一貫していて規則的であったにもかかわらず，スカルラッティは今日までもっとも理論的ではない作曲家のひとりなのである。彼は，はるかに偉大な作曲家の作品の表面に見いだされるような，ほんの些細な衒学趣味にも囚われることはない（主題素材をそのまま再現したり，声部処理におけるある種の視覚的な習慣に彼が全く無関心であったことを見ればわかる）。スカルラッティのソナタとして我々が知っている独創的で驚くばかりの有機体は，技術があるもののまるで生命と成長を支配する神秘的な法則を少しも意識しない庭師によって育てられ，栽培された植物のように，単に彼の十本の指の下で徐々に生まれ出たものかもしれない。

定　義

　スカルラッティの作品で，完全に典型的と考えられるようなソナタはない。

スカルラッティ・ソナタの解剖を例示する唯一の方法は，そこからソナタの出発点となるようなある種の理論的な固定点を確立することであり，文字通りスカルラッティ・ソナタの模造品を作るための一連のレシピの役割を果たすにすぎない概念を作り上げることである。この概念と個々のソナタとの関係は，学習フーガとバッハのフーガ，あるいは蝋人形と人体の関係と同じようなものである。しかし，これらが真実に即したさまざまな側面の人為的な集合体として正しく考慮されるならば，真実全体の性格を照らし出すために用いることができよう。スカルラッティ・ソナタの合成概念は，いわゆるスカルラッティのソナタが何であるかを完全には説明することはできないが，ひとつのスカルラッティのソナタが何で**あり得るか**を示すことの助けにはなるだろう。

以下の部分で**ひとつの**スカルラッティのソナタではなく，**いわゆる**スカルラッティのソナタという時には，常に合成概念としてのスカルラッティのソナタについて語っており，個々のソナタ自体はそれについての変異，あるいは例外を提示しているかも知れない。彼のソナタほぼ全体にわたって適応され得る，**いわゆる**スカルラッティ・ソナタのいくつかの本質を以下の定義に要約する。

スカルラッティのソナタは 2 部形式の作品で，複縦線によって 2 つの部分に分割される。前半は基本の調を宣言し，その後一連の決定的なカデンツにより複縦線前の終止の調（属調，関係長調または短調，まれに属調の関係短調）を確立する。そして後半はこの複縦線での主調から離脱し，最終的には前半の終わりで終止の調を確立するのに用いたのと同じ主題素材を用い，同様に決定的なカデンツによって基調を再構築する。

構成要素の識別と機能，核心部

いわゆるスカルラッティのソナタの主題素材の量とその扱いは一定ではないが，その配分は作品が分割されるさまざまな部分の調的機能におよそ対応している。大抵の場合，ほぼ正確に再現される主題的な素材のみが，前・後半それぞれの最後で終止の調を確立する部分と関連している。これはほとんどすべてのスカルラッティのソナタに共通する主題の扱いについての特徴のひとつである。それに先立つ部分での主題的な素材のあり方は，際限なく変化を受ける。

ひとつのスカルラッティのソナタの冒頭で主調で示された素材が，その作品の性格を決定し，また主要な主題要素を示唆し，提示することさえあるが，

それは必ずしも再現されることはないし，後に間接的にせよ言及されることもない。したがって，スカルラッティのソナタの前半を古典派ソナタという意味からも，あるいはフーガという意味からも**提示部**と呼ぶことはできない。

いわゆるスカルラッティのソナタの開始部分が予測できないために，古典派ソナタに対して正しく，あるいは誤って適用されてきた形式分析の手法を用いることは不可能である（ここで「古典派ソナタ」という場合，私はハイドン，モーツァルト，ベートーヴェンの限りないファンタジーを必ずしも考慮に入れないような，アカデミックでしばしば不適切なソナタ形式の概念を意味している）。標準的な古典派ソナタとは異なり，スカルラッティのソナタでは開始部の主調の部分で提示された素材を主調で再現させることは通常なく，それに続く主題構造をこの開始部からの素材に依存するとも限らない。スカルラッティにおいて第1主題，第2主題という言い方は間違っており，主要主題や副主題という言葉すら不適切である（彼のもっとも顕著で印象的な主題的素材のいくつかはたった一度しか提示されない）。また，これらの主題には調性の音度との間に固定した関連性は与えられない（主調で始まった開始部の終わりでさえ，必ずしもそうとは言いきれない）。

いわゆるスカルラッティのソナタは，大ざっぱには第2主題と終結の諸主題においてのみ，言い換えれば終止の調を完全に確立した後でのみ規則に従う古典派ソナタのようなものである。以下の図表からその対照が明らかになるだろう。

古典派ソナタ		スカルラッティ・ソナタ
提示部：		前半：
第1主題，副次的な素材，拡大と推移	基本主調	開始部，中心部（継続，推移，前核心部）
		（核心部）
第2主題，副次的な素材，拡大，終結主題あるいは諸主題	終結調	終結調性部（後核心部，終止，終結推移，終結）
展開部：		後半：
	転調	開始部（任意）
		回遊部
再現部：		前核心部または先行する素材の任意の再提示
第1主題，副次的な素材，拡大		（核心部）
	基本主調	
第2主題，副次的な素材，拡大，終結主題あるいは諸主題		終結調性部の再提示（後核心部，終止，終結推移，終結）

古典派ソナタが3部形式（提示部，展開部，再現部）への傾向を示すのに対し，いわゆるスカルラッティのソナタは，複縦線で分割されている場合でさえ，たとえそれらの長さが均等でなくとも，前・後半の間のバランスあるいは補完的な関係を維持している。ひとつのスカルラッティのソナタの真の生命は，前半の中心部と後半におけるその類似部分にある。この2つの部分こそは，古典派ソナタの展開部にあるエネルギーがしばしば分与されるところである（XXXII {K. 264}）[1]。後半の中心部が，その類似する前半部分に対して真の展開部のように拡大されることは比較的まれである。

　いわゆるスカルラッティのソナタの支柱は，前・後半それぞれにおいて直接あるいは間接に属調に集中し，終止の調へと解決する緊張が頂点に達するところにあると言ってもよいだろう。和声上の転調と旋律上の創意によるあらゆる動的な力は，この終止の調への最終の解決を準備するために配置される。したがって，明確な転調のない長い引き延ばし，一連の終結主題やカデンツの反復は，先行する属調の中に蓄えられた勢いを，さながら飛行機が滑走路に沿って滑降するように使い尽くすことになる。

　前・後半それぞれにおいて，同じような形で提示された主題的な素材が最後に終止時の調を確立する合流点こそは，私が**核心部**と呼ぶものである（I{K. 3}の第28小節および第78小節，またXLII{K. 421}の第30小節および第106小節を参照）[2]。**核心部**は解剖学的な概念であって，必ずしも演奏者や聴衆にとって実際上の重要性を持つとは限らないが，それによって分析のための理論的体系は確かなものとなり，ほとんどすべてのスカルラッティのソナタに見られる諸々の特徴をより詳細に見極めることが可能になる。

　ひとつのソナタの前・後半いずれにおいても，核心部は属調の確立（I，XIV{K. 105}），あるいはまれに終止時の終結の調性への予備的なカデ

1　この章の例の大部分は，私が本書のために別途出版した《スカルラッティ：60のソナタ（上）（下）》（New York, G. Schirmer{ 邦訳，全音楽譜出版社 }）から採られているので，ここではそれらの番号を選集のローマ数字で記載する。それらに対応するロンゴ番号あるいは私の番号を調べたい場合には，本書付録にあるソナタの目録を参照 { 訳注：本訳では読者の便宜のために適宜カークパトリック番号も併記した }。

2　私がここに思う核心部のさらなる例としては，ソナタ第 II 番 {K. 7}（第 31, 121 小節），第 III 番 {K. 16}（第 34, 91 小節），第 IV 番 {K. 18}（第 18, 44 小節），第 VIII 番 {K. 46}（第 54, 122 小節），第 X 番 {K. 57}（第 65, 154 小節），第 XIX 番 {K. 132}（第 25, 65 小節），第 XX 番 {K. 133}（第 34, 115 小節），第 XXI 番 {K. 175}（第 32, 84 小節），第 XXVII 番 {K. 238}（第 13, 30 小節），第 XXVIII 番 {K. 239}（第 21, 55 小節）がある。中間に位置するソナタのいくつかについては，核心部の概念はほとんど無意味であるか，スカルラッティが自身の規則から逸脱していることを観察するための出発点としてだけの意味を持つ。

ンツ（XIII{K. 96}，第 78 小節および第 165 小節）によって終結の調が明確になるところで起こる。いくつかの場合には核心部は一時的な転調（XXXVIII{K. 395}，第 31 小節および第 102 小節以降を参照）の後に現れるが，通常では核心部の後で終結の調性が問題になることはない。

　前・後半の終わりにおける似かよった主題素材の再提示は，時として終止の調性の確立に先行する（I）。しかしながら，核心部は，再提示可能な，あるいは再提示された素材が終結の調性に達するところで起こる（I，第 28 小節および第 78 小節）。滅多にないことだが，前・後半共通の主題的素材が確立する前に終結の調性に達するような場合には，核心部はそのような部分の開始部に起こる（II{K. 7}，第 31 および第 121 小節）。言い換えれば，核心部の位置は，常に 2 つの要因，すなわち前・後半における終結の調性の確立と前・後半で共通する主題の確立に依存している。

　核心部は明確な中断（XIV{K. 105}）によって示されることもあれば，連続的なリズムの動きによって覆い隠されることもある（IV{K. 18}）。

　核心部の概念をひとつの出発点として，先の表にあるようにスカルラッティのソナタのさまざまな構成要素や部分を同定することは理論的には可能である。が，それらの輪郭が常に鮮明であるとは限らない。ある部分では，主題としての独立性よりは和声的な機能によって定義されたり（XXVII{K. 238}），互いがほとんど感知されぬまま入れ替わったりする（IV）。しかし，ソナタ第 3 番（I）ではそれらすべてが明確に同定可能な形で現れている。まず核心部（第 28 小節）から始まる前半の終わりの部分を調べてみよう。

　核心部に続く素材は，我々が**終結調性部**と呼ぶものを構成し，ほとんど終結の調を補強するだけに専念している部分である（I，第 28－48 小節）。それは，おおよそ古典派ソナタの「第 2 主題」の始めから提示部の終わりまでの部分に相当する。スカルラッティのソナタが終結調性部で転調することは滅多になく，むしろ核心部に先行する素材の持つ転調のダイナミズムと主題の意外性にとっての接着点であり，静かな引き立て役として働いている。

　終結調性部の構成要素の数は 1 ないし 4 の間で一定していない。常に現れるのは**後核心部**であり，核心部のほぼ直後に続く部分である（I，第 28－36 小節）。次に来るのは**終止**で，後核心部の後直ちに引き続き，主題的あるいは和声的に定義できる部分である（I，第 36－44 小節）。**終結**は終止に続いて最後に同定される部分で，前半最後の複縦線の直前にある（I，第 46－48 小節）。もし終止と終結の間に他と区別できるような部分がある場合には，それを**終結推移**と呼ぶ（I，第 44－46 小節）。その部分はしばしば欠けているか，その前後の素材と区別が付かない（XIV{K. 105}）。

スカルラッティのソナタの前半で真に躍動的な部分は，**開始部**（I, 第 1 – 3 小節）と核心部（I, 第 28 小節）の間にある素材に見いだされる。私はこれを**中心部**（I, 第 3 – 28 小節）と呼んでみることにした。それは常に開始部から明確に分離されているとは限らず，その構成要素の機能も明確に定義されるかどうかも分からない。この用語は，開始部の主調から初めて離脱して核心部に至るまでの転調の連鎖を大まかに言及するために使用している。この部分こそは，スカルラッティのソナタで尽きることのない変化が現れるところであり，またその構成要素についての我々の理論的な識別にしばしば疑問が生じ，適用できなくなる部分である。

ソナタのこの部分の不可欠な構成要素は**前核心部**であり，核心部のすぐ直前にある部分である（I, 第 16 – 28 小節）。時にはそれが開始部の直後に続くか（XLII{K. 421}, 第 9 小節），それと区別するのが難しい（XLIV{K. 427}）。

前核心部の直前に開始部から区別され得る部分がある場合には，それを**推移**と呼ぶことにする（I, 第 11 – 16 小節）。ここはソナタにおけるすべての部分でも，その内容と機能においてもっとも変化に富んだ部分である。それは前核心部としばしば区別がつかない。私はその可能性の全貌を真に表現できるような名称をいまだに見いだせないでいる。まれに開始部と推移の間にさらに区別可能な部分があるような場合には，それを**継続**と呼ぶことにする（I, 第 3 – 11 小節）。この用語も同様に，必ずしもその機能を表すものではない。

以下の図式で示すように，スカルラッティのソナタの前半は最大で 8 個の可能な構成要素からなっている。

すでに指摘したように，継続と終結推移はしばしば欠落している（XIV{K. 105}）。確認できる推移がなく（XXXVIII{K. 395}），あるいは終結がない（XXIX{K. 259}）ことも頻繁に起こる。純粋に最小の構成要素は，ソナタ第 544 番（LIX{K. 544}）のように，結合した開始部と前核心部，そしてそれらに続く後核心部からなる。

スカルラッティのソナタの後半は，必ずしも前半と平行して進行するとは限らない。終結調性部の構成要素のみが必ずといってよいほど前・後半で平行して進み，前半の後核心部，終止，終結推移，および終結が後半で終結の調に移調されてほとんど同じ形で再び現れる。このように後半の終結調性部はほとんど常に**再提示**を形成する。

スカルラッティのソナタの**再提示**では，複縦線に先立って前半の終わりに用いられた主題的素材が同じ順番で，そしてほぼ同じ形で援用される。それは核心部とともに始まる素材，言い換えれば終結調性部を採用するか，さらに先行する素材を用いる。ソナタの後半が大なり小なり前半を対称的に補完

スカルラッティ・ソナタの構成要素（前半） 枠内の数字は小節

ソナタ番号	I {K. 3}	VII {K. 44}	XIV {K. 105}	XXIX {K. 259}	XXXVIII {K. 395}	XLII {K. 421}
開始部（必須）	1	1	1	1	1	1
継続（任意，むしろまれ）	3					
推移（任意）	11	17	11	9		
前核心部（必須）	16	43	19	17	14	9
後核心部（必須）	28	51	43	23	32	31
終止（後核心部に続く部分があれば必須）	36	66	71	34	47	46
終結推移（任意，非常にまれ）	44					
終結（任意）	46	78	85		58	58

するような場合，再提示に類するものが複縦線から始まると言ってもよいだろう。もちろん後半では主題を縮小・拡大したり和声を変化させたりするのに必要な転調の変化が起こる（LVI{K. 517}）。スカルラッティのソナタにおいて再提示された終結調性部は，大筋において古典派ソナタの第2主題で始まる再現部に相当する。

　後半の中心部は，前半の中心部よりも自由であり，転調はダイナミックで，主題の扱いもより予測不能である。これは本書で回遊部と呼ぶ部分を形成する（回遊部の基本的な例はソナタ第1番{K. 3}，第48-78小節を参照）。スカルラッティのソナタでより発展した形の回遊部は，古典派ソナタの展開部に似ている（XV, XXVI, XXVIII{K. 115, 216, 239}）。それが前半の該当部分よりも優勢であると考えられる時には，一般に回遊部においてそのソナタでもっとも遠方への転調が試みられる（XIX, XX, XXV{K. 132, 133, 215}）。その主題的な内容は大いに変化に富んでいる。前半のそれに対応する素材をおおよそ再提示することもあれば（I），それを変更し，反転し，または言い換えを行い（XXVIII{K. 239}），あるいは新しい素材を追加し，差し換えることもある（XV, XXV）。

　いわゆるスカルラッティのソナタの前・後半は，静的（厳格）な意味でも動的（自由）な意味でも相互にバランスが取れている。静的なバランスは，一般に転調なしで主題が厳格に制御された（再提示された）終結調性部によって用意される。一方，動的なバランスや相互作用は，調の動きが活発で主題が自由に転調する中心部で生じている。調性的な観点で見ると，2つの中心部の間のバランスが失われる程度が大きいほど，ソナタ全体としてのダイナ

ミズムもより大きくなる。前・後半の中心部の関係こそが，スカルラッティの2部形式における表現の限りない変化と柔軟さを可能にしている。

　主題構造のみに基づいてスカルラッティのソナタを形式分析しても，何ら意味のある結果は得られない。スカルラッティの形式のもっとも決定的な要因は，基本的な調性を中心に動く和声の方向性である。すべてのスカルラッティのソナタにおいては主題的素材に対して高い一貫性が与えられているにもかかわらず，ひとつの与えられた部分を決定づける主要な要因はそのソナタ全体に対する和声的な関係である。主題的素材の配分は，必ずしもソナタの和声的な区分に一致しているとは限らない。しかし，その配分はしばしば基礎となる調構造と合致しており，とりわけその転調的，もしくは非転調的特徴において，あるいは再現されたり，再現され得る素材が終結調性部において終結の調を肯定するような場合にそうなっている。調の脈絡から切り離して主題的素材に関するスカルラッティの形式を語ることは，バッハのフーガにおいて和声的な脈絡から切り離した純然たる線，あるいは線的な対位法を語るに似て邪道というものであろう。バッハのフーガが**通奏低音**の和声に対する隅々まで広がった感覚に充ち満ちているように，スカルラッティのソナタには調性関係の感覚が浸みわたっている。

　スカルラッティの調構造は堅牢なので，主題的素材の配分が一見**無造作**なものであっても許される。ひとつの楽章全体がある魅惑的な開始部の主題に基づいているように見えることがしばしばあるが，スカルラッティはひとつの作品に素材をばらまくのと全く同様の気前のよさでそれを捨て去るのである (VII, XXI, XXIX, XXXI{K. 44, 175, 209, 263})。この素材についての気前のよさは，ひとつのスカルラッティのソナタが見物人の目前で作られつつあるかのような印象を与える。彼が実際に必要としているよりも多くの素材がほとんど常に手元にあるかのようである。まるで次にどの筆でどの色を使うかを全く知らずに1枚の絵を描こうとしている画家を見守っているように見える。最終段階が近づくにつれて，ようやく絵を完成させるためにおよそどの素材が使われるかを予測できるようになる。ひとつのスカルラッティのソナタの前半を聴き終えると，輝かしく創意を誇示するように繰り出される終結の動機をもう一度後半の最後に聴きたい，と常に期待させられる。しかし，スカルラッティがどのような推移の素材を使い，何をいい加減に放り出すかは最初だけでは十分には予測が付かない。時として彼は次から次へと驚くべきアイデアを投げ出し，それらが忘却の谷底へと砕け散るに任せ，後でその小さなかけらを拾い上げるのみである。ソナタの最後で主調を確定するために使われるのは，彼が前半の終わりで属調へと戻る際に携えていた一連の

終止動機だけである。多くのソナタにおいて，複縦線の後でスカルラッティがどのように振る舞うかは全く予想が付かないままである。時に前に提示した素材にたどり着くために戻ってくることもあれば，我々が回遊部と呼ぶ例の転調の回廊の中を進み，聴衆に新しいアイデアを雨あられと降らせて驚かせた後に，終止を提示するべく意気揚々と戻っていくこともある。

　ここでまずは改めて強調しなければならないことは，スカルラッティのソナタの構成要素を形成するものとして私が同定した要素は，必ずしも感性豊かな演奏者がソナタを演奏する際に感じる区分と一致するとは限らないことである。それらはあくまで私がソナタの分析を利便よく正確に行うために用意した解剖学のための区分である。それらについて書くのを止め，演奏を始めた時の心構えの変化は，画家が解剖学の研究を終えた後，これからは自身が扱う媒体の表現の可能性のみに専心しようとする時の心構えの変化に通じるものがある。

　しかしながら，合成概念としてのスカルラッティのソナタを構成するさまざまな要素について，理論的な考えをまとめるのに有用な共通の特徴をここであえて検討してみることにしよう。以下のページを見ると，例の群盲象を撫でるの諺を思い起こさせるものがあろうが，尻尾，脚，頭，などを別々に検討することも，全く何もしないよりはより多くの情報をもたらすというものである。

　ただし，いわゆるスカルラッティのソナタの中心部の要素は，さまざまな場面でのソナタ全体の脈絡やそこに実際に現れる理論上の要素の数によって，それらの特徴や機能を入れ替えることを念頭に入れておくべきである。そのような理由で，これら各部分についての以下の記述はいくらか恣意的な用語に依存するものと理解されたい。同じことが終結調性部にも当てはまる。ひとつのソナタにおいて，ひとつの要素ともうひとつの要素との間に主題的な関係がある可能性は実質的に無限である。ほとんど同じ主題的素材を用いている2つの部分の区別は，ソナタにおける一連の流れとその調性構造の中でのそれぞれの役割の違いによっての見なされるであろうことがしばしばである。前半の核心部に先行するいかなる部分も，再度現れるという保証はない。

開始部

　開始部はソナタの基礎となる調性を宣言する。そこではしばしば一連のトランペットの吹奏（XIII{K. 96}），あるいはアルペッジョの音型（XVII{K. 119}）で，調を確立するためにかなりの間にわたって和音が連続して用いられる。

時には和音で補強されることもある（XLI{K. 420}）。そこでは予備的なカデンツによって調が宣言されることも多く（XV{K. 115}），時にはカデンツの要素がアッチアッカトゥーラへと圧縮される（XXI{K. 175}）。もっともよくある開始部では，単一の声部に第二の声部が模倣によって導入されることである（LX{K. 545}）。

開始部は，それ以降の部分とは主和音（XV{K. 115}）あるいは属和音（XIII{K. 96}）への明快なカデンツによって区別されるか，引き続いて現れる転調的な素材に融合していく（XXIV{K. 209}）。

開始部の主題は極めて印象的で注意をひくようなものもあれば，さりげなく調を開始し，基本的なリズムを動かし始めるためだけのものもある。修辞的な意味では，「オーイェス，オーイェス，{静粛に}」や「紳士淑女の皆さん！」，あるいは単に「これからお話しますように，」といったものの類いであろう。時には，後の部分で起こる劇的な驚きに対する控えめな前触れとなることもある。開始部の主題の特徴から，それがソナタの後に続く部分に対してどのような役割を果たすかを予測することはほとんど不可能である。しかし一般的には，開始部の調の告知が静的であればあるほど，後半の開始部において，文字通りの再提示が行われることは少ないと言えるだろう。

継　　続

スカルラッティのソナタを理論的に分割した部分の中でも，継続は極めてまれにしか現れない。また，名称も必ずしもその機能を表したものではなく，単に開始部と推移の間に時々現れるそれとわかる素材に付けられた用語にすぎない。それはあまりにしばしば先行する開始部，あるいは後に続く推移と連続しているので，正統な概念として存在するかどうかも議論の余地がある。むしろ開始部の拡大か補足（I），あるいは推移を準備するための転調（I, X, XXXII{K. 3, 57, 264}）としての役割を果たしているようである。時に予備的な属調を確立することもある（VIII）。

推　　移

推移の役割は，スカルラッティのソナタのいかなる部分にも増して予測不可能である。その機能や内容が大きく変化することを考えれば，この名称では誤解を招きかねないが，他の名称でも同じだろう。ここでの用語としては，

単に和声的あるいは主題的な理由のために，先行する開始部または継続と後に続く前核心部からも区別されなければならないような素材を意味する。それはしばしばいくつもの異なる主題的な要素を含むと考えなければならず，時にはサンドイッチの形を取る（VII{K. 44}, 第 17‒42 小節）。

前核心部

推移の転調がもたらす結果がいつも予測できないのに対し，前核心部は，それが常に属調を経由して終結調性へと向かっているという点で推移と区別されるだろう。それがカデンツの途中で打ち切られたり（XLII{K. 421}, 第 29 小節および第 105 小節），あるいは終止での属和音から主和音への解決の瞬間にある場合（III{K. 16}）を除き，前核心部の機能は必ずしもカデンツ的ではない。その機能はむしろ終結調性部における終止のためのカデンツの動きを準備するものである。

後核心部

後核心部は常に終止の調でカデンツを実行する。時折長調から短調へ移ったり（VII, XIV{K. 44, 105}），あるいは仮の終止や偽終止によって（XXVIII, XXXIV{K. 239, 309}）終結を遅らせることがある。後核心部で終結の調性から一時的に離れることさえあるが，例外的な場合のみである（XXXVIII{K. 395}）。

後核心部に続く素材は，しばしばそれとほとんど区別できないほど緊密に繋がっている。後核心部と終止はともに同じ素材のカデンツで終わるかもしれない（I, XIX [K. 3, 132]）。時として，後核心部と考えられるべきものがサンドイッチのような形をとることもある（XL [K. 403]）。

終　止

終止では必ず終結調によるカデンツが奏されるが，後核心部がしばしば終止の属和音から進展するのに対し，終止では常に終止の主和音が提示された後に開始される，という点で後核心部とは理論的に区別されるだろう。そうでない場合には，これら 2 つの部分はほとんど同じ終止的な役割を果たす（XXI, XLII{K. 175, 421}）。しかしながら，この事実によってそれらの主題素材の

多彩さが減少することはない。

終結推移

終結推移は，それが終止と終結の間にある同定可能な部分として区別される場合にのみ当てはまる。継続と同様，理論上それが存在するかどうかはしばしば議論の余地がある。というのも，それを構成する素材の大半はその前後の部分に帰属させることができると考えられるからである（I）。

終　　結

終結は，終止に続く区分可能な部分のうちでもっとも後にくる（XIX, XLII{K. 132, 421}）。主題的素材によってほとんど区別が付かないような場合，単にそれに先行する部分の拡大と見なされ得るだろう。

まれに再提示での終結が前半と異なるような場合でも（LVII{K. 518}），何か新しいものが和声に追加されることはない。終止の機能は依然として同じである。この時点では，古典派ソナタのコーダに時々起こるような終止の調の揺らぎは全く見られない。モーツァルトやベートヴェンのソナタの終わりで起こるような種類のことは，スカルラッティのソナタでは中間部分のみで起こる。

回　遊　部

回遊部とは，非対称なスカルラッティのソナタの後半において，複縦線と核心部の間にある部分である。それは後半の中心部をなす（厳密には，後半の冒頭で開始部のすべて，あるいは一部が複縦線での調で再提示された場合，回遊部はその調からの離脱によって始まる）。回遊部は常に転調的である。一般に，その部分はソナタ全体の中でももっとも遠い調への転調を含む。長さについてはほとんど制限がないが，時として単一の楽句のみからなることもある（XLIX{K. 490}）。回遊部に挿入される転調的な楽句は，それがなければ固く閉ざされた調の枠組みに対して遠近感を与えることがよくある（ソナタ第 551 番）。

多くの場合，回遊部は完全に転調的な進行のみからなり，終結調性部での終結の確認とは対照的に順次進行するバス声部の上で保続音と織り合わさっ

ている (XXVI{K. 216}, XLIX{K. 490}, ソナタ第409番)。ソナタ第190番の回遊部におけるバス声部は，2つの隣接音の間で予備的なバランスを取った後で属調から全音階的に下行し，3回もオクターヴを移行しながら再び属調へと戻る。言い換えると，それぞれの終わりで全音階的に前後にバランスを取るための小節を除き，回遊部全体のバス声部は3回にわたるオクターヴの全音階の下行からなっており，その過程で起こる転調に対応するために途中で臨時記号による一定の修正を伴っている。場合によって，このバス声部の全音階的移動は速度を変化させながら起こる。たとえばソナタ第253番の第23－44小節では，回遊部の最初におけるバス声部の動きは1小節に1音の割合であるが，それが1音あたりそれぞれ2，6，5，および4小節へと広がって行く。

再 提 示

前半の終わりからの素材を，後半の終わりに類似した形でほぼ文字通り再提示する部分は，一般的に前核心部の一部またはすべてとともに始まり，終結調性部への回帰を導く（XXXIII, XLVI{K. 308, 461}）。そこには先行する素材が含まれることもあるが，そのような場合，必要とされる転調のせいで，再提示は主として主題的な意味においてのみ類似していることが多い（I, XXXIV{K. 3, 309}）。しかしながらいくつかのソナタでは，拡大された調の枠組みの中で再提示がずっと初めの方に起こるものがあり，その場合には主題および和声の両面でほぼ正確に再現される（XXXIX）。

スカルラッティはその主題的な素材を再提示するにあたり，これ見よがしに逐語的にすることは決してなかった。それどころか，彼の再提示は極めて印象主義的であることがしばしばである。その音型は都合に応じ，あるいはレジスターの変更によって生じるハープシコードの響きの理由から変更される。素材はしばしば縮小されたり拡大されたり，あるいは新しい音型に散りばめられる。時にはソナタ第125番のように，前半の核心部に続いて現れる感化され易いスペイン舞踊音楽の強烈な最初の主題提示（第34小節）に十分満足してしまったスカルラッティは，それを再提示で懐かしい想い出のように言い換えるだけである。もしそれが同じ素材のように響くのであれば，細かい点に大きな違いがあったとしても，スカルラッティはその再提示に完全に満足しているということである。ティエポロが定規を用いてスケッチを描こうとはしなかったように，彼も本来的に自然に再提示されないものを強いて再提示しようとはしなかった。スカルラッティの再提示の本質は調のバラ

ンスと主題の近似的な類似にある。

主要な形式

　スカルラッティのソナタの多くは一般的な属性によってグループ分けすることができるかもしれないが，それらを類型ごとに説得力ある分類を行うことは不可能である。どのソナタをとっても，全体的な性格という観点からソナタのグループ分けを正当化できるほど似かよったものはない。唯一残された正当なグループ分けは，一定の同じ形容詞が当てはまるようなソナタ群に分けることである。そのような分類の中でも，以下に述べるような区分以外のものはすべて放棄したが，それは後半の冒頭で使われた主題的素材が前半の素材と同一かどうか，というどちらかといえばあまり重要ではない問題に基づいている。

　私がこのグループ分けを保持する理由は，スカルラッティのソナタの発展全体における2つの理論的な極限におよそ対応しているからである。第一の極限は2部形式において対称的にバランスを保った楽章であり，舞曲に共通しており，前・後半いずれも同じ主題的素材をほぼ同じ順番で用いている。これが私が閉じたスカルラッティのソナタと呼ぶものの原型である。もうひとつの理論的極限は古典派ソナタである。2部形式における非対称な楽章はこれへの傾向を示し，私は開いたスカルラッティのソナタと呼んでいる。ここでは，前・後半で終わり方は同じでも，後半最初の部分は，前半の開始部とは必ずしも同一ではない素材に基づく回遊部あるいは擬展開部へと拡大する。すべてのスカルラッティのソナタは，上記2つの理論的極限の間に位置している。

　しかしながら，スカルラッティが決して古典派ソナタ形式を目指していたわけではない，という点は理解しておかなければならない（たまたま開始部の素材が主調によって再提示されたような少数の例があっても，この方向への何の証拠にもならない [XIX {K. 132}，およびソナタ第159番，第256番，第481番]。スカルラッティはそれとは異なるやり方を選んでいる。さらに言えば，彼の創意は，古典派ソナタ形式を自ら見いだし，その後にそれを捨て去るほどの能力を有していただろう）。

　スカルラッティのソナタは，その調性的なダイナミズムを古典派ソナタと共有しており，時には3部形式の感覚すら暗示している。それは前・後半それぞれの開始部をより流動的でさまざまに変化する方法で処理するために，主調による提示部と再現部という固定的な考え方を避けており，いかに多く

の拮抗する力が持ち込まれようとも，前・後半の間の本質的に2部的なバランスは保たれ崩れないのである。スカルラッティのソナタはソナタ全体としての統一と2部に分割することとの間に対立を保っているが，古典派ソナタはこの統一と分割の対立を，提示部，展開部，そして再現部という相対的に独立した3つの部分に分解することによってある程度解消している。

閉じたソナタ

閉じたソナタとは，前・後半が同じ主題的素材で始まるものを指す。それが対称的と考えられる場合（I）もあれば，非対称な場合（XXXII{K. 264}）もあり，主題的素材の長さや連鎖が前・後半で相互にどの程度対応しているかに依存する。非対称なソナタの後半では，前半からの主題的素材は拡大されるか短縮され，言い換えられ，省略され，さらには現れる順番が変えられ，または新しい素材が付け加えられる。非対称なソナタは一般に回遊部を含み，しばしば相当な展開を示す。完全に対称的なソナタは回遊部を含まず，たとえ文字通りとはいかないまでも再提示は後半全体にわたっていると言えるだろう（VI{K. 29}）。しかし，閉じたソナタで主題の対称性が放棄された場合でも，その記憶といえるようなものはしばしば保たれている。

開いたソナタ

開いたソナタとは，前半で用いられた主題的な素材が後半の開始で使われないものを指す。理論的に言えば，開いたソナタは常に非対称であり，回遊部は閉じたソナタに比べてより大きな役割を果たす。多くの開いたソナタにおいて（LVII {K. 518}），調性的な原動力はソナタ全体にわたって分布しているが，閉じたソナタでは各々の相補し合う両半分に包含される傾向がある。

開いたソナタの中では，さらに**自由なもの**（XIII, XIX, XX, XXXVII, XLVI{K. 96, 132, 133, 394, 461}）と**収斂的なもの**（XXVIII, XXXI, XLI{K. 239, 263, 420}）に区別ができるであろう。自由な開いたソナタは，回遊部で全く新しい素材を使うか，それを前半から採られた古い素材と混ぜ合わせる。ある種の気前のよさで，最初に開始部と推移で登場させた素材を後ですぐに捨ててしまう傾向がある。収斂的な開いたソナタは，素材についてある種の経済性を示し，すでに前半で示された素材からその回遊部を誘導する。さらに，その経済性への支配的な傾向から，その構成要素間で高度な主題的相互関係が生まれる。

スカルラッティの作品の中で，開いたソナタは閉じたソナタより後に現れ，いくつかの意味で彼の後期における発展をよく表している。しかしながら，スカルラッティは開いたソナタであらゆる実験を行ったにもかかわらず，決して閉じたソナタを放棄することはなかった。それは彼の全作品を通して両輪のように開いたソナタと並立している。スカルラッティは初期の非常に単純な属調の関係を超えて閉じたソナタの調の幅を拡げることで，並列関係だけでなく全体の調をより強力に緊張させることによって曲中の要素が一体となるようにした。調性の組織化を進めることによって，前・後半における主題のバランスは静的な性格が弱まると同時により動的な性格を獲得し，核心部とその周辺に蓄積される緊張は初期のソナタに比べてより重要度を増している。それに呼応して，ソナタを構成する各部分の性格や機能に対する感覚が高まり，素材についても一度しか現れないものと再提示されるものを区別する傾向が一段と強くなる。再提示は概ね安定化され，ソナタの静的な部分と結び付くようになる。前・後半の間の関係が対称的な相補関係，あるいは歌や踊りでの**アルシス**｛弱拍｝と**テーシス**｛強拍｝の関係というよりは，より動的なバランスの関係に置かれるにつれ，回遊部の重要性がますます増大する（XIX, XXVI｛K. 132, 216｝）。回遊部の発展とともに，特にお気に入りの主題的素材をある種の擬展開部のために選ぶという傾向が現れるが（XXXI, XXXII｛K. 263, 264｝），同時に素材を自由に導入することも一層好まれるようになる（XXV, XXXVII [K. 215, 394]）。

　開いた形式とは，前・後半の間の調的関係，および静的というよりは動的なバランスに対して高められた感覚の自然な表現である。開いた形式に見られる前半の核心部に先立つ素材の扱いや後半の回遊部でのより大きな多様性と自由は，核心部にさらなる重要性を与え，ソナタの静的な部分と動的な部分，言い換えれば中心部と終結調性部の間により明快な区別を与えるようになる。

　開いた形式はソナタ第19番にその最初の萌芽が現れるが，フランボアイヤン時代から始まるヴェネツィア手稿第XIV巻やヴェネツィア手稿第XV巻の後のソナタにおいて十全に開花する。後期のソナタでも開始の素材がソナタの後続の部分で再利用される傾向を示すものの，開始部の素材を完全に捨て去るという顕著な習慣は，以後も決して放棄されることはない。それどころか，初期の開いたソナタのいかなる特性も後に捨て去られてしまったとは言い難い。閉じたソナタについても，同じく発展と成熟の過程が起こる。中期以降（ヴェネツィア手稿第III巻から始まる）から後期のソナタまで，開いたソナタと閉じたソナタのいくつかが相互に接近するような傾向が見られ

る。というのも開いたソナタは収斂的になり，閉じたソナタは拡張されるからである。ソナタにおける調の基盤が形式のより重要な決定要因となるにつれ，開いたソナタと閉じたソナタとの差異はあまり重要でなくなる。両方の形式で主題の集中が同じ理由によって起こるように，拡張された開いたソナタは，閉じたソナタを拡張する場合と同じ条件によって生み出される。

スカルラッティは，一方では常に形式を凝縮させて閉じたものにしようとし，もう一方ではそれを拡げようと試み，彼自身が設けた境界を打ち破ろうとするのである。

例外的な形式

多楽章ソナタの1楽章として構想されたいくつかの初期の作品（K. 82, 85, および K. 81, 88, 89, 90, 91 の楽章），初期の変奏曲（K. 61），5つのフーガ（K. 30, 41, 58, 93, 417），2つのオルガン・ヴォランタリー（K. 287, 288 [K. 288におけるロンゴの複縦線は原典にはない]），および3つのロンド（K. 265, 284, 351）といった作品を除き，すべてのスカルラッティのハープシコード作品は，中ほどで複縦線を持つ2部形式になっている。

いくつかのソナタは，複縦線を持つ2部形式をとるものの，たとえば3つの異なる部分からなる《パストラル》（K. *513*）のように，テンポと主題素材が著しく変化しており，再提示もない。2つのソナタ（K. 235 および 273）では回遊部がパストラルで置き換えられている。後者では**ザンポーニャ吹き**が幾分驚くような転調を奏でる。ニ長調のソナタ第282番では，唐突にニ短調のメヌエットを挿入し，回遊部ではそれに注釈を加えているが，これはモーツァルトが彼のいくつかのヴァイオリン協奏曲やピアノ協奏曲のフィナーレにメヌエットを挿入するのと極めてよく似ている。

他のいくつかのソナタでは，終結調性部での再提示という習慣に厳密には従っていない（K. 276, 277, 298）。ソナタ第213番と第214番では，いずれも終止素材の変化音や先行音が核心部をあまりにぼかしたり拡散したりするので，普段は有用なここでの解剖的な仮定は，分析を単純にするというよりはむしろ複雑にしてしまう。

いくつかのソナタでは主題的素材，あるいは内部における各部分の再提示が非常に多様なために，合成概念としてのスカルラッティのソナタという観点からの分析に最初は困難をもたらす（X, XLV{K. 57, 460}）。

ハ長調のソナタ第*460*番（XLV）は，スカルラッティのソナタの中でももっとも大きく拡大され，高度に構成された作品のひとつであり，核心部に先行す

る主題的素材が通常見られる最大の内容を超えて多彩であるだけでなく，内声での再提示も多彩である。しかしながら，それは次の表に示すようなもっともらしい分析結果に導かれる。

　スカルラッティのソナタという合成概念から外れる部分が極めて著しい一連のソナタでは，核心部がどこにあるのかを正確に見つけ出すことは難しい。主題構成が拡散していたり，再提示が不明瞭あるいは不規則な場合には，核心部の場所を探し当てることはもっとも根気強い学者気質を必要とするだろう（XI, XII{K. 84, 52}）。いくつかのソナタでは，それがあまりに早く現れるためほとんど意味をなさない。共通する主題が前・後半いずれにおいても早くに現れ，あるいは終止の調があまりに初めの方から現れるので，最後に終止の調に到達したところでは主題の再提示はほとんど省略されてしまう（VI,

ソナタ 第460番（XLV）ハ長調

小節	前　半	小節	後　半
1 - 13	開始部　ハ長調からト長調		
14 - 26	継　続　ハ短調からイ短調	95 - 99	後核心部（あるいは前核心部）から ト長調からイ短調
26 - 30	間　奏　イ短調，イ長調		
31 - 43	開始部の再提示　ニ長調からイ長調		
44 - 49	推　移　ホ短調からロ短調	99 - 107	推　移　イ短調
50 - 55	推移の繰り返し　嬰ハ短調	108 - 115	推移の繰り返し　ロ短調
56 - 59	前核心部　ホ長調		
60 - 63	後核心部の素材を提示　イ短調		
63 - 67	イ短調	115 - 119	前核心部（あるいは後核心部）から ホ短調
		119 - 123	継続の終わりから　ホ短調からト長調
		123 - 127	間　奏　ト長調
67 - 73	ト長調	127 - 131	前核心部の終わりから ハ長調，ヘ長調
		132 - 137	開始部の終わりから　ト長調
73 - 85	後核心部　ト長調	137 - 149	後核心部　ハ長調
85 - 94	終　結　ト長調	149 - 158	終　結　ハ長調

XLIX{K. 29, 490})。他方，核心部が非常に後方に置かれているソナタもあるが（L, XXXIX{K. 491, 402}），それは転調によって終止の調の最終的な確立が遅れたことにより，あるいは後の方に挿入された間奏のために最後の再提示が遅れたからである。

時として，一見核心部と思しきものが，実は真の核心部が単に先行したものだということが，主題の類似あるいはソナタ全体の調構造から示されることがある（XXXII{K. 264}, 第53小節）。このような場合，それを偽核心部と呼ぶことにする。スカルラッティは前・後半とも同じ調で偽核心部を置くことを意図し，それに続き後になって初めて最後の終止を同じ調で確立する（XXXV, L{K. 366, 491}）。

緊密に構成された多くのソナタでは，どのような一点をとっても核心部の場所を特定することはほとんど不可能である。前半と後半において，再提示可能また再提示された素材が主題的類似を示すのは終結の主和音が最終的に確立する前で，終結の属和音へは2回到達する（XXIV{K. 209}, 第45および第124小節，第61および第138小節）。これらは二重核心部を持つソナタと呼んでよいだろう。終結の属和音を2回確認する間に置かれている素材は，前核心部と後核心部両方の特徴を兼ね備えている。それはあたかもひとつ前の前核心部によって用意されたかのようでありながら，しかし前核心部そのもののように属和音で終わる。

二重核心部のもうひとつの例はソナタ第260番に見られる（XXX, 第46および第77小節，第140および第180小節）。そこでは，終結の属和音の確認だけでなく終結調へのカデンツも2回現れ，遠隔転調による間奏によって分断されている（この間奏は後核心部と終結推移の間に挿入された転調的終止として説明されるようなもので，通常は中心部のためだけにとってある機能を例外的な方法で一部担っている）。

本書を補うソナタ選集には，例外的な形式，あるいは曖昧な形式のものが数多く含まれている。ここでそれらを議論することはできないが，それらは読者にとっては本書の理論的一般化がもたらすかもしれない過剰な体系化に対する解毒剤となるであろう。また，それらはスカルラッティが2部形式に満足していたこと，あるいはそれを彼が思い通りに利用する能力があったことについての優れた証明となっている。

調構造

スカルラッティは，特に後期のソナタにおいて，調のバランスの離れ業に

ますます夢中になっており，主題的素材と識別できる部分は調性の力の分布に従う傾向を示す。その発展は，スカルラッティの調構造が単純なものから複雑なものへと進化する様子に跡づけることができるだろう。

1. 調構造のもっとも単純な枠組みは，わずか16小節の興味深いト長調ソナタ第431番にその例を見ることができる。これはすべてのスカルラッティのソナタの中でももっとも短く単純で，以下のような4つの4小節の楽句から成っている。

主調 ：属調
属調 ：主調

2. この基本的枠組みは，《練習曲集》や，回遊部を持たないか，もしくはほんの初歩的な回遊部しか持たないソナタの中でさまざまな度合に拡張されており，遠隔転調を試みることもなく，バランスのとれた和声進行で作曲されている（ソナタ第2番）。

主調　　属調
転調 ： 転調
属調　　主調

3. しかしながら，そのようなソナタの大部分は，それほど大幅に調構造の枠組みを拡大していないものでさえ，前半の中心部に比べて後半の回遊部ではより遠くへ，またより頻繁に転調を試みる。ト長調のソナタ第105番（XIV）では，かなり初歩的な形態を確認することができる。前半では基本調性からドッペル・ドミナント（イ長調）以上に遠くへ行くことはないが，一方後半ではロ短調（属調の平行短調）およびイ短調（下属調の平行短調）のパッセージが含まれる。しかし，作品全体の中でもっとも遠い和音は，ロ短調の属調である嬰ヘ音上の長三和音である。

主調　　属調
転調 ： より遠い転調
属調　　主調

ひとつのスカルラッティ・ソナタの和声の形態は，調の方向性に加えて和声の簡潔さと広がりという観点からも示すことができよう。一般的に開始部において，そして終止においても，構成部分は常に三和音のI, IV, およびVというもっとも単純でもっとも開かれた関係を示す。ソナタの前半の中心部（したがってその部分の主題的な特徴に及ぼす），および後半はじめの

回遊部あるいは展開部においては，基本的な和声は圧縮され，素早く転調され，重畳され，全音階的な変化音によって導かれ，和声的なテクスチャーは終結部に比べて概して大いに重厚で張り詰めたものとなる。

4. 調構造がさらに精巧な形式では，中心部が広い範囲にわたる和声の動きを示し，転調の範囲は拡大されているものの，依然として前・後半の調のバランスに従っているようなソナタに見られる（XXXII, XLI{K. 264, 420}）。

調の確保	終止の調からの離脱
調の逸脱 ：	調の逸脱
終止の調	調の最終的確立

5. 後半の開始が前半の終結の調からではなく，直ちに全く予想外の調へと突然飛び移るような場合には，調のバランスの新しい原理が導入される（XIX, XX, XXV, XXXIX{K. 132, 133, 215, 402}）。前半の主調から属調へ，および後半の属調から主調へ，という前・後半の間の比較的静的なバランスは完全に覆され，調のバランスが崩されたことによる動的緊張がソナタ全体にわたって広がる。前・後半の間で調のバランスがとれたソナタにおけるもっとも極端な転調でさえそうであるように，前・後半の比較的静かな開始と終了の間の転調の動きを枠にはめることは，ソナタ第 *260* 番（XXX）の例に見る通りもはや不可能である。

6. 調の不均衡の大部分が後半冒頭の回遊部に集中している場合，前半の比較的静的な再提示と後半終わりの静的な再提示の間に割り込む形で，古典派ソナタのような対照が作り出される。しかしながら，スカルラッティのソナタは決してあらわな 3 部形式に陥ることはない。複縦線の重要性が最小限になったような場合ですら（XXV, LVII{K. 215, 518}），それは 3 部形式という暗示と複縦線によって分離された 2 部形式との間に動的な拮抗を保つ。

前半が関係長調または短調で終止するソナタは，**先験的**に基本的な和音進行よりも精巧な調の枠組みを持つ。

主調	属調
転調 ：	転調
属調	主調

そこでは直ちに属調とその関係調の 2 セット，つまりソナタの基本調性およびその関係長調や短調に属する調が使用できる。たとえば，比較的単純なソナタである第 *3* 番，第 *7* 番，および第 *16* 番（I, II, III）を比べてみよう。ソ

ナタ全体として基本調性の属調と関係長調の属調との間のバランスを保つために，変ロ長調のソナタ第 *16* 番がもっぱら属調とその短調への変化のみに留まっているのに比べ，イ短調のソナタ第 *3* 番は中心部ではるか遠くへの遠征を強いられている。

しかし，両ソナタにおいて，スカルラッティは長調を短調へと変えることでひとつの拡大された調性の地平を獲得する。こうして，変ロ長調のソナタ第 *16* 番では主調，属調，およびドッペル・ドミナントを短調へ変化させておりイ短調のソナタ第 *3* 番ではその属調および関係長調を短調へ変化させている。ヘ長調とヘ短調で構築された 1 対のソナタでは，特に後者について，ソナタ第 106 番および第 107 番を参照されたい（ソナタ第 107 番は長調で始まって短調で終わる。短調で始まり長調で終わるソナタについてはソナタ第 *519* 番〈LVIII〉を参照）。

複縦線で関係短調を用いることは比較的まれだが，このことがいつも興味深い処理をもたらしており，再提示における終結調性部での長調への移行はその極致といえるだろう（LX{K. 545}）。

前半を属音の平行短調で終える少数のソナタでは，調構造の可能性がさらに拡大されている。変ロ長調のソナタ第 249 番はそのような作品のひとつである。開始部で本来の属調（ヘ長調）を確立した後，スカルラッティは前核心部において主調の平行短調（ト短調）へと移動し，それから終止の調（ニ短調，すなわち変ロ長調の属調の平行短調）の属調であるイ長調へと移る。後核心部ではこの属調の上にしばらくとどまり，ニ短調のカデンツを奏する終止の素材へと融合する。回遊部の大部分は，自由に拡大することによってこの楽曲本来の属調（ヘ長調）にもどり，主調での再提示が準備されるまでこの軌道にとどまる。言い換えれば，これは変ロ長調のソナタであるが，その中間部はニ短調の周辺に方向付けられているのである。

長調と関係短調との間，あるいはその逆という構造的な近親関係は，関係調の二重のセットを生み出すだけではなく，ソナタ第 130 番のように同心円的な方向付けをも生み出す。この楽曲は変イ長調に始まり同調で終わるが，そのほとんどの部分は平行短調であるヘ短調に基づいている。前半は，関係長調から短調へと変えられたヘ短調の属調であるハ短調で終わり，再提示部全体はヘ短調で現れる。これは転調の連鎖で拡大され，後核心部の半分は，最後のカデンツを引き延ばすために拡大された変イ長調でパラフレーズされる。実際のところ，作品の中で変イ長調の部分は開始部，後半の開始，および終わりの部分だけである。次ページの図式によってこの点は明瞭になるだろう。

これはもっとも特異な作品である。開いた形式であるにもかかわらず，開

ソナタ第130番変イ長調

小節	前半	小節	後半
1 – 9	変イ長調，開始部，再現なし		
		47 – 59	変イ長調から変ホ長調，後核心部の回遊部は自由に拡大
10 – 17	変ロ短調からへ短調，ハ短調へ，推移	60 – 67	変ホ短調から変ロ短調，へ短調へ，推移
18 – 26	ハ短調からその属調へ，前核心部	68 – 76	へ短調からその属調へ，前核心部
26 – 33	ハ短調，後核心部	76 – 83	へ短調，後核心部
33 – 39	ハ短調，先行楽句の繰り返し	83 – 89	へ短調，先行楽句の繰り返し
40 – 46	ハ短調，拡大	89 – 96	へ短調から変イ長調，拡大と転調
		96 – 112	変イ長調，後核心部のパラフレーズと拡大

　始部，終止部，および回遊部を除くとソナタの中心部分全体が対称的で閉じた《練習曲集》の形式で組み立てられている。

　前半が属調の関係短調で終わり，著しく拡大された調の枠組みを達成したもうひとつの作品は，へ長調のソナタ第518番（LVII）である。このソナタの対になる作品（LVIII｛K. 519｝）は，長調と短調の間で揺れ動く主和音の上に構築されている。この1対のソナタに現れる2通りの長調－短調の関係の結果，その全体の調の枠組みは，少なくとも一時的には，24のうち18の可能な長調と短調の調性を内包している。

　これは言うまでもないことだが，一方が長調で他方が短調であるような1対のソナタの調の枠組みは，対のいずれもが長調あるいは短調である場合に比べて先験的に大きな拡大の可能性がある。しかしながら実際には，スカルラッティは調性の地平を拡大するような工夫を他にたくさん持っているので，このような区別はほとんど成り立たない。

主題的素材の扱い，主な3つの伝統

　スカルラッティのソナタにおける主題の扱いについては，3つの主要な起

源をたどることができる。第一は装飾された通奏低音の実践という伝統に連なるもので，和音進行の基本的な組み合わせが，全体を覆う一貫したリズムと動機のパターンで装飾されるものである。そこでは和声によって決まるような区分が前提になっており，リズムや動機のパターンにおける変化には必ずしも従わない。この過程は変奏曲形式の作品でしばしば見ることができ，フレスコバルディ，パスクイーニ，コレッリのような先達からモーツァルト，ブラームスを経て今日まで続いている。スカルラッティにおいては，彼の唯一残された変奏曲（ソナタ第62番）にある程度見られるのみで，その純粋な形はほとんど見られない。しかし，ある種のソナタでは全体を通して基底にあるリズムパターンに基づいている（IX, XXVII{K. 54, 238}）。他の場合には基底にある音程に支配される（たとえばIVとVのように音程が2度あるもの）。ソナタ第*367*番（XXXVI）はほぼ全体を通して音階とアルペッジョの対比によって，またソナタ第*421*番（XLII）は大部分が音型の反復によって支配されている。部分ごとに明確に区分される作品は，時折基底にあるリズムまたは動機を持つ音程に全体として支配されており，それらは楽曲を通して時に応じて関係を保っている（XXVIII, XLV {K. 239, 460}）。

　第二の伝統は，収斂された主題的素材を持つ個々の部分で対照を作り出すものである（VI, XXII, XXXVIII{K. 29, 140, 395}）。これは対照の原理を統一の原理に対抗させる。第一の伝統がすでに存在する和声，あるいは当然の前提になっている和声上の旋律やリズムの形態に大きく関係しているのに対し，こちらは多少とも主題的に独立した段落に関係するだけでなく，一般的にカデンツとして定義される和声的な段落にも関係するものである。この第二の伝統と関連しているのは舞曲形式の作品や歌曲形式の楽句における和声の部分，要するに**垂直的な区分をもたらすすべてのもの**である。各部分は繰り返されたり，変化させられる（I, VII, XXXIV, XLIX {K. 3, 44, 309, 490}）。スカルラッティのソナタの中では，主題的に異なる部分で動機やリズムに共通する特徴が見られる場合（XLI{K. 420}），あるいは相互に模倣し合う場合（I, XXVIII, XXXIV, XXXV{K. 3, 239, 309, 366}），これら最初の2つの伝統は融合する。

　第三の伝統は，旋律素材の自由な展開である。そこではひとつの主題が自発的にもうひとつの主題を暗示するため，もともと各部分の繰り返しや再提示は不必要なのだが，これはメールロやフレスコバルディによるある種の作品や，鍵盤用トッカータ，前奏曲，あるいはオルガン・ヴォランタリーが持つ自由な蛇行の中に見られるものである。元来この伝統においては，主題の一貫性はそのほとんどがカノンでの進行，声部の模倣による導入，反行，およ

び二重対位法に由来する。スカルラッティのソナタでは，新パレストリーナ様式による彼の**ア・カペッラ**の教会音楽の多くに見られる，厳格対位法的な扱いの中に，その印象主義的な痕跡が残っているのみである。これらの痕跡は，多くのソナタの冒頭での2つの声部の模倣による導入（XXXI {K. 263}）や，声部間での旋律的素材の交換に代表される初歩的な二重対位法によく見られる。一般的に，スカルラッティは両手に配分された素材の間の差異を明確にしようとするので，動機の断片を投げ合うといった程度を越えて両手間の素材の交換が厳密かつ連続的に起こるようなことは極めてまれである。彼は通常，二重対位法を鍵盤上で慣用的に真似ることで満足している。時には模倣が第二の声部の導入後も続くようなこともあるが（LV{K. 516}），真の意味でフガートになることは決してない。しかしながら，オルガン・ヴォランタリーのひとつ（K. 287）は，大部分は2声部であるものの，主調と属調による擬・調的フーガの導入が見られる。ソナタ第373番については，その但し書きに「プレストとフガート」とあるが，それは2つの声部の間に異様に数多くの極端に短い模倣的なパッセージが含まれているという意味においてのみフガートであり，それら短いパッセージが線的に継続する真の対位法に応じた扱いを受けることは決してない。それらの大部分で，同時に響くのはひとつの声部だけである。いくつかのソナタの模倣的な開始部では，第二の声部の導入は伴奏を伴わない（XXXVII{K. 394}）。反行も厳格なことはほとんどなく，小さな動機的音型や音階，あるいはアルペッジョの反行を除くと，スカルラッティのソナタにおいては，一般に前半と後半の開始部の素材の間で，古典的なジグに似た形で起こる（V {K. 28}）。

　第三の伝統に関連しているのは，自由な発想の連鎖が曲の雰囲気を徐々に変化させるようなソナタである。その中では主題的な素材が自発的に展開するように見え，ひとかけらの主題的素材がもうひとつを暗示し，あるいはさらに発展する。そして段落を生み出したり，先行する素材を回想するような形でしばしばただ漠然と特徴づけられるような部分で動機的素材が共有される（XII, XXXI, XLV, LII, LX{K. 52, 263, 460, 493, 545}）。

　スカルラッティのソナタは，後期になればなるほど主題的素材は流動的で，それらは成長し，真の相互作用を行い，発展する傾向を示す。各部分における類似点は，単に動機の自動的作用によって機械的に誘起されたものでもなければ，文字通りの静的な模倣でもない。変化と統一から変化の**中の**統一へ，という発展が起こったのである。

　個々の主題的素材は，いかに色彩的で変化に富んでいようと，徐々に基本的な和声進行に見られるある種のコンティヌオ的な音型を薄めていく。その

代わりに線的な豊かさと表現力を獲得し，輪郭上である種の収斂性と鋭さ，声部を運ぶ力を得るのである。しかし，同時にそれは内的に高められた性格を持ち（これは初期の音型における多様で目立った効果と混同してはならない），より深くまた流動的に作品全体の進行に組み入れられるようになる。これは，主題的素材が表面に横たわっているというより，基調に深く根ざしていることによって起こっている。また，いかなる主題の全体的な統一性あるいは類似性が存在しようとも，それは選択したひとつの，またはひと組の音型が多少なりとも自動的に実践された結果であるというよりは，ひとつの要素からもうひとつの要素への常に注意を怠らない想像力に富んだ暗示の結果によるからである（これはもちろん初期のソナタやヴォランタリーにも当てはまるが，統一感や表現力からは程遠い）。通奏低音奏者の自動的な指の動きには，徐々に表現が吹き込まれていく。

　回遊部で特定の主題的素材が好んで使われるようなソナタでは，さらなる発展が明らかに見て取れる（XXXI, XXVIII{K. 263, 239}）。ある部分は他に比べて再提示されやすく，それらの再提示は単にバランスを取るためというよりはより高度な形式を取るに至っている。前半の開始からの素材の扱いや，回遊部の構成はしばしば全く予測不可能になる（XXV, XXXVII, XLVI{K. 215, 394, 461}）。こうしてスカルラッティは，我々の目の前でソナタが成長していくような印象を与えるのである。

　これは，一般的に特定の主題的素材をその和声的および調的脈絡に結び付け，再提示の特定の側面を調構造と連携させることによってもたらされる。主題的素材の3つの伝統を，下敷きとなる和声や調構造全体と連携させることで，スカルラッティのソナタと古典派ソナタの背景に共通する原理が形作られるのである。

　スカルラッティのソナタの形式は，核になるリズムおよび音程の要素，和声区分，主題の統一と対照，楽句構造と調のバランス，これらのある意味で相互に独立性を保つものすべての協調から生まれる。スカルラッティのソナタのダイナミズムは，お互いが自らの方向へと牽引し合うこれら諸力の間の相互作用から生まれるのである。

XII　スカルラッティ・ソナタの演奏

演奏家の心構え

　この章は，ピアノ・リサイタルのはじめに 2 曲あるいは 3 曲のスカルラッティのソナタ（なるべく有名なもの）を弾いてみよう，というような演奏家のために用意されたものではない。近頃では，コンサートのプログラムの中で 18 世紀の作曲家がある種の「役回り」の対象となり，そこでいくつかのスカルラッティの作品，あるいはより冒険的なところでクープランを数曲，それからモーツァルトのソナタかバッハのオルガン・フーガが洒落た食前酒として供され，会場に遅れてきた客を後悔させないよう，また「真に表現豊かな」19 世紀音楽の開幕を引き立て，同時に演奏者の指ならしを兼ねる，といった時代は幸いにして過ぎ去りつつある。

　（18 世紀音楽を型に嵌めることは前世紀には日常的に行われていたが，20 世紀の古楽復興者や古楽狂の間でも依然として見られる。むしろ彼らはそれをより窮屈な衣装，つまり 18 世紀音楽と「ロマン主義的」音楽との間に横たわる超え難い深淵を新たに認識することによって生み出された拘束衣とも呼ぶべきものに無理やり押し込もうとした。「様式感覚」が台頭した結果，歴史研究ではしばしば強く否定される**真正なる様式**という概念がはびこり，それによってそのような感覚を自己正当化しようとした。18 世紀音楽は純粋で抽象的であることを強要され，人間性はもっとも限られた形でのみ許容された。特に 1920 年代以降のドイツにおいて，ヴァーグナーやレーガーに食傷したばかりの音楽界では，「古楽」における「表現性」や柔軟性はアルコール依存症から抜け出たばかりの者が 1 杯のウイスキーを見るがごとく，魅惑的な恐怖心をもって眺められたのである。このような連中を撲滅することこそは，ハープシコード奏者あるいはスカルラッティの演奏者が担うもっとも高貴な使命なのだ！）

　もちろん，いろいろな曲が混在するプログラムにおいてこの「役回り」はどうしても避け難く，ハープシコードのリサイタルにおいてすらそうである。どのような作曲家といえども，極めて著名である場合を除き，ひとりの芸術家として，その表現のあらゆる側面にわたって自己を開示する機会を与えられることはまずない。その代わり，イタリア喜劇に出てくる擬人化された伝

統的な性格の類型[146])よろしく，18世紀のいろいろな作曲家がずらりと公衆の前に並べられる。バッハは仏頂面をし，モーツァルトは一服のフリル付きレースのロココ趣味を供し，それは時々クープランに取って代わられる。パパ・ハイドンは無邪気で善良なユーモア以上の感性を示さず，何とまあ，スカルラッティに至っては大抵は道化役である。陽気な道化役というスカルラッティの役柄は確立してあまりに久しいので，彼が生前にスペイン宮廷で同じ役を強いられなかったかどうか，また彼のより表現豊かな作品が**秘密裏**に作られて，アレグロ，アンダンテ，プレストといった無害なラベルの下に隠されていなかったかどうか，などと勘ぐりたくなるほどである。確かに18世紀における彼の崇拝者の間での名声こそは，「独創的で陽気な気まぐれ」を唱導したもののひとつであった。その名声は以後ほとんど質されることもなくずっと続いていたように見える。

　以下においてスカルラッティのソナタの演奏について述べる所見は，スカルラッティが一個の完全な芸術的人格であり，彼の音楽が人間的表現のあらゆる側面を内包している，という確信に基づいている。その表現の幅は，必ずしもバッハ，モーツァルト，ベートーヴェンのような偉大な作曲家達に比肩するほど広がっているとは限らないが，演奏家が自らの感情，想像力，そして経験の限りを尽くして，ようやく受け止めることができるような音楽への心構えを表しているのである。これはトリックや気まぐれに満ちてはいても，決して茶番のための音楽でもなければ，概して繰り人形にふさわしい表現上のカリカチュアでもない。そこには初歩的なものや幼稚なものは何もないのである。

　だが，上述のことは，スカルラッティに対して何の訓練も経ない未熟な表現を外部から強要すべきであるという意味では決してない。真の芸術の感情はどのようなものであれ，衒学的手段や命令によってではなく，芸術的手段によって訓練され，相互にチェックされ，制御されている限り，排除されることはない。上記の所見は，単に音楽に自らを語らしめることを，また独自の表現領域が与えられるべきことを語っているに過ぎない。「音楽に自らを語らしめる」ことは，演奏家にとって容易であるかのように思われるが，実際にはそうではない。単に音を奏でることは音楽に自らを語らしめることではない。音楽に自らを語らしめるとは，演奏家が音楽を理解し，音楽独自の言葉で音楽と一体化することであり，演奏家の感情と創意の全能力が錬磨され，

---

146) 16–18世紀にヨーロッパで流行したコメディア・デラルテ（即興仮面劇の一種）との人物類型を指す。

制御され，訓練され，点検されて，単に音や一連の効果を外部から持ち込むのではなく，音楽の中にあるものを表現すべく限界まで追い込むことなのである。それはまた，スカルラッティを含む古い音楽の場合には，作曲家の意図やその様式との調和や言語を理解し，あるいは少なくともそれに反することのないよう，演奏家がある程度の学究的態度や一見衒学的とも見える細部へのこだわりを必要とすることをも意味する。この本の大部分の情報は，スカルラッティの音楽を理解し，表現しようと真に願う演奏家を手助けするために用意されたものである。

スカルラッティの楽譜

　ヴェネツィアやパルマの手稿に代表されるようなスカルラッティの楽譜には，単なる音符以外ほとんど何も記されていない。しかし，ほとんどのソナタの冒頭には速度が表示されている。それらの速度表示は本書巻末の目録にまとめられている（ロンゴ版では，それらは時として提示されることもあれば注釈なしに書き換えられることもあったが，一般的には彼が用いた原典に由来している）。スカルラッティの運指法の指示は，左右の手に対する音の配分，あるいは長いトリルや急速な反復音における指替えのみに限られている。まれに，突然の速いパッセージに掛けられたスラーにたまたまフレージングの表示が見られるが，演奏家への指示というよりは筆の運びといったものである。スタッカートの記号も時々現れるが，まれである。小音符で書かれたいくつかの音型を除き，スカルラッティの装飾音の記号はトリルとアッポッジアトゥーラに限られる（スカルラッティの装飾音についての広範囲にわたる詳細な論考は本書の付録 IV に掲げる）。アルペッジョの記号は使われたことがなく，ごくまれに分散和音が小音符で書き記されている程度である。ソナタ第70番，第73番，第88番で記された初歩的なエコー・デュナーミク，およびオルガン作品における鍵盤の変更やストップ使用への指示（ソナタ第287番，第288番，第328番）といった例外を除き，残りのソナタにおいてはいかなるデュナーミクの指示も見られない。他はすべて音楽的脈絡が示すところや，演奏者の趣味と感受性に任されている。

　ロンゴ版に慣れ親しんだスカルラッティの演奏者にとって，そのような楽譜は実になじみのないものに映るだろう。実際のところ，現在入手できるいくつかの版は，ほとんどがスカルラッティのソナタの解釈を単純化するというよりは複雑にするようなものばかりである[147]。それらのほとんどはスカルラッティ本来の様式に対する感覚に支えられておらず，彼の和声的な語彙に

ついてさえ驚くほど理解に欠けている。彼自身の楽譜が持つ論理と一貫性は，不必要な校訂（ロンゴ版に見られるようにしばしば注釈は加えられず，楽譜の多数の小さな変更は説明抜きである）によってしばしば混乱させられてきた。そしてスカルラッティの音符の持つ明快さは，特にフレージングや装飾音に関して曖昧になってしまった。

　本書を補遺するために出版された60曲の《スカルラッティ・ソナタ選集》は，ある程度この状況を正すべく意図されている。ヴェンツィア手稿とパルマ手稿を照合することにより，楽譜はスカルラッティ自身のそれに能う限り忠実であろうとし，校訂上の補遺には厳密に説明が施されている。この選集は，新しい様式批判による全集の必要性を強く訴えることに役立っているが，同時にそれは，手稿を参照できない演奏者にとって，スカルラッティの原資料が部分的にせよロンゴ版から導出できるようなやり方を示すことにもなっている。

レジスターの扱いとデュナーミク

　スカルラッティは，後期ソナタではいかなるデュナーミクの指示も行っていない。初期の作品に現れるピアノおよびフォルテの指示は，ほとんどがエコー効果と見なされるものである（ソナタ第70番，第73番，第88番）。ハープシコードのレジスターについても手稿では一言も触れられていない。そのような指示が18世紀には極めてまれであったことを思えば，これは驚くにはあたらない。ハープシコードが違えばその特徴もあまりに大きく変化するので，たとえスカルラッティがレジスターを特に指示したとしても，多くの演奏者は自分が使っている個々の楽器の特性に合わせてそれを替えなければならなかっただろう。18世紀オルガンのレジスター交替はさらに頻繁であったにもかかわらず，同じ理由で指示がないことがしばしばである。

　同じように，2段鍵盤の使用についてもスカルラッティはそのハープシコード音楽の中で特別の指示を与えておらず，これは極めて明瞭にそのように構

147）幸いにして，現在の状況は本書の初版が出版された1953年当時よりはるかに改善されている。カークパトリックの作品目録による全ソナタのファクシミリ版（全15巻）が主要典拠に基づいてカークパトリックの手で出版されたし（1971, Johnson Reprint Corporation），ヴェンツィア手稿を主要典拠とする全ソナタの校訂版（全11巻）も，ケネス・ギルバートにより出版された（1971〜1984, Heugel）。他にもエミリア・ファディーニによる本格的な様式批判版（全10巻）の出版が進行中で，39年あまりの歳月を経て完結までようやく最終巻を残すのみとなっている（1978〜, Ricordi）。

想された作品についても当てはまる。しかしながら，彼は2曲のオルガン・ヴォランタリー（ソナタ第287番および第288番）では，鍵盤の配分を事実上明確に指定する表示を残している。すなわち，最初の曲ではパルマ手稿第VII巻第17番に「フルートとトロンボーンの2つの鍵盤を持つ室内オルガン用」と上書きがある。ヴェネツィア手稿第VII巻第3番（ソナタ第328番）では，「オルガン Org^o.」から「フルート Fl^o.」へのレジスター交替の指示が見られるが，おそらくは鍵盤の移動も伴うであろう。この作品では，多分不注意によって省略されたかあるいは当然のことゆえに欠落したいくつかの指示を，スカルラッティの意図に沿って疑問の余地なく補うことができる。残念ながら，ロンゴ版ではこれらすべての指示は削除されてしまっている。それらは色彩やエコー効果による楽句ごとの移動からなっている。音楽的には極めて明らかであるにもかかわらず，これらの指示はスカルラッティ演奏の具体的な実例として大変重要なので，ここでは付録IIIのDに一覧で示し，読者諸氏のロンゴ版の譜面に書き込めるようにしておいた。小節内の移動が自然な楽句の区切りで起こるよう意図されていることは明らかである。

　エイヴィソンによるスカルラッティ・ソナタの弦楽合奏用の校訂・編曲版を眺めれば，手の込んだデュナーミクの指示について，18世紀の習慣のいくつかの補足的な事例が見つかるだろう。時として似たような指示が18世紀の編者により書き入れられたソナタの印刷譜，たとえば私が所蔵するロージングレイヴ版にも見られる。しかし全体としては，スカルラッティの音楽様式に対して自分自身がどの程度想像し理解できるか，またスカルラッティが使用した楽器についてどのくらい知っているか，という次元に戻らざるを得ない（第IX章を参照）。

　スカルラッティが自由に使うことができた楽器から考えて，彼がデュナーミクを変えるために使用できた手段は実に限られていた。ハープシコードのレジスターをいろいろと変えられる可能性については，必ずしも当てにしていなかったように見える。実際，後期においてもっとも重要なソナタがそのために作曲されたと思しきスペイン製のハープシコードは2つのレジスターしか持っておらず，鍵盤は1段で音色も最大で3種類，つまり2つのレジスターそれぞれの単独の音と，それら2つを組み合わせた音だけである。すでに第IX章で指摘したように，スカルラッティのハープシコードでは，レジスターの変更は鍵盤の移動，あるいは手動ストップの操作によって実施される以外には考えにくい。彼のハープシコードがストップを操作するためのペダルを備えていた様子はなく，大部分の場合，それらの変更は曲の各部分間にある段落，あるいは休止のところで，手が自由になり必要な操作を行える

場合にのみ可能であった。手動ストップだけで制御されるハープシコードの場合，両手で演奏している間にストップを操作してクレッシェンドやディミヌエンドの効果を出すことは不可能である。できることと言えば，タッチの変化やレガートとスタッカートの段階的な変化によって付けられる小さな音量の変化である。

スカルラッティ自身によるハープシコードのレジスター使用は，知られ得る限り以下のように要約できるだろう。

1. 単一の音色，あるいはひとつのストップまたはストップの組み合わせによるソナタ全体の演奏。
2. 2段鍵盤を同時に使用する演奏。2つの対等な声部または独奏と伴奏を弾くために，一般には独奏ストップを用いる。
3. 反復される楽句でのフォルテ－ピアノ，あるいはピアノ－フォルテのようなエコー・デュナーミクの演奏（オルガン・ヴォランタリー K. 287, K. 288，またソナタ第328番，第70番，第73番，および第88番を参照）。
4. 曲の各部分で明確に定義できる音色の変化を生かした演奏（例：オルガン作品 K. 287, 288, 328，エイヴィソンによるソナタの弦楽合奏のための編曲版，私が所有するロージングレイヴ版の18世紀の注釈）。これらの変化は2つの音色の枠組みに基づいており，大まかにはソロからトゥッティ，あるいは下段鍵盤における全レジスターの組み合わせから上段鍵盤の独奏ストップへの移動に対応している。

スカルラッティは，自身の楽器やその操作上の制限に対し，音型の処理の仕方，声部の間隔の取り方，上下のレジスターの対照，音楽の生地に織り込まれたハープシコード音響の陰影変化，という実にさまざまなやり方で大いに対抗した。これらの陰影付けの例については，すでに第IX章と第X章で論考を加えている。スカルラッティはそれらによって，ストップの操作に頼ることなしに，驚くべき多様な色彩をハープシコードから引き出している。

作品の大まかな輪郭は，スカルラッティによって書き込まれたニュアンスにより与えられる。それは作品が最高潮に達する箇所でもっとも厚みのある（すなわち大音量の）書法となっており，そこは単に一瞬のアクセントであることもあれば，決定的な転調，または調を確立し，あるいは確定するための主題提示であったりもする。スカルラッティはカデンツの反復では決して徐々に音量を増すようなことはしない。彼はカデンツを和音で補強することすら

減多にせず，しばしばユニゾンや分散アルペッジョで終わらせている。もっとも分厚い和音は概して作品の中間部に現れ，時折開始の際にも現れるが，終結時には全く見られない。スカルラッティのソナタのクライマックスを曲の最後に向かって作り出そうという発想は，ほとんどの場合，誤っているといえる。曲が最高潮に達する点はもっと手前，終結の調を確立する直前あるいは直後にある。すべてのスカルラッティ・ソナタを終結するカデンツの反復は，すでに提示されたものの補強ではなく，確保のためと考えられるべきなのである。これはスカルラッティのハープシコード音型によってさらに明確になる。我々はすでにソナタ第44番で彼のそのような意図が明瞭にわかる例を見ている。その前・後半の最後の5小節で，スカルラッティが音の強度を徐々に減ずべく意図したに違いないことは明らかである。なぜなら，そこでハープシコードを全開に鳴らしても，その直前のバス声部の速いオクターヴによる凄まじいフォルテッシモに比肩し得るような音にはならないからである。スカルラッティ・ソナタにおけるクライマックス，少なくともその強度がもっとも集中する部分は，常に中間付近にあって前・後半の終わりにはない，ということは大いに強調されるべきだろう。多くのスカルラッティ・ソナタが終結へと向かう栄光の炎は，最後よりは大分前に噴出するのが常である。あるスカルラッティ・ソナタのクライマックスを最後へと遅らせようとすれば，それは必ずや作品を歪める結果となるであろう。

　スカルラッティの和音の書法すべてがハープシコードにおける**フォルテ**を示しているわけではないことも断っておくべきだろう。その脈絡に対する関係性が常に念頭に置かれるべきなのである。明らかなトゥッティのパッセージにおいては，スカルラッティの和音は明確に音を補強しており，しばしばストップの組み合わせを必要とする（ソナタ第175番，第516番）。しかし，独奏声部のカンタービレを伴奏する和音のパッセージでは，スカルラッティは明らかに補強ではなく充填としての和音を意図しており，弱音の独奏ストップで演奏されるべきものである（第208番）。しかしながら，いくつかのスペイン舞踊風の作品では，フラメンコの歌唱に似た騒々しいカンタービレが，伴奏の和音を含めあらゆるものを情熱的に補強することを要求するように見える（ソナタ第24番および第29番）。だが，エイヴィソンの編曲版や私のもっているロージングレイヴ版を複写した手書きの譜面には，いくつものそのようなパッセージが**ピアノ**と指示されている。私はこれらの指示がスカルラッティの意図と合致しているかどうかについて大きな疑問を感じている。そのような扱いがより甘美な性質を持つ英国のハープシコードからの影響によるもので，スペイン気質が英国の叙情的性格から程遠いことの現れではな

いかと思っている。一国の料理において，にんにくが主要な食材である国とそうでない国の間には，音楽においても深遠な違いがある。

　ロンゴ版におけるデュナーミクの指示は，ピアニズムにとっては有効であり，また19世紀の明暗法(キアロスクーロ)的なデュナーミクという意味で音楽的であることは確かだが，それはスカルラッティ自身のやり方とはほとんど共通するものがなく，しばしばスカルラッティの音楽的構造をどうしようもなく崩壊させてしまう。それらの指示は厳に無視されるべきものである。自身でデュナーミクの枠組みを見いだした演奏者は，しばしばそれがロンゴの指示と符合していることに気づくかもしれないが，それらは演奏者が自ら導き出した結果であってロンゴの模倣ではない。ロンゴの指示は時として極めて鋭敏な音楽的素質を示しているが，それはあまりに強く19世紀的慣例によって歪められているために，その価値のほとんどは，スカルラッティの本来の様式に対して行った暴挙によって帳消しにされてしまうのである。

　ペダルによって音色を素早く変更できるモダン・ハープシコードでは，外部から持ち込まれた多様性がさらに強要されることで，スカルラッティに本来備わっている多様性が埋没してしまう。そのため彼のハープシコード書法の有効性は高められるというよりはむしろ減少してしまう危険をはらんでいる。これは，著しい主題の対照を伴わず，リズムによって統一された楽章を持つような作品において特にそうである（ソナタ第18番および第260番）。反復される楽句でさえも，同じ音色で演奏するか，エコー・デュナーミクによるよりはフレージングやタッチによって変化を付ける方がしばしばよい結果をもたらす。エコー・デュナーミクは，ある場合には作品の遠近感に深さを加えることができるが，一方で作品全体の連続性と強度を破壊するだけの場合もある（ソナタ第517番）。一般に主題の対照，また修辞的な休止や対立する楽句という点でもっとも豊かなこれらのスカルラッティ作品こそが，高い色彩効果やフォルテとピアノの明確な対照による恩恵が受けられる作品となっている（ソナタ第46番，第215番，第420番，第518番）。

　演奏家に任されるデュナーミクの枠組みや想像上のオーケストレーションにおいても，ソナタの持つ対称性が尊重されるべきことは断るまでもない。主題的な内容による裏付けがないにもかかわらず，対称的なソナタの中間点でレジスターを変更することは，たとえそれが音響に表面的な変化を与え，耳には一瞬の心地よさを与えるにしても，概して演奏者の側に，一連の長い楽句を支え続け，作品全体の形を把握し伝えるべき能力が不足していることを認めているようなものである。

　スカルラッティのハープシコード書法は極めて慣用的なもので，彼の音楽

の本質的な生地に密接に繋がっているために，ソナタを現代のピアノで演奏しようとする演奏家は，その音楽とハープシコード音響との関係を十二分に心に留める必要がある。ニュアンスに関して，現代ピアノが持つその性能や幅広いデュナーミクにもかかわらず，スカルラッティの音色の対比はそれによって高められるよりは最小のものになってしまうことがしばしばである。ピアノはカンタービレなものや表情豊かな声楽のデクラメーションから生成されるほとんどすべてを伝えられるが，一方でオーケストラ風のトゥッティ，高・低のレジスターの交替，スカルラッティ流の2声部書法を伴った和音やアッチアッカトゥーラの対比といったスカルラッティにおけるもっとも目を引く効果を，概して均一的な色彩へと矮少化する傾向がある。
　スカルラッティはハープシコードに柔軟さと多様性を付与したが，それにもかかわらず彼の色彩パレット全体はそれらに逆らう媒体からなり，相対的に変化に乏しいレベルの響き，あるいは区分的なレベルの音響に基づいている。背景となる音響レベルの事実上の平坦さは，スカルラッティの輝かしく想像力に富んだ書法によって完全に隠されてしまうことが多い。ピアノフォルテやクラヴィコードといった無限のニュアンスを表現できる楽器の場合には，背景のレベルがあまりに柔軟になってしまうと，スカルラッティの音響効果の全体的均衡が混乱してしまう恐れがある。全声部によるパッセージは2声部書法との対比を失ってしまう。和音は柔らげられてその本来の鋭さを無くし，全声部によるパッセージはささやきに減少してしまうかもしれない。それぞれの種類の音が持つデュナーミクの可能性の幅はあまりに大きく，ある特定の音型はその元来の性格を失い，もはや楽器固有の響きに根ざしたものではなくなる（ほとんど同じことが，モーツァルトのピアノ音楽を現代の楽器に移した場合にさえも起きてしまった。またこれも然りだが，現代のオーケストラにおけるヴァルヴ・ホルンについても，その可能性が広がったにもかかわらず，モーツァルトに対してナチュラル・ホルンが持っていたその固有の特徴や重要性のいくらかを失ってしまったのである）。
　加えるに，18世紀の経験豊かな鍵盤楽器奏者にとって，ある種の鍵盤上の音型は自ずと独奏の効果に，また他の音型はトゥッティの効果に結び付いたが，現代のピアノでは直ちに明らかにされることは滅多にない。ハープシコード音楽における音やストップの追加は相対的に客観的なものである。ピアノにおいては，ピアノとフォルテのグラデーションは主観的な性質を帯びる傾向がある。すべてのものが独奏のように響く危険があるのだ。
　しかしながら，本来スカルラッティの楽器ではないピアノによる演奏にとって救いになるものは，楽器の響きに直接依存していないような性質や，あら

ゆる媒体に共通する音楽的表現の要素に注意を払うことであり，それについては以下の節でフレージングとリズムに関連して論じている。たとえハープシコードについてほとんど馴染みがないにしろ，音の線，リズム，そしてきめ細かい和声の質感，といった音楽固有の価値に対し最高の感覚を持っているピアニストであれば，スカルラッティをピアノで最上に響かせることができる。スカルラッティはずば抜けて素晴らしいハープシコード作曲家であり，彼の鍵盤作品のほとんどはハープシコードの慣用的な表現の上に構想されているが，その音楽を的確に演奏するための音響効果を上回る本質的な性質は，いかなる楽器にも適用することができる。

先に私は，スカルラッティのハープシコードの音色が，限定された，あるいは抵抗性のある媒体への適用に基づいていることに触れた。これは，全体を通して楽器の持つ音色に統一感が要求されるような作品において特に明らかである。そのような作品で，頻繁にまた過剰に音色やデュナーミクのレベルを変えることは，スカルラッティが実際に書き込んだニュアンスや対照をかえって曖昧にする。多くの作品は全体を通して単一のハープシコード・ストップあるいはストップの組み合わせ，またピアノにおいては限られた音色の範囲で演奏される必要がある（たとえばソナタ第18番，第54番，第208番，第260番，第544番，第545番）。それらのデクラメーションはいろいろなフレージングという手段のみによって，あるいはせいぜいそれと気づかれないほどの微妙なデュナーミクのニュアンスを調整することによって高められるべきであり，それはハープシコードの足ペダルによる調整であろうとピアノフォルテのデュナーミクであろうと同じである。

ある作品を統一的な音色に保つことは，多くの場合，表面的な色彩の下に隠れることなく作品それ自体の機微を語らしめる点で有利であるだけでなく，一連の作品を演奏する場合にその作品の特徴や他の対になる作品との対照を際だたせるような色づけをも可能にする。

独奏と伴奏，あるいは2つの独奏のように，全体を通して同時に2つの音色を明瞭に想定した作品では，レジスターの変更やデュナーミクを大きく変化させることは一般的に望ましくない（ソナタ第208番および第544番）。そのようなことは作品の音の均衡を混乱させ，表現の強さを濃密にするよりはむしろ散漫にすることが多い。巧みなフレージングや細かく制御されたリズムの自由度によって，単に色彩の揺れによるよりもはるかに濃密な解釈を作り出すことができるのである。

相互に浸透し合う色彩の統一に基づいた作品と対照的なのが，極端な雰囲気の変化を伴う作品であり，そこではこれ以上誇張のしようがないほどの劇

的な対照が意図的に起きる（ソナタ第 209 番，第 215 番，第 490 番，第 518 番）。ハープシコードのレジスター操作の可能性，あるいは現代ピアノのデュナーミクの幅を限界まで用いることが許されるのは，正にそのような曲においてであり，それは多くの場合スカルラッティの楽器では不可能であったようなやり方であっても，決して彼の劇的で表現豊かな意図を裏切らないものである（スカルラッティの表現の幅が示すところは，いかなる楽器の能力をもはるかに超えている。スカルラッティ自身の楽器の特質を思い出さなければならないのは，そのような表現の幅が叶えられない可能性があるような時だけである）。

　極度の対照によって区別される作品に加え，雰囲気の段階的な変化，あるいは転換を伴う多くのソナタは，多様な色彩の変化を示している（ソナタ第 263 番，第 264 番，第 259 番）。その中のいくつかは単一の色彩の下に演奏することもできるが，多くの場合，誇張したり作品全体の均衡を壊すことなくスカルラッティが示唆する雰囲気を高める手段を見いだすことができる。

　要するに，ある二重基準的な思考が常に必要なのである。一方ではスカルラッティなら彼の楽器を使ってどのように音響を操作したであろうかを意識し，他方では単なるひとつの楽器の性能の限界を超えてスカルラッティの音楽的で表現豊かな意図を実現するために，スカルラッティには使えなかったにせよ今日利用できる手段を吟味することである。この観点から演奏の諸状況を考慮することは重要である。小さな部屋で演奏する場合，作品の扱い方は大ホールの場合よりもずっと控えめになるだろう。その美しさはすぐさま明らかになり，演奏者ができることはずっと少なくなる。大ホールで消えてしまうような性質については，聴衆の耳に対し作曲家が意図したように聞こえるよう，ある程度の誇張による補正が必要である。私は，時としてスカルラッティが夢にも思わなかったようなレジスターを使っていることを十分認識している。しかし，それらはすべて，彼が自由に使うことのできた手段から離れた場合のひとつの確かな考え方に従って導かれたものである。演奏において作曲家が用いた手段から離れることは，通常それが意識的に行われた場合にのみ正当化される。スカルラッティ自身のやり方を知らない演奏者がそのような逸脱を行えば，一般的には手段だけでなく結果も誤ったものになる。

　私はすでにスカルラッティのハープシコードに関する章で，彼の音楽が他の大部分の 18 世紀の鍵盤作品と同じく，ソロとトゥッティを意識して演奏されるべきであることを説いた。これは基本的にはハープシコードの性質，つまり独奏ストップとストップの組み合わせとを使いわける可能性に由来しているが，主には 18 世紀の鍵盤音楽が模していたオーケストラの概念を反映し

ている。

　多くのスカルラッティのソナタでは，その作品が独奏楽器を想定したものか，それともいろいろな楽器による響きの塊を意図したものか，またソロとトゥッティの間に対照があるものかどうか，について明確に理解することができる。たとえば，ソナタ第208番，第308番，および第544番は，明らかに伴奏付きのソロ楽器として着想されている。ソナタ第18番，第427番，および第517番は，全体がトゥッティとして着想されている。ソナタ第209番および第96番ではソロとトゥッティが交互に現れるが，ソナタ第119番ではより小さな音の集合からより大きな音の集合へと気づかれないほどのグラデーションがある。ソナタ第52番や第545番といったいくつかの曲では，全体を通してソロともトゥッティとも取れる。

　ハープシコードの音響を想像上のオーケストラに見立てることは，スカルラッティの思考の中に頻繁に現れる。この想像上のオーケストレーションには，独奏楽器の受け渡し，伴奏の色彩の変化，さまざまな大きさや音色を持つ楽器群の交替——つまり弦，木管，金管，また打楽器といった18世紀古典オーケストラのあらゆる資源から地中海大衆音楽のカスタネット，マンドリン，およびギターに至るまで，無限の可能性が秘められている。

　スカルラッティのソナタにおける想像上のオーケストレーションが，作曲家と同程度に演奏者にも自由度をもたらすことはほとんど断るまでもない。多くの音楽的アイデアや音型はさまざまな処理が可能で，それらはソロかトゥッティか，弦楽器か木管楽器か，または楽器の音色の選択について，演奏者の趣味や想像に委ねられている。多くの作品においていくつもの全く異なったオーケストレーションが施されることは実に自然である。スカルラッティのソナタにおける想像上のオーケストレーションは，彼のハープシコードが持つ事実上の限界，特にたった2つのソロ・ストップしか備えておらず，3つめの音色はそれらの組み合わせによるトゥッティしかなかったスペイン製のハープシコードとは対極にある。

　ハープシコードの音色に対する二重基準的な姿勢——ピアノにおいても同様であるが——は，スカルラッティのソナタ演奏を準備するにあたって特に有用である。一つには，3つの音色，そしてソロとトゥッティ，またはフォルテとピアノという2種の表現へ制限することは，限られた手段による最大限の効果，形式構造を支える音色の配置という点で極めて望ましい節約の感覚を呼び起こす。これらは曲の各部分あるいは楽曲全体を通して音色の変化を控えなければならないような場合に必然的なものである。それによって演奏者は，作品の真の力強さを表現するためにフレージングやリズムのインフ

レクションというはるかに効果的な工夫に頼らざるを得なくなる。

　他方では，音楽的想像力が，限られた2ないし3つの音色，あるいは使用楽器の限界によって制約されてしまうことほど致命的なことはない。すでに指摘したように，スカルラッティのハープシーコード音楽は超ハープシコード的な意味で着想された色彩の効果に満ち溢れている。スカルラッティの演奏者は，いかなる楽器の制限があろうとも，常に想像上のオーケストラ，声，スペイン舞踊に付随する音の響き，厳密には音楽的ではないものの超音楽的な音響効果に，いついかなる時でも思いを致す準備ができていなければならない。さらに，これらスカルラッティの音楽の背後に強烈に存在し，ほとんど剝き出しのこともあればそれと分からないほどに同化している実生活の刺激との関連において，私がすでに語った諸々の効果に対してである。スカルラッティのハープシコードは，それ自体卓越したものである一方，絶えず何物かへの変転を強いられている。それは決して文字通りに受け取ることはできない。

テンポとリズム

　スカルラッティのテンポ表示は限られている。一般的に，単純な**アレグロ**，**プレスト**，あるいは**アンダンテ**に限定され，たまに**アレグレット**，**ヴィーヴォ**，あるいは**ヴィヴァーチェ**が用いられる。時折彼は，表現を和らげたり，または単にそのままの意味で**モデラート**，あるいは**カンタービレ**という用語を用いている。**アレグリッシモ**，または**プレスティッシモ**といった最上級はまれである。さらにまれなのは**ヴェローチェ**，あるいは**コン・ヴェロチタ**である。しかしながら，ひとつだけアダージョがある（ソナタ第109番）。時折**ノン・プレスト**あるいは**マ・ノン・タント**といった注意書きや，**モルト，プレスト・クァント・シア・ポッシビッレ，アレグロ・アッサイ，コーモド**，あるいは**コン・スピリト**といった指示が現れる。ソナタ第373番は，**プレスト・エ・フガート**という上書きがあるが，これはおそらくアッラ・ブレーヴェのテンポ表示とそのより厳格な様式との関連を示唆しているのであろう。これらの指示は大部分においてロンゴ版でも尊重され，変更は注記されているが，時折無断で変更されていることもある。たとえばヘ長調のパストラル（K. 446）では，ヴェネツィア手稿の**アレグリッシモ**はロンゴ版では注釈なしに**アレグロ**へと変更されている。ソナタ内でのテンポの変化については，そのほとんどがスカルラッティ自身によって指示されているが，たまにロンゴによって挿入されたものもある。ヴェネツィア手稿とパルマ手稿の間では，時としてテ

ンポ表示について若干の相違がある。たとえばソナタ第113番はヴェネツィア手稿で**アレグロ**と記されているが，パルマ手稿では**ヴィーヴォ**となっている（ロンゴは注釈なしでこれを**アレグリッシモ**と記している）。

　スカルラッティの表示は，作品が実際に演奏されるべき速さとはあまり関係がないようにも見え，むしろリズムの性格を表すものになっている。ほとんどのスカルラッティの作品は，概して捉え方が速すぎる。たとえば，プレストという表示は必ずしもテンポを意味するものとは限らない。ましてやそれが名人芸まがいの器用さを単に見せびらかすことを意味するわけでも決してない。むしろ，溌剌として機敏なこと，機知のニュアンスや表現の瞬時の変化に即応できること，という風に解釈する方がよいだろう。スカルラッティはもっとも瞠目すべき鍵盤技巧の名人であるが，彼の型破りな鍵盤技巧やその拍子の快活さは，演奏者がそのテンポを選択するにあたって尊重すべき声部の線，和声的ニュアンス，および鋭く彫り込まれた細部のリズムによって均衡が保たれているのである。

　スカルラッティのアレグロとアダージョは，多くの場合実際の速度としては相互に近いものになる。リズムの細部や旋律的，和声的内容を完全に表現できるようなテンポにすると，スカルラッティのアレグロのあるものはいくつかのアンダンテと同じかそれ以下の速さで動くことになる。一般にアレグロは，小節内で和声がより濃密に素早く変わり，アンダンテは幅広くゆっくりと和声が動く傾向を持つ。たとえば，3/4拍子のアンダンテでは，しばしば小節あたりひとつの拍に相応した動きを見せる（ソナタ第*132*番）。

　スカルラッティのほとんどの楽章は，呼吸あるいは舞踏のいずれかの楽句によって条件づけられている。概してアレグロは舞踏の楽句によって支配されているが，断片的に繰り返される楽句に見られる喘ぐようなリズムは呼吸から来ている。多くのアンダンテや**カンタービレ**と記された楽章は，息を長く保つことによって強められバランスを取りながら浮遊するリズムの性格を持つ。それらは実際に身体的な動きを示すことはほとんどなく，むしろ時間を超越したある種の間合いを意味している。時として，わずかに動く行列に似かよることもあるが（ソナタ第*238*番，第*380*番），それでもすべての見物人の目を釘付けにするような明快な方向づけがなされている。スカルラッティの緩徐楽章が自ら活気づく際には，しばしばため息のような音型が繰り返される。しかし，時にそれは自制された強さで動き，あたかも猫が獲物に狙いを定め，避け難い結末へ向けて極度に不安が高まっていくかのようである（ソナタ第*490*番）。

　我々は全員，特に若い人々は，スカルラッティを速く弾きすぎるという罪

を犯している。加えて，演奏者の間ではよく知られた事実として，アレグロやプレストという速さは，演奏者よりも聴衆にとってはるかに高速に聞こえるものである。私は最近，10年前に自分が録音したスカルラッティ・ソナタのレコードを初めて聞いたが，小気味よく華々しい鍵盤技巧の刺激的な見せもののためにすべてが犠牲になっていた。数多くのそのような演奏と区別すべきすべてのもの，つまりソナタが本来持つ全体的な特性が失われていたのである。それが刺激的であることは否定できないが，もっとも安っぽい音楽に当てはまるような表面的なやり方であり，そのような目的のために良質な音楽を犠牲にする必要はないと思われる。

　演奏者がテンポを選ぶ場合，もっとも速い音符での旋律の表現と同程度にその背後に横たわる和声の動きによっても影響される。多くの速い作品の根底にはよりゆっくりした動き，つまりオーケストラ音楽ではコンティヌオ奏者によって抑揚づけられ，導かれるような基本的な和声の動きがある。事実，ほとんどすべてのテンポは複数の速度の視点から考慮される必要がある。拍の単位は，実際の演奏でテンポを確立し維持することとはほとんど無関係である。むしろ拍はその周りの音の長さの取り方によって作られ維持される。たとえばソナタ第54番で，12/8拍子における8分音符での速いタランテラの動きは，小節あたり2ないし4つのよりゆっくりした和声進行や根音バスの進行との関係なしには無意味である。速い音という観点だけに囚われすぎたテンポは，細部におけるリズムの可能性をほとんど失って硬直化し，そのような性格にふさわしくないような場所へと駆り立てる。一方で，相対的に遅い動きの和声という観点からのみテンポを考えると，旋律的なパッセージのアーティキュレーションや弱起の表情をないがしろにすることになるだろう。だが，いずれにせよテンポを決める要因は音符の絵柄にあるわけではない。それらは織り合された和声に対するコンティヌオ奏者の洞察，その根底に流れるリズムへの認識，そして彼がもっとも重要とするものをどう選び強調するかにかかっている。

　独奏者は，オーケストラの持つ多声的なリズム，たとえばヴァイオリンに対するコントラバス，そしてフルートやオーボエと対比されるホルンのように，それぞれがしばしば自らの動きに制限を設けている個々の奏者と結合した時の感覚に対して，あまりにも洞察が欠けている。そのために独奏者は，オーケストラのそれぞれのパートが寄与して作り出すリズムの細部から音楽という織物を紡ぎ上げる感覚を持たず，ただ拍を打つだけの指揮者の陥穽にはまってしまうのである。

　スカルラッティのリズムの効果の中でももっとも威力があるのは，一定の

基本的な拍動の上で和声をより速くあるいは遅く動かす，あるいは音の長さを変えることにより，加速あるいは減速するという工夫である。単純な例のひとつがソナタ第 *491* 番にある，8 分音符と 16 分音符の混合の後にくる連続した 16 分音符による一節である。スペイン舞踊を聞いた（私は敢えて**聞**いたと言っている）ことがある者なら誰でも，ゆっくりした動きに続いて突然鳴り響くカスタネットの音，あるいはひとつの動きの最後に 踵 をストレットのように騒々しく踏み鳴らす音がもたらす息をのむような効果を思い起こすであろう。同じようにはっとさせられるのは，連続した速い動きが決然と踏み鳴らされるステップの反復によって突然停止したり，速い 3 拍子が突然ゆっくりした 2 拍子に移行することによって，いわばブレーキがかけられたような場合である。そのようなリズムに対して，教会が常に眉をひそめてきたことは驚くにあたらない！

それほど目立たないにしても効果的なのは，和声の動きの割合を変化させること（ソナタ第 *18* 番，第 *517* 番）であり，基本的な動と静の対比，そして固定点の周りの浮遊とひとつの和声からもうひとつの和声への動きとの間に対比をもたらすことである。

スカルラッティによるリズム上の工夫でもっとも凝ったもの，その意味ではスペイン舞踊一般においてもそうであるものは，2 拍子と 3 拍子の対置である。そのもっとも単純な形としては，たとえば 3/8 拍子が時折 2 等分されることで，通常の 16 分音符 2 つのグループに対して 16 分音符 3 つのグループがクロス・アクセントの効果をもたらす。スカルラッティの中でも特徴的な 2 拍子－3 拍子の揺らぎの形は，3/8 拍子に 3/4 拍子を重ね合わせるシンコペーションの使用である（譜例 1 および 2）。3/8 拍子で 3 つの 8 分音符からなるグループが，2 分割された 3/4 拍子と対置する。スカルラッティがそのような拍子の転換を，3/8 から 3/4 へ拍子記号をあからさまに変更することでわざわざ強調するようなことは滅多にない（ソナタ第 315 番および第 419 番）。

ソナタ第 537 番は，拮抗し変移する拍子の実に驚くべき例を示している。十分に確立した 3/4 拍子の拍の上で右手はアッラ・ブレーヴェの拍子に放り込まれ，一方で左手もまたアッラ・ブレーヴェの拍子で動くが 4 分の 1 拍だけ先行している！

そのようなパッセージにおいて，先のような拍子の変移を単に基本の拍のシンコペーションとして演奏すれば，それが曲に深みを与えている多声的なリズムを台無しにするだろう。スカルラッティの不規則な楽句の形が持つ対比を鮮明にするために，各声部はそれぞれ独自の動きの速度に従って演奏さ

譜例 1. ヴェネツィア手稿第 XIII 巻第 8 番（ロンゴ第 408 番）K. 521

譜例 2. ヴェネツィア手稿第 XIII 巻第 19 番（ロンゴ第 223 番）K. 532

れる必要がある。譜例 1 と 2 では，これら楽句の形が明らかになるような拍の数え方を示すための数字を書き入れ，また譜例 3 では重なり合い，あるいは拮抗する拍子をブラケットで示した。

　規則的な拍とその突然の変移の間の対照は極めて感動的なものになり得る。たとえば，ソナタ第 *427* 番の速い 16 分音符の連続を突然に中断させる大砲の砲撃のような和音列の爆発の箇所で，私はそれらの和音をまさにイン・テンポで弾きたいが，一方で基本的な動きをはずすのにちょうど十分なほどの短い即席の間を置くことで，突然のショックでそうなったかのようにそれらを前後両側から分離したい。もし最初の休止あるいは和音列が，その前後い

XII　スカルラッティ・ソナタの演奏　　309

譜例 3. ヴェネツィア手稿第 XIII 巻第 24 番（ロンゴ第 293 番）K. 537

ずれにおいても断固としてあるべき拍動から少しでも遅れて準備されれば，効果全体が台無しになる。前・後半の終結で下行するアルペッジョは容赦ない 16 分音符の動きを最後まで維持すべきである。もしそれが厳密な正確さをもって小節の最後で断ち切られれば，それはあたかも彗星が瞬きながら暗黒へと消え行くような響きとなるだろう。

　スカルラッティのもうひとつの極めて驚くべき効果は，沈黙の中の突然の休止，つまりフェルマータによって引き延ばされ，テンポから外れた空白の小節である（ソナタ第 46 番）。すべてのリズム進行が不安定な状態に陥るだけでなく，しばしば調性のすべてのバランスが疑問の中に放り込まれ，その問いに対して全く予期しなかった遠隔の調による答えを受け取ることになる。

　このフェルマータによる沈黙は，非常に多くの場合，基本的な拍に支配される範囲で明確に輪郭を描く必要がある（ソナタ第 115 番）。時によっては先行する小節の導入を遅らせたり，保持したいという誘惑にかられるが，そのようなやり方は正しいテンポと外れたテンポとの間の興奮するような対比を失わせてしまう。

　スカルラッティは，小節線に完全に縛られるようなことは決してない。スカルラッティのリズム楽句が持つ尽きることのない多様性は，小節線に頼ることなく独立した声部のために**ア・カペッラ**のミサ曲を書くという，彼の初

期の修練の痕を示している。スカルラッティの拍動は，各声部が相互に釣り合いをとりながら独立して動くことから生じる抗し難いリズムのエネルギーにとっての単なる出発点に過ぎないことがしばしばである。スカルラッティの音楽においてリズムの多声性を形成するものは，音価のグラデーションとの対比である。彼の和声の使用法におけるニュアンスに加え，リズムの豊かさこそが，スカルラッティのハープシコード音楽をアルベルティ，ガルッピ，そして後期18世紀のイタリア人のハープシコード音楽よりはるかに優れたものにしている所以である。

　スカルラッティの演奏者は，ある作品では極めて一貫して，また他の作品では一時的に小節線を無視する心構えが常にできていなければならない。いずれの場合でも，小節線が重要であれば，それらがたとえ楽譜に書き込まれていなくても，和声の動きやリズム価の量的な配分によって十分確立されるだろう。小節線が明らかに望ましくない例はソナタ第263番に見られる。冒頭の旋律の形は，それらが自ずと不規則なリズム型を確立するよう，少なくとも和声が確実にそれとわかる拍子の型で動き出す第12－16小節まではそのままにしておかなければならない。

　何にもまして秩序と正確さを印象づけるものは，単なる機械的な完璧さではなく，諸要素をその脈絡の中で説得力とそれらしい必然性をもって配置することである。それゆえ，真の意味で極めて強力な律動的演奏は，拍の規則性や音価の関係性への理解ばかりではなく，音の不規則な組み合わせによって形成されるリズム群の扱い方に基づくものである。初歩の段階，すなわち正確な拍で演奏する身体的能力を養う過程を過ぎてもなお拍を数えることは，しばしば根本的に非リズム的な演奏の原因となる。音楽の性質は，はるかに重要であるものの完璧に連携しているとは限らない諸要素によって誘導されがちなので，人為的な手段によってのみ一定の拍を維持することができるし，常に拍子をはずす危険にもさらされている。ひとたびそのような音楽の構成要素が完全に連携のとれたものになれば，テンポや拍の問題は消滅する。リズムはひとかたまりとして，分割不能なリズムの単位として，あるいは音価を組織化することにより生成される脈動 impulses として考えられるべきである。そうすれば，基本のリズム構造に対する和声や旋律の価値の関係は完全に明らかになる。申し分のないリズム感に恵まれた私の生徒達が，技術的に間違った習慣によって，あるいは音楽的な勘違いによって，拍子からはずれた演奏をするのを私はよく耳にしたが，そのような過ちを拍のみによって修正しようとすると却って事態を悪化させてしまう。作品をそれが構想されたリズムのかたまりという観点から考える方法を教えられ，あるいは自ら発

見することで，彼らの問題は解決するのである。私はソナタ第 18 番，第 29 番，また第 46 番に関してのそのような経験を実に鮮明に思い出す。

　拍というものは，それに先行するものと後に続くものによって，つまりその周りで起こる速度の対比，また拍に課される不規則性によってのみ意味を与えられる。しっかりとした正確な拍は，一部にはそれに対抗する力にまさに抵抗することによって，しかしある部分では規則的な拍動と不規則な楽句との対照によって引き起こされる緊張によって，途方もない表現力を達成できるのである。不規則性は，しばしば規則性の基本の上によってのみその最大の効果を達成できる。規則的な拍動を欠いているがゆえに，感性豊かな演奏の多くが締まりがなくぎくしゃくして聞こえるのはまさにこのような理由による。しかし，あまりリズムの正確さにこだわりすぎると，演奏者は瞬間的な拍動のずれや，それと対抗する動きを示す表現に対して鈍感になる。これは一瞬の間，拍子をずらして演奏するよう勧めているわけではない。それどころか，基本的な運動の比率は，たとえそれから逸脱する時ですら常に厳格に維持されなければならず，基礎的な音価に基づく絶対的に明確な相互関係が維持されなければならない。さまざまな長さで書かれた音にどの程度数学的な正確さを付与するかは，主として作品のリズム上の性格を決める韻律の単位に大きく依存する。たとえば，速い楽章では 16 分音符，8 分音符といった短い音価に高い精度が望まれ，それらは拍動の単位として，根底にあるよりゆっくりした単位が持つ機能を必ずしも曖昧にすることなくひとつの独立した機能を果たす。それに反して緩やかな楽章では，短い音価の数学的な正確さはしばしば不必要なだけでなく，作品の性格にダメージを与える。たとえば，3/4 拍子の緩やかな楽章では 12/16 拍子に，4/4 拍子では 8/8 拍子に陥る危険がある。そのような場合には，より速い音のリズム上の精度を故意にぼかすことは，基本的なゆっくりした音価の明確さと優位性を確かなものにする上で役に立つであろう。

　耳というものは必ずしも数学的な機械ではないことを忘れないようにしなければならない。耳にとって大事なことがメトロノームで測れるとは限らない。規則的で正確に響くことこそが大事なのである。目と同じく，耳も常にごまかされ得る。直線が直線に見えるようにわずかにカーヴが加えられ，目に期待される効果を確かなものにするために視覚的印象が常に修正される必要があるのと同じように，聴覚の印象も常に変化する音楽的要素と音響効果によって制限されており，しばしば耳の諸条件に適合するような調整を必要とする。目が要求する幾何学的正確さ以上に耳が文字通りの正確さを要求することはない。要求されるのは，たとえそれが物理的現実としばしば矛盾し

ているとしても，一定不変なひと組の大きさと容量による印象なのである。

　ここでソナタ第29番を例にとってみよう。開始部全体は連続する16分音符で第6小節の中頃まで一気に動く。後に続く休符を正確に保持するかどうかは大きな問題ではない。少しだけ引き延ばした方がよいかもしれない。次のリズムの区切りは第6小節から第16小節にわたっているが，それは強拍のリズムに基づいてはいない。最初は第6小節と第7小節の終わりに提示された16分音符の弱拍のパターンに基づいており，第8小節から始まる強拍のパターンに対峙している。第11小節では，最初はシンコペーション（第11–12小節）で進行する左手の強拍に対して，右手は弱拍で3つの16分音符へと速度を増す。その後規則正しい4拍子で16分音符が連続して第15小節から第16小節にかけて一気に雪崩れ込み，後に続く楽句の弱拍の8分音符が正確に入れるかどうかにかかわらず，最後の拍の初めの8分音符で終止する。ここでさしあたり起り得ることに対する注意として，第11小節の3拍目にある嬰ヘ音を振り返って見よう。もしその音にアクセントが付けられていたら，おそらくリズムのバランス全体が崩れてしまっていただろう。それは先行するパッセージの最後であり，減衰する和声に基づいているのであって，次のパッセージの始まりではない。それに反して，後に続く小節では，この小節および次の小節にある弱拍の4分音符による左手のシンコペーションからリズムのエネルギーを引き出している。

　ここまでのところで，またこの楽曲の残りの部分を通して，基本的な拍動を執拗に数え続けることはほとんど無意味で，実際有害ですらある。活動的なパッセージで基本的な4分音符と2分音符の間の運動の比率がそれとわかるように維持されている限り，楽句間の休符は引き延ばされてもよいだろう。この作品全体を通してメトロノームのようにリズムを数えることはすべての休符を正確に刻むことを強制するが，そのようなことをすれば曲全体をよくするというよりは台無しにしてしまうだろう。舞踊の感覚でいえば，それは自然な動作の準備や方向転換の時間をなくしてしまう。これはもちろん，いくつかの作品で執拗に拍を数えることは効果的であるばかりか義務でもある，などといっているわけではない。しかしあらゆる場合において，機械ではなく人間の体こそがリズムの審判なのである。不完全なリズムは，身体とその感受性の調和を高めることによってのみ真に矯正が可能なのであって，アメリカにおける自動車製造のような機械的な基準の強要ではない。それによってあらゆる身体的な運動感覚が置き換えられてしまう恐れがある。

　第16小節から第21小節にかけてのカンタービレの楽句は，両手間で必要なリズムの独立性を示す完璧な例である。右手は多くの修辞的な区切りを伴っ

て，♪♫♩と♪♪♩の2つの音型に基づいてため息をつくような，喘ぐようなリズムで歌い上げる一方で，左手は8分音符で間断のない動きを追求するかのように見える。ここで見えると言ったわけは，もし右手に何らかの自由度を残し，リズムの断片が重なり合って区切りなく機械的に詰め込まれるのを避けようとすれば，左手はその重みを弱拍の8分音符の上に置いて，1拍目から2拍目への流れを弱めるためにそれと気づかれないように動きを遅らせることで，右手を必然的に左手に引き込んで自由を奪うのである。正しいフレージングと見かけ上の安定性があれば，右手が実際に左手のすべての8分音符と符合するかどうかはほとんど問題にならない。タッチによる両手間の響きの違いによって，右手はオーケストラに対するソプラノ歌手のような全面的な自由を与えられる（このパッセージの完全に硬直したフレージングの例についてはロンゴ版を参照）。

前述をふまえて，ソナタの残りの部分でのリズムの拍動の区切りは容易に見分けられる。すなわち第21，23，25，29，34，43小節などである。唯一注意すべきことは，右手の強拍に対して本来旋律の輪郭に含まれている左手の弱拍音型を対比させて第25-29小節のリズムの安定性を計ることであって，その強拍を右手ではなく左手で強調してしまうと，混乱をきたす恐れがある。この作品を全面的に台無しにする可能性があるのは，唐突な，あるいは弱拍と対立することのない強拍のリズムである。たとえば，第44-45小節の左手の音型中，2番目の8分音符にアクセントを付けるようなことは何があってもやるべきではない。そこでは弱拍からくる拍動を緩めるべきである。さらに，それに対する16分音符の滑らかな動きを対比させるために，先行する8分音符からも切り離されるべきである（これらの所見をロンゴ版でたどっている読者は無理からぬ困難を感じるであろう。というのも，ロンゴのフレージングはリズムのアーティキュレーションにではなく，ほぼ全面的にデュナーミクの増減に基づいているからである）。最後にもうひと言，言い添えるなら，スカルラッティがこの作品に付けたプレストの記号は，決して目が回るような速さを指示しているものではなく，表情や内在する色彩を表現するには，MM.♩=120の速さで全く十分である。

スカルラッティの中で小節線が重要でないことは，各声部におけるリズムの独立性と表裏一体であり，それによってお互いが自由に制限あるいは補完し合い，ついたり離れたりしながら影響し合う。スカルラッティにおけるリズムの多声性は，この声部間の独立性と相互作用の結合に基づいている（ソナタ第263番を参照）。規則的で勢いのある拍動に乗った舞曲作品において

すら,両声部で同時にアクセントをつけることは極めて望ましくないことがしばしばである。たとえばソナタ第 421 番の第 31 小節以降では,第 1 拍で両手に不適切なアクセントを付けてしまうと,このパッセージを完全に殺してしまうことになる(譜例 4)。このすべての反復を動かし始めるためには,ソプラノ声部のイ音によるひとつの拍動だけで十分である。ひとつの小節に対するひとつの和声の動きは明快で,3 音が同時に鳴る第 1 拍のアクセントは十分に強いので,このパッセージは左手の第 2 拍のシンコペーションでバランスを取る必要がある。この部分は,それぞれが独自のリズムに従うオーケストラの 4 つの異なるセクションによって演奏されているかのように響かせるべきであろう。単にそれらがすべて同時に鳴っているという事実だけで十分強力であり,それ以上強調する必要はない。最上声部のフルートとオーボエがそれぞれ別の道を行く間,クラリネットか他の中音域の楽器の弱拍と対照をなすよう,バス声部に金管楽器のトロンボーンか重いチューバの響きを与えれば十分である。終結主題ではアクセントが十分に交錯し,2 声部の表現が決して符合しないようにするべきだろう。

譜例 4.

スカルラッティの音楽は,そのほとんどすべてにおいてシンコペーションに溢れており,それらはある時にはクロス・アクセントの,またある時にはあからさまな拍のずれといった役割を演ずる。しかし,そこには直接的に音符で示されないようなシンコペーションも同じように豊富に見られ,それらは旋律の輪郭,ひとつの声部によって付加された複数声部のふち取り,また遅い音に対して速く動く音の対置によって示されている。たとえばソナタ第 105 番では,その模倣的な導入部を除き,表面的な譜づらは基本的にホモフォニックな様式の印象を与えるが(残念ながらロンゴのフレージングに明らかである),このソナタには他の多くのソナタと同様に,スペイン舞踊におけるあらゆるリズムの多声性が見られる。この作品を見渡す限り,両声部に同時にアクセントが付くような場所はほとんどなく,小節線も 2 声部間でのクロス・アクセントの網によってすでに確立された基本的な拍子を示す以外,何も

機能を果たしていない。この作品における強烈なアクセントやリズムの爆発は，旋律の輪郭および音価と和声の変化によって完全に制御されている（フレージング，アーティキュレーション，インフレクションについては以下の項を参照）。

　8分音符に対して奏される16分音符は，ほとんどの場合8分音符の間に入る16分音符に対してシンコペーションによるクロス・アクセントが付けられるべきで，それらが不協和な経過音の形をとる場合は特にそうである。たとえば第19-20小節では，両手それぞれが2小節にわたってリズムが勢いよく爆発するが，それは両手間で16分音符ひとつ分だけずれている。第11小節や他の類似の部分では，バス声部の2番目の8分音符は8分音符の動きで開始されたリズムでクレッシェンドされる。もしこの楽句からリズムのあらゆる豊かさを引き出したいのであれば，上声部の右手は長い弱拍のように旋律豊かに演奏されるべきである。第27小節から始まるパッセージのような場合，左手は右手のことなどお構いなく淡々とその行程を追求すべきである。右手が左手に対してありとあらゆるクロス・アクセントを奏する間，左手は第27小節から第42小節まで独自の楽句を形作る。それはあたかも規則正しく拍子を打つ打楽器バンドに対する踊り手の身振りのようである。

　第71小節から始まる終結主題で，バス声部の第1拍にアクセントを付けるほど致命的な誤りはない[1]。ひとつのリズムの拍動が第71小節の8分音符から第76小節のより長い音へ，さらにその同じ小節の8分音符から第83小節へと動く。このバス声部に対し，右手における旋律の方向の変化にはあらゆる種類のシンコペーションとクロス・アクセントの機会が与えられる。しかし，このパッセージ全体のどこにも両手に同時にアクセントが置かれることはない。

フレージング，アーティキュレーション，インフレクション

　スカルラッティのスラーおよびスタッカートの記号はほとんど無視してよいほどまれにしかない。しかしながら少数の例を挙げれば，《練習曲集》第16番，ヴェネツィア手稿第XIV巻第4番{K. 46}，第40番{K. 76}，第45番{K. 79}，第46番{K. 81}，第54-56番{K. 89-91}，ヴェネツィア手稿第X巻第9番{K. 426}，ヴェネツィア手稿第XI巻第18番{K. 471}に見

---

[1] ここでの小節番号は私の版（《60のソナタ集》）のものを指し，ロンゴのそれではない。ロンゴ版の第60小節と第61小節の間では3小節（彼の版で第49小節から第51小節に相当）が省略されている。

られる。ヴェネツィア手稿第 XV 巻第 4 番と第 5 番 {K. 102, 103} に見られるものは特に完全なものである。スタッカート記号はヴェネツィア手稿第 X 巻第 1 番と第 3 番 {K. 418, 420} に現れる。ロンゴ版ではスカルラッティのスラーとスタッカートはほとんどその痕跡もない。

　ロンゴのフレージングについては，ひたすら無視してもよいだろう。良いところもあるが，それらは構文上しばしば議論の余地があり，明快な旋律のアーティキュレーションや生き生きしたリズムに害を与える可能性が高い。しかしながら，それらは真に音楽的なセンスの所産でもあるために危険なほど説得力があり，演奏者は得てしてその欠陥を無視しがちである。スカルラッティを知的かつ鋭敏な感覚をもって演奏する唯一の方法は，校訂版で付け加えられたあらゆるものを少なくとも想像上では消し去り，自分自身のフレージングを行うことである。しかし，自分でそう思うことがあったとしても，声楽曲で音節を延ばしたり弦楽曲でボーイングを延ばすといった意味での目的以外に長いスラーを使用することがあってはならない。旋律の区分や楽句の長さを示すために使われる長いスラーは連続したレガートの指示と混同され，内的な表情をすべて壊してしまう傾向がある。それはすべての音を子音のない母音へと還元してしまう恐れがある。演奏者が音楽の切れ目や音のグループを視覚的に表したいと思う場合には，コンマやブラケットを使った方がはるかに安全である。

　ここで使用する言葉の意味として，演奏におけるフレージングとは，同じグループに属するものを結び付け，別のグループに属するものを区分することである。それは言葉からフレーズを作り上げ，動きから身振りを作り上げることに相当する。また，それらのフレーズや文章に句読点を付けることであり，構文上正しい修辞的な演奏を行う技術である。さらに対立的な動きや休止でバランスよく進行する技術であり，弛緩と緊張のバランスを取る技術でもある。よいフレージングと切り離せないのは，旋律の音程と輪郭へのアーティキュレーションであり，リズム価の尺度と対照へのアーティキュレーションである。それは言葉や音節を構成する母音や子音を明確に発音し，正確にアクセントを付けることに相当する。よいフレージングにさらに付随するものは，和声の正しいインフレクション，すなわち協和音と不協和音間の正しいインフレクションであり，それらの脈絡に固有な意味での垂直的な強度全体からなる正しいインフレクションである。

　よいフレージングは，まず第一に，固有の音楽的価値によって決まる。それに比べれば，演奏者の表現における思い付きやそのヴァリエーションは二次的な意味しかない。ほとんどの編集者によるフレージングは，固有なもの

と恣意的なものの区別を曖昧にし，指針を与えるというよりは誤りへと導く。レガートやスタッカートは絶対的ではない。それらはアーティキュレーションやフレージングの単なる手段であって目的ではない。

　レガートやスタッカートの度合いは，楽器や音響の条件により常に調整する必要がある。たとえば，ピアニストがハープシコードに向かう時によく使う短すぎるスタッカートの類いは，その楽器が持つ響きの持続のグラデーションから生ずる雄弁で朗々たる表現の可能性を台無しにする。ここでは無限に可能なグラデーション，ひとつの作品の全体的な響きに影響を与えるような音の持続の可否について論ずるつもりはない。あるいは，ハープシコードやピアノのように音が持続しない楽器の奏者が，長い音と短い音の関係を調節して音の長さがそれらしく響くようにし，実際にはそうでないものの外見的に持続させるような手段についても論ずるつもりはない。ここで検討したいのは主に音楽的アーティキュレーションやフレージングの手段，ひとつの音楽作品の持つ旋律的，和声的，およびリズム上の内容を引き出すための手段としてのレガートとスタッカートについてである。

　作曲家の中には，レガートやスタッカートを完璧に指示し，それらが作品固有の構文と完全に結び付いているために，演奏者にとってそれらが絶対に信頼できる指針となり，単に原典を尊重することで比較的高い水準の演奏が保証されるような人もいる。ここで特に念頭にあるのはモーツァルトの作品のいくつか，ショパンやヒンデミットのほとんどすべての作品で，純正な原典が利用可能な場合である。バッハもそうだが，スカルラッティについては，そのような指示がほとんどないという点でこれには当てはまらない。彼の譜面は演奏者によって尊重されると同時に補完されなければならない。以下の部分で意図しているのは，スカルラッティのフレージングを歴史的な意味で再構成しようというよりは，スカルラッティが演奏者に与えなかった指示を補完する私自身の方法を読者に示すことである。これは，実際にはほとんどすべての音楽に当てはまるようないくつかの基本的原理を含むものである。

　レガートとスタッカートの表現上の価値とは正確にはどのようなものだろうか？　声楽では，レガートとは途切れることなく母音を持続させることであり，一方スタッカートは多くの点で連続する音を子音によって瞬間的に途切れさせることである。身振りという意味では，レガートは持続する動きであるが，一方でさまざまな性格を持つスタッカートはひとつの動きを示唆するものの，その実践については踊り手の想像に委ねられている。したがって，弱拍でのスタッカートの頻度が高くなる。スタッカートで暗示されるのはバネによってエネルギーが集められ解放されるということであり，行き先を絶

えず規定することなくある一点に到達することだけが暗示される。したがって，踊りの伴奏をする場合や，合奏において自由さと正確さをともに実現しようとする場合に，デタシェが有効になるのである。

　あらゆる音楽的なフレージングは，声楽的な感覚，あるいは舞踊の身振りから発する。しかし器楽曲においては，背景にある声楽的な楽句や基本的なリズム上の身振りが楽譜の上でいつも明瞭になっているとは限らない。なぜならば，声では文字通りに演奏できないような装飾，あるいは主要な動作から見れば副次的な細かいリズムに表面上覆われているからである。ある場合には旋律線は記譜通りに読まれるべきだろう。たとえば，16世紀の教会音楽における各声部は，常に文字通りに声という観点で読まれ解釈されるべきものだが，一方でそれに対応する器楽パートでの声部線は完全には声楽的とは言えない装飾音の下に置かれている。またある場合には副次的な音型，あるいは速いパッセージは基本の音程を単に装飾するだけか，一般的な意味でのパッセージの中へリズムや旋律の細部が吸収されるようなある種の音のぼかしと解されるべきである。声部上の，またリズム上の表現はいくつものレベルで同時に起こることがしばしばである。基本的な単位や基本的進行に装飾を加えたパッセージは，それを構成する音程の声部のインフレクションやその副次的音型が持つリズムの動きを軽んずることなく，あるがままに読まれるべきであろう。

　ここでしばらくの間，書かれている通りに読まれるべき旋律線，つまりあたかも声によってあらゆる音符がその細部まで詳細に演奏されるよう期待されているような旋律線について考えてみよう。ひとつの旋律線を鍵盤楽器上で表現豊かに展開する上で欠くことのできない性質は，必ずしも音符それぞれのボタンを押すかのように正確かつ自動的に各音の鍵盤を押し下げることでもなければ，その過程で好みの音を実現することでもない。旋律線を生きたものにするのは，理想的には声が旋律線と折り合いをつけ歌いこなすやり方，またそのように歌いこなしている感覚を想像上で模倣あるいは暗示することである。そこにこそ旋律の身体的な表現力があるのだ。問題は，単に正しいテンポとピッチで音のボタンを押すのではなく，文字通りいかにある音から次の音へと到達するかであり，言い換えれば，いかに声による表情のような音程にするかである。

　鍵盤楽器の上では，手の跳躍や移動，あるいは指の異常な拡大や組み合わせの要求を除き，すべての音程は同じように感じられる。しかし，声にとって順次的な動きと跳躍する動きとは決して同じようには感じられない。それぞれの音程が演奏に際してどう感じられるかによって相互に異なる性格を帯

びる．4度は2度とは決して同じように感じられないだろうし，5度と6度も同様である．上行は下行と同じではない．旋律の流れを変える音の輪郭は，そうでない音とは異なった感覚を引き起こす．**旋律に含まれる音程の表現上の本質は，音そのものの中にあるのではなく，音と音の合間，ある音から次の音へと移り行く方法にあるのだ．**音楽的価値が音そのものの中にあり，音から音への推移にはないと仮定することは鍵盤奏者がまず最初に持つ誤った考えである．これが声楽教育にも広がったことが，今日よく聞かれる非音楽的で調子に乗らない歌唱のほとんどの原因である．もしピアノが適切に使われていたなら，そのような壊滅的な影響を声楽家にまで及ぼすといった音楽上の理由はなかったであろう．

「君が演奏するものすべてをよく聴き，歌いたまえ．指を機械仕掛けの小さなハンマーとしてではなく，君の声帯の延長として使うのだ」．この単純な教えを理解しようと一度でも努力した弟子達からは，細かい議論や理論的な説明なしでも常に鋭敏で表現豊かな声楽的表情を引き出すことに成功してきた．ひとたびこの教えに従えば，ハープシコード，ピアノあるいはオルガンにせよ，時に楽器というよりは機械に見える無骨で比較的鈍感な鍵盤上の各音程は，それを成立させるための一助となっている楽句との関係において，それぞれが特徴ある色彩と独特の価値を獲得するのである．

このような旋律の音程に関する声楽的な扱いの中ですぐに明らかになってくることは，順次的に動く音については跳躍する音に比べて途切れることのないレガートを付すことがより適切であり，順次的な線を遮る跳躍による中断については，リズムあるいは和声の脈絡から不適切である場合を除き，デタシェの表現が求められるということである．

次に，書かれた通りに読まれるべき旋律的な線に対してリズムが持つ影響について検証してみよう．ここで扱うリズムとは定量的な音価の尺度，つまり音符の長短，あるいはそれらのグラデーションおよび数学的な比率を指し，拍子や拍のことではない．旋律に対するリズムの最初の影響は，長音から短音へ，あるいは短音から長音への音価の変化の中で起こる．リズム上同じ価値を持つ音は，それらが脈絡によって分離されない限り，同じ分類に属する傾向を示す．それぞれの音がそのまま当てはまるような想像上の身振りに置き換えてみると，それはつまり速い音は遅い音に比べてより多くの努力を必要とするような運動で表されるだろう．遅い音は速い音との関係においてしばしば休息を表す．速い音は，それらの独立性がひとつの単位，あるいはひとつのパッセージに吸収されない限り，高いレベルで強度を維持する．いかなる旋律においてもリズム上の重要な点はひとつのゆっくりした長音とひとつ

の短く速い音との間♩⌒♩♩，あるいは一連の速い音との間にある。さらに速い音の後でよりゆっくりした動きが確立されたところ，すなわちひとつの遅い音で表される休息♩♩ ♩により，あるいは速い音に続く遅い音のグループ中2番目の音♪♪♪♪ ♩ ♩ ♩によって確立された動きの速度が変化する音にある（そのようなパッセージで最初の遅い音が鳴っている間は，明らかに運動の変化はまだ宣言されていない）。

　基本的なものにせよ一時的なものにせよ，ある旋律中の音はひとつの拍動との関係において活性でも非活性でもありうる。2拍子においては，あるいはその意味では単に2つの音からなるグループにおいても，2番目の音が活性な音である。なぜなら最初の音だけではそれらの関係性を明らかにすることができないからである。3拍子では2番目と3番目の音がリズム上でもっとも活性的である。アンサンブルの演奏，またはテンポを維持したり感知できない程度にテンポを変える際の秘訣のすべては，弱拍の音の処理にある。すなわち4/4拍子における2拍目と4拍目の音，あるいはそれらを分割した音，さらに3拍子における2拍目と3拍目の音，そして経過音にある。要するに**弱拍**すべてにある。**ものごとが起きた後**でなければ，拍自体は無力である。強拍でテンポを捉え，あるいは修正する指揮者は，それを把握するために少なくとも短い時間を必要とする幼稚なメトロノーム的テンポの指示を与えているだけに過ぎない。強拍でない音でテンポの変化や修正を準備する者は，直接的で柔軟な指揮を常に維持することができる。音自身がそれらの間にある音程との関係においてのみ重要であるように，拍もそれに向かう方法との関係においてのみ重要なのである。たとえば，あるバッハの協奏曲でアレグロのテンポがまさに行き詰まろうという時，それを救う秘訣は強拍にではなく4/4の拍をさらに分割した8分音符にあるのだ。

　拍のことはさておきリズムに話を戻すと，旋律中の音符は，他に制約されていなければ，ある分割できないリズム上の単位の中に収まることがわかるだろう。これらの単位は途切れることのない，あるいは途中妨げられることのないリズムの脈動を表す。また他に制約がない限り，ひとつのリズムの脈動があれば，等しい長さの音列♩♩♩♩，あるいは急から緩へと動く音列♪♪♪ ♩ 。を動かし始めるのに十分である。一方どこであれゆっくり動く音あるいは休止に続く速い音の動き♩ ♩⌒♪♪♪♪には，新たなリズムの脈動が必要となる（この新しい脈動は，より大きな脈絡に対してはそうとは感知されずに通り過ぎるくらいの補助的なものかもしれない）。したがって，リズム上の単位の主要な区分は緩から急への動きの変化で起きる。

　旋律の輪郭，あるいはリズムの脈動の区分はお互いに相反することもしば

しばであるが，場合によっては一致することもある。これらの区分，およびそれらの区分で分けられた旋律上・リズム上の単位こそがすべての分別あるアーティキュレーションとフレージングの基盤となるものである。ロンゴの長いスラーを葬り去るには，そのような区切りの原則を理解するだけで十分である。

　ここまでは，主に旋律の輪郭について，ひとつひとつの音を文字通り想像上の声や対応する身体の動きに合わせるかのように解釈して語ってきた。しかしながら，一群の音が響きの集団やかたまりとなって融合することもしばしばである。特に顕著な場合としては，速い音階の音型やアルペッジョを形作る旋律がある。それらは一般的にひとつの重要な音や和声の装飾であり，単一の音として扱われることのみが求められる。高度に装飾されたパッセージあるいは器楽的音型の多くには，その中心に核となる単純な音があり，それらは文字通り声の線と同様に解釈される必要がある。そのようなパッセージでもっとも重要なのは根音バスであり，またそれらによって確定される単純な和声の動きである。ひとつのパッセージを先導する旋律的要素は，しばしばそのバス声部にある。馴染みがなく謎めいて見える作品を前にして，自らを音楽的に正しい方向に向かわせるもっとも確実な手段のひとつは，その基礎であるバス声部を歌うことである。バス声部を通して，一部分しかよくわからなかった音型も，おそらくは正しく所を得て，自ずとその意味が明らかになるであろう。

　楽句は，それらを構成する分割不能なリズムや旋律の小単位とは対照的に，一般的に切り離されており，もしそれらが重なっている場合には，相対する和声の休息，リズム上の身振りにおける転換点または静止，あるいは想像上の声の息継ぎによって記されている。あらゆる旋律楽句の基本は声である。たとえ楽句が息の長さを超えている場合でさえ，それは想像上で引き延ばされた息の長さに基づいている。単なる語句の断片を除くすべての声楽の楽句は，肺の拡張に始まり，ひと息の保持と呼気の間に起きる。感受性豊かな器楽奏者は，歌手と同じく拡張と収縮に伴う節約や配分によってコントロールされ，横隔膜と同じ緊張と弛緩によって支配される（呼吸のような楽句に基づく特徴的なソナタは，ソナタ第185番を参照）。

　舞踊の楽句はしばしば呼吸の楽句に優先する。ひとつの器楽の楽句は，想像上の声の感覚よりは身振りの連続性によって保持され，ひとつの楽句は身振りにおける性格の変化あるいは方向の変化によって区分されるであろう。スカルラッティのソナタに想像上の振り付けを行ってやり過ぎということはない。それらの多く，特にスペインの舞曲作品は，声楽的感覚よりはるかに

強く身体的な運動の感覚に支配されている。スカルラッティの声楽的感覚はそのイタリアの遺産に根ざすところがもっとも強い。今日の大衆音楽においてさえ，イタリア人のリズム感は，声が優位を占めているため，相対的に制限されている。一方でスペイン人はヨーロッパ諸国の中でもっとも高度に発達したリズム感を持っていることが明らかに観察されよう。音楽はともかくとして，2つの国民の話し言葉，また身のこなしや踊りの身振りを見れば，その相違は完全に明らかである。

　スカルラッティは楽句構造の往年の巨匠であり，それらが声楽あるいは舞踊のいずれに支配されていようといまいと，さまざまな長さの楽句の並置，縮小，拡大，および不規則な楽句の挿入によって最大の効果を引き出している。厳密に拍が変わらない作品においてさえ，拍を生み出しそれに命と意味を与えるような楽句の長さを数えるのではなく，単に拍動という意味で拍を数えることほど致命的なことはない。正確に演奏するという初歩的な修練を超えたところでは，いかに不規則的で数学的に馬鹿げて見えようとも，あらゆる拍が踊り手の観点，つまりひと息ごとのまたは身振りごとの長さという観点で数えられるべきである。

　スカルラッティには2回，3回と反復する楽句があまりに頻出するために，拍の数え方に支障をきたすことが多い。18世紀に見られる多くの例やスカルラッティ自身の例にもかかわらず，これらの反復楽句をむやみに分割したり，エコー・デュナーミクを過剰に適用することは，多くのスカルラッティ作品のリズム構造や連続性に対して極めて致命的となる。スカルラッティの反復される多くの楽句は，対になっているひと組あるいはそれ以上の組になっている楽句と切り離されたり，別々に拍を数えられることを意図していない。多くの2小節の反復楽句では，1, 2, 1, 2ではなく1, 2, 3, 4と数えることでその効果が得られる。4小節楽句の3小節目は，呼吸と身振り双方との関係において，反復された2小節楽句の1小節目とは全く違った感覚を持つ。スカルラッティの3回の反復においてさえも，ABAに区分されるよりはAAAのようにひとまとまりにした方がしばしば効果的である。反復楽句が個々の提示に分けられてしまうと，実際には一度しか提示されない楽句との対照がしばしば失われてしまう。反復楽句に変化を付けるためにエコー効果によるインフレクションを用いると，往々にして逆効果になることがある。4小節楽句の3小節目と4小節目は，それらがしかるべく演奏されたなら，想像上の呼吸や身振りの状態いかんによって1, 2小節目とは必然的に異なって響く。そういったことは踊り手なら誰でも知っていることだが，想像の上でも身体的にも椅子に根を下ろしてしまっている鍵盤奏者からはしばしば抜け落ちて

しまう。

　2声部以上からなるいかなる作品においても，想像であれ実際であれ，よいフレージングを形作る上で不可欠な要素は，基礎となる和声に正しいインフレクションを付けることである。ちなみに，思いもよらないテンポの乱れやアンサンブルの難しさのほとんどは，旋律の音程やリズムの断片の表出が不自然であるばかりでなく，和声のインフレクションも間違っていることに起因すると言えるかも知れない。協和音から不協和音へ，あるいは不協和音から協和音への進行は，和声に基づくいかなる楽句においても旋律構造，およびリズム構造の基盤となり，それを支配するものとなる。すべての垂直的和声は，協和音から不協和音に至る和声的強度の全域内で位置づけが可能であり，またそれがより高い強度に向かうか離れるかといった脈絡の視点から，さらには掛留，転位音，経過音によって生じる変化の視点から，その度合いを見分けることができる。基本的なものであろうと一時的なものであろうと，2つの異なる音のいかなる垂直的な組み合わせも同じ強度を持つことはない。強度の理論的尺度の設定は実践には不要で，和声的な価値が絶えずその脈絡によって変形していくことを考えれば，そのような尺度は危険ですらある。しかし耳というものは，機会さえ与えられ，生気のない鈍感な先入観や習慣に惑わされない限り，常に正しい評価を下すと信じてもよい。旋律のインフレクションに関しては，生徒に対し，実際の音によく耳を傾けさせ，楽器の不自由さ，不完全な音楽的感性，あるいは人為的で不十分な技術的メカニズムの指導から来る非音楽的で自動機械のような態度を棄て去るよううまく説得することができれば，特段の指導や理論的分析を与えなくても，その生徒は必ずや完全に正しく感受性豊かな和声のインフレクションを身に付けることができている。真に音楽的であることに秘密は何もなく，どのような超自然的なものも介在しない。それは，敢えて無視しない限り人間として誰にでも備わっているものである。習慣という空疎な指示や，楽器が示す機構上のな抵抗を超えて耳を研ぎすますには，ひとつの単純な方法で十分である。すなわち，和声の相互の強度を比較し，2つ，3つあるいはそれ以上の和声でどれがより強く，あるいはもっとも高い強度をもっているかについて，最初は個々に，それからそれらの脈絡の中で生じた変形との関係において問うことである。

　和声の緊張と弛緩に対する身体的な反応の中心はみぞおちである。それは限りなく敏感な地震計のように働き，和声の脈絡において数え切れないほどのインフレクションや変化に反応し応答する。だからこそ，和声進行を構成する声部を歌い，あるいはそれに耳を傾ける者は誰しも必ずや正しいインフ

レクションを見いだし，鋭敏な音程や不協和音の解決方法，そして他の声部に対して不協和音や掛留が及ぼす引力について，必ずしも知的にではなくとも身体的に感じることができるのである。みぞおちは1声部だけでなく，複数の声部や複合的な流れの重なりを同時に感じることができる。それは多声的な演奏の源である。多声的な聴覚，すなわちひと組の独立して機能するそれぞれの声部を聞き分けまた発展させ，そしてそれらの間の相互作用を感じとる能力を養うには，単に脳だけではほとんど用をなさない。両手が単に体全体の延長となるのではなく，みぞおちがその両方を支配する中心となるような鍵盤技術こそが完全な音楽的価値を持つのである。声とみぞおちの能力を両手に延長させるもっとも鋭敏な方法は，演奏している楽句の和声上，リズム上，および旋律上の脈絡に対して緊張と弛緩が絶えず揺れ動いている感覚をその手の中で養うことである。そのように養われた手は自ら楽句を形作ることができ，音楽とともに収縮・弛緩することができる。すべての動作を音楽的構造そのものに基づいて行うことができるのである。どのような音楽的な楽句であろうと，ある一定の緊張のレベルに留まっているということはない。完全な休止という瞬間を除き，演奏者は常に緊張に向かっているか，そこから遠ざかって弛緩するように動いており，緊張は常に弛緩によって釣り合いが保たれている。これら緊張と弛緩の位置を正しく把握しバランスを取ることこそは，あらゆる音楽上技術上の問題とその解決をひとつの同じものへと導く。手から完全に力を抜くべしという見解が言葉通りの結果を暗示するように伝えられた場合，極めて危険な邪説となり得るのはこのためである。幸い，力みのない演奏について語る者の多くはそのようなことをしていない。その真意は緊張と弛緩の間の正しくかつ効果的なバランスにある。しかし，残念ながら「弛緩」という言葉は，手が相対的に不活発で鈍感であり続けるような演奏を学校教育全体で奨励するような傾向を呈している。そこでは避け難い感覚の鈍さや強度不足を，オルガンのレジスター操作，ピアノのペダリング，あるいは一連の快適な響きとの対比といった表面的で人為的に作り出されたひと組の音響効果でかろうじて食い止めているだけである。真に音楽的な鍵盤演奏の極意のすべては弛緩にあるのではなく，緊張と弛緩の正しく効果的な配分にあるのだ。

　全体的に見ると和声の垂直的なインフレクションは，スカルラッティにおいてはバッハやモーツァルトにおけるよりはるかに小さな重要性しか持っていない。なぜなら，スカルラッティの和声の章ですでに指摘したように，その垂直的な構造や水平方向の束縛が緩やかだからである。しかし，スカルラッティを演奏する上でもっとも重要なことは調性感覚であり，進行する転調に

対する感覚であり，転調の転回点で新しい調との関係からそれ以降の和声のインフレクションの変化を指し示すような特徴的な音を見つけ出すことである。たとえば，ひとつの調での主和音は，他の調では属和音として機能し，全く異なったインフレクションとなる。スカルラッティのト長調ソナタで，その開始部にあるニ音上の長三和音は，複縦線にある場合とは全く異なった意味を持つ。同様に，ト音上の長三和音は主和音としての休息を表すことを止め，ニ長調のカデンツへと牽引する下属和音へと変貌する。多くのスカルラッティのソナタでは，すでに次の調へと移っているにもかかわらず見かけ上の主和音を真の主和音と誤解して，開始部全体を偽ってしまうことがある（これはバッハのフーガの呈示部においても同じように起こり得る）。時には，ハ短調ソナタ第115番の最初のフェルマータのところで見られるように，いまだ転調が起こる前にもかかわらずある和音の調性上の役割がわざと曖昧にされ，そこではト音上の長三和音は主和音でもなければ属和音でもなく，両者の間でどちらとも付かない状態にある（ソナタ第57番および第124番も参照）。

　スカルラッティの漸進的で曖昧な転調効果の多くは，新しい調性を導入したり準備する音，つまり新しい調を示し，以前の調を取り消す臨時記号によって決まる。スカルラッティの和声のインフレクションは，協和音と不協和音の垂直的な尺度との関係においてというよりも，作品の調性上の脈絡との関係においてはるかに重要である。一見して和声上の変化に乏しく，転調の範囲はひかえ目で，そのバランスも極めて対称的に見えるようなスカルラッティの多くの作品も，全体の調性構造との関係においてそのすべての詳細を考慮すると俄然生気を持つようになる。すると，前半の単純な主和音，下属和音，そして属和音は，ソナタ全体と関連して一定の緊張を維持するような属和音あるいは他の終止を導く調性へと動いていくであろう。そして後半はその作品の主調の主和音へと戻っていくが，たとえそれが同じ旋律素材や和音進行からなっていたとしても違ったように響き，より大局的な意味での機能という観点において，ある程度新しいといえる。多くのスカルラッティのソナタは，その演奏に際し，演奏者がどの程度調性構造を把握しているかによって，充実した大作のようにも，また小さく取るに足らないものにも響き得る。ここでもまた，ロンゴのデュナーミク，あるいは他の誰のものであろうと，その手のものは役に立たない。「実用版」の音楽編集者ならよくわかっているように，演奏者の耳と音楽的知性以外に真の音楽的感性の媒体は存在しないのである。スカルラッティのすべてのソナタを演奏するために必要なものは，作品全体という観点における持続的かつ信頼の置ける方向感覚である。

一般に不協和な経過音，転位音，および非和声音のインフレクションと呼ばれるものについても説明が必要であろう。なぜならそれらはしばしば弱拍でのリズムとテンポの制御と関連しているからである。協和関係にある経過音はリズム上不活発な傾向を示す。それは多かれ少なかれ自動的に前進し，何かに寄りかかることはできない。弱拍で不協和を形成する音は，持続するリズムの中断が感知されることなくしばしばそこにとどまり，次の協和音で相殺することが可能である。そのような音こそはテンポを変えたり揺らせたりするのに絶好の音であり，さもなくば旋律の輪郭あるいはリズム上の価値の変化によって正当化されることのないテンポ・ルバートの基礎になる音である。シンコペーションや声部間で相互に関連するリズムの全体的構成が拠り所にできるのは不協和な非和声音である。たとえば，8分音符に対する16分音符の動きにおいては，弱拍の16分音符は8分音符の動きに対して均衡をとったり対置させたりするのに適している。しばしばそのように常に動いているパッセージ，特にアクセントを持つ経過音を含むパッセージの場合，強拍なのか弱拍なのかと問うことは協和音か不協和音かと問うことに比して副次的なものである。不規則に現れる不協和音は，不規則な表面上のリズム・パターンを確立することが多いが，基本的なリズム構造に色彩と変化を与える。

　これとの関連で，フランス音楽における**ノト・イネガル奏法**，すなわち短い音価のグループの2番目と4番目の音符を1番目と3番目の音符よりも短く，つまり♪♪♪♪をより♩♪♩♪などに近づけて奏するという演奏慣習について言及しておこう。フランス人はこのような奏法を場合に応じて**付点8分音符** *pointer les croches*，あるいは**16分音符** *doubles croches* などと呼んだ。18世紀フランスの教則本のほとんどすべてがそれについて注釈を加えている（たとえば，サン・ランベール『**クラヴサンの原理** *Les Principes du Clavecin*』を参照。その原著論文からの要約と引用については，オージェ『**装飾音とリズム** *Les Agréments et le Rythme*』，およびボレル『**フランス音楽の解釈** *Interpretation de la Musique Française*』を参照）。これらすべての論文は，この演奏慣習を拍子に基づいて説明しようとしている。しかしながらこの演奏慣習を愚直に現代に復活させようという試みは，音を過度に2音ずつのグループにして真のフレージングを破壊する傾向を示す。フランス人著者の何人かは（クープラン『**クラヴサン奏法** *L'Art de Toucher le Clavecin*』を参照），この様式がフランス流派に独特のもので，イタリア人はこの不均等に弾かれるべき音を均等な音で表記するフランスの習慣を共有しなかったと言っているが，私見によれば，この演奏慣習はあらゆる流派，あらゆる時代にわたりすべての感性豊かな音楽家がある程度は従っていた，大

なり小なり無意識的な奏法であった。

　思うにこのノト・イネガルという演奏慣習は，先に私が概略を示したようなやり方で受動的な強拍と対照的に弱拍を能動的に扱う，という限りにおいて拍子によってのみ条件づけられている。ノト・イネガルについてさらに私見を加えるならば，それらは旋律の輪郭や，とりわけ不協和な経過音としての機能によって非常に強く条件づけられている。その不均等が，主要和声あるいは付随する声部との間での不協和音あるいは協和音の程度に応じて徐々に変えられるならば，不愉快な2音ずつのグループ化が隠され，より大きな楽句が柔軟にして歪みなく立ち現れる。言い換えると，18世紀の諸論文は他の数多くの論文同様，この定着した演奏慣習についてもそれを拍子だけから説明しようとしたために不十分になっているだけのことである。いわゆるフランス流教義をこの観点からみると，そこで主張されていることは，私がスカルラッティについて推奨してきた小さな音価での弱拍の扱いや不協和な経過音の処理法から大きくかけ離れてはいないのである。

　クレッシェンドやディミヌエンドができない楽器で，音自体が持つクレッシェンドと音楽的には同等のクレッシェンドが生み出されるのは，しばしば不協和な経過音あるいは転位音によってである。瞬間的な音の衝突は基本的な和声をクレッシェンドのように強め，その後ディミヌエンドのように協和音の中へと緩和する。これはさもなければ休止となるような音に対してしばしば起こり，その煽りを受けて声部における掛留音のように見かけ上増強される。これこそが，3つの音からなる転位音の音型（たとえばハ・ロ・ハあるいはハ・ニ・ハ）で最初の音，あるいは主要音にアクセントを付けることが，2番目の音や不協和な経過音を強調する場合に比べて特にモデラートや遅いテンポにおいて表現力を減少させる理由である。経過音や転位音に対するこのような誤ったインフレクションや表現力の欠如（機械的にテンポを維持したり身体的調整を確立するにはこういうやり方は実に便利なのだが）は，特に演奏上で最初の拍や主要な拍の方がこれらを準備しあるいは受け止める拍に比べて重要と考える流派の間に共通して見られる。緩徐楽章では，あらゆる柔軟性や自由さはそのような音次第であり，音を有効に活用し，埋め合わせをすることによって，速い楽章が走らないように，また遅い楽章を引きずらないようにすることができることは大いに強調されるべきである。テンポの問題のほとんどは，テンポそのものに由来するものではない。大抵の誤ったテンポは，誤ったフレージングに帰せられる。感受性のある音楽家であればあるほど，たったひとつの間違ったフレージングあるいはインフレクションが，ひとつの楽句，あるいは実にその作品全体のリズムのバランスを崩し

てしまう。音楽家の間でのテンポに関する議論のほとんどは事実上テンポとは全く関係がなく，それらはもとの細部のインフレクションについての誤解や見解の相違から発している。ひとたび基本的なインフレクションについて合意が得られるか，無意識にでも発見されれば，一般的にテンポについての議論は忘れ去られる。生徒あるいはオーケストラに対してテンポを修正する方法は，メトロノームに相談することでも人為的に厳密なあるいは正確な拍に頼ることでもなく，その困難の原因を突き止めることである。協同作業に際して何の身体的な障害もなく，技術的にも適度に有能な生徒であれば，一度もテンポという言葉を使わずに，あるいはどんな形であれ拍を数えずにテンポを修正できることは珍しくない。

　テンポを維持し，ルバートを行い，リタルダンドを成し遂げる際にもっとも重要なことは，声部から声部へと伝達されるリズムの脈動のつながりを見極めることである。ほとんどのリタルダンドはその開始が遅すぎるので，デュナーミクのインフレクション，つまりクレッシェンドやディミヌエンドで対応してつじつまを合わせることになる。限られたデュナーミクのインフレクションしか付けられない楽器では，すべてのリタルダンドやテンポの変化を音楽の基本的な構造に求める必要がある。もしそれらが音楽的に正しくなければ，表面的にすら説得性を持たせる手段はない。デュナーミクの変化を明確に付けられない楽器において，同じリズム価で動く一連の音のテンポを変えることは，旋律の輪郭あるいは和声の脈絡において正当化されない限り著しく説得力を欠くことになる。そのような楽器では，同じリズム上の価値を持つ音は，旋律の輪郭から見て不適当な場合を除き，そこで見いだされるべき協和音と不協和音の相対的な機能との関係においてのみ一般的にテンポと持続時間を有効に変化させることができる。同じ音価で動く一連の音からなる音列を減速する時には，ほとんどの場合その不協和音に依存する。さまざまな音価を含む一連の音の場合，そのような楽器でリタルダンドやテンポの揺れをうまく行えるかどうかは，分割できないリズムの脈動がどこから始まっているかを見極め，それらが連鎖し他の声部へと移行してゆくやり方にかかっている。その転換点は，全音階的な動きが中断するところや，リズム価が長から短へと変わるところで見いだされるだろう。全面的なルバート，テンポの変更，あるいは終止のリタルダンドは，最後の結果がわかるようになるより相当前の小節で企てられた最初の動きにかかっている。さらに，終結のカデンツでのリタルダンドに関連して言っておくべきこととして，通常それらのリタルダンドは和声連結の観点からは取りかかるのが遅すぎ，しばしば属調の緊張を維持できずに，あまりに早く——言い換えると主調にたどり着く

前に——弛緩してしまう。和声的に言えば，デュナーミクのインフレクションと釣り合いがとれないすべてのカデンツにおけるリタルダンドは，それがデュナーミクのインフレクションによって補償されない限り，切り離すことが可能な最後の和声の区切りから，別の言い方をすれば，カデンツの最初の部分を形成する和音連鎖から始まる。たとえば I_6, IV, V, I, という和声進行では，どのような変化にせよ I_6 の後では遅すぎる。もしこの進行を I_6, II^6_5, V, I に変更すれば，II^6_5 で示されるような下属和音に付加された不協和音にとどまり，その後で弛緩することができる。

　以上で述べたフレージング，アーティキュレーション，およびインフレクションに関する一般的な原則をふまえて，鍵盤奏者が演奏に際してレガートやスタッカートの助けを借りる場合の実践的な方法についていくつか考えてみよう。

　ピアノでのサステイニング・ペダルの使用は，スカルラッティの音楽に深刻なダメージを及ぼす。アルペッジョやアルベルティ・バスにおいてさえ，スカルラッティはその音型を単に和音をぼかして埋め合わせるものではなく，線という観点から，器楽上の旋律として考えている。彼は色彩を厚塗りしたくなかったのである。スカルラッティを演奏するに際し，ピアノのペダルは，指で保持できないような音を保持するためにではなく，色彩を高めあるいは変化させるために用いるべきである。そうでない使い方をすると，スカルラッティがせっかく和声を分解したりその成分を変えたりすることで書き込んだ色彩を一様に混濁させる危険がある（ほとんどの演奏家は作品に書き込まれた色彩を引き出すことに成功していない。というのも，彼らはあまりに響きの美しさや外から——多くの場合ピアノのペダルによって——持ち込まれた色彩というどうでもよい先入観に囚われすぎている）。

　手だけで保持できるハープシコードの音型でさえ，線として演奏される方がしばしばより良く響く。それらの旋律の輪郭は，滲んだ和声よりも多くの色彩を加える。しかしながら，必ずしも楽譜にそう書かれていなくても，手の範囲内で自由になる分散した和声を保持するかどうかの選択は演奏者に任せるというのがハープシコード作品を通じての従来の伝統であった。ソナタ第 260 番のような作品では，全音階的な楽句においてすら極端なレガートの重なり合いが望ましい。ヴェネツィア手稿第 XIII 巻第 13 番（K. 526）では，スカルラッティは分散和音による 2 声部のパッセージで，それが最初に現れるところではレガートを重ねて書き込んでいるが，二度目に現れる時にはより単純な指示のない 2 声部で書いており，先行する類似のパッセージと同様に保持することを想定して演奏者に任せている（譜例 5）。

譜例 5. ヴェネツィア手稿第 XIII 巻第 13 番（ロンゴ第 456 番）K. 526

　ハープシコードであろうと，ピアノフォルテあるいはオルガンであろうと，いかなる鍵盤楽器からも細かい色彩の陰影を獲得し，旋律線の中にある小さな和声のひだを強調するもっとも有力な手段は，音の重ね合わせを和声の輪郭を形作る音だけでなく全音階的なパッセージについても行うことである。ハープシコードとオルガンいずれにおいても，クレッシェンドとディミヌエンドの効果は，全音階的に前後に隣り合う音を瞬間的に隣の音と衝突させることで得られる。音階の中程で，スタッカートまたはレガートの並置された音を徐々に重ね合わせることにより，クレッシェンドは感知される。特にハープシコードでは，音の重ね合わせは，先行する響きが持続することによってひとつの音の鋭いアタックを覆い隠すことができる。私は 2 番目の音の立ち上がりを隠してディミヌエンドのように響かせるために，しばしば瞬間的に不協和音とその解決を重ね合わせる。

　音を重ねることで，音階にその基礎をなしている和声のインフレクションを付けることも可能である。たとえばハ音上の長三和音に関係して奏されるハ長調の音階において，私は実際に三和音が鳴っているかどうかにかかわらず，その三和音と不協和の関係にあるすべての非和声音を延ばすこともある。ニ音はハ音の 2 度音程の不協和音として現れる（もし私がニ短調の旋律的音階を奏する場合，私はニ音を次のホ音と関係付けて弾くだろう）。ヘ音はホ音との関係において下属音のように響く傾向があるから，相対的にほとんど強調せずに弾く。ト音との関係におけるイ音も同様であるが，私はほとんどの場合，ロ音をハ音へと解決する導音として利用する。

　スカルラッティの 2 声部書法は，このような種類の彩色に対して特に敏感

である。これらの彩色は，実際の和音の補充あるいはピアノのペダルによる音の保持をはるかに超えて，スカルラッティの旋律の和声的な意味合いを広げ，それらが単に文字通り旋律線として演奏された場合には持ち合わせないような豊かな表情を与えるのである（同じことは，バッハの2声のインヴェンションすべてにも当てはまる）。

ハープシコードとオルガンともにもっとも表現力を持つ手法のひとつは，ある音の立ち上がりの直前に短い沈黙を入れることで強勢やアクセントの効果を得ることである。声楽的に区切ることができない旋律の単位からなるパッセージの多くにおいても，鍵盤上の不協和音は，直前で切り離すことによりその前後関係を目立たせることができる。声や弦楽器ではほんの少し膨らませただけで滑らかに表現できる不協和な経過音は，ハープシコードやオルガンでは切り離すことによってその十全の価値を獲得する（理論上の音楽的論理には全く反するが）。切れ目のないレガートは，強勢されるべき音の立ち上がりを先行する音の残響によって覆い隠す傾向がある。ハープシコードおよびオルガン奏法における一般的な規則は，重要でない音を重ね合わせ，特に強勢したい音を分離する，ということである。たとえばハープシコードでは，♪♪♪♪のように16分音符と8分音符が拮抗する場合，弱拍の16分音符は8分音符と同時に鳴っている直前の16分音符に完全に覆い隠されており，♪♪♪ ♪♪♪といった注意深い分離によって際立たせる必要がある。スカルラッティにおいては，右手の旋律的な16分音符の音型が左手の伴奏する和音の立ち上がりによって完全に覆い隠されてしまうようなパッセージがよく見られる。これを解決するには，ひとつの音が他の音の立ち上がりをわずかに覆い隠すように反復和音の切り離しは最小限にとどめ，一般に不協和音やクロス・アクセント，あるいは表出すべき旋律の中の弱拍といった諸要素の前で切り離すことである。しかしオルガンでは，一段鍵盤で演奏される場合，そのようなパッセージの解決は全く逆になるだろう。そこでは旋律の音はきちんと聞こえるように長く保持される必要があり，和音はそれらの持続音ですべてのものを覆い隠してしまわないように切り離される必要がある。

表現の幅

この章の最初に，スカルラッティが常々その対象になる「役回り」について述べた。これについては私自身もその責めを負う。長年の間，私はスカルラッティのソナタを極端に人目をひき，また華々しいものと考え，ハープシ

コード・リサイタルの最後でそのいくつかを演奏すれば必ず最大限の効果を達成できることも分かっていた。しかし，それらの過剰な輝きも度を越すと疲れを催し，飽きることもあり得ると思っていた。本書のために準備した初期の覚え書きには，スカルラッティに対する人々の関心が移ろいやすく不安定で，モーツァルトやバッハに対して起こるような変わらぬ献身といったものは不可能であるという趣旨の言葉さえも見いだした。これほど誤った考えはなかっただろう。多すぎる数のソナタを連続して演奏すれば，その過剰な華々しさは実際疲れるものであったが，なぜなら私も他の大勢のスカルラッティ演奏家と同じく，それらを名人芸的な作品として演奏したからである。私はその音楽の中に実際に何があるのかをほとんど見落としていたのである。

　本書にかかりきりであったこの10年の間に私の態度は一変した。これは一部には音楽とその背景についての詳細な研究によるものであり，またスペインへの訪問や，おそらくは私自身の中で起きた成熟の過程によるものである。その音楽を研究するに際し，またすべてのソナタを年代順に従って何度も通観し，注釈を書き記し，改訂するに際し，私はそれ以前に私が捉え損なっていたものすべてを理解しようとし，意味がわからないもの，あるいは最初に逆の判断をしたものすべてを理解するように努めた。スペイン訪問の後，本書の伝記部分を書き上げる間，私はそれまでに学び，また学びつつあったことに照らして40ないし50のソナタの演奏を準備した。その結果はひとつの発見であり，もはや技巧に技巧を積み重ねるものではなく，人目をひく束の間の「陽気な気まぐれ」でもなく，一人の完全な芸術的人間性の中に，音楽固有の尽きせぬ表現の多様性を発見することであった。読者は，私がスカルラッティと過ごしたそのような日々，週また週，そして月々について，せいぜいぼんやりと想像を巡らす程度であろう。この期に及んで私は正直に告白するが，本書のための労苦にもかかわらず，私は一度たりとも飽和状態に陥ることがなく，スカルラッティに対して飽きるということがなかった。極めて長い間苦しんだ後にも，私は繰り返しスカルラッティの音楽に驚かされ，目を回し，そして歓喜したのである。

　これこそは，私が本書を通して読者諸氏にスカルラッティについて抱いてほしいと願った展開である。私自身については，18世紀以来多くの人々が考え，また現在もなお抱き続けるスカルラッティについての考えから脱し，本書のすべてのページが表すような視点へと至る展開であった。私はこれらの見解を演奏についての章の中に書き入れた。なぜならスカルラッティは演奏されるようにしか響かないからである。私は自分の内なる耳においても，以前私が彼の音楽を弾いたように響かせていたが，それはほとんど誰もがする

ような演奏の方法であった。今や私にはスカルラッティは全く違ったように響く。それは私が本書を書く過程で明らかになったある基準を演奏に取り入れようとした結果である。対の配置を復活させること，外部からの決まったやり方を当てはめる代わりに，個々の作品に固有の表現の豊かさをひき出そうと試みた結果明らかになったことは，ひとつの演奏会の全プログラムをスカルラッティのソナタのみで構成しても，決して単調になることはなく（私もかつては疑っていたのだが），また多様な印象を与えるために人為的な手段に訴える必要もないということである。

　本書，および演奏の中で私がもうひとつ明らかにしたいと思っていたことは，人間はいかなる形にせよ感情や表現の能力を妨げることなくその頭脳を使うことができる，ということである。私は数世紀にわたって示され，また常に忘れられてきたこと，すなわち勤勉さと学者気質は危険なものではないということ，人間が住む社会がより発展すればするほどそれらはもっと必要になる，ということを示したかったのである。音楽に対する完璧に頭の固い熟練工の分析と技術的なアプローチそのものだけでなく，それが構文や文字通りの意味を超越し，説明不可能な世界を慎重かつ大胆に動いていくための，血の通った想像豊かな，そして情熱的でさえある意欲と両立し得るということを示したかったのである。

付　録

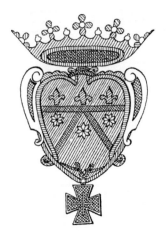

アレッサンドロ・スカルラッティの墓石から採られた紋章
1820年にフランシスコ・スカルラッティのために用意された描画による。
マドリード，国立歴史公文書館，カルロス3世，No. 1799, fol. 66r.

付録I スカルラッティ家

A. スカルラッティ一族について

　ドメニコ・スカルラッティの家族の出自は詳(つまび)らかではない。ドメニコの祖父ピエトロはシチリアのトラーパニ生まれであるが、彼が知られている限りでのもっとも先代に属する。しかしながら、すでに1400年を過ぎて間もなく、シチリアにスカルラッティという家族がいたことは、そのような名前を持つ貴族の一族の記録からわかっている。1700年までには、シチリアの各地でスカルラッティの名が（Scarlati, Sgarlata, Scarlataといった綴り方の異同も含め）散見される。そのようなスカルラッティ家のいくつかは、1120年頃のシエナまで遡ることができるトスカーナ貴族にその出自を負うようである。ちょうどアレッサンドロとドメニコがローマにいた頃、フィレンツェのスカルラッティ家の一族もローマで暮らしていたが、縁戚関係を確認、あるいは求めるといったことは行われなかったようである。しかしながら、トスカーナからはスカルラッティという名前がローマとシチリアだけでなく、ギリシャ、モルドヴァ、ルーマニア、聖地｛パレスチナ｝、ポルトガル、およびブラジルへともたらされた[1]。ドメニコがポルトガルに居を構えるはるか以前に、彼とは縁戚関係のないスカルラッティがそこで一家を構えていたのである。ベックフォードが1787年にリスボンで耳にした、「秘密の森の片隅でロマンチックな若い少女が自ら感情を吐露するように」歌っている「スカルラッティ」[2]はドメニコとは関係なく、17世紀にポルトガルに落ち着いたフィレンツェのスカルラッティ一族のある一家の末裔であった[3]。その家の構成員は、演劇および文学批評家のエドアルド・スカルラッティも含め、依然としてリスボンで暮らしている。

　トラーパニのピエトロ・スカルラッティは、少なくとも6人のよく知られた作曲家（アレッサンドロと彼の弟フランチェスコ；ドメニコと彼の兄ピエトロ；ジュゼッペ；およびドメニコの曾孫ディオニシオ・スカルラッティ・イ・アルダマ）の祖先である。アレッサンドロの世代では、5人が音楽家あるいは音楽に関わっていた。ある期間に歌手であったアンナ・マリア[4]；ナポリ副王の礼拝堂でコントラバス奏者を務めたニコロ・パガーノと結婚したメルキオッラ[5]；ヴァイオリニストで作曲家のフランチェスコ；そして歌手のトマゾである。

　フランチェスコ・スカルラッティは音楽教育をナポリで受けた。彼は家族の中でもっとも浮沈の激しい人生を送った。それはあたかも永遠に不運の星の下にあるか

1　ここまでの情報はTiby, pp.278-281から引用。
2　Beckford, Vol. II, pp.59-60.
3　*Archivo Historico Portuguez*, Vol. V, pp.455-457; Sampayo Ribeiro, *Do Sitio de Junqueira* (Lisboa, 1939), p.25.
4　Dent, pp.35-36.
5　Prota-Giurleo, p.18.

のようであった。すでに見たように，彼はアレッサンドロと同時期に副王礼拝堂付となったが，1691 年にはパレルモに帰る許可をもらっている[6]。彼の手になるオラトリオが 1699 年と 1710 年にローマで上演され[7]，義兄でメルキオッラの夫ニコロ・パガーノとの協力の下に，ナポリ訛りによるコミック・オペラが 1711 年にアヴェルサで興行されている[8]。1715 年には，ウィーンでフランチェスコが宮廷副楽長の職を得ようとしており，フックスの後援を受けていたにもかかわらず不首尾に終わったことがわかる。その際，彼はオーストリアへ好意を持っていたがゆえに，26 年間仕えていたパレルモの職を失ったと訴えている[9]。1719 年 2 月には，彼は再度ナポリの王室礼拝堂の職員となっているが[10]，1719 年 5 月 1 日，および 1720 年 9 月 1 日にはロンドンで演奏会を行っており，「自分が作曲した作品の中でもっとも秀逸な作品」と銘打ち，その中で自らを「かの著名なアレッサンドロ・スカルラッティの弟」と宣伝している。彼は 1724 年にも依然としてそこにいたようである[11]。20 年後のダブリンで，1740 年［新暦では 1741 年］2 月 3 日および 7 日付けのフォークナー誌は次のような案内を出している。「……声楽および器楽のコンサート，永らく病気療養中で大変悲惨な状況にある歌手スカルロッティ氏［原文ママ］のために……[12]」。これは今や齢七十を超えてなお不運に苛まれているフランチェスコのことだろうか？　フランチェスコが 1690 年に結婚したロザリーナ・アルバーノとの間にもうけた子供達も，彼がたどったと同じような無名の人生を送っていたようである[13]。

　アレッサンドロの一番下の弟であるトマゾ・スカルラッティは，ナポリの副王付き礼拝堂の歌手になり，聖バルトロメオ劇場でナポリ訛りのコミック・オペラばかりではなく，オペラ・セリアのテノール役として頻繁に登場している[14]。彼はドメニコ・スカルラッティの初期の 2 つのオペラでも歌手を務めている[15]。1701 年にはアントニア・カルボーネと結婚し，彼女との間に 10 人の子供をもうけた。かなりの高齢に達した 1760 年に死去している[16]。

　ドメニコの世代で我々が知っている音楽活動はといえば，彼の兄ピエトロ，およびどうやらアマチュアの歌手であった姉のフラミーニアについてだけである[17]。全体として，ドメニコの兄弟姉妹に関してはほとんどわかっていない。ベネデットは

6　Prota-Giurleo, p.20-21.
7　Tiby, p.285.
8　Sartori, p.387.
9　Dent, p.34.
10　前掲書，p.35.
11　Walker, p.197.
12　Flood, p.178.
13　Prota-Giurleo, p.21.
14　Croce, Anno XV, pp.285-286.
15　Sartori, p.378; Prota-Giurleo, p.23.
16　Prota-Giurleo, p.22, 24.
17　前掲書，p.32.

ドメニコが生まれる前に幼くして亡くなっている[18]。フラミーニアとクリスティーナは,それぞれ 1711 年と 1714 年にピエトロの 2 人の娘の名付け親になっている[19]。1717 年にはライモンドがローマで暮らしていた[20]。1770 年,バーニー博士は「ローマで見つけたものの極貧の状態にあった」ドメニコの兄弟のひとり(名前不詳)を訪ねている[21]。彼はナポリでもアレッサンドロの弟子カルロ・コトゥマッチからいくばくかの情報を集めている。「彼には 4 人の息子――取り柄のないピエトロ,もっとも**著名な**ドメニコ,**修道院長**のニコロ,**画家**のカルロ;それに 2 人の娘――一方は若くして亡くなり,もう一方はちょうど父親が亡くなる直前に他界――がいた。彼女{後者}の名前はフラミーニアであった[22]」

その後半生について我々がもっともよく知っているのはピエトロである。1705 年(2 月 18 日)から 1708 年 10 月 28 日まで,彼はウルビーノの大聖堂で**宮廷楽長**の職にあったが,父親は 1708 年秋にナポリに戻った際に彼を王室礼拝堂のオルガニストとして臨時の職に就けるために呼び戻した[23]。1712 年 11 月 26 日,彼はその頃他界した王室礼拝堂の正オルガニストのひとりであるジュゼッペ・ヴィニョーラの後任となり,1750 年 2 月 22 日に死去するまでその職に留まった[24]。彼の手になるオペラ《クリタルコ *Clitarco*》は,聖バルトロメオ劇場で 1728 年に興行された[25]。ピエトロは凡庸な音楽家だったようで,サッロ,レーオ,ヴィンチ,ディ・マイオといった同時代の俊英達の陰に完全に隠れてしまっている。1744 年には,その父親と弟の七光りに頼ってちょうどレオナルド・レーオの死によって空席となった**首席奏者**の職を得ようとして失敗している[26]。ピエトロの死に際して,彼の 4 人の子供のうち唯一の音楽家であったアレッサンドロが,やはり父親同様にドメニコや偉大なアレッサンドロの名声に頼ってその職を継ごうとして不首尾に終わっている。ピエトロの最年少の娘であるアンナは,1753 年に国王に対して生活保護を申請せざるを得なかった。彼女は知られ得る限りナポリにおける最後のスカルラッティ一家の一員として,1779 年 2 月 7 日,貧困のうちに他界した。

ドメニコより後の世代のスカルラッティ一家の中で,唯一の真に偉大な音楽家はジュゼッペであった。彼の親子関係はいまだに完全には確かめられていない[27]。しかしながら,彼は独自の様式を持ち,バーニーからはドメニコの甥として言及され

---

18 前掲書, p.31.
19 前掲書, p.26-27.
20 前掲書, p.34-36.
21 Rees, *Cyclopoedia* 中のアレッサンドロ・スカルラッティに関する論文。
22 大英博物館, Add. 35122 [バーニーのフランスおよびイタリア紀行の手稿, 1770 年 11 月 4 日]。(Walker, pp.200-201)
23 Ligi, p.136; Prota-Giurleo, p.26.
24 Prota-Giurleo, pp.26-28.
25 Florimo, Vol. I, pp.22-23.
26 この文節の他の情報は Prota-Giurleo, pp.27-30 による。
27 ジュゼッペの不明確な親子関係の詳細な論考については Tiby, pp.288-290; および Walker, pp.201-203 を参照。

ている[28]。ジュゼッペはその音楽的訓練をナポリで受けたようで，おそらく他の著名なスカルラッティ達と同様，若くして音楽家としての道を歩み始めたものと思われる。彼の作品中もっとも初期のものとして知られているものは 1739 年に遡る[29]。ジュゼッペの無数にあるオペラ興行の中には《メローペ Merope》（ローマ，1740）および《ゲルマニアのアルミニオ Arminio in Germania》（フィレンツェ，1741）があり，その中から後にドメニコの作とされたアリアが採られている[30]。ジュゼッペによるカルロ・ゴルドーニの《母なる自然の驚くべき業 I Portentosi Effetti della Madre Natura》はサルスエラに翻案されて，ドメニコの死後 9 年を経た 1766 年にマドリードで上演された[31]。ジュゼッペ・スカルラッティは 1755 年 1 月 2 日にサン・カルロ劇場で彼の《カイオ・マリオ Caio Mario》を興行するため，その前年にナポリに戻っているが[32]，おそらくこれが長年にわたって続いたドメニコの同時期におけるナポリ帰還，という誤報の元凶である。ジュゼッペはその後半生をウィーンで過ごし，そこで 1777 年 8 月 17 日に亡くなっている[33]。

ドメニコの子孫およびその末裔の中では唯一，彼の曾孫であるディオニシオ・スカルラッティ・イ・アルダマだけが音楽に関わっていたようである。この万能でおそらく不当に忘れられた音楽家であり，詩人，劇作家，興行家，そして歴史家としてのさまざまな活動の中には，多数のオペラやサルスエラ，また同じく多くの器楽および声楽曲がある[34]。

B. スカルラッティの家系図

付録冒頭のスカルラッティ家系図中，傍系の親族を含めてドメニコの世代までは，デント，プロタ＝ジュルレオ，フィエンガ，サルトリ，ティビー，およびウォーカーらの諸作にまとめられている情報に基づいて描かれた。家系図のこの部分については，特にティビーに負うところが大きい。多くは教区記録簿（少数の追記や訂正といった例外については私が脚注で示した）であるが，それらの情報が得られた第 1 次資料については彼の論文「スカルラッティ家 La Famiglia Scarlatti」に詳しい。ドメニコの子孫の家系図について私が依拠した情報は，そのほとんどが本書によって初めて出版された。それは付録 II に列記した文書，および存命中のスカルラッティ家の一族からの口頭による情報に基づいて描かれた[35]。

---

28 Burney，『ドイツにおける音楽の現状』，Vol. I, pp.364-365.
29 Tiby, pp.288-289.
30 Walker, p.195. 付録 VII を参照。
31 Subirá, pp.134-135.
32 Croce, *I Teatri di Napoli,* Anno XVI, p.41.
33 Prota-Giurleo, p.41; Tiby, p.288.
34 ドメニコのその他の末裔に関する情報については，第 VII 章および付録 I B と II を参照。
35 第 7 代以降，その生年が没年に伴われていないスカルラッティ家のメンバーは 1948 年現在で存命である。

付録II　ドメニコ・スカルラッティとその子孫に関する年代順の文書

- 1685年11月1日　ドメニコの洗礼証明書
  ナポリ，カリタ教区，現 S. リボリオ（モンテサント教会），Libr. IV de'Batt., fol. 65.（Dent により出版，p.38n; Prota-Giurleo, p.33）
  ｛原文省略｝

- 1701年9月13日　ナポリ，王室礼拝堂でのドメニコの採用辞令
  ナポリ，ナポリ国立公文書館，Mandatorum, Vol. 317, p.4.（Prota-Giurleo, p.33）
  ［ドメニコは「オルガニストおよび作曲家」として，11ドゥカート，1ターリの月給で雇われた］

- 1702年1月2日　不首尾に終わったアレッサンドロによる彼自身とドメニコの10ヶ月間ナポリを離れる休暇願
  ナポリ，ナポリ国立公文書館，Mandati dei Vicerè, Vol. 317, fol. 8ov.（Dent, p.71）

- 1702年6月14日　アレッサンドロとドメニコへの4ヶ月間の休暇許可
  ナポリ，前掲書，Vol. 318, fol. 60.（Dent, p.71）

- 1704年12月16日　ナポリ，王室礼拝堂の作曲
  マドリード，国立歴史資料館，Leg. 1418, No. 28.（Bauer, p.32, Solar Quintes により出版，*Annuario Musical*, XI, pp.180–181）
  ［王室礼拝堂の4つの合唱隊を列記した文書。「宮廷楽長」はガエターノ・ヴェネツィアーノおよびドメニコ・サッロ。オルガニストはフランチェスコ・マンチーノ，ドメニコ・エスカルラッティ，およびジュリオ・ヴェネツィアーノ。ニコロ・パガーノがコントラバス奏者の一員として，ニコロ・グリマルディがソプラノ歌手の一員として名を連ねている。この文書の補遺は1705年6月3日まで及んでいる。ナポリの記録文書を調べてみるとこの時期のドメニコ・スカルラッティの活動について，さらなる詳細が明らかになることは疑いない］

- ［1705年　ドメニコのナポリを離れる許可願］
  ［ドメニコがナポリからの休暇の許可を得た際，クリストフォロ・カレサーナが一時的に彼のポストを引き継いでいる。この文書は Giacomo, *Il Conservatorio di Sant'Onofrio*, p.145 によって引用されている。その典拠は疑いなくナポリ国

立公文書館，Mandatorumであるが，明言されていない]
- 1705年5月30日　ドメニコをメディチ家のフェルディナンド大公に紹介するアレッサンドロの手紙
    フィレンツェ，メディチ家文書，Filza 5891, No. 502.（Accademia Musicale Chigianaのファクシミリ復刻版，*Gli Scarlatti*, pp.51－52. Fabbriにより出版，pp.58－59）
- 1705年6月6日　フェルディナンド大公からヴェネツィアのアルヴィーゼ・モロシーニに宛てたドメニコの推薦状
    フィレンツェ，メディチ家文書，Filza 5891, No. 234.（Fabbriにより出版，p.60）
    「父親の素晴らしい指導によるだけでなく，自らの偉大な精神的能力によってあらゆる大きな期待を抱かせる若きドメニコ・スカルラッティは，これから旅しようとしている街で自身の才能の実力を示し，十分な幸運に与りたいと熱望している」
- 1705年6月8日　フェルディナンド大公からアレッサンドロに宛てた返信
    フィレンツェ，メディチ家文書，Filza 5891, No. 558.（Fabbriにより出版，p.59）
    「貴方の息子ドメニコは，才能と気質に実に恵まれており，どこにいようと自らの幸運を確かなものにできるであろうが，とりわけ能力があらゆる尊敬と好意を受けられるヴェネツィアではそうである」
- 1705年6月27日　モロシーニからフェルディナンド大公に宛てた返信
    フィレンツェ，メディチ家文書，Filza 5903, No. 432.（Fabbriにより出版，p.61）
    [モロシーニはドメニコの世話をすることを約束している]

- 1713年11月19日　ドメニコのヴァチカンでの副宮廷楽長採用辞令
    ローマ，ヴァチカンのサン・ペトリ礼拝堂文書館，Diari－33－1700－1714, p.298: 元はDiari－30－1658－1726, *Giornal-Vatican Fatto dal Sig:^{e} Abbate Colignani Maestro di Cerimonie della Basilica con suo Indice....*
    {原文省略}

- 1714年12月22日　ドメニコのヴァチカンでの宮廷楽長採用辞令
    ローマ，前掲，p.307.
    {原文省略}

- 1715年2月28日　ドメニコのジュリア礼拝堂への雇用を1月1日付とする許証
    ローマ，ヴァチカン図書館，サン・ピエトロ大聖堂文書館，ジュリア礼拝堂 203, *Del Registro dal 1713 a tt^o. l'Ann^o. 1750*, Filza 14.

- 1715 年 3 月 1 日から 1719 年 9 月 3 日まで　ジュリア礼拝堂構成員の給与支払の記録

    ローマ，ヴァチカン図書館，サン・ピエトロ大聖堂文書館，ジュリア礼拝堂 174, *Registro de Mandati della Cappella Giulia—E—1713 a tutto 1744.*

    [ドメニコ・スカルラッティへは 1715 年 3 月 1 日に最初の言及がある。その時 1 月分と 2 月分として 30 スクーディが支払われ，その後残りの在職期間中，毎月 15 スクーディが支払われている。最後の 1719 年 8 月分の支払いは 9 月 3 日に記録されている。ここにはバイの補佐としてのいかなる支払いの記録もない。1719 年 10 月 2 日には，9 月分としてドメニコの後任であるジュゼッペ・オッタヴィオ・ピトーニへの給与支払いが報じられている。ドメニコの給与はその前任者および後任者と同額であった。バス，テノール，およびコントラルト歌手は月に 7 スクーディをもらっており，ソプラノ歌手は 5 スクーディ，オルガン奏者は 6 スクーディ，指揮者 maestro d'organi は 2 スクーディ，礼拝堂付き司祭は 4 スクーディをそれぞれもらっていた。1715 年 3 月 1 日におけるジュリア礼拝堂の構成員リストは以下のようである：

    ｛原文省略｝

- 1715 年 6 月 30 日から 1719 年 6 月 30 日まで　サン・ピエトロ大聖堂での大編成時の音楽家のリスト

    ローマ，ヴァチカン図書館，サン・ピエトロ大聖堂文書館，ジュリア礼拝堂 203, P $pagam^{ti}$. *fatti dall' Esattor Pm̃a P.^{e} dal .1713. a tt^o 9b̃re, 1729,* Filze 84, 92, 105, 109, 115, 131, 136, 147, 155, 175.

- 1716 年 4 月 5 日　ドメニコの写譜師への支払いの承認　直筆

    ローマ，前掲，Filza 102.

    [直筆部分のファクシミリについては図 17 を参照]

- 1716 年 4 月 23 日　コントラルト歌手ジローラモ・ベッツィが音楽を複写することを許可するドメニコの証書　直筆

    ローマ，ヴァチカン図書館，サン・ピエトロ大聖堂文書館，ジュリア礼拝堂 203, *Del Registro dal 1713 a tt^o. l'Ann^o. 1750,* Filza 17.

    [直筆部分のファクシミリについては図 18 を参照]

- 1717 年 1 月 28 日　アレッサンドロによってなされたドメニコについての法的解放措置

    ナポリ，ナポリ公文書館・ジョヴァンニ・テュファレッリ公正証書 Arch. Not. Nap. Prot. N^r. Gio. Tufarelli, Ann. 1717, fols. 45–46. (Prota-Giurleo により出版, pp.34–36)

    [ドメニコの兄，ライモンドがローマでのアレッサンドロの代理人となる]

- 1718年6月7日　音楽家に対する支払いの領収書　直筆

    ローマ，ヴァチカン図書館，サン・ピエトロ大聖堂文書館，ジュリア礼拝堂 203, $\underline{P}$ $pagam^{ti}$. fatti dall' Esattor $P\tilde{m}a$ $P.^{e}$ dal .1713. a tt^{o} $9\tilde{b}re$, 1729, Filza 105v.

    ［直筆部分のファクシミリについては図 19 を参照］

- 1719年9月3日　ドメニコのヴァチカンからの出立

    ローマ，ヴァチカン・サン・ペトリ礼拝堂文書館，Diari – 30 – 1658 – 1726, （後により判読容易なコピー Diari – 34 – 1715 – 1734）

    ｛原文省略｝

- 1728年　ポルトガルの王室礼拝堂付音楽家の一覧

    ヴァルター，音楽辞典，ライプツィッヒ，1732, p.489.

    ｛原文省略｝

- 1728年5月15日　ドメニコの結婚証明書

    ローマ，ヴァチカン公文書館，Sta. Maria in Publicolis, Liber Matrimonium 1679 – 1757, fol. 7orv.

    ｛原文省略｝

- ［1729年または1730年　フアン・アントニオ・スカルラッティの洗礼証明書］

    ［後の文書に現れるドメニコの最年長の子供の生年月日については，セビリアのサンタ・クルス大聖堂公文書館でまだ見つけられるかもしれない。彼がセビリア生まれであることはわかっている（1747年3月2日の文書を参照）。アレグリアは（p.51），ホセ・マッサ José Mazza の『Dicionário Biografico』に注記して，「エヴォラ図書館の手書き記録に，リスボンの記者がある新聞に書いた次の記事が載っていた。『綺麗な婦人と2人の子供と一緒に，音楽家エスカルラーティがやって来た。』1729年12月27日。王女の側近としてマドリードへ行った後のリスボンへの訪問であろう」とある。この報告は，もし事実に基づいているとすると，フアン・アントニオ，および 1735 年 2 月 12 日までに亡くなったために 1739 年 5 月 6 日のカタリーナの死に際して言及されたドメニコとカタリーナ・スカルラッティ相互の遺言状の中で触れられていないもうひとりの子供に言及しているとしか解釈できない］

- 1731年3月9日　フェルナンド・スカルラッティの洗礼証明書

    セビリア，サンタ・クルス大聖堂，洗礼記録，Libro 8, fols. 36v および 37r. (Madrid, Arch. Hist. Nac. Carlos III No. 1799. fol. 14v のコピー)

    ｛原文省略｝

- 1732 年 4 月 20 日　スペイン宮廷からスカルラッティへの支払い記録
  マドリード，王宮公文書館，フェリペ 5 世，ファイル 292, *Mesillas de la jornada de Andaluzia. 2a Relazion desde 20 de Abril de 1732 corresponde al Legajo nº 2º de dicha Jornada.* (Solar Quintes により出版, *Annuario Musical*, IV, p.144)
  { 原文省略 }

- [1732 年 4 月 20 日から 1733 年 6 月 12 日まで] 同記録
  マドリード，王宮公文書館，登録 561, *Relazion del Importe de Naziones extraordinarias ocãsionadas por los Criados de la R^l. Casa en la Jornada que hizieron sus Mag^s. à Badajoz y las Andalucias el año de 1729* [番号なし fol. 5r]
  { 原文省略 }

- [1732-35 年　マリアナ・スカルラッティの洗礼証明書]
  [未発見]

- [1735 年 (2 月 12 日) ドメニコおよびカタリーナ・スカルラッティの相互遺言状]
  [未発見。1739 年 5 月 6 日のカタリーナの死亡通知で言及された]

- [1736-37 年　アレサンドロ・スカルラッティの洗礼証明書]
  [未発見。私はこの証明書も，またマリアナ・スカルラッティの証明書もマドリードのサン・マルティン教会の文書館では見つけられなかった]

- 1738 年 3 月 8 日　スカルラッティをサンティアゴ騎士団に列するジョアン 5 世の布告
  リスボン，トーレ・ド・トンボ国立文書館, Habilitações da Ordem de S. Tiago, maço 1, no. 5, letra D. (*Archivo Historico Portuguez*, Vol. V, pp.457-458 に掲載)
  [その血統の純粋さ，高貴さ，および個人の資質により，スカルラッティが叙勲の資格を持つと宣言され，最終的には通常の証明書を提出することを免除している]

- 1738 年 3 月 22 日　マドリードの高位聖職者へ宛てたジョアン 5 世の勅書
  リスボン，トーレ・ド・トンボ国立文書館, Chancellaria da ordem de S. Tiago, liv. 28.0, fls. 366 e seguinte. (コピーが簡略化された形で *Archivo Historico Portuguez*, Vol. V, p.458 に掲載)
  [スカルラッティをサンティアゴ騎士団に受け入れ，騎士団の記録簿に報告を記載するように要請]

- 1738 年 3 月 22 日　マドリードの騎士へ宛てたジョアン 5 世のサンティアゴ騎

付録 II　345

士叙勲，あるいはもうひとつのポルトガルの爵位叙勲の勅書

マドリード，スカルラッティ家文書（リスボンのコピー，トーレ・ド・トンボ国立文書館，Chancellaria da ordem de S. Tiago, 前掲書，*Archivo Historico Portuguez*, 前掲に掲載）

［2人の後見騎士を任命し，王室令に示された儀式に則りスカルラッティの叙任を行う指令］

- 1738年3月22日　スカルラッティに対して通常の見習い期間を免除する旨のジョアンⅤ世の勅書

  マドリード，スカルラッティ家文書（リスボンのコピー，前掲書，*Archivo Historico Portuguez*, Vol. V, pp.458－459に掲載。スペイン語の翻訳もスカルラッティ家文書にあり）

  ［マドリードの高位聖職者宛，王室令に示された儀式に則りスカルラッティが直ちに認証されるよう，またその記録が直ちに騎士団の記録簿に追加されるよう指令］

- 1738年3月22日　教皇勅書の権威に基づき，スカルラッティに対して着衣とその豪華さに関する通常の制限を緩和する旨のジョアン5世の勅書

  マドリード，スカルラッティ家文書（リスボンのコピー，*Archivo Historico Portuguez*, Vol. V, p.458）

  ［スカルラッティに対し，「ケープは布であれば，どんな色の布でもよく，絹の着物，指輪，宝石，鎖，法衣が着用できること……」を許可する］

- 1738年4月19日　ドメニコのサンティアゴ騎士団への入団に関するカタリーナ・スカルラッティの承諾書

  マドリード，スカルラッティ家文書（公証人による証明付きコピー）

  ［アランフェスにて公証人，パブロ・マルティネスの前で署名］

- ［1738年3月，4月］サンティアゴ騎士団叙任式の式次第

  マドリード，スカルラッティ家文書（スペイン語訳および注記とともに，ラテン語の応答は省略）

  ［ポルトガルの王室付き公証人，ローレンソ・ヴァス・プレト・モンテリオから供与］

- ［1738年4月］サンティアゴ騎士団の沿革

  マドリード，スカルラッティ家文書

  ［スカルラッティに対し，ホアキン・フェルナンデス・ソラナ・デ・マルドナドから供与］

- 1738年4月21日　後見人ホアキン・フェルナンデス・ソラナ・デ・マルドナドによるサンティアゴ騎士団への入団証明書

  マドリード，スカルラッティ家文書

  ［儀式は4月21日の午後4時から5時にかけて，サン・アントニオ・デ・ロス・カプチノス・デ・エル・プラド教会修道院の主祭壇の前で行われた。もうひ

とりの後見人はペドロ・ガルシア・デ・ラ・ヴェガであった]

- 1738年4月21日　礼拝堂付神父ニコラス・フィリベルティによるスカルラッティのサンティアゴ騎士団への同日付け入団証明書

  マドリード，スカルラッティ家文書

  [入団に関するさまざまな所要の措置についての証書。これに引き続き1738年5月15日に，スカルラッティの爵位が記録簿に編入されたことを証明するサンティアゴ騎士団パルメラ修道院司祭ホアン・ペレイラ・ダ・ガマによるもうひとつの証書あり]

- 1738年4月21日　マドリードの公証人マテオ・アルボ・リヴェロによるスカルラッティのサンティアゴ騎士団への入団記録

  マドリード，スカルラッティ家文書

- 1738年5月15日　ホアン・ペレイラ・ダ・ガマによるスカルラッティのサンティアゴ騎士の爵位証明書

  マドリード，スカルラッティ家文書（4分の1が欠落）

- 1738年11月13日　マリア・スカルラッティの洗礼証明書

  マドリード，サン・マルティン教会　L°. 33. [洗礼記録, 1735年4月1日から1739年12月31日], fols. 346v – 347r.

  { 原文省略 }

- 1739年5月6日　カタリーナ・スカルラッティの死亡通知

  マドリード，サン・マルティン教会　L°.17 De difuntos desde l°. de Enero de 1738 h~ta 30 de Junio de 1743, fols. 109v – 110r.

  { 原文省略 }

  [ここで言及されている相互遺言状はまだ見つかっていない。マドリードの議定書歴史図書館には上述の公証人によるいかなる文書も見当たらない]

- 1739年6月10日　ドメニコのポルトガルでの収入に関するリスボンの王室の布告のコピー

  マドリード，スカルラッティ家文書

  [ドメニコが死亡した場合には，嫡出子の間でそれらが等しく分配されるよう触れている]

- 1739年11月23日　スカルラッティに47,119レアルの年金を付与する旨のリスボンの王室の布告のコピー

  マドリード，スカルラッティ家文書

  [先の6月10日の文書をほのめかしている]

- 1743年1月13日　マリア・バルバラ・スカルラッティの洗礼証明書

  マドリード，サン・マルティン教会　Libro 34 [洗礼記録, 1740年1月1日から1744年6月30日], fols. 319r.

- 1744年3月1日　スカルラッティのポルトガルでの財産に関する王室布告の更新
    リスボン，トーレ・ド・トンボ国立文書館 Chancellaria de D. João V, liv. III – fs 37v.（*Archivo Historico Portuguez*, Vol. V, pp.459 に掲載）
    ［1744年7月9日，および1745年9月2日付けの追記。嫡出子の間で，ドメニコの死亡に際して財産が等しく分配されるべき旨］

- 1745年3月30日　ローザ・スカルラッティの洗礼証明書
    マドリード，サン・マルティン教会　L°. 35［洗礼記録，1744年7月1日から1749年6月29日］, fols. 81.
    ｛原文省略｝

- 1747年3月2日　フアン・アントニオ・スカルラッティのアルカラ・デ・エナーレス大学における学生証
    マドリード，スカルラッティ家文書
    ［フアン・アントニオについて「セビリア市出身」と言及し，また「最初の剃髪（トンスーラ）を終えた聖職者のフアン・アントニオ・スカルラッティは，前述のアルカラ・デ・エナーレス市の大学のドクトル・アンジェリコと呼ばれた聖トーマス・デ・アクィナスの神学部に，2年間通った。それは1746年のことであった」とし，彼の善良な性格について証言している］

- 1747年7月12日　ドミンゴ・スカルラッティの洗礼証明書
    マドリード，サン・マルティン教会　L°. 35［洗礼記録，1744年7月1日から1749年6月29日］, fols. 322.
    ｛原文省略｝

- 1748年3月22日　リスボンのフェルナンド・フェレラ・ディ・シルヴァに対する弁護士としての権限委譲書
    マドリード，議定書歴史図書館, 16343
    ［公証人ガスパール・フェリシアノ・ガルシアの文書］, fol. 60rv.
    ［スカルラッティのポルトガルの財産に関するもの］

- 1749年5月11日　アントニオ・スカルラッティの洗礼証明書
    マドリード，サン・マルティン教会　L°. 35［洗礼記録，1744年7月1日から1749年6月29日］, fols. 522v.
    ｛原文省略｝

- 1749年10月19日　ドメニコ・スカルラッティの遺言書　自筆署名［ファクシミリ版については図20を参照］
    マドリード，議定書歴史図書館, 16343

［公証人ガスパール・フェリシアノ・ガルシアの文書］ fols. 754r‒755v.
｛原文省略｝
［スカルラッティがほのめかしている別のメモについては未発見。Solar Quintes, *Annuario Musical*, IV, p.148 では，上記の公証人，およびその後継者フランシスコ・ミランダの文書を 1749‒1762 年にわたって探したものの見つからなかったと言明している］

- 1751 年　スカルラッティの居住記録

マドリード，San Marcos, Matricura de San Marcos anejo de San Martin del año 1751, folls/ 34, 36, 54.

［Bauer, p.20 では，1750 年の初めからスカルラッティとその家族がサン・マルコス通りの「ドン・セバスティア・デ・エスピノサ邸」に住んでいたことをこの文書は示している，と言明している。私はこの記録を 1948 年にマドリードで見つけることができなかった］

- ［1752 年 春］スカルラッティからの手紙　［ドン・フェルナンド・デ・シルヴァ・ア・アルヴァレス・デ・トレド，ウェスカル公爵，後の 12 代アルバ公爵宛］
自筆

マドリード，アルバ博物館（ファクシミリ版で Berwick y Alba; Subirá; Luciani, *Archivi* および *Domenico Scarlatti* ［トリノ，1939］に掲載）

［ファクシミリ版については図 39 を参照。また第 VII 章も参照。Subirá, pp.46‒48, 図版 V から VIII．スカルラッティの手紙の左側の余白には，彼が言及しているピエール・ドゥ・ホッツの賛歌の元の声楽パート譜とともに綴じられていた跡が見られる。賛歌のスコアは写譜師の手になるもの。それらの水平方向の書式はスカルラッティの手紙の垂直方向と同じである。マルタの大修道院長フェルナンド宛に書き下された賛歌の表題とテキストの終わりに日付がある。"Matriti Kal^s. Novembris Anno Domini MDCCXCIV." 手紙の背面には，余白に 18 世紀の手になる横向きの書き込みがある："Año de 1752 / Scarlati, Musico de clavicordio y compositor de S. M."

｛原文省略｝

アルバ・コレクションの《練習曲集》手稿のコピー，およびペルゴレージによる 4 つのカンタータの器楽パートの手稿はスペイン市民戦争の際に破壊された。後者についてはルチアーニ（*Alla scoperta degli autografi di Domenico Scarlatti*）により，スカルラッティによる直筆ではないかとされているが，私見では疑わしい］

- 1752 年 3 月 3 日　かつてフアン・アントニオに割り当てられていた聖職禄のフェルナンド・スカルラッティへの譲渡に関する委任状

マドリード，議定書歴史図書館，16344, fol. 72.（Solar Quintes により出版，*Annuario Musical*, IV, pp.149‒150）

［セビリア大司教区のアリハール教区教会の聖職禄は，1749年12月31日にフアン・アントニオ・スカルラッティに割り当てられた。その間にフアン・アントニオが死去し，聖職禄が「修道士」フェルナンド・スカルラッティに与えられ，ドメニコは彼の父親および管財人としてその管理をセビリア大聖堂サグラリオ教会助任司祭であるフランシスコ・バケーロに委譲している。公証人ガスパール・フェリシアノ・ガルシアの前で署名。署名はおそらく自筆］

- 1753年10月3日　教皇ベネデット13世からスカルラッティとその妻および家族に与えられた全免償
　　マドリード，スカルラッティ家文書

- 1754年7月9日　スカルラッティより公認されたリスボンのニコラス・オリヴィエへの委任状
　　マドリード，議定書歴史図書館，16347, fol. 254.（Solar Quintesにより出版，*Annuario Musical*, IV, p.151）
　　［スカルラッティのポルトガルの財産に関するもの。公証人ガスパール・フェリシアノ・ガルシアの前で署名。署名はおそらく自筆］

- 1757年7月23日　ドメニコ・スカルラッティの死亡通知
　　マドリード，サン・マルティン教会　*Libro de difuntos de la Parroquia de S^n. Martin que dà principe en l^o. de Marzo de 1756 concluye en 15 de Diciemb. de 1763*, fol. 62
　　｛原文省略｝
- ［1757年7月23日　死亡報告書，スカルラッティの遺言と埋葬］
　　（バウアーにより言及, pp.49-50, "Legajos de Desposorios y Difuntos año de 1757… ."の中で，とある。私はこの文書を1948年に確認できなかった）
　　［署名あり，Roque de Galdames］
- 1757年9月18, 19, 20, 22, 30日，10月30日　マリア・スカルラッティに対して分与されたスカルラッティの遺産，およびスカルラッティの寡婦とその子供達への王室年金についての会計報告
　　マドリード，スカルラッティ家文書
　　　　　「マリア・スカルラッティ夫人用」
　　｛原文省略｝
- 1757年9月18, 19, 20, 22, 30日，10月30日　ドミンゴ・スカルラッティに対して分与されたスカルラッティの遺産，およびスカルラッティの寡婦とその子供達への王室年金についての会計報告
　　マドリード，スカルラッティ家文書
　　　　　「ドミンゴ・スカルラッティ氏用」

｛原文省略｝
　［綴りの違いを除いて，この書類の残りの部分は，マリア・スカルラッティに用意されたものと同じである］

- 1759 年 12 月 9 日，1760 年 1 月 21 日　フェルナンド・スカルラッティの結婚証明書

　　マドリード，サン・マルティン教会　（国立歴史公文書館，カルロス 3 世，No. 1799, fols. 13r – 14r にコピー）

- 1760 年 6 月 10 日　フェルナンド・スカルラッティからの融資に対するマルガリータ・ロセッティ・ジェンティーリの受領書

　　マドリード，スカルラッティ家文書

　　［マリア・スカルラッティ（その間に明らかに死去）の相続人としてのマルガリータの取り分（7 分の 1）から返済されるべき銅貨 4224 レアルの融資は，36207 レアルの価値を持つ「騎士団の徽章」の売却，あるいは王室資産庁からの "Jordana que Sus Magestades hizieron a Savilla" による収入，すなわち 13400 レアルが最終的に支払われるに際して返済される（これは明らかに本書ですでに触れた 1732 年 4 月 20 日から 1733 年 6 月 12 日までのドメニコ・スカルラッティの収入についてである）］

- 1762 年 7 月 15 日　マルガリータ・ロセッティ・ジェンティーリの遺言状

　　マドリード，国立歴史公文書館，カルロス 3 世，No. 1799, fols. 23r – 31v.

　　［コピー。マルガリータの病気，高齢，および明らかな神経症により，これを書き記すにあたってある種の困難があった。フェルナンド・スカルラッティは彼女を自宅に迎え入れることを辞退したように見える。彼女は残りの人生をむしろ「王室資産分配会計事務所の官吏，エウジェニオ・カシェロ氏」とその妻バルバラ・スカルラッティ夫人の家で仲間とともに過ごすことを選んでいる。Solar Quintes, *Annuario Musical*, IV, pp.141 – 143 から引用された一節］

- 1763 年 12 月 15 日　マルガリータ・ロセッティ・ジェンティーリの財産目録の申告書

　　マドリード，スカルラッティ家文書

　　［彼女は 1763 年 8 月 24 日に亡くなった。スカルラッティ家の文書は，1762 年から 1763 年にかけての彼女の病気とその死に関する多数の文書，および彼女の息子ガスパール・ジェンティーリとフェルナンド・スカルラッティの間の書簡を含んでいる］

- 1766 年 6 月 16 日　アントニオ・スカルラッティのソリア地方歩兵隊士官候補

生への志願書
  マドリード，スカルラッティ家文書
  [彼の母親について言及しており，母親はまだ生きていた。また，王室からの年金400ダカットを受け取っている旨の記載あり]

- 1768年6月14日　ドミンゴ・スカルラッティのソリア地方歩兵隊への任務
  マドリード，スカルラッティ家文書

- 1769年7月26日　フランシスコ・スカルラッティの洗礼証明書
  マドリード，サン・マルティン教会（国立歴史公文書館にあるコピー，カルロス3世，No. 1799, fols. 12v – 13r.）
  [彼は1769年7月24日に，レガニトス通り8番地で生まれた。彼の代母はマリア・アントニア・スカルラッティ（さもなければ不明）]

- 1777年6月12日　ドミンゴ・スカルラッティが *Secretaria de la Nueva España* に1761年から1763年まで働いていたことの証明書
  マドリード，スカルラッティ家文書

- 1782年2月15日　フェルナンド・スカルラッティの妻，ロレーナ・ロブレスの死亡通知
  マドリード，サン・マルティン教会（1819年3月12日付のコピー。スカルラッティ家文書）
  [彼女は「レガニトス通り，プレモスタテンセス家」で死去]

- 1783年4月12日　マルガリータ・ジェンティーリの遺産の彼の相続分について，アレサンドロ・マリア・スカルラッティにより作成された目録受領書
  マドリード，スカルラッティ家文書

- 1794年9月17日　フェルナンド・スカルラッティの遺言状
  マドリード，スカルラッティ家文書（国立歴史資料館にあるコピー，カルロス3世，No. 1799, fols. 15r – 19r.）
  [カルロス3世，No. 1799, fols. 1r では，フェルナンド・スカルラッティは「サリナス会計事務所の官吏」の資格を与えられている]

- 1794年9月20日　フェルナンド・スカルラッティの死亡通知
  マドリード，サン・マルティン教会（1819年3月12日にスカルラッティ家文書でコピーが作られた）
  [彼はレガニトス通り13番地で死去した]

- 1794年9月26日　アントニアからフランシスコ・スカルラッティへの委任状

マドリード，スカルラッティ家文書

- 1799年6月25日　ドミンゴ・スカルラッティとマリア・セヴェラ・デ・アルヴェルディの相互遺言状

    マドリード，スカルラッティ家文書

    ［マリア・セヴェラ・デ・アルヴェルディの死後，1801年4月15日の日付があるコピー。ここでドミンゴの母親，「アナスタシア・ヒメネス・パッラード」が死去したとされている。彼は自身を「ドミンゴ・スカルラーティ・イ・ヒメネス」と名乗っている。アントニオ・スカルラッティは遺言執行者として言及されている］

- 1802年8月3日　アレクサンドロ・スカルラッティの寡婦，マリア・ペレスの遺言状

    マドリード，スカルラッティ家文書

    ［1803年5月　彼女の死後に編入された］

- 1820年6月23日　フランシスコ・スカルラッティが貴族の家系であることの証拠書類

    マドリード，国立歴史公文書館，カルロス3世，No. 1799.

    ［フランシスコ・スカルラッティは，1817年9月4日，カルロス3世の命を受けて，最初の空席を埋める権利とともに「高貴なる紳士にして，王室資産の統括官吏であり，王立財務審議官を長年務めた名誉大臣」に指名された。証拠書類は1820年6月23日に採択。この巻は翻訳されたフランシスコ・スカルラッティの洗礼証明書，フェルナンド・スカルラッティの結婚および洗礼証明書，彼の遺言状，ドメニコおよびマルガリータ・ロセッティ・ジェンティーリの遺言状，ドメニコとカタリーナ・スカルラッティの洗礼証明書と彼らの結婚証明書，アレッサンドロの死亡通知，フランシスコとマルガリータ・ジェンティーリの結婚証明書（1699年），アレッサンドロの墓碑銘，および紋章の描画を含む彼の墓石についての報告，ドメニコの爵位の記録，およびロブレス家の一族についての文書を含む。

    スカルラッティ家文書は，明らかにこの時期にフランシスコ・スカルラッティにより収集された多数の文書を含んでいる。あるものは上述のものと重複し，あるものは明らかに不必要と考えられたようである。その中には明らかに関係がないと思われるトスカーナのスカルラッティ一族についての記事，ドメニコの最初の妻の祖先であるジェンティーリ一族について記した一連の広範な文書がある。1819年5月7日付けのローマのサンタ・マリア・イン・ププブリコリス教会からの一通の文書は，教区記録簿によりマルガリータ・ロセッティの家族がコスタクーティ侯爵の宮殿で「上品かつ豪奢に，使用人，料理人，メードを雇い」暮らしていることを証言している。1819年4月22日の同筋からの文書は，フランチェス

コ・マリア・ジェンティーリが同じ宮殿に 1697 年から 1699 年まで住んでいたことを証言している。スカルラッティ家文書はまた，ロブレス家およびアルダマ家についての記事も含んでいる。

　私はスカルラッティ家の人々から，ゴヤ，ロペス，その他の合作と伝えられるフランシスコ・スカルラッティの肖像画がいまだにマドリードに存在していることを教えられた。Solar Quintes, pp.152–153 では，フランシスコ・スカルラッティが祖父の金銭的にいい加減な傾向を受け継いだことを示す一連の文書の存在を明らかにしている。彼は悲惨なほど借金まみれになっており，レガニトス通り33 番地の自分のアパートメントの家賃すら滞納している有様であった〕

- 1864 年 5 月 29 日　スカルラッティ一族の肖像画，およびルモアーヌによるリトグラフの出版

  Le Ménestrel, パリ，1864 年 5 月 29 日

  ｛原文省略｝

  〔フランソワ・ウジェル氏のご好意による〕

- 1912 年〔最後の項目の年月日〕　カルロス・スカルラッティ:『家族の歴史と我が信条』〔*Ms.*〕

  マドリード，ローザ・ラロ嬢

  〔スカルラッティ家の歴史と自伝を含む。2 ページ目にドメニコについての説明があるが，明らかに相当不正確で，特にドメニコの父親およびフィレンツェとの関係についての言及，およびカタリーナをドメニコの二度目の妻と仮定した点がそうである。

  ｛原文省略｝

  ドメニコの肖像画は，前スペイン駐在ポルトガル大使ホセ・レルヴァスの遺産としてポルトガル，アルピアルサで発見された。レルヴァスはそれを 1912 年にマドリードでエルナンド博士から 3000 ペセタで購入した。絵画に付された覚書によるとドミンゴ・アントニオ・デ・ヴェラスコの作とされている。カタリーナ・スカルラッティの肖像画は依然として発見されていない〕

付録 III 　楽器に関する文書

A．オットボーニ枢機卿の楽器

　オットボーニの資産目録は 4000 ページに及ぶ（ローマの R. Archivo di Stato. in Roma. Atti del notaio Ang. Ant. de Caesaris, 5 marzo 1740, prot. 1838 & 1839. 楽器については prot. 1838, fols. 88v, 125v, 134rv, 175v, 182rv, 298v, 698rv, 704rv, 723r に記載されている）。オルガンの他に，14 台のハープシコードと 1 台の小さなスピネットに関する記載がある。

　オルガンは次のように記述されている（fol. 704rv）。「聖歌隊席用のオルガンは，2 本のプリンシパル｛主要音栓｝，フルート，コルネット，それに幼児の声に似た音色を持ち，12 のストップすべてを全開できる機能を持った錫製のパイプと象牙仕上げの鍵盤から成っている。オルガン本体はくるみの木製で，表面は鏡張り塗装｛つるつるに仕上げた塗装｝が施されており，高貴なる亡き枢機卿の紋章が彫り込まれた木部には，金箔装飾が施されている。金銭価値は 300 スクーディに及ぶ」

　14 台のハープシコードのうち 8 台は "d'ottava stesa" として製造されたものであり，つまり 17 世紀ではごく一般的であった低音域のオクターヴが一部欠けたものではなく，完全なオクターヴの音域を備えていた。そのうち 2 台は 2 つのレジスターを持つ小さなハープシコードであった。残りの 12 台のうち，6 台は 2 つのレジスターを，もう 6 台は 3 つのレジスターを持っていた。大きなハープシコードのうちの 1 台はジュゼッペ・モンディーニの作であった。それは「12 パルモの長さ longo dodici palmi」で「3 つのレジスター付き完全オクターヴ d'ottava stesa a tre registri」と記述されている（fol. 298v）。これらすべての楽器のケースの装飾については大変詳細に記述されており，そのいくつかがまだ現存していればおそらくそれと同定できるほどである（Cametti, *I Cembali del Cardinale Ottoboni* を参照）。

　パンニーニにより絵を施されたハープシコード（ところで彼の署名はオットボーニの財産の処分に関する手続き書類に頻繁に現れる）は以下のように描写されている（fol. 134rv）。

　「ジョヴァンニ・パオロ・パンニーニによる遠近法の絵画が描かれ，共鳴胴の外側は，キアロ・スクーロ様式による明暗技法が駆使されている。蝶番付きの蓋を有する 3 つのレジスター付き，完全オクターヴ鍵盤のハープシコードはカラットの高い金箔仕様で，花網文様とキューピッドが刻まれた脚部を有し，全体は金箔装飾であり，その金銭的価値は 60 スクーディほどである」

　ガスパール・プッサン（1613‒1675）によって絵を描かれたハープシコードケースには以下のように記述されている（fol.182rv）。

　「ハープシコード（ただし，ケースのみ残されたもの）には，ガスパール・プッサ

ンによって胴体の内外部にテンペラ画法による風景画が描かれており,その周囲はなめらかな金箔で縁取られている。鍵も鍵穴も金箔塗装で,脚部には花網装飾の縁取りが施され,3人のキューピッドが描かれている。中央には双頭の鷲の家紋が描かれ,全体は金箔仕様で,金銭的価値は70スクーディに及ぶ」(これはパッラヴィチーニ王女の所有で現在ローマのロスピリョージ宮にあるガスパール・プッサンが描いたハープシコードとは異なる。パッラヴィチーニの楽器は1段鍵盤で,2つの8フィートストップを持ち,GシャープなしのGからc^3までの3オクターヴ半の音域を持つ)。図3も参照。

B. マリア・バルバラ王妃の楽器に関する資産目録

マドリード,王宮図書館 VII E 4 305: ブラガンサのマリア・バルバラの遺言状。資産目録の添状。Fol. 228r to fol. 231r.
{原文省略}

C. ファリネッリの遺言状の音楽および楽器に関する条項

Bologna, Archivo Notarile.　Testamento di mè, D. Carlo Broschi detto Farineli consegnato al Sig^r Notaro D^n Lorenzo Gambarini—questo di 20 Febraio 1782.［pp.20–22］
{原文省略}

D. スカルラッティのオルガン作品におけるレジスターの指示

1. ヴェネツィア第Ⅴ巻第22番(K.287)における鍵盤交替

上段 小節	下段 小節	上段 小節	下段 小節
	1–10	35–37	
10–14			37–39
	14–20	39–42	
20–[22]			42–48
	[22]–28	48–49	
28–29			49–50
	29–30	50–51	
30–31			51–52
	31–[32]	52–54	
[32]–34			54–57
	34–35		

2. ヴェネツィア第V巻第23番（K. 288）における鍵盤交替

上段 小節	下段 小節	上段 小節	下段 小節
1–11			56–63
	12–15	64–67	
16–27			68–73
	28–31	74–77	
32–43			78–84
	44–47	85–88	
48–55			89–100
		101–104	
			105–110

3. ヴェネツィア第VII巻第3番（K. 328）におけるレジスター使用

Org^o 小節	Fl^o 小節	Org^o 小節	Fl^o 小節
[1–13]		[57–62]	
	13–17		62–64
17–25		64–66	
	25–27		66–68
27–29		68–70	
	29–31		70–72
31–35		72–74	
	35–39		74–78
39–43		78–84	
	43–45		84–86
45–50		86–88	
	50–51		88–92
51–52		92–96	
	52–54		96–97
54–56		97–98	
			98–100
		100–102	

付録III　357

付録IV　スカルラッティの装飾法

A. 情報源

　スカルラッティは，多くのイタリアの作曲家と同様に，完全に体系化され音節化された語彙のように装飾音を用いることはなかった。すなわち17世紀末のフランスのクープランやラモーのように，演奏者に対して即興的な装飾を音符に表して細かく指示を与えるようなことは決してしなかったのである。スカルラッティの即興的な装飾音についての指示はトリルとアッポッジアトゥーラに限られており，一般にそれ以上の条件は付けていない。しかも，たまにトリルやアッポッジアトゥーラを入れる場合を除き，彼が当時のヴァイオリニストや歌手達のように，演奏家が楽譜に書かれていない装飾を加えて演奏することを望んでいたと考える理由は何もない。スカルラッティはバッハと同様，いやむしろより完全な形で，鍵盤上の音型と装飾を音符で書き表していたのである。

　スカルラッティの音楽にとって，さらに言えば当時のイタリア鍵盤音楽にとって，装飾音の奏法に関するフランス流派とその追随者の論文や手引書に見られる一連の情報には有益なものは何もない。17世紀末から18世紀末にかけて，装飾法を扱ったイタリアやスペインの論文はまれであり，それらが数多く出版された他国の場合と際立った対照を示している。歴史的に見てスカルラッティの装飾音と何らかの関連を持つ主要な論文は，ペンナ[148]，ガスパリーニ，トージ[149]，エランド，ジェミニアーニ，タルティーニ[150]，ロレンゾーニ，およびサバティーニによるものがあるが，それらは皆あまりに初歩的であるか実用から遠いものばかりである。しかしながら，クヴァンツとアグリーコラ[151]の論文は，彼らがオペラや器楽曲に関してイタリアの影響を受けた国際流派と関係しているため，ある程度スカルラッティと何らかの関わりがあると考えられる。クープラン，ラモー，J. S. バッハの大部分，および18世紀後期ドイツの場合とは異なり，文献の章や節を引用してスカルラッティの装飾音の「正統的な」演奏を具体的に再構成することは不可能である。しかし，スカルラッティのトリルやアッポッジアトゥーラについての扱いがどのような形にせよ当時の慣行から外れていたことを示すような証拠はどこにもない。スカルラッティ自身による記譜法，およびその類似のパッセージや手稿間における異同に基づいて，どこから見てもスカルラッティの意図に近い一連の原則に到達すること

---

148) Lorenzo Penna (1613–1693)。イタリア・バロック期の作曲家。
149) Pier Francesco Tosi (1653-1732)。当代イタリアのもっとも著名なカストラートにして教育家。
150) Giuseppe Tartini (1692–1770)。イタリア・バロック後期の作曲家・ヴァイオリニスト。
151) Johann Friedrich Agricola (1720–1774)。ドイツの作曲家，オルガニスト，教育者。C. P. E. バッハとの共著である大バッハの追悼記 (1754)，トージの著作を翻訳・註釈した『声楽入門 Anleitung zur Singekunst』(1757) などが知られている。

は可能である。その正当性を過度に証明しようと，その音楽様式を歴史的に再構成することほど退屈なものはないし，しばしば誤りにさえ陥ってしまう。真に重要なことは，全く異質のもの，あるいは後の時代に由来する慣習を拘束力のないものとして認識することであり，歴史的事実や既知の慣習に基づいて定まった原則で決めるような場合と，演奏者の趣向や判断が唯一の審判となるような場合とをどのように区別するかを見極めることである。

　明快さと一貫性を持たせるために，18世紀中期の装飾法に関する全論文の中でもっとも優れ，すべてを代表していると思われる C. P. E. バッハの『試論』[152]に見られる手法と多くの用語を採用した。それは歴史的にはスカルラッティと直接的な関係はなく，そこで扱われていることの大部分は彼の音楽には見当たらないようなことばかりである。しかもそれは彼が一切関わることのなかったフランス＝ドイツの伝統から発するものである。しかしながら，{C. P. E.} バッハの論文中で明快かつ正統的に議論されていないようなことがスカルラッティのトリルやアッポッジアトゥーラの扱いに生じているようにはほとんど見えない。加えて，この論文の再版や翻訳版は18世紀装飾法についての中心的な出発点として現在でも利用できるという利点があり，それに関連してどのようなスタイルでも実践への応用はより容易に説明できる。

　以下のページにおいて，私はトージの歌唱法に関する論文をアグリーコラがさらに発展させた翻訳版を大いに利用している。それは C. P. E. バッハのフランス＝ドイツ的伝統と，当時のイタリア・オペラ歌唱法の国際様式との間の見事なかけ橋となっている。アグリーコラは装飾法を扱うに際して，C. P. E. バッハの手法と用語を公然と援用しているが，その用例の大部分はスカルラッティの時代にマドリードのオペラで演奏されていたような類いの音楽から採られている。C. P. E. バッハの『試論』と同じく，それは18世紀中葉を代表する慣習を集約し明確に示しているという利点を持つ。いずれの著作もスカルラッティの装飾音の演奏のための歴史的な裏付けとはいかないが，両者の明らかな相違にもかかわらず，スカルラッティ自身のものとそれほどかけ離れてはいなかったであろう同時代の慣習について，大変有益な情報を提供してくれる。

　スカルラッティの装飾法に対する私のアプローチは，フランスの作曲家，あるいはバッハに対してとは異なり，彼自身によって明示されたパッセージを除き，特定の歴史的な用例によって正当化を試みることではない。むしろそれは装飾法についてのあらゆる18世紀の論文についての知識やそこに見られる18世紀の慣習によって積み重ねられた経験に基づいている。その扱いについていくつもの可能性があるパッセージでは私のやり方にも議論の余地はあろう。しかし，そのような場合です

---

152) C. P. E. バッハによる著作『正しいクラヴィーア奏法についての試論 (*Versuch über die wahre Art des Clavier zu spielen*)』(1753/1762) は，3大クラヴィーア教本のひとつとして今日でも18世紀音楽奏法についての重要な文献資料 (邦訳もある。付録『参考文献』参照)。

ら，少なくともスカルラッティの時代に行われていた方法のひとつを採用したことだけは常に確かである。

　スカルラッティの装飾法についての以下の考察では，スカルラッティの譜例はすべてヴェネツィア手稿およびパルマ手稿を照合して引用している。したがって，それらはロンゴ版とはしばしば大きく異なっている。残念ながら後者は，装飾法という観点からは誤解を招くものである。ロンゴは自身でスカルラッティの指示に一部変更を加えて体系化し，それに基づいて装飾音の演奏のための助言を巻頭で行っているが，それは基本的に 18 世紀の慣習を無視しているので全面的に放棄されなければならない（私がロンゴ版に対してしばしばそれを却下したり，意見を異にしたりするような表現は，彼の明らかな感受性の資質，莫大な労力に対する愛情，そして彼が異常なほど高度な伝統に基づいて奏でるナポリ派のピアノ奏法に対して批判しているのでは決してないことを理解されたい。その点に関して言えば，過去から現 {20} 世紀に至る著名な音楽家の多くが，18 世紀音楽については無条件に誤っていると判断されるような慣習を支持していた。我々自身の誤謬も避け難いが，前の世代に比べれば，18 世紀の慣習を再発見し，それらを後代の付着物から解放する上でまだ有利な立場にいるのである）。

B. アッポッジアトゥーラ

　いくつかのほとんど無視できるような例外（特にクヴァンツ[1]によって記述され C. P. E. バッハにより非難された**後打音**）[2]はあるが，18 世紀の慣習の基本にあるのは，すべての装飾音は拍と同時に始まる，つまり，装飾音が付けられた音符からその音価だけ差し引かれる，という原則である。スカルラッティは一貫してこの慣習に従っていることが窺える，というのも彼はあるべきすべてのアッポッジアトゥーラを書き記しているように見えるからである。

　スカルラッティはアッポッジアトゥーラを次のような音符 ♪ ♪♪♪ ♩ ♩. のいずれかを使って常に小音符で示している。アッポッジアトゥーラは一般に主要音とスラーで結ばれているが ♪♩，おそらく写譜師の見落としにより，類似のパッセージや異なる手稿ではしばしばスラーが省略されている（この章の譜例では，これらのスラーを含めるかどうかについてヴェネツィア手稿とパルマ手稿の間の異同を明示していない）。バッハや他の多くの作曲家同様，スカルラッティはアッポッジアトゥーラの挿入に際してはしばしば首尾一貫せず，あまり注意を払わなかった。多くの類似のパッセージや一連の音型の中で，それらを奏することが疑いもなく期待されるところで省略されている。バッハもそうだが，時には類似したあるパッセージでアッポッジアトゥーラが短いトリルに置き換えられていることもある（譜例 44 を参照）。

1　クヴァンツ，第 VIII 章，第 6 部；表 VI，図 5, 6。
2　C. P. E. バッハ，第 II 章，第 2 節，第 24, 25 部。

アッポッジアトゥーラを示す小音符の音価は決して一貫して示されてはいない。譜例 1 はそのような一貫性を持たない顕著な例である。

譜例 1. ヴェネツィア手稿第 III 巻第 11 番（ロンゴ第 273 番）K. 216

＊パルマ手稿では 8 分音符のアッポッジアトゥーラ

この点に関して，スカルラッティはバッハやモーツァルトと同様に一貫性がない（C. P. E. バッハはアッポッジアトゥーラが表す音価を常に小音符で示すよう奨励しており，彼の『試論』でもすべての譜例がそのようになっている）。スカルラッティは，時には類似のパッセージでアッポッジアトゥーラを，実際の演奏で意図される音価に一致するよう記譜している（譜例 2）。しかし一貫していることはまれである（譜例 3）。

譜例 2. ヴェネツィア手稿第 XI 巻第 17 番（ロンゴ第 304 番）K. 470

＊パルマ手稿では ♪
＊＊パルマ手稿では ♪

譜例 3. ヴェネツィア手稿第 XV 巻第 30 番（ロンゴ第 186 番）K. 127

＊パルマ手稿では 4 分音符のアッポッジアトゥーラ

加えて，アッポッジアトゥーラの記譜法については手稿間でかなりの異同がある。スカルラッティの一貫性のなさはあまりに大きいので，すべてのアッポッジアトゥー

ラを特異な定式にまとめてしまっても構わないほどである(しかしながら，私は以下の譜例で原資料の記譜法を尊重し，手稿間の異同に説明を加えている)。♪は16分音符の18世紀記譜法の変形であると明らかに理解すべきであり，それは短いアッポッジアトゥーラとして頻繁に使われているが(後掲譜例13を参照)，現代のグレース・ノート[153]とは何の関係もない。スカルラッティのアッポッジアトゥーラの音価を決定するたったひとつの要因は，作品そのものに内在する脈絡のみである。

C. P. E. バッハは2種類のアッポッジアトゥーラを区別している[3]。ひとつは短いアッポッジアトゥーラで音価は固定され(すなわちできる限り短く)，拍と同時に奏される現代のグレース・ノートと同じである。もうひとつは長いアッポッジアトゥーラで，脈絡に従って長さが変化する[4]。この区別はスカルラッティのアッポッジアトゥーラについても完全に当てはまる。

C. 短いアッポッジアトゥーラ

C. P. E. バッハが言うように，短いアッポッジアトゥーラは一般に速い音符，3連符，あるいは記譜されたリズム上のアイデンティティを保持するように意図された他の音符に適用される[5]。彼が例として掲げるものの多くは，それ自体がもうひとつの声部に対して不協和音を形成する音に適用されている。アグリーコラは短いアッポッジアトゥーラについて以下のように述べている。

「すべてのアッポッジアトゥーラは，主要音に伴っているバス声部や他の声部共々，記譜された音価に従ってアッポッジアトゥーラが置かれた主要音の音価中に割り振られる。つまり，それらはすべて，**先行音ではなく後続音の音価に属する**。そして，この主要音はアッポッジアトゥーラに割り振られた分だけその長さを失う……」

「いくつかのアッポッジアトゥーラは非常に短く，後続する音の長さやテンポにかかわらずその音価は均一であり，主要音から取られる長さをほとんど変えることはない。しかし，それらはほとんど，短い音の前でのみ生じることも理解できる。というのも，それらの目的は旋律を活き活きと輝かせるためのものだからである。したがって，もし速いテンポで，以下のような4つの旋律音型のそれぞれにアッポッジアトゥーラが先行する場合(譜例4)，

譜例4.

---

3 前掲書，第II章，第2節。
4 アグリーコラ，pp.60-61も参照。
5 C. P. E. バッハ，第II章，2節，11，13部。
153) 小音節で記された装飾音符。

これらのアッポッジアトゥーラは聴衆の耳には次のような音型に聞こえないように，16 分音符ではなく 32 分音符で演奏されるべきであろう（譜例 5）。

譜例 5.

このことは作曲家が常に正しくかつ精確に書かない限り，彼の意図に反することになるであろう」[6]（しかしながら，譜例 17 にあるスカルラッティ自身によるアッポッジアトゥーラの表記，および譜例 27 の第 40 小節における明らかな提示を参照）

「3 度ずつ跳躍しながら下行する 2 つの音型が互いに連続する場合，その間にあるアッポッジアトゥーラの音価は一般に均一である［すなわち，短い］。さらに 3 度の音がそれらに続く場合，そのアッポッジアトゥーラは可変である（譜例 6）。

譜例 6.

何人かの著名な演奏家は，いわゆるフランス式に最初の 2 つの音を先行する音の時間内に入れることを好むが，その場合でも先行する音の後打ちと区別するためにアッポッジアトゥーラにはほんの一呼吸を置く。さもなければ他のあらゆるアッポッジアトゥーラと同じように扱われてしまうだろう。それらは次の譜例のように奏される（譜例 7）。

譜例 7.

このようにして，彼らは事実上同じ音符で書かれたもうひとつの音型，つまり最初の音が次の音よりも短く書かれた音型，とりわけロンバルディア様式と呼ばれるものに特徴的な音型と，これらのアッポッジアトゥーラの表現を区別することを望んでいる（譜例 8）。

譜例 8.

しかし，彼らもこの音型において最初の音がアッポッジアトゥーラの場合よりも強くまた鋭く響くよう奏されるべきことを認めている。だが，他の著名な演奏家は，

---

6 アグリーコラ，p.60.

上述のアッポッジアトゥーラを一般的な規則に従って後続音の時間内に含める。ただし彼らは，それらのアッポッジアトゥーラはとくに長い音価の前で，そしてアダージョにおいて短すぎずにむしろ後続音の3分の1を吸収するかのように，言い換えれば3連符の最初の音のように主要な音がはっきり区別して聞こえることを好む。上記の譜例は次のように奏される（譜例9）」

譜例 9.

「3連符の前にあるアッポッジアトゥーラは常にその音価は均一である［すなわち，短い］」[7]

「しかし，強拍にある長い音の前ではすべてのアッポッジアトゥーラが長いわけではない。なぜならごくまれではあるが，短いアッポッジアトゥーラを長い音の前に置くこともある。たとえば（譜例10），

譜例 10.

しかしながら，これらのようなアッポッジアトゥーラは音価を変えられないもののように短くはなく，かといって音価を変えるという規則に従っているものでもない。ちょうどこの2つの中間に位置している」[8]

ここで以下にこれらの原則を示すようなスカルラッティのソナタのいくつかの例を示しておく（譜例11－13）。

譜例 11. ヴェネツィア手稿第 XIV 巻第 9 番（ロンゴ第 20 番）K. 51

7　前掲書，pp.67-68.
8　前掲書，p.72.

譜例 12. ヴェネツィア手稿第 II 巻第 17 番（ロンゴ第 239 番）K. 188

譜例 13. パルマ手稿 XV 巻第 35 番（ロンゴ第 404 番）K. 548

D. 長いアッポッジアトゥーラ

　長いアッポッジアトゥーラに関して，C. P. E. バッハはある種の一般的な原則を確立している[9]。それは2分割できる場合には半分の長さを，3分割できる場合には3分の2をアッポッジアトゥーラに与える，という趣旨のものである。しかし，彼は数多くの例外も挙げており，その例外はスカルラッティにおいても著しく，私はこの原則を単なる出発点として言及するにとどめたい。スカルラッティはアッポッジアトゥーラの記譜にあたっては全く一貫性がなく，しばしば同じ作品の中で小音符で示されたアッポッジアトゥーラのパッセージが，類似の部分では通常の大きさの音符で書き記されている。だが幸運にもこのいい加減さのおかげで，我々はスカルラッティが望むような長いアッポッジアトゥーラの扱い方をほぼ完全に理解できるのである。次のパッセージを考察してみよう。それらはすべて前述のような場合から採られている（譜例 14–18）（譜例 2 も参照）。

9　C. P. E. バッハ，第 II 章，第 2 節，第 11 部．アグリーコラ，p.60-64, 68-72; クヴァンツ，第 VIII 章，第 7, 8 節；およびマンチーニ，p.142 も参照。

譜例 14. 《練習曲集》第 19 番（ロンゴ第 383 番）K. 19

譜例 15. ヴェネツィア手稿第 IX 巻第 5 番（ロンゴ第 246 番）K. 392

＊パルマ手稿では 8 分音符のアッポッジアトゥーラ

譜例 16. ヴェネツィア手稿第 XIII 巻第 18 番（ロンゴ第 430 番）K. 531

譜例 17. ヴェネツィア手稿第 IV 巻第 26 番（ロンゴ第 148 番）K. 261

＊パルマ手稿ではシャープがあるが，ヴェネツィア手稿では欠落

譜例 18. ヴェネツィア手稿第 IV 巻第 11 番（ロンゴ第 260 番）K. 246

以上の例ではアッポッジアトゥーラは極めて正統的に主要音の半分の長さを取っている。しかし、以下の例（譜例 19）ではほぼ類似したパッセージが 2 つの異なった形で書き記されている。

譜例 19. ヴェネツィア手稿第 XI 巻第 26 番（ロンゴ S. 第 16 番）K. 479

しかしながら、何箇所かに書き記されたアッポッジアトゥーラにより、作品全体を通してアッポッジアトゥーラがどう奏されるべきかを示すような脈絡上でのリズムの特徴を具体的に示している場合もある（譜例 20）。

譜例 20. ヴェネツィア手稿第 XII 巻第 15 番（ロンゴ第 350 番）K. 498

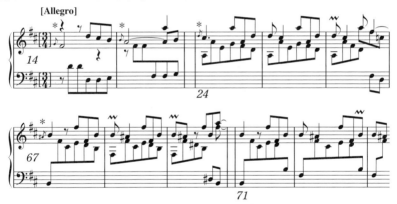

＊パルマ手稿では 16 分音符のアッポッジアトゥーラ

以下の譜例は、書き記された類似のパッセージでのアッポッジアトゥーラが、3/8、6/8、および 12/8 拍子で付点 4 分音符の 2/3 の長さを占めているものを示す（譜例 21 – 23）。

付録 IV　367

譜例 21. パルマ手稿 IX 巻第 30 番（ゲルステンベルク第 5 番）K. 357

譜例 22. ヴェネツィア手稿第 XIII 巻第 28 番（ロンゴ第 120 番）K. 541

譜例 23. ヴェネツィア手稿第 II 巻第 28 番（ロンゴ第 253 番）K. 199

＊パルマ手稿では 8 分音符のアッポッジアトゥーラ

しかし，付点4分音符へのアッポッジアトゥーラが8分音符で書き記されている場合もある（譜例24。譜例12の第60小節および第64小節も参照）。

譜例24．ヴェネツィア第XV巻第11番（ロンゴ第249番）K. 108

＊この音はパルマ手稿，ヴェネツィア手稿では欠落
＊＊パルマ手稿では16分音符のアッポッジアトゥーラ

スカルラッティにとって3/8拍子，あるいはその複合拍子での付点4分音符へのアッポッジアトゥーラについては，いかなる一定の規則も存在しないように見える。同じ作品の中でも，アッポッジアトゥーラはあるところでは8分音符，また別のところでは4分音符で書き記されている（譜例25）。

譜例25．ヴェネツィア第X巻第9番（ロンゴ第128番）K. *426*

次に示す譜例はこのことを証明するにとどまらず，アッポッジアトゥーラがオクターヴ上方では8分音符で，下方では4分音符で同時に示されるという，むしろ驚くような譜例になっている。実際，これはハープシコードの音響に繊細な陰影を与えている（譜例26）。

譜例26．《練習曲集》第21番（ロンゴ第363番）K. 21

譜例27では付点8分音符のすべての音価をアッポッジアトゥーラが占める一方で，譜例28では主要音の音価だけではなく，それとタイで結ばれた音価もアッポッジアトゥーラに吸収されている。

付録IV 369

譜例 27. ヴェネツィア第Ⅳ巻第 21 番（ロンゴ第 228 番）K. 256

＊パルマ手稿では 8 分音符のアッポッジアトゥーラ

譜例 28. ヴェネツィア手稿第Ⅲ巻第 10 番（ロンゴ第 323 番）K. 215

＊パルマ手稿では 16 分音符のアッポッジアトゥーラ
＊＊パルマ手稿では 8 分音符のアッポッジアトゥーラ

　スカルラッティのアッポッジアトゥーラの扱いについての例を確かなものにするために，類似の箇所では小音符で記譜されてはいないものの，書き記されたアッポッジアトゥーラを明らかに表しているパッセージをいくつか付け加えることにしよう（譜例 29－32）。

譜例 29.　《練習曲集》第 9 番（ロンゴ第 413 番）K. 9

譜例 30.　ヴェネツィア手稿第Ⅶ巻第 30 番（ロンゴ S. 第 22 番）K. 355

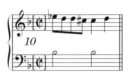

譜例 31.　ヴェネツィア手稿第Ⅷ巻第 3 番（ロンゴ第 400 番）K. 360

譜例 32.　《練習曲集》第 12 番（ロンゴ第 489 番）K. 12

ここからは長さが変わるアッポッジアトゥーラが書き記されている例である（譜例 33 – 36）。

譜例 33. 《練習曲集》第 20 番（ロンゴ第 375 番）K. 20

譜例 34. ヴェネツィア手稿第 XI 巻第 21 番（ロンゴ第 203 番）K. 474

譜例 35. ヴェネツィア手稿第 XI 巻第 28 番（ロンゴ第 187 番）K. 481

譜例 36. ヴェネツィア手稿第 XI 巻第 7 番（ロンゴ第 324 番）K. *460*

明らかに同じ長さのアッポッジアトゥーラが実際には異なって奏される場合，その多くは楽句のリズムの脈絡や他の声部の動きによって決定される。たとえばバス声部が♪ ♩または♩ ♩と動く時，上声部のアッポッジアトゥーラはおそらく♩ ♪あるいは♩♩♩♩と動くか，またはその逆に動く。しかし，いつもそうとは限らない。
次のような変則的な例では，第 18 小節で下の声部がアッポッジアトゥーラの解

決と同時に響くように遅れて入り，第34小節でアッポッジアトゥーラとともに解決音が先行して響く（実際には双方ともオクターヴ内で動いている）。これはハープシコードの音響に対する素晴らしく洗練された感覚から来るものである（譜例37）。

譜例37．ヴェネツィア手稿第 VIII 巻第 11 番（ロンゴ S. 第 30 番）K. 368

 次の例で興味深いのはアッポッジアトゥーラが主としてバス声部と連続して 7 度および 2 度を形成している書法であるが，それはあくまでも瞬間的にぶつかるだけで，小節線へと向かう基本の和声の明確で正規な動きに対しては完全に従っている（譜例 38）。

譜例38．ヴェネツィア手稿第 III 巻第 30 番（ロンゴ第 154 番）K. 235

＊パルマ手稿ではトリルが欠落

E． トリル

 スカルラッティはトリルを互換性のある **tr** あるいは 〰 の記号で示している。それらは類似のパッセージで行き当たりばったりに使われ，ヴェネツィア手稿とパルマ手稿の間でも無秩序に異なっているので，明らかにこの 2 つの記号に独自の意味はない。編集者はそれらをひとまとめにすることも許されるだろう。トリルは《練習曲集》，ヴェネツィア第 XIV 巻，第 XV 巻，およびウォーガン手稿では **tr** で表示されているが，パルマ手稿およびヴェネツィア第 I － XIII 巻では 〰 が優位を占めている。後者の手稿の形については，図 43 － 44 を参照（この章の例ではヴェネツィア手稿とパルマ手稿間のトリル記号の異同を明示しなかった）。

スカルラッティの場合，小音符で記されたアッポッジアトゥーラが前に置かれたトリルや，終止音を伴ったトリルがしばしば見られることを除けば，このトリル記号がダングルベールや J. S. バッハ，C. P. E. バッハでよく見られるように装飾を条件付けるものではない。

スカルラッティは時折片手での 3 度のトリルを指示する（譜例 39）。

譜例 39. ヴェネツィア手稿第 XI 巻第 17 番（ロンゴ第 304 番）K. *470*

同時代最良の教則本に示されているような 18 世紀の一般的慣習によれば，トリルは上の補助音から始まっていた[10]（18 世紀のごく少数の例外，あるいは 17 世紀の慣習のなごりは非常にまれで，また重要でもないので，ここでは無視してもよいと思われる）[11]。18 世紀の音楽に対して演奏家や編集者（ロンゴを含む）によって非常にしばしば強要された主要音からのトリルは 19 世紀の慣習であって，18 世紀の多くの名高い演奏家や作曲家が残した証拠となるような根拠は何もない。編集者による下方からのトリル，あるいは「逆モルデント」といったもっともらしいアドバイスは，必然的に歴史的な根拠を欠くものであることが証明されるであろう。上方からのトリルと下方からのトリルのいずれかを選択するに際して，あれほどしばしば持ち出される「規則」も同じ類いのものであり，18 世紀の証拠によって正当化され得るようなものではない。

上方からの予備のないトリルは，予備のないアッポッジアトゥーラと同じくスカルラッティにしばしば現れ（譜例 43, 44, および 46 を参照），トリルの開始音が前の音を反復することは，同種のアッポッジアトゥーラや他の反復音と同様に，通常見受けられる（譜例 40 および 41）。ところで，この点についてのクープランの意図は，彼の几帳面な楽譜の中に完璧に明示されている。

10　C. P. E. バッハ，第 II 章，第 3 節，第 5 部：アグリーコラ，p.98; Mancini, p.168.
11　たとえば，Beyer（1703 年），Fuhrmann（1706 年および 1715 年），Steiner（1728 年），Kürzinger（1763 年），Tartini（書簡……, 1779 年），Sabbatini（1790 年），Danby（1790?年），Tromlitz（1791 年），Trisobio（1795 年），および Hüllmandel（1795?年）の論文を参照。これらの論文の正確なタイトルは大英博物館の議会図書館の目録に見られる。

譜例 40. ヴェネツィア手稿第 IV 巻第 21 番（ロンゴ第 228 番）K. 256

＊パルマ手稿では 4 分音符のアッポッジアトゥーラ
＊＊パルマ手稿では 8 分音符のアッポッジアトゥーラ

譜例 41. ヴェネツィア手稿第 III 巻第 20 番（ロンゴ第 351 番）K. 225

＊パルマ手稿ではアッポッジアトゥーラが欠落

（譜例 41 で，第 60 小節のアッポッジアトゥーラがロンゴによってニ音からハ音に変更されていることに注意）。
　ロンゴ版でのトリルの体系化は非常に混乱しているが，これは彼が 18 世紀と 19 世紀のトリルの両方を用いたことに依っている。後者への指示に，彼はトリルの付された主要音の前にグレース・ノートを挿入しているが，これは原資料には全くみられない（譜例 42）。

譜例 42. ヴェネツィア手稿第 III 巻第 10 番（ロンゴ第 323 番）K. 215

（ヴェネツィア手稿で第 1 拍のトリル 〰 は写譜師の手抜かりによって欠落しているだけである。ロンゴ補筆は完全に正しいが，第 2 拍についての彼の変更は誤りである）。18 世紀のトリルを指示するために，ロンゴは時としてトリルに先行する上接音としてグレース・ノートを付け加える（第 X 章の譜例 48，K. 206, 第 67 小節を

参照)。スカルラッティはそのような上方からのアッポッジアトゥーラをしばしばトリルの前の小音符で指示しており,それらが原資料にあるものかどうかをロンゴの楽譜から判断することは不可能である。

　完全に論争の余地がない資料がない以上,スカルラッティの装飾法についてフランスの流派やバッハと同じ確実性をもって語ることはできないが,彼が主要音から始まるトリルを使ったという証拠はどこにもない。ただし彼自身の楽譜には彼がトリルを上接音で始める一般的な慣習を共有していたというかなりの証拠が残されている。他の18世紀の作曲家にとっても同様,スカルラッティにとってもトリルというものは予備のある,または予備のないアッポッジアトゥーラと同様のものであり,それらと交換可能な,あるいはその記譜に際しては一貫性を持たなくとも良いという程度のものであった。これは同じ作品内で類似するパッセージに現れる彼の表記に明らかである(譜例43–46)。

譜例43. パルマ手稿第IX巻第30番(ゲルステンベルク5番) K. 357

譜例44. ヴェネツィア手稿第XIII巻第11番(ロンゴ第283番) K. 524

譜例 45. ヴェネツィア手稿第 IX 巻第 5 番（ロンゴ第 246 番）K. 392

譜例 46. ヴェネツィア手稿第 XII 巻第 18 番（ロンゴ第 137 番）K. 501

＊パルマ手稿では 16 分音符のアッポッジアトゥーラ

F.　結合トリル

　結合トリルはしばしば下方からのトリル，あるいは例の逆モルデントと間違われる。実際，急速なパッセージではそのように響く。〜の誤った解釈で，19 世紀の「逆」モルデントはあれほど頻繁に 18 世紀の音楽で強いられてきたが，それは C. P. E. バッハがシュネッラーと呼んだ装飾音に他ならない[12]。18 世紀にはシュネッラーは小音符で書き記されており，記号で表示されることはなかった。短いタイで結ばれたトリル，あるいは C. P. E. バッハがプラルトリラーと呼ぶものとは対照的に[13]，シュネッラーは必ずしも上方からの全音階的な動きによって予備されるものではなかった（譜例 47）。

譜例 47. マールプルク[14]，図 5

12　C. P. E. バッハ，第 II 章，第 8 節。
13　C. P. E. バッハ，第 II 章，第 3 節，第 30, 31 部。
14　マールプルク，*Anleitung zum Clavierspielen.*

結合トリルとは，トリルの掛かる音が全音あるいは半音だけ上の先行音を伴って，トリルを開始するに際してその先行音を反復する代わりに，トリルが付された最初の音をタイで結んだものである（譜例 48）。

譜例 48. マールプルク，表 IV, 図 30,31

結合トリルは先行音へのスラーで示される。クープランは結合トリルを一貫して几帳面に指示した数少ない作曲家のひとりであった。バッハはそれらを指示したものの一貫していないため，しばしばあらかじめ演奏家が推測せざるを得ず，クープランの場合とは違って意見の相違があり得る。スカルラッティにおいては結合トリルの指示は極めてまれだが，彼がその使用を期待していたことを示すに足る程度の例は存在する（譜例 49）。

譜例 49. ヴェネツィア手稿第 IX 巻第 25 番（ロンゴ第 182 番）K. 412

＊パルマ手稿では第 34 小節にスラーはない

結合トリルと似ているのは，長いアッポッジアトゥーラに伴って奏されるトリルである（譜例 50）。

譜例 50. ヴェネツィア手稿第 XV 巻第 30 番（ロンゴ第 186 番）K. 127

＊このようなスラーの曖昧な指示はヴェネツィア手稿第 XV 巻においてよく見かける特徴であり，ここで見られる通り，時にはパルマ手稿にもそのまま筆写されている。譜例 67 の最初のアッポッジアトゥーラにも同じことが言える。しかしおそらくこのスラーはアッポッジアトゥーラと後続音とをつなぐよう意図されたもので，先行音へのタイではない。

しかしながら，スカルラッティの中には結合トリルの使用について論争の余地が

あるようなパッセージが数多くある（譜例51）。

譜例 51. ヴェネツィア手稿第 IX 巻第 5 番（ロンゴ第 246 番）K. 392

　大概の場合，それを決定する要因はリズムの脈絡にある。結合トリルがアクセントの必要がない滑らかな全音階の旋律線に組み込まれた場合には常によく響く。しかしながらリズム上のアクセント，あるいはトリルの上接音によるアッポッジアトゥーラの不協和音に重みを付けるために，しばしばトリルの最初の音の反復が必要となる。スカルラッティは，時として前の音を反復するグレース・ノートやアッポッジアトゥーラを用いることで，結合トリルを使わないように注意を促している（譜例52）。

譜例 52. 《練習曲集》第 7 番（ロンゴ第 379 番）K. 7

G. 終止音付きトリル

　スカルラッティはトリルの終止を例外なく書き記している。彼は決して J. S. バッハのようにトリル記号の接尾に装飾音を記すことはなく，終止を示す小音符を使うこともない。ロンゴ版に見られるそのような指示はすべて編集者によって書き加えられたものである（前掲譜例42を参照）。終止の音価は実際の演奏とはほとんど関係がなく，便宜上正規的な書法に従ったにすぎない。トリルの終止は一般にトリルと一体化していると考えられており，トリルの速さや旋律への組み込まれ方によって 32 分音符で書かれた終止が遅く奏されたり，16 分音符のものが速く奏されたりする。トリルの終止の有無を几帳面に明示した作曲家の場合を除き，適切な終止音を挿入することは，演奏者の自由な裁量に任されていたと理解されるべきである[15]。

---

[15] C. P. E. バッハは『試論』第 II 章，第 3 節，第 13-18 部でこれらのことを詳細に論じている。クヴァンツ，第 IX 章，第 7 部も参照。

トリルに終止音を付けるべきかどうかを指示することについて，スカルラッティはJ. S. バッハほどに注意を払わなかった。時には書き記された終止音が類似のパッセージでは省略されているが，これはほとんど疑う余地のないほど，挿入される事が明白な場合である。しかしながら反復されるパッセージのうちのいくつかの場合で，スカルラッティは意図的に二度目に提示されたパッセージだけにそのような終止音を挿入し，それによってある種の精密さを増し，あるいは色彩の変化をもたらしているように見える（ソナタ第544番を参照）。

　終止音を使わずに滑らかにトリルを終わらせることがほとんど不可能なトリルは数多い。これはアクセントを付けることなく滑らかなレガートの線に組み入れられるべきトリルで，特に顕著である（譜例53）。

譜例53.《練習曲集》第1番（ロンゴ第366番）K. 1

単一の線へ溶け込むように意図された連続するトリルの展開はほとんど常に終止音を必要とする（譜例46を参照）。アグリーコラは連続するトリルについて，「すべての上行するトリルに鋭い終止音を加えることによって一定の効果が得られる」と語っている（p.100）。

　譜例54では，終止音が後続音とタイで結ばれている。

譜例54. ヴェネツィア手稿第XIII巻第27番（ロンゴ S. 第17番）K. 540

　譜例55のように，終止音の最後の音がアッポッジアトゥーラとして繰り返されることもしばしばである。これは，スカルラッティがトリルの開始にあたって音を反復することに何ら抵抗を持たなかったことの補足的な証拠にもなっている。

譜例 55. ヴェネツィア手稿第 IV 巻第 21 番（ロンゴ第 228 番）K. 256

＊パルマ手稿では 4 分音符のアッポッジアトゥーラ

H. 上接アッポッジアトゥーラとトリル

　スカルラッティは一貫性はないものの頻繁に上方からのアッポッジアトゥーラを小音符でトリルに付け加えている（譜例 56）。

譜例 56. 《練習曲集》第 7 番（ロンゴ第 379 番）K. 7

すでに見てきたように，しばしばスカルラッティのこの一貫性のなさによって，アッポッジアトゥーラが省略された場合でさえもトリルは上方から始まるという彼の意図を示す紛れもない証拠となっている（譜例 57。譜例 45 も参照）。

譜例 57. 《練習曲集》第 5 番（ロンゴ第 367 番）K. 5

　時にはトリルに先行するアッポッジアトゥーラはトリルを遅らせて奏することで，トリルが持つアッポッジアトゥーラの機能，すなわちフランス語のアクセント付きトレモロ *tremblement appuyé* を強調する明確な指示となっている（譜例 58[16]。譜例 50 を参照）。

---

[16] D'Anglebert, *Pièces de Clavecin*, 1689.

譜例 58. ダングルベール

場合によっては，脈絡上あるいは速度上，そのようなアッポッジアトゥーラにアクセントを付けることが許可されないこともある[17]（譜例 45 を参照）。

トリルにおけるアッポッジアトゥーラの機能をどの程度強調するかは，とりわけ音楽上の脈絡や性格次第である。多くの場合，特に緩やかな楽章，およびトリルの補助音が表情豊かな不協和音を形成する場合にはトリルが遅れて入ることが望ましく，これはアッポッジアトゥーラ記号の有無にかかわらず問題なく許可される。アッポッジアトゥーラとして機能する度合い，つまりトリルの開始音に与えられる長さは，しばしば機械的な均一さを避け，トリルの構成要素をかすかに変化させることで楽句を明白にするために使うこともできる。これは表情豊かな表現法の手段であり，多くの場合デュナーミクを変化させるよりも重要さにおいて勝るといえる。

I. 下接アッポッジアトゥーラとトリル

スカルラッティが下方からのアッポッジアトゥーラとトリルの結合で何を意図していたかは常に完全に明らかというわけではない。全体としては，それが見た目通りに予備なしのトリルが後に続く，正真正銘の長いアッポッジアトゥーラとして解釈されるべきであることはかなり確かなようである（譜例 59 – 62）。（この最後の譜例ではヴェネツィアおよびパルマ手稿の記譜法は曖昧である。このソナタのウォーガン手稿版 [ウォーガン第 1 番] ではアッポッジアトゥーラのみが示されている。連続した波状の線は，特に休符のない場合トリルを指示したものではなく，ソナタ第 52 番の 2 つの版であるヴェネツィア手稿第 XIV 巻第 10 番および第 61 番の記譜法と同様，単に音の保持を意味しているだけなのかも知れない。しかし，トリルでも全く申し分ない）。

---

17 クヴァンツ，第 IX 章，第 8 部。

譜例 59. ヴェネツィア手稿第 XI 巻第 5 番（ロンゴ第 212 番）K. 458　　譜例 60. ヴェネツィア手稿第 VIII 巻第 25 番（ロンゴ S. 第 33 番）K. 382

＊パルマ手稿では 8 分音符のアッポッジトゥーラ

譜例 61. ヴェネツィア手稿第 XIII 巻第 14 番（ロンゴ第 458 番）K. 527

＊パルマ手稿では 8 分音符のアッポッジアトゥーラ
＊＊パルマ手稿ではトリル，ヴェネツィア手稿にはない

譜例 62. ヴェネツィア手稿第 XV 巻第 12 番（ロンゴ第 138 番）K. 109

＊パルマ手稿では 16 分音符の
アッポッジアトゥーラ

　スカルラッティの下接アッポッジアトゥーラとトリルの結合は，フランス風の楽曲では**下接アッポッジアトゥーラとモルデント**で記されるような場所に頻繁に現れる（譜例 63）。ロージングレイヴは彼の版の中でいくつものパッセージをそのように書き記している[18]（譜例 64）。

譜例 63. マールプルク，表 IV, 図 15

譜例 64. ヴェネツィア第 XIV 巻第 57 番（ロンゴ第 231 番）K. 31
　　　　ロージングレイヴ第 3 番

　しかし《練習曲集》，ヴェネツィア手稿およびパルマ手稿にはモルデントの記号は皆無である。
　とはいえ，スカルラッティの下接アッポッジアトゥーラとトリルは，ある脈絡の中では下方からの接頭音付きトリル（C. P. E. バッハの**下方からのトリル**）を省略した形を示している，という可能性が残されている（譜例 65）。(「下方からのトリル……この記号は鍵盤楽曲以外では広く知られていないので，しばしば以下のように表示されるか（＊），あるいは通常の *tr* 記号で書かれ，どのトリルを使うかの選択は演奏者あるいは歌手に任されている」)。[19] そのような場合については，譜例 66 および譜例 67 を参照。

---

[18] 私が持っているロージングレイヴ版の筆写譜は，18 世紀の所有者によって同様の装飾音が自在にまき散らされている。それらの中には，ソナタ第 21 番の第 42 小節，第 2 拍に付随するモルデントも含まれている（譜例 26 を参照）。

[19] C. P. E. バッハ，第 II 章，第 3 節，第 22 部。

譜例 65. C. P. E. バッハ, 第 II 章, 第 3 節, 第 22 項. 表 IV, 図 XXXIV

譜例 66. ヴェネツィア手稿第 XIV 巻第 9 番（ロンゴ第 20 番）K. 51

譜例 67. ヴェネツィア手稿第 XV 巻第 30 番（ロンゴ第 186 番）K. 127

しかし，スカルラッティは一般的に接頭音を小音符で書き記しているように見える（譜例 68 – 70）。

譜例 68. ヴェネツィア手稿第 XII 巻第 6 番（ロンゴ S. 第 41 番）K. 489

譜例 69. ヴェネツィア手稿第 II 巻第 23 番（ロンゴ第 28 番）K. 194

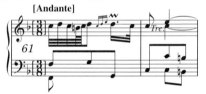

＊パルマ手稿では 16 分音符のアッポッジアトゥーラ
＊＊パルマ手稿では 32 分音符の接頭音

譜例 70. ヴェネツィア手稿第 IV 巻第 21 番（ロンゴ第 228 番）K. 256

しかしながら，3 音の接頭音を持つ譜例 70 と同じ作品では，下方からのアッポッジアトゥーラが先行するトリル記号もある（譜例 71）。

譜例71. ヴェネツィア手稿第IV巻第21番（ロンゴ第228番）K. 256

＊パルマ手稿ではトリル，ヴェネツィア手稿にはない

　これは，下方からのアッポッジアトゥーラを伴うトリルが本来のアッポッジアトゥーラとして解釈されるべきで，下方からの接頭音付きのトリルと混同するべきではないことを示しているのかも知れない。しかし，さらなる証拠が見いだされない限り，アッポッジアトゥーラとモルデントとして解釈してもよいだろう。

J.　トリルの長さ

　18世紀の教則本の中では，トリルの持続時間，速さ，および速さの変化が演奏者の嗜好に任されており，譜例に書かれたトリルの長さは文字通りに受け取るべきではないことはよく理解されていた。私はここで付点音符上のトリル，連続するパッセージでのトリル，アクセントのある音のトリル，あるいは遅いテンポや速いテンポでのトリル間の特徴を区別する，というような主観的な原則について議論するつもりはない（私はこれらの原則について，バッハの《ゴルトベルク変奏曲》の序文で系統立てて述べ，できる限り18世紀の資料との関係において示しておいた。それらすべてはスカルラッティにも当てはまる）。

K.　トレムロ

　スカルラッティ（というよりはむしろその写譜師）は，一般に長い音や一連の音の繋がりに**トレムロ**という用語，あるいはその省略形 *Tre.*, *Tremu^{lo}*., または *Trem.* を書き記している（譜例72–77）。

譜例72. ヴェネツィア手稿第XIII巻第12番（ロンゴ第188番）K. 525

譜例73. ヴェネツィア手稿第XIII巻第30番（ロンゴ第227番）K. 543

＊パルマ手稿ではスラー，ヴェネツィア手稿にはない
＊＊パルマ手稿では tre. の表記

譜例74. ヴェネツィア手稿第XV巻第39番（ロンゴ第377番）K. 136

＊括弧付きの指示はパルマ手稿から

これはトリルと同じものを意味しているように見える。事実，ロンゴは彼の版でこれらをすべて削除し，トリル記号に置き換えている。しかしながら，手稿の相違は多くの場合トリル記号とトレモロ記号との不可解な一貫性を示している。とはいえ，譜例 74 と譜例 75 は **tr** の指示がトレモロと同義であることのある程度の証拠を示している。

譜例 75. ヴェネツィア手稿第 XV 巻第 21 番（ロンゴ第 122 番）K. 118

＊パルマ手稿では嬰ヘ音，ヴェネツィア手稿にはない

ソナタ第 110 番での類似のパッセージでは **tr** と記されている（譜例 76）。

譜例 76. ヴェネツィア手稿第 XV 巻第 13 番（ロンゴ第 469 番）K. 110

譜例 77 は決定的な証拠を示している。

譜例 77. ヴェネツィア手稿第 II 巻第 23 番（ロンゴ第 28 番）K. 194

＊パルマ手稿では *trem* の表記

（ソナタ第 96, 115, 119, 132, 175, 172, 114 番も参照）。

パルマ手稿第III巻第5番 (K. 49) には,「疾走する速さのトリルを維持」という指示が見られる。ウォーガン手稿第11番にも同じくスペイン語で「トリルを維持」と指示されている。何故この長いトリルをトレムロと呼ばないのか悩むところである。

17世紀のイタリアとドイツにおいては,**トレムロ**,あるいは**トレモロ**という用語は上方および下方からのトリル,モルデント,同音での速い反復,さらに18世紀の**シュネッラー**として知られていた装飾音に適用されていたものであった。フーゴ・ゴルトシュミットは当時の主要な同時代の論文から用例を引用している[20]。これらの例の中にスカルラッティに関係するようなものはひとつもなさそうである。

L. 記号で示されないその他の装飾音

トリル,トレムロ,およびアッポッジアトゥーラ以外では,スカルラッティのハープシコード作品に現れる装飾はすべて小音符で書き記されている。そのいくつかはおおむね国際的に使用されており,C. P. E. バッハにおけるフランス=ドイツ的伝統における用語の中にも明確にそれと同定できる。

モルデント:スカルラッティにモルデント記号が見当たらないのは,それらが17世紀中葉からフランス,ドイツ,および英国の音楽で通用していたことを考えると全く不可解である。ヴェネツィアおよびパルマ手稿でモルデントが見られる場合には常に音符で書き記された形になっている(ソナタ第44番,第118–120小節,また第X章譜例53を参照)。しかしながら,ロージングレイヴ版とボアヴァン版のスカルラッティには数多くのモルデントが見られ,そのいくつかは《練習曲集》やヴェネツィア手稿第XIV巻に見られるようにトリルの代わりになっている(譜例64を参照)。しかし,ヴェネツィア手稿やパルマ手稿のトリルをモルデントと解釈すべき決定的な証拠はいまだ見つかっていない。

スカルラッティの弟子であるソレールの装飾法はスカルラッティのものとそっくりであるが,彼は自著の『転調論』[21]の中で用例のひとつに関連して「トリル,アッポッジアトゥーラ,およびモルデント」について語っている。しかし,その例自体は「モルデント」が何を意味するのかについて全く説明していない。彼の用例にある装飾音の中で唯一「モルデント」と考えられるものは短いアッポッジアトゥーラのみである。これについてはアグリーコラが若干のヒントを与えている。いわく,「**イタリア人はいつもモルデントと短いトリル,あるいはプラルトリラーを混同する**」[22]。「プラルトリラーを付けるには不十分な長さの下行音に短いアッポッジアトゥーラがトリルに代えて付与される場合,イタリア人は,それをモルデントと呼ぶ習慣があるが,もちろん誤りである。たとえば,(譜例78)。

---

20 Goldschmidt, *Die Lehre von der Vocalen Ornamentik*, 第Iおよび第III章。
21 ソレール,『転調論』, p.89.
22 アグリーコラ, p.103.

譜例 78. アグリーコラ，p.104

である」[23]

ガスパリーニは彼のアッチアッカトゥーラに関する章で，以下の譜例で黒く印された音符をモルデントと呼んでいる[24]（譜例 79）。

譜例 79. ガスパリーニ，p.63

彼はそれらが拍の頭で，というよりはむしろやや先行して演奏されるべきことや，たとえていうなら噛みついてもすぐ放し，攻撃することがない小動物のひとかじりに似ていることからモルデントと呼ばれるようになったことについて言及している。言い換えると，イタリア人は何にせよ素早く鳴らされる隣接音をモルデントと呼んでいたように見える[25]。

ターン：スカルラッティはターンを指示する時には必ず小音符で書き記している（譜例 80）。音に後続するある種の書き記されたターン ♩〰 については譜例 69 を参照。ロンゴ版のターンの記号はヴェネツィア手稿やパルマ手稿のどこにも見当たらない。それらのほとんどは，ロンゴが（パルマ手稿を知らずに）ウィーンにある後のサンティーニの筆写譜を使用したソナタに見られるもので，おそらく彼がそこで見つけたものと思われる。

譜例 80. ヴェネツィア手稿第 XII 巻第 7 番（ロンゴ第 206 番）K. *490*

終止音のついた速いトリルは，特にそれがアッポッジアトゥーラと大差ないほどまで短縮された場合，ターンに近くなる。アグリーコラ曰く（p.118）：「特に歌唱において，速いターンはあまり長過ぎないトリルに代えることができる。すでに述べた上行するトリルの連鎖では……音が大変短い場合にこのことが一般的に起こる。

23　前掲書，p. 104.
24　ガスパリーニ，第 IX 章，pp.62-63，および pp.64-67.
25　Heinichen, pp.522, 534-543 も参照。Mancini, pp.172-173, Ex.18 ではトリル記号 *tr* を伴ったモルデントを示している。

下行するトリルの連鎖ではそれほど適用されない」。(第 380 ページ，および譜例 46 を参照)。クレメンティ版のソナタ第 490 番では，彼は第 17 小節のトリルを次のように書いている。それに続く類似のパッセージでは，彼は元の表記，あるいは に戻している。

ソナタ第 463 番では開始部分を と書いている。

これは 19 世紀の慣習への推移を反映しているかも知れないし，またそうではないかも知れない。クレメンティはとても誠実とは言えない編集者であるが，それがスカルラッティ自身のものに対応しているどうかはともかく，彼の版は少なくとも 18 世紀後期の慣習に基づくある側面を代表している。

スライド｛シュライファー｝：スカルラッティは 2 音，3 音，および 4 音からなるスライドを常に小音符で書き表している（譜例 81 – 83）。（譜例 43 を参照）

譜例 81．ヴェネツィア手稿第 IX 巻第 5 番（ロンゴ第 246 番）K. 392

譜例 82．ヴェネツィア手稿第 IV 巻第 21 番（ロンゴ第 228 番）K. 256

譜例 83．ヴェネツィア手稿第 II 巻第 17 番（ロンゴ第 239 番）K. 188

＊パルマ手稿では 2 つの 8 分音符

アッチアッカトゥーラ：スカルラッティの場合，アッチアッカトゥーラが記号で指示されることはない。一般にそれは楽譜に書き込まれているが，アルペッジョが意図されるような場所に小音符で書かれていることもある（譜例 84 を参照）。主要音と同時に弾かれる短い旋律的なアッポッジアトゥーラに対してアッチアッカトゥーラという用語を適用することは何ら 18 世紀の資料に依拠しているわけではない。真のアッチアッカトゥーラは和声的なもので，旋律的な音型ではない。

文字通り衝突を意味するアッチアッカトゥーラという用語は，ガスパリーニの

付録 IV　　391

『ハープシコードのための実用和声 *Armonico Pratico al Cimbalo*』(第 IX 章) の中で, 通奏低音に基づくレチタティーヴォの伴奏でアルペッジョにされた和音に非和声音を挿入することと関連して有名になった。ハープシコードの和音に色彩と表現力を付与するガスパリーニの極めて強力なこの手法の提示は, のちの論文, 特にハイニヒェンやジェミニアーニによって, さらに拡充された。

通奏低音のアッチアッカトゥーラは, 明らかに和音構成音に対して隣接音を付加するか, あるいは瞬間的に音程間を全音階の音で埋めるものであった。そのようなアッチアッカトゥーラの機能は, しばしばモルデントが果たす和声的な機能と類似している。すでに和声の章で見てきたように, スカルラッティのハープシコード作品におけるアッチアッカトゥーラはこれとは異なる原理, つまり一瞬の装飾や薬味のひとつではなく, むしろ有機的な原理のひとつである内声の保続音と和音の重畳に基づいている。従って, アッチアッカトゥーラを短く演奏するというジェミニアーニの指示[26]は, 一般にはスカルラッティには当てはまらない (例外についてはソナタ第 *394* 番, 第 70 小節などを参照)。多くの場合, 衝突する音は内声の保続音や和声の有機的な要素としてできるだけ長く保持されるべきである (スカルラッティのより荒々しいアッチアッカトゥーラはハープシコードの音色効果のみを表し, 現代ピアノではよく響かせることができないというロンゴの仮説は, スカルラッティのアッチアッカトゥーラが持つその有機的な性格によってのみならず, 1906 年以降の多くの現代的なピアノ音楽の特徴によって崩れ去っている)。

アルペッジョ奏法：概してアッチアッカトゥーラのように小音符で書き記されたいくつかの分散和音を除けば, スカルラッティは和音によるアルペッジョを指示していない (譜例 84)。

譜例 84. 《練習曲集》第 8 番 (ロンゴ第 488 番) K. 8

ロンゴ版のアルペッジョ記号はすべて編集者によって挿入されたものである。しかし, アルペッジョ記号のないことが, 和音のすべての音を同時に弾くことを直ちに意味するわけではない。上行であれ, 下行であれ, 端から中央に向かって, あるいは不規則に分散されたにせよ, アルペッジョ奏法はハープシコード奏者にとって和音, あるいは和音の連結に陰影やインフレクションを付けるためのもっとも豊かな拠り所のひとつとなっている。敏感で柔軟なコンティヌオ奏者にとって必要とされるアルペッジョ奏法の手法は数限りなく, それをすべて明示することは不可能で, 通奏

26　ジェミニアーニ,『よき趣味についての論考』, p.[4].

低音の和声付けを書き記したり，それを忠実に演奏することはほとんど退屈以外の なにものでもない。アルペッジョ奏法はそのほとんどが一般の聴衆にとって聞き分 けられないほど微妙なものであるが，ハープシコードの敏感なタッチにとって欠く ことのできない仲間である。和声の多くは，すべての音が同時に弾かれるよりも， わずかに分散される方がより豊かに，またより完全に響く。そうはいっても，スカ ルラッティの中である種の和音についてはあまりソフトにし過ぎない方がよい。特 に，アッチアッカトゥーラによる不協和音のいくつかについては，同時に弾かれた 方が驚きが増し，意図的に荒々しい響きとなる。アルペッジョ奏法のすべての手法 とその軟から硬へのグラデーションは，ギターやリュートの場合と同じようにハー プシコードにも効果的である。

M. スカルラッティの楽譜への付加

　和音を埋める，あるいは装飾を加えることに関して，記号で指示されたり，または 指示可能なこと以外についてもう一言追記しておくべきことがある。かなりのハー プシコード作品は，明らかに外側の輪郭だけでできており，演奏者に内声部の和声 を埋め，上声部の旋律に装飾を施すことが求められている。

　しかし，スカルラッティの原典の記譜に慣れている者は誰しも，スカルラッティ の明らかな書き間違い，些細な矛盾，そして慣例的に不正確なリズム表記を除いて， ほとんどの部分が彼の意図通りに奏されるべく正確に書き記されていることに気付 かされる。和音を埋めたり，またスカルラッティがすでに示している音楽構造に対 して何かを付加する余地があるとしても，それはある種の初期のソナタや数字付き 低音を伴う作品のみに限られる。付加が可能なトリルやアッポッジアトゥーラを除 けば，彼のフィギュレーション{装飾法}は完成されており，その型破りな和音書 法は敏感な演奏者の手により意図された通りのフレーズの形，そして意図された通 りの和声のインフレクションやデュナーミクのバランスを成し遂げるよう計算され ている。スカルラッティが和音を空白にしたままの場合，解決を宙に浮いたままに する場合，あるいはしばしばあからさまなユニゾンに頼る場合，それは常に彼がそ のように意図したからである。彼は響き自体を厚くすることに没頭することはほと んどない。実際，彼はある種の特別な効果を除いて，あたかも完全な和音を使うこ とを避けていたかのように見える。彼はもうひとつ別の表現領域を持っている。す なわち，それはフィギュレーションであり，万華鏡のように色彩が変わり行く転位 音であり，常に移行する不協和音の焦点，さらに表情豊かな旋律の音程やその輪郭 である。これらはただ単に完全な和声を使用するだけでは抑圧を受けてしまうだろ う。ロンゴによって行われた和声の充当のほとんどは不必要なだけでなく，望まし くないと言える。

N. リズム表記における特殊性

ここで、スカルラッティのリズム表記に見られるいくつかの特殊性について触れておく必要があろう。ヴェネツィア手稿やパルマ手稿において、ある種の音符の長さは厳密に休符によって規定されてはいない。これは時として加線の使用を避けるために、音符をひとつの譜表からもうひとつの譜表に移して記譜する手法をとっていることに依っている。ひとつの4分音符あるいは2分音符がある譜表に掛かったままで、その小節の残りの部分が空白のまま残されることもある。たまに、短い音符の後で正しい長さの休符を置く代わりに波線を描く手法には、オルガンやリュートのためのタブラチュアに見られる不正確さの名残りを見ることができる。ソナタ第52番では、先行する音符が書かれた長さよりも長く保持されるよう指示しているように見える。しかしヴェネツィア手稿のソナタ第53番の波線は、パルマ手稿では正確に指示された長さの休符に置き換えられている（譜例85）。

譜例85. ヴェネツィア第XIV巻第11番（ロンゴ第261番）K. 53

類似の表記がヴェネツィア手稿第XV巻第12番（K. 109）、第7小節（譜例62）にも見られるが、ここではそれがトリルを意味しているのかも知れない。ヴェネツィア手稿第XV巻第18番（K. 115）、第36小節では、点 ♩.... が波線の代わりに音を延ばすために使われている。

スカルラッティの付点リズムの表記については、彼の初期のオペラ作品、およびハープシコード作品で用いられたまれな場合（ソナタ第8番と第92番）、いずれにおいても、17世紀後半から18世紀にかけてそのような表記に共通の慣習的な不正確さが示されている。ロージングレイヴ版のソナタ第8番の異稿として、ヴェネツィア手稿およびパルマ手稿におけるソナタ第238番の類似のパッセージで完全に明らかなように、いつもの付点休符の欠如のために、♪♫ という音型は一貫して ♪♫ と同等であることが意図されている（付点リズムに関する18世紀のいくつかの原資料からの引用については、《ゴルトベルク変奏曲》の私の序文を参照）。しかしながら、付点休符はヴェネツィア手稿第XII巻第19番（K. 502）で使われている。

リズム表記におけるその他の種類の小さな不一致については、ソナタ第206番に見られる。ヴェネツィア手稿では、第35小節の♪♫ は類似のパッセージである第88小節で ♪♫ へと変わっているが、パルマ手稿では第35、88小節いずれも ♪♫ という形を取っている。ヴェネツィア手稿では、ソナタ第213番の第35小節など

で見られる♩♫♪♩は，第36小節などでは♩♫♪♩に変えられており，それはパルマ手稿でも同様である。

　スカルラッティは2つの8分音符に対して3連符を使うことはほとんどないが，ひとつの例外がソナタ第466番に見られる。

　任意にと記された自由なフェルマータがソナタ第508番および第544番で見られるが，それはソレールが彼の『**転調論**』で例示した前奏曲での使用法と全く同じである。これはスカルラッティがテンポ・ルバート，あるいは自由な拍を指示する唯一の方法である。

付録 V　鍵盤作品

A. 主要な手稿資料

1. ヴェネツィア，マルチアーナ国立図書館，Mss. 9770–9784.

496 曲のソナタを含む全 15 巻。そのうちの 13 巻には I から XIII まで番号が付けられ，1752 年から 1757 年までの年号を持つ。また残る 2 巻には番号がなく，1742 年（本書では第 XIV 巻として収録）および 1749 年（第 XV 巻も同様）の年号を持つ。これら番号のない 2 巻はそれぞれ第 I–XIII 巻とは異なる筆跡によるものである。その内容と日付については巻末の作品目録を参照。手稿が 1835 年にマルチアーナ図書館の所有となる以前にどのような来歴をたどったかについては明らかではないが，革製の表紙に金泥でスペインとポルトガルの組み合わされた紋章が刻印され，やはりマルチアーナ図書館所蔵，《練習曲集》の筆写譜（Mus.119）の表紙にも同様の刻印があることから，これらはすべてスペインのマリア・バルバラ王妃の所有であったことを示している。彼女がそのすべての音楽遺産を託したファリネッリによってイタリアにもたらされたに違いない。しかしながら，これら諸巻については王妃の資産目録にもファリネッリの中にも特段の言及はない（第 VIII 章および付録 III を参照）。残念ながら，ファリネッリの遺言状に触れられている音楽の目録は失われた。

2. パルマ，パラティーナ図書館，音楽課，アッリーゴ・ボイト音楽院，ＡＧ 31406–31420

463 曲のソナタを含む全 15 巻。スペイン由来の手稿で，大部分が一連のヴェネツィア手稿第 I–XIII 巻と同一人物の手になる。これらには以下のような日付がある：第 II–V 巻，1752 年；第 VI–VIII 巻，1753 年；第 IX–XI 巻，1754 年；第 XII 巻，1755 年；第 XIII–XIV 巻，1756 年；第 XV 巻，1757 年。これらの内容については巻末のスカルラッティ・ソナタの目録を参照。

3. ミュンスター，サンティーニ司教図書館，Sant Hs 3964–3968

18 世紀音楽の熱心な収集家，フォルトゥナート・サンティーニ修道院長（1778–1862）が所蔵する 349 曲のソナタ全 5 巻。これらの内容については巻末のスカルラッティ・ソナタの目録を参照。これらイタリアの手稿は，その中で言及されている何曲かのソナタの日付よりは確実に後のものである。しかしながら，その日付はヴェネツィア手稿やパルマ手稿のものと一致している（「作品目録について」の項を参照）。

4. ウィーン，楽友協会図書館，VII 28011

308 曲のソナタ全 7 巻。ゲルステンベルク（p.9）によると大部分はサンティーニにより筆写されたもの。それらは一時期ヨハネス・ブラームスが所有していた。これらの内容については，巻末のスカルラッティ・ソナタの目録を参照。重複を除

き，そこに含まれるソナタは全 555 曲中 299 曲を数える。アレッサンドロ・スカルラッティによる 3 つのフーガが含まれる点については，付録 VII B 1, 8, および 9 を参照。

5. ウィーン，楽友協会図書館，Q 15112–15120. 9 巻
SB Q 15126,《さまざまなソナタ Diverse sonate》
Q 11432,《曲集 Raccolta》

上記諸巻の内容についてはチェ・スンヒョンを参照。『新たに発見されたドメニコ・スカルラッティのソナタの 18 世紀手稿とその他の 18 世紀および 19 世紀初期の資料との関係』, pp.194–196.

6. ロンドン，大英博物館，Add. 31553.《クラヴィコルディオのための 44 の新しいソナタ / サンティアゴの騎士にして / カトリックの王 D. フェルナンド 6 世とマリア・バルバラ妃の師である / D. ドミンゴ・スカルラッティ氏により作曲》

一時期ジョン・ウォーガン博士の所蔵。

（ニュートン，pp.144–147 を参照）扉ページの下半分にある削除された書き込みはニュートンによって次のように解読された。「……陛下の王室礼拝堂第 1 オルガニスト，D. セバスティアン・アロンソの……」"... de D. Sebastian Alonso organista principal de la real capilla de su majestad ..." より正確な読みは以下のようになろう。「……陛下の王室礼拝堂第 1 オルガニスト，D. セバスティアン・アルベロの……」"... de D. Sebastian Albero organista principal de la real capilla de su majestad ..." アルベロは 1749 年にこの職にあった（第 VII 章，脚注 40 を参照）。

この巻中の 44 曲のソナタは以下のようである：

K. 109, 110, 106, 107, 55, 112, 117, 108, 98, 101,
49, 54, 43, 44, 123, 53, 111, 104, 47, 57,
114, 56, 115, 116, 118, 122, 139, 120, 48, 113,
99, 100, 96, 46, 121, 105, 140, 50, 119, 68,
141, 142, 143, 144.

7. ケンブリッジ，フィッツウィリアム博物館，32 F 13.《ヴェネツィア大使のための / 鍵盤ソナタ集 / ドミンゴ・スカルラーティによる》

"R. Fitzwilliam, 1772" という書き込みのあるこの巻は 24 曲のソナタを含んでいる：

K. 109, 110, 100, 101, 145, 10, 146, 22, 174, 184,
130, 128, 183, 127, 125, 124, 138, 44, 51, 132,
133, 54, 1, 16.

8. コインブラ，コインブラ大学図書館，Ms. no. 58. "Tocata Io."
その 4 つの楽章は K. 85, 82, K. 78 のジグ，および K. 94 からなる。

9. エンリケ・グラナドスがピアノのために自由に編曲した典拠となる手稿《26 曲の未発表ソナタ Ventiseis Sonatas Inéditas》，マドリード——バルセローナ——

ハバナ——リスボン［再版，ニューヨーク，音楽出版社協会，1968 年］（全 2 巻，フェリペ・ペドレルによる大変不正確な序文付き）。第 2 巻への序文で，ペドレルはこの手稿がヴィダル・イ・リモーナ出版社によって発見されたとしている。その現在の所在については明らかにできていない。この選集のソナタ第 10 番と第 13 番は他のいかなる版においても知られていない。それらはグラナドスの手で次のように始まっている。

しかし，さらなる同定が困難なため，これらを本書の目録には含めなかった。グラナドスによる版の内容は以下のようになっている：

K. 520, 521, 522, 518, 541, 540, 102, 546, 190, (?), 110, 534, (?), 535, 553, 555, 554, 547, 109, 211, 552, 537, 528, 139, 48, 536.

B. その他の二次的な重要性を持つ手稿に関する覚書

これまで知られていなかったスカルラッティ・ソナタの一連の 18 世紀手稿 ［1760–1790 年］が，ウィーン楽友協会の図書館で日の目を見ることになった（Q15112–Q15120 には，先にルドルフ大公が所有していた 107 曲のソナタが収録されている。《曲集》と題する Q11432 には 72 曲のソナタが収録されており，《さまざまなソナタ》と題した SBQ15126 には，現在 10 曲のソナタが収録されている）。これら手稿の詳細な記述およびそこに含まれる内容については，チェ，『新たに発見されたドメニコ・スカルラッティのソナタの 18 世紀手稿……』，アナーバー，1974 年を参照。

数多くのスカルラッティ・ソナタの 18 世紀手稿コレクションがヨーロッパ各地の図書館に散在している。その多くは猫フーガや有名なソナタの大して重要でもな

い筆写譜である。しかしながら，それらの中から本書の目録にない作品がいくつか現れる可能性はある。とはいえ，仮にそれらすべてのコレクションを吟味し，目録を作成することができたとしても，そのような作業によって本書の出版は何年も遅れることになったであろう（ゲルステンベルク，p.28，およびボローニャ，ブリュッセル，ケンブリッジ，ロンドン，ナポリ，パリ，パルマの各図書館の印刷された目録を参照）。

ドメニコ・スカルラッティ作と思われる《トッカータ》の18世紀後期に作られた4つの手稿の筆写譜が，モンセラート修道院少年聖歌隊文庫に所在していた。それらは MS 2298（K. 200），MS 2786（K. 33, 導入部なし），MS 484（K. 19），および MS 1770（《トッカータ》ハ長調，2/4拍子，アンダンティーノ，本書目録になし。その開始部小節についてはジョンソン，『いまだ知られていないドメニコ・スカルラッティの1曲のソナタ Eine unbekannte Sonate von Domenico Scarlatti』を参照）。

その他の二次的に重要な手稿のうち，ここでは2点のみについて触れる。ひとつは1722年，フィッツウィリアム卿がマドリードで入手したコレクションである（ケンブリッジ，フィッツウィリアム博物館 32 F 12）。このコレクションの31曲のソナタは K. 491 と K. 400，およびバーチャル版の最初の29曲のソナタを含む（付録 V C 22 を参照）。

他はファリネッリからカポチェラトロ侯爵へ贈られた手稿である（ナポリ，サン・ピエトロ・ア・マイエッラ音楽院図書館，18‐3‐11）。その中にはグルックのバレエ曲と6曲のスカルラッティのソナタ，K. 159, 180, 166, 148, 155, 150 が含まれる。

C. 18世紀に印刷出版されたスカルラッティ・ソナタ

1.《ハープシコード練習曲集》/ サンティアゴの騎士にして / アストゥリアス皇太子殿下および皇太子妃の師である / ドメニコ・スカルラッティ氏による［1738］

ヴェネツィア，マルチアーナ国立図書館；ワシントン，議会図書館：ニューヘヴン，イェール音楽院図書館。

第VI章を参照。私は多くの疑義があった《練習曲集》の出版の日付については，スカルラッティが1738年4月21日，ポルトガルのサンティアゴ騎士団へ入団したことに関する原資料からそれを確定することができた。《練習曲集》の扉ページにはスカルラッティの名前が「サンティアゴの騎士」とされており，これらが騎士団入団の日付より後に著され，トーマス・ロージングレイヴの増補再版への出版許可が与えられた1739年1月31日より前であったことに間違いない（ニュートン，p.139を参照）。

フランク・ウォーカーとヴィア・ピルキントンによって伝えられた最近の W. C. スミスによる発見によれば，《練習曲集》の出版場所がバーニー博士が主張するヴェ

ネツィア(『フランスとイタリアにおける音楽の現状』, p.203)ではなく, ロンドンであったことは確定したかに見える。スミス氏によれば, ブリューハウス向かいのピカデリー, スワロー通り近傍ヴァイン通り, アダモ・スコラが1739年2月3日にカントリー・ジャーナル誌上で「グラヴィチェンバロのための練習曲集。ハープシコードのための30曲のソナタからなり, 大判2つ折り110ページ, 大きな音符にて精緻に彫版, ドメニコ・スカルラッティの原典による……ヴァイン通りの音楽教師アダモ・スコラ氏によって販売予定, 等……」と広告を出している。スミス氏は, 「それは出版場所が不明のスカルラッティの《練習曲集》に新たな光を投げかける。以前はヴェネツィアとされていた。スコラによれば, 楽譜の彫版はフォルティエ, 扉ページのデザインはアミコーニで, 彼らは1739年当時全員がロンドンに住んでいたので, この曲集は最初にロンドンで出版されたように思える」

ここに挙げられたリスト中少なくとも1ダースもの訂正を指摘してくれたローク・ホータス氏は, pp.99-106の彫版がこの巻の残りの部分とは異なる手によるものであることを指摘している。

内容については本書巻末のスカルラッティ・ソナタの目録を参照。

ファクシミリ版による再版, グレッグ・インターナショナル, 1967年。

2.《クラヴサンのための42の組曲》/ 全2巻 / ドメニコ・スカルラッティ作曲による / 第I巻 [同第II巻] / / 注意。私は以下の作品についてその様式の繊細さ, および見事な作曲法から / 好事家の注目に値すると考え, 出版時の誤りを注意深く校閲し訂正を施した / トマス・ロージングレイヴ / ロンドン / / ニュー・ストリート・コヴェントガーデンのゴールデン・ハープ社, B:クックが発行ならびに販売；第2巻あり [第1巻] / / この作品集は現存するいかなる版より14曲多く収録されている。そのうちの12曲はこの作者による。しかしこれに加えられた他の2曲は未発表のもの [1739]。

ケンブリッジ, キングズ・カレッジ, ロウ・コレクション；ワシントン, 議会図書館 [購読予約者の目録なし]

出版許可は1739年1月31日の日付がある(ニュートン, pp.139-141を参照)。英国在住の著名な音楽家を含む購読予約者のリストには, 冒頭に以下の記事がある。

「何人もの購読予約者の求めに応じ, ロージングレイヴ氏は彼自身の作曲になる作品を第1巻の冒頭に加え, それに連なる楽曲の導入とするよう説得された。また第2巻中, 第9ページにあるのは本書の作曲者の父, アレクサンドロ：スカルラッティ氏作曲によるフーガである。これら2つの付加された作品は構想外のものであるが, それらが高貴にして尊敬すべき我が購読予約者に受け入れられることを願っている。

　　　　　　　　　　　　　　彼らがもっとも恭順にして卑しき僕,
　　　　　　　　　　　　　　　　　ベンジャミン・クック」

この曲集は明らかに原典版の《練習曲集》と直接競合する形で出版された。

出版社の住所以降の情報は, 引き続き更新された再版からは省略され, 結果とし

て第 2 巻のアレッサンドロ・スカルラッティのフーガはドメニコの作品として繰り返し再版されることになった。

再版：

《ハープシコードのための 42 の練習用組曲》/ ドメニコ・スカルラッティ氏により作曲 / 第 I 巻［同 II 巻］/ 注意。私は以下の作品についてその様式の繊細さ，および見事な作曲法から / 好事家の注目に値すると考え出版時の誤りを注意深く校閲し訂正を施した。T. ロージングレイヴ / ロンドン / チープサイドのハープ・アンド・クラウン社，ジョン・ジョンソンが発行……（ニュートン，pp.147 – 148，ではこの版が 1754 年から 1756 年にかけて出版されたことが証明されている）

ロンドン，大英博物館

［同じ表題，ただし「第 I 巻［第 II 巻］」の後，同行に「価格 10 シリング 6 ペンス」の挿入あり］ロンドン　ストランド 97 番地のプレストン・アンド・サンにより発行ならびに販売

ニューヘヴン，イェール音楽院

このコレクションの内容は，ロージングレイヴの序文とアレッサンドロ・スカルラッティのフーガは別として，以下のようになっている：

K. 8, 4, 31, 30, 2, 32, 33, 9, 34, 1,
3, 35, 29, 5, 6, 10, 14, 7, 12, 13,
20, 19, 22, 36, 37, 38, 39, 11, 40, 24,
15, 21, 26, 17, 28, 27, 25, 18, 23, 16,
41, 42.

ソナタ K. 8 の前には同じ作品の改作が置かれている。

ロージングレイヴは，スカルラッティ・ソナタの組曲への編曲を試みた長く連なる編集者達の最初にあたり，それは音楽的には成功したものの，スカルラッティ自身が行ったものではない。

3.《クラヴィチェンバロのための 30 のソナタ》/ ポルトガル，アルガルヴェ，ブラジル等々の真正なる君主，/ 神聖なる国王陛下ジョアン 5 世に献呈 / サンティアゴの騎士にしてアストゥリアスの高貴なる皇太子および皇太子妃の師である / ドメニコ・スカルラッティ氏による / 第 1 集 / / 新ルター派教会オルガニスト，ゲルハルト・フリデリコ・ヴィトフォーゲルが発行ならびに販売 / アムステルダムにて / N 73［ドイチュによると 1742 年］

ワシントン，議会図書館

再版：［ヴィトフォーゲルの後継者コヴェンズにより，扉ページ改変（ローク・ホータス氏によれば，1746 年～）］デン・ハーグ市美術館

この版は《練習曲集》のソナタ 30 曲を含む。

4.《12 の協奏曲》/ 4 つのヴァイオリン，ひとつのアルト・ヴィオラ，チェロそして通奏低音の 7 声部からなる / ハープシコードのための 2 巻の練習曲集から / ドメニコ・スカルラッティ氏により作曲 / 同作者による独奏楽器の手稿から緩徐楽章

が付加されている／ニューカッスル・アポン・タインのオルガニスト／チャールズ・エイヴィソンよりボウズ夫人へ献呈／ロンドン。R. デンソンにより版刻，ニューカッスルのジョゼフ・バーバーに従って著者が発行，および／市内の楽器店にて販売，価格 1 ポンド 11 シリング 6 ペンス／1746 年

ワシントン，議会図書館

ロージングレイヴのコレクションのうち 29 曲のソナタを編曲したもの，ならびに K. 81, 88, 89, および 91 の一部と一連の未確認の楽章を含む。これら未確認の楽章は現在他のいかなる資料においても知られていないことから，本書のスカルラッティ・ソナタ目録には含めなかった。

協奏曲第 I 番：アダージョ（K. 91a, 移調），アレグロ（K. 24），アモローソ（K. 91 の最終楽章からの編曲），アレグロ（K. 26）

協奏曲第 II 番：ラルゴ（K. 91c），アレグロ（K. 13），アンダンテ（K. 4），ヴィヴァーチェ（K. 2）

協奏曲第 III 番：ラルゴ・アンダンテ（K. 89b），アレグロ・スピリトーソ（K. 37, 移調），ヴィヴァーチェ（K. 38），アレグロ（K. 1）

協奏曲第 IV 番：アンダンテ（K. 12, 移調），アレグロ（K. 3），ラルゴ（?），ヴィヴァーチェ（K. 36）

協奏曲第 V 番：ラルゴ（?），アレグロ（K. 11, 移調），アンダンテ・モデラート（K. 41），アレグロ（K. 5）

協奏曲第 VI 番：ラルゴ（?），コン・フリア（K. 29），アダージョ（K. 89 の第 3 楽章からの編曲），ヴィヴァーチェメンテ（K. 21）

協奏曲第 VII 番：アダージョ（K. 88a, 改変），アレグロ（K. 19, 移調），アダージョ（K. 88d），［速度表示なし］（K. 17, 移調）

協奏曲第 VIII 番：アダージョ（K. 81a, 短縮），アレグロ（K. 20），アモローソ（K. 81d），トゥッティ・ヴィヴァーチェ（K. 15）

協奏曲第 IX 番：ラルゴ（K. 81 の第 2 楽章に由来），トゥッティ・コン・スピリト（K. 31, 移調），シチリアーノ（?），アレグロ（K. 7）

協奏曲第 X 番：グラツィオーソ（?），アレグロ（K. 10），［経過楽章］，ジーガ—アレグロ（K. 9）

協奏曲第 XI 番：コン・アフェット（?），アレグロ（K. 28, 移調），［速度指示なし］（K. 25, 移調），ヴィヴァーチェメンテ（K. 6, 移調）

協奏曲第 XII 番：グラーヴェ・テンポ・レジャート—ラルゴ・テンポ・ジュスト（?），アレグロ・スピリトーソ（K. 23），レンテメンテ—テンポ・レジャート（?），アレグロ（K. 33, 冒頭改変）

エイヴィソンは素晴らしい作曲家だったが，不当にも忘れられてしまった。彼はブラウニングの著しく誇張された音楽詩歌の主題作曲家として，もっぱら文学サークルの中で記憶されてきた。エイヴィソンのスカルラッティによる第 6 協奏曲は『トリストラム・シャンディ』の中に入り込んでいる。ローレンス・スターンは，ト

リストラムの悠長な誕生にまつわる長々しいエピソードのひとつでそれを回想している［トリストラムの父親は自分のポケットに入れるハンカチを探しているところである］。

「だれしも，奥さま，下から不審の眼をだんだん上にむけて来て，父の顔がものすごく充血しているのを認めたとしたら——その充血のせいで（何ぶんにも前に申した通り，全身の血が父の顔に猛然と上がって来るかに見えたのですから），絵画的かつ色香学的に申すならば，父の顔はその自然な状態に比べてまるまる1オクターブとまではゆかずとも，完全に6度半がたは赤みを増していたに違いないのです——そこでもう一度申し上げますが奥さま，もしだれにもせよトウビー叔父以外の人がこれを認めたとしたら，同時に父が猛烈に眉間をしかめ，またそういう間じゅう父のからだが無茶苦茶にゆがんでいるのを認めたとしたら——父が激怒していると断定したでしょう。そして，その点はそうときめて疑わずに——もしその人がこのような楽器を2つ正確に調子を合わせた時に生まれる種類の協和音を愛好する人だったとすれば——たちまちその人も自身の調子を相手と同じ高さへと引き上げたことでしょう。——そうなったら悪魔とその一味も呪縛から解き放されたも同然，——全曲の演奏はエイヴィソン編曲のスカルラッティ第6協奏曲にも負けずに，*con furia* に——つまり狂気のごとくに——つづいたことでしょう。……｛朱牟田夏雄訳，『トリストラム・シャンディ』，岩波文庫，第264-265ページ（1969年）｝」（第III巻，第5章）スターンが言及しているのは《練習曲集》のソナタ第29番（K. 29）である。

1743年初頭，エイヴィソンは協奏曲第VI番を以下の表題で刊行した：《**7声部のコンチェルト第1番**》/ ドメニコ・スカルラッティ氏の練習曲集から / ニューカッスル・アポン・タインのオルガニスト，チャールズ・エイヴィソン編曲 / ロンドン，著者が発行およびニュー・ストリート・コヴェントガーデン社，王立取引所のシンプソン氏そしてピカデリーのウォムズリー氏が販売。

ロンドン，王立音楽院

《**12の大協奏曲**》/ 7声部からなる / ドメニコ・スカルラッティ氏に基づく / 価格24ルーブル / スカルラッティ氏のクラヴサン作品を大協奏曲に編曲 / パリ
出版：ル・クレール氏，クロア・ドールのルール通り
　　　バヤール氏，レグル・ドールのサントノレ通り
　　　カスタニェリ嬢，ムジーク・ロワイヤルのプルーヴェル通り / 国王特許付
　　　パリ，マルク・パンシェルル［*Violino Primo Concertino* 部分のみ］。内容はエイヴィソンの曲集と同じ。

5.《**作品選集**》/ クラヴサンまたはオルガンのための / ドメニコ・スカルラッティ氏による / 第1集 / 価格5ルーブル / パリ /
出版：ボアヴァン夫人，レグル・ドールのサントノレ通り / ル・クレール氏，クロア・ドールのルール通り / 国王特許［1742年頃］
　　　パリ，国立図書館；ロンドン，大英博物館

内容：K. 8［ロージングレイヴ版にも現れる異作］,
4, 31, 30, 2, 32, 33, 9, 39, 36,
37, 38.

（この目録がちょうど印刷される直前に，セシル・ホプキンソンによるスカルラッティの18世紀版の文献目録が私の手元に届いた。その結論，およびスカルラッティ・ソナタの初版の年代順の表は，未発見の事物や誤った仮定に基づいている点で明らかに無意味であるが，私が吟味する機会のあった別の文献目録は極めて誠実な正確さの見本であることを示している。さらに幸いなことに，ホプキンソン氏の疑わしい仮説を再吟味する過程で私自身の誤りも明らかになった。ここで私が彼の正書法，および実際に目にすることがなかった出版物の内容の目録，すなわち本書の目録で第 7, 13, 15, 17, 18, および 21 番を用いたことを指摘しておく。しかしながら，彼が注意を促している異種の版を一覧表にする試みはしなかったし，彼が行った個々の版についての面倒な照合作業についても引用しなかった）

上記，および以下のボアヴァンおよびル・クレールによるスカルラッティの版について，順番や正確な刊行日を厳密に確定することはできていない。ロージングレイヴ版を筆写しているソナタが明らかに彼の楽譜に基づいているという事実は，ボアヴァン版が 1739 年 1 月以降に現れたことを示している。しかしながら，現在国立図書館が所蔵する特許状は 1737 年 8 月 22 日にシャルル・ニコラ・ル・クレールに与えられ，《スカルラーティ氏のクラヴサン作品集　Les Pièces de Clavecin de M. Scarlati》については 1738 年 11 月 27 日に，《スカルラーティによるクラヴサンのための作品集第 1, 2, 3 巻　Les premiers, 2e, 3e Livres de Scarlati pour le Clavecin》，および《スカルラッティの器楽作品集　Oeuvres de Musique Instrumentale de Scharlatti》も同様に 1751 年 1 月 12 日に，《スカルラッティの音楽　Musique de Scarlatti》は 1765 年 8 月 21 日に与えられている（ホプキンソン, pp.53–54）。ロージングレイヴ版に含まれないスカルラッティの資料，およびおそらく特許状が依拠しているであろう作品は，現時点で完全には説明することができない。

ホプキンソンは次のように述べている（p.57）。「1742 年の日付があるル・クレールの目録では《クラヴサン作品集》第 1, および第 2 巻が言及されているものの，第 3 巻や《選集》には触れていない。《ひとつの協奏曲 Un Concerto》，価格 1 リーブル 16 スーが広告されているが，このような出版物があることは初めて耳にするものである。同じ年に C.J.F. バラールと「寡婦」ボアヴァンはまた『フランスで版刻または出版された音楽の総合目録 Catalogue Général de Musique, imprimée ou gravée en France』を刊行し，この中で最初の巻および次の巻，さらに《選集》についても言及しているが協奏曲については沈黙している」

《選集》以外のすべての扉ページにおいて，スカルラッティは「アストゥリアス皇太子のクラヴサンの師 Maître de Clavecin du Prince des Asturies」と言及されており，それらが多分フェルナンドが 1746 年にスペイン王位に就く以前に刊行

されたことを示している。

6.《クラヴサンのための作品集》/ アストゥリアス皇太子のクラヴサンの師 / ドメニコ・スカルラッティにより作曲 / 価格 9 ルーブル / パリ /
出版：ボアヴァン夫人，レグル・ドールのサントノレ通り，
　　　コレット氏，オルレアン通り，シュヴァル・ドールのサントノレ地区，
　　　ル・クレール氏，クロア・ドールのルール通り / リヨン /
　　　ブロトンヌ氏，メルシェ通り /
国王特許付［おそらく 1742 年から 1746 年の間］
　　　パリ，音楽院図書館；ブリュッセル，王立音楽図書館
　　内容：K.　13, 14, 12, 35, 34, 29, 1, 10, 5, 6,
　　　　　　 20, 3, 7, 22, 19, 95, 66.

7.《クラヴサンのための作品集》/ アストゥリアス皇太子のハープシコードの師, / ドメニコ・スカルラッティ作曲 / 第 1 巻 / 価格 9 ルーブル / 本巻所収の作品は初めて版刻された / パリ /
出版：ボアヴァン夫人，レグル・ドールのサントノレ通り，
　　　コレット氏，オルレアン通り，シュヴァル・ドールのサントノレ地区，
　　　ル・クレール氏，クロア・ドールのルール通り /
　　　リヨン /
　　　ブロトンヌ氏，メルシェ通り /
国王特許付［1742 年頃］
　　　ケンブリッジ，キングズ・カレッジ，ロウ音楽図書館。
　　内容：K.　8［ロージングレイヴ版にも現れる異本］,
　　　　　　 4, 12, 31, 30, 2, 14, 13, 35, 29,
　　　　　　 1, 10, 9, 5, 33, 3, 7, 33, 6, 19, 20.

8.《クラヴサンのための作品集》/ ドメニコ・スカルラッティ作曲 / 第 2 巻 / L. ウーにより版刻 / 価格 9 ルーブル / パリ /
出版：ル・クレール氏，サントノレ通り，ルール通りとアルブルセ通りの間，サント・ジュヌヴィエーヴ 1 番 / ル・クレールの正面，クロア・ドールのルール通り / ボアヴァン夫人，レグル・ドールのサントノレ通り /
国王特許付［1742 年頃］
　　　ケンブリッジ，キングズ・カレッジ，ロウ音楽図書館
　　　パリ，国立図書館［後の奥付］
　　内容：K.　36, 39, 24, 26, 15, 28, 16, 27, 42, 38,
　　　　　　 *, 17, 25, 37, 11, 40, 21, 18, 23, 41.
　　　［* アレッサンドロ・スカルラッティ作曲のフーガ，ヘ短調，ロージングレイヴにより出版，第 II 巻，p.9］

装飾音の省略といった小さな逸脱を除き，この巻はより良質に版刻されているものの，ロージングレイヴの原本を直接再版したもので，ロージングレイヴが《練習曲

集》の M（Manca, 左）や D（Destra, 右）といった手の配置の指示を L や R に翻訳したものまでそのままにしてある。これにより，ボアヴァン版がロージングレイヴ版や《練習曲集》の元になったというスカルラッティ・ソナタの出版年代順のリストは結果的に誤っており，それを唯一の根拠とするホプキンソンの仮説（pp.52–53）は完全に覆される。

9.《クラヴサンのための作品集》/ アストゥリアス皇太子のハープシコードの師 / ドメニコ・スカルラッティにより作曲　第3巻 / 白表紙本価格9ルーブル / ヴァンドーム嬢により版刻 / パリ /
出版：ボアヴァン夫人，レグル・ドールのサントノレ通り / ル・クレール氏，クロア・ドールのルール通り / カスタニェリ嬢，プルーヴェル通り
国王特許［おそらく1742年から1746年の間］
　　　パリ，国立図書館
内容：［贋作］，K. 49,［贋作］, 33, 96, 97, 55,［ガルッピ作］, 48,［贋作］
10.《オルガンまたはハープシコードのための6つの二重フーガ》/ ロージングレイヴ氏により作曲 / それにロージングレイヴが若干の補筆を施したドメニコ・スカルラッティ氏の著名なハープシコード練習曲を追加 / / ロンドン。ストランド，キャサリーン通りの I. ウォルシュが発行 / ……
　　　ニューヘヴン，イェール音楽院
ここで言及されている練習曲 K. 37 は，ロージングレイヴの《42の組曲集 *XLII Suites de Pieces*》（1739）でも出版された。ニュートンはロージングレイヴについて次のように述べている（p.144）。「複数形が誤解でなければ，1753年に彼が数曲のソナタを自身の追加作品とともに演奏した様子がダブリン・ジャーナルに記録されているようである」
11.《クラヴィコルディオのための12の新しいソナタ》/ サンティアゴの騎士にして / カトリックの王フェルナンド6世とマリア・バルバラ妃の師 / ドミンゴ・スカルラッティ氏により作曲 / / ロンドン / 編者が発行，チープサイドのボウ教会に面した J. ジョンソンにより販売
　　　ニューヘヴン，イェール音楽院
［許可証が1752年8月13日にクラウディウス・アムヤンドからジョン・ウォーガンに与えられた］ウォーガン手稿に基づいて出版。付録 V A 5, また第 VII 章も参照。
　　　内容：K.　106, 107, 55, 117, 44, 104, 53, 101, 100, 105, 140, 116.
12.《ハープシコードのための6つのソナタ》/ ドメニコ・スカルラッティ氏により作曲 / 第3巻 / ロンドン　チープサイドのハープ・アンド・クラウン社のジョン・ジョンソンが発行 / ……
　　　ニューヘヴン，イェール音楽院
この曲集は明らかにロージングレイヴの最初の2巻のジョンソンによる再版の補遺として刊行された（ニュートン，p.148を参照）。表題の広告は《スカルラッティ

の12のソナタ》となっており（ホプキンソン，p.63），以下のデイリー・アドバタイザー誌1753年1月1日号にある告知は多分これに言及したもの。「本日，購読予約者にはハープシコードのためのドメニコ・スカルラッティ氏による新しいソナタをお送りすることができます。ですので，ご予約された方はご希望により，チープサイドのボウ教会に面したジョンソン氏の楽器店からの取り寄せも可能です」

一方ニュートンは，扉ページの広告からこの曲集が1756年と1760年の間に現れたことを示す証拠を引用している。しかしながら，扉ページの広告から最初の出版時期を正確に確定するためには，知られているすべての筆写譜を注意深く照合することによってのみできるだろう。というのも続く再版に際して素材は頻繁に変更されたからである。

ロージングレイヴの2巻とともに再刊［同じ表題，『第III巻』の後の同じ行に「価格6シリング/–」の追記］。/ ロンドン，ストランド97番地，プレストン・アンド・サンの倉庫にて発行ならびに販売

　　ニューヘヴン，イェール音楽院

　内容：K. 298, 120, 246, 113, 247, 299.

　13.《チェンバロ独奏のための6つのソナタ》/ マドリードのサンティアゴの騎士ドメニコ・スカルラッティ氏により作曲 / 第1集 / ニュルンベルクのリュート奏者，/ ジョヴァンニ・ウルリコ・ハフナー提供 / 第77番……［1753年頃，他のハフナー版の番号のドイツ語による日付から判断］

　　ブリュッセル，音楽院図書館

　内容：K. 125, 126, 127, 131, 182, 179.

　14.《チェンバロのための20のソナタ》/ さまざまな作曲家による /……第1集 / パリ / …… ヴニエ ……［ホプキンソンによると（p.68），1775年のヴニエの目録に広告あり］

　　ワシントン，議会図書館

このコレクションの第13番と第14番はスカルラッティによるものである（K. 180および125）。［ホプキンソンは，フェルナンデス，バヤール，およびカスタニェリの下で刊行された先行する1765年頃の刊行物についても引用している（p.67）。（ロンドン，大英博物館，キングズ・ミュージック・ライブラリ）］

　15.《クラヴィコルディオのための12の新しいソナタ》/ サンティアゴの騎士にして / カトリックの王フェルナンド6世とマリア・バルバラ妃の師 / ドミンゴ・スカルラッティ氏により作曲 / 第II巻 / ロンドン / テンプル・ゲートとラスボーン・プレイス通り23番地の編集所の間にある W^m. オーウェン書店および楽譜印刷所により発行ならびに販売 / その場所にて入手可，第1巻，同じ作者による12のソナタ，すでに編集者によりしばらく前に出版。またI. ウォーガン M. B. 作曲のハープシーコードのための6つの新しいソナタ［ジョン・ウォーガンへの許可証は1771年6月13日の日付］

　　ニューヘヴン，イェール音楽院

内容：K. 298, 43, 118, 47, 57, 123, 49, 115, 119, 46, 99, 141.
ジョン・ウォーガン博士により編集。第 VII 章を参照。

16.《**クラヴィコルディオのための 6 つの新しいソナタ**》/ サンティアゴの騎士にして / カトリックの王フェルナンド 6 世とマリア・バルバラ妃の師 / ドミンゴ・スカルラーティ氏により作曲 / 第 VI 巻 / 価格 7 シリング 6 ペンス / ロンドン オペラ・ハウス向かいヘイ・マーケット 9 番地のジョン・ウェルカーにより発行ならびに販売［1776 年頃から 1777 年の間、ホプキンソン、pp.63-64 による］

 ニューヨーク公共図書館

 ［「第 VI 巻」に至る主な表題は前出と同じ］/ 価格 5 シリング……0 ペニー / ロンドン ホルボーン 45 番地の J. ブランドにより発行［出版社の 1786 年 3 月 25 日の日付がある目録で広告（ホプキンソン、p.64）］

 メイン州、ハーボアサイド、J. ハロウェルおよびジョージ・B・ヴォーガン。

 ニュートンが指摘しているように（pp.153-154）、「第 VI 巻」という指定は以前に英国で出版された 5 巻のスカルラッティ・ソナタ、すなわちロージングレイヴの 2 巻、ウォーガンの 2 巻、およびジョンソンの《6 つのソナタ……第 III 巻》との関係においてのみ解釈されるだろう。

 内容：K. 125, 179, 182, 131, 126, 127.

17.《**選集**》/ さまざまな作曲家による / クラヴサンまたはピアノフォルテのための /

 内容：K. 113.

 この奥付なしの出版楽譜についてはホプキンソンが彼の所有になる筆写譜からのものであると述べており（p.68）、スカルラッティのソナタに先行して C. ディターズの序曲とハイドンの《ラウドン交響曲》（B. & H. 69 {Hob.I : 69}）の編曲を含んでいる。ハイドンの作曲が 1779 年であることから、彼はそれをおよそ 1780 年頃としている。

18.《**4 つの序曲**》/ グリエルミ、ヴァンハル、/ ディターズおよびハイドンの作曲による；クラヴサンまたはピアノ・フォルテに編曲 / そして / 2 つのソナタ / クレメンティ、とスカルラーティによる / …… / パリ、M. バユー社……［ホーボーケンによれば 1784 年］

 ロンドン、大英博物館、ヒルシュ・コレクション

 その内容は先行する《選集》に含まれており、その中にはスカルラッティのソナタ K. 113 もある（ホプキンソン、p.68）。

19.《**ドミニコ・スカルラッティの美**》/ ハープシコードまたはピアノ・フォルテのための練習曲用組曲から選曲 / アンブローズ・ピットマンによりさまざまな改良を施されて改訂 / 初巻 / ……［ホプキンソン（p.64）によるとロンドン、プレストン、1785 年］

 ニューヘヴン、イェール音楽院

 内容は、6 曲の《練習曲集 Lessons:》に編曲。K. 31, 8, 2; 13, 14; 5, 34, 9; 29,

32, 33; 1, 10; 19, 6

20.《スカルラッティの傑作》/ ハープシコードまたはピアノ・フォルテのための / ムツィオ・クレメンティの所有になる優雅な手稿から選曲 / …… / ロンドン：/ 編集者ムツィオ・クレメンティのために発行，およびゴールデン・スクエア，グレート・プルトニー通りのブロードウッズ・ハープシコード・メーカーにて入手可［ホプキンソンによる（p.65），1791 年］

ニューヘヴン，イェール音楽院［クレメンティからサミュエル・ウェズリーへの献呈本］

内容：K. 378,［贋作，チェルニー 195］, 380（移調）, 490, 400, 475, 381（移調）, 206, 531, 462, 463,［ソレールの《27 のソナタ》（ロンドン，バーチャル）の第 5 番；チェルニー 196］

ゲルステンベルクは同じ曲集のパリ版を引用している（pp.36-37）:《クラヴサンまたはピアノフォルテのための 12 のソナタ》ムツィオ・クレメンティによるスカルラッティの洗練された様式の作品。作品 27。ロブリ社，パリ。

ベルリン，プロイセン国立図書館。

21.《2 つのお気に入りのソナタ》/ スカルラッティ作 / ロンドン。コヴェントリー通り近く，ウィトコム通り 39 番地，J. クーパーにより発行ならびに販売［私が知る限りその筆写譜の唯一の所有者であるホプキンソンによる（p.65），1792 年頃］

内容：K. 32 および 33, および以下のように開始するソナタ：

22.《30 のソナタ》/ ハープシコードまたはピアノフォルテのための；/ 子爵フィッツウィリアム郷の所有なる手稿から（許可を得て）出版，/ ドメニコ・スカルラッティ氏により作曲。/ / 価格 15 シリング / - / ロンドン / ニュー・ボンド・ストリート / 33 番地音楽移動図書館の R^t. バーチャルにより発行 / ソレールの《**27 の練習曲集**》—15/0 シリングも入手可能［ウィリアム郷は彼の筆写譜を 1800 年としている（ニュートン，p.155）］

現在ケンブリッジのフィッツウィリアム博物館所蔵の手稿 32 F. 12 から発行。
内容：K. 478, 492, 445, 454, 455, 372, 373, 236, 237, 438,
446, 533, 266, 267, 366, 367, 520, 524, 491, 386,
401, 387, 525, 517, 534, 535, 545, 552, 553, 54.

ボストン，公共図書館

23.《クレメンティの実用和声選集》/ オルガンまたはピアノ・フォルテのための；/ 内容 / ヴォランタリー，フーガ，カノンおよびその他の素晴らしい作品 / 大変著名な作曲家による / 編集者による対位法の概説付き / ……ロンドン，クレメン

ティ，バンガー，コラール，ディヴィス・アンド・コラール社が発行……［全4巻，初版は1811年頃−1815年。さまざまな奥付が存在］

第2巻はK. 41およびK. 30を含む（注記付：「以下はドメニコ・スカルラッティによる著名な《猫フーガ》である」）

D. 1800年以降の主要な版

1．ドミニク・スカルラッティによるクラヴサンまたはピアノフォルテのための**作品全集**……ウィーンのビュロー・ダール・エ・ダンデュス　トリーネエ……［全8巻，1803−1807年］

この曲集に収められている54曲のソナタ目録についてはシェヴェロフ，pp.160−162を参照。

2．ドミニク・スカルラッティによるピアノ・フォルテのための**作品全集**，カール・チェルニー校訂。ウィーン：トビアス・ハスリンガー［全2巻，1839年］

スタッソフによれば（p.20n），この版は大部分が現在ミュンスターにある諸巻に基づいて出版され，当時サンティーニがその目的のために貸与したものである（付録ⅤA3を参照）。ローマにあるサンティーニの居宅では，1837−1838年にクラマー，1839年にリストが「昔の流派のピアノあるいはオルガン作品，中でも特にドメニコ・スカルラッティの作品を演奏したが，猫フーガはあのように独創的で称賛に値する傑作であり，選り抜きの知的な音楽愛好家である聴衆の間で常に大きな人気を博した」（スタッソフ，p.20）。ところで，すでに1837年にはロンドンで，イグナッツ・モシェレスが猫フーガや他のスカルラッティ作品をハープシコードで演奏していた（ハーディング，pp.88−89）。

この版の200曲中，第191番，第192番，および第200番はアレッサンドロ・スカルラッティ，第196番はソレールによるものであり，第195番は少なくともドメニコ・スカルラッティの作ではない（付録ⅦBを参照）。

チェルニー版は（彼の版のバッハほどには注意深く注釈されておらず，その分煩わしさが少ないが），これ以後の19世紀および20世紀に編まれた数多くのスカルラッティ・ソナタ集の基盤となった。それらは忘却の彼方へと沈み行くに任せるべきものであり，そのためにもここでは黙ってその前を通り過ぎることにする。しかしながら，ハンス・フォン・ビューロー版への序文（《**18の精選された鍵盤楽曲**》，ライプツィヒ：ペータース社，［1864年］）については，チェルニー版が世に出た際のロベルト・シューマンの驚くほど冷淡なコメントとともに触れておくべきだろう。これらはスカルラッティの死後2世紀の間で，彼の運勢がもっとも衰退した時期を画している（シューマン，第1巻，pp.400−401）。

3．ドメニコ・スカルラッティのクラヴィチェンバロ作品全集。アレッサンドロ・ロンゴによる批判校訂版で組曲の形で配置。ミラノ：リコルディ［10巻，および補遺，1906年〜］

これは現存するスカルラッティ・ソナタでもっとも完全に近い版である。全 10 巻と補遺 1 巻の中には 545 曲のソナタが含まれ，ヴェネツィア，ウィーン，フィッツウィリアムの各手稿，および《練習曲集》の原典版を底本として刊行された。ソナタ K. 41, 80, 94, 97, 142–144, 204 a または b, 452, 453, およびソナタ K. 357 の終結部は含まれていない。ロンゴはこれらの手稿資料について知らなかったように見える。残念ながら，ロンゴの番号付けとソナタを組曲の形に配置することはスカルラッティ・ソナタの年代的および様式的な順序を完全に乱している。無数にある不正確さや繰り返し挿入される編者注からは，スカルラッティ・ソナタのより満足のいく完全版が強く望まれる。

　ロンゴ版に欠くことができない補遺は**主題索引**（**調性と拍子による**）である。ミラノ：リコルディ，1937 年。

　4．ドメニコ・スカルラッティ。5 つのソナタ　ヴァルター・ゲルステンベルクにより出版。レーゲンスブルク：グスタフ・ボッセ出版社［1933 年］

　これはゲルステンベルクの著書『ドメニコ・スカルラッティの鍵盤作品』の「楽譜付録」を成し，それまですべて未出版であったミュンスター手稿からのソナタ K. 452 および 453，パルマ手稿のソナタ K. 204 a および b，さらにパルマ手稿のソナタ K. 357 の完全な版を含む。

　5．ドメニコ・スカルラッティ。ハープシコードのための 4 つのソナタ。リチャード・ニュートンにより手稿から筆写，短い序文付き。ロンドン，オックスフォード大学出版［1939］

　この版はそれまで未出版であったウォーガン手稿のソナタ第 42–44 番（K. 142–144），およびチャールズ・ウェズリーの手稿（大英博物館 Add. 35018 f. 55b）を含む。後者については真正のスカルラッティ作品とは受け入れ難い。付録 VII B 5 を参照。

　6．スカルラッティ 60 のソナタ，上下巻，ラルフ・カークパトリック編，{ 荒木雄三訳，全音楽譜出版社 }

　7．ドメニコ・スカルラッティ。手稿および出版された資料によるファクシミリ版の鍵盤作品全集。ラルフ・カークパトリック編。ニューヨーク：ジョンソン・コーポレーション，1972 年（全 18 巻）。

　8．ドメニコ・スカルラッティ。ソナタ集。ケネス・ギルバート編。パリ：ウジェル社（全 11 巻．1971 年～，そのうちの 10 巻が刊行されている { すでに 11 巻まで刊行済 }）。

　9．ドメニコ・スカルラッティ。クラヴィチェンバロのためのソナタ。エミリア・ファディーニによる校訂版。ミラノ，リコルディ社　［全 10 巻および補遺，1978 年～ { 現在 9 巻まで刊行済 }］

　10．橋本英二による新版の鍵盤作品集が全音楽譜出版社より近く出版予定。{ スカルラッティ 100 のソナタ，全 3 巻，橋本英二編，全音楽譜出版社，1998–1999 / スカルラッティ 90 のソナタ，全 3 巻，橋本英二編，全音楽譜出版社，1999–2002}

付録Ⅵ　声楽作品

A.　オペラ

1.《オッタヴィーア》，ジュリオ・コンヴォ大修道院長によるメロドラマ／高名かつ優秀なる夫人へ／献呈／D. カタリーナ・デ・モスコーザ，オッソリオ／ウルタード・デ・メンドーサ／サンドヴァル，そしてロカス／サン・ステーファノ・デ・ゴルマス伯爵夫人，等々／ナポリ，1703年／パリーノとムーティオ／……（ローマ，チェチーリア国立図書館 11662）

　　［第8ページに次の記載：「音楽はドメニコ・スカルラッティ氏による」。ニコラ・バルバピッコラの署名で献呈］

《オッタヴィーア》と題するオペラの器楽付きアリア。ドメニコ・スカルラッティ氏による（ナポリ，サン・ピエトロ・ア・マイエッラ音楽院図書館，32-2-33）。

　　［33のアリアを含み，そのうち2曲は二重唱。音楽の残りの部分については不明］

2.《ジュスティーノ》／音楽劇／今年1703年に王宮にて上演用／スペイン国王フェリペ5世の誕生日のために／優秀なる諸氏に／献呈／ヴィリェーナの侯爵，／アスカローニャの公爵，等々／現ナポリ王国の副王にして総督／ナポリ，1703年／パリーノとムーティオのため／……（ボローニャ，大学図書館 Segn. A. V. Tab.I, F. III, 37, 4）

　　［台本の作者名については扉ページに記載がないが，ノンブルなしの第6ページにある序文の中で，自分が《オッタヴィーア》の台本作家ジュリオ・コンヴォ大修道院長であることを明らかにしている。台本は1684年にナポリで上演されたニコロ・ベレガーニ伯爵による同名の戯曲を改訂したもので，元はレグレンツィの音楽がついていた。ノンブルなしの第8ページでは次のように述べられている。「音楽はドメニコ・スカルラッティ氏による」。しかし，ノンブルなしの第6ページ序文では，Sという印のついたいくつかのアリアは最初の作者によるものであると述べている。その名前は明らかにされていないが，おそらくレグレンツィを指している（サルトリ，『*Gli Scarlatti a Napoli*』，pp.374-377を参照）。これらのアリアのうち8曲にはそのような印がついており，その中のひとつ，〈そして炎の愛 *E un foco amore*〉はスカルラッティによっても作曲された。スカルラッティによって作曲されたと思しき台本中52曲のアリアは，24曲のみがナポリ手稿の中に残されている。台本のノンブルなしの第7ページでは次の記載がある。「ジュゼッペ・スカルラッティの装置および背景」。出演者リストの中にはアマンティオの役を歌ったトマゾ・スカルラッティの名がある。興行主はニコラ・バルバピッコラであった］

《ジュスティーノ》の伴奏付きアリア選集。ドメニコ・スカルラッティ氏による（ナポリ，サン・ピエトロ・ア・マイエッラ音楽院図書館，32-2-33）。

［24 のアリアを含み，そのうち 3 曲は二重唱。音楽の残りの部分については不明］

　3.《イレーネ》/ 音楽劇 / ナポリ，サン・バルトロメオ劇場にて上演用。高名かつ賢明なる諸氏に献呈。D. メルクリオ・アントニオ・ロペス，フェルナンデス，パチェコ，/ アクーニャ，シロン，およびポルトカッレロ，/ サン・ステファノ・デ・ゴルマス伯爵等々，領主等々。アレマーネ警護隊長 / 本ナポリ王国の副王にして総督 / 高名なるアスカローナ公爵の御子息等，ヴィッレーナ侯爵へ献呈 / ナポリ，1704 年 / パリーノとムーティオのために / ……（ワシントン，議会図書館，Schaz 9539）

　　［台本 A3 ページに次の記載：「よく知られているように，（最初の作曲家であるジオ：バッティスタ・プッラローリ｛ママ，＝ポッラローリ｝の功である）への称賛を裏切らないためにも，同名のアリアは $\mathcal{S}$ の印を付けておく。残りはすべてドメニコ・スカルラッティ氏による」。ニコラ・バルバピッコラの署名で献呈。台本はジローラモ・フリジメリカ・ロベルティのテキストの改作］

　イレーネの器楽付きアリア［次の 1 行半は棒線で削除されている］ドメニコ・スカルラッティ（ナポリ，サン・ピエトロ・ア・マイエッラ音楽院図書館，32 – 2 – 29）

　　［33 曲のアリアを含む。音楽の残りの部分については不明］

　4.《ラ・シルヴァ》/ 田園劇 / ポーランドのマリア・カジミラ王妃の居所内劇場のために / カルロ・シジスモンド・カペーチにより殿下のために創作し献呈，およびドメニコ・スカルラッティ氏による音楽 / ローマ，ロッシ，1710 年 / ……（ローマ，ウルデリコ・ロランディ博士）

　　［カメッティ（カルロ・シジスモンド・カペーチ……, p.60）は，情報源を引用することなく上演日を 1710 年 1 月 27 日としている。音楽については不詳］

　5.《トロメーオとアレッサンドロ，または侮蔑された王冠》/ 音楽劇 / ポーランドのマリア・カジミラ王妃殿下の居所内劇場で上演用 / アルカディア同人メティスト・オルビアーノこと，/ カルロ・シジスモンド・カペーチによりトラグリ殿下のために創作し献呈，/ およびドメニコ・スカルラッティ氏による付随音楽 / ローマ，1711 年。キアヴィカ・デル・ブファーロのアントニオ・ロッシ印刷所（ローマ，カッサナテンセ図書館，喜劇 492[1]）。

　　［カメッティ（前掲書, p.60）は，情報源を引用することなく上演日を 1711 年 1 月 19 日としている。ロランディは第 4 ページで，1713 年のフェルモおよび 1727 年のイェージで上演された同じ表題の台本に言及しているが，詩人や作者には触れていない。このオペラはアルカディアのためにも上演された（第 III 章を参照）。アルカディアの同人達は，次のような表題の記念刊を出版した。『もっとも高貴なる劇《トロメーオとアレッサンドロ》/ へのいろいろな作家による / 韻文 / ポーランドの / マリア・カジミラ王妃殿下の居所内劇場にて上演，/ 殿下に / 献呈 / ローマ，チェリ広場，アントニオ・デ・ロッシのために。1711 年 / ……（献呈の日付は 1711 年 4 月 1 日）』］

　Tolomeo, et Alessandro / o vero / La Corona disprezzata, / Opera / Del Sig:

Carlo Sigismond Capeci / Musica / Del Sig. Domenico Scarlatti / L'anno / 1711. （ローマ，故 S. A. ルチアーニ。1981 年現在，ミラノ，アリゴ・ペローネ）

　　［第 1 幕のみ，総譜。表紙には "DOMINICUS CAPECE" ——そして遊び紙に "Ad'Uso CS." の書き込みあり。当初私は，手稿がドメニコ・スカルラッティの手元にあったというルチアーニの意見に同意していたが，その後の数週間の調査およびドメニコの自筆のサンプルとの比較から，それが自筆譜ではなく，おそらく台本作家のために用意された筆写譜であるとの結論に達した（ルチアーニ，『ドメニコ・スカルラッティによる未刊のオペラ *Un'opera inedita di Domenico Scarlatti*』を参照。第 III 章も参照。ファクシミリについては図 22 を参照）］

　　ドメニコ・スカルラッティ氏のシンフォニア（パリ，音楽院図書館 Rés. 2634, fols. 40v – 44v）

　　［そのような 17 の作品を 1 巻にしたもの。付録 VI, 15 を参照。これは《トロメーオ》の「導入部」である］

　6.《オルランド，または荒れ狂う嫉妬》/ 音楽劇 / ポーランドのマリア・カジミラ王妃殿下の居所内劇場で上演用 / 殿下の秘書 / アルカディア同人メティスト・オルビアーノこと / カルロ・シジスモンド・カペーチにより / 殿下のために創作し献呈 / および殿下の宮廷楽長 / ドメニコ・スカルラッティ氏による付随音楽，/ キアヴィカ・デル・ブファーロのアントニオ・デ・ロッシ。1711 年 / ……（ローマ，カッサナテンセ図書館，喜劇 461[1]）

　　［カメッティ（前掲書，p.60）は，情報源を引用することなく上演日を 1711 年の謝肉祭の間としている。音楽については不詳］

　7.《テティーデ》/ 音楽劇 / ポーランドのマリア・カジミラ王妃殿下の居所内劇場で上演用 / 殿下の秘書 / アルカディア同人メティスト・オルビアーノこと / カルロ・シジスモンド・カペーチにより / 殿下のために創作し献呈 / および殿下の宮廷楽長 / ドメニコ・スカルラッティ氏による付随音楽 / ローマ，アントニオ・デ・ロッシの支出による，また同じものをキアヴィカ・デル・ブファーロにて販売。1712 年 / ……（ローマ，カッサナテンセ図書館，喜劇 451[2]）。台本のこの筆写譜は第 3 幕，第 3 場以降が不完全。製本業者の手違いにより第 49 – 64 ページが欠落，《オルランド》の第 49 – 64 ページと入れ替わっている。

　　［カメッティ（前掲書，p.60）は，情報源を引用することなく上演日を 1712 年 1 月 10 日としている］

　　Drama del Scarlat.（ヴェネツィア，サン・フランチェスコ・デッラ・ヴィーニャ修道院図書館）

　　［3 巻の手稿本に納められた完全なオペラ（最後の欠落した 4 ページ分を除く）。全部で 47 曲のアリアがあり，ひとつのオーボエ，2 つのフルート，弦楽，および通奏低音のためのスコアになっている。一部は *Florilegium Musicae Antiquuae*, 第 V – X 巻，ポーランドの Wydawnictwo Muzyczne（1963 – 1966 年）で再版。（このオペラの完全なテキストを再版したリーフレットとともにテレンツィオ・ツァル

ディーニ版で録音，ウェストミンスター，OPW 1305）］

〈女王のアリア *Arie della Regina*〉1712 年。〈さまざまなアリア *Arie diverse*〉より，fols. 1r – 6v, 57r – 90v.（ナポリ，サン・ピエトロ・ア・マイエッラ音楽院図書館，34 – 5 – 14）

［《テティーデ》から 10 のアリア，2 曲の三重唱を含む。このスコアでは器楽パートでは低音部以外がすべて欠落］

ドメニコ・スカルラッティ氏によるシンフォニア *Symfonia del Sig^r : Domenico Scarlatti*（パリ，音楽院図書館 Rés. 2634, fols. 51v – 52v）

［そのような 17 の作品を 1 巻にしたもの。付録 VI, 15 を参照。これは《テティーデ》の序曲］

8.《アーウリデのイフィジェニーア》/ 音楽劇 / ポーランド王未亡人マリア・カジミラ殿下の居所内劇場で上演用 / 殿下の秘書 / アルカディア同人メティスト・オルビアーノこと, / カルロ・シジスモンド・カペーチにより殿下のために創作し献呈，および殿下の宮廷楽長ドメニコ・スカルラッティ氏による付随音楽 / ローマ，アントニオ・デ・ロッシ，また同じものをキアヴィカ・デル・ブファーロにて販売。1713 年 / ……（ローマ，サンタ・チェチーリア図書館，XII 21）

［カメッティ（前掲書，p.60）は，情報源を引用することなく上演日を 1713 年 1 月 11 日としている。音楽については不詳。ユヴァッラの書き割りデザインについては第 III 章を参照］

9.《ターウリデのイフィジェニーア》/ 音楽劇 / ポーランド王未亡人マリア・カジミラ殿下の居所内劇場で上演用 / 殿下の秘書 / アルカディア同人メティスト・オルビアーノこと, / カルロ・シジスモンド・カペーチにより殿下のために創作し献呈 / および殿下の宮廷楽長ドメニコ・スカルラッティ氏による付随音楽 / ローマ，アントニオ・デ・ロッシ，また同じものをキアヴィカ・デル・ブファーロにて販売。1713 年 / ……（ローマ，カサナテンセ図書館，喜劇 451[1]）

［カメッティ（前掲書，p.60）は，情報源を引用することなく上演日を 1713 年 2 月 15 日頃としている。サンタ・チェチーリア図書館にはこのオペラを 1719 年の謝肉祭でトリノのカリニャーノ劇場で上演した際の台本がある。（アカデミア・キジャーニ，*Gli Scarlatti*, p.85）音楽については不詳］

10.《ひそかな恋》/ 音楽劇 / ポーランド王未亡人マリア・カジミラ殿下の居所内劇場で上演用 / 殿下の秘書 / アルカディア同人メティスト・オルビアーノこと, / カルロ・シジスモンド・カペーチにより殿下のために創作し献呈, / および殿下の宮廷楽長ドメニコ・スカルラッティ氏による付随音楽 / ローマ，アントニオ・デ・ロッシ，また同じものをキアヴィカ・デル・ブファーロにて販売。1714 年 / ……（ローマ，カサナテンセ図書館，喜劇 451[3]）

［カメッティ（前掲書，p.61）は，情報源を引用することなく上演日を 1714 年 1 月 20 日頃としている］

10b.《ナルチーゾ》/ 音楽劇 / ヘイマーケット王立劇場上演用，王立音楽アカデ

ミーのために / ロンドン / ジョヴァンニ・ピッカードのために，1720 年（ロンドン，大英博物館 163. g 16）

　　　[《ひそかな恋 *Amor d'un Ombra*》の改訂版。献呈は台本の改作者であるパオロ・ロッリによって署名。"対話者"の目録は以下のように読める：ナルチーゾ，デュラスタンティ嬢；チェファロ，ベネデット・バルダッサーリ氏；アリスト，ゴードン氏；エコー，アナスタシア・ロビンソン嬢。これに次の記載が続く：「音楽はドメニコ・スカルラッティ氏による」。バーニーによると（『**音楽通史**』, Vol. II, p.703），上演は 1720 年 5 月 30 日に，トマス・ロージングレイヴの指揮で行われた]

　《歌曲集》 / 《ナルキサス》と題する新しいオペラより / 王立アカデミーのために / 王立劇場にて上演 / ドメニコ・スカルラッティ氏により作曲 / ロージングレイヴ氏作曲による歌曲を追加 / ロンドン，I. ウォルシュにより発行および販売……（ワシントン，議会図書館，M 1500 .S285N3）

　　　[レチタティーヴォなしのショート・スコア。ロージングレイヴによる 2 つのアリアと 2 つの二重唱を含む]

　　　[ナルチーゾ]（ハンブルク，大学図書館）

　　　[手稿によるフル・スコア，レチタティーヴォの欠落なし，フリードリヒ・クリザンダーの蔵書から]

　ドメニコ・スカルラッティ氏によるシンフォニア（パリ，音楽院図書館 Rés. 2634, fols. 37r – 47r）

　　　[そのような 17 の作品を 1 巻にしたもの。付録 VI, 15 を参照。これは《ナルチーゾ》の序曲]

　11. 《アンブレート》 / 音楽劇 / カプラニカ氏の広間にて 1715 年の謝肉祭の折に / 上演用。サン・ジョヴァンニ・ディ・ディオのしるしのあるピエトロ・レオーネの書店近くパスクィーノ広場にて販売 / ローマ，ベルナボ，1715 年 / ……（ローマ，ウルデリコ・ロランディ博士）

　　　[台本の中で言及されていないが，アポストロ・ゼーノによる作。第 7 ページには次のような「役者」名が挙げられている。アンブレート，ドメニコ・テンペスティ氏；ヴェレモンダ，ドメニコ・ジェノヴェージ氏；ジェドーネ，ジョヴァンニ・パイタ氏；ジェリルダ，インノチェンツォ・バルディーニ氏；イルデガルデ，アントニオ・ナティリー氏；ヴァルデマーロ，Gio. アントニオ・アルキ氏，コルトンチーナの声；ジッフリード，フランチェスコ・ヴィターリ氏。第 8 ページには次の記載あり：「ポンペオ・アルドブランディーニ氏による舞台装置および背景」]

　　　[アリア] ドメニコ・スカルラッティ氏の《アンブレート》から。[テキスト] **不幸な虜囚の身の私に** [第 1 幕，第 8 場から]（ボローニャ，音楽高等学校図書館，Ms. DD 47, fols. 39r – 42v）

　12. 《ディリンディーナ》，音楽笑劇。（第 2 版。ルッカ 1715 年，レオナルド・ヴェンチュリーニのために）（ブリュッセル，音楽院図書館）[表題はルチアーニ，『**覚書** *Postilla*』]

416

[巻末に次の記載：「この音楽笑劇のための素晴らしい音楽はドメニコ・スカルラッティ氏によるもので，それによりすべてが実に心地よい」(ルチアーニ，『覚書』，p.201.)]

[手写稿，ローマ，ウルデリコ・ロランディ博士：宮廷楽長 カプラニカ劇場での幕間喜劇／ローマ 1715 年 ジローラモ・ジーリ氏。ロランディ所有の《アンブレート》の台本コピーには第 7 ページにこのメモが見られるが，ペンで棒線に消されている：「幕間劇／ディリンディーナ嬢。ドメニコ・フォンタナ氏／ドン・カリッシモ。ミケーレ・セルヴァティーチ氏／リッシオーネ。トマゾ・ビザーリ・サノーゼ[?]。／ドメニコ・スカルラッティ氏による音楽」。この幕間劇は明らかに《アンブレート》の上演から取り下げられ，《田園風幕間劇》に差し替えられた。音楽部分は最近フランチェスコ・デグラーダにより再発見され，ナポリの RAI での上演が『Nuova Rivista Musicale Italiana』，II, 6（1968 年），pp.1247–1249 で論評されている]

La Dirindina . . .（ヴェネツィア，ウゴ・レヴィ）
[同時代の手写稿によるスコア]

13.《田園風幕間劇》／カプラニカ氏の広間にて／戯曲「アンブレート」にて／上演用／サン・ジョヴァンニ・ディ・ディオの印のあるピエトロ・レオネの書店近くパスクイーノ広場にて販売／ローマ，ベルナボ，1715 年／……（ローマ，ウルデリコ・ロランディ博士）

[第 12 ページ：「役者／エルピーナ　ドメニコ・フォンタナ氏／シルヴァーノ　ミケーレ・セルヴァティーチ氏」音楽については不詳]

14.《エジプトの女王ベレニーチェ，あるいは愛と分別の囁き》／音楽劇／カプラニカ氏の広間での音楽会／1718 年の謝肉祭にて／麗しきエルネスティーナ・ディ・ガラッソ伯爵夫人殿下／ディートレヒシュタイン伯爵夫人に献呈／カトリック諸王の盟主／……／ローマ，ベルナボ印刷所にて。1718 年．（ローマ，カッサナテンセ図書館，喜劇 451[4]）

[台本には言及がないが，アントニオ・サルヴィ作。サルヴィのテキストはペルティにより 1709 年に，またヘンデルにより 1737 年に用いられた（レーヴェンベルク，p.96）。第 [7] ページには「オペラの配役」が挙げられている。ベレニーチェ女史，ガエターノ・ナリーチ氏；セレーネ，カルロ・スカルツィ氏……；デメトリオ，カルロ・ベルナルディ氏；アレッサンドロ，ドメニコ・ジツィー氏；ファビオ，アンニバレ・ピオ・ファブリ氏；アルサーチェ，ガスパーレ・ジェリ氏；アリストボーロ，カルロ・マッチオキーニ氏；シビリーナ，ピエトロ・リッチ氏；メネーニオ，ミケーレ・セルヴァティーチ氏「ドメニコ・スカルラッティ氏，およびニコロ・ポルポラ氏による音楽。第 [8] ページには「書き割りは建築家。アントニオ・カナヴァーリ／舞台装置および設計。騎士ロレンツォ・マリアーニ氏／美術／Gio. バッティスタ・ベルナボ」とある。音楽については不詳]

15. それぞれが《シンフォニア *Sinfonia*》と題する 17 の作品（パリ，音楽院図

書館 Rés. 2634)
内容:
　[1.] イ長調, グラーヴェ, プレスト, アダージョ, アレグリッシモ・プレスト, 弦楽および通奏低音 (Fols. 1r–3v)
　[2.] ト長調, アレグロ, グラーヴェ, メヌエット, フラウト・トラヴェルソ, オーボエ, 弦楽および通奏低音のための (Fols. 4r–8r)
　[3.] ト長調, アレグリッシモ, グラーヴェ, アレグリッシモ, 弦楽および通奏低音のための (Fols. 8v–10v)
　[4.] ニ長調, テンポ・ディ・マルチアータ, アダージョ, プレスティッシモ, オーボエ, 弦楽および通奏低音のための (Fols. 11r–12v)
　[5.] イ短調, アレグロ, アダージョ, 2つのヴァイオリンおよび通奏低音のための (Fols. 13r–14r)
　[6.] ニ長調, アレグロ, グラーヴェ・エ・スタッカート, アレグロ, オーボエ, 2つのヴァイオリンおよび通奏低音のための (Fols. 14v–18v)
　[7.] ハ長調, プレスト, アダージョ・エ・スタッカート, アレグリッシモ, 弦楽および通奏低音のための (Fols. 19r–22v)
　[8.] 変ロ長調, アレグロ, グラーヴェ, メヌエット, オーボエ, 弦楽および通奏低音のための (Fols. 23r–26r)
　[9.] ニ短調, プレスト–アレグロ, メヌエット, オーボエ, 弦楽および通奏低音のための (Fols. 26v–28v)
　[10.] ト長調, アレグロ, グラーヴェ, アレグロ, オーボエ, 弦楽, および通奏低音のための (Fols. 29r–33r)
　[11.] ハ長調, アレグロ, アダージョ, メヌエット, オーボエ, 弦楽および通奏低音のための (Fols. 33v–36v)
　[12.] ト長調, アレグロ, グラーヴェ, メヌエット, オーボエ, 弦楽および通奏低音のための (Fols. 37r–40r)　[これは《ナルチーゾ》の序曲。]
　[13.] 変ロ長調, プレスト, グラーヴェ, プレスト, オーボエ, 弦楽および通奏低音のための (Fols. 40v–44v)　[これは《トロメーオ》の「導入部」。]
　[14.] ト長調, アレグロ–プレスト, アダージョ, メヌエット, オーボエ, 弦楽および通奏低音のための [しかしながらアダージョ楽章はフルート, オーボエおよびヴァイオリンのみを要する] (Fols. 45r–49r)
　[15.] 変ロ長調, アレグロ, グラーヴェ, アレグロ, オーボエ, 弦楽および通奏低音のための (Fols. 49v–51r)
　[16.] イ長調, アレグロ, グラーヴェ, アレグロ, オーボエ, 弦楽および通奏低音のための (Fols. 51v–52v)　[これは《スキロのテティデ》の序曲]
　[17.] ハ長調, アレグロ・エ・プレスト, ラルゴ・エ・スタッカート, プレスト, 2本のオーボエ, 弦楽および通奏低音のための (Fols. 53r–58v) [異なる筆跡]
　　[この巻にドメニコ・スカルラッティによるオペラの序曲がさらに含まれてい

る可能性があるが，現時点では同定不可能である］

B. オラトリオ，セレナード，およびその他折々の音楽

1.《神々の公会議》/ 高名にして優秀なる貴婦人 / ジョヴァンナ・アリアータ，エ・ボナンノ / ヴィッラフランカ皇太子妃にしてサラ・ディ・パルータ公妃，等々の / 御出産の集いにて / 5声のセレナータ / 高名にして卓越した殿下 / ジュゼッペ・アリアータ，エ・コロンナ / ヴィッラフランカ皇太子，等々に / 奉献 / ピエトロ・リッチオ作 / ドメニコ・スカルラッティによる付随音楽 / ナポリ，ミケーレ・ルイッジ・ムツィー 1704年

［表題はマリノウスキー，W. によって再構成。「マリア・カジミラ王妃の劇場における，ドメニコ・スカルラッティおよびその他数名について，ミカエレン・ブリスティゲーレンによる O teatrze królowej Marii Kazimiery, Domenico Scarlattim i kilku innych sprawach z Michaełem Bristigerem,」*Ruch Muzyczny*, XX/13 (11976), pp.2–6］

2.《フランク王クローヴィスの改宗》……ローマ。A. デ・ロッシ 1709年（ローマ，ヴァチカン図書館［カメッティ，前掲書，p.60］）

［おそらくレントで上演，1709年］

《フランク王クローヴィスの改宗》/ カルロ・シジスモンド・カペーチ氏の / オラトリオ / ドメニコ・スカルラッティ氏による付随音楽 / **ロマーノ神学校寄宿学生諸氏による歌唱** / 1715年 / ローマ，神聖なる **N. S. クレメンテ 11世の** / ガエターノ・ゼノービにより版刻および発行 / ……（ローマ，ウルデリコ・ロランディ博士）

［音楽については不詳］

3.《聖母マリアの名を深く讃えて》/ 3声のカンタータ / ポーランドのマリア・カジミラ王妃の宮廷にて上演 / アルカディア同人メティスト・オルビアーノこと，王妃の書記カルロ・シジスモンド・カペーチにより王妃のために創作し献呈 / および王妃の宮廷楽長ドメニコ・スカルラッティ氏による付随音楽 / ロンチリョーネのトゼリ出版社，1712年出版 / ……（ローマ，ウルデリコ・ロランディ博士）

［p.3に次の記載：「ウィーン解放記念のために」（1683年9月12日）。音楽については不詳］

4.《ポルトガルの王子御誕生祝賀》/ 神聖なる教皇 N. S. クレメンテ 11世のポルトガル特別大使 / 高名なる閣下フォンテス侯爵の宮廷にて歌われる。陛下の宮廷楽長 / ドメニコ・スカルラッティ氏による付随音楽 / ルッカ，ジローラモ・ラベッティ用。1714年 / ……（ローマ，ウルデリコ・ロランディ博士）

［楽譜に示されているように，ポルトガルの皇太子誕生（1714年6月6日）を祝して上演された。p.3に次の記載：「対話者 / チルチェ。カテリーナ・レリイ・モッシ嬢。/ アウロラ。パオラ・アラーリ嬢。/ ウリッセ。ヴィットリオ・チッチェーリ氏」。音楽については不詳］

5.《カンタータ》/ 1714 年の聖なる降誕の夜 / バチカン宮殿において上演 / アルカディア同人エウリンド・オリンピアコこと, / フランチェスコ・マリア・ガスパッリ作 / ドメニコ・スカルラッティ氏の音楽 / ローマ　1714 年 / 教皇庁財務局より発行 / ……（ローマ, ウルデリコ・ロランディ博士）

　［音楽については不詳］

  6.《四季の争い》/ セレナータ / ポルトガル王妃マリアンナ・ジョゼッファ妃殿下のめでたき誕生日に際し / 王妃の宮殿にて上演 / 西リスボン, パスクアーレ・ダ・シルヴァ製作所にて / 1720 年, 殿下の印刷所 / ……（リスボン, 国立図書館 L. 1.327 – A）

  4 声のセレナッタ / ドメニコ・スカルラッティによる / 春冬, 夏秋 / ［付記：］合唱付き（ヴェネツィア, マルチアーナ国立図書館, Ms. 9769）

　［表題に先行するノンブルのないページに独唱者のリストがある。「春—フロリアーノ。夏—クリスティーニ。秋—モッシ。冬— D. ルイッジ。」この作品がマリアンナ王妃の誕生日を祝うために 1720 年 9 月 6 日に王宮で上演されたことは明らかである（リスボン新聞, 1720 年 9 月 12 日）。手稿（fol. 72r）の最後には次のような書き込みがある。「第 1 部の終わり」。印刷された台本の「第 2 部」のための音楽については不詳。この作品は 2 人の独唱ソプラノ, アルト, テノール, 合唱, 2 つのトランペット, 2 つのホルン, フルート, および弦楽のスコアになっている］

  7.《田園カンタータ》, / セレナータ / 洗祝者聖ヨハネの霊名の祝日に際し, / ポルトガル王ジョアン 5 世の宮殿にて上演 / 西リスボン, パスクアーレ・ダ・シルヴァ製作所にて / 1720 年, 殿下の印刷所 / ……（リスボン, マリオ・デ・サンパヨ・リベーロ）

　［リスボンの王宮で 1720 年 12 月 27 日に行われたこの作品の上演に関する記事がリスボン新聞に報じられている（1721 年 1 月 2 日付）。音楽については不詳］

  8.《セレナード》

　［リスボンの王宮で 1722 年 9 月 6 日に行われたこの作品の上演に関する記事がリスボン新聞に報じられている（1722 年 9 月 10 日付）。台本, 音楽いずれについても不詳］

  9.《セレナード》

　［リスボンの王宮で 1722 年 12 月 27 日に行われたこの作品の上演に関する記事がリスボン新聞に報じられている（1722 年 12 月 31 日付）。台本, 音楽いずれについても不詳］

  10.《調和の祝典》/ 王家の御成婚を祝して / もっとも気高く, もっとも逞しきスペインの殿下 / アストゥリアス皇太子フェルナンド殿下 / そしてポルトガル王女マリア妃殿下 / 神の御加護の下 / この 1728 年 1 月 11 日 / 殿下の王宮にて上演 / 王室作曲家ドメニコ・スカルラッティによる付随音楽 / 西リスボン, ジョゼッペ・アントニオ・ディ・シルヴァ製作所にて / 1728 年 / ……（ローマ, チェチーリア国立図書館 6387）

[音楽については不詳。チェチーリア国立図書館資料の同じ巻にはその他のポルトガル宮廷の正式な祝賀行事のための台本が含まれている。《ドン・キホーテ *Il D. Chisciotte*》; 1728 年。《牧歌劇 *Dramma Pastorale*》, 1726 年; 《ディアナ神の供物 *Il Sacrifizio di Diana*》, 1722 年; 《ケファーロとエンディミオーネの愛 *Gl'amori di Cefaro e d'Endimione*》, 1722 年。しかしながら、これらについては作曲者の名前がない。サンパヨ・リベイロ(『国王ジョアン 5 世』, p.81)は、さらにリスボンの国立図書館にある作曲者名のない台本の目録を掲げている (L. I.327 – A);《愛の出来事 *Gl'Amorosi Avvenimenti*》, (1722 年 6 月 24 日);《ケファーロとエンディミオーネの愛》(1722 年 10 月 22 日) (上記参照);《喜ばしきコスタンツァ *La Costanza gradita*》(1725 年 10 月 22 日);《一目で生まれた愛 *Amor nasce dà un'sguardo*》(1725 年 12 月 27 日);《アンドロメダ *Andromeda*》(1726 年 7 月 26 日);《軽蔑された二心の愛 *Il doppio amor vilipeso*》(1726 年 6 月 6 日)」;《曙光 *L'Aurora*》(1727 年 12 月 27 日)。1720 年 10 月 24 日付のリスボン新聞は、作曲者名に触れることなく 10 月 22 日のイタリア風セレナータ《美徳の勝利 *Triunfo das Virtudes*》の上演に言及している。これらのうちいくつかはスカルラッティの音楽を伴っていたかもしれない?]

C. ドメニコ・スカルラッティ作とされる室内カンタータおよびアリアの目録の一部

　[スカルラッティ一族の手になる音楽の帰属や目録については混乱があり、声楽作品におけるドメニコの様式もその大部分において個性に欠けているため、私としては以下の諸作品の正当性について保証することはできない。ミュンスターにあるものを除き、あるいは特に断らない限り、それらは後述する各図書館から出版された目録またはアイトナーの『資料辞典 *Quellen-Lexikon*』に列記されている。その中でも調査の結果あまりに疑わしいもののいくつかについては削除し、注釈を施すとともに、私が実際に目にした作品に関して参考文献中に見られる誤りについては断らずに訂正を加えた。ドレスデンのアリアを除き、目録の表題はカンタータにも当てはまる]

ベルリン, プロイセン国立図書館:
　《バラの眠り *Dorme la rosa*》, ソプラノと通奏低音
　《それからの我が暗黒 *Onde della mia Nera*》, 声楽と通奏低音
　　[アイトナーによると, ウィーン, 楽友協会も所蔵]
　《愛している、クローリよ、愛している *T'amai, Clori, t'amai*》, 声楽と通奏低音
ボローニャ, サン・ペトローニオ公文書館:
　《不幸に生まれしものへ *A chi nacque infelice*》, アルトと通奏低音
　《おお、あまりに哀れなる人よ *Ah, sei troppo infelice*》, ソプラノと通奏低音
　　[いずれもリノ・ビアンキ版による, ミラノ, リコルディ]

ブリュッセル，音楽院図書館：
　２つのカンタータ

ドレスデン，ザクセン地方図書館，Ms. B 38.
　アルトと器楽のための４つのアリア
　　《もし貴方が想い望むなら *Se pensi mai se spe*》
　　《もし貴方が誠実なら *Se tu sarai fedel*》
　　《慰めと希望 *Consolati e spera*》（アレッサンドロ・パリソッティで出版，《**古典アリア集** *Arie antiche*》，第１巻，第２集中，ミラノ，リコルディで出版）
　　《私に貴方を愛して欲しければ *Se vuoi ch'io t'ami*》，
　　　［アイトナーはこれらのアリアを未詳のオペラからのものとしている。だが理由を明らかにはしていない。私が出版されている既知の台本を調べたところでは（《ジュスティーノ》を除いて）該当するものを見いださなかった］

フィレンツェ，音楽院図書館：
　《ストラヴァガンツェ *Stravaganze*》と題された巻中にあるカンタータ（ルチアーニ，『**覚書**』）

ロンドン，大英博物館：
　《心地よき草原 *Amenissimi prati*》，バスと通奏低音
　《森，洞窟，そして山々 *Selve, caverne e monti*》，ソプラノと通奏低音

ロンドン，王立音楽文庫：
　《少しの間だけなら *Se per un sol momento*》，２声と通奏低音
　《親愛なるティルシ *Tirsi caro*》，２声と通奏低音
　《心が貴方に語れば *Se ti dicesse un core*》，声楽と通奏低音
　《そのような時にはせめて眠りを *Pur nel sonno almen tal'ora*》，声楽，２つのヴァイオリンと通奏低音
　《少し手を止めて *Sospendi o man per poco*》，声楽と通奏低音
　《だめ，逃げないで，ああニケ *No, non fuggire o Nice*》，声楽と通奏低音
　《何という考え *Qual pensier*》，声楽と通奏低音
　《フィレよ，もう私は話さない *Fille gia piu non parlo*》，声楽と通奏低音
　《覚えています，ああ美しいイレーネ *Ti ricorda o bella Irene*》，声楽と通奏低音
　《どんな想いで *Con qual cor*》，声楽と通奏低音
　《ああ私とともにあることで変わりゆくニケ *O qual meco Nice cangiata*》，声楽，２つのヴァイオリンと通奏低音
　《フィレの恨みを晴らさん *Di Fille vendicarmi vorrei*》，声楽と通奏低音

ロンドン，王立音楽院図書館：
　《我が思うとき *Quando penso*》，ソプラノと通奏低音
　《空を憂いて *Vago il ciel*》，ソプラノと通奏低音
　　［デントはミュンスターにアレッサンドロによる１曲のカンタータを載せているが，それは同じ言葉で始まる］

ミュンスター，サンティーニ司教図書館：
 《恋人になるまで *Al fin diviene amante*》
  ［パリ，国立図書館にもあり］
 《ようこそ麗しき弟子達よ *Care pupille belle*》，ソプラノ，2つのヴァイオリンと通奏低音
  ［「1702年7月」の書き込みあり］
 《長く仕えし後に *Dopo lungo servire*》，アルト，2つのヴァイオリンと通奏低音
  ［「1702年7月2日」の書き込みあり］
ソプラノと通奏低音のためのカンタータ
  ［ドメニコ作とされているが，問題があるとして《*Tu mi chiedi*》以外はすべてデントによるアレッサンドロ・スカルラッティの作品目録に含まれている］
 《何を守るのか，おお暴君よ *Che pretendi ò Tiranna*》
 《その想いに私は憤る *Mi tormenta il pensiero*》
 《親愛なる方よ，望みを聞こう *Tu mi chiedi o mio ben*》
 《麗しき弟子達よ，ようこそ *Belle pupille care*》
 《彼は恋に悩んでいる *Che si peni in amore*》，アルトと通奏低音
声楽と弦楽のためのアリア［テノールのための《*Vedi l'ape*》以外はソプラノのための］ドメニコに帰属：
 《貴方は何になる *Che sarà*》
 《ミツバチをごらん *Vedi l'ape*》
 《それを恋という *Dice amor*》
 《凍る海から離れた小川で我は暖をとり考え感じる *Ruscelletto ch'è lungi dal mare Gelo avvampo considero e sento*》
さらに作者不詳の2つのアリア
 《彼の罰に宥恕を与えん *Dona pace alle sue pene*》
 《いえいえ，隠れることができる *Nò nò si può celar*》
ナポリ，サン・ピエトロ・ア・マイエッラ音楽院図書館：
 《誉れ高き麗しのバラ *Bella rosa adorata*》，ソプラノと通奏低音
 《我が苦しめられし心 *Sono un alma tormentata*》，ソプラノと通奏低音
パドゥヴァ，アントニアーナ図書館：
 《嗚呼，何をしたのだ，おお我が弟子達よ *Deh che fate o mie pupille*》
 《炎のような貴方を想う時 *Quando miro il vostro foco*》
 《バラに見とれていたある日 *Rimirai la rosa un dì*》
パリ，国立高等音楽院図書館：
 《我が心を虜にするは誰か *Chi in catene ha il mio core*》，ソプラノと通奏低音
パリ，国立図書館：
 《恋人になるまで *Al fin diviene amante*》
  ［ある手稿の注でドメニコに帰属させている。出版された目録中には記

載なし]

パルマ。パラティーナ図書館。音楽課 [アリゴ・ボイト音楽院内に設置]:
　《美しい妖精と汝羊飼い *Ninfe belle e voi pastori,*》, ソプラノと通奏低音
　　 [注記あり：「ドメニコ・スカルラッティ氏によりリヴォルノにて」]
　《もし貴方がどんな罰かを知れば *Se sai qual sia la pena*》, ソプラノと通奏低音
ウィーン, 国立図書館 [ミュンスター, サンティーニ司教図書館にもあり]：
　ソプラノ, 2つのヴァイオリンと通奏低音のための8つのカンタータ
　《ああ私とともにあることで変わりゆくニケ *O qual meco, o Nice*》
　《誠実ならば我を崇めよ *Se fedele tu m'adori*》
　《話をしたい *Dir vorrei*》
　《せめて眠りを *Pur nel sonno almen*》[メタスタージオによるテキスト。リノ・ビアンキ版で出版 (ローマ, デ・サンティス, 1963年)。ローマ, チェチーリア国立図書館にもうひとつの手稿, Sign. G Ms 491]
　《我見しは, おお青空 *Che vidi, oh ciel*》
　《泣け, 疼く眼よ *Piangete, occhi dolenti*》
　《血の斑点に染まり *Tinte a note di sangue*》
　《嘘偽りで記し *Scritte con falso inganno*》
ワシントン, 議会図書館：
　《そして我が不運も *E pur per mia sventura*》, ソプラノと通奏低音
　《そが美しき光を我は讃えん *V'adoro o luci belle*》, ソプラノと通奏低音

D. 教会音楽

1. 《ミゼレーレ》[ト短調, ソプラノ, アルト, テノール, バス, 独奏楽器群, 2組の管弦楽] (ローマ, ヴァチカン図書館, ジュリア礼拝堂, V-31 [パート譜, 自筆] ファクシミリ版については図21を参照)
　[マリオ・デ・サンパヨ・リベイロによって送られて来た書き出し部分のおかげで, 彼が言及している (*A música em Portugal*, p.65) エルヴァス図書館所蔵のミゼレーレを本書のために見つけ出すことができた]

2. 《ミゼレーレ》[ホ短調, ソプラノ, アルト, テノール, バス, 独奏楽器群, 2組の管弦楽] (ローマ, ヴァチカン図書館, ジュリア礼拝堂, V-31 [パート譜, 後に変更, 原典は保持])

3. 《イステ・コンフェソール》[ト長調, ソプラノ, アルト, テノール, バス, オルガン通奏低音] (ローマ, ヴァチカン図書館, ジュリア礼拝堂, V-32 [パート譜, 後にスコア, および追加のパート譜]；ボローニャ, 高等音楽学校図書館, LL. 281)

4. 《スターバト・マーテル》[ハ短調, ソプラノ4, アルト2, テノール2, バス2 (2組の5部合唱), オルガン通奏低音] (ボローニャ, 高等音楽学校図書館, KK

92 ［スコア］；ベルリン，プロイセン国立図書館，Mb. O. 605 ［スコア］；ウィーン，国立図書館 16739. P ［スコア］；ケンブリッジ，マサチューセッツ，ジョージ・B. ウェストン［パート譜］；ミュンスター，サンティーニ司教図書館，Sant Hs 3961 ［スコア，しかしスタッソフ，p.61 で述べられているように明らかに「原典手稿」ではない］)

ボナヴェントゥーラ・ソンマ版で出版（ローマ，デ・サンティス，1941 年)，アルフレード・カゼッラによる序文付き（カゼッラは，ヴェネツィアのオスペダレットに原典手写稿が存在することに言及している）。

5. ニジ・クィア・ドミヌス　4 声部（ローマ，大聖堂文庫［カゼッラ，スターバト・マーテル序文］）

6. ミサ（ローマ，大聖堂文庫［カゼッラ，前掲文献］）

［これはおそらくメンデルとライスマンがほのめかしている作品である（Vol. IX, p.72)：「ローマで S. は若干の教会音楽を作曲し，4 声のミサ曲（1712 年）とサルヴェ・レジーナが知られている」］。

7. サルヴェ・レジナ［イ短調，ソプラノ，アルト，オルガン通奏低音］（ボローニャ，高等音楽学校図書館，KK. 93 ［スコアおよび声楽パート，ソプラノ・パートの後半が欠落］）

レーク・ホイタス版でカッセル，ベーレンライターより出版。

8. マニフィカト［ニ短調，ソプラノ，アルト，テノール，バス，（通奏低音）］（ミュンスター，サンティーニ司教図書館，Sant Hs 3959 ［スコア，"...e si crede originale / Il Basso Organico è stato posto da Fortunato Santini" の注記あり］）

9. テ・デウム［ハ長調，ソプラノ，アルト，テノール，バス，独奏楽器群，2 組の管弦楽，オルガン通奏低音］（リスボン，シー・オブ・リスボン公文書館，現在はマリオ・デ・サンパイオ・リベイロが保管［スコア，後期 18 世紀の手稿］）

［サンパイオ・リベイロが言うには，思い出す限りにおいて，ギマランイス図書館にあるテ・デウムはこの作品を模写したものである］

10. 万聖節のモテト《栄光あれ》［ソプラノ，アルト，テノール，バス］（リスボン，前掲文献［パート譜，後期 18 世紀手稿］）

［注：サンパイオ・リベイロの意見では，カゼッラの《スターバト・マーテル》序文で言及されている〈8 声による秘跡のモテト〉，および 8 声による詩篇（〈主をほめたたえよ〉）はドメニコではなくアレッサンドロの作である］

11. 4 声のミサ［ト短調，ソプラノ，アルト，テノール，バス］（マドリード，王宮，第 102 番礼拝堂，fols. 103v – 138r ［パート譜，使用のため 1 巻からコピー］《聖霊によりて御からだを受け Et Incarnatus》のファクシミリについては図 23 を参照）

［1754 年の日付がある巻］

リノ・ビアンキ版により出版（ローマ，ディ・サンティス，1961 年）

12. 詩篇《ディクシト・ドミヌス》および《ラウダ・イェルサレム》，ソレールに

より言及されたもの（『転調論』, p.115), 彼により筆写され，またスカルラッティによっても同様。所在については不明。

13. サルヴェ・レジナ［イ長調, ソプラノと弦楽器］ （ナポリ，サン・ピエトロ・ア・マイエッラ音楽院図書館, 22-4-2 ［スコア,「1756年作」の書き込みあり］；ボローニャ，高等音楽学校図書館, KK. 95. ［スコア,「彼の死の直前の最後に作曲されたもの」および「よき友人にして親愛なる音楽教授ルイージ・バンデローニ卿へ——F. サンティーニ」という書き込みあり。最後の注記は以下のように読める。「ドメニコ・スカルラッティによるこの最後の作品は死の直前マドリードで作曲された」］；ベルリン，プロイセン国立図書館, Ms. Winterfeld 13. ［スコア,「彼の死の直前の最後の作品」］；ミュンスター，サンティーニ司教図書館, Sant Hs 3514 ［スコア，先行するものと同じ注釈，さらに次のように追記。「フォルトゥナート・サンティーニの使用に供するため」］)

ルドルフ・エヴァーハルト版で出版（ケルン，アルノ・フォルク, 1960年）。

付録VII　その他，疑わしい，あるいは偽の作品

A. ドメニコ・スカルラッティに帰せられるその他の作品

1. エイヴィソンの《12の協奏曲》（ロンドン，1744年）中にある未確認の"手稿の独奏作品集から追加された緩徐楽章"。本書付録ＶＣ4を参照。

2. 手稿集《チェンバロのためのソナタとフーガ Sonate e fughe per cembalo》中の2作品。（ボローニャ，高等音楽学校図書館，KK 96, pp. 17 – 18, 23 – 26）フーガはトーマス・ロージングレイヴの《ヴォランタリーとフーガ》（ロンドン，1728年頃）の第5番と見られる［この同定（およびエイヴィソンによる K. 91, 89 および 81 からの改作についての確認）はロバート・リーによるもの］。

3. 10曲の4声マドリガル Madrigali a quattro.（フィレンツェ，音楽院図書館，ルチアーニ，『覚書』，p. 201 に依拠）。それらには次のような記載がある：「チッチオ・デュランテによりこのような形に改作されたが，歌とバスの声部はドメニコ・スカルラッティによる」

4. 《チェロとバスのための3つのソナタ Tre Sonate a Violoncello e Basso》（ボローニャ，高等音楽学校図書館，KK 410）正当性については疑問。

5. 《スカルラッティ氏による12声のカプリッチョ・フガート Capriccio fugato del Sig^r. Scarlatti à dodici》（ロンドン，大英博物館，エジャートン Ms. 2451, fols. 92v – 99r）12声部は完全に独立していない。声楽，器楽いずれにも指定なし。同じ作品がミュンスターで《即興フーガ Fuga Estemporanea》（サンティーニ司教図書館，Sant Hs 3969［スコア，ソプラノ・アルト・テノール・バス，ソプラノ・アルト・テノール・バス，歌詞なし，弦楽器］，および Sant Hs 3960 の《12声のフーガ fuga a 12》［声楽，器楽いずれも明示なし］明らかにデュランテによるもの）として見いだされる。
パウル・ヴィンター版により出版（ケルン，ハンス・ゲーリヒ，1969）。

6. 《26曲の未発表ソナタ Ventiseis Sonatas Inéditas》のソナタ第10番および第13番，エンリケ・グラナドスによる編曲。付録ＶＡ8を参照。

7. 《2つのお気に入りのソナタ》中のソナタ1曲……ロンドン……J. クーパー［1792頃］。付録ＶＣ21を参照。

B. 贋作の鍵盤作品

1. ヘ短調のフーガ（ロージングレイヴ第II巻, p. 9; ウィーン G 51; チェルニー 200）アレッサンドロ・スカルラッティの作（付録 V C 9 参照）。
2. ボアヴァン第 III 巻の 4 つのソナタ（付録 V C 9 を参照）。
    ソナタ第 1 番 ハ長調。
    ソナタ第 3 番 ヘ長調。
    ソナタ第 8 番 ハ長調。[これはガルッピ作《チェンバロのためのソナタ Sonate per Cembalo composte dal Sig^r. Galuppi》ロンドン, I. ウォルシュにより発行……中のソナタ第 1 番の第 3 楽章である（この発見はヴェレ・ピルキントンによるもの）]
    ソナタ第 10 番 ヘ長調。[当該曲集のこの曲，あるいはソナタ第 8 番といった先行する贋作ソナタは，また別の著者によって出版された 18 世紀の作品集の中で見つかる可能性が大いにあるだろう。私が入手できたガルッピ作品集の中では見当たらなかった。この曲集中の第 6 ソナタ（K. 97, 他では未出版）については正当なスカルラッティ作として受け入れることにした]
3. クラヴサンのための [6 曲の] ソナタ / アストゥリアス皇太子のクラヴサンの師，ドメニコ・スカルラッティによる / 第 4 集 / パリ, ……ボアヴァン…… / ル・クレ…… / ……（パリ，国立図書館）
    [それぞれのソナタは 4 楽章からなり，例外は第 4 番で 5 楽章構成。すべて 2 声部で記譜され，バス声部は数字付きである。それらの作品をドメニコ・スカルラッティに帰属させることについては，以下の楽章が《ピラスとデメトリウスという新作オペラの歌曲 Songs in the New Opera call'd Pyrrhus and Demetrius》（アレッサンドロ・スカルラッティの《ピロとデメトリオ Pirro e Demetrio》）……（ロンドン），ウォルシュ，ランダル，ハレ，（1708 年頃）の中に見いだされるという事実から完全に否定される。
    ソナタ第 2 番，第 1 楽章：風はより甘美に Sento piu dolce il vento（p. 49）
    ソナタ第 2 番，第 2 楽章：露にぬれし芳しきスミレ Ruggiadose odorose violette（p. 22）
    ソナタ第 2 番，第 3 楽章：空々しき幻覚の如き汝を愛す Love thou airy vain Illusion（p. 45）
    ソナタ第 4 番，第 1 楽章：優しきため息がしばし我らを癒す Gentle sighs a while releive us [原文ママ]（p. 15）
    ソナタ 5 番，第 3 楽章：おお太陽よ昇りたまえ Rise O sun（p. 2）
    これらについて私はマンフレート・ブコフツァーから助言を得た]
4. ソナタハ長調（アレグロ 4/4）。チェンバロ独奏のためのソナタ第 6 番 / が収録された音楽作品集第 5 巻 / …… / 第 2 集 / ニュルンベルク / ジョヴァンニ・ウルリーコ・ハフナー提供……[1757 年頃，ホプキンソン p.67]
    [ゲルステンベルクは様式上の根拠によりこのソナタをドメニコ・スカルラッティの作品ではないと拒否している（p. 36）。この曲集のうち唯一スカルラッティに帰

されているソナタの冒頭では，自身を「マドリード，キリスト騎士団」と称している。これが後の作家による主張の元になったようである]

　5．ソナタ ヘ長調（アンダンテ，4/4）（チャールズ・ウェズリーの手写稿から第4番としてニュートンが出版，ロンドン，大英博物館 Add.35018, fol.55b）[私見によれば，このソナタは17世紀後期イタリア音楽に染まった何者かがスカルラッティ風のより明確な特徴を意識的に模倣したものである。第9‒16小節のようなパッセージ，あるいは属七和音や副七和音の和音の扱い方は特に疑わしい]

　6．ソナタ ヘ長調（アンダンテ・カンタービレ，6/8）（クレメンティ 第2番，チェルニー 第195番）[ゲルステンベルクは極めて真当にこれをドメニコ・スカルラッティの作品ではないとしている（p. 39）。おそらくクレメンティによるものだろう]

　7．ソナタ ヘ長調（アレグロ，アッラ・ブレーヴェ）（クレメンティ 第12番，チェルニー 第196番）これは《神父アントニオ・ソレール師による鍵盤のための27のソナタ》の第5番である，ロンドン：バーチャル。

　8．フーガ イ短調（ウィーン G 第48番，チェルニー第191番）これはヒッグス手稿（イェール音楽院）中のトッカータ第10番の一部分で，J. S. シェドロックによりアレッサンドロ・スカルラッティの《ハープシコードとオルガン音楽》の中の1曲としてロンドンで1908年に出版された。この楽曲およびフーガ ト長調の由来についてはクラウディオ・サルトリによるアレッサンドロ・スカルラッティ，《トッカータ第1巻および第2巻》，pp. 140‒143の記述を参照。

　9．フーガ ト長調（ウィーン G 第47番，チェルニー第192番）これはヒッグス手稿（イェール音楽院）中のトッカータ第7番の一部分である（上記参照）。ビューロー（ライプツィヒ，ペータース），およびブオナミーチ（ニューヨーク，シャーマー）版によるドメニコ作品集の中で，ドメニコに帰属する前奏曲として掲載されている。

　10．《チェンバロのためのコンチェルタート風協奏曲》，第1ヴァイオリン，第2ヴァイオリン，第1フルート，第2フルート，第1ホルン，第2ホルン，ヴィオラおよびバス（ベルリン，プロイセン国立図書館，Mus. ms. 19679）。様式的な根拠から，おそらくこれをドメニコの真作と認めることは困難である。多分ジュゼッペによるものだろう。

　11．ウォーガン編集の最初の2巻に付随する手稿の巻末にある2つのソナタ（付録 V C 11 および15を参照）。この手稿は後期18世紀の書き手による19曲のソナタを含んでおり，元来は第13‒31番である（手稿にしろ印刷譜にしろ，明らかに12曲のソナタ集に後続するものである）。これら19のソナタは K. 96, 121, 109, 54, 139, 143, 48, 144, 50, 110, 142, 181, 347, 108, 380, 381（この中で K. 181, 347, 380, および K. 381 はいわゆるウォーガン手稿には現れない [付録 V A 5]）；付録 VII B 7 に記載されたソレールのソナタ；ソナタ ハ長調 3/4 プレストおよびソナタ ハ長調 9/8 プレスティッシモ。

最後の2曲はいずれもスカルラッティ作とは受け入れ難い。それらはソレールに近い（ニュー・ヘヴン，イェール音楽院，Ma 31/Sca 7k/C 11）。

C. 贋作の声楽作品

1. ソプラノのための2つのカンタータ，《私を無視するために *Al fine m'uccidete o miei pensieri*》および《愛がないと受け止めるのは身勝手 *Stravagante non è l'amor ch'io sento*》（ナポリ，サン・ピエトロ・ア・マイエッラ音楽院図書館，57-39）［ドメニコ・スカルラッティの作品として目録に記されているが，手稿の中ではアレッサンドロに帰されている。デントはそれらをアレッサンドロの作品として彼の目録に含めている］

2.《アルトのための歌曲 *Canzone per Alto*》。［アイトナーによりベルリン，プロイセン国立図書館およびワグナー・コレクションに現存とされている。1938年の時点でプロイセン国立図書館には見当たらなかった］

3. モテト，《我が主ダヴィデを想え *Memento Domine David*》。（ロンドン，大英博物館，エジャートン Ms. 2451, fol. 65）［Add. 14166 に同じ作品がアレッサンドロ作とされている。またデントによっても記載］

4. オペラ，《棄てられたディドーネ *Didone Abbandonata*》（ローマ，1724年），メタスタージオのテキストによる。［私はこのオペラのドメニコによるセッティングに関連した18世紀の資料を全く見つけられずにいる。ブヴィエやブルネッリ（ピエトロ・メタスタージオのオペラ全集 *Tutte le opera di Pietro Metastasio*）の最近の関連資料は確実に誤謬に基づいている。バーニー（『メタスタージオの……思い出』，Vol. I, p. 36）は，このオペラがナポリ第一の作曲家であるドメニコ・サッロの音楽によって，1724年にローマで上演されたと語っている。第V章，脚注34を参照］

5. 3つのアリア：《海に散りて *Sparge al Mare*》，《戻り来る道 *Passagier che fa ritorno*》，および《うずく想い *Immagini dolenti*》，ジュゼッペ・スカルラッティによる。

［ジュゼッペ・スカルラッティの《メローペ》（ローマ，1740年）からの《海に散りて》と《戻り来る道》は，パスティッチョ《ペルシアのアレッサンドロ *Alessandro in Persia*》というパスティッチョの中で1741年10月31日にロンドンで上演され，バーニーによりドメニコ・スカルラッティの作品として論議された（『音楽通史』，Vol. II, p. 838）。バーニーは（前掲書，p. 840），ロンドンで1742年4月20日にパスティッチョ《メラスペ，あるいはオリンピアーデ *Meraspe, o l'Olimpiade*》の中で上演されたジュゼッペの《ゲルマニアのアルミニオ》（フィレンツェ，1741年）からのアリア，《うずく想い》も同じようにドメニコの作品として論議している（ウォーカー，p. 195 を参照）］

参考文献

　以下の文献は，本書を準備するにあたり著者にとって有用であった資料のみを含むものである。ドメニコ・スカルラッティに関する出版物の完全なリストを意味するものではなく，本書の中ですでに言及された資料のみに依拠した文献を含むものでもなければ，その価値が疑わしいような文献の表題を永遠に伝える意図もない。特に断らない限り，ここに記載されている版は，本書を執筆中に参照した当時のものである。

[Accademica Musicale Chigiana.] *Gli Scarlatti (Alessandro-Francesco-Pietro-Dmenico-Giuseppe)*. Siena, 1940.

Adami da Bolsena, Andrea. *Osservazioni per ben regolare il Coro dei Cantori della Cappella Pontificia*. Roma, 1711.

Addison, Joseph. *Remarks on several parts of Italy, &c. In the Years, 1701, 1702, 1703*. 5th ed.; London, 1736.

Ademollo, Alessandro. *I teatri di Roma nel secolo decimosettimo*. Roma, 1888.

Agricola, J. F. *Anleitung zur Singkunst. Aus dem Italiänischen des Herrn Peter Franz Tosi, ... mit Erläuterungen und Zusätzen von Johann Friedrich Agricola*. Berlin, 1757.｛邦訳：『歌唱芸術の手引き』，東川清一 訳，春秋社，2005年｝

Almeida, Fortunato de. *História de Portugal*. Coimbra, 1922-1926.

Alvarez de Colmenar, Juan. *Annales d'Espagne et de Portugal*. Amsterdam, 1741.

Anglès, Higini. [See Soler, Antoni; *Sis Quintets*.]

――."Das spanische Volkslied," *Archiv für Musikforschung*, III (1938), pp.331-362.

Annunzio, Gabriele d'. *Leda senza Cigno*. Milano, 1916.

Argenson, R. L. de V. de P., marquis de. *Mémoires et journal inédit du Marquis d'Argenson*. Paris, 1857-1858.

Armstrong, Edward. *Elisabeth Farnese*. London, 1892.

Aulnoy, Madame d'. *Relation du Voyage d'Espagne*, avec une introduction et des notes par R. Foulché-Delbosc. Paris, 1926.

Avison, Charles. *An Essay on Musical Expression*. London, 1752.

Bach, C. P. E. *Versuch über die wahre Art das Clavier zu spielen.* Berlin, 1759, 1762. [Reprinted in facsimile, Leipzig, 1957.] { 邦訳：『正しいクラヴィーア奏法』，東川清一 訳，全音楽譜出版社，1963/2003 年 }

——. *Essay on the True Art of Playing Keyboard Instruments,* trans. and ed. by William J. Mitchell. New York, 1948.

Bach, J. S. *Keyboard Practice Consisting of an Aria with Thirty Variations.* Ed. by Ralph Kirkpatrick. New York, 1938.

——. *Werke. Herausgegeben von der Bach-Gesellschaft zu Leipzig.* Leipzig, 1851-1899. [Reprinted, Ann Arbor, 1947.]

Bain, F. W. *Christina, Queen of Sweden.* London, 1890.

Baini, Giuseppe. *Memorie storico-critiche della vita e delle opere di Giovanni Pierluigi da Palestrina.* Roma, 1828.

Ballesteros y Beretta, D. Antonio. *Historia de España.* Barcelona, 1919-1941.

Barcia, A. M. *Catalogo de los retratos de personajes españoles que se concervan en la seccion de estampas y de bellas artes de la Biblioteca Nacional.* Madrid, 1901.

Baretti, Joseph. *An Account of the Manners and Customs of Italy.* 2nd ed.; London, 1769.

——. *A Journey from London to Genoa, through England, Portugal, Spain, and France.* 3rd ed.; London, 1770.

Basso, A. *La formazione storica ed estetica della storia di Domenico Scarlatti.* The University of Turin, 1957.

Bauer, Luise. *Die Tätigkeit Domenico Scarlattis und der italienischen Meister in der ersten Hälfte des 18. Jahrhunderts in Spanien.* [Unpublished Inaugural-Dissertation, München, 1933.]

Beckford, William. *The Travel Diaries of William Beckford of Fonthill.* Cambridge, 1928.

Berwick, M. del R. F. y O., 16. duquesa de Alba, 9. duquesa de. *Documentos escogidos del archivo de la casa de Alba.* Madrid, 1891.

Blainville, [   ] de. *Travels through Holland, Germany, Switzerland, but especially Italy.* London, 1757.

Bogianckino, Massimo. *L'Arte Clavicembalistica di Domenico Scarlatti.* Roma, 1956.

Bonaventura, Arnaldo. *Bernardo Pasquini.* Roma, 1923.

Borrero, Consolación Morales. *Fiestas Reales en el Reinado de Fernando VI Manuscrito de Carlos Broschi Farinelli.* Madrid, 1972.

Bouvier, René. *Farinelli, le chanteur des rois,* Paris [1943].

Branco, M. B. *Portugal na epocha de D. João V.* 2nd ed.; Lisboa, 1886.

Brinckmann, A. E. *Die Baukunst des 17. und 18. Jahrhunderts. I. Die Baukunst des 17. und 18. Jahrhunderts in den romanischen Ländern.* Berlin——Neubabelsberg [1919].

Brosses, Charles de. *Lettres familières sur l'Italie.* Paris, 1931.

Burnet, Gilbert. *Some Letters, Containing An Account of what seemed most Remarkable in Travelling through Switzerland, Italy, ... Germany, ... in the Years 1685. and 1686.* 2nd ed.; Rotterdam, 1687.

Burney, Charles. *A General History of Music.* Ed. by Frank Mercer. New York, 1935.

——. *Memoirs of the Life and Writings of the Abate Metastasio.* London, 1796.

——. *The Present State of Music in France and Italy.* London, 1771.

——. *The Present State of Music in Germany, the Netherlands, and the United Provinces.* London, 1773.

Cabanès, Docteur. *Le Mal Héréditaire* [Vol. II]. *Le Bourbons d'Espagne.* Paris [1927].

[Caimo, Norberto.] *Voyage d'Espagne, fait en l'année 1755.* [An abridged translation of *Lettere d'un vago Italiano ad un suo amico,* Milano, 1760-1767.] Paris, 1772.

Cametti, Alberto. "Carlo Sigismondo Capeci (1652-1728), Alessandro e Domenico Scarlatti e la Regina di Polonia in Roma," *Musica d'Oggi,* XIII (1931), pp.55-64.

——."I cembali del Cardinale Ottoboni," *Musica d'Oggi,* VIII (1926), pp.339-341.

——."Cristina di Svezia, l'arte musicale e gli spettacoli teatrali in Roma," *Nuova Antologia,* October, 1911.

——."Organi, organisti ed organari del Senato e Populo Romano in S. Maria di Aracoeli (1583-1848)", *Rivista Musicale Italiana,* XXVI (1919), pp.441ff.

Carini, Isidoro. *L'Arcadia dal 1690 al 1890.* Roma, 1891.

Carmena y Millán, D. Luis. *Crónica de la ópera italiana en Madrid desde el año 1738 hasta nuestros dias.* Madrid, 1878.

Casaglia, Ferdinando. *Per le onoranze di Bartolommeo Cristofori.* Firenze, 1876.

Casanova, Jacques. *Mémoires.* Paris: Garnier [1880]. { 邦訳：『カザノヴァ回想録』, 窪田般弥訳, 河出書房新社, 1995 年。他 }

Celani, Enrico. "I cantori della Cappella Pontificia nei secoli XVl-XVIII", *Rivista Musicale Italiana,* XVI (1909), pp.55-112.

——. "Il Primo amore di Pietro Metastasio," *Rivista Musicale Itaaliana,* XI (1904), pp.228-264.

Chase, Gilbert. *The Music of Spain.* New York, 1941.

Chedlowski, Casimir von. *Neapolitanische Kultuzrbilder XIV.-XVIII. Jahrhundert.* 2nd ed.; Berlin, 1920.

Choi, Seunghyun. *Newly Found Eighteenth Century Manuscripts of Domenico Scarlatti's Sonatas and their Relationship to Other Eighteenth and Early Nineteenth Century Sources.* The University of Wisconsin, Ph.D., 1974. Ann Arbor, 1981.

Choron, A. E., and Fayolle, F. *Dictionnaire historique des musiciens, artistes et amateurs.* Paris, 1810-1811.

Chrysander, Friedrich. *G. F. Händel.* 2nd ed.; Leipzig 1919.

Cian, Vittorio. *Italia e Spagna nel secolo XVIII.* Torino, 1896.

Clarke, Edward. *Letters concerning the Spanish Nation, written at Madrid during the years 1760 and 1761.* London, 1763.

Conti, Giuseppe. *Firenze dai Medici ai Lorena.* Firenze,1909.

[Cormatin, P. M. F. D., baron de.] *Voyage du ci-devant duc du Chatelet en Portugal.* Revu ... par J. F. Bourgoing. Paris, an VI [1797].

Cotarelo y Mori, Emilio. *Orígenes y establecimiento de la ópera en España hasta 1800.* Madrid, 1917.

Coxe, William. *Memoirs of the Kings of Spain of the House of Bourbon, ... 1700 ... to ... 1788.* 2nd ed.; London, 1815.

Crescimbeni, G. M. *L'Arcadia.* Roma, 1711.

——. *Notizie Istoriche degli Arcadi Morti.* Roma, 1721.

Croce, Benedetto. *Storia del Regno di napoli.* Bari, 1931.

——. "I teatri di Napoli nei secoli XV-XVIII." *Archivo storico per le province Napoletane,* XIV-XVI (1889-1891).

Dalrymple, William. *Travels through Spain and Portugal in 1774.* London, 1777.

Danvila y Burguero, Alfonso. *Fernando VI y Doña Bárbara de Braganza. (1713-1748).* Madrid, 1905.

[Defoe, Daniel.] *Memoirs of Capt. George Carleton.* Edinburgh, 1808.

Della Corte, Andrea. "Alessandro Scarlatti," *Enciclopedia Italiana,* XXXI, pp.5-7.

——. " 'Tetide in Sciro,' L'Opera di Domenico Scarlatti ritrovata," *La Rassegna Musicale,* XXVII (1957), pp.281-289.

Dent, E. J. *Alessandro Scarlatti, his Life and Works.* London, 1905.

Desdevises du Dezert, G. N. *L'Espagne de l'ancien régime.* Paris, 1897-1904.

Deutsch, Otto Erich. *Music Publishers' Numbers.* London, 1946.

D. João V. *Conferencias e estudos comemorativos do segundo centenario da sua morte (1750-1950).* Lisboa, 1952.

Dominici, Bernardo de'. *Vite de' Pittori, Scultori, ed Architetti Napoletani.* Napoli, 1742-1744.

Doria, Gino. *Storia di una capitale: Napoli dalle origini al 1860.* Napoli [1935].

Dotto, Paolo. "Gaspare A. Scarlatti il palermitano," *Musica d'Oggi,* XVII (1935), pp.383-386.

Duclos, C.P. *Mémoires.* Paris, 1791.

[Dumouriez, C. F. D.] *État Présent du Royaume de Portugal en ... 1766.* Lausanne, 1775.

Eitner, Robert. *Biographisch-bibliographisches Quellen-Lexikon.* Leipzig, 1900ff.

Enciclopedia Italiana di scienze, lettere ed arti. Roma, 1936.

Fabbri, Mario. *Alessandro Scarlatti e il Principe Ferdinando de' Medici.* Firenze, 1961.

Faustini-Fasini, Eugenio. "Gli astri maggiori del 'bel canto' Napoletano —Il Cav. Nicola Grimaldi detto 'Niccolino,'" *Note d'archivio per la storia musicale*, XII (1935), pp.297ff.

Fernan-Nuñez, Conde de. *Vida de Carlos III*. Madrid, 1898.

Ferrero, Mercedes Viale. *Filippo Juvarra. Scenografo e architetto teatrale.* [Torino, 1970]

Fienga, Pasquale. "Giuseppe Scarlatti et son incertaine ascendance directe," *Revue Musicale*, XIII (1932), pp.113-118.

———. "La véritable patrie et la famille d'Alessandro Scarlatti (Dernières recherches et documents inédits)," *Revue Musicale*, X (1929), pp.227-236.

Filippo Juvarra. [see Vecchi di Val Cismon.]

Flood, W. H. G. "Domenico Scarlatti's Visit to Dublin, 1740-1, from notes contributed by W. H. Grattan Flood," *Musical Antiquary*, I (April,1910), pp.178-181.

Flórez, Enrique. *Memoria de las Reynas catholicas*. 3rd ed. Madrid, 1790.

Florimo, Francesco. *La Scuola musicale di Napoli*. Napoli, 1880-1882.

Frati, Lodovico. "Farinello a Bologna," *La Cultura Musicale*, I (1922), pp. 91-98.

Friedrich II der Grosse. *Œuvres de Frédéric le Grand*. Berlin, 1846-1857.

Gaceta de Madrid, 1729-1757.

Galeazzi, Francesco. *Elementi teorico-practici di Musica con un Saggio sopra l'Arte di suonare il Violino*. Roma, 1791.

Garcia Rives, Angela. *Fernando VI y Doña Bárbara de Braganza (1748-1759)*. Madrid, 1917.

Gaspari, Gaetano, *Catalogo della Biblioteca del Liceo Musicale di Bologna*. Bologna, 1890-1895.

Gasparini, Francesco. *L'Armonico Pratico al Cimbalo*. 4th ed.; Venezia, 1745.

Gazeta de Lisboa Occidental. 1715-1729.

Geminiani, Francesco. *The Art of Accompaniament ... Opera 11th*. London [n.d.].

———. *The Art of Playing on the Violin ... Opera IX*. London [n.d.].

———. *Rules for playing in a true Taste ... Opera VIII*. London [n.d.].

——. *A Treatise of Good Taste in the Art of Musick.* London, 1749.

Gerber, E. L. *Historisch-biographisches Lexicon der Tonkünstler.* Leipzig, 1790-1792.

——. *Neues historisch-biographisches Lexicon der Tonkünstler.* Leipzig, 1812-1814.

Gerstenberg, Walter. *Die Klavierkompositionen Domenico Scarlattis.* (...dazu Notenbeilage in besonderem Heft.) Regensburg [1933].

Giacomo, Salvatore di. *Il Conservatorio di Sant'Onofrio a Capuana e quello di S. M. della Pietá dei Turchini.* (*I quattro antichi conservatorii di musica di Napoli.*) Palermo, 1924.

——. *Il Conservatorio dei Poveri di Gesù Cristo e quello di Loreto.* (*I quattro antichi conservatorii di musica di Napoli.*) Palermo, 1928.

Gleichen, C.-H., Baron de. *Souvenirs.* Paris, 1868.

Goethe, J. W. von. *Goethes Italienische Reise*, besorgt von Hans Timotheus Kroeber. Leipzig, 1913.

Goldschmidt, Hugo. *Die Lehre von der vokalen Ornamentik. Erster Band: Das 17. und 18. Jahrhundert bis in die Zeit Glucks.* Charlottenburg, 1907.

Grottanelli, L. "Una Regina di Polonia in Roma," *Rassegna nazionale*, XLI-XLII (1888).

Haböck, Franz. *Die Gesangskunst der Kastraten. Erster Notenband: A. Die Kunst des Cavaliere Carlo Broschi Farinelli. B. Farinelli's berühmte Arien.* Wien, 1923.

——. *Die Kastraten und ihre Gesangskunst.* Stuttgart, Berlin & Leipzig, 1927.

Hamilton, Mary Neal. *Music in Eighteenth Century Spain.* Urbana, 1937.

Harding, R. E. M. *The Piano-Forte.* Cambridge, 1933.

Hautus, Loek. "Beitrag zur Datierung der Klavierwerke Domenico Scarlatti," *Die Musikforschung*, XXVI (1973), pp.59-61.

——. Zu dem Domenico Scarlatti zugeschrieben "Capriccio fugato a dodici," *Die Musikforschung*, XXIV (1971), pp.294-295.

Hawkins, John. *A General History of Science and Practice of Music.* New ed.; London, 1875.

Heinichen, J. D. *Der Generalbass in der Composition.* Dresden, 1728.

Herrando, Joseph. *Arte, y puntual Explicacion del modo de Tocar el Violin con perfeccion, y facilidad.* [Madrid, 1756-1757.]

The Historical Register. Vol. XIV (1729). London [n.d.].

Hopkinson, Cecil. "Eighteenth-century Editions of the Keyboard Compositions of Domenico Scarlatti (1685-1757)." *Edinburgh Bibliographical Society Transactions,* Vol. III, Part I (1948-1949), pp.47-71.

Ivo, Julio. *O monumento de Mafra.* Pòrto, 1930.

João V. [See *D. João V.*]

Johnsson, Bengt. "Eine unbekannte Sonate von Domenico Scarlatti," *Die Musikforschung,* XXXIV (1981), pp.309-310.

Juvarra, Filippo. [See Vecchi di Val Cismon.]

Kany, C. E. *Life and Manners in Madrid 1750-1800.* Berkeley, 1932.

Kastner, Santiago. *Carlos de Seixas.* Coimbra [1947].

——. *Contribución al estudio de la música española y portuguesa.* Lisboa, 1941.

Keene, Benjamin. *The Private Correspondence of Sir Benjamin Keene, K. B..* Cambridge, 1933.

Kirkpatrick, Ralph. "Scarlatti Revisited in Parma and Venice," *Notes, The Quarterly Journal of the Music Library Association,* XXVII (September 1971) , pp.5-15.

——. "Who Wrote the Scarlatti Sonatas," *Notes, The Quarterly Journal of the Music Library Association,* XXIX (March 1973), pp.426-431.

Kirnberger, J. P. *Die Kunst des reinen Satzes in der Musik.* Zweyter Theil. Berlin und Königsberg, 1776.

Klenze, Camillo von. *The Interpretation of Italy, during the last two centuries.* Chicago, 1907.

Körte, Werner. *Der Palazzo Zuccari in Rom.* Leipzig, 1935.

Krebs, Carl. "Die Privatkapellen des Herzogs von Alba," *Vierteljahrsschrift für Musikwissenschaft,* IX (1893), pp.393-407.

Labat, P. *Voyages du P. Labat de l'ordre des Ff. Prescheurs, en Espagne et* en Italie. Amsterdam, 1731.

Laborde, J. B. de. *Essai sur la Musique Ancienne et Moderne*. Paris, 1780.

Lambertini, Michelangelo. "Portugal," Lavignac-Laurencie, *Encyclopédie de la Musique*, Sec. I, Vol. IV, pp.2401-2469.

Laparra, Raoul. "La musique et la danse populaires en Espagne," Lavignac-Laurencie, *Encyclopédie de la Musique*, Sec. I, Vol. IV, pp.2353-2400.

Lasses, Richard. *An Italien Voyage, or a Compleat Journey through Italy*. London, 1698.

Lavignac, Albert, and Laurencie, Lionel de la. *Encyclopédie de la Musique*. Paris, 1913-1931.

Lee, Vernon. *Studies of Eighteenth Century in Italy*. London, 1880.

Leichtentritt, Hugo. *Händel*. Stuttgart-Berlin, 1924.

Ligi, B. "La cappella musicale del Duomo d'Urbino," *Note d'archivio per la storia musicale*, II (1925).

Lima Cruz, M. A. *Carlos de Seixas (1704-1742)*. Lisboa 1943.

[Limojon] de St. Didier, [A. T.] *The city and Republic of Venice*. London, 1699.

Loewenberg, Alfred. *Annals of Opera, 1597-1940*. Cambridge [1943],

Longo, Alessandro. *Domenico Scarlatti e la sua figura nella storia della musica*. Napoli, 1913.

——. "Observations sur la valeur historique des compositions pour clavecin de Dominique Scarlatti." *Congrès international d'histoire de la musique*. Paris, 1900.

Lorenz, Alfred. *Alessandro Scarlatti's Jugendoper*. Augsburg. 1927.

Lorenzoni, Antonio. *Saggio per ben sonare il Flauto traverso*. Vicenza, 1779.

Louville, D. A. d'A., marquis de. *Mémoires secrètes sur l'établissement de la Maison de Bourbon en Espagne*. Paris, 1818.

Luciani, S. A. "Alla scoperta degli autografi di Domenico Scarlatti," *Archivi*, Serie III, Anno II (1935), Fascicolo IV.

——. *Domenico Scarlatti*. Firenze, 1939.

——. "Domenico Scarlatti," *Enciclopedia Italiana*, XXXI, pp.7-9.

——. *Domenico Scarlatti*. Torino [1939].

———. "Postilla Scarlattiana," *La Rassegna Musicale*, XLIV, (1940) pp, 200-203.

———. "Un'opera inedita di Domenico Scarlatti," *Revista Musicale Italiana*, XLVIII (1946), pp.433-445.

Lustig, Renzo. "Filippo Juvarra scenografico," *Emporium*, LXIII (1926), pp.246-253.

———. "Per la cronistoria dell'antico teatro musicale. Il Teatro della Villa Medicea di Pratolino," *Rivista Musicale Italiana*, XXXVI (1929), pp.259-266.

Luynes, [C. P. d'A.] duc de. *Mémoires…(1735-1758)*. Paris, 1860-1865.

[Mainwaring, John.] *Memoirs of the Life of the Late George Frederic Handel*. London, 1760.

Malinowski, Władysław. "O teatrze królowej Marii Kazimiery, Domenico Scarlattim i kilku innych sprawach z Michałem Bristigerem," *Ruch Muzyczny*, XX/13 (1976), pp.2-6.

Malipiero, G. F. "Domenico Scarlatti," *Musical Quarterly*, XIII (1927), pp.476-488.

Mancini, Giambattista. *Riflessioni pratiche sul canto figurato*. 3rd ed.; Milano, 1777.

Manfredini, Vincenzo. *Regole Armoniche o sieno precetti ragionati per apprender la musica*. 2nd ed.; Venezia, 1797.

[Marcello, Benedetto.] *Il Teatro alla Moda*. [Venice, 1720.] { 邦訳：『当世流行劇場』, 小田切慎平・小野里香織訳, 未来社, 2002 年 }

Marpurg, F. W. *Anleitung zum Clavierspielen*. Berlin, 1755.

———. *Historisch-Kritische Beiträge zur Aufnahme der Musik*. Berlin, 1754-1778.

———. *Kritische Briefe*. Berlin, 1760-1763.

Martini, G. B. *Storia della Musica*. Bologna, 1757-1781.

Maugham, H. N. *The Book of Italian Travel, 1580-1900*. New York & London, 1903.

Mazza, José. *Dicionário biográfico de músicos portugueses*. Com prefácio e notas do Pe. José Augusto Alegria. [Lisboa], 1944-1945.

McCredie, A. D. "Domenico Scarlatti and his Opera *Narciso*," *Acta Musico-

logica, XXXIII (1961), pp.19-29.

Mead, W. E. *The Grand Tour in Eighteenth Century.* Boston & New York, 1914.

Mendel, Hermann, and Reissmann, August. *Musikalisches Conversations-Lexikon, Ergänzungsband.* Berlin, 1883.

Mereaux, Amédée. *Les clavecinistes de 1637 à 1790.* Paris, 1867.

Metastasio, Pietro. *Tutte le opere* ..., a cura di Bruno Brunelli. Milano [1943-1954].

Misson, F.M. *A New Voyage to Italy.* 5th ed.; London, 1739.

Mitjana, Rafael. "La musique en Espagne," Lavignac-La Laurencie, *Encyclopédie de la Musique*, Sec.I, Vol. IV, pp.1913-2351.

Mizler [von Kolof], L. [C.] *Neu eröffnete musikalische Bibliothek.* Leipzig, 1739-1754.

Molmenti, Pompeo. *La storia di Venezia nella vita privata.* 6th ed.; Bergamo, 1926.

Monnier, Philippe. *Venise au XVIIIe siècle.* Paris, 1908.

Montalto, Lina. "Fra virtuosi e musici nella Corte del Cardinal Benedetto Pamphili," *Rivista Italiana del Dramma*, Anno V, Vol. I, Nos. 1, 2 (January, March, 1941).

Montesquieu, Charles de Secondat, baron de La Brède et de. *Œuvres complètes.* (*Bibliothèque de la Pléiade*) [1949].

Moratin, L. F. *Obras postumas.* Madrid, 1867.

[Morei, M. G.] *Memorie istoriche dell'Adunanza degli Arcadi.* Roma, 1761.

Morel-Fatio, A. P. V. *Grands d'Espagne et petits princes allemands au XVIIIe siècle.* (*Études sur l'Espagne—Deuxième Série.*) Paris, 1890.

Natali, Giulio. *Il settecento.* (*Storia letteraria d'Italia*,VIII.) Milano, 1929.

Newton, Richard. "The English Cult of Domenico Scarlatti," *Music & Letters*, XX (1939), pp.138-156.

Nin, Joaquin. "The Bi-centenary of Antonio Soler," *The Chesterian*, XI (January-February, 1930), pp.97-103.

Noailles, A. M., duc de. *Mémoires.* Paris, 1777.

Oliveira Martins, J. P. *Historia de Portugal.* Lisboa, 1880.

Pagano, Roberto and Bianchi, Lino. *Alessandro Scarlatti*. Torino, 1972.

Pagano, Roberto. "Le origini ed il primo statuto dell'unione dei musici intitolata a Santa Cecilia in Palermo," *Rivista Italiana de Musicologia*, X (1975), pp.545-563.

Pavan, Giuseppe. "Il Teatro Capranica," *Rivista Musicale Italiana*, XXIX (1922), pp.425-444.

Penna, Lorenzo. *Li primi Albori musicali per li principianti della musica figurata*. Bologna, 1672.

Perth, James, Earl of. *Letters*. London, 1845.

Pestelli, Giorgio. *Le Sonate di Domenico Scarlatti*. Torino, 1967.

Picquot, Louis. ... *Boccherini; notes et documents nouveaux par Georges de Saint-Foix*. Paris, 1930.

Pincherle, Marc. *Corelli*. Paris, 1933.

——. *Antonio Vivaldi et la musique instrumentale*. Paris [1948].

Pöllnitz, K. L., Freiherr von. *The Memoirs of Charles-Lewis, Baron de Pollnitz*, London, 1737-1738.

Prota-Giurleo, Ulisse. *Alessandro Scarlatti "il palermitano."* Napoli, 1926.

Puliti, Leto. *Cenni storici della vita del serenissimo Ferdinando dei Medici. (Estratto dagli Atti dell'Accademia del R. Istituto musicale di Firenze)*. Firenze, 1874.

Quantz, J. J. *Versuch einer Anweisung die Flöte traversière zu spielen*. Berlin, 1752. {『フルート奏法』, 荒川恒子訳, 全音楽譜出版社, 1976/2017 年 /『フルート奏法試論』, 石原利矩・井本响二訳, シンフォニア, 1976/2011 年 }

Radclife, Philip. "The Scarlattis: Alessandro, Domenico," *The Heritage of Music*, ed. by Hubert J. Foss, II, pp.28-34. London [1927-1934].

[Ranft, Michael.] *Merkwürdige Lebensgeschichite aller Cardinäle der Röm. Cathol. Kirche*. Regensburg, 1768-1781.

Rávago, P. Francisco de. *Correspondencia reservada e inédita*. Madrid [1936?].

Re, Emilio. "La dimora romana di Maria Casimira regina di Polonia," *Capitolium*, II (1926-1927), pp.160-167.

Rees, Abraham. *The Cyclopoedia or Universal Dictionary of Arts, Sciences and Literature.* London, 1819.

Ricci, Corrado. *Vita barocca.* Milano, 1904.

Richelieu, L. F. A. du P., duc de. *Mémoires.* Paris, 1793.

Rime di Diversi Autori per lo Nobilissimo Dramma del Tolomeo, et Alessandro Rappresentato nel Teatro' Domestico della Sacra Real Maestà di Maria Casimira Regina di Pollonia. Roma, 1711.

Roberti, Giulio. "La musica in Italia nel secolo XVIII, secondo le impressione di viaggiatori stranieri," *Rivista Musicale Italiana,* VII (1900), pp.698ff., VIII(1901), pp.519ff.

Rodocanachi, E. P. *Les infortunes d'une petite fille de Henry IV, Marguerite d'Orléans.* Paris [1902?].

Rolandi, Ulderico. *Per una bio-bibliografia di D. Scarlatti.* Roma, 1935.

Rolland, Romain. *Histoire de l'opéra en Europe avant Lully et Scarlatti.* Paris, 1895.

Sabbatini, L.A. *Elementi Teorici della Musica colla Pratica de'medesimi.* 2nd ed.; Roma, 1795.

Sacchi, Giovenale. "Vita del Cav. Don Carlo Broschi," *Raccolta Ferrarese di opuscoli,* XV, pp.29ff. 1784.

Saint-Simon, L.de R., duc de. *Mémoires.* Paris: Hachette, 1879-1928.

Sainz de Robles, Federico. *Historia y estampas de la villa de Madrid.* Madrid & Barcelona [1933?].

Salazar, Adolfo. "Los Scarlatti," *Nuestra Musica,* Año III, Num.12 (October, 1948), pp.231-240.

Sampayo Ribeiro, Mario de. *A música em Portugal nos séculos XVIII e XIX.* Lisboa, 1936.

———. *Do sitio de Junqueira.* Lisboa, 1939.

———. "El-Rei D. João, o quinto, e a musica no seu tempo," *D. João V,* pp.65-89, Lisboa, 1952.

Sandberger, Adolf. "Beziehungen der Königine Christine von Schweden zur italienischen Oper und Musik," *Bulletin de la Société "Union Musicologique,"* V (1925), pp.121-173.

———. "Zur älteren italienischen Klaviermusik," *Jahrbuch Peters,* 1918, p.17ff.

Sartori, Claudio. "Gli Scarlatti a Napoli. Nuovi contributi," *Rivista Musicale*

Italiana, XLVI (1942), pp.373-390.

"Scarlatti," *The New Grove Dictionary of Music and Musicians*. London, 1980.

Scarlatti, Alessandro. *Primo e secondo libro de toccate*. [ed. by Ruggero Gerlin, with bibliography and biographical study by Claudio Sartori.] (*I Classici Musicali Italiani*, XIII) Milano [1943].

Schenker, Heinrich. *Das Meisterwerk in der Musik*. München, 1925, 1926, 1930.

Schumann, Robert. *Gesammelte Schriften über Musik und Musiker*. Leipzig, 1914.

Scott, H. A. "London Concerts from 1700-1750," *Musical Quarterly*, XXIV (1938), pp.194ff.

Shedlock, J. S. "The Harpsichord Music of Alessandro Scarlatti," *Sammelbände der I. M. G.*, VI, pp.160-178, 418-422.

Sheveloff, J. L. *The Keyboard Music of Domenico Scarlatti: A Re-evaluation of the Present State of Knowledge in the Light of the Sources*. Ann Arbor, 1973.

Sitwell, Sacheverell. *A Background for Domenico Scarlatti*. London [1935].

———. *Southern Baroque Art*. London [1931].

Soares, Ernesto, and Campos Ferreira Lima, Henrique de. *Dicionário de iconografia portuguesa*. Lisboa, 1947-1950.

Solar Quintes, N. A. "Documentos sobre la familia de Domenico Scarlatti," *Annuario Musical*, IV (1949), pp.137-154.

———. "Musicos de Mariana de Neuburgo y de la real capilla de Napoles," *Annuario Musical*, XI (1956), pp.165-193.

Soler, Antonio. *Llave de la Modulacion*. Madrid, 1762.

———. *Sis quintets per a instruments d'arc o clave obligato*, transcripció i revisió per Robert Gerhard. Introducció i Estudi d'Higini Anglès. Barcelona, l933.

Stassof, Wladimir. *L'Abbé Santini et sa collection musicale à Rome*. Florence, 1854.

Streatfeild, R. A. *Handel*. London [1909].

Subirá, José. *La música en la casa de Alba*. Madrid, 1927.

Swinburne, Henry. *Travels through Spain in the years 1775 and 1776.* Dublin, 1779.

Tartini, Giuseppe. *A letter from the late Signor Tartini.* Trans. by Dr. Burney, London, 1779; reprinted 1913.

Thieme, Ulrich, and Becker, Felix. *Allgemeines Lexikon der bildenden Künstler.* Leipzig, 1907-1949.

Tiby, Ottavio. "La famiglia Scarlatti," *Journal of Renaissance and Baroque Music,* I (June, 1947), pp.275-290, table.

Tosi, P. F. *Opinioni de' Cantori antichi, e moderni o sieno Osservazioni sopra il Canto figurato.* Bologna, 1723. [For an expanded German trans., see Agricola, *Anleitung* ...]

——. *Observations on the Florid Song.* Trans. by Mr. Galliard. London, 1742.

Townsend, Joseph. *A Journey through Spain in the Years 1786 and 1787.* London, 1791.

Vayrac, Jean de. *État Présent de l'Espagne.* Amsterdam, 1719.

Vecchi di Val Cismon, C. M., et al. *Filippo Juvarra.* Milano, 1937.

Vieira, Ernesto. *Diccionario biographico de musicos portuguezes.* Lisboa, 1900.

Vernon, Mrs. H. M. *Italy from 1494 to 1790.* Cambridge, 1909.

Villars, C. L. H., duc de. *Mémoires du Maréchal de Villars.* Paris, 1884-1904.

Waliszewski, Kazimierz. *Marysienka, Marie de la Grange d'Arquien, Queen of Poland.* Trans. by Lady Mary Loyd. New York, 1899.

Walker, Frank. "Some Notes on the Scarlattis," *The Music Review,* XII (1951), pp.185-203.

Walpole, Horace. *The Letters of Horace Walpole.* Oxford, 1903.

Walther, J. G. *Musicalisches Lexicon.* Leipzig, 1732.

Waxel, Platon von. "Portugiesische Musik," Mendel-Reissmann, *Musikalisches Conversations-Lexikon, Ergänzungsband.*

Wiel, Taddeo. *I teatri musicale veneziani del settecento.* (Estr. dall' *Archivio Veneto,* 1891-1897.) Venezia, 1897.

Wolf, Johannes. *Historia de la música,* traducción de Roberto Gerhard, con un estudio crítico de la historia de la música española por Higinio Anglès. Barcelona, 1934.

Wolf, H. C. *Die venezianische Oper in der zweiten Hälfte des 17. Jahrhunderts*. Berlin, 1937.

Zabala y Lera, Pío. *España bajo los Borbones*. Barcelona-Buenos Aires [1930].

Zeno, Apostolo. *Poesie Drammatiche*. Venezia, 1744.

作品目録への覚書

　この目録[1]は主要資料の年代順に基づくものであり，1752年以降は概ね作曲の年代に対応している。ロージングレイヴ版とヴェネツィア手稿第XIV巻のソナタの多くは，明らかに《練習曲集》に先行しているが，それらの確認はあくまで様式上からの推測に基づいているに過ぎない。資料のより完全な判定について，また年代順についてのより詳細な論考については，付録V AおよびC，ならびに第VIII章を参照されたい。

　《60のソナタ》の表題に付いているローマ数字は，本書の補遺として私が用意した版（ニューヨーク，G. シャーマー）を指す。カークパトリックの表題に付けられた番号は，本書で用いられた通し番号である。ロンゴ番号では年代順，および対になった関係性を表すことができないし，ロンゴ版と主要資料の両方を二重に参照する煩わしさを避けるためにも，この新しい番号付けが必要であった。

　ロンゴの表題に付いている番号は，言うまでもなくアレッサンドロ・ロンゴ版のものである（付録V D 3を参照）。S. から始まるロンゴ番号は，ロンゴの「補遺」を指す。

　拍子とテンポの指示は，主要資料から取られ，中央列に示されている。印刷上の都合により，₵という拍子記号はアッラ・ブレーヴェという言葉に置き換えた｛本訳書では₵｝。資料間でテンポの指示には多少の異同があるが，この表中では説明を加えていない。

　ヴェネツィア，パルマ，ミュンスターの列では，巻番号をローマ数字で示し，ウィーン手稿については大文字で示してある。ヴェネツィア，パルマ，および私自身の番号付けにおいて，ひとつのアラビア数字で表されるグループの楽章構成は a, b, など（たとえばヴェネツィア XV 2a, 2b）で示したが，ミュンスター手稿とウィーン手稿の番号についてはゲルステンベルクの番号付けを採用しており，そこではひとつのグループの最初の楽章をアラビア数字のみで示し，第2楽章には文字のみを付け加えている（たとえばミュンスター V 4, 4a）。

　ミュンスター手稿とウィーン手稿の内容については，私は初めからゲルステンベルク（『ドメニコ・スカルラッティの鍵盤作品 *Die Klavierkompositionen Domenico Scarlattis*』），および後の本書に関する彼の解説（*Die Musikforschung*, VII, 1954, pp.342–344.）に負っている。ミュンスター手稿とウィーン手稿を直接参照することで，それらの内容について彼および私の目録を修正し，より完全なものにすることができた。ミュンスターの諸巻に現れる日付についてもより正確な情報を得ることができた。それらの日付は，1756年（ミュンスター手稿第I巻の扉ページ）；1756–1757年（ミュンスター手稿第I巻の第51–90番のソナタに先行する注釈で［"Ultime Sonate per Cembalo di D. Domenico Scarlatti Composte nell'Anno

---

1　音楽の書き出しは，本書のドイツ語版（ミュンヘン，Heinrich Ellermann Verlag）の作品目録にある［1972］。

1756, e 1757, in cui mori."］）；1754 年（ミュンスター手稿第 IV 巻のソナタ K. 340, 357, 373, 381, 393; ミュンスター手稿第 V 巻，扉ページ，およびソナタ K. 374, 377, 379 にある "In Aranjuez" の付記）である。ソナタ K. 313, 11, 179, 154, 112, 41, および K. 30 については，ミュンスター手稿第 V 巻の第 3 番から第 13 番として目次にあるものの，現在所在不明である。ミュンスター手稿第 V 巻第 21 番の後に，明らかにスカルラッティによるものではないひとつの短い番号のない楽章が収録されている。目録の番号（サンティーニ Hs. 3964–3968）は，それぞれミュンスター手稿第 V, II, I, IV, III 巻に当てはまることに留意されたい。

ウィーン手稿諸巻を精査した結果，ウィーン手稿 G 巻で K. 206, 119, 132, 135 に関連して 1752 年の日付が，K. 375 と 377 については「1754 年アランフェスにて」という注釈があり，さらに K. 483 についても全く判読し難い日付［1752 年？］のあることが明らかになった。ウィーン手稿 G 巻には，ロージングレイヴ・コレクションからの「序」も含まれているが，番号はない。ロンゴの誤った典拠についての資料の注釈は，私の手元にある彼の版に基づいている。しかしながら，それらは版によって異同があることも明らかになっている。

スカルラッティ・ソナタの目録およびほぼ年代順に従った主要資料の一覧表

60ソナタ	カークパトリック番号	ロンゴ番号	調、拍子、テンポ	主要資料 1738 練習曲集	パルマ	ミュンスター	ウィーン	注 記
	1	366	二短調; **c**; アレグロ	1			G 53	
I	2	388	ト長調; 3/8; プレスト	2		V 17		
	3	378	イ短調; ¢; プレスト	3			G 57	ヴェネツィア XIV 31 にも収録
	4	390	ト短調; **c**; アレグロ	4		V 41		
	5	367	二短調; 3/8; アレグロ	5				
	6	479	ヘ長調; 3/8; アレグロ	6				
II	7	379	イ短調; 3/8; プレスト	7				
	8	488	ト短調; 3/4; アレグロ	8		V 40	G 52	
	9	413	二短調; 6/8; アレグロ	9		V 45		
	10	370	二短調; 3/8; プレスト	10		V 42	A 32	ヴェネツィア XIV 22 にも収録
	11	352	ハ短調; **c**; ―	11		V 8		ヴェネツィア XIV 18 にも収録
	12	489	ハ短調; **c**; プレスト	12				
	13	486	ト長調; 2/4; プレスト	13				
	14	387	ト長調; 12/8; アレグロ	14				
	15	374	ホ短調; 3/8; アレグロ	15		V 46		
III	16	397	変ロ長調; ¢; プレスト	16		V 47	G 58	ヴェネツィア XIV 59 にも収録

作品目録　449

60 ソナタ	カークパトリック	ロンゴ	調, 拍子, テンポ	主要資料	パルマ	ミュンスター	ウィーン	注 記
IV	17	384	ヘ長調; 3/8; プレスト	17		V 43		ヴェネツィア XIV 33 にも収録
	18	416	ニ短調; C; プレスト	18		V 48	A 34	
	19	383	ヘ長調; 2/4; アレグロ	19				
	20	375	ホ長調; 2/4; プレスト	20				
	21	363	ニ長調; 3/8; アレグロ	21		V 49	A 35	
	22	360	ハ長調; 2/4; アレグロ	22				
	23	411	ニ長調; C; アレグロ	23		V 50	A 36	
	24	495	イ長調; C; プレスト	24		V 53		
	25	481	嬰ヘ短調; 2/4; アレグロ	25		V 39	A 31	
	26	368	イ短調; 3/8; プレスト	26		V 51	A 37	
	27	449	ロ短調; 3/4; アレグロ	27		V 44	A 33	
V	28	373	ホ長調; 3/8; プレスト	28		V 52	A 38	
VI	29	461	ニ長調; C; プレスト	29				
	30	499	ト短調; 6/8; フーガ, モデラート	30		V 13		
	31	231	ト短調; 2/4; アレグロ	1739 ローゼングレイヴ 3			G 11	ヴェネツィア XIV 57 にも収録 (ロンゴの典拠) ウィーン G 55 にも収録
	32	423	ニ短調; 3/8; アリア	6			G 22	ロンゴの典拠 ウィーン G 22
	33	424	ニ長調; 3/8; アレグロ	7			G 12	異版がヴェネツィア XIV 43 (ロンゴの典拠)
	34	S.7	ニ短調; 3/4; ラルゲット	9			G 18	ロンゴの典拠 ウィーン G 18
	35	386	ト短調; C; アレグロ	12			G 13	ロンゴの典拠 G 13

	№						備考
	36	245	イ短調; 3/8; アレグロ	24		G 14	ヴェネツィア XIV 25 にも収録（ロンゴの典拠）
	37	406	ハ短調; ₵; アレグロ	25		G 3	ヴェネツィア XIV 41 にも収録（ロンゴの典拠）
	38	478	ヘ長調; 3/8; アレグロ	26		G 49	ヴェネツィア XIV 27 にも収録（ロンゴの典拠）
	39	391	イ長調; ₵; アレグロ	27		G 5	ロンゴの典拠ハスリンガー第 65 番（チェルニー版）
	40	357	ハ長調; 3/4; メヌエット	29		G 6	ロンゴの典拠 ウィーン G 6
	41		二短調; ₵; フーガ；アンダンテ・モデラート	41	III 30	G 50	ウィーン G 56 にも収録
	42	S.36	変ロ長調; 3/4; メヌエット	42	V 12	G 23	ロンゴの典拠 ウィーン G 23
				1742 ヴェネツィア XIV			
	43	40	ト短調; 12/8; アレグロ・アッサイ	1	III 7		
VII	44	432	ヘ長調; 3/8; アレグロ	2	II 20	III 68	F 16
VIII	45	265	二長調; 12/8; アレグロ	3	II 15	III 13	G 43
	46	25	ホ長調; ₵; プレスト	4	III 11	E 12	
	47	46	変ロ長調; 3/8; プレスト	5	II 24		
	48	157	ハ長調; 3/8; アレグロ	6	III 5		ロンゴの典拠 誤ってヴェネツィア I 6
	49	301	ハ短調; ₵; プレスト	7	III 22	E 19	ヴェネツィア II 12 にも収録（ロンゴの典拠）
	50	440	ヘ短調; ₵; プレスト	8	III 20		
	51	20	変ロ長調; ₵; アンダンテ・モデラート	9	VI 13	III 69	F 17
XII	52	267	二長調; 3/8; アレグロ	10	III 20	V 57	G 4
	53	261	二長調; ₵; プレスト	11	III 1	III 67	F 15
IX	54	241	イ長調; 12/8; アレグロ	12			ヴェネツィア XIV 61 にも収録，小さな異同あり
	55	335	ト長調; 3/8; アレグロ	13			ウィーン G 54 にも収録

作品目録　　451

60ソナタ	カークパトリック	ロンゴ	調, 拍子, テンポ	主要資料	パルマ	ミュンスター	ウィーン	注 記
X	56	356	ハ短調; 12/8; コン・スピリト	14	II 25			
	57	S.38	変ロ長調; 3/8; フーガ	15	III 12			
	58	158	ハ短調; C; アレグロ	16				
	59	71	ヘ長調; C; アレグロ	17				
				18				
	60	13	ト短調; 3/4; —	19		V 40a		K. 11 として記載
	61	136	イ長調; 2/4; —	20				
	62	45	イ長調; 3/8; アレグロ	21				K. 10 として記載。ここでの速度表示は「ムイ・プレスト」
				22				
	63	84	ト長調; 2/4; カプリッチョ: アレグロ	23				
	64	58	ニ短調; 2/4; ガヴォッタ; アレグロ	24				
	65	195	イ長調; 3/8; アレグロ	25				K. 36 として記載
	66	496	変ロ長調; C; アレグロ	26				
	67	32	嬰ヘ短調; C; アレグロ	27				
	68	114	変ホ長調; 3/8; —	28			G 40	K. 38 として記載
				29				
				30				
	69	382	ハ短調; 3/4; —	31				
				32	II 27	V 23		K. 3 として記載
				33			A 17	K. 17 として記載

452

	70	50	変ロ長調; **C**; ―	34	
	71	81	ト長調; **C**; アレグロ	35	
	72	401	ハ長調; **C**; アレグロ	36	
	73	217	ハ短調; 3/4; アレグロ	37	
			ハ長調; 3/8; メヌエット	38	
	74	94	イ長調; 2/4; アレグロ	39	
	75	53	ト長調; 3/4; アレグロ	40	
	76	185	ト短調; 3/8; プレスト	41	K. 37として記載
	77	168	ニ短調; 3/4; モデラート・エ・カンタービレ 3/8; メヌエット	42	
	78	75	ヘ長調; 2/4; ジーガ 3/8; メヌエット	43	K. 33の異版、先頭に17小節が追加
	79	80	ト長調; 3/8; アレグリッシモ	44	コインブラ手稿58《トカータ第10番》の第3楽章ジーガ
	80	271	ト長調; 3/8; メヌエット	45	
	81	271	ホ短調; **C**; グラーヴェ 2/4; アレグロ 3/4; グラーヴェ 3/8; アレグロ	45b 46	ロンゴとケルステンベルクではメヌエットを無視
	82	30	ヘ長調; 3/8; ―	47	コインブラ手稿58《トカータ第10番》の第2楽章
XI	83	S.31	イ長調; **¢**; ― 3/8; メヌエット	48	
	84	10	ハ短調; 3/4; ―	49	
	85	166	ヘ長調; **C**; ―	50	
	86	403	ハ長調; **C**; アンダンテ・モデラート	51	コインブラ手稿58《トカータ第10番》の第1楽章
	87	33	ロ短調; 3/4; ―	52	II 28

60 ソナタ	カークパトリック	ロンゴ	調, 拍子, テンポ	主要資料	パルマ	ミュンスター	ウィーン	注 記
	88	36	ト短調; **C**; グラーヴェ 3/8; アンダンテ・モデラート 2/4; アレグロ 3/8; メヌエット	53				
	89	211	ニ短調; **C**; アレグロ 3/4; グラーヴェ 3/8; アレグロ	54				
	90	106	ニ短調; **C**; グラーヴェ 2/4; アレグロ 12/8; — 3/8; アレグロ	55				
	91	176	ト長調; **C**; グラーヴェ 2/4; アレグロ 3/4; グラーヴェ 3/8; アレグロ	56				
	92	362	ニ短調; 3/4; —	57				K. 31として記載
	93	336	ト短調; **C**; フーガ	58				K. 12として記載
XII				59				K. 52として記載
	94		ヘ長調; 3/8; メヌエット	コインブラ手稿58				コインブラ手稿58《トカータ第10番》の第4楽章。未出版
	95	358	ハ長調; 12/8; ヴィヴァーチェ	1746以前 ボアヴァン 16			G 39	ロンゴ版の典拠ウィーン G 39
XIII	96	465	ニ長調; 3/8; アレグロ	ボアヴァン III 5	III 29			同じくヴェネツィア XV 6。ロンゴ版典拠のヴェネツィア II 6は誤り

			ボアヴァン III 6	1749 ヴェネツィア XV				
97		ト短調; 3/8; アレグロ						
98	325	ホ短調; 3/8; アレグロ		1	III 19	V 21	E 18	同じくヴェネツィア II 15, ロンゴの典拠
99	317	ハ短調; 3/4; アレグロ		2a	III 18	IV 39	E 17	同じくヴェネツィア II 14, ロンゴの典拠
100	355	ハ長調; 12/8; アレグリッシモ		2b	III 28	V 38	A 30	ロンゴおよびゲオルステンベルクはヴェネツィア手稿版を無視。ロンゴの典拠はウィーン A 29 および G 32
101	494	イ長調; 3/8; アレグロ		3	III 26	V 37	A 29	ロンゴの典拠はウィーン A 29 および G 32
102	89	ト短調; 3/8; アレグロ		4				
103	233	ト長調; 12/8; アレグリッシモ		5				
				6				K. 96 として記載
104	442	ト長調; 3/8; アレグロ		7	III 2	V 35	A 15	
105	204	ト長調; 3/8; アレグロ		8	III 24	V 36	B 39	
106	437	ヘ長調; ¢; アレグロ		9	III 15	IV 51	A 27	
107	474	ヘ長調; 3/8; アレグロ		10	III 16	V 12	A 28	
108	249	ト短調; 3/8; アレグロ		11	V 3		B 51	
109	138	イ長調; ¢; アダージョ		12	III 4			
110	469	ト長調; 3/8; アレグロ		13	III 17			
111	130	ト長調; 12/8; アレグロ		14	III 23	V 11	A 9	
112	298	変ロ長調; 3/8; アレグロ		15	II 14	V 34	A 26	ウィーン G 15 にも収録
113	345	イ長調; ¢; アレグロ		16	III 27	IV 41	B 41	
114	344	イ長調, 3/8; コン・スピリト・エ・プレスト		17				
XIV								

60ソナタ	カークパトリック	ロンゴ	調, 拍子, テンポ	主要資料	パルマ	ミュンスター	ヴィーン	注記
XV	115	407	ハ短調; 3/4; アレグロ	18	III 13	IV 37	B 37	ヴィーン G 7 にも収録
XVI	116	452	ハ短調; 3/8; アレグロ	19	III 14	IV 38	B 38	ヴィーン G 34 にも収録
	117	244	ハ長調; ¢; アレグロ	20		V 33	A 25	
	118	122	ニ長調; ¢; ノン・プレスト	21	III 9			
XVII	119	415	ニ長調; 3/8; アレグロ	22	II 17	III 15	E 14	ヴィーン G 9 にも収録
XVIII	120	215	ニ短調; 12/8; アレグリッシモ	23	II 16	III 14	E 13	ヴィーン G 41 にも収録
	121	181	ト短調; 3/8; アレグリッシモ	24	III 8			
	122	334	ニ長調; 3/8; アレグロ	25	III 10			
	123	111	変ホ長調; ¢; アレグロ	26	III 21			
	124	232	ト長調; 3/8; アレグロ	27	II 3	V 27	G 17	
	125	487	ト長調; 3/8; ヴィーヴォ	28	II 4	III 11		
	126	402	ハ短調; 3/8; —	29	II 26	III 17		
	127	186	変イ長調; ¢; アレグロ	30	II 21	IV 36	B 36	
	128	296	変ロ短調; ¢; アレグロ	31	II 29	III 18	E 16	
	129	460	ハ短調; 6/8; アレグロ	32	I 29			ヴェネツィア I 29 にも収録
	130	190	変イ長調; 3/8; アレグロ	33	II 22	III 16	E 15	
	131	300	ハ短調; 3/8; アレグロ	34	II 30			
XIX	132	457	ハ長調; 3/4; カンタービレ	35	V 5	IV 54	G 35	
XX	133	282	ハ長調; 3/8; アレグロ	36	V 6	IV 55		
	134	221	ホ長調; 2/4; アレグロ	37	II 7	V 59		
	135	224	ホ長調; 6/8; アレグロ	38	II 8	III 12	E 11 と G 36	ロンゴ版典拠のヴェネツィア XV 39 は誤り

	No.	番号	調; 拍子; 発想	出典			典拠		備考
	136	377	ホ長調; 3/8; アレグロ	39	II 9		V 32	A 24	
	137	315	ニ長調; 6/8; アレグロ	40	II 6				
	138	464	ニ短調; 3/8; アレグロ	41	II 5				
XXII	139	6	ハ短調; ¢; プレスト	ウォーガン手稿 27	III 6				ヴェネツィア II 13 (ロンゴの典拠) にも収録
	140	107	ニ長調; ¢; アレグロ・ノン・モルト	37	III 25		IV 40	B 40	ヴェネツィア II 16 (ロンゴの典拠) にも収録
	141	422	ニ短調; 3/8; アレグロ	41			V 20	A 14	ロンゴ版典拠のウィーン B 59 は誤り
	142		嬰ヘ短調; 12/8; アレグロ	42					ニュートン 1
	143		ハ長調; 3/8; アレグロ	43					ニュートン 2
	144		ト長調; ¢; カンタービレ	44					ニュートン 3
	145	369	ニ長調; 3/8; —	フィツツウィリアム 5					
	146	349	ト長調; 3/8; —	7					
	147	376	ホ短調; ¢; —	ミュンスター V 22			V 22	A 16	ロンゴ版典拠はウィーン A 16
	148	64	イ短調; 3/8; アンダンテ	1752 ヴェネツィア I 1	I 1				
	149	93	イ短調; ¢; アレグロ	2	I 2				

60 ソナタ	カークパトリック	ロンゴ	調, 拍子, テンポ	主要資料		パルマ	ミュンスター		ウィーン		注 記
	150	117	ヘ長調; 3/8; アレグロ	3		I 3	IV 24		B 24		
	151	330	ヘ長調; 3/8; アンダンテ・アレグロ	4		I 4	IV 25		B 25		
	152	179	ト長調; 3/8; アレグロ	5		I 5					
	153	445	ト長調; 12/8; ヴィーヴォ	6		I 6					
	154	96	変ロ長調; ₵; アレグロ	7		I 7	V 10		A 8		
	155	197	変ロ長調; 3/8; アレグロ	8		I 8					
	156	101	ハ長調; ₵; アレグロ	9		I 9	V 54		A 39		
	157	405	ハ長調; 3/8; アレグロ	10		I 10					
	158	4	ハ短調; 3/8; アンダンテ	11		I 11	IV 29		B 29		ロンゴ版典拠のヴェネツィア II 11 は誤り
	159	104	ハ長調; 6/8; アレグロ	12		I 12	IV 30		B 30		
	160	15	ニ長調; ₵; アレグロ	13		I 14	IV 28		B 28		
	161	417	ニ長調; 3/8; アレグロ	14		I 13					
	162	21	ホ長調; 3/4, ₵; アンダンテ ― アレグロ ― アレグロ	15		I 15	IV 26		B 26		
	163	63	ホ長調; 3/8; アレグロ	16		I 16	IV 27		B 27		
	164	59	ニ長調; 3/4; アンダンテ・モデラート	17		I 17					
	165	52	ハ長調; 3/8; アンダンテ	18		I 18					
	166	51	ハ長調; ₵; アレグロ・マ・ノン・モルト	19		I 19					
	167	329	ヘ長調; 3/4; アレグロ	20		I 21	IV 31		B 31		
	168	280	ヘ長調; ₵; ヴィーヴォ	21		I 20					
	169	331	ト長調; ₵; アレグロ・コン・スピリト	22		I 22	IV 32		B 32		

	170		ハ長調; ₵, 3/8; アンダンテ・モデラート・エ・カンタービレ ― アレグロ	23		
	171	303	ト長調; 3/8; アレグロ	I 23		
	172	77	変ロ長調; 6/8; アレグロ	I 24	V 28	A 21
	173	S.40	ロ短調; 2/4; アレグロ	I 25	III 9	E 9
	174	447	ハ短調; 6/8; アレグロ	I 26		
	175	410	イ短調; 2/4; アレグロ	I 27		
XXI	176	429	ニ短調, ₵, 3/8; カンタービレ・アンダンテ ― アレグリッシモ	I 28	III 10	E 10
		163		29		
				30	V 30	A 22
				1752 ヴェネツィア II		
	177	364	ニ長調; ₵, 3/8; アンダンテ・モデラート	1	VI 27	A 10
	178	162	ニ長調; 3/8; ヴィーヴォ	2	VI 28	A 11
	179	177	ト短調; 3/8; アレグロ	3	V 9	
	180	272	ト長調; ₵, 3/8; アレグロ・ヴィーヴォ	4	V 29	G 42
	181	194	イ長調; 2/4; ―	5	II 10	B 33
	182	139	イ短調; 3/8; アレグロ	6	III 11	B 34
	183	473	ヘ長調; 2/4; アレグロ	7	II 12	A 20
	184	189	ヘ短調; 3/8; アレグロ	8	II 13	B 35
	185	173	ヘ短調; ₵; アンダンテ	9	II 18	
	186	72	ヘ短調; 3/8; アレグロ	10	II 19	

K. 129 として記載

作品目録　459

60ソナタ	カークパトリック	ロンゴ	調, 拍子, テンポ	主要資料	パルマ	ミュンスター	ヴィーン	注　記
XXII	187	285	ヘ短調; 3/8; アレグロ	11	II 23			K. 49 として記載
				12				K. 139 として記載
				13				K. 99 として記載
				14				K. 98 として記載
				15				K. 140 として記載
	188	239	イ短調; 3/8; アレグロ	17	IV 5	IV 45	B 45	
	189	143	変ロ長調; 3/4; アレグロ	18	IV 10			
	190	250	変ロ長調; 12/8; —	19	IV 11	IV 25	A 19	
	191	207	ニ短調; 3/4; —	20	IV 15			
	192	216	変ホ長調; ¢; —	21	IV 16	V 56	A 41	
	193	142	変ホ長調; 3/8; —	22	IV 17			
	194	28	ヘ長調; 3/8; アンダンテ	23	IV 18			
	195	S.18	ヘ長調; ¢; ヴィーヴォ	24	IV 19			
	196	38	ト長調; 2/4; アレグロ	25	IV 4			
	197	147	ロ短調; ¢; アンダンテ	26	IV 9	IV 46	B 46	
	198	22	ホ短調; 3/4; アレグロ	27	IV 20			
	199	253	ハ長調; 12/8; アンダンテ・モデラート	28	VI 29			
	200	54	ハ長調; 2/4; アレグロ	29	VI 30			
	201	129	ト長調; 3/4; ヴィーヴォ	30	IV 8	III 4	E 4	

	No.	K.	調子・拍子・速度	1752 パルマ IV	1753 ヴェネツィア III			備考
	202	498	変ロ長調; 3/8, 6/8, 3/8; アレグロ—ヴィーヴォ	12		IV 12 V 31	A 23	ロンゴの典拠はウィーン A 23
	203	380	ホ短調; 3/8; ヴィーヴォ・ノン・モルト	21		IV 21 III 24	E 22	ロンゴの典拠はウィーン E 22
	204a	238	ヘ短調; ¢, 3/8, 6/8; アレグロ—アレグリッシモ	22		IV 22		ゲルステンベルク 3
	204b		ヘ短調; 3/8; アレグロ	23		IV 23		ゲルステンベルク 4
	205	S.23	ヘ長調; ¢, 12/8; ヴィーヴォ	24		IV 24 III 25	E 23	ロンゴの典拠はウィーン E 23
XXIII	206	257	ホ長調; ¢; アンダンテ		1	V 1 IV 58	B 56	ウィーン G 2 にも収録
	207	371	ホ長調; 3/8; アレグロ		2	V 2 IV 42	B 42	
XXIV	208	238	イ長調; ¢; アダージョ・エ・カンタービレ		3	IV 1 IV 43	B 43	
	209	428	イ長調; 3/8; アレグロ		4	IV 2 V 24	A 18	
	210	123	ト長調; 3/8; アンダンテ		5	IV 3 III 23	E 21	
	211	133	イ長調; ¢; アンダンティーノ		6	IV 6		ウィーン G 16 にも収録
	212	135	イ長調; 3/8; アレグロ・モルト		7	IV 7		
	213	108	ニ短調; ¢; アンダンテ		8	IV 13		
	214	165	ニ長調; 12/8; アレグロ・ヴィーヴォ		9	IV 14		
XXV	215	323	ホ長調; 3/4; アンダンテ		10	IV 25 V 19	G 37	
XXVI	216	273	ホ長調; 3/4; アレグロ		11	IV 26 V 18	A 13	ウィーン G 8 にも収録

作品目録　461

60 ソナタ	カークパトリック	ロンゴ	調, 拍子, テンポ	主要資料 パルマ	主要資料 ミュンスター	主要資料 ウィーン	注 記
	217	42	イ短調; 3/4; アンダンテ	IV 27			
	218	392	イ短調; 6/8; ヴィーヴォ	IV 28	V 58	A 42	
	219	393	イ長調; ₵; アンダンテ	IV 29	IV 44	B 44	
	220	342	イ長調; 3/8; アレグロ	IV 30			
	221	259	イ長調; 3/8; アンダンテ	V 3			
	222	309	イ長調; 6/8; ヴィーヴォ	V 4			
	223	214	ニ長調; ₵; アレグロ	V 7	II 15		ロンゴ版拠のヴェネツィア III 19 は誤り
	224	268	ニ長調; 3/8; ヴィーヴォ	V 8	II 16		
	225	351	ハ長調; 3/4; アレグロ	V 9			
	226	112	ハ短調; 3/8; アレグロ	V 10			
	227	347	ロ短調; 2/4,3/8; アレグロ	V 11			
	228	399	変ロ長調; 3/8; アレグロ	V 13	III 22	E 20	
	229	199	変ロ長調; 2/4; アレグロ・ヴィーヴォ	V 14	II 19		
	230	354	ハ短調; ₵; アレグロ	V 15			
	231	409	ハ長調; 3/8; アレグロ	V 16	III 70	F 18	
	232	62	ホ短調; ₵; アンダンテ	V 17			
	233	467	ホ短調; 3/8; アレグロ	V 18	II 20		
	234	49	ト短調; 3/4; アンダンテ	V 19	IV 50	B 50	
	235	154	ト長調; 3/8,6/8; アレグロ	V 20	III 5	E 5	

			1753ヴェネツィア IV		
236		161	ニ長調; **c**; アレグロ	VI 3	III 26 E 24
237		308	ニ長調; 3/8; アレグロ	VI 4	
238	XXVII	27	ハ短調; **c**; アンダンテ	V 21	IV 56 B 54
239	XXVIII	281	ハ短調; 3/4; アレグロ	V 22	IV 57 B 55
240		S.29	ト長調; ¢; アレグロ	V 23	II 21
241		180	ト長調; 6/8; アレグロ	V 24	II 22
242		202	ト長調; 2/4; ヴィーヴォ	V 25	
243		353	ハ長調; 3/8; アレグロ	V 26	
244		348	ハ長調; 3/8; アレグロ	V 27	II 17 G 33
245		450	ロ長調; 6/8; アレグロ	V 28	
246		260	嬰ハ短調; **c**; アレグロ	V 29	II 18
247		256	嬰ハ短調; 3/8; アレグロ	V 30	G 38
248		S.35	変ロ長調; ¢; アレグロ	VI 1	
249		39	変ロ長調; 3/8; アレグロ	VI 2	
250		174	変ロ長調; 2/4; アレグロ	VI 5	
251		305	ハ長調; 3/8; アレグロ	VI 6	
252		159	変ホ長調; 3/4; アレグロ	VI 7	III 27 E 25
253		320	変ホ長調; 12/8; アレグロ	VI 8	
254		219	ハ短調; ¢; アレグロ	VI 9	
255		439	ハ長調; 3/8; アレグロ	VI 10	
256		228	ハ長調; 3/4; アンダンテ	VI 11	II 23
257		169	ハ長調; 2/4; アレグロ	VI 12	II 24

ロンゴ版典拠のヴェネツィア IV 6 は誤り

作品目録　463

60ソナタ	カークパトリック	ロンゴ	調, 拍子, テンポ	主要資料	パルマ	ミュンスター	ウィーン	注記
XXIX	258	178	ニ長調; 3/4; アンダンテ	23	VI 14			
	259	103	ト長調; 3/4; アンダンテ	24	VI 15	II 25		
XXX	260	124	ト長調; 3/4; アレグロ	25	VI 16	II 26	G 1	
	261	148	ロ長調; 2/4; アレグロ	26	VI 17	IV 49	B 49	
	262	446	ロ長調; 12/8; ヴィーヴォ	27	VI 18	III 6	E 6	
XXXI	263	321	ホ短調; ¢; アンダンテ	28	VI 19			
XXXII	264	466	ホ長調; 3/8; ヴィーヴォ	29	VI 20	III 28	E 26	
	265	S.32	イ短調; ¢, 3/8; アレグロ	30	VII 16	V 6b	A 6b	
	266	48	変ロ長調; ¢; アンダンテ	1753 ヴェネツィア V 1	VII 4	IV 9	B 9	
	267	434	変ロ長調; 3/4; アレグロ	2	VII 5	IV 10	B 10	
	268	41	イ長調; ¢; アレグロ	3	VI 21	III 7	E 7	
	269	307	イ長調; 6/8; アレグロ	4	VI 22	III 8	E 8	
	270	459	ハ長調; ¢; —	5	VI 23	III 29	E 27	
	271	155	ハ長調; 3/8; ヴィーヴォ	6	VI 24	III 30	E 28	ロンゴ版典拠のヴェネツィア IV 6 は誤り
	272	145	変ロ長調; ¢; アレグロ	7	VI 25			
	273	398	変ロ長調; 3/8, 6/8; ヴィーヴォ—モデラート	8	VI 26			
	274	297	ヘ長調; ¢; アンダンテ	9	VII 1	V 5	A 5	
	275	328	ヘ長調; 3/4; アレグロ	10	VII 2	V 5a	A 5a	
	276	S.20	ヘ長調; 3/8; アレグロ	11	VII 3	V 5b	A 5b	

277	183	ニ長調; ¢; カンタービレ・アンダンテ	12	VII 6	IV 7	B 7
278	S.15	ニ長調; 6/8; コン・ヴェローチタ	13	VII 7	IV 8	B 8
279	468	イ長調; ¢; アンダンテ	14	VII 8		
280	237	イ長調; 3/8; アレグロ	15	VII 9		
281	56	ニ長調; 3/4; アンダンテ	16	VII 10	IV 3	B 3
282	484	ニ長調; ¢; 3/4; アレグロ—アンダンテ	17	VII 11	IV 4	B 4
283	318	ト長調; ¢; アンダンテ・アレグロ	18	VII 12	V 4	A 4
284	90	ト長調; 3/8; アレグロ	19	VII 13	V 4a	A 4a
285	91	イ長調; ¢; アレグロ	20	VII 14	V 6	A 6
286	394	イ長調; 6/8; アレグロ	21	VII 15	V 6a	A 6a
287	S.9	ニ長調; c; アンダンテ　アレグロ	22	VII 17		[「オルガンのために」の表示あり]
288	57	ニ長調; 3/8; アレグロ	23	VII 18		
289	78	ト長調; 2/4; アレグロ	24	VII 19		
290	85	ト長調; 3/8; アレグロ	25	VII 20		
291	61	ホ短調; ¢; アンダンテ	26	VII 21	IV 1	B 1
292	24	ホ短調; 3/8; アレグロ	27	VII 22	IV 2	B 2
293	S.44	ロ短調; ¢; アレグロ	28	VII 23		
294	67	ニ短調; 3/4; アンダンテ	29	VII 24	IV 12	B 12
295	270	ニ短調; 3/8; アレグロ	30	VII 25	IV 13	B 13
			1753 ヴェネツィア VI			
296	198	ヘ長調; 3/4; アンダンテ	1	VII 30		ロンゴ版典拠のヴェネツィア XI 1 は誤り
297	S.19	ヘ長調; 3/8; アレグロ	2	VII 31		

作品目録　465

60 ソナタ	カークパトリック	ロンゴ	調, 拍子, テンポ	主要資料	パルマ	ミュンスター	ウィーン	注記
	298	S.6	ニ長調; ¢; アレグロ	3	VII 26	III 31	G 24	
	299	210	ニ長調; 3/8; アレグロ	4	VII 27	III 32	G 21	
	300	92	イ長調; 3/4; アンダンテ	5	VII 28	IV 5	B 5	
	301	493	イ長調; ¢; アレグロ	6	VII 29	IV 6	B 6	
	302	7	ハ短調; 3/4; アンダンテ	7	VIII 1	IV 20	B 20	
	303	9	ハ短調; 3/8; アレグロ	8	VIII 2	IV 21	B 21	
	304	88	ト長調; アンダンテ・カンタービレ	9	VIII 3			
	305	322	ト長調; 6/8; アレグロ	10	VIII 4			
	306	16	変ホ長調; ¢; アレグロ	11	VIII 5			
	307	115	変ホ長調; 3/8; アレグロ	12	VIII 6			
XXXIII	308	359	ハ長調; ¢; カンタービレ	13	VIII 7	IV 14	B 14	
XXXIV	309	454	ハ長調; ¢; アレグロ	14	VIII 8	IV 15	B 15	
	310	248	変ロ長調; ¢; アンダンテ	15	VIII 9	IV 16	B 16	
	311	144	変ロ長調; 3/8; アレグロ	16	VIII 10	IV 17	B 17	
	312	264	ニ長調; ¢; アレグロ	17	VIII 11			
	313	192	ニ長調; 3/8; アレグロ	18	VIII 12	V 7	A 7	
	314	441	ト長調; ¢; アレグロ	19	VIII 13	IV 11	B 11	
	315	235	ト短調; 3/8; アレグロ	20	VIII 14	V 16	A 12	
	316	299	ヘ長調; ¢; アレグロ	21	VIII 15			
	317	66	ヘ長調; 3/4; アレグロ	22	VIII 16			
	318	31	嬰ヘ長調; ¢; アンダンテ	23	VIII 17	III 33	E 29	
	319	35	嬰ヘ長調; 6/8; アレグロ	24	VIII 18	III 34	E 30	

320	341	イ長調; ¢; アレグロ	25	VIII 19	
321	258	イ長調; 3/8; アレグロ	26	VIII 20	
322	483	イ長調; ¢; アレグロ	27	VIII 21	
323	95	イ長調; 6/8; アレグロ	28	VIII 22	
324	332	ト長調; ¢; アンダンテ	29	VIII 23 IV 18	B 18
325	37	ト長調; 3/8; アレグロ	30	VIII 24 IV 19	B 19
			1754 ヴェネツィア VII		
326	201	ハ長調; ¢; アレグロ	1	VIII 27 II 3	
327	152	ハ長調; 3/8; アレグロ	2	VIII 28 II 4	
328	S.27	ト長調; 6/8; アンダンテ・コーモド	3	VIII 25	
329	S.5	ハ長調; ¢; アレグロ	4	VIII 26	
330	55	ハ長調; 3/8; アレグロ	5	IX 7 II 7	
331	18	変ロ長調; 3/4; アンダンテ	6	VIII 29	
332	141	変ロ長調; ¢; アレグロ	7	VIII 30	
333	269	ニ長調; ¢, 6/8; アレグロ — アレグリッシモ	8	IX 1	
334	100	変ロ長調; 6/8; アレグロ	9	IX 2	
335	S.10	ニ長調; ¢; アレグロ	10	IX 8	
336	337	ニ長調; 3/8; アレグロ	11	IX 9	
337	S.26	ト長調; ¢; アレグロ	12	IX 10 IV 59	B 57
338	87	ト長調; 3/8; アレグロ	13	IX 11 III 1	E 1
339	251	ハ長調; ¢; アレグロ	14	IX 12 II 8	

作品目録　467

60 ソナタ	カークパトリック	ロンゴ	調、拍子、テンポ	主要資料	パルマ	ミュンスター	ウィーン	注記
	340	105	ハ長調; 6/8; アレグロ	15	IX 13	IV 60	B 58	
	341	140	イ短調; 3/8; アレグロ	16	IX 14			
	342	191	イ長調; ¢; アレグロ	17	IX 15			
	343	291	イ長調; ¢; アレグロ アンダンテ	18	IX 16	IV 63		
	344	295	イ長調; 3/8; アレグロ	19	IX 17	IV 64		
	345	306	ニ長調; ¢; アレグロ	20	IX 18	IV 65		
	346	60	ニ長調; 3/8; アレグロ	21	IX 19	IV 66		
	347	126	ト短調; モデラート・エ・カンターピレ	22	IX 20	III 2	E 2	
	348	127	ト長調; 3/4; プレスティッシモ	23	IX 21	III 3	E 3	
	349	170	ト長調; 3/8; アレグロ	24	IX 22			
	350	230	ヘ長調; 6/8; アレグロ	25	IX 23			
	351	S.34	変ロ長調; ¢, 3/8; アンダンテ — アレグリッシモ	26	IX 24			
	352	S.13	二長調; ¢; アレグロ	27	IX 3			
	353	313	二長調; 3/8; アレグロ	28	IX 4			
	354	68	ヘ長調; 3/8; アンダンテ	29	IX 5	II 5		
	355	S.22	ヘ長調; ¢; アレグロ	30	IX 6	II 6		
	356	443	ハ長調; ¢; コン・スピリト・アンダンテ	1754 パルマ IX 29	IX 29	IV 61	B 59	ロンゴ版の典拠はウィーン B 59

468

	No.	S.45	調子・拍子・速度	30	IX 30	IV 62	B 60	ゲルステンベルク 5（ロンゴは不完全）ロンゴ版の典拠はウィーン B 60
	357			1754 ヴェネツィア VIII				
	358	412	ニ長調; 3/8; アレグロ	1	X 11			
	359	448	ニ長調; 3/4; アレグロ	2	X 12			
	360	400	変ロ長調; 3/8; アレグロ	3	IX 25	II 9		
	361	247	変ロ長調; 3/8; アレグリッシモ	4	IX 26	II 10		
	362	156	ハ短調; ¢; アレグロ	5	IX 27			
	363	160	ハ短調; 3/8; プレスト	6	IX 28			
	364	436	ヘ短調; ¢; アレグロ	7	X 1	II 1		
	365	480	ヘ短調; 3/8; アレグロ	8	X 2	II 2		
XXXV	366	119	ヘ長調; 2/4; アレグロ	9	X 6	II 11	G 26	
	367	172	ヘ短調; 3/8; プレスト	10	X 7	II 12		
XXXVI	368	S.30	イ長調; ¢; アレグロ	11	X 9	II 13		
	369	240	イ長調; 3/8; アレグロ	12	X 10	II 14		
	370	316	変ホ長調; ¢; アレグロ	13	X 13	III 35	E 31	
	371	17	変ホ長調; 3/8; アレグロ	14	X 14	III 36	E 32	
	372	302	ト長調; 6/8; アレグロ	15	X 15	IV 52	B 52	
	373	98	ト短調; プレスト・エ・フガート	16	X 16	IV 53	B 53	
	374	76	ト長調; ¢; アンダンテ	17	X 17	V 3	A 3	
	375	389	ト長調; 6/8; アレグロ	18	X 18	V 3a	A 3a	ロンゴ版典拠のヴェネツィア VII 17 は誤り

作品目録

	カークパトリック	ロンゴ	調、拍子、テンポ	主要資料	パルマ	ミュンスター	ウィーン	注記
60 ソナタ	376	34	ロ短調; 3/4; アレグロ	19	X 19	V 2	A 2	
	377	263	ロ短調; 2/4; アレグリッシモ	20	X 20	V 2a	A 2a	
	378	276	ヘ長調; ¢; アレグロ	21	X 21	V 1	A 1	
	379	73	ヘ長調; 3/8; メヌエット	22	X 22	V 1a	A 1a	
	380	23	ホ長調; 3/4; アンダンテ・コーモド	23	X 23	IV 47	B 47	
	381	225	ホ長調; 3/8; アレグロ	24	X 24	IV 48	B 48	
	382	S.33	イ短調; ¢; アレグロ	25	X 25			
	383	134	イ短調; 3/8; アレグロ	26	X 26			
	384	2	ハ長調; 3/8; カンタービレ・アンダンテ	27	X 27	IV 22	B 22	
	385	284	ハ短調; 3/8; アレグロ	28	X 28	IV 23	B 23	
	386	171	ヘ短調; ¢; プレスト	29	X 29	IV 67		
	387	175	ヘ短調; 6/8; ヴェローチェ・エ・フガート	30	X 30	IV 68		
				1754 ヴェネツィア IX				
	388	414	ニ長調; ¢; プレスト	1	XI 3	III 41	E 36	
	389	482	ニ長調; 3/4; アレグロ	2	XI 4	III 42	E 37	
	390	234	ト長調; ¢; アレグロ	3	XI 1	III 39	E 35	
	391	79	ト長調; 3/4; アレグロ	4	XI 2	III 40		
	392	246	変ロ長調; ¢; アレグロ	5	XI 5	IV 69		
	393	74	変ロ長調; 3/4; メヌエット	6	XI 6	IV 70		

XXXVII	394	275	ホ短調; ¢; アレグロ	7	XI 7	III 43	E 38
XXXVIII	395	65	ホ長調; 3/8; アレグロ	8	XI 8	III 44	E 39
	396	110	ニ短調; ¢, 6/8; アンダンテ	9	XI 9		
	397	208	ニ長調; 3/8; メヌエット	10	XI 10		
	398	218	ハ長調; 6/8; アンダンテ	11	XI 11	III 37	E 33
	399	274	ハ長調; 3/8; アレグロ	12	XI 12	III 38	E 34
	400	213	ニ長調; 3/8; アレグロ	13	XI 13	III 45	E 40
	401	365	ニ長調; 6/8; アレグロ	14	XI 14	III 46	E 41
XXXIX	402	427	ホ短調; ¢; アンダンテ	15	XI 15	III 47	E 42
XL	403	470	ホ長調; 6/8; アンダンテ	16	XI 16	III 48	E 43
	404	222	イ長調; ¢; アンダンテ	17	XI 17	III 49	E 44
	405	43	イ長調; 6/8; アレグロ	18	XI 18	III 50	E 45
	406	5	ハ長調; ¢; アレグロ	19	XI 19	III 51	E 46
	407	S.4	ハ長調; 3/8; アレグロ	20	XI 20	III 52	E 47
	408	346	ロ短調; ¢; アンダンテ	21	XI 21		
	409	150	ロ短調; 3/8; アレグロ	22	XI 22		
	410	S.43	変ロ長調; ¢; アレグロ	23	XI 23		
	411	69	変ロ長調; 3/4; アレグロ	24	XI 24		
	412	182	ト長調; 2/4; アレグロ	25	XI 25	III 53	F 1
	413	125	ト長調; 6/8; アレグロ	26	XI 26	III 54	F 2
	414	310	ニ長調; ¢; アレグロ	27	X 3		
	415	S.11	ニ長調; 12/8; パストラーレ. アレグロ	28	X 4		
	416	149	ニ長調; 3/8; プレスト	29	X 5		

60 ソナタ	カークパトリック	ロンゴ	調, 拍子, テンポ	主要資料 1755 ヴェネツィア X	パルマ X	ミュンスター	ヴィーン	注記
	417	462	ニ短調; ¢; フーガ; アレグロ・モデラート	30	8			
	418	26	ヘ長調; ¢; アレグロ	1	XI 27	XI 55	F 3	
	419	279	ヘ長調; 3/8; ピウ・トスト・プレスト・ケ・アレグロ	2	XI 28	XI 56	F 4	
XLI	420	S.2	ハ長調; ¢; アレグロ	3	XI 29	III 57	F 5	
XLII	421	252	ハ長調; 3/8; アレグロ	4	XI 30	III 58	F 6	
	422	451	ハ長調; ¢; プレスト	5	XII 12	II 29		
	423	102	ハ長調; 3/8; プレスト	6	XII 13	II 30		
	424	289	ト長調; ¢; アレグロ	7	XII 14	II 31		
	425	333	ト短調; 3/8; アレグロ・モルト	8	XII 15	II 32		
XLIII	426	128	ト短調; 3/8; アンダンテ	9	XII 16	II 33		
XLIV	427	286	ト長調; ¢; プレスト, クワント・ポッシービレ	10	XII 17	II 34		
	428	131	イ長調; ¢; アレグロ	11	XII 18	II 35	G 46	
	429	132	イ長調; 6/8; アレグロ	12	XII 19	II 36		
	430	463	ニ長調; 3/8; ノン・プレスト・マ・ア・テンポ・ディ・バッロ	13	XIII 1	III 59	F 7	
	431	83	ト長調; 3/4; アレグロ	14	XII 2			
	432	288	ト長調; 3/4; アレグロ	15	XIII 3	III 60	F 8	
	433	453	ト長調; 6/8; ヴィーヴォ	16	XII 4	III 61	F 9	

434	343	ニ短調; 3/4; アンダンテ	17	XII 5	F 10	
435	361	ニ長調; ¢; アレグロ	18	XII 6	F 11	
436	109	ニ長調; 3/8; アレグロ	19	XII 7	F 12	
437	278	ニ長調; 3/4; アンダンテ・コモド	20	XII 8		
438	381	ヘ長調; ¢; アレグロ	21	XII 9		
439	47	変ロ長調; ¢; モデラート	22	XII 10	F 13	
440	97	変ロ長調; 3/4; メヌエット	23	XII 11	F 14	
441	S.39	変ロ長調; ¢; アレグロ	24	XII 37		
442	319	変ホ長調; 3/8; アレグロ	25	XII 21	II 38	
443	418	ニ長調; ¢; アレグロ	26	XII 22	II 39	
444	420	ニ短調; 6/8; アレグリッシモ	27	XII 23	II 40	
445	385	ヘ長調; ¢; アレグロ・オ・プレスト	28	XII 24	II 41	
446	433	ヘ長調; 12/8; パストラーレ; アレグリッシモ	29	XII 25	II 42	
447	294	嬰ヘ短調; ¢; アレグロ	30	XII 26	II 43	
448	485	嬰ヘ短調; 3/8; アレグロ	31	XII 27	II 44	
449	444	ト長調; ¢; アレグロ	32	XII 28	II 45	
450	338	ト短調; ¢; アレグリッシモ	33	XII 29	II 46	
451	243	イ短調; 3/4; アレグロ	34	XII 30	V 55	A 40
452		イ長調; ¢; アンダンテ・アレグロ	ミュンスター 51		II 51	ゲルステンベルク 1
453		イ長調; 3/4; アンダンテ	52		II 52	ゲルステンベルク 2

作品目録 473

60ソナタ	カークパトリック	ロンゴ	調、拍子、テンポ	主要資料 1756 ヴェネツィア XI	パルマ	ミュンスター	ウィーン	注記
	454	184	ト長調; 3/4; アンダンテ・スピリトーソ	1	XIII 1	II 47		
	455	209	ト長調; ¢; アレグロ	2	XIII 2	II 48		
	456	491	イ長調; ¢; アレグロ	3	XIII 3	II 49		
	457	292	イ長調; 6/8; アレグロ	4	XIII 4	II 50		
	458	212	ニ長調; 3/4; アレグロ	5	XIII 5	II 53	G 27	
	459	S.14	ニ短調; 3/8; アレグロ/ニ長調; ¢; プレスト	6	XIII 6	II 54		
XLV	460	324	ハ長調; ¢; アレグロ	7	XIII 7	II 55		
XLVI	461	8	ハ短調; 3/8; アレグロ	8	XIII 8	II 56		
	462	438	ハ短調; 3/4; アンダンテ	9	XIII 9	II 57	G 19	
	463	471	ハ短調; ¢; モルト・アレグロ	10	XIII 10	II 58	G 20	
	464	151	ハ長調; ¢; アレグロ	11	XIII 11	II 59		
	465	242	ハ長調; 3/8; アレグロ	12	XIII 12	II 60		
	466	118	ハ短調; ¢; アンダンテ・モデラート	13	XIII 13	I 1	C 1	
	467	476	ハ短調; 3/4; アレグリッシモ	14	XIII 14	I 2	C 2	
	468	226	ハ長調; 3/4; アレグロ	15	XIII 15	I 3	C 3	
	469	431	ハ長調; ¢; アレグロ・モルト	16	XIII 16	I 4	C 4	
XLVII	470	304	ト長調; ¢; アレグロ	17	XIII 17	I 5	C 5	ウィーン G 29 にも収録
XLVIII	471	82	ト長調; 3/4; メヌエット	18	XIII 18	I 6	C 6	ウィーン G 10 にも収録

472	99	変ロ長調; 3/4; アンダンテ	19	XIII 19 I 7	C 7
473	229	ハロ長調; ¢; アレグロ・モルト	20	XIII 20 I 8	C 8
474	203	変ホ長調; 3/4; アンダンテ・エ・カンターピレ	21	XIII 21 I 9	C 9 ウィーン G 45 にも収録
475	220	変ホ長調; ¢; アレグリッシモ	22	XIII 22 I 10	G 25
476	340	ト短調; 3/8; アレグロ	23	XIII 23 I 11	C 10
477	290	ト長調; 6/8; アレグリッシモ	24	XIII 24 I 12	C 11
478	12	ニ長調; 3/4; アンダンテ・エ・カンターピレ	25	XIII 25 I 13	C 12
479	S.16	ニ長調; ¢; アレグリッシモ	26	XIII 26 I 14	C 13
480	S.8	ニ長調; ¢; プレスト	27	XIII 30 I 18	C 14
481	187	ヘ短調; ¢; アンダンテ・エ・カンターピレ	28	XIII 27 I 15	G 31
482	435	ヘ長調; ¢; アレグリッシモ	29	XIII 28 I 16	G 30
483	472	ヘ長調; 3/8; プレスト	30	XIII 29 I 17	G 28
			1756 ヴェネツィア XII		
484	419	ニ長調; 3/8; アレグロ	1	XIV 1 I 19	C 15
485	153	ハ長調; ¢; アンダンテ・エ・カンターピレ	2	XIV 2 I 20	C 16
486	455	ハ長調; 3/8; アレグロ	3	XIV 3 I 21	C 17
487	205	ハ長調; 3/8; アレグロ	4	XIV 4 I 22	C 18
488	S.37	変ロ長調; ¢; アレグロ	5	XIV 5 I 23	C 19
489	S.41	変ロ長調; 3/8; アレグロ	6	XIV 6 I 24	C 20

60 ソナタ	カーク パトリック	ロンゴ	調, 拍子, テンポ	主要資料	パルマ	ミュンスター	ウィーン	注記
XLIX	490	206	ニ長調; ¢; カンタービレ	7	XIV 7	I 25	G 44	ロンゴ版拠のヴェネツィア IV 5 は誤り
L	491	164	ニ長調; 3/4; アレグロ	8	XIV 8	I 26	C 21	
LI	492	14	ニ長調; 6/8; プレスト	9	XIV 9	I 27	C 22	
LII	493	S.24	ト長調; ¢; アレグロ	10	XIV 10	I 28	C 23	
LIII	494	287	ト長調; 6/8; アレグロ	11	XIV 11	I 29	C 24	
	495	426	ホ長調; ¢; アレグロ	12	XIV 12	I 30	C 25	
	496	372	ホ短調; 3/4; アレグロ	13	XIV 13	I 31	C 26	
	497	146	ロ短調; ¢; アレグロ	14	XIV 14	I 36	C 31	
	498	350	ロ短調; 3/4; アレグロ	15	XIV 15	I 37	C 32	
	499	193	イ長調; ¢; アンダンテ	16	XIV 16	I 34	C 29	
	500	492	イ長調; 3/4; アレグロ	17	XIV 17	I 35	C 30	
	501	137	ハ長調; ¢; アレグレット	18	XIV 18	I 38	C 33	
	502	3	ハ長調; 3/8; アレグロ	19	XIV 19	I 39	C 34	
	503	196	変ロ長調; ¢; アレグレット	20	XIV 20	I 40	C 35	
	504	29	変ロ長調; 3/8; アレグロ	21	XIV 21	I 41	C 36	
	505	326	ヘ長調; ¢; アレグロ・ノン・プレスト	22	XIV 22	I 42	C 37	
	506	70	ヘ長調; 3/8; アレグロ	23	XIV 23	I 43	C 38	
	507	113	変ホ長調; 2/4; アンダンティーノ・カンタービレ	24	XIV 24	I 44	C 39	
	508	19	変ホ長調; 3/4; アレグロ	25	XIV 25	I 45	C 40	
	509	311	ニ長調; ¢; アレグロ	26	XIV 26	I 32	C 27	
	510	277	ニ短調; 3/4; アレグロ	27	XIV 27	I 33	C 28	

LIV	511	314	二長調;C;アレグロ	28	XIV 28	I 46	C 41
	512	339	二長調;3/4;アレグロ	29	XIV 29	I 47	C 42
	513	S.3	ハ長調;12/8,3/8;パストラーレ―モデラート―モルト・アレグロ―プレスト	30	XIV 30	I 50	C 45
LV	514	1	ハ長調;C;アレグロ	1757 ヴェネツィア XIII 1	XV 1	I 57	D 7
	515	255	ハ短調;3/4;アレグロ	2	XV 2	I 58	D 8
	516	S.12	ハ長調;3/8;アレグレット	3	XV 4	I 59	D 9
LVI	517	266	二長調;C;プレスティッシモ	4	XV 3	I 60	D 10
	518	116	ヘ長調;C;アレグロ	5	XV 5	I 61	D 11
LVII	519	475	ハ短調;3/8;アレグロ・アッサイ	6	XV 6	I 62	D 12
LVIII	520	86	ト長調;C;アレグレット	7	XV 7	I 48	C 43
	521	408	ト長調;3/8;アレグロ	8	XV 8	I 49	C 44
	522	S.25	ト長調;C;アレグロ	9	XV 9	I 51	D 1
	523	490	ト長調;3/8;アレグロ	10	XV 10	I 52	D 2
	524	283	ハ長調;3/4;アレグロ	11	XV 11	I 55	D 5
	525	188	ハ長調;6/8;アレグロ	12	XV 12	I 56	D 6
	526	456	ハ短調;C;アレグロ・コモド	13	XV 13	I 53	D 3
	527	458	ハ短調;3/4;アレグロ・アッサイ	14	XV 14	I 54	D 4
	528	200	変ロ長調;C;アレグロ	15	XV 15	I 63	D 13
	529	327	変ロ長調;3/8;アレグロ	16	XV 16	I 64	D 14

作品目録 477

60 ソナタ	カーケパトリック	ロンゴ	調, 拍子, テンポ	主要資料	パルマ	ミュンスター	ウィーン	注　記
	530	44	ホ長調; 3/4; アレグロ	17	XV 17	I 65	D 15	
	531	430	ホ長調; 6/8; アレグロ	18	XV 18	I 66	D 16	
	532	223	イ短調; 3/8; アレグロ	19	XV 19	I 67	D 17	
	533	395	イ長調; ¢; アレグロ・アッサイ	20	XV 20	I 68	D 18	
	534	11	ニ長調; ¢; カンタービレ	21	XV 21	I 69	D 19	
	535	262	ニ長調; 3/4; アレグロ	22	XV 22	I 70	D 20	
	536	236	イ長調; ¢; カンタービレ	23	XV 23	I 71	D 21	
	537	293	イ長調; 3/4; プレスティッシモ	24	XV 24	I 72	D 22	
	538	254	ト長調; 3/8; アレグレット	25	XV 25	I 73	D 23	
	539	121	ト長調; ¢; アレグロ	26	XV 26	I 74	D 24	
	540	S.17	ヘ長調; ¢; アレグレット	27	XV 27	I 75	D 25	
	541	120	ヘ長調; 6/8; アレグレット	28	XV 28	I 76	D 26	
	542	167	ヘ長調; 3/4; アレグレット	29	XV 29	I 77	D 27	
	543	227	ヘ長調; 6/8; アレグロ	30	XV 30	I 78	D 28	
LIX	544	497	変ロ長調; 3/4; カンタービレ	1757 パルマ XV 31	XV 31	I 79	D 29	ロンゴ版の典拠はウィーン D 29
LX	545	500	変ハ長調; ¢; プレスティッシモ	32	XV 32	I 80	D 30	ロンゴ版の典拠はウィーン D 30
	546	312	ト短調; 3/8; カンタービレ	33	XV 33	I 81	D 31	ロンゴ版の典拠はウィーン D 31
	547	S.28	ト長調; ¢; アレグロ	34	XV 34	I 82	D 32	ロンゴ版の典拠はウィーン D 32
	548	404	ハ長調; 3/8; アレグレット	35	XV 35	I 83	D 33	ロンゴ版の典拠はウィーン D 33

549	S.1	ハ長調; ¢; アレグロ	36	XV 36 I 84	D 34	ロンゴ版の典拠はウィーン D 34
550	S.42	変ロ長調; ¢; アレグレット	37	XV 37 I 85	D 35	ロンゴ版の典拠はウィーン D 35
551	396	変ロ長調; 3/4; アレグロ	38	XV 38 I 86	D 36	ロンゴ版の典拠はウィーン D 36
552	421	ニ短調; 3/8; アレグレット	39	XV 39 I 87	D 37	ロンゴ版の典拠はウィーン D 37
553	425	ニ短調; 3/8; アレグロ	40	XV 40 I 88	D 38	ロンゴ版の典拠はウィーン D 38
554	S.21	ヘ長調; ¢; アレグレット	41	XV 41 I 89	D 39	ロンゴ版の典拠はウィーン D 39
555	477	ヘ短調; 6/8; アレグロ	42	XV 42 I 90	D 40	ロンゴ版の典拠はウィーン D 40

ロンゴ版の順序によるソナタの一覧表

第1巻		第2巻		第3巻		第4巻	
ロンゴ	カークパトリック	ロンゴ	カークパトリック	ロンゴ	カークパトリック	ロンゴ	カークパトリック
1	514	51	166	101	156	151	464
2	384	52	165	102	423	152	327
3	502	53	75	103	259	153	485
4	158	54	200	104	159	154	235
5	406	55	330	105	340	155	271
6	139	56	281	106	90	156	362
7	302	57	288	107	140	157	48
8	461	58	64	108	213	158	58
9	303	59	164	109	436	159	252
10	84	60	346	110	396	160	363
11	534	61	291	111	123	161	236
12	478	62	232	112	226	162	178
13	60	63	163	113	507	163	176
14	492	64	148	114	68	164	491
15	160	65	395	115	307	165	214
16	306	66	317	116	518	166	85
17	371	67	294	117	150	167	542
18	331	68	354	118	466	168	77
19	508	69	411	119	366	169	257
20	51	70	506	120	541	170	349
21	162	71	59	121	539	171	386
22	198	72	186	122	118	172	367
23	380	73	379	123	210	173	185
24	292	74	393	124	260	174	250
25	46	75	78	125	413	175	387
26	418	76	374	126	347	176	91
27	238	77	171	127	348	177	179
28	194	78	289	128	426	178	258
29	504	79	391	129	201	179	152
30	82	80	79	130	111	180	241
31	318	81	71	131	428	181	121
32	67	82	471	132	429	182	412
33	87	83	431	133	211	183	277
34	376	84	63	134	383	184	454
35	319	85	290	135	212	185	76
36	88	86	520	136	61	186	127
37	325	87	338	137	501	187	481
38	196	88	304	138	109	188	525
39	249	89	102	139	182	189	184
40	43	90	284	140	341	190	130
41	268	91	285	141	332	191	342
42	217	92	300	142	193	192	313
43	405	93	149	143	189	193	499
44	530	94	74	144	311	194	181
45	62	95	323	145	272	195	65
46	47	96	154	146	497	196	503
47	439	97	440	147	197	197	155
48	266	98	373	148	261	198	296
49	234	99	472	149	416	199	229
50	70	100	334	150	409	200	528

第 5 巻		第 6 巻		第 7 巻		第 8 巻	
ロンゴ	カークパトリック	ロンゴ	カークパトリック	ロンゴ	カークパトリック	ロンゴ	カークパトリック
201	326	251	339	301	49	351	225
202	242	252	421	302	372	352	11
203	474	253	199	303	170	353	243
204	105	254	538	304	470	354	230
205	487	255	515	305	251	355	100
206	490	256	247	306	345	356	56
207	191	257	206	307	269	357	40
208	397	258	321	308	237	358	95
209	455	259	221	309	222	359	308
210	299	260	246	310	414	360	22
211	89	261	53	311	509	361	435
212	458	262	535	312	546	362	92
213	400	263	377	313	353	363	21
214	223	264	312	314	511	364	177
215	120	265	45	315	137	365	401
216	192	266	517	316	370	366	1
217	73	267	52	317	99	367	5
218	398	268	224	318	283	368	26
219	254	269	333	319	442	369	145
220	475	270	295	320	253	370	10
221	134	271	81	321	263	371	207
222	404	272	180	322	305	372	496
223	532	273	216	323	215	373	28
224	135	274	399	324	460	374	15
225	381	275	394	325	98	375	20
226	468	276	378	326	505	376	147
227	543	277	510	327	529	377	136
228	256	278	437	328	275	378	3
229	473	279	419	329	167	379	7
230	350	280	168	330	151	380	203
231	31	281	239	331	169	381	438
232	124	282	133	332	324	382	69
233	103	283	524	333	425	383	19
234	390	284	385	334	122	384	17
235	315	285	187	335	55	385	445
236	536	286	427	336	93	386	35
237	280	287	494	337	336	387	14
238	208	288	432	338	450	388	2
239	188	289	424	339	512	389	375
240	369	290	477	340	476	390	4
241	54	291	343	341	320	391	39
242	465	292	457	342	220	392	218
243	451	293	537	343	434	393	219
244	117	294	447	344	114	394	286
245	36	295	344	345	113	395	533
246	392	296	128	346	408	396	551
247	361	297	274	347	227	397	16
248	310	298	112	348	244	398	273
249	108	299	316	349	146	399	228
250	190	300	131	350	498	400	360

第 9 巻		第 10 巻		補巻	
ロンゴ	カークパトリック	ロンゴ	カークパトリック	ロンゴ	カークパトリック
401	72	451	422	S.1	549
402	126	452	116	S.2	420
403	86	453	433	S.3	513
404	548	454	309	S.4	407
405	157	455	486	S.5	329
406	37	456	526	S.6	298
407	115	457	132	S.7	34
408	521	458	527	S.8	480
409	231	459	270	S.9	287
410	174	460	129	S.10	335
411	23	461	29	S.11	415
412	358	462	417	S.12	516
413	9	463	430	S.13	352
414	388	464	138	S.14	459
415	119	465	96	S.15	278
416	18	466	264	S.16	479
417	161	467	233	S.17	540
418	443	468	279	S.18	195
419	484	469	110	S.19	297
420	444	470	403	S.20	276
421	552	471	463	S.21	554
422	141	472	483	S.22	355
423	32	473	183	S.23	205
424	33	474	107	S.24	493
425	553	475	519	S.25	522
426	495	476	467	S.26	337
427	402	477	555	S.27	328
428	209	478	38	S.28	547
429	175	479	6	S.29	240
430	531	480	365	S.30	368
431	469	481	25	S.31	83
432	44	482	389	S.32	265
433	446	483	322	S.33	382
434	267	484	282	S.34	351
435	482	485	448	S.35	248
436	364	486	13	S.36	42
437	106	487	125	S.37	488
438	462	488	8	S.38	57
439	255	489	12	S.39	441
440	50	490	523	S.40	172
441	314	491	456	S.41	489
442	104	492	500	S.42	550
443	356	493	301	S.43	410
444	449	494	101	S.44	293
445	153	495	24	S.45	357
446	262	496	66		
447	173	497	544		
448	359	498	202		
449	27	499	30		
450	245	500	545		

索 引

以下の索引は，第 I–XII 章，および付録 IA と IV を対象としたものである。脚注の有益な情報も対象にしているが，文献や原典の引用は含んでいない｛翻訳の方針については訳者注参照。なお，索引中の DS はドメニコ・スカルラッティのイニシャルである。｝。

〔ア〕

アクアヴィーバ枢機卿　73
アクィナス，聖トマス　25, 135
アグリーコラ，ヨハン・フリードリッヒ（Agricola, Johann Friedrich）358, 359, 362, 363, 365, 373, 379, 389, 390
アディソン，ジョセフ（Addison, Joseph）64
アボス，ジローラモ（Girolamo Abos）24
アミコーニ，ヤコポ（Jacopo Amiconi）118, 128–131, 136–138, 152
アラーリ，パオラ（Paorla Alari）68
アランフェス　105, 108, 116, 123, 125, 130, 137, 138, 144, 150, 184, 185, 195–197, 218, 219
アリオスティ，アッティリオ（Attilio Ariosti）113
アリオスト，ロドヴィコ（Lodovico Ariosto）38, 67, 138
アルカディア・アカデミー　50, 52, 58–61, 63, 64, 68, 72, 74, 99
アルキ，ジョヴァンニ・アントニオ（Giovanni Antonio Archi）78
アルバ公爵，第 12 代（先のウエスカー公爵）138
アルバーニ枢機卿　34
アルバーノ，ロザリーナ　338
アルバ公爵，第 3 代　138
アルベルティ，ドメニコ　161, 173, 311
アルベルティ・バス　168, 217, 330
アルベロ，セバスティアン　140, 141, 143
アレクサンダー 8 世，教皇　53
アレスティ，フロリアーノ　172
アントニオ　87, 89, 100, 119, 201

〔イ〕

異端審問　107
イノケンティウス 11 世（教皇）52

〔ウ〕

ヴァーグナー，リヒャルト（Richard Wagner）293
ヴァルター，ヨハン・ゴットフリート（Johann Gottfried Walther）144
ヴィーコ，ジャンバッティスタ（Giambattista Vico）25, 59
ヴィクトリア，トマス・ルイス・デ（Tomás Luis de Victoria）140
ヴィターリ，フランチェスコ（Francesco Vitali）78
ヴィットーリ，ロレンツォ（Lorenzo Vittori）57
ヴィットリオ・アメデオ 2 世，サヴォイ公（Vittorio Amedeo II）110
ウイトフォーゲル（G. F. Witvogel）144
ヴィニョーラ，ジュゼッペ（Giuseppe Vignola）339
ヴィヴァルディ，アントニオ（Antonio Vivaldi）39, 170, 217
ヴィラール（C. L. H. Villars, doc de）71
ヴィンケルマン，ヨハン・ヨアヒム（Johann Joachim Winckelmann）63
ヴィンチ，レオナルド（Leonardo Vinci）23, 339
ウェスリー，チャールズ（Charles Wesley）143
ヴェネツィアーノ，ガエターノ　33
ヴェネツィア
—特徴　36–38
—音楽院　38–39

483

―オペラと劇場　38, 42–44
ヴェラスケス　109
ヴェルディ，ジュゼッペ　120, 240
ウォーガン，ジョン（John Worgan）　140, 143
ヴォリール（Vauréal，フランス大使）　127
ウッティーニ，イザベラ（Isabella Uttini）　130
ヴニエ（G. B. Venier）　144
ウルサン夫人　102

〔エ〕
エイヴィソン，チャールス（Charles Avison）　143, 165, 297–299
エウリピデス　69
エスコリアル　106–108
エランド，ホセ（José Herrando）　130, 358
エリーシ，フィリッポ（Filippo Elisi）　130
エレーラ，ホアン（Juan Herrera）　106

〔オ〕
オウィディウス　69
オージェ（Jane Arger）　327
オシナーガ，ホアキン（Joaquin Oxinaga）　141
オットボーニ枢機卿　47, 52–56, 58, 63–66, 68, 72, 74, 91, 110, 170
オペラ
―ヴェネツィア　36, 40, 42, 43
―オットボーニ　54, 65
―カジミラ王妃　64–67, 69, 70
―スペイン宮廷　114–116, 128–131, 137, 138, 144, 145, 150
―ナポリ　20, 30, 115, 148, 151, 338
―ローマ　51, 76, 77
オペラ台本　28, 30–32, 54, 62, 64, 66, 67, 69, 72, 76, 79–82
オペラの聴衆，イタリア　43
オルガン
―DSのオルガン作品　162, 202, 295, 297, 298
―DSのレジスター使用　202, 295, 297, 298

―王室礼拝堂　203
―オットボーニの　55
―スペイン・ポルトガル　86
―ハープシコード様式　165–168, 212–214
音楽院
―ヴェネツィア　38–39
―ナポリ　22–24

〔カ〕
カール6世（オーストリア皇帝）　112
カザノヴァ，ジャコモ（Giacomo Casanova）　37, 39, 80, 98
カジーニ（Giovanni Maria Casini）　56
カシェロ，エウジェニオ（Eugenio Cachurro）　149
ガスパッリ（Francesco Maria Gasparri）　72
ガスパリーニ，フランチェスコ（Francesco Gasparini）　40–42, 45, 47, 56–58, 77, 90, 91, 224, 230, 248, 358, 390, 391
ガダーニ　73
カッファレッリ　130
カナヴァーリ，アントニオ（Antonio Canavari）　80
カナレット，アントニオ（Antonio Canaletto）　37
カプラニカ劇場　77, 80, 81
ガブリエリ，アンドレア（Andrea Gabrieli）　167
ガブリエリ，ジョヴァンニ（Giovanni Gabrieli）　167
カペーチ，カルロ・シジスモンド（Carlo Sigismondo Capeci）　48, 59, 63–69, 81, 82
カマレロ，エンカルナシオン・スカルラッティ（Encarnacion Scarlatti Camarero, DSの曾々々孫）　154
カラファ　17
ガルッピ，バルタッサーレ（Baltassare Galuppi）　128
カルネイロ　85
カルピオ（コロブラノ王女）　17
カルボーネ，アントニア　338
カルロス2世（スペイン王）　26, 107

484

カルロス 3 世（スペイン王）　102, 151, 152, 203
カレサーナ，クリストフォロ　34
カンタータ，リヴォルノにて作　28

〔キ〕
キーブル，ジョン（John Keeble）　46
キーン卿，ベンジャミン（Sir Benjamin Keene）　96, 103, 107, 110, 123, 126, 129, 145
ギター，DSへの影響　212, 213, 216, 221–223, 241, 244
キルウェイ，ジョーゼフ（Joseph Kelway）　143

〔ク〕
グアルディ，フランチェスコ（Francesco Guardi）　37
グイド　193
クープラン，フランソワ（Franqis Couperin）　169, 187, 198, 204–206, 293, 294, 327, 358, 373, 377
グスタフ・アドルフ（スウェーデン王）　50
クヴァンツ，ヨハン・ヨアヒム（Johann Joachim Quantz）　41, 90, 144, 358, 360, 365, 378, 381
クラーク（Edward Clarke）　114
グライチェン（Baron de Gleichen）　126
クラヴィコード　203, 301
ラ・グランハ　105, 106, 108, 110, 125
クリーガー，ヨハン・フィリップ（Johann Philipp Krieger）　56
クリスティーナ（スウェーデン女王）　17, 50–52, 56, 58, 61–63
クリストフォリ，バルトロメオ（Bartolomeo Cristofori）　29, 194, 195
グリマーニ枢機卿　62
グリマルディ，ニコロ（Nicolo Grimaldi）　34–36, 42, 43
グレコ，ガエターノ（Gaetano Geco）　23, 169
クレッシンベーニ（Giovannni Mario Crescimbeni）　59, 60, 68
クレメンス 9 世（教皇）　52
クレメンティ（Muzio Clementi）　144, 166, 172, 391
クローチェ，ベネデット（Benedetto Croce）　25

〔ケ〕
ゲーテ（J. W. von Göthe）　192
劇場
—ヴェネツィア　42–44
—オットボーニ　54, 65–66
—マドリード　114–116
—マリア・カジミラ　63–71
—ローマ　51–52, 76–81
ゲルステンベルク，ヴァルター（Walter Gerstenberg）　161, 206
ゲルバー，エルンスト・ルードヴィッヒ（Ernst Ludwig Gerber）　144

〔コ〕
コールコット，W. H.　172
ゴルトシュミット，フーゴ（Hugo Goldschmidt）　389
コクセ，ウィリアム（William Coxe）　101–103, 107, 112, 114, 124, 126, 127, 145
コッラディーニ，フランチェスコ（Francesco Corradini）　115, 128, 130
コトゥマッチ　24, 339
ゴヤ，フランシスコ・デ（Fransisco de Goya）　107, 109, 137, 138, 185
コリニャーニ，フランチェスコ（Francesco Colignani）　81
コルセッリ，フランチェスコ（Francesco Corselli）　116, 128–130, 141, 259
ゴルドーニ，カルロ（Carlo Goldoni）　37, 340
コレッジョ　193
コレッリ，アルカンジェロ（Arcagelo Corelli）　40, 50, 53–55, 58–60, 73, 169, 246, 290
コンヴォ，ジウリオ（Giulio Convó）　30
コンカ，セバスチャーノ（Sebastiano Conca）　53
ゴンザーガ（Maria Luisa Gonzaga）　61
コンフォルト，ドメニコ（Domenico Conforto）　19

コンフォルト，ニコロ（Nicolo Conforto）128, 130, 259

〔サ〕
サッキ，ジョヴェナーレ（Giovenale Sacchi）131, 154, 194
サッケッティ，ジョバンニ・バッティスタ（Giovanni Battista Sacchetti）110
ザッピ，ジャンバッティスタ（Giambattista Zappi）60
サッロ，ドメニコ　23, 339
サバティーニ（F. Sabatini）100
サッバティーニ（L. A. Sabbatini）358
サルヴィ，アントニオ（Antonio Salvi）80
サン・カルロ劇場（ナポリ）115, 151, 340
サン＝シモン（L. de R. Saint-Simon, duc de）54, 71, 101–103
サンティーニ，フォルチュナート（Fortunato Santini）157
サンナザーロ，ヤコポ（Jacopo Sannazaro）25, 58
サン・ランベール，ミシェル（Michel de Saint-Lambert）327
サン・ロッケ教会（リスボン）85

〔シ〕
ジーリ，ジローラモ（Girolamo Gigli）79
ジウスチ（Maria Giusti）68
シェークスピア，ウィリアム，《ハムレット》78
ジェノヴェージ，ドメニコ（Domenico Genovesi）78
ジェミニアーニ，フランチェスコ（Francesco Geminiani）24, 55, 248, 358, 392
ジェンティーリ，ガスパール（DS の義兄弟）94
ジェンティーリ家　93
ジェンティーリ，フランチェスコ（DS の義父）92
ジェンティーリ（DS の義母）92, 94, 123, 135, 149
ジツィー，ドメニコ（Domenico Gizii）80
シドニー，フィリップ卿　59
ジャコメッリ，ジェミニアーノ（Geminiano Giacomelli）113
シャンボニエール（J. C. Chambonniéres）165
シューディ（ハープシコード）29
シューベルト，フランツ　120, 192
ジュスティーニ，ロドヴィコ（Lodovico Giustini da Pistoia）89, 201
ジュリア礼拝堂（Cappella Giulia）72–74
ジョアン 4 世（ポルトガル王）88
ジョアン 5 世（ポルトガル王）59, 84, 87, 97, 100, 109, 110, 116, 118, 145, 156
ジョゼ（ポルトガル皇太子，後のジョゼ 1 世）94
ショパン，フレデリック　209, 214, 216, 258, 318
ジョルダーノ，ルカ（Luca Giordano）129
ショロン（A. E. Choron）144

〔ス〕
スカルラッティ，アナスタシア（Anastasia, DS の 2 度目の妻）134, 135, 146, 148, 149
スカルラッティ，アレッサンドロ（Alessandro, DS の父）17–21, 23–27, 29, 33, 35, 36, 40, 41, 45, 47, 50–52, 54, 59, 62, 64, 72, 73, 80, 81, 85, 90–92, 117, 153, 168, 171, 173, 174, 205, 337, 338
スカルラッティ，アレッサンドロ（修道院長）59
スカルラッティ，アレッサンドロ（Alessandro, DS の甥）339
スカルラッティ，アレサンドロ，またはアレッサンドロ（Alexandro/Alessandro, DS の息子）108, 148
スカルラッティ，アレサンドロ・ドミンゴ（Alexandro Domingo, DS の孫）149
スカルラッティ，アントニア・アンザローネ（Antonia Anzalone, DS の母）17, 20, 146

スカルラッティ，アントニア（Antonia, DS の孫） 149
スカルラッティ，アントニオ（Antonio, DS の息子） 134, 136, 149
スカルラッティ，アンナ（Anna, DS の姪） 339
スカルラッティ，アンナ　マリア（Anna Maria, DS の叔母） 18–20, 30, 337
スカルラッティ，エドアルド（Eduardo） 337
スカルラッティ，オレンシオ（Orencio, DS の曾々々孫） 155
スカルラッティ，カルロ（Carlo, DS の弟） 339
スカルラッティ，カルロス（Carlos, DS の曾々孫） 155
スカルラッティ，クリスティーナ（Cristina, DS の姉） 339
スカルラッティ，ジウリオ・アレッサンドロ（Giulio Alessandro, 修道士） 59
スカルラッティ，ジュゼッペ（Giuseppe, 未確認） 30
スカルラッティ，ジュゼッペ（Giuseppe, 出生不明, DS の甥） 82, 147, 337, 339–340
スカルラッティ，ディオニシオ（Dionisio, DS の曾孫） 117, 154
スカルラッティ，トマゾ（Tommaso, DS の叔父） 18, 20, 30, 32, 337, 338
スカルラッティ，ドミンゴ（Domingo, DS の息子） 135, 136, 149

スカルラッティ・ドメニコ（Domenico Scarlatti）

〔生涯〕
誕生　17
幼年時代　16–26
ミモという愛称　21, 90
性格　24–25, 27, 33, 45, 48, 72, 92–95, 98–99, 109, 114, 118–120, 127, 132–135, 137–139, 145–147
教育　20–22, 40, 41
家庭生活　93, 100, 108, 133–136, 146
居所
—アランフェス　102
—エスコリアル　106
—ヴェネツィア（短期逗留）　36–46
—ナポリ（短期逗留）　17, 30–33, 90
—フィレンツェ（短期逗留）　28–29
—プラトリーノ（短期逗留）　28–29
—リヴォルノ（短期逗留）　28
—ローマ（短期逗留）　27–28
—セビリア　99, 100
—マドリード　108, 図 40
—ラ・グランハ　105, 106
—リスボン　83–87
教会音楽
—ナポリ　24
—ヴァチカン　72–75
—ポルトガル　85–86
—スペイン　140–141, 148
結婚　92–94, 134
公衆劇場　43–44, 76–82
雇用
—スペイン　95, 99, 100
—ナポリ　25–26
—ポルトガル　85–89
—ローマ（マリア・カジミラ）　62–70
—ローマ（ヴァチカン）　72–75, 81
—ローマ（ポルトガル大使館）　75
ロンドン訪問説　81–82
演奏記録（経験）　44–46, 48, 91, 204–212
即興演奏　204–205
聴衆　204
不確かな情報　82, 90, 148, 189, 340
指導者として　87–90, 95, 99, 140–142
修道士としての言及　87, 94
影響　90, 140–144, 214
爵位　116–118, 134, 153
献辞　118–121, 139
自筆（譜）　74, 138–140, 158–159
音楽の先達とその影響　39, 41–42, 57–58, 90, 165–169, 213
音楽様式の発展　28, 31–33, 48, 67–70, 74, 85–86, 90, 95, 99, 120–121, 132–133, 160, 163–165, 169–192
子孫（直系）　93–94, 100, 117–118, 122–123, 152–155, 159, 340
子孫（傍系）　100, 108, 123, 133–134, 148–149

DSへのスペインの影響 98–99,
　104–108, 109, 132–134, 184–186
スペイン音楽と舞踊の影響 99, 109,
　132–133, 178–180, 185–186, 218–219,
　221–222, 237, 308, 315, 319
ナポリ民俗音楽への回想 148, 219
肖像画 121–123, 136, 154, 189, 211
賭博癖 133–134
名声 142–144, 152, 182, 294
肥満体という伝説 188–189
臨終 148
引用文
―《練習曲集》献辞 118–119
―《練習曲集》序文 119–120
―アルバ公への手紙 139
―遺言状 146–147

〔作品〕
オペラ 30–33, 40, 46, 64–70, 77–80, 82
　Ambleto《ハムレット》 40, 77–79
　Amor d'un'ombra e Gelosia d'un'aura
　　《ひそかな恋》 69
　Berenice《エジプトの女王ベレニケ》
　　80
　La Dirindina《ディリンディーナ》 79
　Ifigenia in Aulide《アーウリデのイフィ
　　ジェニーア》 66, 69
　Ifigenia in Tauri《ターウリデのイフィ
　　ジェニーア》 66, 69
　Il Giusutino《ジュスティーノ》 30
　Intermedji Pastoral《田園風幕間劇》
　　79
　L'Irene《イレーネ》 32
　Narciso《ナルチーゾ》 46, 82
　L'Orland《オルランド》 66
　L'Ottavia《オッタヴィーア》 30–31
　La Silvia《シルヴィア》 66
　Tetide in Sciro《テティーデ》 66, 68,
　　69
　Tolomeo《トロメーオとアレッサンド
　　ロ、または侮辱された王冠》 67–69
カンタータ，オラトリオ，セレナード，そ
　の他の機会音楽 28, 49, 64, 69, 72, 75,
　82, 86–87, 94
　Cantata da Recitarsi nel Palazzo
　　Apostolico la Notte del SS^{mo}. 72

Cantata Pastorale《田園カンタータ》
　87
La Conversione di Clodoveo Re di
　Francia《フランス王クローヴィスの
　改宗》 49, 64
Contesta della Stagioni《季節の争い》
　86
Serenade《セレナード》（1772年12月
　27日用） 87
Applauso Devoto《聖母マリアのみ名に
　ささげる敬虔なる称賛》 68
Applauso Genetlicao《ポルトガルの王
　子御誕生祝賀》 75
Festeggio Armonico《調和の祝典》 94
教会音楽 72–75, 85–86, 140, 148, 159
　Dixit Dominus《主は仰せられる》
　　159
　Iste Confessor《その聖証者は》 74
　Lauda Jerusalem《エルサレムよ、主を
　　ほめたたえよ》 159
　Mass《ミサ》（ト短調） 140, 図23
　Miserere《ミゼレーレ》（ホ短調） 75
　Miserere《ミゼレーレ》（ト短調） 74
　Salve Regina（イ長調）《サルヴェ・レ
　　ジナ》 140, 148
　Stabat Mater《悲しみの聖母》 74
　Te Deum《テ・デウム》 85
　Te Gloriosus《テ・グロリオサス》 85
ソナタ
　Essecizi per Gravicembalo《ハープシ
　　コード練習曲集》 118–121, 123,
　　132, 137, 143, 144, 156, 157, 160,
　　163–165, 170–179, 181, 182, 185,
　　191
　K. 1　　199, 227, 379
　K. 2　　286
　K. 3　　270, 271, 273, 276–279, 281,
　　　　287, 288, 290
　K. 5　　380
　K. 6　　176
　K. 7　　270, 271, 287, 378, 380
　K. 8　　179, 244, 295, 392, 394
　K. 9　　219, 370
　K. 11　 179
　K. 12　 244, 370
　K. 14　 244

K. 16	270, 277, 287, 316
K. 18	232, 242, 270, 271, 290, 300, 302, 304, 308, 312
K. 19	216, 282, 365
K. 20	178, 219, 371
K. 21	199, 369
K. 23	209
K. 24	174, 178, 213, 299
K. 26	223, 244
K. 28	290, 291
K. 29	198, 230, 281, 284, 290, 299, 312, 313
K. 30	171, 172, 179, 283
K. 31	163, 173, 191, 383
K. 32	163, 170
K. 33	163
K. 34	163, 170
K. 35	48, 163, 170
K. 36	163
K. 37	40, 163, 216, 217
K. 38	163
K. 39	163, 174
K. 40	163, 170
K. 41	163, 171, 203, 283
K. 42	163, 170
K. 43	180
K. 44	160, 180, 209, 215, 227, 274, 277, 290, 299, 389
K. 45	180
K. 46	180, 265, 270, 300, 310, 312, 316
K. 47	180
K. 48	180, 199
K. 49	180, 389
K. 50	160, 180
K. 51	180, 364, 384
K. 52	179, 180, 210, 284, 291, 304, 381, 394
K. 53	180, 394
K. 54	180, 211, 215, 290, 302, 307
K. 55	160, 180
K. 56	180
K. 57	180, 218, 270, 276, 283, 326
K. 58	163, 171, 203, 283
K. 59	163
K. 60	163
K. 61	163, 169, 217, 283
K. 62	163, 290
K. 63	48, 163, 170
K. 64	163, 170
K. 69	179
K. 70	163, 295, 296, 298
K. 71	163
K. 72	163
K. 73	163, 171, 295, 296, 298
K. 74	163
K. 75	163
K. 76	163, 316
K. 77	163, 171
K. 78	160, 163, 169
K. 79	163, 316
K. 80	157, 163
K. 81	163, 171, 283, 316
K. 82	160, 163, 169, 283
K. 83	163, 171
K. 84	179, 284
K. 85	48, 160, 163, 169, 283
K. 87	179
K. 88	163, 171, 283, 296, 298
K. 89	163, 171, 283, 316
K. 90	163, 171, 283, 316
K. 91	163, 171, 283, 316
K. 92	179, 394
K. 93	163, 171, 203, 283
K. 94	157, 160, 163
K. 96	160, 181, 205, 218, 222, 227, 230, 251, 271, 275, 276, 281, 304, 388
K. 99	161
K. 100	161
K. 102	317
K. 103	317
K. 104	160
K. 105	226, 238, 250, 270–272, 277, 286, 315
K. 106	162, 199, 288
K. 107	162, 288
K. 108	219, 369
K. 109	161, 198, 305, 383, 394
K. 110	161, 198, 387, 388
K. 113	306
K. 114	388

K. 115	181, 225, 273, 276, 310, 326, 388, 394		374
K. 116	181, 206, 259	K. 216	251, 252, 273, 279, 282, 361
K. 118	387	K. 222	240
K. 119	206, 211, 215, 221, 248–250, 275, 304, 388	K. 223	215, 227
		K. 224	215
K. 120	180, 210	K. 225	374
K. 124	248, 264, 326	K. 235	283, 372
K. 125	279	K. 237	265
K. 126	205	K. 238	186, 270, 271, 290, 306, 394
K. 127	361, 377, 384		
K. 130	288, 289	K. 239	186, 270, 273, 277, 281, 290, 292
K. 132	105, 264, 270, 273, 277, 278, 280–282, 287, 306, 388		
		K. 246	213, 232, 365
		K. 253	279
K. 133	227, 270, 273, 281, 287	K. 254	203
K. 136	386	K. 255	203
K. 140	290	K. 256	232, 280, 369, 374, 380, 384, 385, 391
K. 141	160, 206, 221		
K. 142	180	K. 258	254
K. 143	180	K. 259	184, 272, 303
K. 144	180	K. 260	105, 184, 263, 285, 287, 300, 302, 330
K. 149	202		
K. 159	280	K. 261	184, 265, 365
K. 172	388	K. 262	184
K. 175	250, 270, 274, 276, 277, 299, 388	K. 263	184, 274, 281, 282, 291, 292, 303, 311, 314
		K. 264	184, 264, 270, 276, 281, 282, 285, 287, 303
K. 185	322		
K. 188	364, 391	K. 265	187, 217, 283
K. 189	205	K. 268	266
K. 190	237, 279	K. 273	283
K. 194	384, 388	K. 274	162
K. 199	368	K. 275	162
K. 204a	157	K. 276	162, 283
K. 204b	157	K. 277	283
K. 206	232, 234, 235, 254, 255, 394	K. 282	283
		K. 284	186, 187, 283
K. 208	163, 185, 214, 255, 299, 302, 304	K. 287	162, 202, 283, 291, 295, 297, 298
K. 209	163, 185, 274, 276, 285, 303, 304	K. 288	162, 202, 283, 295, 297, 298
K. 211	160, 205, 221	K. 296	187
K. 213	283, 394	K. 298	221, 283
K. 214	283	K. 299	209
K. 215	252, 257, 265, 273, 282, 287, 292, 300, 303, 369,	K. 308	187, 190, 214, 279, 304

K. 309	187, 277, 279, 290	K. 420	235, 263, 276, 281, 287, 290, 300, 317
K. 315	308		
K. 318	257	K. 421	206, 219, 270, 272, 277, 278, 290, 315
K. 319	257		
K. 321	245	K. 422	191, 263
K. 328	203, 295, 297, 298	K. 423	191
K. 337	187	K. 426	215, 316, 369
K. 343	187	K. 427	215, 272, 304, 309
K. 347	161	K. 428	191
K. 348	160, 161, 186	K. 429	191
K. 350	191	K. 431	191, 286
K. 351	187, 283	K. 434	162
K. 352	186	K. 435	162, 221
K. 355	370	K. 436	162, 222
K. 356	206, 216	K. 437	221
K. 357	205, 208, 216, 368, 375	K. 443	191
K. 358	218	K. 444	191
K. 359	247	K. 445	160
K. 368	372	K. 446	305
K. 360	370	K. 455	206
K. 366	190, 206, 285, 290	K. 456	237
K. 367	190, 206, 290	K. 458	189, 381
K. 373	291, 305	K. 460	264, 283, 290, 291, 371
K. 379	205	K. 461	218, 279, 281, 292
K. 380	190, 306	K. 464	242, 243
K. 381	190	K. 466	250, 395
K. 382	381	K. 470	163, 190, 206, 361, 373
K. 384	190	K. 471	163, 316
K. 385	190	K. 474	371
K. 386	190	K. 477	218
K. 387	190, 200, 216	K. 478	191
K. 392	365, 375, 378, 391	K. 479	191, 367
K. 394	190, 242, 257, 281, 282, 291, 292, 392	K. 481	280, 371
		K. 482	189
K. 395	190, 271, 272, 277, 290	K. 484	210
K. 402	190, 191, 279, 285, 287	K. 485	162, 190
K. 403	190, 277	K. 486	162
K. 406	190, 219	K. 487	162, 209, 216, 258
K. 407	190, 219	K. 488	219
K. 409	231, 279	K. 489	384
K. 412	377	K. 490	162, 218, 237, 250, 278, 279, 285, 290, 303, 306, 390, 391
K. 415	190		
K. 416	190		
K. 417	173, 283	K. 491	162, 218, 285, 308
K. 418	317	K. 492	162
K. 419	308	K. 493	291

索　引　491

K. 494	218, 265
K. 498	367
K. 501	375
K. 502	394
K. 508	191, 255, 395
K. 513	148, 215, 219
K. 514	209
K. 516	161, 227, 264, 291, 299
K. 517	161, 218, 234, 273, 300, 304, 308
K. 518	162, 263, 265, 278, 281, 287, 289, 300, 303
K. 519	162, 218, 227, 288, 289
K. 520	233
K. 521	308
K. 524	191, 210, 216, 375
K. 525	191, 216, 219, 386
K. 526	161, 330
K. 527	161, 381
K. 528	189
K. 529	189
K. 531	365
K. 532	308
K. 533	190, 218
K. 535	199
K. 537	308, 309
K. 540	379
K. 541	206, 368
K. 542	218
K. 543	385
K. 544	163, 272, 302, 304, 379, 395
K. 545	160, 163, 276, 288, 291, 302, 304
K. 547	160
K. 548	192, 364
K. 551	263, 278
K. 552	227
K. 554	199

演奏　293–334
—流行　293–294
—理念（心構え）　293–295
—DSの楽譜　295–296
—デュナーミクとレジストレーション　296–305
—DSのテンポ標示　179, 305–306
—演奏者のテンポの選択　306–307
—拍動（pulse）　306–311
—フェルマータの効果　310
—拍動とリズムの関係　310–313
—小節線からの独立　301–311
—リズミカルな演奏の諸問題　310–316
—リズムの知覚と数学的正確さ　312–313
—リズム的脈動（impulse）の区分　312–324
—リズムの多声性　307, 308, 311, 314–316
—シンコペーションの扱い　315–316
—リズムの活性と不活性　321
—リズム的脈動の単位　321–322
—リタルダンドとルバートの干渉　329–330

演奏（フレージング）
—スラーとスタッカート記号　316–317
—フレージングの定義　317
—フレージングをつける方法　317
—レガートとスタッカートの使用　317–320, 330–332
—分散和音の重複と保続　330–332
—旋律線の声楽的インフレクション　319–320
—リズム価と旋律線のグループ化　320–322
—呼吸と身振りに基づくフレージング　319, 322–323, 327
—和声的インフレクション（抑揚）　324
—和声的感受性の肉体的な基盤（みぞおち）　324–325
—鍵盤奏者による緊張と弛緩の使用　324–325
—調的インフレクション（抑揚）　325–326
—不協和な経過音によるインフレクション　326–328
—フレージングとテンポ，リズムとの関係　320–324, 326–330

形式　267–292
—多様性　267
—DSソナタの定義　267–268
—構成要素　268–280
—古典ソナタとの比較　268–271, 273, 278–281

―主な形式の類型　280–283
―例外的な形式　283–285
―フーガ　171–173
―調的構造　285–289
―主題素材の扱い　268–285, 289–292
鍵盤技巧　205–212
―運指　205–208
―グリッサンド　205, 262
―手の交差　179–180, 186, 188–189
―ハープシコード音の陰影　214–216, 298–299, 301–302,
―オーケストラの効果　214, 216–218, 222, 303–304, 307, 315
―他の楽器の模倣　216–222, 244, 303–304
由来　132–134
原典資料
―手稿　156–159
―ソナタという名称と他の類似したタイトルの使用　160
―対の配置　160–163
―3部作　162
―年代記　163–165, 74, 188–190
―楽器の扱い　193–223
―使用されたハープシコード　193–198
―鍵盤の音域　163, 189–190, 196–197
―2段鍵盤の使用　197–199, 203
―ピアノフォルテ　196–197, 201–202
―オルガンのためのソナタ　202–203
―オルガンのレジストレーション　202, 296–297
―通奏低音付ソナタ　170–171
装飾音　358–395
和声　175–177, 224–266
―一貫性　224–225, 253–257
―素材　225–237
―カデンツ的 vs 全音階的　237–238
―強度　238–240
―特殊性　241–245
―重畳（superpositions）　245–249
―圧縮と拡張（contractions and extensions）　249–253
―使われた調　257–258
―平均律　257–259
―転調　259–266

スカルラッティ, ニコロ（Nicolo, DS の弟）　339
スカルラッティの家族　16–21, 30, 51, 59, 93, 117–118, 133–135, 148–149, 152–155, 337–340
スカルラッティ一族に関する文書　154–155, 193
スカルラッティ, ピエトロ（Pietro, DS の兄）　20, 34, 62, 337–339
スカルラッティ, ピエトロ（Pietro, DS の祖父）　18, 155, 337
スカルラッティ, フェルナンド（Fernando, DS の息子）　100, 108, 135, 148, 149, 152
スカルラッティ, フラミーニア（Flaminia, DS の姉）　20, 21, 338
スカルラッティ（イ・ロブレス）, フランシスコ（Francisco, DS の孫）　117, 149, 152–154
スカルラッティ, フランチェスコ（Francesco, DS の叔父）　18, 20, 82, 337–338
スカルラッティ, フリオ（Julio, DS の曾々々々孫）　155
スカルラッティ（イ・ジレン）, フリオ（Julio, DS の曾々々々孫）　154
スカルラッティ, ベネデット（Benedetto, DS の兄）　338
スカルラッティ, ホアン・アントニオ（Juan Antonio, DS の息子）　100, 108, 135, 146, 148
スカルラッティ, マリア・カタリーナ ジェンティーリ（Maria Catalina Gentili, DS の最初の妻）　93, 100, 108, 116, 123, 134, 135, 146, 154
スカルラッティ, マリア（Maria, DS の娘）　108, 148
スカルラッティ, マリアーナ（Mariana, DS の娘）　108, 148
スカルラッティ, マリア・バルバラ（Maria Barbara, DS の娘）　134, 135, 149
スカルラッティ, メルキオッラ（Melchiorra, DS の叔母）　18–20, 337, 338
スカルラッティ, ライモンド（Raimondo, DS の兄）　80, 135, 339

スカルラッティ, ローザ（Rosa, DS の娘）134, 135, 149
スコッティ, アンニバーレ侯爵（Annibale Scotti, Marquis）115, 128
スコラ, アダモ（Adamo Scola）118
スタッフォード卿（Lord Stafford）73
スティール, リチャード卿　42
ストラヴィンスキー, イゴール　246
スペイン音楽と舞踊　99, 132–133, 178, 185, 221, 222, 237, 306–308, 315
スペイン
――特徴　98, 106–108
スペイン宮廷
――特徴　99–104, 125, 137–138, 151
――王室礼拝堂　140–141
――合唱隊　141
――旅程　99–100, 104–108, 125

〔セ〕
セイシャス, カルロス（Carlos Seixas）89–90, 169
聖バルトロメオ劇場（ナポリ）　338
聖ヤコブ騎士　116, 117, 146
聖ロケ教会（リスボン）　84
ゼーノ, アポストロ（Apostolo Zeno）40, 59, 77–78
セゴビア, アンドレス（Andres Segovia）214
セビリア, アルカサル　99, 104

〔ソ〕
装飾音　358–395
ソナタという用語, DS による　160
ソビエスキ, アレッサンドロ（Alessandro Sobieski）67, 68, 71
ソビエスキ, クレメンティーナ（Clementina Sobieski）71
ソビエスキ, ヤン（Jan Sobieski, ポーランド国王）61, 62, 69
ソリメーナ, フランチェスコ（Francesco Solimena）20–21
ソレール, アントニオ（Antonio Soler）141–142, 158–159, 197, 203, 224, 228–229, 232, 241, 259–262, 267, 389, 395

〔タ〕
ダヴィッド, ジャック・ルイ（Jacques Louis David）63
タウジッヒ, カール（Karl Tausig）144
タクシス伯爵　193
タルティーニ, ジュゼッペ（Giuseppe Tartini）358
ダヌンツィオ, ガブリエル　63
ダマト, エレオノラ, DS の祖母　18
ダングルベール, ジャン・アンリ　373, 381

〔チ〕
チェスティ（Marcantonio Cesti）　57
チェルニー, カール（Carl Czerny）182, 205
チェローネ（Domenico Pietro Cerone）260

〔ツ〕
ツァルリーノ, ジョゼッフォ（Gioseffo Zarlino）260
ツィポーリ, ドメニコ（Domenico Zipoli）169
通奏低音（*continuo*）140, 168–172, 177, 179, 191, 204, 230, 234, 235, 254, 274, 290, 291, 307, 392
ツッカリ, フェデリコ（Federico Zuccari, または Federigo Zuccaro）63
ツッカリ宮（ローマ）　63
ツッカリ, ジャコモ（Giacomo Zuccari）70

〔テ〕
ティエポロ, ジョバンニ・バッティスタ（Giovanni Battista Tiepolo）98, 110, 137, 138, 279
ディルータ, ジローラモ（Girolamo Diruta）166, 174
デ・サンクティス（F. De Sanctis）25
ティツィアーノ　192, 193
デュランテ, フランチェスコ（Francesco Durante）161
テレマン, ゲオルグ・フィリップ　171
テンチン枢機卿　73
テンペスティ, ドメニコ（Domenico

Tempesti) 78

ドゥヌワ（d'Aulnoy, Mme.） 105
ドゥ・ブロス，議長 39, 53, 73, 151
トージ，ピエール・フランチェスコ（Pier Francesco Tosi） 358, 359
トーリス，ジョゼフ（Joseph Torres） 140
トッカータ，DSの作品 160
ドミニチ，ベルナルド・デ（Bernardo de Dominici） 21
トル・ディ・ノナ劇場（ローマ） 51
トレヴィザーニ，フランチェスコ（Francesco Trevisani） 53
トレス，クリストバル・ロメロ・デ（Cristoval Romero de Torres） 135, 147
トレド，エルナンド・デ（Hernando de Toredo，第3代アルバ公の息子） 138

〔ナ〕
ナティリー，アントニオ（Antonio Natilii） 78
ナポリ
—王居 25
—音楽学校 22-24
—ナポリ人 25
—街の特徴 16, 25
—礼拝堂 26

〔ネ〕
ネブラ，ホセ（José 又は Joseph de Nebra） 100, 130, 141, 259
年代記（*The Historical Register*） 96, 97, 99, 103

〔ノ〕
ノト・イネガル奏法 327, 328

〔ハ〕
パーセル，ヘンリー（Henry Purcell） 120, 192
バーニー，チャールス（Charles Burney） 19, 22-24, 39, 40, 44-46, 70, 91, 110, 113, 118, 121, 128, 133, 134, 143,

152-154, 185, 188, 189, 193, 194, 196, 200, 203, 339
ハープシコード
—イタリアン 29, 55, 193, 195, 200
—移調可能な 193, 194, 196
—イングリッシュ 195, 200, 299
—オルガン様式 165-168
—オルガン，ギター，およびオーケストラと境を接する音響 212-214
—音域 196, 197, 201, 202
—カークマン 29
—クリストフォリ 29
—シューディ 29
—手動ストップ 200, 297
—スパニッシュ 193, 195-197, 200, 203, 297, 304
—調整 197, 200
—ドイツ 195
—2段鍵盤 198, 199, 203, 298
—フレミッシュ 195-197
—フレンチ 195, 200
—ペダル 200, 297, 300, 302
—モダン 195, 301
—リュッケルス 29, 196
—レジスターの使用 195-197, 199-201, 203, 208, 214-216, 296-298, 300, 302, 303
バイーニ，ジュゼッペ（Giuseppe Baini） 81
パイタ，ジョヴァンニ（Giovanni Paita） 78
バイ，トマゾ 72, 73
ハイドン，ヨーゼフ（Joseph Haydn） 120, 144, 192, 202, 269, 294
ハイニヒェン，ヨハン・ダヴィッド（Johann David Henichen） 144, 392
バイフィールド，ジョン（John Byfield） 46
バウアー，ルイーズ（Louise Bauer） 154
パオルッチ（Paolucci，歌手） 55
パガーノ，ニコロ（Nicolo Pagano） 19, 20, 337, 338
パガニーニ，ニコロ（Nicolo Paganini） 214, 216
パスクイーニ，ベルナルド（Bernardo

索　引　495

Pasquini）40, 50, 56–60, 99, 168, 169, 171, 174, 206, 290
バタリオーリ，フランシスコ（Francisco Bataglioli）128
ハッセ，ヨハン・アドルフ（Hasse, Johann Adolf）23, 24, 41, 91, 113, 115, 128
ハッセ（Hasse, Faustina Bordoni）41
バッハ一族　169
バッハ，C. P. E.　21, 121, 144, 206, 210, 228, 359–362, 365, 373, 376, 378, 383, 389
バッハ，ヨハン・セバスチャン　21, 32, 39, 140, 144, 161, 170–173, 177, 198, 205, 212, 213, 223, 228, 231, 236, 238, 239, 246, 257, 268, 274, 293, 294, 318, 321, 325, 332, 333, 358–361, 373, 375, 377–379, 385
バッハ，W. F.　21
ハフナー，ヨハン・ウルリッヒ（Johann Urlich Haffner）144
パラディース，ドメニコ（Domenico Paradies）161
パリアーティ，ピエトロ（Pietro Pariati）40, 77
バルディーニ，イノチェンツォ（Innocenzo Baldini）78
パルド　108, 185
バルバピッコラ，ニコラ（Nicola Barbapiccola）19
パレストリーナ，ジョバンニ・ピエルルイジ・ダ（Giovanni Pierluigi da Palestrina）57, 99, 140, 167, 291
バレッティ，ジョセフ　84
パンザッキ，ドメニコ（Domenico Panzacchi）130
パンニーニ，ジョバンニ・パオロ（Giovanni Paolo Pannini）56
パンフィリ，ベネデット枢機卿　17
パンフィリ・パッラヴィチーニ，フラミーニア（Flaminia Pamphili e Pallavicini）17

〔ヒ〕
ピアノフォルテ　29, 89, 193–196, 200–202, 301, 302, 331

ピエタ教会と音楽（ヴェネツィア）38–40
ピストッキ，フランチェスコ・アントニオ（Francesco Antonio Pistocchi）111
ピッキ，ジョバンニ（Giovanni Picchi）166
ピトーニ，オッタヴィオ（Ottavio Pitoni）81
ピットマン　144
ビビエーナ　26
ビューロー，ハンス・フォン（Hans von Bülow）144, 253
ヒンデミット，パウル（Paul Hindemith）318

〔フ〕
ファブリ　80
ファリネッリ（カルロ・ブロスキ）90, 110–116, 123, 157, 158, 184, 187, 189, 193–196, 201
ファリャ　132
ファルネーゼ，イザベル（スペイン王妃，フェリペ5世の妻）101–103, 105, 108, 110, 112–116, 125, 126, 145
フィッツウィリアム卿（Lord Fitzwilliam）142
フェリペ（パルマ公，スペイン王子）194
フェオ，フランチェスコ（Francesco Feo）24
フェリーニ（ピアノフォルテ製作者）29, 194, 195
フェリペ2世（スペイン王）105, 106, 138
フェリペ5世（スペイン王）27, 30, 98, 101, 102, 106–108, 110, 115, 124, 125
フェルナンデス，ディエゴ（Diego Fernandez）194
フェルナンド6世（スペイン王，先のアストゥリアス皇太子）94, 96, 99, 102–105, 114–116, 124–128, 130, 136
フェルナンド7世（スペイン王）117, 137
ブエン・レティーロ　108, 109, 114, 115, 124, 125, 128, 130, 137, 138, 195–197
フォークナー誌（Faulkner's Journal）338

フォッジャ, アントニオ (Antonio Foggia) 30
ブオナコルシ, ヤコポ (Jacopo Buonacorsi) 68
フォルティエ (B. Fortier) 118
フォンターナ, カルロ (Carlo Fontana) 65
フォンテス侯 75, 110
フックス, ヨハン・ヨゼフ (Johann Joseph Fux) 338
プッサン, ガスパール・デュエ (Gaspard Dughet Poussin) 56
プラ, ホアン (Juan Pla) 48
プラ, ホセ (José Pla) 48
ブラームス, ヨハネス (Johannes Brahms) 158, 290
フランチェスケッロ 55
フリードリヒ大王 (プロシア) 41, 84
フリパート, ジョセフ (Joseph Flipart) 136
フルゴーニ, カルロ・イノチェンツォ (Carlo Innocenzo Frugoni) 59
ブレインヴィル 53, 55
フレスコバルディ, ジローラモ (Girolamo Frescobaldi) 42, 165, 167, 168, 172, 290
フローベルガー, ヨハン・ヤコブ (Johann Jacob Froberger) 172
プロヴェンザーレ, フランチェスコ (Francesco Provenzale) 18, 26
フンメル (Johann Nepomuk Hummel) 205

〔ヘ〕
平均律 211, 257, 258, 262
ベートーヴェン 144, 161, 269, 278, 294
ベックフォード, ウィリアム (William Beckford) 39, 77, 337
ペトラルカ, フランチェスコ (Francesco Petrarca) 58, 138
ベネディクト13世 (教皇, Benedict XIII) 146, 154
ペルゴレージ, ジョバンニ・バッティスタ (Giovanni Battista Pergolesi) 24
ペルッツィ, アンナ (Anna Peruzzi) 130

ボッシュ ベルナ・ベリ, ホルヘ (Jorge Bosch Bernat-Veri) 203
ベルナッキ, アントニオ (Antonio Bernacchi) 111
ベルナボ, ジョヴァンニ・バッティスタ (Giovanni Battista Bernabò) 80
ベルニーニ (Gian Lorenzo Bernini) 17, 74
ベルニーニ (Filippo Bernini) 17
ベルニッツ男爵 38, 39
ベルリーニ, ヴィンチェンツォ (Vincenzo Bellini) 240
ヘンデル, ゲオルグ・フリードリッヒ (Georg Friedlich Händel) 30, 33, 47, 48, 55, 56, 60, 62, 72, 84, 166, 170
ペンナ, ロレンツォ (Lorenzo Penna) 358

〔ホ〕
ボアヴァン 144, 158, 165, 389
ボイアルド (Matteo Mario Boiardo) 67
ホッツ, ピエール・ド (Piere du Hotz) 138, 140
ポッラローリ, カルロ・フランチェスコ (Carlo Francesco Pollaroli) 32, 169
ボルセーナ, アンドレア・アダミ (Andrea Adami da Bolsena) 74
ポルトガル宮廷 83, 84, 86, 87
ポルトガル史王室アカデミー (Academia Real da Historia Portuguesa) 87
ポルポラ, ニコラ (Nicola Porpora) 23, 80, 111
ボレル, ユージン (Eugéne Borrel) 327

〔マ〕
マープルク, フリードリッヒ・ヴィルヘルム (Friedlich Wilhelm Marpurg) 144, 376, 377, 383
マイオ (Giuseppe de Maio) 339
マッツァ 89
マドリード
—王宮 108, 109, 141
—オーケストラ 130
—オペラと劇場 114–116, 128
—舞台背景 (書割り) 128–130

索引　497

—街の特徴　108
マドリード新聞　100, 105, 125, 129
—ブエン・レティーロでのオペラ　129, 130
—マリア・バルバラの居所での音楽　104
マナリング，ジョン（John Mainwaring）47
マフラ　84, 109
マラッタ，カルロ（Carlo Maratta）　55
マリアーニ，ロレンツォ（Lorenzo Mariani）80
マリア・アントニア（スペイン王女）　129
マリア・カジミラ（Maria Casimira, ポーランド王妃）　52, 58, 61–67, 69, 70, 75, 82, 99, 109, 110
マリア・バルバラ（Maria Barbara）29, 94, 97, 99, 102, 105, 114, 116, 125, 127, 128, 130, 151, 156, 195
—音楽活動　87–89, 94–95, 99, 100, 104, 131, 211
—使用した鍵盤楽器　193–198, 200–202
—肖像　94, 136, 211
—性格　87–89, 103–104, 126, 145
—と DS　87–89, 94–95, 99, 100, 116, 119, 126, 132–134, 150, 156–157, 181, 188–190, 192
—病気と死　149–250
マリアンナ（ポルトガル王妃）　82, 86
マルチェッロ，ベネデット（Benedetto Marcello）　31, 41, 79, 170, 171
マルティーニ神父（G. B. Martini）　80, 88
マルテッリ，ピエール・ヤコポ（Pier Jacopo Martelli）　59, 68, 69
マンツォーリ，ジョヴァンニ（Giovanni Manzuoli）　130

〔ミ〕
ミサ曲，ト短調　140
ミソン，ルイス（Luis Misón）　130
ミッソン（F. M. Misson）　51
ミツラー，ローレンツ・クリストフ（Lorenz Christoph Mizler）　144
ミリヤバッカ，ジョヴァンニ・アンブロジオ（Giovanni Ambrogio Migliavacca）129

ミンゴッティ，レジーナ（Regina Mingotti）　130

〔ム〕
ムッファト，ゲオルグ（Georg Muffat）56

〔メ〕
メールロ，クラウディオ（Claudio Merulo）　167, 290
メディチ，コジモ・デ（Cosimo III de' Medici）　26, 28
メディチ，ジャン・ガストーネ（Gian Gastone de' Medici）　47
メディチ，フェルディナンド・デ（Ferdinando de' Medici）　26, 28, 29, 35, 36, 47
メタスタージオ，ピエトロ（Pietro Metastasio）　41, 59, 76, 90, 91, 128, 129, 134, 138, 144, 145, 150, 154, 189
メレ，ジョヴァンニ・バッティスタ（Giovanni Battista Mele）　116, 128–130
メロー，アメディー（Amédée Méreaux）122
メングス，アントン・ラファエル（Anton Rafael Mengs）　98

〔モ〕
モーツァルト　58, 70, 120, 144, 161, 192, 197, 202, 217, 231, 239, 269, 278, 283, 290, 293, 294, 301, 318, 325, 333, 361
モリエール（J. B. C. de Molière）　151
森の楽園（Bosco Parhasio）　59
モレラーティ，パオロ（Paolo Morellati）194
モンテスキュー　76, 80

〔ユ〕
ユヴァッラ，フィリッポ（Filippo Juvarra）　54, 65, 66, 68, 74, 77, 98, 106, 109, 110

〔ヨ〕
ヨリ，アントニオ（Antonio Jolli）　128

ヨンメッリ，ニコロ（Nicolo Jomelli）128

〔ラ〕
ラーフ，アントン（Anton Raaff）130
ラッセス，リチャード（Richard Lasses）51, 52
ラバサ，ミゲル（Miguel Rabaxa）141
ラファエロ 193
ラボルド（J. B. de Laborde）144
ラモー，ジャン・フィリップ（Jean Philippe Rameau）120, 169, 177, 205, 209, 212, 228, 358
ラロ，ローザ（Rosa Rallo）154

〔リ〕
リヴェラ修道院長（Abate Rivera）60
リスト，フランツ（Franz Liszt）185, 216
リスボン，特徴 83
リスボン新聞 85–87, 94
リテレス，アントニオ（Antonio Literes）140
リモアーヌ，アルフレド（Alfred Limoine）122
リモジョン・ドゥ・サン・ディディエ 38, 43, 44
リュッケルス（ハープシコード）29, 196

〔ル〕
ルイ15世（フランス王）127
ルイ14世（フランス王）70
——リュートの様式 167, 212, 213, 223
ルイヴィユ（Marquis de Louiville）101
ルスポリ王子（Prince Ruspoli）68
ルティーニ，ジョバンニ・プラチド（Giovanni Placido Rutini）171

〔レ〕
レイノルズ，ジョシュア（Sir Joshua Reynolds）63
レーオ，レオナルド（Leonardo Leo）23, 339
レーガー（Max Reger）293
レオポルド1世（オーストリア皇帝）88
レグレンツィ，ジョヴァンニ（Giovanni Legrenzi）30
レニ，グイド（Guido Reni）193
レンダ，ドメニコ（Domenico Renda）68

〔ロ〕
ロージングレイヴ 45, 46, 70, 143, 158, 165, 170, 174, 297–299, 383, 389, 394
ローマ 27, 76
ロジェ（l'Augier）121, 188, 189
ロス・カノス・デル・ペラル劇場（マドリード）115
ロッシ，ミケランジェロ（Michelangelo Rossi）168
ロッティ，アントニオ（Antonio Lotti）47
ロッリ，パオロ（Paolo Rolli）59, 82
ロレンツォーニ，アントニオ（Antonio Lorenzoni）358
ロレンツァーニ，パオロ（Paolo Lorenzani）72
ロンギ，ピエトロ（Pietro Longhi）37
ロンゴ，アレッサンドロ（Alessandro, Longo）
——ロンゴによる省略 297, 316, 317
——ロンゴによる挿入 203, 241, 248, 300, 305, 326, 392, 393
——ロンゴ版 160, 161, 171–174, 295, 296, 314, 360
——ロンゴによる変更と「修正」162, 171, 190, 198, 233, 240, 243, 245, 247, 251–255, 295, 296, 305, 360, 373, 387, 390, 392
——ロンゴ版の譜例 240, 245, 254, 314

監訳者あとがき

　この著書は，鍵盤楽器奏者として名高いカークパトリックがライフワークとして書き上げた浩瀚な名著で，1953年に出版されたものである。鍵盤音楽史上避けて通ることのできない重要な音楽家，ドメニコ・スカルラッティという人物については，これまで資料が乏しいが故に等閑視されがちであったが，カークパトリックは広範囲なフィールドワークと徹底した資料収集を行い，知られざる人物像を初めて浮かび上がらせたことで高く評価されている。歴史的事象を当時の脈絡の中で捉えようとする著者の真摯な研究姿勢は人物像のみならず資料研究や作品研究にも及んでおり，それを基底とした解釈の大胆な発想は，半世紀以上経過した現在でも，学術書としての，また手引書としての輝きをいまだ失っていない。本書の中で頻出するロンゴへの批判もそのような背景から生じたもので，スカルラッティの真正な姿を蘇えらせようとするカークパトリックのなみなみならぬ熱意が伝わってくる。

　ラルフ・カークパトリック（1911〜1984）は幼くしてピアノを学び，ハーヴァード大学卒業後ヨーロッパ各地に留学して，N. ブーランジェ，W. ランドフスカ，A. ドルメッチ，H. ティーセン，G. ラーミンらに師事。欧米で演奏活動を続けながら一時ザルツブルグのモーツァルテウム音楽院で教鞭をとったが，1940年からイェール大学に就任している。ハープシコードをはじめクラヴィコード，ヴァージナル，ピアノフォルテといった古楽器の名手でもあり，J. S. バッハ，D. スカルラッティ，モーツァルトらの数々の録音は歴史的名盤となっている。イェール大学図書館のアーカイヴズでは，著者がフィールドワークで収集した膨大な手書き資料を今でも目の当たりにすることができる。演奏家にとって「学者気質と勤勉は決してリスクを伴うものではない」という本書で著者が述べた信念は，音楽演奏に携わる人々に一つの範を示していると言っても過言ではないだろう。

　本書は，初版後もいく度となく補遺や修正が加えられ，1982年には著者の手による最後ともいえる大掛かりな修正が行われた。その間，1975年には邦訳が出されたが，最終版による新訳を出したいという想いが私の胸中を去来していたことは事実である。それが実現するきっかけとなったのは，門野良典先生との偶然の出会いである。門野先生は物理学者としての道を究めながらハープシコードを嗜まれ，スカルラッティに魅せられたマニアックな音楽

愛好家で，すでに大量の下訳を準備されていた。カークパトリックの最後の愛弟子である橋本英二氏（シンシナティ大学名誉教授）を通して照会があったことと，何よりも門野先生の尋常ではない熱意に絆されて，私もすっかり乗り気になってしまった。ところがいざ翻訳の作業にとりかかってみるとなかなか一筋縄ではいかず，カークパトリックのあまりにも難解かつ深遠な知識の海に投げ出され，溺れそうになることもしばしばで，上梓までに予想外の長い年月を費やしてしまった。そのような折，音楽之友社OGで編集経験豊かな澤田かおるさんの支援が得られたことは大きな励みとなった。心から謝意を表したい。奇しくもバッハ，ヘンデルとともに生誕333年を迎えたドメニコ・スカルラッティの節目の年に本書が公刊できたことは望外の喜びである。

　専門用語の訳出には多くの方々のお世話になった。特にキリスト教（カトリック）関連の歴史的用語や古い難解なイタリア語については，エリザベト音楽大学名誉教授の内田陽一郎先生，同じくエヴァルト・ヘンゼラー博士から格別のご助言をいただいた。また，私と同じ大学に所属する後輩の大迫知佳子さんには訳文の確認等で大変お世話になった。出版に際しては，音楽之友社への仲介の労をとって下さった堀恭さん，本書の出版を快く引き受けて下さった堀内久美雄社長，この仕事の成り行きを終始見守りながら適切なアドヴァイスを与えて下さった岡崎里美さんらの御好情に深く感謝している。そして直接担当して下さった出版部の皆さん，なかでも井面摩耶さんの誠実かつ辛抱強いご尽力には心から感謝を申し述べたい。

2018年　復活祭を前にして
原田宏司

訳者あとがき

　音楽については専門外である訳者が，本書のような学術書の邦訳に手を染めることになったきっかけは，趣味であった鍵盤楽器の演奏が嵩じて2007年（奇しくもスカルラッティ没後250年にあたる）に一台のハープシコードを手にしたことに始まる．当初はこれで馴染みのあるバッハやラモーの作品を楽しむつもりのものが，スカルラッティのソナタを弾き始めるや否や，それらがピアノでの演奏とは全く異なる魅力を持つことを発見し，程なくその広大な音楽世界の虜になったのだった．爾来十年あまり，彼のソナタが紡ぎ出すハープシコードの響きは依然として尽きせぬ喜びや驚きの泉であり，その中を散策することはマリア・バルバラにとってそうであったように，訳者にとっても大なる「癒しと慰め」であり続けている．
　その一方で，単に番号だけで区別される膨大な数の作品群を前にすれば，誰もがその世界への案内役となる解説書を手にしたくなる．そこで調べてみると，当時日本語で読めるものは何十年も前に絶版になった書籍ばかりという状態であった．まさに本書の序文冒頭にある通りだったわけだが，今にして思えばそのおかげで，訳者はカークパトリックの原著に巡り合うことになった．
　本書を一読すれば明らかなように，それはドメニコの鍵盤作品へのガイドとして素晴らしいだけでなく，音楽そのものへの熱く真摯なメッセージに溢れ，読者の心を揺さぶらずにはおかない．もし訳者がもっとずっと若い頃にこの本に出会っていたなら，その人生行路に少なからぬ影響を与えたのではないかとさえ思うほどである．その意味で本書は（学術研究書という厚い衣装をまとっているにもかかわらず）あえて「青春の書」と言ってもよい．このような思いから，特に日本の若い読者に紹介できればと，身の程も顧みずこのような企てを思い立った次第である．
　その後幸運なことに，いずれもスカルラッティ研究の泰斗である橋本英二，原田宏司両先生の知遇を得ることができ，監訳をお引き受けいただいた原田先生とは二人三脚でこの邦訳を完成させるという僥倖に恵まれた．また，出版については原田先生のご紹介で音楽之友社にご相談に乗っていただけることになり，堀内久美雄社長をはじめ編集部の方々に大変お世話になった．特に訳稿を仕上げる段階での岡崎里美氏，井面摩耶氏，さらに音楽之友社OGの澤田かおる氏の長期にわたる忍耐強い助力なしに，本邦訳は決して日の目

を見なかったであろうことを記し，この場を借りて心からの感謝の意を捧げたい。

2018年4月吉日　つくばにて
門野良典

【監訳者・訳者紹介】

原田宏司（はらだ ひろし）
1939年広島生まれ。東京芸術大学音楽学部楽理科卒業後，同大学院修士課程修了。専門は西洋バロック音楽史。特にドメニコ・スカルラッティを主要テーマとする。文部省在外研究員として欧米に滞在中，スカルラッティ研究者のL. シェヴェロフ，M. ボイド，橋本英二らの諸氏から指導を受ける。スカルラッティの鍵盤ソナタ資料の比較研究では，古典文献学で用いるテクスト批判の方法を用い，謎の多い初期作品の成立過程の解明に取り組んだ。著書，論文，訳書多数。広島で室内合奏団を組織し，チェンバロ奏者としても活躍。2002年に広島大学を定年退職後，広島文化学園大学教授，同学芸学部長，同副学長を歴任し，現在，広島文化学園大学大学院特任教授，広島大学名誉教授。

門野良典（かどの りょうすけ）
1958年福岡市生まれ。1982年東京大学理学部物理学科卒，1985年同大学大学院博士課程中退。1987年理学博士。現在，国立大学共同利用機関法人高エネルギー加速器研究機構物質構造科学研究所教授，総合研究大学院大学教授を併任。専門は量子ビームを用いた物性物理学研究。古楽鑑賞を最大の楽しみとし，趣味でピアノ，ハープシコードを弾く。本書に先立ってS. シットウェルの『ドメニコ・スカルラッティの背景』を邦訳，私家版として出版。

ドメニコ・スカルラッティ

2018年11月10日　第1刷発行

著　者　ラルフ・カークパトリック
監訳者　原田宏司（はらだ ひろし）
訳　者　門野良典（かどの りょうすけ）
発行者　堀内久美雄
発行所　株式会社 音楽之友社
　　　　〒162-8716
　　　　東京都新宿区神楽坂6-30
　　　　電話 03（3235）2111（代）
　　　　振替 00170-4-196250
　　　　https://www.ongakunotomo.co.jp/

装丁：室本美保子／譜例浄書：ホッタガクフ
組版・印刷：藤原印刷／製本：ブロケード

Printed in Japan　　　翻訳・編集協力　澤田かおる

Japanese translation © 2018 by Hiroshi Harada and Ryosuke Kadono
ISBN978-4-276-22216-8　C1073

本書の全部または一部のコピー，スキャン，デジタル化等の無断複製は著作権法上での例外を除き禁じられています。また，購入者以外の代行業者等，第三者による本書のスキャンやデジタル化は，たとえ個人や家庭内での利用であっても著作権法上認められておりません。

落丁本・乱丁本はお取り替えいたします。

を見なかったであろうことを記し，この場を借りて心からの感謝の意を捧げたい。

2018年4月吉日　つくばにて
門野良典

【監訳者・訳者紹介】

原田宏司（はらだ ひろし）

1939 年広島生まれ。東京芸術大学音楽学部楽理科卒業後，同大学院修士課程修了。専門は西洋バロック音楽史。特にドメニコ・スカルラッティを主要テーマとする。文部省在外研究員として欧米に滞在中，スカルラッティ研究者の L. シェヴェロフ，M. ボイド，橋本英二らの諸氏から指導を受ける。スカルラッティの鍵盤ソナタ資料の比較研究では，古典文献学で用いるテクスト批判の方法を用い，謎の多い初期作品の成立過程の解明に取り組んだ。著書，論文，訳書多数。広島で室内合奏団を組織し，チェンバロ奏者としても活躍。2002 年に広島大学を定年退職後，広島文化学園大学教授，同学芸学部長，同副学長を歴任し，現在，広島文化学園大学大学院特任教授，広島大学名誉教授。

門野良典（かどの りょうすけ）

1958 年福岡市生まれ。1982 年東京大学理学部物理学科卒，1985 年同大学大学院博士課程中退。1987 年理学博士。現在，国立大学共同利用機関法人高エネルギー加速器研究機構物質構造科学研究所教授，総合研究大学院大学教授を併任。専門は量子ビームを用いた物性物理学研究。古楽鑑賞を最大の楽しみとし，趣味でピアノ，ハープシコードを弾く。本書に先立って S. シットウェルの『ドメニコ・スカルラッティの背景』を邦訳，私家版として出版。

ドメニコ・スカルラッティ

2018 年 11 月 10 日　第 1 刷発行

著　者　ラルフ・カークパトリック
監訳者　原田宏司（はらだ ひろし）
訳　者　門野良典（かどの りょうすけ）
発行者　堀内久美雄
発行所　株式会社 音楽之友社
　　　　〒162-8716
　　　　東京都新宿区神楽坂 6-30
　　　　電話 03（3235）2111（代）
　　　　振替 00170-4-196250
　　　　https://www.ongakunotomo.co.jp/

装丁：室本美保子／譜例浄書：ホッタガクフ
組版・印刷：藤原印刷／製本：ブロケード

Printed in Japan　　　翻訳・編集協力　澤田かおる

Japanese translation © 2018 by Hiroshi Harada and Ryosuke Kadono
ISBN978-4-276-22216-8　C1073

本書の全部または一部のコピー，スキャン，デジタル化等の無断複製は著作権法上での例外を除き禁じられています。また，購入者以外の代行業者等，第三者による本書のスキャンやデジタル化は，たとえ個人や家庭内での利用であっても著作権法上認められておりません。

落丁本・乱丁本はお取り替えいたします。